노동자의
어머니

노동자의 어머니

이소선 평전

민종덕 지음

2016년 9월 3일 초판 1쇄 발행

펴낸이 한철희 | 펴낸곳 돌베개 | 등록 1979년 8월 25일 제406-2003-000018호
주소 (10881) 경기도 파주시 회동길 77-20 (문발동)
전화 (031) 955-5020 | 팩스 (031) 955-5050
홈페이지 www.dolbegae.co.kr | 전자우편 book@dolbegae.co.kr
블로그 imdol79.blog.me | 트위터 @Dolbegae79

주간 김수한 | 편집 최혜리
표지디자인 여상우 | 본문디자인 이은정
마케팅 심찬식·고운성·조원형 | 제작·관리 윤국중·이수민
인쇄·제본 한영문화사

ISBN 978-89-7199-743-7 (03990)
이 도서의 국립중앙도서관 출판예정도서목록(CIP)은 서지정보유통지원시스템 홈페이지
(http://seoji.nl.go.kr)와 국가자료공동목록시스템(http://www.nl.go.kr/kolisnet)에서
이용하실 수 있습니다.(CIP제어번호: CIP2016019646)

노동자의 어머니

이소선 평전

어머니

민종덕 지음

돌베개

1951년경 찍은 가족 사진. 가운데는 남편 전상수의 형 전영조. (전태삼 제공)

평화시장에서, 전태일

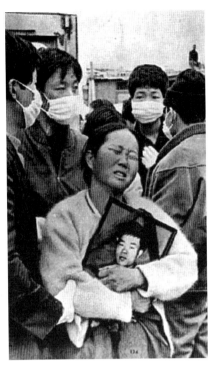

위 왼쪽: 아들 전태일의 죽음을 당해

위 오른쪽: 1971년 전태일 1주기 추도식에서 (전태삼 제공)

아래: '전국연합노동조합 청계피복지부' 간판과 노조사무실 (민종덕 제공)

구정 기념
'75. 2. 13.

1975년 청계피복노조의 여성 조합원들과 (전태삼 제공)

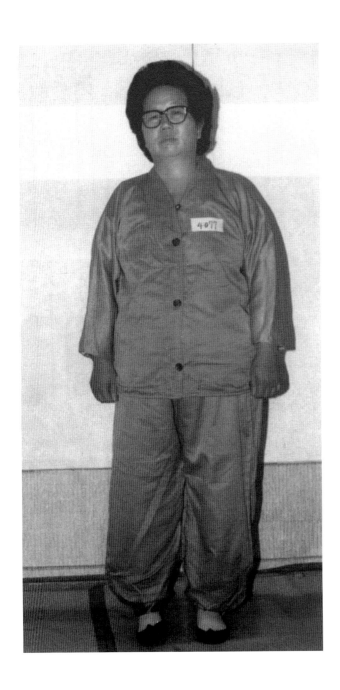

1978년 첫 번째 수감생활을 마친 직후 (전태삼 제공)

위: 1985년 전태일 기념관 개관식에서 (전태삼 제공)

아래: 『전태일 평전』의 초판(1983) 표지

1986년 분신항거한 노동자 박영진의 영결식장에서 (전태삼 제공)

위: 빼앗겼던 청계피복 노조사무실을 탈환하고 만세를 부르는 이소선과 조합원들(1987) (민주화운동기념사업회 제공)

아래: 1988년 노동악법 개정 투쟁에서 (연합뉴스 제공)

왼쪽 위: 1988년 쌍문동에서 찍은 가족사진. 왼쪽부터 며느리 윤매실, 아들 전태삼, 큰딸 전순옥, 이소선, 작은딸 전순덕. 앞줄에 손주들이 있다. (민주화운동기념사업회 제공)

오른쪽: 1988년 유가협이 펼친 의문사 진상규명을 위한 135일간의 농성 (전태삼 제공)

왼쪽 아래: 2005년 전태일 기념상 제막식에서 (오마이뉴스 제공)

위: 이희호 여사와 함께 (전태삼 제공)

가운데: 박용길 장로와 함께 (전태삼 제공)

아래: 전태일 36주기 추도식에서 민종덕과
함께 (민종덕 제공)

전태일의 묘 뒤에 자리한 이소선의 묘소 (민주노총 제공)

일러두기

1. 이 책의 일부는 저자가 『오마이뉴스』에 2014년부터 2015년까지 '어머니의 길'이라는 제목으로 연재하였던 글을 대폭 가필하고 다듬은 것이다.
2. 이 책의 일부, 특히 1979년까지의 일을 다룬 전반부는 1990년에 돌베개에서 출간된 이소선 구술회상록 『어머니의 길』을 바탕으로 하고 있으며, 당시 그 정리자였던 저자가 여러 사실관계를 다시 확인하고 내용을 보완하는 한편 서술시점과 문장을 달리하여 새로이 집필했다. 1990년 당시의 서문을 책 뒤쪽에 실었다.
3. 인용문은 원문의 내용을 손상하지 않는 범위 내에서 부분적으로 현행 맞춤법과 표기법에 따라 수정했다.
4. 글과 노래의 제목은 「 」로, 책의 제목은 『 』로 묶어 표시했다.

차례

추천의 말

어머니는 나(우리 남매들)만의 어머니가 아니셨습니다. 1970년 전태일 형이 분신항거하고 마지막 숨을 거두면서 노동자를 위해 사실 것을 약속해 달라고 당부하고, 어머니가 그 약속을 지키기로 맹세한 그날부터 나의 어머니는 이 땅 노동자의 어머니, 우리들의 어머니가 되셨습니다.

어머니께서 노동운동에 투신함으로 인해서 우리 식구들은 경제적으로 어려움을 겪었습니다. 뿐만 아니라 정보 당국으로부터 늘 감시와 미행을 당해야 했습니다. 그럼에도 우리는 고통을 고통이라고 여기지 않고 어머니가 가시는 그 길이 옳고 사람답게 사는 길이라 생각해 왔고, 지금도 그렇습니다. 우리가 이렇게 살아올 수 있었던 것은 무엇보다도 2만 7천여 명의 평화시장 노동자가 함께했으며 재야민주인사, 시민, 청년학생들의 아낌없는 지원과 연대가 있었기 때문입니다. 우리들의 어머니가 군부독재정권의 혹독한 탄압을 어떻게 버텨 냈으며, 간악한 유혹을 어떻게 뿌리쳤는지 그 용기와 지혜는 어디서 비롯된 것인지를 이 책을 통해서 알 수 있을 것입니다.

어머니가 가신 지 5년, 노동자의 죽음의 행렬이 아직도 끝나지 않고 있습니다. 가장 최근의 한광호 열사, 구의역 19세 청년 비정규직 노동자의 죽음에 이르기까지 우리의 비극은 현재진행형입니다. 지난날 어머니의 투쟁과 호소가 현재 우리의 비극을 종식시키는 역할을 하게 되길, 먼저 간 모든 열사들의 죽음이 헛되지 않길, 모두가 어머니의 손길에 위안을 받길 간절히 바랍니다. 어머니 평전을 계기로 우리 모두 처음 그 순수했던 마음으로 돌아갔으면 합니다. 그리하여 지난 40여 년 동안 어머니와 함께 울고, 웃고, 세상을 향해 외치고 노래했던 모든 사람들이 어머니의 큰 품에서 한바탕 얼싸안고 울음 한번 크게 울어 보면 어떨까요?

- 전태삼(이소선 어머니 아들)

41년은 전태일의 엄마로 살았고, 41년은 전태일과의 약속을 지키며 살다가 만인의 어머니가 되신 이소선 어머니의 일대기가 새롭게 개정증보되어 나왔다.

"배가 고프다"는 전태일의 마지막 말을 뼈아프게 새겼던 어머니는 배고픈 노동자들과 민중의 삶을 변화시키기 위한 고난의 길에서 한시도 비켜서지 않았다.

지금 이곳에 살고 있는 모두는 전태일과 그 어머니의 헌신에 크게 빚지고 있다.

이 책의 출간을 계기로 어머니의 일생이 더 넓게 더 깊게 조명되기를 바란다.

- 박래군('인권중심 사람' 소장)

전태일의 영정을 가슴에 안고 비통해하는 어머니의 모습에는 우리 현대사의 고통과 분노가 고스란히 담겨 있다. 이승만·박정희·전두환의 반공독재와 억압통치에 맞서 싸운 훌륭한 분들이 적지 않지만, 나는 이소선 여사에게는 확연히 특별한 점이 있다고 생각한다. 그는 민초로 태어나 민초로 살면서 권력과 자본에 핍박받던 모든 이들 그 자신이자 그들의 어머니였다. 어머니는 그야말로 민중이었고, 민중의 벗이었다. 어머니는 어디든 찾아와 해야 할 말씀을 하셨고, 분노의 목소리로 싸웠다. 그러면서도 결사항쟁의 현장에서 죽으러 뛰어들면 '죽지 마라' 소리치며 끝까지 살아 싸우라고 외쳤다. 전태일은 불꽃같이 산 아름다운 청년이었는데, 이소선은 40년이나 불꽃같이 산 영원한 어머니였다.

전태일과 동갑인 나는 예전부터 가시밭길의 험난한 현대사에서 소중하고 자랑스러운 분인 어머니를 존경해 왔다. 어머니의 죽음 이후 우리 사회가 한층 무기력한 모습을 보이고 있는데, 이 평전을 통해 어머니가 살아온 길을 되돌아보는 것은 새로운 울림으로 우리를 감동시키고 우리의 삶의 길에 대해 환기해 주는 바가 있다고 믿는다.

- 서중석(성균관대 사학과 명예교수)

프롤로그

그날, 아침부터 옅은 잿빛 구름이 우중충하게 하늘을 덮고 있었다. 초겨울의 스산한 바람은 가난한 사람들의 뼛속까지 파고들었다.

서울 북쪽을 병풍처럼 두르고 있는 도봉산, 그 밑 잡초 무성한 산자락에 오래된 공동묘지를 둘러싸고 무허가 판잣집들이 웅크리고 앉아 마을을 이루고 있다. 고도경제성장에 떠밀리고, 도시환경 정비에 쫓겨난 사람들이 꾸역꾸역 모여들어서 무허가촌을 이루며 살아가고 있는 곳이다. 행정구역상으로는 서울 성북구 쌍문동 208번지.

이소선은 아침나절부터 자신의 구역인 쌍문동 일대에 심방을 다니고 있었다. 그는 두터운 신앙심을 인정받아, 다니던 창현교회의 집사 일을 맡아보았기 때문에 매주 금요일마다 심방을 다녔다. 그런 지 한나절이 훨씬 지났을까.

"순덕이 엄마 어딨어?"

동네 사람들이 다급한 목소리로 이소선을 찾는다.

"왜 그래? 무슨 일인데?"

그는 동네 사람들이 다급해하며 서두르는 통에 놀라서 되물었다.

"지금 이러고 있을 때가 아니야, 순덕이 엄마 빨리 집에 가서 라디오를 한번 들어 봐요!"

동네 아주머니가 손목을 붙들고 재촉하며 그를 집으로 끌고 갔다. 이소선은 어리둥절한 상태에서 그가 내미는 라디오에 귀를 기울였다.

"서울 성북구 쌍문동 208번지에 사는 평화시장 재단사 전태일 씨가 평화시장의 열악한 근로조건에 혹사당하는 근로자들을 위해서 근로기준법 책을 불사르면서 평화시장 구름다리 아래에서 오늘 낮 1시 30분경에 분신, 중태에 빠져 급히 병원으로 이송하였습니다."

아나운서의 말이 계속해서 흘러나오고 있었다. 순간, 이소선의 뇌리에 큰아들 전태일이 집을 나가던 엊그저께 아침에 있었던 일이 스쳐 지나갔다.

"제발 서른 살 될 때까지라도 좀 참아라."

1970년 11월 12일 아침이었다. 전태일은 여느 때와 달리 이상한 행동을 했다. 평소 옷차림에 신경을 쓰지 않고 소탈하게 다니던 그가 그날 아침따라 유난히 차림새에 신경을 쓰고 옷매무시를 가다듬었다. 그 전에 머리도 단정하게 깎은 참이었다. 새벽부터 일어난 그는 정성스레 세수하고 방을 깨끗하게 정돈했다. 그리고 다시 거울 앞에서 머리를 몇 번이나 빗고, 까만 작업복에 주름 콧대까지 세워서 깔끔하게 다려 입었다. 게다가 평소 아껴 두었던 검정 바바리까지 걸쳐 입는 것이었다. 아들이 좀처럼 신지 않던 구두까지 꺼내 신는 것을 보고 이소선은 참았던 궁금증을 견디지 못하고 물었다.

"오늘은 왜 이렇게…. 어디 좋은 데를 가려고 구두도 닦고 바바리도 다렸느냐."

"이따 밥 먹으면서 얘기할게요."

태일은 구두를 다시 닦더니 부엌에 가서도 공연히 챙겨 놓은 부엌살림을 새삼스럽게 들여다보고, 방에 들어와서도 방 안을 찬찬히 둘러보았다. 이소선은 이상하다고 생각하면서 밥상을 차려 주었다. 태일은 밥을 먹으면서도 무언가를 말하려다 말고 엄마를 한 번 쳐다보더니 또 수저를 놀리는 것이었다. 이소선은 아들의 그러한 모습을 보면서도 궁금증을 애써 참았다. 밥을 먹고 나면 얘기하겠지, 하며 묵묵히 밥을 떠 넣었다.

밥을 다 먹은 태일은 물로 입가심한 뒤 천천히 입을 열었다.

"어머니, 시장 일이 아무래도 크게 한판 벌여야 하게 생겼어요."

그는 뭔가 결심을 한 듯 무겁게 말했다.

"왜? 네가 안 하면 안 되나? 제발 서른 살 될 때까지라도 좀 참아라. 이 에미가 불쌍하지도 않나?"

"허 참, 어쨌든 안 할 수는 없게 되었으니 내일 오후 1시에 국민은행 앞으로 나와서 꼭 구경하세요. 어쩌면 아들 얼굴 오랫동안 못 보게 될지도 모르니…."

태일은 말끝을 흐린다.

"그건 또 무슨 소리냐? 잡혀가기라도 한단 말이냐? 아니면 네가 죽기라도 한단 말이냐?"

"그런 게 아니라, 한판 왕창 벌이고 나서 불리해지면 어디 일본 같은 데로 밀항이라도 해야 될지 모르잖아요. 그리고 나면 평화시장 근로조건 개선 운동은 어머니가 내 대신 좀 해 주세요."

이소선은 아들의 뜬금없는 이야기를 듣고 있자니 어이가 없었다.

"듣자듣자 하니 별소리를 다 듣겠다. 금요일에는 내가 심방도 가야 하고 장사도 해야 하는데 거기 가서 볼 여력이 어딨느냐?"

"그래도 꼭 오셔서 보시면 좋을 텐데…."

태일의 표정이 어두워지더니 또 말끝을 흐린다.

"암만 몇 번씩 그래도 나는 갈 일이 없을 것 같은데 그때 가 봐야 알지 지금은 모르겠다."

"그러면 알았어요."

태일이 힘없이 대답했다. 그는 밥상도 물리지 않은 채 국민학교에 다니는 막냇동생 순덕이의 머리를 쓰다듬었다.

"순덕이는 그래도 행복해, 학교도 가잖아. 평화시장에는 순덕이만 한 아이들이 와서 시다를 하면서 밥도 제대로 못 먹고 잠도 제대로 못 자는데…. 우리는 이 생활이 참 행복하다고 생각해야 한다, 그렇지? 오빠 말이 맞지?"

순덕은 눈을 동그랗게 뜨고 고개만 까딱거렸다. 태일은 밥상을 뒤로 하고 무엇을 찾는지 두리번거리며 방 안을 뒤졌다. 이소선은 밥상을 치우면서 아들이 무엇을 찾고 있는지 금세 알아차렸다. 근로기준법 책을 찾는 것이었다. 전태일은 한참이나 혼자 방을 뒤지더니 찾지 못하자 이소선을 붙들고 물었다.

"어머니, 그 책 어디다 감췄어요. 어서 꺼내 주세요."

그는 떼를 쓰듯 책을 찾아야 한다고 어머니를 졸라 댔다. 언제부터인가 전태일은 평화시장의 근로조건을 개선해야 한다면서 근로기준법 책을 연구하고 늘 끼고 다녔다. 어머니로서는 가만히 보니 요즘 들어 부쩍 아들의 거동이 어딘지 모르게 수상한 구석이 있어서 마음 한 자락이 늘 불안했다. 바로 얼마 전, 혼자서 방 청소를 하고 있는데 그 '근로기준법'이라고 적힌 책이 눈에 띄었다. 그날따라 꼭 저놈의 책 때문에 무슨 일이 벌어질 것만 같은 예감이 불쑥 들었다. 이소선은 앞뒤 가릴 것 없이 책을 집어서 부엌에 걸려 있는 빈 솥 안에 넣고 뚜껑을 닫았다.

이소선은 딱 잡아떼기로 작정했다. 아들이 끈질기게 물고 늘어졌다. 이소선은 전혀 모르겠다고 고개를 가로젓다가, 그 책 때문에 아무래도 사고가 날 것 같아서 내다 버렸다고 우겼다.

"태일아! 이 에미 부탁이다. 제발 그놈의 책 이제 그만 가지고 다닐 수 없냐?"

어머니는 아들을 붙들고 애원하면서 말려 보았다.

"다른 것은 다 어머니 말씀대로 할 수 있어도 이 일만은 어쩔 수 없는 일이에요. 어서 책을 주세요!"

태일은 단호하게 내뱉더니 평소 모습과는 달리 버럭 화까지 냈다. 이소선은 한참 동안 아들을 바라보다가 이내 체념하고 책을 꺼내 주었다.

"어머니, 죄송합니다."

아들은 책을 받아들고 고개를 숙였다. 책을 두어 번 쓰다듬다가 무엇인가 말하려고 잠시 입술을 떼는 듯하더니 침울한 표정이 되었다. 입을 굳게 다물고 한참 동안이나 묵묵히 앉아 있었다. 전태일은 집을 나서면서 둘째 동생 순옥에게 심각한 표정으로 말했다.

"순옥아, 우리는 정말 어머니 말씀을 잘 듣는 사람이 되어야 한다. 아무리 살기가 어렵더라도 어머니한테 돈 때문에 졸라 대지 않도록 해야 한다."

오빠는 동생을 똑바로 바라보면서 머리를 쓰다듬어 주었다. 그리고 잠시 동생의 손목을 잡더니 온 집안을 찬찬히 들여다보고 집을 나가는 것이었다.

전태일은 그날 밤에 집에 들어오지 않았다. 다른 때 같았으면 친구를 통해서라도 못 들어온다고 기별을 했을 텐데 그날 밤은 아무런 소식이 없었다.

'그놈의 책'이 기어이 일을 저질렀다! 온몸이 떨려 왔다. 어떻게 진정을 해 보려고 하는데 동네 사람들의 웅성거리는 소리가 아득하다. 동네 사람 틈바구니에서 이소선은 얼이 빠져 있었다. 그때 동네 사람을 헤집고 전태일의 친구인 김영문이 허겁지겁 달려왔다. 달려오는 영문이를 바라보니, 그 얼굴이 백지장처럼 하얗게 질려 있었다. 그 모습을 보는 순간 이소선은 모든 것을 각오했다.

오늘 아침 기도를 하면서 순간적으로 스쳐 지나간 괴이한 생각이 떠올랐다. 하늘에서 홑이불이 내려오더니 태일이를 네 귀퉁이로 싸 담아 가지고 허공으로 확 날아 올라가는 것이었다. 이소선은 '태일이는 절대 살아서 돌아올 수 없을 것이다'라고 마음속에서 이미 단정을 내렸다. 김영문이 동네 어귀까지 타고 온 택시를 보내지 않고 숨넘어가는 소리로 외친다.

"어머니! 빨리 택시 타고 갑시다."

이소선은 정신이 나가서 서두르는 영문이의 팔목을 붙들었다.

'이대로 내처 달려가면 이성을 잃어버릴 것 같다.'

택시를 보내고 버스를 타고 가면서 안정을 되찾은 뒤 어떻게 해야 할 것인가를 차근차근 생각하기로 했다.

"영문아, 택시 그냥 보내거라."

"무슨 말씀이세요. 택시를 타야지 이런 때 버스를 타고 가면 어떻게 해요!"

김영문은 발을 동동 구르면서 어찌할 바를 몰라서 허둥댔다. 이소선은 김영문이 차분해질 때까지 기다렸다.

이소선은 김영문과 마을 언덕을 걸어 내려와서 버스를 탔다. 정신을 차리려고 일부러 버스를 탔지만, 어떻게 탔는지 모를 지경이었다. 어느새 창밖에는 눈에 익은 서울 거리가 지나가고 있었다. 그제야 이소선은 영문에게 어떻게 된 일인지 물을 수 있었다. 이소선의 손을 꼭 붙들고 빤히 쳐다보고 있던 김영문이 초조한 빛을 감추지 못하고 사건의 전말을 털어놓기 시작했다. 눈을 감고 얘기를 들으면서 이소선은 생각했다.

'그렇다면 나는 지금부터 무엇을 해야 하나. 무엇을 해야 하나.'

약속

바보회

전태일이 평화시장의 근로조건 개선에 관심을 가지고 그것을 실현하기 위해 활동하기 시작한 것은 1968년 무렵부터였다.

전태일은 평화시장에서 '여공들에게 부드럽게 대하는 사람', 평화시장 3만 노동자들이 다 같이 당하고 있는 작업환경이나 노동 문제 따위에 '이상하게도' 깊은 관심을 두고 있으며 그것 때문에 표정이 어두운 사람이라는 평을 듣고 있었다.

1968년 말에 전태일은 재단사 모임을 만들기 시작했다. 그는 재단사들을 만나면서 "우리 한 사람 한 사람씩은 비록 힘이 없지만, 뭉쳐서 싸우면 우리도 큰 힘을 낼 수 있다"며 설득을 했다. 함께 모여서, 근로기준법에 명시된 법조차 지켜지지 않는 평화시장 노동조건을 개선할 수 있다는 것이었다. 하루에 8시간으로 명시된 작업시간을 하루에 14~16시간씩, 그것도 수당도 없이 일을 강요하고 있는 것, 매주 일요일마다 쉬게 되어 있는 것을 한 달에 두 번밖에 쉬지 못하고 더구나 연약한 여자아이까지도 철야 작업을 시키는 것, 먼지구덩이인 다락방 환경, 자신의 몸 하나 추스를 수 없는 낮은 임금 등 이루 말할 수 없이 비참한 평화시장의 근로조건을 개선할 수 있다고 했다.

전태일은 10명 남짓의 재단사들을 모아 모임을 만들었다. 처음에는 모임의 성격을 친목단체로 해서 차차 근로조건 개선 문제에 접근하기로 했다. 그러나 이 모임은 잘 꾸려지지 않았다. 군대를 간다든지 공장 일이 바쁘다든지 하는 회원들의 이런저런 사정 때문에 모임이 순조롭게 진행되지 않았다. 이런 가운데서도 전태일의 비상한 열의로 재단사 모임을 포기하지 않고 끈질기게 추진한 결과 1969년 6월 말에는 정식으로 모임이 창립되었다. 모임의 이름은 '바보회'라고 지었다. 스스로 인간이면서도 인간답게 살지 못하고 기계 취급을 받아 왔기 때문에 바보다, 그러나 자신의 처지를 철저하게 깨닫고 스스로의 삶을 개척하면 이 바보 신세를 면할 수 있다는 뜻에서 지은 이름이었다. 바보회 회장은 물론 전태일이었다. 여러 번의 모임 결과 그들은 바보회의 목표를 정할 수 있었다.

첫째, 평화시장 일대 3만 근로자의 근로조건이 근로기준법대로 준수되도록 투쟁하는 것, 특히 8시간 노동제와 주휴제 등.

둘째, 회원 각자가 근로기준법과 노동운동에 대해 공부하고 근로자들과도 널리 접촉하여 조직을 튼튼히 하고 확장할 것. 언젠가는 바보회를 평화시장 근로자들에게 도움이 될 노동조합으로 발전시킬 것.

셋째, 노동청에 시정을 요구하는 근거로 제시할 평화시장의 노동실태를 조사하는 일.

넷째, 독지가를 찾아내 근로기준법을 준수하는 모범업체를 세우는 것.

이때부터 전태일은 근로기준법을 열성적으로 연구하고, 만나는 사람에게 자기가 알고 있는 내용을 설명해 주는 데 온 정열을 쏟았다. 사람들을 만나는 데 필요한 '바보회 회장 전태일' 명함도 만들었다.

그럼에도 바보회는 창립총회 이후 모임다운 모임을 제대로 갖지 못하고 말았다. 그것은 전태일이 평화시장 업주들에게 '위험분자'로 찍혀 직장에서 쫓겨난 결과 우선 바보회 재정이 어려웠고, 비교적 모임에 열성적이던 회원 서너 명이 군대에 입대하고 말았기 때문이다. 더구나 근로조건 실태를 조사하기 위해 노동조건에 관한 설문지를 돌린 뒤로 작업이 더욱 어려워졌고 나중에는 사실상 바보회가 해체되기에 이르렀다.

이에 전태일은 1970년 봄 무렵에는 삼각산에 올라가 낮에는 기도원 짓는 공사 일을 하고 밤에는 지하실에서 근로기준법과 노동운동에 관해 연구했다. 그러다가 9월에 다시 평화시장에 모습을 나타냈다. 그동안 그에 대한 소문도 어느 정도 가라앉았고 또 업주가 바뀐 곳도 더러 있었으므로, 취직을 할 수가 있었다. 그는 '왕성사'라는 공장에 취직했다.

전태일이 평화시장에 다시 나타난 것은 그동안 뿔뿔이 흩어졌던 바보회 회원들이 다시 모이는 계기가 되었다. 열두 명의 재단사가 자주 모임을 하고 또다시 노동조건 개선 활동을 시작했다. 그때 이들은 동양방송 '시민의 토론' 프로그램에 평화시장 노동실태를 폭로하고 요구사항을 발표하려 시도하기도 했으며, 서울시청과 노동청에 찾아가 호소도 해 보았다. 그러나 어느 것 하나 이루어진 것이 없었다.

1970년 9월 16일, 그동안 자주 모여 이야기를 나누던 재단사들이 모여서 '바보회'를 일신해 '삼동친목회'로 이름을 바꾸고 새 조직을 만들었다. 삼동친목회는 목적을 '연소 근로자를 보호하기 위한 대책을 강구하고 근로조건 개선을 위해 공동으로 행동'하는 것으로 설정하고, 평화시장의 불법적이며 비인간적인 노동현실을 세상에 '폭로'하고 그것을 하나의 발판으로 하여 공동으로 '투쟁'할 것을 활동지침으로 했다.

삼동친목회는 평화시장 일대의 근로자들을 상대로 한 실태조사를 첫 사업으로 정했다. 이 설문조사를 토대로 하여 1970년 10월 6일 노동청장 앞으로 「평화시장 피복제품상 종업원 근로개선 진정서」를 제출했다. 진정서의 대강을 보자면 평화시장 근로자 126명을 상대로 설문조사를 한 결과 그중 120명(95%)이 하루 14~16시간 노동하고 있고, 96명(76%)이 폐결핵 등 호흡기 계통 질환에 걸려 있으며, 102명(81%)이 신경성 위장병으로 식사를 제대로 못하고 있다. 또한 다수가 밝은 곳에서 눈을 제대로 뜰 수 없고 눈곱이 끼는 안질에 걸려 있는 것으로 나타났다. 게다가 건강진단이라고 받는 것이 건강진단이라 말할 수 없는 수준이며 진단하는 의사도 믿을 수가 없다. 진단이 서류상의 형식에 지나지 않으며 엑스레이 촬영 시 필름을 제대로 사용하는지조차 의심스럽다는 내용이었다.

그런데 기적이 일어났다. 노동청에 진정서를 낸 다음 날 각 석간신문에 평화시장의 참상에 관한 보도가 실린 것이다. 삼동회 회원들은 미칠 듯이 좋아했다. 모든 것이 다 해결될 것 같았다.

신문 보도가 나온 날부터 평화시장주식회사에서는 노동청에 진정서를 낸 사람들을 찾기 시작했다. 보도 이튿날인 10월 8일 전태일, 김영문, 이승철 세 사람이 삼동친목회를 대표하여 평화시장주식회사를 찾아가 작업시간 단축, 건강진단 실시, 임금 100퍼센트 인상, 다락방 철거, 환풍기 설치, 조명시설 개선, 여성 생리휴가의 보장, 노동조합 결성 지원 등의 요구사항을 건의했다. 회사 측에서는 "진정 내용은 알겠다, 지금 실정으로는 다 들어주기는 어려우니 조금만 참고 기다리면 환풍기 설치와 형광등 조명의 대체는 이루어지도록 힘써 보겠다"고 대답했다. 말 그대로 '힘써 보겠다'는 것뿐이었다.

다음 해 봄에 있는 대통령 선거를 앞두고 당국은 그 어느 때보다도 사회여론에 신경을 쓰고 있었다. 삼동회의 진정 내용이 더 보도될 것을 우려해서인지 노동청에서는 허겁지겁 뒤늦게 실태조사를 하겠다느니, 근로기준법을 위반한 업체를 고발하겠다느니 하는 소란을 피웠다. 그 며칠 뒤 노동청 근로감독관이 삼동회 회원들을 찾아왔다.

근로감독관은 삼동회 회원들에게 근로자의 날에 표창을 수여받도록 주선하겠다면서 전태일을 치켜세우며 은근한 회유책을 들고 나왔다. 또 그때쯤 해서 경찰서에서는 정보과 형사들까지 파견되어 회원들의 주변을 맴돌기 시작했다. 10월 중순경 노동청 근로기준국장인 임정삼이라는 사람이 평화시장으로 이들을 찾아왔다.

"너희들이 깡패 모양으로 그렇게 직업도 없이 돌아다니고 있어서는 진정사항을 다 들어줄 수가 없다. 취직을 해라. 그러면 일주일 안에 다 개선해 주겠다."

삼동친목회 회원들은 '일주일 안에 다 개선해 준다'는 그의 약속이 너무도 반가워서 모두 일단 취직하기로 했다. 그러나 약속했던 일주일이 지났는데도 근로조건 개선은 조금도 이루어질 기미가 보이지 않았다. 전태일은 근로감독관을 찾아가서 약속했던 일들이 어떻게 되는 것이냐고 따졌다. 근로감독관은 "진정 내용을 실현하려고 노력해 봤으나 현실적으로는 도저히 불가능하다"고 답했다. 그것으로 끝이었다.

전태일은 삼동회를 소집했다. 감독관을 만나고 온 전말을 보고한 이 자리에서 그는 "이렇게 말로 해서는 해결이 안 나겠으니 10월 20일 노동청 정문에 가서 데모하자"고 제안했고 회원들은 동의했다. 10월 20일은 노동청에 대한 국회의 국정감사가 있을 예정이니 그 기회를 이용해 노동청의 약점을 치자는 것이었다. 그러나 회원들 주변에 엄중한 사찰망을 펴고 있던 당국은 데모 계획을 눈치챘다. 근로감독관이 다시 찾아와서는 "앞으로 근로감독을 강력히 하여 업주들로 하여금 너희의 요구를 다 들어주도록 할 터이니 며칠만 참고 기다려 보자"며 애원하다시피 하면서 전태일에게 데모 계획의 중지를 요청했다.

전태일은 "속는 셈 치고 또 한 번 기다려 볼 터이니 반드시 약속을 지켜 주세요"라는 말을 던지고 삼동회 회원들에게 돌아와 전말을 얘기했다. 그래서 계획했던 10월 20일 데모를 일단 보류하기로 했다.

노동청에 대한 국정감사가 끝난 바로 다음 날 그는 다시 근로감독관을 만나서 약속을 왜 지키지 않느냐고 따졌다. 그러자 감독관은 "너희들 요구조건은 당초부터 도저히 실현 불가능한 무리한 것이니 그만 포기하라"고 있는 속을 그대로 드러내면서 뻔뻔스럽게 나왔다. 전태일은 격앙된 어조로 약속이 틀리지 않느냐고 따지고 들었다. 그러자 감독관은 "그렇게 타일러도 말을 안 듣느냐? 이제 국정감사도 끝났으니 그렇다면 어디 너 할 대로 해 봐라" 하고 도리어 화를 벌컥 내면서 배짱으로 나오는 것이었다. 이를 전해 들은 삼동회 회원들은 격분했다. 그들은 더 이상 속지 않기로 했다. 그들은 만장일치로 10월 24일 오후 1시에 평화시장 국민은행 앞길에서 데모를 감행하기로 결의했다.

드디어 10월 24일 오후 1시. 전태일은 노동청 출입기자들에게 '오늘 오후 1시께 데모가 있을 것이니 평화시장에 와서 취재해 달라'는 부탁을 하고 시장으로 나왔다. 그러나 그때 이미 평화시장 일대에는 시장 경비원의 경비가 펼쳐져 있었다. 알고 보니 형사들도 시장 일대 이곳저곳에 깔려 있었고, 작업장 중에는 기업주들이 문을 닫고 노동자들을 밖으로 내보내지 않는 곳이 많았다.

삼동회 회원들이 어찌할 바를 모르고 갈팡질팡하고 있을 때 시장 경비실에서 오 형사가 회원들을 부르며 손짓했다. 그제야 그들은 오늘의 데모 계획이 새어 나간 것도, 경비가 삼엄한 것도, 업주들이 공장 문을 닫고 노동자들을 내보내지 않는 것도 오 형사의 능구렁이 같은 짓 때문이라는 것을 깨닫게 되었다. 그는 오래전부터 삼동회 회원들의 주위를 맴돌면서 능구렁이 짓을 하더니 며칠 전에는 데모하라고 부추기면서 도와준다고까지 했었다.

전태일과 서너 명의 회원들은 경비실 안으로 들어가 평화시장주식회사 사람들과 함께 있는 오 형사를 만났다. 회원들이 "왜 여태까지 한 가지도 개선이 안 됩니까?" 하고 큰소리로 따지자 오 형사와 회사 측 사람들은 유들유들 웃으면서 시간을 끌고 조롱 섞인 말을 던졌다. '현실'을 들먹이며 회원들을 설득하려 하던 그들은 삼동회 회원들이 화가 나서 문을 박차고 나가려고 하자 그때야 당황한 빛을 보이며 또 약속을 했다.

"무슨 일이 있어도 11월 7일까지는 선처해 주겠다. 그러니 그때까지만 참고 기다려 봐라."

그들은 반드시 약속을 지키겠다고 했다. 삼동회 회원들은 화를 삭이며 '한 번만 더 기다려 보겠다'는 말을 남기고 국민은행 앞길로 내려왔다.

11월 7일, 약속한 날짜가 되었건만 이루어지는 것은 아무것도 없었다. 삼동회 회원들은 다시 모였다. 전태일은 심각한 표정으로 말했다. "이런 식으로 해서는 아무것도 안 된다. '근로기준법 화형식'을 해 버리자. 있으나 마나 한 법이니 우리 손으로 태워 버리는 거다. 우리 모두 희생할 각오로 싸우자!"

그날 정해진 거사 일자는 11월 13일, 시각은 변함없이 오후 1시. 전태일을 포함한 세 명의 회원이 플래카드를 만들기로 했다. 그들은 플래카드에 쓸 구호를 정했다.

우리는 기계가 아니다!
1주일에 한 번만이라도 햇빛을!
하루 16시간 노동이 웬 말이냐!

일단 구호가 정해진 뒤에는 세부계획을 수립했다. 먼저 연설은 탁자하나를 준비해 두었다가 노동자들이 모일 때 그 자리에 내놓고, 전태일이 근로기준법 책을 들고 그 위에 올라가서 근로기준법의 중요 조문을 소리 내어 읽기로 했다.

'이런 조문이 다 무슨 소용이냐? 지켜지지도 않는 이 따위 허울 좋은 법은 화형에 처해 버리자!' 하는 취지의 선동연설을 결행하기로 했다. 선동연설이 끝나면 곧바로 '근로기준법 화형식'을 거행하고, 전태일이 계속해서 구호를 선창한 뒤 삼동회 회원들이 시장에 쏟아져 나온 사람들과 함께 구호를 따라 외치면서 데모에 들어가는 것이다. 이 화형식을 위하여 전태일은 휘발유통을 하나 준비하겠다고 말했다. 계획이 세워지고 나자 전태일이 삼동회 회원들에게 힘주어 말했다.

"이번만은 어떤 희생을 치르더라도 결단코 물러서지 말고 끝까지 싸우자!"

전태일의 이 말이 바로 목숨을 던질 엄청난 결심을 품고 그 자신의 마음을 다지는 말인 줄은 아무도 깨닫지 못했다.

분신

마침내 1970년 11월 13일 낮 1시.

평화시장 일대에 긴장감이 돌았다. 경비원들과 출동한 경찰들이 이곳저곳에 삼엄하게 진을 치고 있었다.

"오늘 몇몇 깡패 같은 놈들이 주동하는 좋지 못한 움직임이 있으니 절대로 가담해서는 안 된다."

각 사업장에서는 업주들이 근로자들을 협박하며 단속을 강화하고 있었다. 경비원들과 형사들이 국민은행 앞길을 철저하게 차단했다. 그러나 업주들의 협박과 경찰·경비원들의 감시망을 뚫고 삽시간에 500여 명이나 되는 노동자들이 국민은행 앞길에 모여들었다.

이 시각, 삼동회 회원들은 형사들의 눈을 피해 평화시장 건물 3층의 어둡고 침침한 복도 구석에 모여서 아래를 내려다보며 상황을 살피고 있었다. 회원 중 몇 사람은 이미 시장 경비원들에게 끌려가서 회사 사무실에 감금된 처지였다. 그날 아침 회원들은 플래카드를 몸에 감고 옷 속에 감춘 뒤 시장에 나왔다.

드디어 1시 30분.

삼동회 회원들은 플래카드를 꺼내어 펼쳐 들고 아래로 내려갔다. 2층 복도까지 왔을 때 형사 두 사람이 뛰어오더니 플래카드를 빼앗으려 했다. 전태일은 구호를 외치며 빼앗기지 않으려고 필사적으로 몸부림쳤다. '우리는 기계가 아니다!'라고 쓰인 플래카드를 빼앗으려는 자와 빼앗기지 않으려는 사람 사이에 밀치고 당기는 실랑이가 벌어졌다. 그 바람에 종이로 만들었던 플래카드가 어이없이 쉽게 찢겨 나갔다.

"좋다! 플래카드가 없으면 우리가 못할 줄 아느냐!"

몇몇 회원들이 복받치는 화를 참지 못하고 국민은행 앞길로 곧바로 뛰어가려고 했다. 그때였다. 소란스러운 틈바구니에서 전태일의 표정이 일그러졌다.

"너희들 먼저 내려가서 담배가게 옆에서 기다려라. 난 좀 이따가 갈 테니."

그들은 다소 의아하게 생각했지만, 그의 말에 따라 전태일을 혼자 남겨 두고 국민은행 앞길로 뛰어갔다. 삼동회 회원들이 그곳에 도착했을 때 웅성거리던 500여 명의 노동자들은 경비원들과 경찰들의 몽둥이질에 이리저리 내몰리고 있었다. 사전에 연락을 해 두었건만 신문기자들은 아직 나타나지 않았다. 먼저 내려온 회원들은 초조해하며 담배가게 옆에서 전태일이 내려오기를 기다렸다.

약 10분 뒤에 전태일이 내려왔다. 그는 아무 말 없이 한 친구의 옷소매를 끌어당기더니 눈짓으로 그를 사람 뜸한 옆 골목으로 데리고 갔다.

"아무래도 누구 한 사람 죽어야 될 모양이다."

전태일은 음성을 낮춰 말했다.

"내가 눈짓을 보내면 성냥을 켜서 내 몸에다 불을 댕겨라."

그는 부탁의 말을 남기고 걸음을 옮겼다. 성냥을 든 친구는 어제 저녁에 태일이 하던 말이 생각났다.

"내일 누구 한 사람 죽는 쇼를 한판 벌여서 저놈들 정신을 번쩍 들게 하자."

성냥불을 켜서 갖다 대 달라는 전태일의 부탁이 워낙 심각했기 때문에, 친구는 퍼뜩 스치는 불길한 예감에도 설마 하는 생각을 떨치지 못했다. 그는 성냥불을 켜서 전태일의 옷에 갖다 대었다. 순간 전태일의 옷위로 불길이 확 치솟았다. 친구들에게 먼저 내려가라고 한 뒤 전태일은 미리 준비해 두었던 한 되가량의 석유를 온몸에 끼얹고 내려왔던 것이다. 불길은 순식간에 전태일의 전신을 휩쌌다. 불타는 몸으로 전태일은 사람들이 아직 많이 서성거리고 있는 국민은행 앞길로 뛰쳐나갔다.

"근로기준법을 준수하라!"

"우리는 기계가 아니다! 일요일을 쉬게 하라!"

"근로자를 혹사하지 말라!"

전태일은 몇 마디 구호를 짐승처럼 외치다가 그 자리에 푹 쓰러졌다. 입안으로 화염이 확확 들어찼던지 나중에 쏟아 놓은 말은 똑똑히 알아들을 수 없는 비명으로 변했다. 때마침 그 자리에 서 있었던 한 회원이 근로기준법 책을 전태일의 불길 속에 집어 던졌다. 삼동회가 계획했던 근로기준법 화형식이 이루어지고 있었다.

쓰러진 전태일의 몸 위로 불길은 3분가량 타들어 갔다. 너무나 뜻밖의 일이라 당황하여 누구도 불을 끌 엄두를 못 내던 와중에, 한 친구가 뛰어나와 무어라 소리를 지르며 잠바를 벗어서 불길을 덮었다. 불은 꺼졌다. 흩어지고 있던 노동자들과 길 가던 행인들까지도 갑자기 일어난 불길을 보고 와서 웅성거렸고, 뒤늦게 평화시장에 나타난 기자들도 뛰어와서 수첩을 꺼내 들고 취재를 하기 시작했다.

전태일의 몸은 옷의 엉덩이 부분을 제외하고는 전신이 숯처럼 시커멓게 타고, 온 살결은 화상으로 짓물러 터졌다. 눈꺼풀은 뒤집혔고, 입술은 퉁퉁 부르터서 형체를 알아볼 수 없을 지경이었다. 인간의 모습이라 믿기지 않는 그 참혹한 몰골로 전태일은 마지막 남은 힘을 다 짜내듯 울부짖었다.

"내 죽음을 헛되이 하지 말라!"

그리고는 신음을 터뜨리듯 몇 마디를 더 토해 냈는데 도저히 알아들을 수가 없었다. 전태일은 길바닥에 쓰러졌다. 그때야 구급차의 요란한 경적음이 들렸다. 삼동회 친구 두 사람이 숯검정이 된 전태일을 차에 올려놓았다. 전태일은 근처 병원 메디컬센터로 옮겨졌다. 그 시각이 오후 2시였다.

이소선은 김영문의 이야기를 눈물 한 점 흘리지 않고 다 들었다. 말하는 김영문의 이마에 식은땀이 맺혀 있다.

'갑자기 너무나도 엄청난 일을 당해서 몹시 긴장하고 있겠지.'

이소선은 오히려 안쓰러운 눈길로 김영문을 바라보았다. 김영문은 또 이소선이 놀랄까 봐 그의 손을 꼭 붙들면서 떨고 있었다.

"너무 놀라지 마라. 우리가 할 일을 생각해 보자."

이소선은 김영문의 얘기를 들으면서 '그럼 나는 무얼 해야 하는가'를 생각하고 있었다. 그리고 마음속으로 간절하게 기도를 드렸다.

"하나님, 풀 한 포기라도 당신의 뜻이 아니면 거두어 가지 않으신 하나님, 당신의 아들이 지금…."

죽어 가던 아들과의 약속

이소선이 병원에 도착했다. 어디서 "선생님! 물 좀 주시오!"하는 소리가 들렸다.

저 온몸을 쥐어짜서 피울음처럼 울부짖으며 갈구하는 목소리는 분명 이소선 자신이 낳아서 22년 동안 키워 온 사랑하는 아들, 태일이의 목소리다. 병원 복도에는 교회 사람들이 먼저 와 있었다. 이소선은 그들과 함께 전태일이 있는 병실을 찾았다.

"태일아!"

이소선은 아들의 이름을 부르며 병실로 뛰어들었다. 전태일은 옷이 홀랑 벗겨진 채 하얀 약이 온몸에 다 발라져 있어서 살이라고는 볼 수가 없게 되어 있었다. 얼굴과 사지는 붕대로 칭칭 감겨 있고, 입과 콧구멍만 열어 놓아 아들의 모습을 알아볼 수가 없었다.

"태일아! 에미다!"

"어머니 왔어요? 누구랑 같이 왔어요?"

전태일은 기다렸다는 듯 무척 반갑게 맞이했다.

"영문이가 나를 데리러 왔더라."

"어머니한테 연락하지 말지…. 어머니 놀라시면 안 됩니다. 오는 것도 잘했지만 조금 있다 와도 될 텐데, 어머니가 나를 보고 놀랄까 봐… 죄송해요."

"이 자식아, 에미는 놀라지 않는다…."

이소선은 더 이상 말을 할 수가 없었다. 아들의 얼굴에 손을 갖다 대니 살점은 이미 다 굳어 있었다. 팔과 다리도 딱딱하게 굳어서 펴지지가 않았다. 다행히 화기는 약간 수그러들었는지 말소리만은 또랑또랑하게 들렸다. 어머니는 외상만 심할 뿐이니 아들이 혹시 죽지 않을 수도 있지 않을까 하는 실낱같은 희망에 매달리고 싶었다.

'그러나 살점이 다 타서 저 지경이니 도저히 살 수는 없을 거야….'

그는 아들이 살 수 있을 것이라는 한 가닥 생각의 싹을 잘라 버리기로 작정했다. 마음을 독하게 먹고 눈물을 보이지 않기 위해 안간힘을 썼다. 심방을 함께 다니던 교회 사람들이 가지고 온 성경책을 아들의 머리맡에 놓아 주었다. 그리고 두 손을 모아 기도를 바쳤다.

"근로자를 위해서 애쓰는 태일이의 뜻이 이 모양으로 해서만 이루어질 수 있다면 하나님 뜻대로 하옵소서. 참새 한 마리도 당신의 뜻이 아니고는 떨어질 수 없다고 하였으니 이 가엾은 목숨도 당신 뜻대로 하소서.

어미의 간절한 마음으로는 이 모양으로나마 사는 것이 아쉽습니다. 그러나 거두어 가는 것도 하나님의 뜻이니까, 모든 것을 창조할 때의 하나님 뜻대로 이루소서."

이소선이 기도를 마치고 눈을 뜨자 "아멘" 하고 속삭이는 듯한 아들의 목소리가 뒤를 이었다.

"정말 그럴 거야, 맞아요. 어머니는 지금도 맞는 말씀을 하시는 거야. 모든 것이 그 뜻이라는 말이 너무 맞아요."

아들은 손을 움직이려고 애를 썼다.

"어머니, 담대하세요. 마음을 굳게 가지세요. 그래야 내가 말을 하겠습니다."

어머니는 "그러마" 하고 고개를 끄덕였다. 안심한 듯 아들이 말을 계속했다.

"어머니, 우리 어머니만은 이 아들을 이해할 수 있지요? 나는 만인을 위해서 죽습니다. 이 세상 어두운 곳에서 버림받은 목숨들, 불쌍한 근로자들을 위해 죽어 가는 나에게 반드시 하나님의 은총이 있을 것입니다. 어머니, 걱정 마세요. 조금도 슬퍼 마세요. 두고두고 더 깊이 생각해 보시면 어머니도 이 불효자식을 원망하지 않을 것입니다. 어머니 저를 원망하십니까?"

이소선은 아들의 말을 듣자 웬일인지 마음이 착 가라앉는 것 같았다. 흉하게 탄 아들의 얼굴을 지켜보면서 태연한 것처럼 차분하게 말했다.

"에미는 너를 이해한다. 어찌 원망하겠니? 절대로 원망하지 않는다."

"역시…. 우리 어머니는 나를 이해해."

전태일은 어린아이처럼 좋아했다. 그 한마디를 하고는 손을 내밀려는 듯 몸을 움직여 보다가 도리어 잠잠해졌다.

"어머니, 내가 못다 이룬 일 어머니가 꼭 이루어 주십시오."

아들이 꿈틀거렸다. 아들의 이 한마디는 어미의 가슴에 깊이 파고들어와 박혔다.

'태일이가 하고자 했던 일이 무엇인지 자세히 모르지만 근로자를 위하는 일로서 평소 태일이의 성품을 보았을 때 좋은 일, 훌륭한 일일 거야. 그렇지만 쉬운 일이 아니고 이렇게 목숨까지도 바쳐야 하는 무척 어려운 일이겠지.'

이소선은 그 일이 고난에 찬 길이라는 것을 어렴풋이 미루어 짐작하였다. 그래서 조금은 망설였지만, 입술을 깨물며 아들의 말을 되새기고 약속을 지키기로 했다.

"그래, 아무 걱정 마라. 내 목숨이 붙어 있는 한 기어코 내가 너의 뜻을 이룰게."

"어머니 정말 할 수 있습니까?"

아들은 어머니의 대답이 미심쩍었는지 세 번이나 되물었다.

"그래, 기필코 하고 말겠다!"

이소선은 아들 전태일의 앞에서 소리치며 '약속'을 하고 말았다.

"약속했습니다!"

전태일이 크게 외치더니 꿈쩍도 하지 않는 몸을 뒤척였다. 어머니는 놀라서 아들을 붙들었다.

"나는 왜 죽는가 하면, 나는 더 이상 볼 수가 없어요! 가냘픈 생명체가 계속 병들어 가니까, 하루하루 병들어 가는 것을 그냥 볼 수가 없었어요. 안 보이는 벽과 창살이 우리를 가두고 옥죄고 있어서 그 단단한 벽을 허물기 위해 나는 작은, 아주 작은 바늘구멍이라도 내기 위해서 죽는 것입니다.

그 작은 구멍을 자꾸 키워 가난한 사람, 근로자를 어두운 곳에 가두고 옭아매는 벽을 허물어야 합니다. 그래야 없는 사람도 살고 근로자도 살 수 있는 것입니다. 그렇기 때문에 내 죽음을 서러워하거나 원망을 해서는 안 됩니다. 나는 어머니보다 조금 일찍 죽는 것뿐이니까요. 나를 낳아서 키워 준 우리 어머니는 우리 친구들하고 같이하면 슬프지도 않을 것이고, 외롭지도 않을 거예요."

전태일이 그 말을 마치더니 자기 친구들을 불러 달라고 했다. 병원에 와 있던 서너 명의 친구들이 전태일의 머리맡으로 다가가 섰다.

"…자네들, 부모에게 효도해야 하네. 뭐니뭐니 해도 사람이란 부모에게 잘못하면 안 돼…. 너희 부모께 효도하고 그리고 조금 시간이 남으면 우리 어머니께도 날 대신해서 효도를 해 주게…. 우리가 하려던 일, 내가 죽고 나서라도 꼭 이루어 주게. 아무리 어렵더라도 절대로 포기해서는 안 되네. 쉽다면 누군들 안 하겠나? 어려울 때 어려운 일 하는 것이 진짜 사람일세. 내 말 분명히 듣고 잊지 말게. 내 죽음을 헛되이 하지 말게!"

당부를 마치자마자 전태일은 친구들에게 확실한 대답을 요구했다. 친구들은 아무 말도 하지 못하고 고개를 푹 숙인 채 서 있기만 했다.

"왜 대답하지 않는가!"

전태일이 벌떡 일어나려고 기를 쓰면서 소리쳤다. 놀란 친구들이 전태일을 제지하며 그대로 자리에 눕혔다.

"네 말대로 꼭 하겠다!"

친구들이 복받치는 울음을 삼키며 대답했다.

"큰 소리로 맹세하라!"

친구들의 목소리가 울음에 잠기자 전태일은 더 큰 소리로 외쳤다.

"태일아, 맹세한다!"

전태일의 친구들은 한 목소리로 외쳤다. 그러자 전태일은 눈을 감으며 잠잠해졌다. 이소선은 그때 정신이 번쩍 들었다.

'지금 이러고 있을 때가 아니지! 태일이가 물을 달라고 했지.'

이소선은 누워서 떨고 있는 아들에게 치마를 덮어 주고는 의사에게 달려가서 물을 달라고 했다.

"물을 먹으면 화가 금방 솟구쳐 오릅니다. 그렇게 되면 찬 것하고 뜨거운 것이 부딪치게 되고 금방 목숨이 끊어져 버립니다."

"그러면 어떻게 하면 좋겠어요?"

이소선은 안절부절못하고 의사의 옷소매를 붙들었다.

"달리 도리가 없습니다. 가제에다 물을 묻혀 입에 대 주세요."

의사가 젖은 수건 하나를 주었다. 이소선은 젖은 수건을 갖고 가서 그대로 아들의 입에 대 주었다. 아들은 수건이 닿자마자 미친 듯이 입술로 수건을 빨았다. 입술을 깨물듯 수건을 빨아들이는 소리가 어머니에게는 마치 자신의 간이 빠지는 소리로 들렸다.

"어머니, 나는 못 살아요."

'조금 있으면 죽는구나.'

아들이 수건을 빨고 있는 것을 바라보고 있자니 어미 가슴이 후벼 파이는 것 같았다. 이소선은 더 이상 참지 못하고 의사에게 달려갔다.

"살릴 수는 없습니까? 화가 빠지는 주사라도 놔 줄 수 없나요?"

어머니는 미친 듯이 애원했다.

"…1만 5,000원짜리 주사 두 대만 맞으면 우선 화기는 가시게 할 수 있을 겁니다."

"의사 선생님 나중에 집을 팔아서라도 갚을 테니 주사를 꼭 좀 맞게 해 주세요."

이소선은 죽기살기로 의사에게 매달렸다. 의사는 한동안 말이 없었다.

"…정 그러시면, 근로감독관에게 가서 보증을 받아 오세요."

분신 소식을 듣고 노동청에서 평화시장에 급히 파견되었던 근로감독관 한 사람이 병원까지 전태일을 따라와 있었다. 이소선은 근로감독관에게 가서 보증을 서 줄 것을 부탁했다.

"내가 무엇 때문에 보증을 서요?"

근로감독관은 퉁명스레 내뱉고는 옷자락을 붙잡고 있는 이소선을 사정없이 뿌리쳤다.

그때 아들이 어머니를 불렀다.

"어머니. 의사한테 나를 살려 달라고 간 모양인데, 나는 못 살아요. 그러니까 1분 1초라도 내 곁을 떠나지 말고 나하고 말해요."

"그러니까 주사 좀 맞혀 달라고 갔다."

"그런 것은 다 부질없는 짓이에요. 혈관이 굳어서 링거도 잘 안 떨어지잖아요. 나는 눈을 감아서 볼 수가 없으니 어머니가 얼마만큼 자주 떨어지는지 지켜봐 주세요."

이소선은 아들의 말을 듣다가 다시 의사에게 가서 애원을 했다. 의사는 고개를 흔들었다.

"그 약이 지금 여기 없습니다. 정 그러시다면 성모병원으로 옮기시지요."

그때까지 전태일은 간단한 응급치료만 받았을 뿐 서너 시간을 그대로 방치되어 있는 상태였다. 하는 수 없이 명동 성모병원으로 옮기기로 했다. 그때서야 근로감독관이 나타나서 함께 차를 타고 성모병원에까지 따라왔다. 차 안에서 근로감독관과 이소선이 주고받는 얘기를 듣던 전태일이 결의에 찬 음성으로 말했다.

"사람이 그럴 수가 있습니까? 국정감사가 끝났다고 그렇게 배신할 수가 있소? 내가 죽어서라도 근로기준법이 준수되나 안 되나 지켜볼 것이오."

전태일은 격분해서 차를 타고 가는 내내 조금도 가만있지 않았다.

성모병원에서는 응급실에 얼마간 있다가 입원실로 옮겼다. 이미 의사의 진단으로는 회생할 가망이 없다는 것이었다. 입원실에서도 별다른 치료를 해 보지 못하고 거의 방치해 두다시피 했다. 저녁이 되면서부터 전태일은 기력이 탈진해 가는지 잠잠하게 누워 있었다. 한동안 혼수상태에 빠진 듯하더니 눈을 뜨고 힘없이 중얼거렸다.

"배가 고프다…."

이 얼마나 가슴 찢어지는 소리인가! 죽어 가는 자식의 마지막 한마디가 '배가 고프다'는 말이라니, 어미로서 생전에 잘 먹이고 잘 입히지는 못했을망정 죽는 순간까지도 배고픔을 달래 주지 못한 것이 한스러웠다.

'태일아…. 사랑스런 내 아들…. 그 어려운 가운데서도 동생들이 먹을 것을 달라고 보채거나 어미 속을 썩이면 늘 동생들을 가로막고 타이르고 달래면서 방패막이가 되어 주던 태일아…. 나이보다도 속이 들어찬, 한없이 자상하고 믿음직한 사랑스러운 내 아들 태일이가 죽어 가는 마당에 배고픔을 호소하고 있다니….'

어머니는 한없는 자괴감에 흐르는 눈물을 어찌할 수 없었다.

밤 10시가 조금 지나자 병원에서 일하는 사람들이 병실로 들어오더니 침대를 옮기라고 했다. 살덩이가 불에 익어서 진물이 흐르기도 하고, 숯 검정이 된 살점이 묻어 침대가 엉망이 된다는 것이었다.

그들은 환자를 옮기려고 쑥덕이는 눈치더니 이내 포기하고 잿더미가 된 짐승에게 이르듯 인상을 찡그리며 뒤집으라고 내뱉었다. 전태일을 들어 옮기는 것은 엄두도 못 내고 마치 짐짝 다루듯 하고 있었다. 그들이 던지는 말에 따라 전태일은 움직거리려고 힘을 써 댔다.

'어머니인 나라도 손등을 대어 주었으면 좋았을 텐데.'

이소선은 뒷날 생각하면 그때 그저 그 사람들이 해 주는 것이려니 하고 넋을 놓고 멍청하게 서 있었던 것이 자책이 되었다. 전태일은 병원 사람들이 지시하는 대로 몸뚱이를 옮기기 위해 무진 애를 썼다. 힘을 써 가며 손을 약간 움직여서 뒤집으려고 하는데 숨통이 막히는 듯싶었다. 숨을 쉴 수가 없는지 고통에 찬 신음이 터져 나오더니 그 소리가 조금씩, 조금씩 잦아들어 갔다. 의사가 면도칼로 목에 감긴 붕대를 잘라 냈다. 그러자 전태일은 무슨 말인가를 하려고 숨을 벌렁벌렁 내쉬었다. 숨을 내쉴 때마다 그 구멍으로 피가 주르륵주르륵 쏟아졌다. 그리고는 끝내 숨을 거두고 말았다.

이소선 옆에 소복을 한 수녀 두 분이 전태일의 영혼을 거두러 온 것처럼 서 있었다.

"수녀님, 우리 태일이를 천당으로 인도해 주세요…."

"어머님, 염려 마세요. 아드님은 천주님 품으로 가십니다."

이소선은 수녀님들의 기도를 들으면서 사랑하는 아들과의 이별이 하나님의 뜻임을 알게 되었다. 그는 태일이 하나님의 나라로 들어갈 것을 확신했다. 그러나 이 세상에서는 다시 만날 수 없다고 생각하니 가슴이 미어지는 듯하여 수녀님들에게 매달렸다. 수녀님들도 함께 울면서 이소선의 어깨를 끌어안고 있었다.

이소선은 그 슬픈 순간에도 아들의 신발과 옷을 찾아 두겠다는 생각이 들어 수녀님들에게 이를 부탁했다. 안 보고는 살 수 없는 태일이의 모습, 태일이가 남긴 것은 무엇이든지 간에 태일이를 보듯이 간직하고 싶었다.

이소선은 아들의 유품을 끌어안고 병원 벽에 기댄 채 쓰러져 버렸다.

장례를 둘러싼 회유와 협박

이소선은 새벽에야 눈을 떴다. 사람들이 부산스럽게 왔다갔다 하고 있었다. 병원의 아들 곁이 아닌 자신의 집 천장이 눈에 들어왔다. 어젯밤 기절한 사이에 그를 이리로 데리고 온 것이다. 자신이 어떤 처지라는 것을 알아차리는 순간 그는 벌떡 일어났다.

"왜 태일이 옆에 놔두지 않고 이리로 데려왔어?"

이소선은 소리를 버럭 질렀다.

"태일이는 이제 숨도 쉬고 괜찮아졌으니까, 걱정 말고 숨이나 돌려요."

사람들이 그를 안정시키려는지 차분하게 말했다.

"무슨 소리를 해! 태일이는 그때 죽었는데!"

자기 눈으로 목격한 아들의 죽음을 속이려는 그들의 말에 어이가 없었다. 교회 사람들도 기관에서 나온 사람들에게 압력을 받았는지 자신을 끌어다 앉히기에 급급했다. 태일에 대해서는 아무도 말을 하지 않았다. 이소선이 교회 사람들 어깨 너머로 바깥을 내다보니 양복을 차려입은 낯선 사람 셋이 그의 집 문을 들락날락하면서 바쁘게 움직이고 있었다.

사람들은 저마다 그를 두고 물을 떠먹인다, 팔다리를 주무른다고 야단법석이지만 정작 자신의 말을 들어 주는 사람은 아무도 없었다. 밖에서 움직이고 있는 양복쟁이들이 자신을 진정시키라 당부한 것이라고 그는 짐작했다. 이대로 집에 누워 있을 수만은 없었다. 이소선은 부엌에 물을 마시러 간다고 사람들을 일단 안심시켰다. 그리고는 순식간에 부엌칼을 든 채 방 안에 뛰어 들어와 사람들을 노려보았다.

"나를 태일이가 있는 병원으로 못 가게 하는 놈이 있으면 아무 놈이라도 쑤셔 버릴 테야!"

달리 뾰족한 수가 없었다. 칼을 휘둘러 그들을 위협하면서 마구 밖으로 뛰어나갔다. 동네 입구에 있는 파출소 앞까지 치마가 벗겨진 줄도 모르고 정신없이 달렸다. 대로에까지 나와서 버스나 택시를 잡는다고 설치니 뒤를 따라온 사람들도 어쩔 수 없었는지 두 손을 들었다.

"우리는 막을 수가 없다. 병원으로 데려다줘야지."

이소선은 그렇게 해서 겨우 택시를 잡아타고 아들이 있는 성모병원으로 갈 수 있었다. 성모병원에 도착하니 아들은 벌써 냉동실에 들어가 꽁꽁 얼어 있었다. 흘려야 할 눈물조차도 메말라 버렸는지 그는 울지도 않았다. 시체는 요셉이라는 이름으로 안치되어 있었는데 볼 수는 없다고 했다. 어머니는 아들의 얼굴을 안 보고는 견딜 수가 없었다. 그러나 아들은 분명히 죽었다. 자신이 보는 앞에서 죽어 가지 않았던가.

'지금부터 중요한 것은 시체를 다시 보는 것이 문제가 아니다. 시간을 두고 생각하자.'

이소선은 생각에 잠겼다. 아들 전태일의 뜻을 이룰 기회는 지금이다. 이 기회를 절대로 놓쳐서는 안 된다. 태일이의 뜻을 이룰 수 있다는 보장을 받을 때까지 장례식도 시신 인수도 하지 말아야겠다는 판단이 섰다. 신문기자들이 찾아왔다. 앞으로 어떻게 할 것인지를 묻는다. 그는 분명히 잘라 말했다.

"우리 아들의 뜻인 근로조건 개선이 이루어질 때까지 사체를 여기에 둘 겁니다. 우리 아들은 3년 전부터 근로조건 개선을 위해 불철주야 정당한 노력을 해 왔어요. 나는 압니다. 우리 아들은 노동청의 기만과 배신 때문에 죽어 갔어요. 하지만 내가 살아서 어떤 일이 있더라도 태일이의 뜻을 이룰 겁니다."

이소선은 이제부터 무엇을 해야 할 것이냐는 물음을 스스로에게 던지며 쉬지 않고 간절하게 기도를 드렸다.

'하나님, 나의 행동과 입까지 주관해서 나를 어떻게 해 주십시오.'

찾아오는 사람들을 이끌고 "기도합시다"를 되풀이하면서 기도를 바쳤다. 그러는 사이에도 신문과 라디오에서는 시간마다 전태일과 평화시장에 관한 보도가 끊이지 않고 흘러나오고 있었다. 사람들이 라디오를 가지고 오더니 그에게 들어 보라고 했다. 이소선은 라디오를 들으면 뭘한단 말인가 싶어 라디오 듣는 것을 거절했다. 오로지 생각나는 것은 '앞으로 내가 뭘 해야 할 것인가' 하는 문제뿐이었다.

사흘째였다. 평화시장의 업주들과 기관은 장례식 준비를 서둘렀다. 관은 얼마짜리로 하고, 상복은 어떻게 하고, 꽃차를 만들어서 차는 몇 대를 준비하고, 장지는 어디로 할 것인가 하는 계획을 세우고들 있었다. 기도를 드리면서도 그들이 하는 모양을 보고 있으려니 화가 복받쳐 올라서 참을 수가 없었다. 이소선은 그들이 얘기하는 곳으로 갔다.

"내가 언제 당신들한테 장례식 해 달라고 했소? 그런 거 다 필요 없어. 나는 내 아들 태일이의 뜻이 이루어지지 않으면 절대로 장례식을 치르지 않을 거야!"

이소선은 사람들이 장례 준비를 하느라고 이것저것 써 놓은 종이를 빼앗아 짓밟아 버렸다. 그는 8개 항의 요구조건을 제시했다.

첫째, 주일 휴가(유급휴일)제 실시. 둘째, 법으로 월급공 임금 인상. 셋째, 8시간 근로제(오버타임 수당제) 실시. 넷째, 정규임금 인상. 다섯째, 정기적인 건강진단 실시. 여섯째, 여성 생리휴가 실시. 일곱째, 이중 다락방 철폐. 여덟째, 노조 결성 지원.

이러한 요구조건은 10월 8일 전태일을 비롯한 삼동회 회원들이 평화시장주식회사에 건의한 내용들이었다. 그야말로 근로기준법에 명시되어 있는 사항이 대부분으로서, 최소한의 요구조건이었다. 인간으로서 살기위한 최소한의 조건을 외면하고 노동자의 가장 절실하고 절박한 요구에 기만으로 응한 기업주와 정부 당국이 결국 아들을 죽인 것이라고 이소선은 생각하고 있었다.

제시된 요구조건을 보더니 당국자들은 일단 장례를 치러 놓고 그런 것들을 해결하자고 했다. 이소선은 그들의 태도가 뻔뻔스럽다고 생각했다.

"그런 소리 하지 마라, 어차피 육신에서 영혼은 떠났다. 중요한 건 태일이가 원하는 그 뜻이지 그 따위 게 아니다. 태일이의 장례는 나 혼자서라도 치를 수가 있다. 시체가 크고 무거워서 나 혼자 못 들고 가겠으면 내가 태일이를 썰어서 목은 목대로 내 치마폭에 싸 가지고 이 산 저 산에다 하나 묻고, 다리는 다리대로 저 산에다 묻고 해서 장례를 치를 테다. 내가 동강 내서 이 산 저 산에다 묻는 한이 있더라도 그 뜻이 이루어지지 않으면 장례식을 하지 않을 것이다. 내 아들 내 맘대로 하는데, 왜 너희들이 장례식을 하자 말자 하느냐? 너희가 죽여 놓고 너희가 장례식 하도록 기다린 줄 아느냐!"

이소선이 이렇게 완강하게 버티고 있을 때 옛날에 대학을 다녔다는, 이웃 동네 사는 아저씨가 찾아왔다. 전태일이 분신했다는 소식을 듣고 왔다는 것이다. 지금 자신이 하는 행동이 맞는 것이냐고 이소선이 물으니, 그는 그렇다고 했다. 그러던 그가 이 사람 저 사람을 만나더니 갑자기 자기가 합의를 본다고 난리를 쳤다. 이소선은 그의 태도에 말문이 막혔다.

이윽고 밤이 되었다. 이소선이 기자와 얘기를 나누고 있는데, 방명록을 담당하고 있던 아까의 아저씨에게 누가 찾아오더니 인사를 나누고 방명록에 서명을 했다. 서명을 마친 사내는 신문지에 싼 덩어리를 책상 위에 얹어 놓고 그 아저씨와 얘기를 주고받았다. 이소선이 누군가 하고 보고 있으니까 가까이 왔으면 하는 눈치를 보내왔다.

"이게 뭡니까?"

이소선은 다가가서 그 사내에게 물었다.

"이것은 다른 게 아니라 평화시장 업주들이 거둔 것인데, 장례식에 쓸 돈입니다."

그 사내는 평화시장주식회사 경비대장이었다. 그 말을 듣자마자 이소선은 온몸에 피가 거꾸로 솟는 것 같았다.

'그 알량한 돈으로 얼버무리려고 하다니….'

"이놈의 새끼들아! 사람을 새까맣게 그을려 죽여 놓고 너희들한테 장례식 해 달라고 기다리고 있는 줄 알아!"

이소선은 돈뭉치를 싼 신문지를 쫙쫙 찢었다. 묶어 놓은 돈다발을 풀어 헤쳐서 사방에 돈을 뿌려 버렸다. 지폐가 사방으로 흩뿌려졌고 돈다발째 내동댕이쳐지는 것도 있었다. 경비대장은 급작스럽게 당한 일이어서 어쩔 줄 모르며 허둥지둥 돈을 쓸어 담느라 법석을 피웠다. 바닥에 널린 돈을 손으로 주울 수가 없었던지 아예 잠바를 벗어서 쓸어 담는 것이었다. 이소선은 어찌나 분하고 억울한지 돈을 줍고 있는 경비대장의 잠바를 발로 걷어차 버렸다.

"어떤 놈이든지 이 돈을 줍는 놈이 있으면 내가 칼로 죽여 버릴 테니까 절대로 손대지 마!"

이소선이 발악하듯 소리를 지르니까 그 동네 아저씨는 말리지도 못하고 멍청히 바라보고만 있었다. 그 경황 중에도 청소하는 아저씨가 들락 날락하는 것이 이소선의 눈에 보였다.

"청소하는 아저씨! 이 돈 주워 가요!"

이소선이 다급하게 외치자 청소하는 아저씨는 어리둥절해서 멀거니 쳐다보고만 있었다.

"왜 못 주워요? 돈 주워 가라는데 왜 못 주워 가는 거예요?"

이소선은 돈뭉치를 다시 풀어서 던져 버렸다.

그때 이소선 옆에 서 있던 젊은 사람이 불쑥 나서서 경비대장에게 "개 놈의 새끼! 어디 와서 돈 가지고 해결하려고 그래!"라며 소리쳤다. 이소 선은 그 젊은이의 말을 듣자 자신을 도와주는 사람이 옆에 있구나 싶어 서 더더욱 힘이 났다. 이소선은 그 돈을 입으로 물어뜯었다.

"여러분, 이 돈은 임자 없는 돈이니까 맘대로 주워 가요. 누가 돈 주웠 다고 시비하거나 고발도 안 할 테니까 빨리 주워 가요. 나는 이 돈 필요 없습니다!"

"이 쌍놈의 새끼! 어디서 왔나!"

그 젊은이가 설쳐 대면서 경비대장의 먹살을 쥐고 흔들었다.

"새까맣게 그을려서 돈 받으려고 기다리고 있는 줄 아냐! 이런 도둑놈 들아!"

이소선은 분하고 억울해서 소리를 지르다가 쓰러져 응급실로 옮겨졌 다. 이소선을 도왔던 젊은이는 노총에서 나온 사람으로, 나중에 청계피 복노조 초대 지부장이 된 김성길이었다.

이소선이 막무가내로 나오니까 안 되겠다 싶었는지 그들은 이번엔 교 회 목사를 앞세워 이소선을 설득하려고 했다. 이소선은 독실한 기독교인 이기 때문에 목사의 말이라면 거의 절대적으로 순응하고 있었다. 그들은 이소선의 그러한 점까지 이용하려고 들었다. 그러나 이소선의 귀에는 목 사의 말도 들어오지 않았다. 교회 목사로도 설득이 불가능해지니까 다음에는 교단의 높은 직책을 가진 목사가 찾아왔다.

직책이 높다는 그 목사는 위로의 인사를 한답시고 '안됐다, 어쨌다'를 한참 늘어놓더니, 이제는 합의금도 오를 만큼 올라갔으니 웬만하면 합의를 보고 장례식을 치르는 것이 어떻겠냐는 말을 되풀이했다. 이소선은 "돈은 절대로 받을 수 없습니다" 하고 목사에게 잘라 말했다.

이소선이 완강하게 버티고 있으니까 노동청에서는 이소선의 식구들, 친척들을 데려다가 노동청 산재보험, 평화시장 업주들의 모금, 장례비, 조의금 등을 모아 3,000만 원을 줄 테니 합의를 보자고 설득을 하고 있는 중이었다. 온갖 협박과 회유에 가족들과 친척들이 넘어갔지만 이소선의 거절로 장례를 치르지 못하고 있는 상황이었다.

교단의 높은 목사는 아직도 미련을 버리지 못하고 다시 이소선을 찾아와 이렇게 말했다.

"대한민국에서 근로자 한 사람이 죽는데, 이만한 위자료는 지금까지 있어 본 적이 없는 어마어마한 액수입니다."

"그것 재미있구먼…."

이소선은 그 한마디를 던지고 그 목사 앞을 나와 버렸다.

다음 날 그 높은 목사와 또 다른 목사들이 찾아와서 이소선을 둘러쌌다.

"집사님, 우리가 집사님 나쁘게 하겠습니까? 돈 액수도 더 올릴 수 있대요. 이만한 돈을 받기는 역사상 처음이니까 이제 더 이상 하지 말고 합의를 봐서 장례를 치릅시다. 어차피 장례는 치러야 하지 않겠습니까?"

설득이 먹혀들지 않자 나중에는 말투가 거친 명령조로 바뀌었다.

이소선의 친척들은 이미 합의를 한 상태였다. 그 합의된 액수보다도 더 많아지니까 그들은 몸이 달아올랐다. 돈 액수가 그만큼 올라갔으니까 오늘 하지 않는다면 자신들은 모르겠다는 식으로 배짱까지 내밀며 합의를 보자고 성화였다.

"목사님, 오늘 할 얘기가 있으면 해 보세요. 들어 볼 테니까."

이소선은 가슴을 진정시키며 그들의 말을 들어 보기로 했다. 그 목사는 여러 말을 길게 늘어놓았다.

"돈을 합치면 4,700만 원 정도 되니까 이 액수면 유례가 없는 것이고, 또 집사님은 남편도 없고 아이들도 어리니까 돈이 있어야 남은 네 식구를 먹여 살리고 가정을 이끌어 갈 수 있을 것 아닙니까?"

그 목사는 침을 튀겨가며 장황하게 설교하듯이 말했다.

"그렇게 해야 하는 겁니까?"

이소선은 낮은 목소리로 물었다.

"그래야지요."

목사는 심경에 변화가 있다고 느꼈는지 들뜬 목소리였다.

"목사님, 이제 더 이상 나한테 말 안 해도 됩니다."

이소선은 더 이상 그들과 얘기하고 싶지가 않았다.

"그럼 이제 합의 보는 거지요?"

그 목사는 아직도 이소선을 붙들고 있었다.

"합의 보면 어떡합니까?"

이소선은 한심하다는 눈길로 그 목사를 바라보았다.

"무슨 소리 하는 거요?"

그 목사가 하는 소리에 옆에 있던 다른 목사가 귀를 쫑긋하기에 이소선은 참고 있던 화를 터뜨리고 말았다. 그는 재빨리 신발까지 벗어서 어깨 높이로 쳐들었다.

"야! 이 나쁘고 양심 없는 목사야! 너도 목사냐? 연약한 여자가 자식 잃고 남편도 없어 가지고 돈을 받고 죽은 자식 시체 값 받고 팔려고 하면, 너는 자식 뜻을 이루어야 한다고 나한테 확실하고 구체적으로 말해주어야 옳지! 개놈의 새끼! 모가지를 빼기 전에 절대로 내 앞에 보이지 마라, 내가 이 고무신짝으로 너를 때리고도 남지마는 그래도 하나님의 종이라니까 하나님의 입장을 봐서 참고 있는 것이다. 그렇지 않으면 모가지를 빼서 죽여 버린다. 이 돼먹지 못한 놈의 새끼, 지금 어디다 대고 무슨 말을 하는 거야!"

이소선이 악착같이 덤비니까 그 목사들이 질렸는지 표정이 새파랗게 굳어 버렸다.

"다시는 우리를 부르지 마시오!"

목사들은 이소선의 친척들에게 고래고래 소리를 지르며 나가 버렸다.

"그래 안 불러! 너 없어도 예수 실컷 믿을 수 있어. 가! 다시는 안 부른다. 한 번만 더 오기만 하면 나한테 칼 맞아 죽을 줄 알아!"

이소선은 그들의 등짝에 내뱉고는 영안실로 갔다.

회유를 이겨 내는 일은 참으로 어려운 일이다. 친척들은 전태일이 죽고 나면 이소선은 정신병자가 되든지 스스로 죽을 것이라고들 했다. 아들하고 살아생전에 너무도 가깝고 모정이 유난히 돈독해 하루도 안 보면 못살 정도로 다정한 사이였는데, 이제 남편도 없는 처지에 세 아이를 데리고는 더욱더 살기 어려울 것이라는, 그러니까 세 식구를 살리기 위해서라도 친척들이 나서서 돈을 받아야 한다는 것이었다. 그러다 보니 기관에 있는 사람들은 이소선은 어찌 되든 간에 제쳐 놓고 친척들을 공략하는 것이었다.

이소선이 영안실로 들어가니 영안실을 지키고 있던 전태일 이모부가 일어섰다. 그는 조용히 다가와서 귀에 대고 "처형, 저기서 누가 처형을 만나자고 하는데 한번 가서 만나 보고 오시오" 했다.

이소선은 누가 만나자고 하면 돈이나 받으라는 소리나 하는데 뭐하러 만나느냐면서 누구든 만나지 않고 태일이 옆에서 떠나지 않겠다고 말했다. 돈 가지고 합의를 보자는 데는 신물이 나 있었다. 태일이 이모부는 다시, 어떤 바바리를 입은 젊은 사람이 '자기는 대학생인데 꼭 만나야 하니까 아무도 모르게 길 건너편에 있는 삼일다방으로 와 주었으면 좋겠다'는 말을 했다고 했다. 이소선은 제부의 이 말을 듣고 대학생이라는 것에 대해 생각해 보았다. 태일이가 살아 있을 때 근로기준법 책을 펼쳐 놓고 자신에게 하던 말이 떠올랐다.

"대학생들은 미리 공부를 해서 이런 근로기준법도 다 알고 있을 겁니다. 나는 학교를 못 가서 이제야 이런 것을 알게 되었는데, 대학생 친구가 하나 있으면 이 어렵고 한문투성이인 근로기준법을 보다 쉽게 공부할 수 있을 텐데…."

이소선은 태일이의 그때 목소리가 들리는 것 같았다. '대학생이라면 정말로 이런 사정을 알고 우리 편이 되어 주지 않겠나' 하는 생각이 들었다. 한번 만나 보자 결심을 굳혔다.

이소선은 병원을 이리저리 돌아서 다른 사람들이 눈치 못 채게 몰래 빠져나왔다. 학생들은 정보원의 눈을 피해야 해서 병원까지는 올 수가 없다고 했다. 사실 병원은 감시하는 사람도 없이 한산한 편이었다. 그러나 학생들은 달리 생각하고 있었나 보다. 이소선은 학생들의 조심스러운 행동이 마음에 들었다. 은밀하게 자신을 만나려는 사람들이야말로 태일이의 뜻을 이루어 줄 사람이 아닐까 하는 막연한 믿음이 있었다. 그 학생들이 기다린다는 삼일다방을 향해 빠르게 걸었다.

삼일다방에 들어서자 대학생 3명이 있었다. 허름하게 생긴 남색 바바리를 걸친 학생이 아는 척을 하며 일어섰다.

"어디서 온 누구요? 분명히 말하시오."

이소선은 자리에 앉자마자 남학생을 뚫어지게 바라보며 심문하듯 물었다. 자신을 만나자는 사람들이 대부분 돈을 가지고 덤벼드는 터여서 자신도 모르게 긴장되어 있었다. 이소선이 흥분을 가라앉히지 못한 채 정색을 하고 묻자 그 학생은 당황해하면서도 자세를 바로잡았다.

"저는 서울대학교 법과대학에 다니는 장기표라는 학생입니다. 얼마 전 저희가 『자유의 종』이라는 신문에 평화시장의 근로조건에 관해 기사를 실었는데, 그 이후 이 문제에 대해서 꾸준히 관심을 갖지 못해 전태일

군은 결국 죽게 되었군요. 죄책감도 있고, 또 학생으로서 해야 할 일이 무엇인지를 의논하고 싶어 찾아왔습니다."

"왜 이제야 왔소? 당신을 일찍 만났더라면 내 아들은 안 죽었을 것을…. 왜 이제야 찾아왔소?"

학생들의 말을 듣고 이소선은 탁자를 쳐 가며 복받치는 눈물을 쏟았다. 근로기준법 책을 놓고 끙끙대며 안타까워하던 태일이의 안쓰러운 얼굴이 또다시 떠올랐다.

"죄송합니다."

그 학생은 진심으로 미안해하는 표정을 지으며 고개를 떨어뜨리고 눈물을 흘렸다.

이소선은 이제야 속내를 털어놓고 애기할 사람을 만났기에 가슴속에 있는 말을 하기 시작했다. 태일이가 근로기준법을 연구한답시고 골머리를 썩이던 일에서부터 평화시장의 어린 여공들을 위해 뭔가를 해야 한다고 몸부림치던 일에 이르기까지, 그리고 돈 가지고 태일이의 죽음을 해결하려는 사람들에게 욕을 퍼부어 가며, 그동안 꽉 틀어막혔던 자신의 속을 하소연하듯 폭포수처럼 몇 시간에 걸쳐 줄줄이 쏟아 놓았다.

자신의 말을 빠짐없이 들어 주는 그들을 보니 드디어 구세주를 만난 듯싶었다. 태일이의 뜻을 이루려면 도무지 어떻게 해야 할지, 뭐가 뭔지 도통 알 수가 없었다. 태일이는 평화시장 여공들을 위해 죽었는데, 모두가 하나같이 돈만 가지고 자신을 들볶는 판이었으니 절벽에 내몰린 기분이었다. 그런데 이 학생들은 다른 사람과 달랐다. 진심으로 태일이의 뜻을 제대로 알릴 수가 있을 것이었다. 그 남학생은 전태일의 죽음에 학생들도 상당한 충격을 받아서 집회를 열고 시위를 크게 벌일 거라며 자신에게 힘을 주었다. 이소선은 그의 말을 들으면서 학생들은 우리 편이라고 판단했다.

이소선은 어떻게 하면 좋겠는지 한번 말 좀 해 보라고 대뜸 물었다.

기관이나 업주들이 하도 자신을 들볶아 대서, 한시라도 빨리 자신이 어떻게 해야 하는지를 일깨워 주는 사람들이 필요했다.

그 학생은 한참을 생각하더니, 자신들이 학생장으로 장례를 치르는 것이 좋겠다, 그러니 시신을 자기들에게 인수해 주시면 자기들이 전국의 학생을 모아서 장례를 치르고 노제를 평화시장 앞에서 지내겠다고 했다. 전태일의 뜻을 살리기 위해서 시신을 앞세우고 서울 시내에 차를 못 돌아다니게 한 다음 평화시장은 그날 쉬도록 해야 한다고 했다.

이 말을 들은 이소선은 책임지고 그렇게 할 자신이 있느냐고 물었다. 학생은 준비를 해 왔으니 말씀드린 대로 해내겠다며 자신만만하게 대답했다.

이소선은 선뜻 아들의 시신을 인계해 주기로 했다. 장기표라는 학생은 미리 준비를 해 왔는지 "그러면 여기 도장을 찍으세요"라며 종이를 꺼내서 이름을 쓰고 도장을 찍으라고 했다. 생전 처음 보는 대학생에게 어머니는 아들의 시신을 넘겨 주겠다는 증서를 써 주었다.

장기표는 "다 됐습니다. 어머니, 마음을 굳게 잡수시고 모든 것은 우리한테 맡겨 주세요. 그럼 그만 들어가 보세요. 준비를 마치는 대로 연락을 드리겠습니다. 다른 사람들한테 말하면 절대로 안 됩니다. 아시겠죠?"라면서 종이를 들고 다시 한 번 다짐을 받아 두었다.

다음 날 전태일의 장례를 학생장으로 치른다는 보도가 나가고 전국의 학생들이 성모병원으로 집결한다는 소문이 떠돌았다. 긴장감이 더해져 가는 가운데 학생들이 떼를 지어 성모병원에 모여들기 시작했다. 갑자기 조문객이 늘어났다. 복도를 가득 메운 조화가 급기야는 성모병원 밖에까지 늘어서기 시작했다. 정부의 고관에서부터 노동청장, 평화시장 업주들, 국회의원에 이르기까지 생판 들어 보지도 못한 사람들이 조화를 갖다 놓는 것이었다. 병원 복도는 말할 것도 없고 성모병원의 마당에까지 '고(故) 전태일'이라고 쓴 조화는 늘어만 갔다. 그야말로 입추의 여지가 없었다.

그날 밤 학생들은 장례위원회를 구성하여 30여 명이 영안실에 와서 함께 밤을 새우며 얘기를 나누었다. 이웃 할아버지와의 대화, 아주머니와의 대화, 동네 친구들과의 대화로 시간 가는 줄 몰랐다. 새벽녘이 되어 이웃에 사는 김 양이 팥죽을 끓여 왔다. 이소선이 먹어 보니 팥죽의 맛이 이상하게 변한 느낌이 있었는데, 그런데도 학생들은 남기는 사람 없이 다 잘 먹었다. 이소선은 학생들의 이런 모습을 보고 더욱 그들을 신뢰하게 되었다. 학생들이 그렇게 사랑스러울 수가 없었다. 학생들도 김 양의 헌신적인 노력에 감탄해 마지않았다. 이소선은 김 양의 구김살 없는 행동이 고마운 한편으로 이런 이웃이 있다는 것이 자랑스러웠다.

기관과의 합의가 결렬되었다는 소식이 널리 전해졌다. 영안실에 조문 온 노동청장이 이소선을 만나자고 했다. 이소선은 그 말을 듣고 영안실로 향했다. 영안실에 들어가니 웬 뚱뚱한 사내가 자신이 노동청장이라고 인사를 했다. 이소선은 그 사내 앞으로 가서 어떻게 무슨 일로 왔는지 물었다.

"벌써 며칠이 지났는데도 아직 장례를 못 치르고 있다기에 제가 장례식에 도와드릴 것이 있나 협조하러 왔습니다."

'내 아들 태일이를 죽게 한 책임자요, 또 태일이가 분신하고 나니까 질병 때문에 죽었다느니, 집안 사정으로 죽었다느니 하는 말도 안 되는 소리를 기자들한테 지껄이며 태일이의 뜻을 왜곡하던 놈이 아닌가!'

이소선은 노동청장의 말을 듣고 있자니 그의 살찐 볼이 한층 더 밉살스럽게 보였다.

"이놈의 새끼, 네가 죽여 놓고 네가 장례식을 하러 왔다는 거냐! 이 돼먹지 못한 놈들, 국정감사 때 속여 놓고 너, 내 아들 살려 내. 노동청장이면 노동청장이지 네깐 놈의 새끼가 어디다 대고 그런 소리를 하느냐? 뭐, 협조하러? 죽여 놓고 협조냐!"

이소선은 다짜고짜로 노동청장의 멱살을 쥐고 흔들어서 넘어뜨려 버렸다. 갑자기 당한 봉변이어서인지 뚱뚱한 몸뚱이가 단번에 바닥에 쓰러졌다. 이소선은 쓰러진 노동청장의 목을 이빨로 물어뜯어 버렸다. 이소선의 입에 찝찝한 피가 묻어났다. 영안실에 있던 사람들이 놀라서 이소선을 붙들고 말리느라고 야단이었다. 그사이에 노동청장은 혼비백산해서 쏜살같이 도망갔다. 그렇게 노동청장을 혼찌검 내 준 후, 소란이 잠잠해지자 태일이 이모부가 이소선의 귀에 대고 소근거렸다.

"처형, 저쪽에서 좀 보자는 사람이 있어요."

갑자기 불어난 조문객들로 영안실은 미어터질 지경이었다. 그중에서도 평화시장 어린 시다들이 찾아와서 영정을 향해 "오빠! 오빠!" 외치면서 목 놓아 울고 있는 것이 보였다. 이소선은 그 어린것들을 멀거니 바라보다가 제부의 말이 생각나서 자신을 찾는 사람이 있는 곳으로 갔다.

"당신 누구요?"

"저는 학생입니다. 여기서는 말하기 곤란하니까 잠깐 밖으로 나서 말씀드리겠습니다."

이소선은 얼마 전 찾아온 서울대학교 학생이 생각나서 아무런 의심 없이 그 사내를 따라나섰다. 성모병원 밖에는 미끈하게 생긴 까만 승용차가 기다리고 있었다. 학생이라는 사람이 어떻게 차를 다 가지고 왔을까 생각해 보니 아무래도 기분이 이상했다.

"나는 이 차 탈 수가 없소."

"금방 갔다 올 수 있습니다. 학생들이 잠시 얘기할 것이 있어서 모여서 기다리고 있습니다."

학생이라고 신분을 밝힌 그 사내가 차 문을 열면서 이소선이 타기를 재촉했다. 이소선은 잠시 망설였다. 아무래도 느낌이 좋지 않았다. 그렇지만 장기표라는 학생이 혹시 준비가 됐다는 것을 알리려고 그런지도 모른다고 생각해, 차에 올라탔다. 가까운 거리에 간다는 차가 이상하게 어딘지도 모르는 길을 한참이나 갔다.

"학생들이 장례 문제 때문에 어머니하고 구체적으로 의논드릴 것이 있어서 그럽니다. 잠시만 참으십시오."

이소선은 그 말에 솔깃해져서 까탈스럽게 굴지 않고 차 안에서 가만히 앉아 있기로 했다. 그런데 한참이나 달리던 차가 희한하게도 지하실 같은 곳으로 들어가는 것이었다.

"이봐요, 학생! 왜 지하실로 차가 들어가는 거요?"

이소선은 낌새가 수상쩍어서 몸부림까지 치며 발버둥을 했다.

"안심하십시오. 조용한 데서 말해야지, 사람들이 많은 곳에서 말씀드릴 수가 있겠습니까. 마음 턱 놓으세요."

그 말을 듣자 그래도 학생이겠지, 학생들이 나를 기다리는 것이겠지 하는 한 가닥 기대를 떨쳐 버릴 수가 없었다.

'그래도 여기까지 왔는데 하여튼 한번 만나 보기나 하자.'

무슨 호텔 같은 곳으로 들어가는 모양이었다. 차에서 내려 지하실을 벗어나니 빨간 우단 카펫이 깔려 있는 복도가 나왔다. 꽤나 고전적으로 만든 문살무늬의 방문을 열자, 웬 낯선 사내들이 기다리고 있었다는 듯이 앉아 있었다. 이소선은 순식간에 머리카락이 쭈뼛 서며 섬뜩해졌다.

"염려 마세요. 저 방 안에 서울대생들과 고대생들이 기다리고 있습니다. 어서 들어가시지요."

'그래 좋다. 학생들이 설마 나를 어떻게 하랴.'

방 안에 들어가니, 학생들이 아닌 양복 입은 신사가 세 명이나 앉아 있는 것이 아닌가! 이소선이 방 안에 발을 들여놓자마자 그를 데리고 온 사람을 비롯해서 한 열 명이나 되는 사내들이 우르르 따라 들어왔다. 마지막에 들어오는 사람을 보니 웬 보따리 두 개를 들고 있었다. 그 보따리를 이소선 앞에 놓는다. 얼핏 보니 백만 원씩 묶은 돈다발이었다.

'이놈들이 이 돈을 가지고 또 나를….'

돈을 가지고 또 들볶는구나 생각하자 골머리가 자근자근 아파 오기 시작했다. 속이 뒤집히는 것 같았다.

"학생들이 있다고 해서 왔는데 도대체 학생은 어디에 있는 거요?"

목소리가 떨리는 것을 간신히 참으며 묻자 그를 데리고 온 사내가 자신은 학생이라고 했다.

"어디 학교 학생이오?"

"서울대에 다니고 있습니다."

"아니 서울대에 다니고 있는 학생이 왜 나를 이런 곳으로 데리고 왔소? 병원에서 할 말을 못해서 이리로 데리고 왔소? 이게 뭐하는 짓이오?"

"그렇게 흥분만 하지 마시고 차분하게 말씀을 나누기로 하지요. 여기 이것 보십시오. 우리가 이렇게 만반의 준비를 다 해 왔습니다."

눈가에 웃음까지 띠며 그 사내는 이소선 앞에 통장과 돈 보따리를 밀어 놓았다. 눈앞에 놓인 통장을 보니 예금주 이름이 '李小善'으로 되어 있는 게 이름도 잘못되었다. '李小仙'이라야 맞다.

"통장에다 예금 다 해 놓았습니다. 이 현금은 추가로 드리는 조의금입니다. 다른 사람이 다 합의를 보려고 해도 이 여사 때문에 일이 원만하게 진행되지 못하고 있습니다. 그러니 협조해 주시기 바랍니다."

"오늘 이 자리에 온 우리가 합의를 담당한 죄인들입니다. 우리 사정을 봐서라도 이 돈으로 합의를 끝냅시다."

그 말을 한 사내가 주머니에서 무슨 종이를 꺼냈다. 합의서였다. 이소선은 그 종이를 들여다보았다.

전태일 친척들의 도장이 날인되어 있었다. 대충 인원을 보니 열대여섯 명쯤이었다. 이름만 적혀 있고 도장이 안 찍힌 쪽을 보니 태일이의 친동생인 태삼이와, 태일이의 사촌동생 갑수 그리고 어머니인 이소선 이름에만 날인이 비어 있었다.

그때였다. 맞은편에 걸려 있는 거울을 얼핏 보니, 이소선의 뒤편에서 손가락을 끌어 잡아당겨서 서명하는 시늉을 하는 모양이 보였다. 뒤에 있는 사람이 사정이 여의치 않으면 강제로라도 합의서에 지장을 찍게 하라고 지시를 내리고 있는 것이었다.

이소선의 등에 식은땀이 주르륵 흘러내렸다. 눈동자를 살짝 굴려서 보니 그들은 이소선이 거울을 통해서 그 모습을 보리라고는 상상도 못하고 있는 듯했다. 다행히 그들은 서 있고 이소선은 앉아 있는 상황이었다. 순간 무서운 생각이 들었다.

'내가 어떻게 수를 써서 저것들을 이겨 낼 수 있을까.'

이소선은 가만히 앉아서 그 생각에만 몰두했다.

"저…. 그렇다면 말이오. 저 통장의 것은 얼마고 현금은 얼마요? 남편도 죽고 태일이도 없으니까 나도 돈 갖고 살아야지요. 내 형편이 그러니 돈을 많이 준다면 나는 이 자리에서 합의를 볼 생각이오."

이소선은 시간을 벌어 볼 참으로 침착하게 대꾸했다. 그들은 입이 벙긋해졌다. 한 사람이 이소선 옆에 바짝 달라붙었다. 돈 보따리에 있는 것은 얼마고, 통장에 있는 것은 얼마고 또 평화시장 업주들한테 거둔다면 얼마가 되고 노총을 통해 근로자 한 사람에 얼마씩 모금하면 얼마가 된다면서 돈의 액수를 주섬주섬 떠벌린다. 그들은 그 돈을 다 합하면 종로에 있는 노동청 사무소 근처에 빌딩 큰 것 하나 살 수 있다고 설명했다. 그 빌딩을 사서 세를 주고, 한 칸만 가지고 식당을 해서 곰탕이며 도가니탕을 팔며 사람을 고용하면 손끝 하나 움직이지 않고도 자식 대까지 편하게 잘 먹고 잘 살 수 있다고 설명했다. 그리고 그 식당에 노동청 직원들이 매일 단골로 다니면 장사도 잘 될 거라고 덧붙였다.

"그리고 앞으로 올 돈이 더 많이 있습니다. 오늘 말고 17일까지 꼭 통장에 입금해 드리도록 하겠습니다."

"그렇게 말만 하고 안 줄지 누가 알아요? 당신이 책임지고 이 자리에서 17일까지 꼭 준다는 각서를 쓰시오."

이소선은 시간을 더 끌고 틈을 보기 위하여 할 수 있는 요구를 다 제시하기로 했다. 그들은 서로 눈치를 보며 미루고 하더니 잠시 후에 점잖게 생긴 사람이 나섰다.

"제가 쓰지요."

"당신은 누구요?"

"근로감독과장입니다."

근로감독과장과 감독 세 사람이 함께 각서를 써서 17일 11시까지 그 돈을 완불하겠다고 했다. 그들이 제시한 액수는 어림잡아도 4,000만 원은 될 성싶었다.

"이 돈이 현금인데, 이 많은 돈을 내가 짊어지고 다닐 수도 없고 어떻게 했으면 좋겠소?"

이소선은 그들을 안심시키기 위해 돈다발을 만지작거렸다.

"이 돈은 당장 조흥은행 본점에다 입금할 테니까 염려하지 마세요. 그리고 이 여사는 통장만 가지고 있으면 됩니다."

"그러면 이 돈이 얼마인지 알 수가 없으니 내가 세어 봐야겠소."

이소선은 빠져나갈 궁리를 하면서 돈 보따리를 풀었다. 속이 떨리고 흥분이 되어서 도저히 돈을 셀 수가 없었다. 그들은 이소선이 정신이 없어서 돈을 못 세는 줄 알고 지금 당장 함께 가서 조흥은행에 입금하고 오자고 했다.

"현금은 부담스럽고 위험하니까 통장만 가지고 계시면 안심해도 됩니다. 그리고 이제 돈 문제도 원만하게 해결되었으니 합의서에 도장을 찍으시지요."

그들은 속이 타는지 이소선을 재촉했다.

"그러면 합의서를 가져오시오, 도장을 찍겠으니. 나도 남편도 없고 큰아들도 없으니까 돈이라도 있어야 살아갈 수 있지 않겠소? 내가 돈 없이 어찌 살겠소? 지금까지는 돈을 많이 타 내려고 버틴 것이었소."

이소선은 돈 보따리를 쓰다듬으며 느릿느릿하게 말했다. 그렇지만 등짝에서는 여전히 식은땀이 흐르고 있었다.

"그러면 그렇지, 이 여사는 머리가 영리해요. 그렇게까지 하지 않았으면 액수가 올라갈 수 있었겠습니까, 속 시원히 잘하였습니다."

그들은 그동안 타들어 가던 속이 한꺼번에 시원하게 뚫린 사람들처럼 좋아서 어쩔 줄을 몰라했다. 합의서를 꺼내 놓고 도장을 이소선 손에 쥐여 주었다.

"어디다 찍어야 되나요?"

이소선은 까막눈처럼 머뭇거렸다.

"여기다 찍으세요."

그들은 이소선의 이름이 적힌 곳을 가리켰다.

"참말로 17일까지 나머지 돈 다 입금할 거지요?"

이소선은 다시 한 번 도장을 들고 다짐을 받았다. 그 순간 그들은 합의서에서 손을 뗐다. 이소선이 도장을 찍기만 넋을 놓고 기다리는 것이었다.

'이때다!'

이소선은 순식간에 그 합의서를 집어 들고 사정없이 찢어 버렸다. 그것도 안심할 수가 없어서 옆에 있는 물컵에다 찢어진 종이를 담가 버렸다. 얇은 종이는 물에 젖어서 흐물흐물해졌다. 결국 친척들한테 받은 도장도 헛수고가 된 순간이었다. 그들은 갑자기 당한 일이라 어이가 없어 어찌할 바를 모르고 있었다.

"사람 살려!"

이소선은 곧장 있는 힘을 다해 문살을 걷어찼다. 문살이 부서지면서 방문이 떨어져 나갔다. 그는 그 틈을 놓치지 않고 신발을 집어 들었다.

"사람 살려! 사람 살려!"

이소선은 사람과 차가 바삐 오가는 신작로에 나와서까지 정신없이 뛰며 외쳤다. 자신의 뒤를 누군가 쫓아오고 있는 듯한 섬뜩한 기분을 떨쳐 버릴 수가 없었다. 당장이라도 목덜미를 낚아채며 머리를 잡아당길 것만 같았다. 이런 그를 보고 사람들은 웬 구경거리가 난 줄 알고 그를 에워싸고 웅성웅성거렸다. 이소선은 사람들 틈을 빠져나와 찻길로 뛰어들었다. 한시라도 그곳에서 벗어나고 싶었다.

"야! 이 미친년아! 뒈지려면 너만 뒈지지 왜 남까지 뒈지게 만들려고 지랄이야!"

달리는 차 사이를 막무가내로 뛰어다니는 그를 보고 운전사들이 죽이니 살리니 난리가 났다. 차들이 급정거를 하고 경적을 마구 눌러 대고 있었다.

이소선은 어딘지도 모르고 미친 듯이 헤매고 다니다 간신히 성모병원을 찾았다. 너무 지쳐 그 자리에서 쓰러지고 말았다.

그렇게 목숨을 걸고 싸워서 돈을 주겠다는 회유를 물리쳤다. 그리고 결국은 전태일과 삼동회 친구들이 제시했던 요구조건을 무조건 들어주겠다는 약속을 노동청과 평화시장 업주들로부터 받아 냈다.

전태일의 마지막 가는 길, 평화시장이 아니었네

이소선은 학생들에게 장례를 맡겨 놓았기 때문에 여유를 가질 수 있었다. 지난번에 찾아온 학생들과 약속했던 시신 인계와 장례에 대한 합의 문서를 소중하게 간직하고 있었다. 태일이 동생 태삼이는 그것을 엄마가 가지고 다니다가 잃어버릴 염려가 있으니 자신에게 달라고 했다. 어디 땅에라도 묻어 놔야 맘이 편하다는 것이었다.

드디어 학생들이 장례식을 준비하기 위해 시신을 인수하겠다고 영안실로 모여들기 시작했다. 학생들이 성모병원을 들락날락하고 복도에까지 가득 들어찼다. 경찰에서는 어떻게 알아차렸는지 장기표 학생을 잡기 위해 혈안이 되어 설치고 다녔다. 장기표는 학생들을 끌어모아서 장례

준비를 차곡차곡 진행하고 있었다. 학생들이 하는 말을 들어 보니 그들은 1백 명은 희생할 각오를 하고 이 일을 해내야 한다면서, 어머니가 자기들에게 모든 것을 인계해 주기로 했으니 사명감을 갖고 장례식을 치러내자고 결의 중이었다.

이소선은 1백 명이 희생된다는 말이 곧 그만큼 죽는다는 말로 들려 섬뜩했다.

'장례식 때 최소한 1백 명이 희생된다고? 나는 비록 태일이를 낳아서 공부를 못 가르쳤지만, 대학생 하나를 키우려면 얼마나 많은 노력이 뒤따라야 하는데…. 학생들 부모는 그 아이 키우는 것을 보람으로 알고 살았을 텐데, 내 아들 때문에 그 아까운 대학생들 1백 명이 죽으면 어떻게 하나.'

이소선은 더럭 겁이 났다. 그는 장례를 준비하는 학생들을 향해 나무라듯 말했다.

"여보시오 학생들, 1백 명이 죽으면 어떻게 하나? 여러분은 할 일이 많은 사람인데 절대 죽는다는 생각을 하면 안 되오."

그러자 유인태라는 학생이 "어머니, 1백 명이 죽는 것이 아니라 1백 명이 감옥에 갈 각오를 하고 싸우자는 겁니다"라 설명하고 이소선을 끌어안으며 웃음을 띠었다.

이렇게 학생들과 이소선이 장례식에 대해서 한참 얘기를 하고 있는데 느닷없이 경찰들이 쳐들어왔다. 병원에 들이닥친 경찰은 학생들을 무조건 잡아갔다. 병원 복도는 삽시간에 아수라장이 되었다. 곳곳에서 보내 준 조화가 경찰의 군홧발에 짓밟히고 학생들의 비명이 복도에 울려 퍼졌다. 경찰은 붙잡은 학생들을 밖에 미리 대기시켜 놓은 기동대 차에 짐짝처럼 실었다.

"이놈들아! 학생들이 무슨 죄가 있다고 잡아가느냐? 이놈들아 놔라!"

이소선은 악을 쓰고 병원 복도를 뒹굴면서 잡혀가는 학생들의 바짓가랑이를 붙잡고 못 가게 늘어졌다. 그러나 무지막지한 경찰의 힘을 당해 낼 수가 없다. 옷이 찢어진 것도 모른 채 병원 밖으로 나오니 학생들을 실은 기동대 버스가 막 떠나려고 한다.

"학생들, 가면 안 된다. 장례를 치러야지!"

소리를 지르면서 경찰차를 붙잡고 질질 끌려가는 이소선의 팔과 다리를 경찰들이 우악스럽게 잡더니 영안실로 밀쳐 넣어 버렸다. 그 난리 통에도 장기표 학생은 용케 빠져나가 잡혀가진 않았다는 것을 알고 그나마 다행이라고 생각했다.

여태껏 학생들을 믿고 버티었는데 경찰들이 학생들을 졸지에 잡아가 버리니 이소선은 미칠 것만 같았다. 자신의 곁에는 아무도 없다는 생각에 외로움이 순간 엄습해 왔다. 그는 학생들을 내놓지 않으면 죽어도 장례를 하지 않겠다며 소리 지르고 경찰을 붙잡고 늘어지다가 기절해 버렸다.

한참 후 눈을 뜨니 병원 응급실이었다. 거의 탈진해서 흐느적거리는 몸뚱이로 학생들이 왔는지를 묻고 보니 세 명의 학생이 머리맡에서 고개를 푹 숙이고 서 있었다. '어머니께서 요구조건을 내걸고 강력하게 싸워서 저희가 이렇게 나올 수 있었다'는 것이었다. 이소선은 한두 명만 내놓고 또 남아 있으면 그 사람들은 어떻게 하느냐, 다 나와야 한다면서 계속 싸우겠다는 의지를 굽히지 않았다.

이소선이 이렇게 물러서지 않고 연행된 학생들 전원을 돌려보낼 것을 요구한 결과 꽤 시간이 흐른 뒤 나머지 학생들도 다 나오게 되었다. 경찰은 20여 명의 석방된 학생들을 보여 주더니 병원에서 나가라며 그들을 병원 밖으로 내몰았다. 이제 이소선 곁에 있는 사람은 동네 사람들뿐이었다. 제시했던 요구조건들을 들어준다는 약속을 받아 냈으니 장례식을 치러야 할 텐데, 장례식 치를 사람이 없다. 엄두가 나지 않았다.

어떻게 해야 하나 근심하고 있는 참에 전태일의 친구들이 구류를 살고 석방되어 병원으로 돌아왔다. 그들은 태일이의 뜻을 이룰 테니 자신들을 믿으라며 안심을 시켰다. 이소선은 그들이 든든하고 믿음직스러웠다.

이소선은 당국과 업주들이 요구조건을 들어준다고 하기는 했어도 직접 가서 확실하게 눈으로 확인해야 하지 않겠냐는 생각을 태일의 친구들에게 말했다. 친구들은 "노동조합 사무실도 다 주기로 했어요. 평화시장에서 하나 주고, 동화시장에 하나, 신평화시장에도 하나 준다고 약속했어요"라며 노동청과 업주들이 한 약속을 철석같이 믿고 있었다. 그래도 이소선은 마음이 놓이지가 않았다.

"내 눈으로 보지 않고는 준다는 말 못 믿겠다. 어디, 평화시장의 어떤 사무실을 줄 건지 한번 가 보자."

이소선은 노동청 사람들을 앞세우고 평화시장으로 갔다. 그들이 안내한 건 평화시장 옥상에 있는, 창고로 쓰던 허름한 곳이었다.

"이게 어디 사무실이오? 나는 못 믿겠소. 내 눈앞에서 당장 사무실로 만들어 놓으시오."

그들은 사람을 시켜 연장을 가지고 와서 나무를 거둬 내고 물건들을 들어냈다. 이소선은 내친걸음으로 동화시장과 신평화시장에도 가 보았다.

"사무실을 줄 거요, 안 줄 거요? 사무실을 줄 거면 상가 책임자가 이 자리에 나와서 도장을 찍으시오."

이소선은 이참에 노동조합 사무실을 얻어 내고야 말겠다고 굳게 다짐했다. 결국 그는 상가 책임자가 도장을 찍어 준 문서를 받아 들고서야 병원으로 돌아왔다.

장례식 준비가 본격적으로 시작되었다. 장례위원장은 최용수 한국노총 위원장, 부위원장은 김원규 노동청 차장, 호상은 이승택 노동청장 등이 맡기로 했다.

이소선은 죽은 아들의 수의를 직접 자신의 손으로 입히고 싶었다. 그리하여 냉동실로 갔으나, 이미 염이 끝나 버린 상태였다. 장례를 준비하는 사람들이, 이소선이 까맣게 탄 아들의 시신을 부여안고 또 어떤 일을 벌일지 모른다고 미리 염을 해 버린 것이다. 아무리 그래도 이소선은 아들의 마지막 모습을 꼭 한 번만이라도 보고 싶었다. 꼭 한 번만이라도….

이소선은 아들 친구들에게 관을 뜯어 보라고 하며 못질한 관을 끌어 안고 나무판자를 쥐어뜯었다. 관에 박힌 못을 빼내려고 손가락에 피가 맺히도록 몸부림을 쳤다.

"어머니, 우리가 보고 있을 때 염도 잘하고 옷도 좋은 것으로 입혔으니까 제발 우리를 봐서라도 그만 참으세요. 장례를 끝내고 노동조합을 해야지요."

전태일의 친구들이 눈물범벅이 된 채 이소선을 관에서 떼어 냈다. 이소선은 결국 아들을 두 번 다시 볼 수 없었다. 그러는 사이 벌써 발인을 한다고들 서둘렀다.

장지는 경기도 양주에 있는 모란공원이라는 말을 들었다. 그때만 해도 모란공원은 서울에서 아득히 머나먼 곳이었다. 이소선은 태일이를 그 먼 곳으로 보내야 한다고 생각하니 참담했다.

"그러면 평화시장 가서 영결식을 하자. 그리로 가서 평화시장 근로자들이 참석한 가운데 해야지 어디로 가려고 하나!"

장례를 준비하는 사람들이 영결식은 창현교회에서 하게 되었다고 알려 주었다. 이소선이 거품을 물고 평화시장으로 가야 한다고 아무리 떠들어도 버스는 정해진 곳으로 향하고 있었다.

'세상에 이럴 수는 없는 일이다. 태일이가 어린 여공들을 위해 그렇게 근로기준법을 연구했는데, 평화시장도 안 돌아보고 어딜 간단 말이야.'

이소선은 평화시장도 안 간다는 말에 까무러칠 것만 같았다. 그곳은 전태일이 살던 곳인데….

"평화시장도 안 되면 국립묘지로 가자! 내 아들은 만인을 위해서 죽은 것이기 때문에 국립묘지로 갈 수 있다. 국립묘지로 가자!"

이소선이 울고불고 난리를 피우니까 어디선가 국립묘지로 간다는 말을 전해 왔다.

창현교회에서 거행된 영결식에는 몰려온 평화시장 근로자들을 비롯해 노총 간부, 정치인, 지식인, 종교인, 동네 사람 등 각계각층에서 많은 사람들이 참석하여 교회를 꽉 메웠다. 식은 기독교식으로 거행되었다.

'하나님, 태일이의 뜻이 이루어지도록 하옵소서. 저도 태일이가 이루려고 한 것들을 위해 이 한 몸을 바치겠습니다. 이 땅의 근로자들이 인간답게 살 수 있도록 저도 노력을 하겠습니다.'

이소선은 영결식이 진행되는 내내 아들과의 약속을 지키겠다고 기도했다. 영결식은 평화시장 어린 시다들의 눈물바다 속에서 엄수되었다.

'태일아, 너의 영혼은 그들의 품속에서 구원을 얻으리라. 너의 불붙는 사랑은 그들의 마음속에서 되살아 피어나리라. 태일아, 네 마음의 고향 평화시장에서 어린 근로자들과 함께 영원한 안식을 누리거라.

태일아, 우리는 외롭지 않다. 저들에게서 보이는 눈물과 사랑이 있는 한 우리는 외롭지 않다. 우리는 모두 사랑하는 형제자매가 되어 너의 뜻을 펴 나가리라. 우리 모두의 애타는 소망을 이루어 가리라. 태일아, 울부짖는 근로자들의 마음을 위로하여라. 그들에게 새로운 희망과 용기를 주어라.'

영결식이 끝나고 산으로 향할 때 또 한 번 소동이 벌어졌다. 버스에 가족을 비롯하여 많은 손님들이 타는데 정작 평화시장의 근로자들은 차에 타지 못하게 하는 것이었다.

"아이고, 이게 어찌 된 거야, 태일이가 사랑하던 평화시장 사람들을 태우고 가야지 이대로는 못 가!"

이소선은 아들의 관을 타고 앉아서 소리를 지르며 버텼다. 소동 끝에 평화시장 근로자들이 일부나마 차에 탈 수 있었다.

전태일이 실린 영구차는 서울을 벗어났다. 산을 몇 번이나 지나고 또 산을 넘어 어디로인가 한없이 가고 있었다.

"이놈들아, 국립묘지로 간다더니 어디 산골짜기에라도 버리려고 그러냐? 도대체 어디로 간단 말이냐!"

그렇게도 멀고 먼 곳으로 전태일을 태우고 버스는 어느 산골짜기에 도착했다. 전태일이 잠들 곳은 경기도 양주군 화도면 마석리(지금의 남양주시 화도읍 월산리) 소재 모란공원 묘지였다. 당시 모란공원은 나무도 몇 그루 없이 황량한 산이었다. 산을 밀어서 배 속을 드러낸 듯한 누런 흙덩이 위쪽에 무덤이 듬성듬성 자리하고 있을 뿐이었다. 풀잎도 없는 쓸쓸한 산이었다. 이소선은 사랑하는 아들이 이런 곳에 영영 누워 있어야 한다고 생각하니 기가 막혔다.

풀포기도 없는 허전한 땅을 파고, 관을 줄에 달아서 간단한 예배를 드렸다. 얼마 뒤 전태일이 들어 있는 관은 줄을 타고 구덩이 속으로 천천히 내려가고 있었다. 구덩이로 아들이 내려가는 것을 보고 어머니는 그만 쓰러져 버렸다. 넘어진 그는 눈을 떠 보려 했지만, 아무리 애를 써도 눈을 뜰 수가 없고 노란 것만 뿌옇게 앞을 가로막아 아무것도 보이는 것이 없었다. 그래도 이를 갈면서 악착같이 일어섰다.

"만약에 노동조합 하게 해 주지 않고 태일이의 뜻을 이뤄 주지 않으면, 내가 칼을 갖고 다니면서 너희 놈들 다 쑤셔 죽일 거야!"

이소선은 우뚝 서서 손에 칼을 쥐듯이 주먹을 휘두르며 허공을 향해 외쳤다. 아들 전태일은 구덩이에 반듯하게 누워 있었다. 사람들이 이소선을 진정시키더니 삽을 건네주었다. 어머니는 흙을 한 삽 떠서 아들에게 떠 넣었다. 자기 창자가 쑥 빠져서 아들이 누워 있는 그 속으로 들어가는 것만 같았다.

'울지 않으리라, 어떻게 해서든지 노동조합을 해서 내 아들의 뜻을 이루리라!'

이소선은 입술을 깨물며 눈물을 참았다. 그리고 통성기도를 시작했다.

태일아! 내가 어찌 너 혼자 보낸단 말이냐! 나도 함께 가자. 너 없이는 도저히 못살 것만 같다. 부모 잘못 만나 그토록 하고 싶어하던 공부도 못 하고, 한창 클 나이에 주린 배를 움켜쥐고 이 골목 저 골목으로 구두통을 메고 신문팔이로 뛰어다니게 해야만 한 부모로서 한없이 부끄럽구나.

태일아! 그래도 이 못난 부모를 원망하지 아니하고, 그 지옥과도 같은 평화시장 먼지구덩이 속에서 제품 일을 하면서도 너 혼자만을 생각하지 아니하고 항상 네 이웃의 고통을 덜어 주려고 애쓰던 너를 생각하면 슬픈 가운데서도 대견스럽고 자랑스럽구나.

태일아! 너는 이 부모를 이해하고 사랑했으니 무슨 변명이 필요할까마는 배불리 먹이지 못하고 가르치지 못한 부모인 것이 한없이 부끄럽고 원망스럽구나.

아무리 배가 고프더라도 남의 것을 훔쳐서는 안 된다고 했기에 굶게 되었단 말이냐. 열심히 일하고 분수에 맞게 사는 것이 잘사는 것이라고 믿는 것이 잘못이었을까. 착하게 의롭게 사는 것이 바른 삶으로 통하지 않는 사회라면 우리는 더 이상 물러설 필요가 없다.

태일아! 나는 너의 말과 행동을 통해서 깨달았다. 착한 사람 복 받고 악한 사람 벌 받는다는 막연한 생각으로는 선악을 구분할 수도 없고, 부귀와 공명을 따질 수도 없음을 알 것만 같다. 착하게 살려고 발버둥 친 우리가 죄가 없듯이 평화시장 저 어린 근로자들에게 무슨 죄가 있단 말이냐. 그런데도 왜 저들은 고통을 느낄 여유조차, 아니 몸이 아파도 아플 시간도 없어야 한단 말이냐. 분명 인간으로 태어났건만, 어째서 인간다운 생활의 모든 영역에서 버림받아 인간으로서는 차마 상상조차 힘들 정도의 고통과 질병 속에서 신음해야 한단 말이냐. 여기에는 무언가 근본적인 잘못이 분명히 있다.

우리 모두의 고통을 제거할 수 있는 길을 열어 준 너에게 감사하고 또 그것을 자랑으로 여기며, 항상 근로자와 가까이하여 네가 못다 이룬 뜻을 이루기 위해 내 온몸을 바치마.

네가 불탄 그 자리 평화시장에 노동조합을 결성하여 열악한 작업환경과 저임금 장시간 노동을 개선해 노동자도 인간답게 사는 세상을 만들 것이다. 그래야 네 마음의 고향인 평화시장에서 네 영혼이 편히 쉴 수 있을 것이다. 이 세상 억압과 착취로 고통을 겪는 사람이 없는, 누구나 인간다운 생활을 누리는 사회가 건설되어 너의 영원한 안식을 이룰 수 있게 내 몸이 부서지도록 노력하겠다.

태일아! 네가 마지막 숨을 거두면서 '내가 못다 이룬 일 어머니가 꼭 이루어 주세요, 우리 어머니는 할 수 있다' 말했건만 내가 무엇을 알아서 할 수 있겠느냐. 이럴 줄을 알고 너는 내게 '근로기준법'을 읽어 주며, 언젠가는 필요할 때가 있을 것이라고 말했구나! 그때 그 말을 건성으로 들어 넘겼으니 이 안타까움을 어찌하랴.

그러나 내게는 너의 그 간절한 기대와 마지막 약속이 있으니 새로운 힘과 용기가 생길 것이다. 부디 아무 걱정 말고 편히 쉬어라. 밀알 하나가 땅에 떨어져 썩으면 많은 열매를 맺는다고 했으니 너의 그 사랑이, 충만한 죽음이 어찌 헛될 수 있단 말이냐. 진리는 끝내 승리한다는 생각을 하면서 죽은 너는 반드시 부활할 것을 확신한다. 나는 그것을 오늘 사람들의 가슴마다 확인할 수 있었고 앞으로 그것이 더욱 강렬하게 꽃피어 나갈 것을 확신한다.

아무쪼록 앞으로 평화시장에서의 노동조합 결성과 근로조건 개선 그리고 가난하고 찌들고 버림받은 사람들에 대한 너의 사랑이 이루어질 수 있게 도와주기를 바랄 뿐이다. 나는 그 일을 위해 내 전부를 바치리라.

태일아! 우리에겐 절망도 죽음도 없다.

함께 투쟁해 나가는 길이 있을 뿐이다.

태일아!

태일아!

식민지의 딸

어머니의 후살이

이소선은 1929년(호적에는 1930년으로 되어 있다) 11월 9일(양력 12월 9일)에 태어났다. 그가 태어난 곳은 지금은 대구광역시로 편입된 달성군 성서면 감천리의 농촌마을로서 광주(廣州) 이씨들이 사는 집성촌이었다. 조선왕조 중기에 이윤경, 이준경, 이덕형 등의 명재상을 배출했던 집안이다. 성서면의 이씨들은 그 이후로 이렇다 할 벼슬을 한 이들을 내지 못했고, 다만 깨끗한 선비의 기질만 그대로 지켜 가고 있을 뿐이었다. 이소선이 태어나던 당시에는 만주 침략을 앞두고 '왜놈들'의 수탈이 극심해져 말 그대로 목구멍에 풀칠하기도 어려운 지경이었다.

이소선의 아버지는 당시 30대의 청년으로 농민운동을 일으킨 동시에 경북 지방을 중심으로 하는 항일독립운동 조직에 가담하고 있던 이성조 씨다. 첫딸과 아들에 이어 둘째 딸로 이소선이 태어났을 때 집안 어른들과 그의 아버지는 갓난아기가 예쁘고 해맑았던지 "저 가시내 참말로 선녀 같으데이, 이름을 뭐라 지을꼬? 작은 선녀 같으니 소선이라고 부를까?"하여 이소선(李小仙)이라고 이름을 붙였다.

이소선의 나이 세 살 적인가 네 살 적인가 그의 아버지는 일본인들에게 붙잡혀갔다. 소작쟁의 농민운동과 지하 항일독립운동 조직에 가담해 있다는 것을 탐지해 냈던 것인지, 사지를 결박당한 채 산으로 끌려가 처형되었다. 아버지가 죽으면서 "네놈들이 내 하고 싶은 말조차 못하게 막는구나, 하지만 이놈들아, 내 죽어서 바위라도 말을 하게 하리라!"라고 했다고 이소선은 전해 들었다.

삼 남매를 거느린 '작은 선녀'의 어머니는 남편도 없이 살아갈 일이 막막하기만 했을 것이다. 시댁 친지들은 모두 자기 코가 석 자인지라 마음은 있어도 도와줄 형편이 도무지 되지 않았다. 소선의 언니는 이미 열네 살 나이여서 공짜 밥은 먹지 않을 만했던지 어머니는 큰딸을 눈물을 머금고 친정으로 보내 버렸다. 그것이 생이별이었다.

아홉 살의 오빠와 다섯 살인 소선을 데리고 어머니는 개가하기로 어려운 결정을 했다. 입에 풀칠하자면 다른 방도가 없었을 것이다. 어머니는 사실을 차마 그대로 말할 수가 없어서 소선에게는 '일본 사는 외삼촌 찾아 바다 건너간다'고 속삭였다. 어머니와 어린 남매는 성서면에서 신당고개를 넘어 다시면 서재동으로 들어섰다. 금호강을 나룻배로 건너고 다시 장고개를 넘어 박곡동 곧 박실마을의 동래 정씨들 동족 촌락으로 찾아들었다.

후살이 어머니를 따라온 어린 이들 남매는 그 동네 사람들로부터 인간대접을 받지 못했다. 구박덩이, 데림추 신세가 되었다. 나이가 들수록 기가 막혔다. 소선은 무작정 어머니의 소매를 붙들며 나가 살자고 졸라대곤 했다.

어머니가 후살이하게 된 박실마을 정씨네 집안 형편은 논 두 마지기에 소작을 얻어서 하는 논 두 마지기, 그리고 약간의 밭뙈기가 있어 목화, 고추, 팥, 상추, 부추 따위를 심어 먹는 정도였다. 거기에 전실·후실 자식들이 올망졸망 매달렸으니 입에 풀칠하기마저 빠듯한 형편이었다.

원래 박실은 70여 호나 되는 제법 큰 동네인 데다가 동래 정씨들의 집성촌이어서 지주와 소작, 양반과 상놈 간의 갈등과 차별은 그다지 심한 편이 아니었다. 하지만 식민지 시대가 되면서 사정이 달라졌다. 더욱이 소선의 가족은 다른 고장에서 껴묻어 온 천덕꾸러기가 아니던가.

이들은 겨울에 잠도 냉골에서 자야만 했다. 소선은 오빠와 함께 구석 방에서 지냈다. 어머니가 밤이면 이들 방에 와서 기구한 운명을 탓하면서 운 적도 많았다. 그러나 어쩔 도리가 없었다. 생활이 주는 압박 속에서 현실에 적응해 살아야 했다.

소선은 오빠와 새벽 네 시에 일어나서 개똥을 주우러 나가야 했다. 마을 골목에 있는 개똥은 이들 오누이가 다 줍다시피 했다. 야단을 맞지 않기 위해서라도 부지런히 개똥을 주웠다. 그 개똥으로 거름을 해서인지 이들 집 곡식이 가장 거름기가 많았다. 추운 겨울 오빠는 소선을 깨우지 않고 혼자 개똥을 주우러 나가려고 했다. 소선은 그때마다 눈을 비비고 일어나 오빠 뒤를 따라나섰다. 개똥을 한참 줍다 보면 손이 깨질 듯이 시리다. 오빠는 소선을 위해 짚단으로 불을 피워 주었다. 소선을 불가에 앉혀 놓고 혼자 개똥을 줍기도 했다.

오빠는 서당에 겨우 다니는 듯 마는 듯 한 것이 전부였기에 공부를 더 하고 싶어했다. 그는 남들이 일본에 가면 공부를 할 수 있다고 하는 말을 들었다며 일본에 가고 싶다고 했다. 소선은 깊은 생각을 할 수가 없어서 무턱대고 오빠가 일본에 가는 것을 반대했다. 오빠하고 떨어지는 것이 싫었다. 그러나 그는 기어코 일본으로 떠났다. 소선이 울며불며 못 가게 말렸지만 어린 소선이 잠든 사이에 가 버렸다. 새벽녘에 일어나 보니 오빠는 없고 어머니가 눈물을 흘리고 계셨다. 한참 후에서야 소선은 오빠가 공부하러 일본에 간 것이 아니라 징용으로 끌려갔다는 것을 알게 되었다. 오빠가 소선에게 알리지 않기 위해 거짓으로 둘러댄 것이었다.

완고한 구습에 봉건주의가 뿌리박혀 있던 고장에다, 시절 또한 궁핍하기 이를 데 없는 식민지 산천이었다. 어린애 늙은이 가릴 것 없이 모두가 손이 터지도록 일에 매달려야 했다. 와룡산이 에두르고 물 맑은 금호강을 끼고 있어 경치는 아름다운 마을이었으나 들판이 넓지 않아 소출이 적을 수밖에 없었다. 열 살도 안 된 나이에 소선은 나무를 하러 다니고, 밤에는 목화 찌꺼기로 불을 밝힌 호롱불 밑에서 무명을 자아야 했다.

나를 '그것'이라고 부르지 마소

이소선은 1930년대 암담한 농촌의 궁핍한 상황 속에서 가장 빈궁하던 농가의 일원으로, 그것도 데려온 자식으로 살아가야 했다. 식민지의 모순을 가장 아프게 겪었고 봉건주의의 폐해를 가장 심하게 당했으며 천대와 박대를 받으며 살았다. 이처럼 어려서부터 차별을 받아온 그로서는 인간차별을 하는 모든 것에 아주 치를 떨었다.

'왜놈들' 등쌀은 지긋지긋했다. 날마다 관솔을 따야 했고, 가마니를 짜야 했고, 목화씨 껍데기 까는 일을 해야 했다. 그들이 타고 다니는 말에게 먹일 말꼴도 해다 바쳐야 했다. 심할 때는 하루에 몇 번씩 공출을 해다 바쳤다. 송진이 많이 안 붙은 관솔을 해다 바쳤다고 퇴짜 맞기가 일쑤였다. 그러다 보니 소선은 어린 마음에도 인간차별을 깨부숴야 한다는 생각이 자연스럽게 들었다. 소선은 차별 두는 것에 반항하고, 잘못된 것에 따지기를 잘하는 아이가 되었다.

소선의 어머니는 따지기 잘하는 이런 딸을 두고 나무라곤 했다.

"가시내가 이렇게 억척스러우니 니가 야시(여우) 될 끼가, 미구(이무기) 될 끼가? 수굿수굿 좀 못난이처럼 살아 볼 줄을 알아야 편할 낀데…."

다른 애들은 보통학교에 보내 주는데 자신은 입학시켜 줄 꿈도 꾸지 않는 것이 불만이어서 소선은 어머니에게 학교 보내 달라고 떼를 썼다. 그럴 때면 어머니는 "여자가 공부해서 뭐하나. 일은 누가 하나" 하며 화를 냈다. 소선이 "아침에 나무하고 관솔 따고, 이런 일 다 해 놓고 낮에

학교에 가면 안 되겠나?" 말하면 어머니는 "야, 학교 가면 뭘 하나? 돈도 안 냈는데!" 하고 야단을 치는 것이다.

그래도 소선은 학교에 가고 싶었다. 아침나절에 할 일을 부지런히 한 다음에 먼 친척인 동인이 오빠를 따라서 학교로 갔다. 그러나 돈을 내지 않았기 때문에 정식으로 교실에 들어가 공부할 수가 없었다. 밖에서 기다리다가 애들이 화장실 갔다가 올 때 슬쩍 묻어서 따라 들어갔다. 어깨 너머로 배우기 시작한 것이다. 같은 마을 아이들의 학생 의자 밑에 숨어서 수업을 들었다. 그땐 교실 바닥이 흙이었기 때문에 연필 대신 뾰족한 돌을 주워 바닥에다 그리면서 배울 수 있었다.

한번은 선생님이 구구단을 다 외운 사람에게는 면장 딸도 신어 보기 어려운 고무신에 연필과 잡기장을 준다고 말씀하셨다. 소선은 그 상품이 너무도 욕심이 나서 그날 늦게까지 집에 안 들어갔다. '일 안 할 폭 잡고, 두드려 맞으면 두드려 맞자' 하고 단단히 작정을 한 뒤 내내 목화밭 고랑에 엎드려서 구구단을 외우다가 밤에 집에 갔다. 집에서는 야단이 났다. 어머니한테 매를 맞았다. 매를 맞고도 포기하지 않았다. 밤늦게까지 낮에 외운 구구단을 복습했다.

드디어 구구단을 다 외운 사람에게 상을 준다는 날이 왔다. 선생님이 다 외울 수 있는 사람은 손을 들어 보라고 하는데 아무도 손을 드는 아이가 없었다. 소선은 가슴이 설렜다. 손을 들까 말까 망설이다 용기를 내어 손을 번쩍 들고 자청해서 나섰다. 선생님이 소선을 보고 너는 이 학교 학생이 아니지 않느냐, 자격이 없다고 말씀하신다. 다른 학생은 없느냐고 물어도 손을 드는 학생이 없자 선생님은 소선을 가리키며 그러면 어디 한번 외워 보기나 하라 했다. 소선은 벌떡 일어나 그동안 열심히 외운 실력을 발휘해서 똑똑하게 다 외웠다.

일본인인 그 선생님은 소선의 머리를 쓰다듬으며 "너 참 똑똑하구나" 했다. 그리고 고무신, 연필, 잡기장을 상으로 주었다. 그뿐이 아니었다.

집안 어른 갖다 드리라며 편지를 써 주었다. 편지에는 입학금과 공납금을 면제해 주겠으니 소선을 학교에 보내라는 간곡한 내용이 적혀 있었다. 그런데 이 일로 인해 집안에서는 야단이 났다. 상으로 타 온 고무신도 연필도 잡기장도 다 빼앗아 버리면서 왜 학교에 갔느냐며 소선을 야단치는 것이었다. 결국 소선은 학교에 다니지 못했다.

소선은 학교를 정식으로 다니지는 못했지만 공부가 너무 하고 싶었다. 정씨 문중에 언문을 배워서 시집온 '논뱅이댁'이 있었는데, 그래서 소선은 그를 찾아가 언문을 가르쳐 달라고 했다. 논뱅이댁은 시집온 지 얼마 안 되어 남편은 징용에 끌려가고 홀로 시부모를 모시고 있었다. 홀로 시집살이하는 새댁의 일하는 양이 많았다. 온종일 목화를 고르고 무명을 자아야 할 일이 산더미 같았다. 그래서 소선은 그 일을 도와 함께 끝내고 밤늦게 다른 사람 몰래 '가갸거겨' 글을 배웠다.

소선은 밤에 논뱅이댁에게 배운 글을 갖고 낮에 산에 나무하러 가서도 그 소리만 하고, 밥을 먹는 시간에도 그 소리만 외웠다. 그렇게 열심히 배웠지만 글자를 종이에다 연필로 쓰면서 배운 것이 아니라 일하면서 입으로 배운 것이라, 글을 읽는 것은 아주 쉬워도 쓰는 데는 서툴렀다.

이렇듯 소선의 어린 시절은 한없이 가난하고, 한없이 공부하고 싶고 그러면서도 아무 힘도 없는 시절이었다.

소선의 나이 많은 의붓아버지의 전 부인은 연어동에서 시집왔다고 해서 연어댁이었는데, 그래서 후실인 그의 어머니도 그냥 연어댁이라고 불렀다. 사람들은 소선을 가리켜 연어댁이 시집올 때 데려온 '것'이라고, 그의 식구들을 가리켜선 '그것들'이라고 했다. 이렇게 천시를 받으니까 소선은 어디를 가도 "너 누고?" 하고 묻는 말이 무서웠다. 또 심하면 자기 아이들더러 소선하고는 놀지 말라는 사람들도 있었다. 어른들이 하도 그러니까 친구들은 자기 집에 그를 데리고 가면 "우리 어무이 안 보이는 데서 숨어 있어라" 하기도 했다.

그래서 소선은 커다란 결단을 내렸다. 자기에게 정가 촌수를 못 부르게 하는 것이 서러우니 어른들에게 따져야겠다고 생각했다. 문중의 어른을 만나러 '학우재'(정씨 문중 재실)로 갔다.

"어르신, 우리 어무이 정씨 집안에 개가를 했어도 내가 정씨 아니라 이씨인 것은 어쩔 수 없는 일 아입니꺼. 하지만 점두리 엄마는 '쟤하고 놀지 마라, 값어치 없는 애다' 하고 나를 따돌리고 동네 어른, 아이 할 것 없이 다 나를 업신여기니 이래도 되는 긴가요? 정씨네들이 이럴 양이면 내를 '이소선'이 아니라 '정 작은선'이라고 바꾸어 주든가, 아니면 사람 차별을 말든가 해야 할 것 아입니꺼?"

소선의 말을 듣는 문중 어른은 어린것이 당돌하다고 생각했다. 그러나 듣고 보니 경우가 있는 말이라 여겼는지 문중회의를 해서 결과를 알려 주겠다고 했다. 이튿날 소선은 재실로 갔다.

"어린 니가 그런 말을 하러 왔을 때는 얼마나 혼자 생각을 해 가지고 왔겠노. 그러나 성은 바꿀 수 없다. 그렇지만 우리 문중에서 집집마다 통보를 해서 니들이 오빠나 형이라고 부르면 잘 대답을 하라고 해 주꾸마."

문중 어르신은 안쓰러운 눈길로 말했다. 그런 일을 겪고 난 뒤에는 동네 일가 오빠나 형(언니)들이 다정하게 대해 주고 호칭도 '그것들'이라고 부르지 않았다. 구박을 덜 받고 인간대접을 받으니 소선은 마침내 자신이 사람이 된 것 같았다.

소선의 처녀 시절은 외로웠다. 하나밖에 없는 친동기인 오빠는 일본으로 징용을 가 버리고, 성이 다른 오빠와 동생은 여럿 있었으나 늘 외톨이나 다름없었다. 하지만 피어나는 봄의 꽃처럼 부풀어 오르는 처녀의 마음을 남녀유별이 엄격한 시절이라고 해도 억누를 수만은 없었다. 소선은 바깥출입이 금지된 관습을 깨고 밖으로 나가기를 감행했다.

어느 해 설날이었다. 명절이라 모처럼 일손을 잠시 쉬고 동네 처녀들이 모여 놀았다. 이때 소선은 오래전부터 마음속으로 별러 왔던 것을 실행했다. 번갯불처럼 번쩍 하고 불이 터지면 사람의 모습이 그대로 박혀 나오는 '사진'이라는 것이 하도 신기해서 자신도 언젠가 한번 사진을 꼭 박아 보고 싶었는데, 그것을 이 기회에 해 보기로 했다. 어떤 이들은 그 것이 사람의 혼이 박히는 것이라고 해서 무섭다 했지만 소선은 신기하고 재미가 있을 것 같아서 사진 박는 사람들을 몹시 부러워했다.

소선은 설날을 이용해 "얘들아, 우리 오늘 대구로 사진 박으러 가자" 하며 동네 처녀들을 꼬드겼다. 망설이는 친구들을 설득해, 여러 명의 처 녀들이 소선을 따라서 사진 박으러 눈길을 헤치고 그 먼 대구로 갔다. 그 들이 대구에 가 사진관에서 신기한 사진을 박고 난 뒤 시내 구경을 하고 집으로 돌아오니 이미 날은 저물어 버렸다.

마을에서는 여러 명의 처녀들이 한꺼번에 없어졌으니 난리가 났다. 어른들은 밤중에 등불을 켜 들고 마을 처녀들을 찾으러 천지사방으로 헤 매고 다녔다. 이윽고 한밤중에 그들은 등불을 들고 찾아 나선 어른들에 게 발견이 되었다. 저마다 집으로 잡혀가서 흠씬 야단을 맞았다.

근로정신대에 끌려가다

일본이 태평양전쟁에 한창 미쳐 날뛰면서 젊은 남자들은 모두 징용이나 징병에 끌려가고, 처녀들은 정신대(挺身隊)로 잡혀가야 하는 시절이 되었 다. 소선의 나이가 열다섯 살이 되자 어른들은 '데이신따이'에 잡혀가니 까 빨리 시집을 보내야 된다고 했다. 그러나 소선은 어른들이 왜 그러는 지 잘 알지 못했다. 그저 시집을 간다는 것이 싫었다. 정신대가 뭔지도 모른 채 '그까짓 거 잡혀가면 잡혀가지' 하는 억지배짱을 부렸다. 어른들 은 정신대에 잡혀가면 어떻게 되는 것인지 완전히 딸을 잃어버리는 것으 로 아는 것 같았지만 소선이 듣기로는 군부대에 가서 군인들이 부상을 당하면 부상병을 간호해 주는 정도인 듯했다.

시집은 가지 않겠다고 버티던 어느 날 마을 구장이 소선의 집에 와서 '이소선' 이름 위에 빨간 줄을 두 개 그어 놓은 종이를 내밀며, 몇월 며칠에 면사무소로 나오라 했다. 정신대로 잡아가겠다는 명령서다. 이 통보를 받고 소선의 어머니는 "시집가라고 할 때 안 간다고 고집 피우더니 이제 데이신따이 잡혀가게 됐다"면서 통곡을 했다. 소선은 그때서야 데이신따이가 그저 부상당한 군인들 간호나 해 주는 것이 아니라 그것보다 훨씬 더 무서운 일을 하게 되는 것일지도 모른다는 생각이 들었다. 그러나 이제 통보까지 받아 버렸으니 꼼짝없이 끌려가게 될 판이었다.

드디어 빨간 줄이 그어진 종이쪽지에 적혀 있던 날짜가 됐다. 소선의 어머니는 울고불고 난리가 아닌데 마을 구장과 면사무소 직원, 칼을 찬 순사가 나와서 처녀들을 인솔해 '도라꾸'(트럭)에 태워 면사무소로 데려갔다.

소선의 마을에서는 소선을 포함해 여섯 명의 처녀들이 정신대에 잡혀갔다. 저마다 부모들이 면사무소까지 따라왔다. 면사무소에서는 잡아온 처녀들을 앉혀 놓더니 이름을 부르고 확인했다. 그리고 따라온 부모와 모두 떨어지라는 명령이 내려졌다. 소선의 어머니는 치마 속곳에서 개떡을 꺼내 딸의 손에 쥐어 주면서 시남이 뒤만 졸졸 쫓아다니라고 말했다. 시남이는 마을 구장의 친척이 되는 처녀로 소선과 동갑내기였는데 함께 잡혀왔다. 소선의 어머니는 거듭 시남이 뒤만 쫓아다녀야 안 그러면 죽는다고 단단히 일렀다. 어머니는 시남이가 구장의 친척이기 때문에 시남이를 따라다니면 근로정신대로 빠지는 것으로 믿고, 관계자들을 이리저리 붙잡고 소선이는 꼭 시남이와 함께 가야 한다고 신신당부를 해 놓은 터였다.

소선은 어머니가 시키는 대로 시남이와 함께 움직였다. 처녀들은 트럭 속에서 소선의 어머니가 손에 쥐어 준 개떡을 먹었다. 쌀이나 보리 같은 것은 일본 사람들이 다 빼앗아 가서 구경조차 할 수 없는 시절이었다.

곡식이 없어서, 기름을 다 짜낸 콩깻묵을 며칠 동안 물에 담가 썩은 물이 다 우러난 다음에 그것을 짜서 먹는 판에 어머니가 쥐여 준 개떡은 귀한 음식이었다. 공출로 바쳐야 할 밀을 몰래 감춰 뒀다가 남들이 잠든 밤중에 몰래 빻아서 만들었을 것이었다.

해가 다 지자 헌병차가 왔다. 배치를 받기 위해서 줄을 서 있는 처녀들을 헌병들은 위협적인 일본말로 호명했다. 이름이 불린 처녀들은 차에 실려 어디론가 멀리 실려 갔다. 모두 다 이름을 불렀는데 소선과 그의 친구 시남이만 이름을 부르지 않았다. 다른 처녀들이 불려 갈 때 불안에 떨었던 소선은 끝까지 자신을 부르지 않은 것이 약간 안심이 되기는 했지만, 남들 다 부르는데 자기와 시남이만 남았으니 뭔가 이상하다는 생각이 들었다. 헌병들은 마지막까지 남아 있는 이들을 창고에 집어넣었다.

창고에서 얼마나 있었을까. 한밤중인데 창고 문이 열리면서 먼저 이소선의 이름이 불렸다. 그리고 시남이를 부르더니 트럭에 타라는 것이었다. 한참을 덜컹거리면서 어디론가 갔다. 그들은 어떤 마당이 넓은 곳에 내려졌다. 그곳은 방직공장이었다. 대마베를 짜서 일본군의 군복을 만드는 군수공장이었다.

첫날부터 일본 군가를 가르치면서 아침마다 군가를 부르게 하고 체조를 시켰다. 콩깻묵밥을 식사로 먹고 일을 시작해야 했다. 소선과 시남을 비롯해 함께 근로정신대로 끌려온 처녀들에게 주어진 일은 작업장 밖에서 청소하는 일과 실을 매는 일이었다. 일본인들이 일을 시키는데, 마치 죄수를 잡아다 놓은 것처럼 욕설과 매로 시키는 노동이었다. 기술자들은 공장 안에서 베 짜는 일을 했다.

소선은 얼마 동안 실 매는 일과 잡일을 하다 보니 은근히 화가 치밀어 올랐다. 방직공장에 왔으면 베 짜는 일을 시켜야지, 베 짜기는 안 시키고 잡일에, 기껏 해 봐야 실 매는 일만 시키는 것이다. 공장 안에서 베를 척척 짜는 모습이 어쩌나 좋아 보이던지 자신도 저런 기술자가 되었으면 좋겠다고 생각했다. 어떻게 하면 저 안에서 일을 할 수 있을 것인가 궁리해 봤지만 달리 방법이 없었다. 관리자에게 얘기를 해야겠다고 마음먹었다.

그동안 벼르고 별러 왔던 얘기를 할 기회가 왔다. 소선은 체조시간에 용기를 내어 손을 번쩍 들었다. 체조를 시키는 관리자가 뭐냐고 물어, 소선은 '밖에서 이런 잡일 안 하고 베 짜는 일을 하고 싶으니 저 안에서 일하게 해 달라'고 말했다. 관리자가 야단을 쳤다.

"쪼끄마한 것이 어디서 제 맘대로 탕탕 말을 하는 거야! 너는 기술도 없잖아!"

소선은 물러서지 않았다.

"기술 없는 것이야 배우면 되는 것이고, 어차피 내가 여기에 일을 하러 왔는데 마음에 드는 일을 해야지 하기 싫은 일을 하니까 능률도 오르지 않고 일도 힘들지 않습니까?"

이렇게 말을 주고받고 있으니 이를 옆에서 듣고 있던 높은 사람이 소선을 향해 "너 몇 살 먹었나?" 물었다. 이소선이 열여섯 살이라고 대답하자 그는 나이 이외에 몇 마디를 더 묻더니 "쪼끄만 것이 제 주장을 말하는 걸 보니까 뭘 시켜 놓으면 잘 하겠는데…"라고 혼잣말처럼 중얼거렸다. 소선은 기왕에 여기 와서 일을 할 수밖에 없다면 기술을 똑바로 배워서 하는 것이 좋을 것 같다, 방직 기술을 배워서 베 짜는 것이 소원이니 저 안에 들어가서 일을 할 수 있도록 해 달라고 말했다. 소선이 이렇게 주장을 하니까 그 높은 사람은 어린것이 무슨 말이 많다며 매를 가지고 와서 소선을 때렸다.

매를 맞은 그날 밤 소선은 방에 누워서 억울하다고 생각했다. 개떡을 쥐어 주던 엄마가 보고 싶었다. 집에도 가고 싶었다. 그러나 집에 갈 수도 없고 엄마를 볼 수도 없다. 서러움의 눈물이 한정 없이 흘렀다.

이런 일이 있고 난 뒤, 다른 사람이 소선을 데리러 왔다. 공장 안에서 일하면서 베 짜는 일을 배우도록 조치를 한 것이다. 그들이 왜 이런 조치를 했는지는 알 수 없다.

소선의 작업장이 바뀌었으니 숙소도 따라서 옮기게 되었다. 이전 숙소에서는 한동네에서 정신대에 함께 잡혀와 일하는 곳도 같고 숙소도 같은 곳에 배치되었던 시남이 있어서 서로 의지해 살아가고 있었는데 그와 떨어지게 되었다. 시남은 일을 마치고 저녁에 방으로 와 보니 같이 지내던 소선이 없어져 있으니까 울기 시작했다. 다음 날 아침까지 울면서 일을 안 나가자 일본인 간수장이 시남을 두들겨 팼다. 마침 아침체조를 하러 가면서 소선이 이 광경을 목격했다. 소선은 때리고 있는 일본인 간수장에게 '우리 동네 옆집에서 같이 온 동무'라고 일본말로 말했다. 간수장은 소선을 쩨려보더니 때리는 것을 멈추었다. 그 일이 있고 난 뒤 어찌되어서 그랬는지는 몰라도 시남은 소선과 같이 공장 안에서 함께 일을하게 되었고 잠도 같은 방에서 자게 되었다.

근로정신대가 온종일 죽어라고 일을 하고 나서 먹을 것이라고는 강냉이를 커다란 물통에 우려서 삶은 강냉이밥밖에 없었다. 그까짓 것을 먹고는 힘을 쓸 수도 없을 뿐만 아니라 배가 고파서 견딜 수가 없다. 특히밤에는 배가 고파서 잠이 안 올 정도였다. 그럴 때면 창문을 열고 밖을내다보는데, 마당에서 자라고 있는 토마토가 어찌나 먹고 싶은지 견딜수가 없었다. 그러나 저 토마토를 따 먹다가 들키는 날이면 맞아 죽을 것이다. 그러니 아무리 배가 고파도 함부로 따 먹을 수가 없었다.

토마토가 점점 더 먹음직스럽게 익어 가던 어느 날 밤, 배가 심하게고프기도 하고 집 생각도 간절해서 견딜 수가 없었다. 소선은 '저것을 따먹다가 들켜서 매 맞아 죽을 때 죽더라도 따 먹고 싶다'고 생각했다. 달빛 아래 탐스러운 토마토가 정신을 잃도록 유혹했다. 소선은 시남에게배고파 죽겠으니 저 토마토를 따 먹자고 했다. 잡히면 죽을 텐데, 하며시남이 망설였다.

"그러니까 몰래 따 먹어야지. 내가 따 올 테니까 네가 망 좀 봐라."

소선은 살금살금 기어서 밖으로 나왔다. 간수가 통로에서 지키는데 살며시 엿보니 졸고 있었다. 때는 이때다 싶어 창문을 뛰어넘었다. 그리고 순식간에 그 탐스러운 토마토를 따서 방으로 가지고 왔다. 소선은 따온 토마토를 어두운 방에 누워서 시남이와 다른 동무들에게 나눠 주고 맛있게 먹었다. 토마토를 다 먹고 난 꼬투리를 버릴 데가 마땅치 않아, 하나로 모아서 치마에 몰래 싸 가지고 잤다. 그것을 아침에 체조하러 나가면서 슬쩍 버렸다.

이런 수법으로 일하고 나서 저녁마다 토마토를 따 먹었다. 처음 며칠 간은 일본인들이 눈치를 못 챘는데 점점 눈에 띄게 토마토가 없어지는 것을 보고 누가 몰래 따 간다고 판단한 것 같다. 하루는 여느 날과 다름없이 창문을 뛰어넘어 토마토를 막 따려고 하는데 어디서 나타났는지 간수가 나타나서 소선의 머리채를 휘어잡았다.

순간 소선은 '아이고! 이제 나는 죽었구나' 생각했다. 간수는 소선을 끌고 가 꼬챙이로 온몸을 여기저기 쑤시면서 높은 사람에게 말해 혼을 내겠다고 했다. 곧바로 높은 사람 앞으로 끌려갔다. 도둑년이라며 소선은 일본인들에게 사정없이 두들겨 맞았다. 소선은 두들겨 맞으면서도 말대꾸를 했다. 그들은 소선을 창고에 가두었다. 창고 안에 갇혀서 며칠을 보내던 중, 감독자 중에 조선 사람이 있었는지 그가 와서 문을 열어 주며 말대답을 하지 말고 잘못했다고 빌어야 한다고 타일렀다. 어찌 됐든 매는 맞았어도 그 배고픔을 토마토로 달랠 수 있었던 것이 그나마 다행이라고 소선은 생각했다.

방직공장을 탈출하다

토마토를 따 먹으면서 배고픔을 달랬건만 이제 그 짓도 할 수 없게 되었다. 배고픔과 고된 일에 지친 육신과 정신은 외롭고 괴로울 뿐이었다. 일본인들에게 짓밟히고 빼앗기기만 하는 얽매인 삶이 억울하다는 생각이 들었다.

소선은 생각했다. 아주 어릴 적 왜놈 순사에게 뒷산으로 끌려간 아버지가 다시는 돌아오지 않은 이유가 무엇일까? 아무런 영문도 몰랐던 시절, 오히려 어른들은 아버지의 죽음에 대해 쉬쉬했다. 이제는 아버지 죽음의 의미를 조금은 알 것도 같았다.

외로움과 고통이 이어지던 그 어느 날 어머니가 구장과 함께 면회를 왔다. 어머니는 이 면회를 오기 위해서 구장에게 애원을 했을 것이다. 이번에도 개떡을 해서 품에 감춰 와 몰래 쥐여 주었다. 소선은 자신이 하고 싶은 일을 못 하게 야단만 치던 어머니, 그런 어머니가 자신을 미워한다고 생각한 적도 있었다. 개가를 했다고 해서 늘 죄인처럼 살아야 했던 어머니, 그런 불쌍한 어머니의 자식에 대한 애틋한 사랑이 품속에서 꺼내 몰래 쥐여 준 개떡을 통해서 사무치도록 전해져 왔다.

어머니는 배고파서 어찌 사느냐면서 소선을 끌어안고 울었다. 어머니는 딸이 시집을 가지 않아서 이런 고생을 하는 것이라고 생각했다. 면회가 끝나고 돌아서면서는 "참고 있어야 한다. 다른 사람들도 살고 있으니까, 한 달 가고 두 달 가고 그러다 보면 언젠가는 집에 올 날도 있겠지. 힘들다고 도망치다 잡히면 총 맞기도 하고, 다리가 분질러지기도 하니 그런 생각 하다가는 신세 조진다. 당최 도망할 생각 하지 마라"하고 신신당부를 했다.

사실, 소선은 저 높은 담을 넘어 도망가면 이 고통의 굴레에서 벗어나 얼마나 자유로울까 상상해 보았다. 그러나 도망이라는 것은 실제로 어려운 데다 설사 나간다 해도 가다가 총에 맞아 죽을 수도 있고 잡히기라도 하면 다리가 부러지고 갇히게 된다는 생각에 단념했다.

소선의 어머니는 면회를 마치고 돌아서면서 발바닥 밑에 돈을 놓고는 딸에게 눈짓을 했다. 눈치 빠른 소선은 얼른 그 돈을 몰래 집어넣었다.

그 안에서도 돈만 있으면 먹을 것을 사 먹을 수가 있다. 조그마한 돌멩이에다 돈과 먹을 것을 쓴 종이쪽지를 실에 매달아 담장 밖으로 던지면 얼굴도 모르는 장사꾼이 며칠 후에 필요한 물건을 담장 안으로 던져 놓는다. 그러면 돈을 던진 사람이 그것을 주워 오는 것이다.

소선이 잡혀온 지 1년이 되는 여름, 그러니까 1945년 초여름이었을 것이다. 그동안 베 짜는 기술도 어느 정도 배워 일하는 데는 처음보다 익숙해졌다. 그런데도 날이 갈수록 집 생각이 나서 견딜 수가 없었다. 하지만 어머니의 면회도 기대할 수 없고 배는 여전히 고팠다. 그러던 어느 날 어머니가 몰래 주고 간 돈이 있다는 것이 생각났다.

'옳지, 이 돈으로 과일을 사 먹어야겠다.'

다른 사람들이 담장 밖으로 돈을 던져서 먹을 것을 사 먹는 것처럼 소선도 돈과 쪽지를 돌멩이에 매달아 담장 밖으로 던지면 먹을 것이 넘어오겠지 하며 돈을 밖으로 던졌다. 그런데 며칠을 기다려도 넘어와야 할 물건이 오지 않았다. 사실 그런 식으로 거래하는 처지에 사고자 하는 물건을 넘겨주지 않아도 어찌할 도리가 없었다. 그렇다 해도 다른 사람들 것은 다 넘어왔는데 자기 것만 오지 않으니 속상하기도 하고, 밖에서 장사하는 사람에 대해서도 궁금하기 이를 데 없었다.

하도 속상하고 궁금해서 하루는 높은 담벼락 옆에 석탄인지 숯인지 시커먼 가마니 더미가 쌓여 있는 것을 발견하고 그것을 딛고 올라가 담장 위에 서서 바깥을 내다보았다. 담장 바깥은 낭떠러지 같았다. 떨어지면 어디 한 군데 부러질 듯했다. 소선은 이리저리 둘러보았다. 장사꾼은 없었다.

바로 이때다. 저쪽 멀리서 경비원이 뭐라고 소리를 지르는 것이 아닌가! 어찌해야 하나 망설여졌다. 그때 퍼뜩 '이대로 잡히면 내가 먹을 것을 사기 위해 돈을 던졌는데 물건이 안 넘어와 궁금해서 내다보았다고 사실대로 말을 해 보았자 거짓말로 변명한다고 믿지 않겠지. 어차피 도망치다 잡혔다는 혐의를 벗어나기 어려운 판에 이래 죽으나 저래 죽으나 마찬가진데…' 하는 생각이 스쳤다.

'에라 모르겠다. 뛰어내리고 보자!'

소선은 눈을 딱 감고 뛰어내렸다. 발목이 시큰거렸다.

'머뭇거리면 죽는다.'

죽어라고 뛰었다. 소선은 모가 약간 자란 논 가운데로 정신없이 뛰었다. 한참을 뛰다 돌아보니 아까 소선을 발견했던 경비원이 자전거를 타고 나왔다. 하도 다급해서 그랬는지 혼자 나온 것이다. 그는 소선을 쫓아오다가 소선이 논 가운데로 도망치니까 자기도 자전거를 버리고 논으로 뛰어들었다. 그러나 소선은 맨발에다 간단한 옷을 입은 데 비해 그는 큰 칼을 차고 가죽신에다 각반까지 찼으니 움직임이 느릴 수밖에 없었다.

소선은 한참을 논 가운데로 뛰다가 논두렁으로 올라서 달렸다. 얼마를 달렸는지 숨찬 것도, 발목이 아픈 것도 모른 채 오직 달리기만 했다. 들을 지나 산에 이르니 사과밭이 있는 과수원이 나타났다. 과수원 주위에 가시철망을 해 놓았다. 소선은 철망 사이에 머리를 들이밀고 뱀처럼 기어서 과수원 안으로 들어갔다. 사과나무 사이를 막 뛰니까 개가 짖는다. 소선은 개가 짖든 말든 무조건 뛰었다. 어느 쪽으로 가야 자신이 살길인지도 모르고 그저 뛰었다.

점점 개 소리가 가까워졌다. 개 소리를 듣고 어떤 할머니가 나오신다. 소선은 순간 반가우면서도 다른 한편으로 불안하기도 했다. 할머니가 소선의 꼴을 훑어보면서 묻는다.

"야야, 너 방직공장에서 도망나오는 거냐."

소선은 말도 못한 채 고개만 끄덕였다. 할머니는 나쁜 아이는 아닌 것 같다고 판단을 했는지 들어오라고 했다. 소선은 할머니가 이끄는 대로 디딜방아가 있는 곳으로 들어갔다. 할머니는 디딜방아 안에 소선을 집어넣고 쌀 까부는 키로 가렸다. 우선 급한 대로 숨겨 놓은 것이다.

얼마쯤 있으니까 또 개 짖는 소리가 들렸다. 소선은 온몸이 오그라드는 것 같았다. 개가 더더욱 사납게 짖더니 아니나 다를까 소선을 쫓던 그 경비원의 목소리가 들렸다. 경비원은 할머니에게 조금 전에 어떤 아이 하나 도망가는 것 못 봤느냐고 물었다. 할머니는 못 봤다고 잡아뗐다. 경비원은 조금 전에 분명히 이 과수원으로 도망갔다며 미심쩍어했다. 할머니는 아까 개 짖는 소리가 나는 것은 들었는데 사람이 도망가는 것은 못 봤다고 말하고 이쪽으로 도망왔으면 아마 저쪽으로 해서 도망갔을 것이라며 다른 방향을 가리키는 것 같았다.

추적자는 얼른 할머니가 가리키는 방향으로 뛰기 시작했다. 그가 사라진 것을 확인하고 할머니는 소선을 다시 꺼내더니 나락이 담겨 있는 가마니섬에 들어가라고 하며 숨도 크게 쉬지 말라고 당부했다. 소선이 들어 있는 가마니섬을 묶고 나서 그 위에 짚을 살짝 덮어 놓았다. 숨도 제대로 못 쉬면서 얼마쯤 있으니까 또 그 추적자가 그 집에 나타났다. '갔으면 지금쯤 철길 가까이 갔을 테니 이 집에 자전거 있으면 빌려 달라'는 듯했다. 그러더니 할머니의 허락이 떨어지기도 전에 얼른 자전거를 타고 쏜살같이 달려가는 것이었다.

한참 뒤, 허탕을 친 그는 다시 이 집에 와서 할머니에게 '어디로 갔느냐'고 물으면서 집 여기저기를 뒤졌다. 소선이 숨어 있는 가마니섬 더미도 발로 툭툭 차 보는 것을 숨어서도 알 수 있었다. 온몸이 콩알만 하게 오그라들었다. 숨이 멈추어 버린 듯이 가만히 있었다. 추적자는 할머니를 집요하게 의심하면서 이 집을 계속 들락날락하다가 밤이 어두워지자 할 수 없이 포기를 하고 돌아갔다.

숨 막히는 어둠 속에서 얼마나 있었을까. 할머니가 가마니섬을 열어젖히고 소선을 꺼냈다. 금방이라도 큰 칼을 찬 일본놈이 들이닥칠 것 같다는 생각에 오금을 펼 수가 없었다. 할머니는 물에 빠지고 가시철망에 찢긴 소선의 몰골을 차마 그냥 볼 수가 없었던지 가랑이 있는 속곳을 비롯해 대강이라도 걸칠 옷을 꺼내 와 입으라고 했다. 미안한 생각에 괜찮다고 사양했으나 한사코 입으라고 해서 받아서 입었다.

할머니는 소선의 집이 어디인지 물었다. 여기서 20리는 된다고 말하자 집으로 도망가면 그놈들이 금방 찾아가니까 집으로 가지 말고 친척집이 있는 곳으로 가야 한다고 했다. 칠곡 쪽에 고모가 산다고 하니 그러면 그쪽으로 가라고 한다. 도망가서 숨어 있다가 다시 잡혀오는 사람이 많으니 잘 숨어 있어야 한다고 신신당부를 했다.

할머니는 저쪽 길로 가다 보면 철길이 나온다. 그 철길을 쭉 따라가면 칠곡에 당도할 것이라면서 방향을 가리켰다. 소선은 고마움에 어떻게 답해야 할지 알 수가 없었다. 이렇듯 고마운 사람도 자신이 모르는 곳에 많이 있구나 하는 생각을 하며 길을 나섰다. 할머니가 일러 준 대로 철길을 따라 밤새도록 걸었다. 날이 밝았다. 지나가는 사람이 보이면 숨어 있다 다시 걸었다. 자전거를 탄 사람이 있으면 다 왜놈으로 보이고 자신을 잡으러 오는 것 같아서 걷다가도 움직일 수가 없었다.

천신만고 끝에 칠곡의 고모 집에 당도한 것은 사위가 어둑어둑해진 무렵이었다. 어둠 속에 묻혀 있는 고모 집 삽짝을 조심스럽게 흔들었다. 딸랑딸랑 소리가 난다. 몇 번을 흔들어도 인기척이 없었다. 한참을 그렇게 하니까 "누구야!" 하는 소리가 났다. 화가 난 듯한 고모부의 목소리다. 소선은 "고모부, 나요" 하고 조용히 대답했다. 어스름한 달빛에 소선의 얼굴을 들여다본 고모부는 입을 딱 벌리면서 놀라는 것이었다.

"어떻게 왔냐? 어서 빨리 들어와라."

사방을 두리번거리면서 고모부가 소선을 데리고 방으로 들어갔다. 소선은 어떻게 해서 도망나왔는지를 고모 내외에게 얘기해 주었다.

소선의 얘기를 들은 고모부는 "여기에 있으면 소문이 나서 잡으러 오니까 산으로 가야 한다. 오늘 저녁에는 여기서 자고 내일 새벽에 일어나 산으로 가자" 했다. 소선은 고모가 차려 준 저녁으로 요기를 하고 잠깐 눈을 붙였다. 그리고 새벽에 일어나 고모부를 따라 산으로 갔다.

집에서 멀리 떨어진 산골짜기에 고모네 밭이 있다. 고모부는 소선에게 고모 옷을 입고 머리에는 수건을 쓰고 밭일을 하라고 했다. 만약 다른 사람이 보더라도 처녀인 줄 알면 큰일이 나니까 하루 종일 엎드려서 밭일을 해야 한다고 했다. 먹을 것은 고모부가 오줌장군을 메고 올 때 밀가루 개떡을 갖다 주면 콩밭에 숨어서 몰래 먹었다. 잠은 밤이 이슥해서 인적이 없을 때쯤 되어 산에서 내려와 동네 인적을 살펴보고는 고모부가 일부러 터 놓은 뒷구멍으로 들어가서 자야 했다.

이런 짓도 하루이틀이지 날마다 똑같은 짓을 되풀이하니 힘들기도 하고, 긴장이 풀린 탓인지 하루는 산에 너무나도 가기 싫었다. 소선은 고모부에게 말했다.

"왜놈이 잡으러 안 오니께 오늘은 집에 있을랍니더. 나 혼자 산에 있을라믄 너무 무서워예."

그러자 고모부는 "야가 지금 무슨 소리 하는 거냐? 니 붙들리면 니도 죽고 나도 죽는다" 하고 역정을 내면서 어젯밤 꿈자리가 좋지 않으니 오늘은 산에 가야 한다고 했다. 그래도 집에 있겠다며 소선이 고집을 피우자 고모부는 "나는 모르겠다. 니 죽고 나 죽이고 싶으면 니 맘대로 해라" 하며 뒤도 안 돌아보고 고모와 함께 나가 버렸다.

환한 대낮에 아무도 없는 집이었지만 마음 놓고 쉴 수도 없었다. 그렇게 무료하게 있는데 밖에서 인기척이 났다. 큰일 났다 싶어 얼른 광으로 가서 타작할 때 쓰는 보자기를 둘러썼다. 문소리가 나더니 아무도 없냐는 소리가 들린다. 순사들이 들이닥쳤다. 아무리 불러도 대답이 없자 옆집의 다른 사람을 불러다 이 집에 아무도 없냐고 물었다. 옆집 사람들이 낮에는 다 일하러 나가서 아무도 없다고 대답하니까 그들은 다시 오겠다며 돌아갔다.

낮에 있었던 일을 저녁에 말하니 고모부는 큰일 날 뻔했다며 산으로 안 가면 안 된다고 단단히 일렀다. 그런 일이 있고 난 뒤에는 하루도 빼놓지 않고 산으로 갔다.

고모 집에서 달포가량을 지냈다. 소선은 고모 집도 불안한 데다 집 생각이 간절해서, 어두운 밤을 이용해서 집으로 갔다. 소선을 본 어머니는 벌벌 떨었다.

"고모 집에 있지 이렇게 오다가 들키면 어떻게 하려고 왔냐 이 가시나야. 여기도 순사가 너 찾아내라고 얼마나 많이 온지 아냐."

소선은 어머니가 보고 싶어서 이렇게 왔으니 고모 집에 또 가라 소리하지 말라고 매달리며 애원했다. 어머니는 철없는 것이라며 다시 고모 집에 가야 한다고 소선을 때렸다. 그러나 심하게는 때릴 수가 없었다. 소리가 커지면 동네 사람이 들을 테니 혼자 애만 태웠다. 딸의 고집이 어떤 고집인지 아는 어머니는 죽어도 안 가겠다는 뜻을 꺾기를 포기하고 뒷간으로 소선을 끌고 갔다. 어머니가 소선에게 일렀다.

"너 내가 시키는 대로 하지 않으면 죽는다. 우리도 산골짝에 화전이 있는데 거기에 가면 니 아버지(의붓아버지) 산소가 있다. 사람이 잘 안 다니는 곳이니까 거기에 있어야 한다. 집에는 올 생각일랑은 아예 하지 마라. 요새는 날이 더우니까 아무 데서나 잠자면 될 끼다. 먹을 것은 내가 어두워지면 밀개떡을 싸 가지고 산소 근처에다 갖다 놓을 테니까 사람 눈에 안 띄게 컴컴하면 주워다 먹어야 한다."

그날 밤으로 소선은 얄궂은 이불떼기 하나를 가지고 산으로 갔다. 콩밭에서 자고 나면 온몸에 개미들이 달라붙고, 이슬을 피하지 못해 아침에 일어나면 전신이 젖었다. 뿐만 아니라 물이 없어 세수도 못 하니 사람 몰골이 짐승이나 다를 바 없었다.

하루는 콩밭에서 어머니 옷을 입고 머리에 수건을 쓰고 콩잎을 따고 있는데 올케하고 딱 마주쳐 버렸다. 소선도 놀라고 올케도 놀랐다. 소선의 의붓아버지가 낳은 아들이 장가를 들어 새로 온 언니다. 그 올케는 벌

벌 떨었다.

"아유 이게 어떻게 된 일이야 큰일 나려고! 순사가 고모 잡아 내라고 떼거리로 와서 난리를 쳤어. 몇 번씩이나 찾아와서 고모를 찾아내라고 식구들한테 닦달을 하고 안 내놓으면 잡아 가지고 칼 꼬챙이에다 끼워 갖고 데리고 간다고 했어."

올케는 겁을 잔뜩 먹은 채 볼일도 다 안 보고 그냥 내려가 버렸다. 올케가 소선을 보고 간 뒤에도 며칠을 더 산에서 살았다.

불안에 떨며 지내던 어느 날.

"소선아!"

"작은선아!"

먼 곳에서 아까부터 어렴풋이 들리던 소리가 점점 가까워지더니, 이제는 산울림이 천파만파로 퍼지도록 큰 소리가 났다. 자신을 부르는 소리에 소선은 깜짝 놀랐다.

'도망쳐야 하나, 죽은 듯이 엎드려 있어야 하나! 여기서 도망치면 어디로 도망친단 말인가! 저 소리는 저승사자의 소리란 말인가! 내 이름을 이런 대낮에 저렇게 크게 부른다는 것은 이미 내가 여기에 숨어 있다는 것을 순사들이 알고 있다는 것이 아닌가?'

소리가 가까워질수록 이제 잡혀서 맞아 죽는구나 하는 생각이 온몸을 짓눌렀다. 어머니가 보고 싶었다. 살던 집, 구석구석 동네 골목들, 정들었던 것들 하나하나가 뇌리를 스치면서 갑자기 보고 싶어졌다. 그러나 그 모든 것들이 그의 곁에 없다. 불안함과 외로움이 엄습해 왔다.

그런데 자세히 들어 보니 소선을 부르는 목소리는 어머니와 올케가 아닌가? 이제는 '일본놈 순사들이 찾아내라고 하도 볶아 대니까 내가 있는 곳을 가르쳐 줬구나' 하는 의심이 들었다.

"소선아, 소선아, 너 이제 고개 들고 콩잎 따도 된다."

분명 어머니 목소리다.

'그렇다면 어머니는 내가 시집가라고 해도 안 가고, 고모 집으로 돌아가라고 해도 고집 피우고 안 가니까 미워서 일러 주어 버린 것인가?'

"애기씨, 애기씨, 해방이 됐대요. 해방이!"

이번에는 올케 목소리다.

'해방? 해방이라는 것이 뭔가?'

소선은 꼼짝도 않고 '해방'이라는 말을 생각했다. 어머니와 올케는 바로 소선 가까이로 왔다.

"애기씨, 일본 사람들이 물러간대요. 우리나라가 독립이 된대요."

"소선아, 이제는 여기에서 숨어 있지 않아도 된다. 집에 가서 살아도 된다."

어머니는 소선을 붙잡고 펑펑 울었다. 소선도 어찌 된 영문인지는 잘 모르나 집에 가도 된다는 말에 그저 한없이 좋아서 어머니를 붙잡고 울었다. 그동안 집에 들어오면 안 된다고 어머니한테 꼬집혔지, 집에 있으면 안 된다고 고모한테 꼬집혀서 온몸이 멍이 들었다. 사방이 자신을 죽인다고 옭죄었는데 이제 그것에서 풀린다니 얼마나 좋은가! 해방이라는 뜻이 무엇인지 모르지만 어쨌든 소선은 이제 마음대로 집에서 살 수 있다. 해방이라는 것은 이런 것인가. 소선은 이렇게 집으로 돌아왔다.

사방공사 십장의 청혼

해방이 되어 좋아서 태극기를 들고 만세를 부르는 사람들이 있는 반면, 해방이 또 다른 슬픔을 안겨 준 사람들도 많았다. 징용에 끌려간 사람들, 정신대로 잡혀간 사람들이 있는 식구들은 그들이 돌아오기를 눈이 빠지도록 기다렸다. 하루가 지나고 한 달이 지나고 세월이 더 흘러도 돌아오지 않는 부모자식형제를 둔 가족들의 슬픔은 오죽하랴. 어떤 이는 죽었다는 통보와 함께 손톱이나 머리카락만 돌아와서 그 집안 식구들이 통곡으로 나날을 보냈다.

소선과 함께 정신대에 잡혀갔던 친구들 6명 중에 살아서 돌아온 사람은 소선과 시남 둘뿐이었다. 그것도 시남이는 일하다가 실수해서 손가락이 잘린 상태로 돌아왔다.

해방이라지만 시간이 지날수록 살기가 더욱 비참해져 갔다. 반면 일본인들이 있을 때 그들과 친하게 지냈거나 그 밑에서 일을 많이 한 사람들은 그들이 놓고 간 재산을 차지해 잘살게 되었다. 또 그 지긋지긋하던 공출도 일본놈들이 물러가서 없어질 줄 알았는데 이제 일본놈들 대신 미국놈들이 쌀을 공출하라고 명령했다.

대구에서는 사람들이 경찰서에 몰려가 데모를 하고 경찰들은 데모대에게 총을 쏴 사람들이 여럿 죽었다는 소문이 있었다. 무슨 영문인지는 모르나 소선의 동네에서 전문학교도 다니고 똑똑하다는 청년 몇몇이 객지에 나가서 죽기도 하고, 죽었는지 살았는지 소식을 알 수 없다는 말도 떠돌았다. 나중에는 그들이 좌익을 해서 그랬다는 비밀스러운 말들이 오갔다. 소선은 좌익이라는 것이 무엇인가 궁금하기도 했다.

어른들의 세상은 무엇 때문인지 정확히는 모르지만 몹시 시끄러웠다. 그 시끄러움과는 달리 이팔청춘 처녀의 세상은 풋풋했다.

여름날이었다. 소선은 아침나절 내내 들일을 하다가 한낮에 점심을 먹고 더위를 식히기 위해 어머니와 집에서 잠시 쉬고 있었다. 그때 "계십니까?" 하고 사람 찾는 남자 소리가 대문 밖에서 났다. 그러나 남녀가 유별하여 내외를 해야 하는지라, 여자들만 있는 집에서 어느 누가 날름 대답을 할 수 없었다.

"계십니까? 목이 하도 말라서 물 한 바가지 얻어 마시려고 왔습니다."

밖에서 여러 번 불러도 아무도 대답하지 않았다. 답답해서 소선이 그냥 대문 밖을 빼꼼히 내다보며 무슨 일 때문에 부르느냐고 물었다. 웬 멀쩡한 총각이 어디서 흙일을 하다가 온 모양이었다.

"예, 나는 저기 사방공사 십장인데 목이 하도 말라 물 한 바가지만 얻어먹으려고 왔소."

소선은 아무리 내외도 중요하지만 지금 사람이 목이 타 저렇게 물을 찾는데 외면할 수는 없다고 생각해 용기를 내서 두레박을 가지고 나와 샘물을 한 두레박 떠서 그 총각에게 건네주었다. 그 총각은 물을 벌컥벌컥 달게 들이마시고는 소선에게 고맙다는 말을 연거푸 했다. 가까이에서 보니 훤칠하고 서글서글하게 생긴 남자가 대처 물도 조금은 먹은 것 같았다. 나중에 알게 되었지만 그 남자는 이웃 동네에 사는 사람으로서 학교도 중학교까지 나왔다고 했다.

그날 그 일이 인연이 되어 그 남자는 소선을 좋게 생각했던 모양이다. 어쩌다가 마주치면 따사로운 눈빛과 친절한 말을 잠깐씩 건네곤 했다. 소선 역시 그 사람이 믿음직스럽다는 생각을 했다. 얼마나 지났을까, 그 집에서 중신아비를 넣어 소선의 집에 청혼을 했다. 그 남자가 자신에게 청혼했다는 사실을 알게 된 소선은 부끄럽기도 했지만, 가슴이 떨린다고 할까, 설렌다고 할까, 하여튼 알 수 없는 파문이 가슴에 일렁였다.

그런데 이게 웬일인가! 소선의 집안에서는 청혼을 받아들일 수가 없다고 했다. 그 집안은 양반이 아니라 상놈의 집안이라는 것이었다. 소선은 옳지 않은 처사라고 생각했다. 너무 속이 상했다. 어머니에게 그 남자와 혼인하고 싶다고 말했으나 어머니는 야단만 쳤다.

사방공사장 십장하고 결혼을 못 하게 해서 속상해 있는 터에 시집을 보낸다는 얘기가 나왔다. 소선은 무조건 안 가겠다고 말했다. 정씨인 작은오빠가 결혼을 해 대구에 살고 있었는데 그 오빠의 부인이 중매를 하겠다고 나선 것이다. 소선의 어머니와 작은올케는 어쨌든 시부모가 있는 집으로 시집을 보내야 한다면서 대구 괜찮은 집안의 총각 얘기를 꺼냈다. 시부모도 계시고 형제도 많을 뿐더러 그 총각은 옷 만드는 기술이 좋으니 그 총각한테 중매를 하겠다고 했다. 소선의 어머니가 그러면 한번 보자며 선뜻 나섰다. 어머니 입장에서는 어떻게든지 빨리 시집을 보내 버리겠다는 생각이었다. 전에 얘기가 나왔던 그 총각도 있기 때문에 하루라도 빨리 치워야 마음이 놓일 것 같으니까 그랬을 것이다.

꽃 피고 새 우는 어느 춘삼월, 소선은 밭일을 가기 전에 소죽을 끓여서 여물통에 풀고 있었다. 소선의 어머니가 오늘은 밭일하러 나가지 말고 방에 들어가서 바느질이나 하고 있으라며 소선을 붙들었다. 어머니가 시키는 대로 집에서 얼마쯤 있으니까 처음 보는 할머니와 젊은 여자, 소선의 올케 그렇게 셋이서 소선의 집으로 들어왔다. 나중에 알고 보니 젊은 여자는 총각의 이종사촌동생으로서 소선의 올케와 잘 알고 지내는 사이라 중매를 한 사람이었고, 할머니는 총각의 어머니였다. 소선이 방에서 바느질을 하고 있는데 손님으로 온 할머니가 소선이 일하는 방문을 열고 들여다보았다.

"처녀, 이 방으로 온나. 나 물 한 그릇만 떠다 주게."

소선은 건넌방으로 물 한 그릇을 떠 가지고 갔다. 그때서야 선을 보러 왔구나 하는 것을 짐작했다. 옛날에 어떤 사람이 며느리가 될 처녀를 선보러 가, 방에 앉아서 바느질을 하는 모습이 너무도 얌전해서 며느리로 맞아들였는데 처녀의 다리가 불구였다고 한다. 그런 일 때문에 처녀를 선보러 갈 때 일부러 걷는 모습을 시험해 보는 것이다. 물을 떠다 달라고 한 것은 이런 까닭이었다. 그 할머니는 소선을 이리저리 뜯어보았다.

"참 귀가 복이 있게 생겼어. 말년에는 좋게 생겼어."

그 사람들은 많은 얘기를 나누고 점심 대접까지 받고 갔다. 그리고 며칠 뒤에 회색 두루마기를 곱게 입고 고급 구두를 신은 할아버지가 한 번 더 다녀갔다. 그리고 얼마 있다가 사성(사주단자)을 보내왔다.

시집가기 싫어 도망친 색시

사성이 오면 색시 집에서 날짜를 받아야 한다. 어머니가 날을 받았다. 날은 구월 스무날이었다.

혼인 날짜가 잡히고 혼인 준비를 한다고 야단법석이었다. 그러나 정작 소선의 마음은 시집가기가 너무도 싫었다. 심지어 어디로 도망가서 죽고 싶을 정도였다. 요즘 시대 같으면 이렇다 저렇다 말을 할 수 있겠지만, 그때는 어머니 아닌 다른 사람에게 불만을 말할 수도 없고 그럴 처지도 아니어서 혼자서 낑낑거리기만 했다. 중매한 올케에게 "언니야, 나 시집 안 갈란다" 말하면 언니는 부끄러워서 공연히 그러는 줄 알았다.

그럭저럭 날짜가 가까워졌다. 어떻게 하면 시집을 안 갈까 하고 생각한 끝에 소선은 굶기 시작했다. 계속 굶어도 식구들은 아랑곳하지 않고 혼인 준비를 계속했다.

시집을 가야 할 날짜가 닥쳐왔다. 며칠을 굶어서 일어날 수도 없을 정도인데 억지로 소선을 일으켜서 결혼식을 한다고 머리를 빗기고 옷을 갈아입혔다. 날이 밝아 오자 온 집안이 떠들썩했다. 바깥을 내다보니 집 전체에 흰 천을 깔아 놓고 차일을 쳐 놓았다. 벌써부터 큼지막한 상을 놓고 사람들은 음식을 먹고 있었다.

'이제는 드디어 내가 할 수 없이 그 집으로 시집을 가는구나. 그렇게 안 가려고 내색도 했고, 싫다고도 했는데 억지로라도 가야 한다면, 오늘은 어쩔 수 없이 닥치는 대로 하고 시집에 갈 때 도망이라도 가야지.'

얼굴에 연지곤지를 찍는데 어찌나 눈물이 나는지 끝없이 줄줄 흘렀다. 굶어서 허우적거리는 소선을 양쪽에서 붙들고 머리에 족두리를 씌우는데 밖에서 소리가 났다.

"주인 출영."

마당에 깔아 놓은 하얀 베를 밟고 초례청으로 가서 신랑 얼굴도 못 본 채 예를 지냈다. 초례청에서 인사를 올리기로 어른들끼리 합의가 되었는지 시아버지에게 절을 올리는 순서가 있었다. 시아버지께 절을 올리고 술을 따라 올릴 때 소선은 고개를 살짝 들어 맞은편을 보았다. 새색시 소선은 그동안 신랑 쪽 집안에서 시아버지가 될 영감이 선본 색시를 무척이나 마음에 들어해서 강력하게 혼사를 주장했다는 얘기를 들은 적이 있어 궁금하던 터였다. 그러자 올려다보는 새색시 눈과 시아버지의 눈이 마주쳐 버렸다. 시아버지와 예를 올리는 중에 눈이 마주쳤으니 새색시는 겁이 났다.

식이 끝나고 모두들 술과 음식을 먹느라 정신이 없었다. 새색시는 이 틈을 이용해서 도망가기로 결심했다. 뒤란으로 해서 어둠 속으로 산길을 마구 달려갔다. 한참을 달려가다 이르게 된 곳은 아버지의 산소였다. 자기도 모르게 여기까지 온 것이다.

조금 후 색시가 없어진 사실을 알게 된 식구들은 난리가 났다. 신랑 쪽 사람들이 눈치채기 전에 빨리 색시를 찾느라고 온 식구가 등불을 들고 나섰다. 남자들은 신랑을 비롯해 신랑 쪽에서 온 사람들에게 술을 한정 없이 권해 시간을 벌었다.

소선은 아버지 산소에서 엎드려 울었다. 한참을 울고 있는데 어머니 소리가 났다.

"아이고, 우리 소선이가 도망가면 어쩌노. 아이고 내 팔자야!"

어머니 우는 소리가 너무나 처량했다. 소선은 어머니를 생각하니 가슴이 아팠다. 온갖 구박과 고생 속에서 언제 한번 마음 펴고 살아 보지 못한 어머니. 내가 이대로 도망가서 오늘의 결혼이 깨져 버리면 또 앞으로 얼마나 많은 세월을 한과 원망으로 살아가실까 생각하니 도망가야겠다는 다짐이 저절로 잦아들었다. 소선은 "어무이, 나 여기 있어" 하고 소리를 쳤다. 갑자기 딸의 소리가 들리니 어머니는 소스라치게 놀랐다.

그렇게 해서 어머니와 함께 집으로 돌아왔다. 소선은 부랴부랴 옷들을 챙겨 입고 첫날밤을 치러야 할 방으로 들여보내졌다. 신랑은 색시가 들어와야 할 시간이 지났는데도 색시는 안 들어오고 이 사람 저 사람 술만 먹으라고 권하는 것이 뭔가 이상하다고 생각하고 있었나 보다. 소선이 늦게 방으로 들어가니 신랑은 아무 말도 하지 않았다. 소선은 자신을 쳐다보는 신랑이 무섭다고 생각했다. 신랑은 너무 더워서 못 견디겠는지 두루마기도 벗고 바지도 벗고 속적삼만을 약간 걷어 입었는데 다리에 짐승같이 털이 나 있었다. 색시는 미칠 것만 같았다. 어떻게 저렇게 생긴 사람한테 시집가라고 했는지 어른들이 야속하기 이를 데 없었다. 문밖에서는 문구멍을 뚫어 놓고 야단법석이다.

예물상 받아 놓은 데서 신랑이 밤을 집어 치마에 던져 주었다. 색시는 치마에 밤이 떨어지든 말든 가만히 앉아 있었다. 그러자 신랑은 왜 밤을 안 줍는 거냐며 불만 섞인 소리를 했다. 그러다가 밤을 주워 잘 간직하라고 달래기도 했다. 색시는 밤을 집어서 그냥 옆에다 놔두었다. 그러자 이번에는 술을 따라서 색시에게 받으라고 한다. 그 정신에 도저히 술잔을 받을 기분이 아니라 가만히 있었더니, 술잔을 색시 무릎에다 놓으려고 한다. 술이 쏟아져 옷을 버릴 것 같아서 잔을 받아 방바닥에 그냥 놓았다. 신랑은 이 술잔을 자기가 가져가 홀랑 마셔 버린다. 자기가 따라 줬으니 이제 색시한테 술을 따르라고 한다. 색시는 에라 모르겠다 하고는 주전자를 들어서 조그만 잔에다 계속 부어 주었다. 술이 줄줄 넘쳐서 그만 따르라고 할 때까지 부었다.

신랑이 술을 마신 뒤 머리를 푼다고 단단하게 매어 놓은 족두리를 이리 흔들고 저리 흔들었다. 그러나 아무리 해 봐도 족두리는 벗겨지지 않고 앞으로 갔다 뒤로 갔다 들쑤시기만 했다. 비녀를 꽂은 데다가 새까만 끈으로 족두리 있는 데를 묶어 놓았으니 그것을 건드리면 쉽게 풀어질 텐데….

'아이고 저렇게도 못하나.'

색시는 신랑이 하는 것을 보고 있으려니 답답하기만 했다. 할 수 없이 색시가 족두리를 벗어서 방바닥에 놓았다.

"나는 아무리 해도 안 되더니만…."

신랑이 혼잣말을 했다. 색시가 족두리를 벗어 놓으니까 이제는 자기가 벗어 놓았던 옷을 다시 입기 시작한다. 밖으로 나가려나 보다 했더니 옷을 다 입은 다음 얌전히 앉아서 색시에게 옷을 풀어 달라고 한다. 색시는 '아까는 자기가 다 벗어 놓곤 또 나한테 풀어 달라고 하는가' 하는 생각에 오기가 생겨서 가만히 있었다. 그랬더니 여자가 풀어야 한다면서 계속 풀어 달라고 재촉한다. 색시는 이쪽 것을 풀어서 홱 던져 버리고 저쪽 것도 풀어서 홱 던져 버렸다. 신랑은 기가 차서 가만히 쳐다보고만 있었다.

옷을 벗고 나서는 또 상에 차려 놓은 것을 집어 먹으라고 한다. 간장부터 먹고 차린 것을 먹어야 하는 법이라고 어머니가 말했다고 한다. 자꾸 먹으라고 해도 색시가 안 먹고 가만히 있으니까 답답했던지, 부엌 쪽 창문에서 문에 구멍을 뚫고 들여다보던 올케가 나직하게 말했다.

"간장부터 떠먹고 뭐라도 하나 집어 먹어. 감주라도 마셔."

색시는 창문 옆에 앉아 있었기 때문에 작지만 그 소리가 다 들렸다. 그렇지 않아도 올케가 중매를 해서 미워하고 있었다.

"갑갑하면 니가 와서 해라."

색시는 톡 쏘아붙였다. 그 말을 신랑은 자기한테 하는 소리로 들었나 보다. 저쪽에 앉아 있으니까 색시 올케가 색시한테 한 소리가 안 들렸을 것이다.

"갑갑하면 니가 해라? 여자가 남자한테 갑갑하면 니가 하라고 해?"

신랑은 색시를 쳐다보더니 계속 그 소리만 되풀이하고 앉아 있다. 그래도 색시는 올케에게 한 말이라고 신랑에게 변명하지 않았다. 이 일 때문에 나중에 살면서 싸울 때면 남편은 "갑갑하면 니가 해라? 아니 남자

보고 니가 하라고 해? 그래도 가문이나 뼈대를 생각하고 장가를 들었는
데 남자보고 갑갑하면 니가 해라?" 하며 트집을 잡았다.

이렇게 해서 소선은 나이 열아홉이던 1947년 가을, 1924년 음력
12월 7일생의 전상수와 결혼을 했다. 남편 전상수는 낙천적인 기질에 성
격이 쾌활했으며 튼튼한 골격에 고집이 있는 편이었다. 그리고 말술을
마시는 남자였다.

소선은 남편과 살면서 부부로서 도타운 정을 가지고 살아 보지 못했
다. 살아야 된다고 하니까 그저 사는 마음이었다. 가기 싫은 시집을 억지
로 간 것이 가장 큰 이유였을 것이다. 그렇지만 육례를 치르고 부부로서
연을 맺으니 음양의 이치에 따라 새로운 생명이 태어나게 되었다.

새색시 소선은 산 설고 물 설은 시집 대구로 가야 했다. 친정집으로
가려면 나룻배를 타고 금오강을 건너야 한다.

늦가을이지만 반짝이는 햇살 아래 강바람은 사뭇 부드럽고 강물 또한
명경같이 맑다. 뱃머리에 서 있던 소선 앞쪽의 강물에서 커다란 물고기
가 솟아올랐다. 제품 기품 있게 생긴 잉어 같은 그 고기는 물속으로 들어
갔다가 다시 솟아올라서는 입에서 커다란 구슬을 뱉어 소선의 치마폭에
안겨 주었다. 엉겁결에 받은 구슬을 내려다보니 말로만 듣던 여의주처럼
큼지막하고 일곱 빛깔 무지개색으로 둘러쳐져 반짝인다. 소선은 이 귀한
구슬을 가슴에 소중하게 품고 친정에 갔다.

밤중에 친정에 앉아 있으니 이상스럽게도 해가 떠 있었다. '밤중에 달
이 안 뜨고 왜 해가 뜨노' 하고 있자니 해가 점점 소선을 향해 다가왔다.
소선이 겁이 나서 문을 닫으려 하자 해는 순식간에 가슴에 부딪쳐 오며
산산조각이 났다. 정신을 차리고 사방을 보니 산산조각 난 해는 앞산에,
온 동네에 수많은 조각으로 쪼개지고 흩어져 빛을 밝히고 있었다.

소선은 흠칫 잠에서 깨어났다. 태몽이었다. 그로부터 열 달 뒤 소선은
첫아이를 낳았다. 1948년 음력 8월 26일이었다. 새로 태어난 아이는 식

민지 백성의 노예 노릇은 하지 않아도 되었다. 아이 이름을 태일이라 지었다. 클 태(泰)에 한 일(一), 全泰一.

남편의 뜻대로 막상 이름을 정해 놓고 보니, 문자 그대로 너무 크고 제일이라는 이름이어서 소선은 속으로 걱정되는 바가 없지 않았다. 이러한 이름값을 해내려면 이 녀석이 앞으로 힘들게 살아가지 않을까….

밑바닥 인생

자갈치시장에서 한 고생

열아홉 살에 결혼한 이소선은 모든 서러움 속의 생활을 청산하고 단란한 가정을 꾸려서 어떠한 역경에 부딪힌들 이를 극복하면서 살아가리라 굳게 다짐했다. 고난보다는 행복이 있을 것을 빌었고, 고통이 따를 것이라는 생각은 아예 하고 싶지가 않았다.

큰집에서는 피복가게를 열어 제품을 내다 팔았고 남편은 집에서 옷을 만들었다. 생활은 그럭저럭 어렵지 않게 헤쳐 나갈 수 있었다. 분수에 맞지 않는 바람보다는 작은 꿈을 키워 나가며 어느 정도 살아가는 즐거움도 가질 수 있었다. 그러나 그 작은 즐거움 속에 고난의 불씨가 자라고 있을 줄이야….

제법 옷이 잘 팔리자 남편은 여기저기 일을 만들어 벌였다. 능력 이상으로 크게 벌여 놓은 이것이 급기야는 수습할 수 없는 지경에 다다르게 되었다. 점점 빚더미가 쌓여 사업이 어려워지는가 싶더니 큰집까지 넘보며 못살게 구는 것이었다. 이소선은 이런 남편의 행동을 보며 부끄러워서 살 수 없다는 생각까지 했다.

6·25전쟁 직전 무렵에 사업이 망했다. 그들은 고향인 대구에서 도망

치다시피 부산으로 갔다. 태일이가 겨우 세 살이었고 배 속에서는 둘째가 발길질을 하고 있었다. 남편은 억지로 소선을 데리고 부산까지 왔으나 마땅히 갈 곳을 정하지 못했다. 이들은 사람들이 들끓는 자갈치시장으로 무작정 걸음을 옮겼다. 그곳은 갈 곳 없는 이들이 발길 내키는 대로 모여드는 곳이기도 했다. 행상 백화점이라 할 수 있을 정도로 온갖 종류의 장사꾼들이 복작거리고 있었다.

막상 자갈치시장에 발을 들여놓기는 했지만 남편과 이소선이 할 수 있는 일이라고는 아무것도 없었다. 수중에 가진 돈 한 푼 없이 무슨 일을 할 수 있을지 참으로 막막했다. 시장 바닥은 물건을 사고파는 사람들로 북적이고 있었지만 이들은 그저 거리에 내동댕이쳐진 거렁뱅이나 다름없었다.

남편은 좌판과 행인들 틈바구니를 한참이나 쏘다니더니 이소선에게 어느 길모퉁이에서 기다리라는 말을 툭 던지고는 어디론가 사라져 버렸다. 이소선은 세 살짜리 태일이를 업고 남산만 한 배를 한 채 자갈치시장 후미진 구석에 자리를 잡았다. 칭얼거리는 태일이도 그렇지만 잔뜩 부른 배를 하고 사람들이 붐비는 시장 바닥에 멀거니 서 있기란 여간 고역이 아니었다.

그렇게 시간은 흘러갔다. 한 시간, 두 시간…. 아무리 기다려도 남편은 나타나지 않았다. 남편이 사라진 골목을 눈이 빠지도록 지켜보았지만 결국 그날 밤을 그런 몸으로 길바닥에서 꼬박 새웠다. 이소선은 아침이 뿌옇게 밝아 오도록 아무것도 먹지 못하고 쫄쫄 굶었다. 가진 돈이 한 푼도 없었다. 가진 돈이라고 해 봐야 변변치 못했는데 그나마도 남편의 주머니에 있었다. 배고픔에 지쳐 울음도 그쳐 버린 태일이를 끌어안고 한데서 날밤을 새웠다.

다음 날 정오쯤이었다. 주린 배를 움켜쥐고 골목에 지쳐 쓰러져 있는데 남편이 나타났다. 이소선은 남편이 이끄는 대로 식당으로 갔다. 식당에 들어가자마자 태일이에게 밥을 떠먹여 주었다. 아이는 콧물이 입으로 들어가는지도 모르고 허겁지겁 밥숟갈을 놀리기에 정신이 없었다.

남편은 별다른 말도 없이 그 골목에서 기다리라는 말만 하고 또다시 자취를 감췄다. 이소선은 남편이 기다리라고 했으므로 골목을 벗어날 수가 없었다. 태일이를 업었다가 걷게도 했다가 하면서 골목 안을 맴돌았다. 시장 바닥에서 멀리 가지도 못하고 남편이 오기를 기다렸다. 열흘이 넘도록 남편이 나타나기를 기다리면서 골목 안에서 잠을 잤다.

그러던 어느 날 밤이었다. 싸움박질 같기만 하던 시장의 하루가 끝난 뒤 밤하늘에 별이 총총히 떴다. 잠들었던 태일이가 눈을 뜨더니 엄마에게 물을 달라고 했다. 이소선은 태일이를 달래면서 주위를 휘둘러보았다. 장바닥은 고요했다. 가게들은 전부 문을 닫고 깊은 잠에 빠져 있었다. 아무리 근방을 둘러보아도 물을 먹을 만한 곳이 눈에 띄지 않았다. 남들 다 잠든 이 밤에 어디서 물을 구한단 말인가. 할 수 없이 바닷가까지 태일이를 들쳐 업고 갔다. 신발을 벗어 깨끗하게 씻은 뒤, 신발에 물을 떠서 태일이 입에 갖다 대 주었다. 아이는 물을 조금 마시는 듯하더니 이내 손을 내 저었다. 물맛이 이상했던지 물을 먹다가 내뱉었다. 이소선은 신발을 손에 들고 넋이 빠진 듯 졸음을 가득 베어 문 태일이의 눈을 바라보았다. 아이는 그래도 신발에 담긴 물을 몇 모금 더 마시더니 잠에 빠져들었다. 그 모습을 보고 있자니 눈물도 메말라 한숨밖에 나오지 않았다.

이런 생활을 열흘쯤 한 끝에, 남편이 자갈치시장 피복상에 취직을 했다. 다행히 피복상 주인은 마음씨가 좋은 할아버지였다. 장사는 오후 10시쯤 끝났다. 피복상 할아버지의 배려로 장사가 끝나면 가게에서 잠을 잘 수가 있었다. 비록 마룻바닥이었지만 궁전보다 훨씬 좋았다. 이제는 하염없이 길에서 기다리지 않아도 되었다. 한뎃잠을 자지 않고 방에서 잘 수 있다는 것에 얼마나 만족스러워했는지 모른다.

새벽 6시면 할아버지는 어김없이 가게 문을 열었다. 이소선 모자는 할 수 없이 낮에는 골목길을 배회하면서 지내야 했다. 그래도 생활의 근거지가 정해진 이상 그도 차차 좀 돌아다닐 수가 있게 되었다.

몇 달 동안이나 길바닥 먼지구덩이에서 뒹굴고, 때로는 비까지 그대로 맞으며 살다 보니 이소선은 머리가 가려워서 못살 지경이었다. 남편에게 참빗 하나 사 달라고 해서 빗은 마련했으나 머리를 빗을 적당한 장소가 없었다. 사람들이 정신없이 오가는 시장 바닥에서 머리를 빗자니 그럴 수도 없는 노릇이었다. 태일이 손을 잡고 사람들이 뜸한 곳을 찾아서 길을 따라 무작정 걸었다. 시장을 지나 도심을 벗어나니 한적한 고개가 나왔다. 어디가 어딘지도 모르는 그 고개에서 몇 달 동안 빗질 한번 못 한 머리에 손을 댔다. 머리에 손을 얹고 빗질을 하니 이가 주루룩 쏟아졌다. 자신의 몸에서 나오는 것이지만 소름이 끼칠 정도였다.

머리를 빗고, 오던 길로 돌아왔다. 그날 밤 11시 59분쯤 그 피복가게에서 둘째를 낳았다. 1950년 음력 6월 15일이었다. 아기를 낳긴 했지만 준비해 둔 것이 아무것도 없었다. 이웃집에 있는 사람이 쌀밥에 미역국을 끓여 왔다.

배 속에 있던 아기를 낳았지만, 내일 아침이면 또 어디로 몸을 내맡겨야 할지를 생각하니 걱정부터 앞섰다. 다행히 다음 날 아침에 할아버지가 찾아와서 앞으로 일주일간 장사를 하지 않겠다고 했다. 자기 가게에서 아기가 탄생했으니 어렵더라도 함께 기뻐해야 할 일이라는 것이었다. 피복집 주인 할아버지는 자갈치시장에서 장사하는 사람치고 양심적이면서 인정이 넘치는 사람이었다. 한 일주일쯤 할아버지 덕분에 몸조리하고 나니 그런대로 살 것만 같았다.

아기를 낳아 기르니 기저귀가 엄청나게 쏟아졌다. 그런데 기저귀를 빨아서 널어 둘 만한 곳이 없었다. 어쩔 수 없이 기저귀를 손에 들고 태일이와 함께 시장 바닥을 이리저리 걸어 다니면서 말리기도 했다. 그러한 생활의 연속이었다.

갈치조림으로 가르친 것

생활이 어렵다 보니 남편은 점점 더 술을 가까이했다. 피복상 할아버지는 남편을 불러다 놓고 많은 충고를 해 줬다.

"전 군, 젊은 사람이 술을 그렇게 많이 마시면 안 되네. 부인이 저렇게 착실하게 살려고 애쓰는데 전 군이 그러면 되나."

할아버지가 타일러도 별 효과가 없었다. 남편은 날이면 날마다 술병을 입에 달고 다녔다.

다행히 그즈음 남편은 미군부대에 일자리를 얻었다. 이소선네는 자갈치시장을 나왔다. 산비탈로 올라가서 천막을 치고 그곳에서 생활을 시작했다. 이소선은 해산한 지 얼마 안 됐지만, 먹고살기 위해서는 일을 해야만 했다. 남편의 일을 거들어 미군부대에서 군인들 옷 세탁을 해 주면서 생활을 꾸려 나갔다. 그렇게 입에 풀칠하기 바쁘게 살아가고 있었다.

어떻게 알았는지 어느 날 대구에 사는 시아버지가 그곳까지 찾아왔다. 시아버지는 남편을 불러다 놓고 "네놈이야 어디 가서 무슨 고생을 하든지 하지만 산모가 이게 무슨 고생이냐?" 하며 대뜸 호통부터 쳤다. 어린 손자들과 며느리가 땅바닥에서 자고 있으니, 더구나 몸을 푼 지 얼마 되지도 않는 며느리가 아기들을 데리고 그 험한 빨래를 해 대고 있었으니 그 속이 오죽했을까.

시아버지는 두 눈 뜨고 차마 못 보겠는지 애들을 데리고 대구로 가겠다고 했다. 그때 옆에서 듣고 있던 태일이가 손가락을 꼼지락거리더니 앞으로 나섰다. 마치 아버지 전상수의 잘못을 지적하는 것 같았다. 이 모습을 보고 있자니 기가 막힐 노릇이었다. 이소선은 도저히 시아버지를 마주 볼 수가 없어 절로 고개를 숙였다. 겨우 세 살밖에 안 된 어린애가 아버지의 잘못을 손가락으로 가리키다니!

시아버지는 태일이를 데리고 대구로 갔다. 대구로 올라간 태일이는 그곳에 오래 있지 못했다. 산비탈에 있는 움막집이 그리워, 할아버지 팔에 매달리며 부산에 가고 싶다고 졸랐다. 고생만 할 터이니 대구에 있으라고 할아버지가 달랠 때마다 태일이는 아버지가 보고 싶다고 말했다. 할아버지는 손자가 의아스러워서 물었다.

"매일 술만 퍼마시는 아버지가 뭐 그리 보고 싶다는 것이냐? 어머니가 보고 싶은 게 아니냐?"

태일이는 그래도 아버지가 보고 싶다고 했다. 시아버지는 어린 손자가 아비가 보고 싶기도 하겠지만 속마음에는 어미가 더 보고 싶을 테지, 어린것이 어떻게 아버지가 보고 싶다고 말을 할 수가 있을까 생각했다. 손자의 마음을 알면서도 고생시키고 싶지 않아서 떼를 써도 기어이 태일이를 대구에 붙잡아 두었다.

하루는 태일이 밤에 잠을 자다가 일어나더니 몸이 아프다고 했다. 몸에 열이 나고 정상이 아니었다. 밥도 제대로 먹지 않고 시름시름 앓기만 했다. 시아버지는 어린것이 부모가 얼마나 보고 싶으면 저 지경일까 생각해서 손자를 데리고 부산으로 다시 내려왔다. 부산에 온 태일이는 어머니를 보더니 첫마디가 "나는 아무리 밥을 못 먹어도 엄마 곁에 있고 싶다" 하는 것이었다. 이소선은 가만히 들여다보고선 이 아이가 아픈 것이 아니라 부산에 오기 위해 꾀를 부린 것이라 생각했다. 태일은 어머니와 아버지, 그리고 동생들에 대한 애착을 어릴 때부터 강하게 갖고 있었다. 이런 일을 겪은 뒤 남편은 마음을 잡고 한동안 술을 마시지 않았다. 남편은 술을 안 마시면 일을 참 잘했다.

남편이 술을 줄이고 일에 열심히 매달린 덕택에 생활이 좀 나아졌다. 산비탈 천막촌을 나와 범일동에 방을 하나 구했다. 이제 먹을 것 걱정은 하지 않아도 되게 되었다.

태일이가 다섯 살쯤 됐다. 둘째 태삼이도 세 살이 되었다. 먹을 것 걱정은 면하고 살 만하자 어느 날 이소선은 시장에 가서 갈치를 한 마리 사

왔다. 아이들에게 고기를 사 먹인 게 언제인지 까마득할 지경이었다. 양념을 골고루 버무리고 쪄서 냄비째로 아이들이 있는 방 안에 넣어 주었다. 부엌에서 일을 하느라 한참 있다 들어가 보니, 남아 있을 줄 알았던 갈치가 뼈다귀만 앙상하게 몇 조각 흩어져 있었다. 뼈다귀만 널려 있는 냄비를 보는 순간 이소선은 아찔한 어지럼증이 일었다.

'내가 저 자식들을 잘 키워 보려고 이 고생을 하고 있는데, 이게 뭔가. 자식들이 저 모양이 되다니….'

엄마의 태도가 이상했던지 아이들은 "우리가 갈치를 다 먹어서 엄마가 저러시는 거야?"라고 저희들끼리 물었다. 이소선은 다음 날 어찌하나 보려고 갈치를 한 마리 또 사 가지고 왔다. 그리고는 아이들이 밖에서 놀고 있는 것을 보고 갈치를 요리해 방 안에서 혼자 먹었다. 한창 먹고 있는데 아이들이 들어왔다. 그래도 모른 척하고 갈치를 맛나게 먹어 치웠다. 태일이와 태삼이가 문지방에 걸터앉아 두 눈을 빤히 뜨고 쳐다보았다.

엄마는 아이들에게 눈길도 주지 않고 일부러 입맛까지 다셔 가며 더욱 맛있게 먹었다. 아이들 눈치를 얼핏 살펴보니 눈동자가 이상했다. 어린 저희들이 생각해도 엄마가 저럴 리가 없는데 어떻게 된 걸까 하는 표정이 역력했다. 갈치의 살점이 자꾸 줄어 간다. 엄마는 아이들을 아는 척도 하지 않고 천연덕스럽게 앉아서 갈치에 손을 가져가고 있었다. 갈치가 줄어드는 것을 참지 못하겠는지 태삼이의 몸이 꿈틀거린다. 형인 태일이의 눈치를 살피더니 어찌할 바를 모른다. 태일이는 태삼이의 손을 붙잡으며 아무 말도 못하게 했다. 태삼이는 갈치가 너무 먹고 싶은지 눈물까지 글썽이며 몸을 뒤틀고 야단이었다. 더 이상 그냥 있으면 태삼이가 울어 버리기라도 할 것 같은지 태일이가 동생을 데리고 밖으로 나가 버렸다.

"태삼아, 어제 우리만 갈치를 다 먹어서 엄마가 우리 혼내 주려고 그런다."

문을 조금 열고 가만히 내다보니 태일이가 태삼이의 귀에다 대고 속삭이는 소리가 들렸다.

'저놈들이 내가 왜 이러는지 이제는 그 까닭을 알겠지.'

엄마는 그때서야 방문을 열고 밖에서 쭈그리고 앉아 있는 아이들을 불렀다.

"얘, 태일아, 너희들이 어제 갈치를 너희끼리만 다 먹어 버렸지? 너희들이 그러니까 엄마도 이제부터는 뭐든지 엄마 혼자 먹어야겠다."

"엄마, 잘못했어요…."

태일이가 동생을 일으켜 세우더니 머리를 숙이고 가만히 서 있었다.

"사람이 그러는 거 아니다. 나눠 먹는 것이 사람의 도리다. 먹을 것이 생기면 아버지, 어머니가 드실 것을 먼저 마련해 놓은 다음에 너희들이 먹는 것이다. 아무리 어려워도 그렇게 하면 안 된다. 이 어미가 너희들 먹는 게 아까워서 그러겠느냐? 너희들 사람 만들려고 그러는 거지. 비록 우리가 좋은 환경에서 살지는 못해도 너희들은 나중에 훌륭한 사람이 돼야 한다. 알아듣겠지?"

"다시는 안 그러겠어요."

아이들은 그 일이 있고 난 다음에는 정말로 자기 혼자만 먹는 그런 일은 하지 않았다. 밖에서 놀다가도 먹을 것이 생기면 꼭 집으로 가지고 들어왔다.

남에게 옷을 벗어 주던 아이

당시는 전쟁 통이라 부산에는 피난민들이 밀려들어 집집마다 사람들로 꽉꽉 들어찼다. 피난민들은 너나 할 것 없이 먹고살기 위해 닥치는 대로 장사를 했다. 돈 될 만하다 싶으면 무슨 일에든지 뛰어드는 판이었다. 어디를 가도 장사하는 사람들뿐이었다. 아이들이 집 밖에 나가면 보는 것이 사람들이 물건을 사고팔면서 흥정하는 풍경이었다.

태일이는 사람들이 장사하는 것을 매일 보더니 스스로 해 보고 싶은 눈치를 내비쳤다. 하루는 아버지의 양복을 둘러메고 나가려고 했다. 다섯 살밖에 안 되는 꼬마가 어른의 양복을 들고 나가려니, 양복이 땅에 질질 끌리기만 하고 제대로 들 수가 없다. 그래서 양복은 포기하고 넥타이를 두 개 어깨에 얹어 놓더니 밖으로 달려 나갔다.

"넥타이 사세요! 넥타이 사세요!"

고사리 같은 손가락을 놀리면서 넥타이를 사라고 사람들에게 외치니 지나가던 사람들은 넥타이는 보지도 않고 태일이의 물건 파는 모습만 한참 처다보다가 머리를 쓰다듬는다. 누군가 넥타이의 품질은 신경도 쓰지 않고 기특하다는 말을 해 주면서 태일이의 손에 돈을 쥐여 주었다. 태일이는 무엇이 그리 좋은지 돈을 손에 쥐고 집으로 들어와 자기가 물건을 팔았다고 신이 나서 떠벌렸다. 이소선은 태일이가 손에 쥔 돈을 건네받으면서 걱정이 앞섰다.

'애가 뭐가 되려고 이런 수선을 다 피우고 그런다지. 아무리 먹고살기 힘든 세상이라지만 이제 겨우 다섯 살밖에 안 된 어린애가 이럴 수가 있나.'

이소선은 걱정을 떨쳐 버리지 못하고 밖으로 나갔다. 일단 넥타이를 산 사람에게 돈을 돌려주기 위해서였다. 그러나 막상 밖에 나가니 그 많은 사람들 중에서 넥타이를 산 사람을 찾을 수가 없었다. 이소선은 태일이를 붙들고 단단히 주의를 주었다. 다시는 그래서는 안 된다고 그렇게 주의를 주었는데도 태일은 집 안에 있는 양말까지 가지고 나가더니 팔아 버렸다. 돈을 가지고 와서는 제 딴에는 아무도 모르게 숨긴다고 그랬는지 독 안에 넣어 두는 것이 아닌가. 가만히 보니 돈이 있는 독에는 사람들이 얼씬도 못하게 했다. 이소선은 어린애가 저래서는 안 되겠다 싶었다. 무슨 조치를 취해야 한다고 생각해, 태일이를 불러 놓고 얘기했다.

"태일아, 피난민 아저씨들이 장사를 한다고 너도 그래서 되나. 엄마가 한 번 못하게 하면 하지 말아야지, 이래서는 안 되겠다. 아무래도 네가 자꾸 그러면 저 아저씨들을 우리 집에서 나가라고 해야겠다."

그때는 형편이 나아져서 피난민들에게 방을 빌려주기도 했던 것이다. 이소선의 말을 들은 태일의 표정이 이상하게 일그러졌다. 앞으로 절대로 무엇을 팔러 안 나갈 테니, 저 아저씨들을 그대로 살게 내버려 두자고 했다. 이소선은 그런 아들에게 참 착하다고 칭찬을 해 주고, 이제부터 그런 짓 안 하면 아저씨들을 그냥 살게 두겠다고 다짐을 했다.

형편이 못한 이들에 대한 태일의 동정은 놀랄 만했다. 자기가 먹을 밥을 피난민 아이들에게 가져다주는가 하면, 엄마가 집에 없을 때는 쌀을 볶아서 아이들을 불러 모았다. 아마 밥은 할 수가 없어서 그랬던 모양이다.

하루는 이소선이 밖에서 일을 보고 돌아와 보니 아이가 옷을 벗은 채 방 안에 가만히 있었다.

"너 옷은 어쩌고 그렇게 홀랑 벗고 있나?"

그렇게 묻고 나서 마당을 내다보니 남의 아이가 옷을 입고 있는 게 아닌가.

"엄마, 개똥이가 옷이 없어서 내 옷을 줬다. 나는 아버지 옷을 잘 잘라서 나한테 맞게 만들어 주면 되잖아."

이소선은 그렇게 말하는 태일이를 한참이나 쳐다봤다. 심하게 야단칠 수도 없는 일이었다. 그렇다고 앞으로 계속 그렇게 하라는 말도 차마 할 수가 없었다.

'기특한 놈이다. 그래, 제 것을 움켜잡고 남한테는 하나도 안 주려고 하는 것보다 무엇이든지 남을 도와주려고 하니 얼마나 기특한 일인가.'

이소선은 아이에게 옷을 입히며 생각했다.

'앞으로 크면 훌륭한 사람이 되겠지. 어떻게 해서라도 훌륭하게 만들어야지.'

태일이의 앙상한 가슴을 만지며 그는 마음속으로 굳게 다짐했다.

아이들과 정신없이 살아가는 동안에도 이소선은 셋째를 낳았다. 딸이었다. 이름을 순옥이라고 지었다. 아이를 낳았지만 팔자 좋게 쉴 수가 없는 처지였다.

서울에서의 노숙생활

이 무렵 이소선의 남편은 미군부대에서 나오는 헌 모자를 수집해서 그것으로 옷을 만들어 파는 일을 했다. 그 덕분에 돈을 상당히 벌어서 비교적 넉넉한 생활을 할 수 있었다.

그렇게 밥걱정 안 하고 살아갈 만하니까 재 속에 숨어 있던 불행의 불꽃이 또다시 꿈틀거리기 시작했다. 장마철 폭우에 창고 지붕이 뚫려, 쌓아 둔 물건이 한꺼번에 못 쓰게 되어서 하루아침에 집안이 폭삭 망해 버린 것이다. 성한 물건들을 정리해 보자기 만드는 공장을 시작해 보았으나 이것도 잘 되지 않았다.

보자기 공장마저 주저앉아 버리자 얼마 남아 있지 않던 재산도 완전히 탕진해 그야말로 알거지가 되었다. 부산에서는 옴짝달싹을 할 수가 없는 형편이 되고 말았다. 누구에게 의지할 데도 없고 맨몸뚱이뿐이었다. 부산에는 더 이상 눌러 있을 수가 없었다. 이소선의 가족은 무작정 서울로 올라가기로 작정했다.

막상 서울에 도착했으나 몸뚱이 하나 비빌 언덕이 없었다. 아는 사람도 마땅히 없었지만 설사 있다 하더라도 신세 지고 싶지는 않았다. 거리를 헤매다가 집 없는 사람들이 살고 있는 곳을 찾아 나서기로 했다. 그런 곳에 가야 마음이라도 편할 것 같았다.

그런 곳이 염천교 근방이었다. 어느 집 대문 앞에서 이소선과 태일이, 태삼이 그리고 아기까지 넷이서 잠을 잤다. 겨우겨우 생명을 이어 가는 삶이었다. 사람으로서 온전히 살아 있는 생명이라고 볼 수가 없었다. 남편은 직장이라도 얻어야 한다고 여기저기 서울 바닥을 돌아다녔으나, 어디 쉽게 취직을 할 수가 없었다. 부산에서처럼 가끔 다녀가긴 했으나 변변한 생활 대책을 세우지는 못했다.

이소선은 바보처럼 앉아서 굶고 있을 수가 없었다. 어떻게 해서든지 아이들은 살려야 한다는 생각으로 먹을 것을 구하기 위해 무슨 일이든지 하기로 마음먹었다. 그래서 일을 할 만한 곳을 찾아다녔으나, 쉽지가 않았다. 식당 같은 곳에 가서 일하겠다고 하면 아기 업은 사람은 쓰지 않겠다며 거절당하기 일쑤였다. 다른 사람의 절반만 돈을 줘도 좋으니 써 달라고 애원하는 것 말고는 별수가 없었다. 다행히 어느 집 주인이 그런 이소선을 한참이나 뚫어져라 쳐다보더니 몹시 안됐다는 표정으로 마지못해 고개를 끄덕였다.

이소선은 이틀 굶은 배를 움켜쥐고 일에 매달렸다. 갓난아이인 순옥이를 업고 거의 상해 가는 고등어의 배를 땄다. 그 일을 눈이 노래지도록 하고 나서 품삯을 받았다. 이소선은 돈을 받는 즉시 시장으로 달려가 시래기를 샀다. 가장 손쉽게 먹을 수 있는 것이 시래기죽이었다.

그날따라 하늘에서는 비가 야속하게 내리고 있었다. 솥을 걸어야 시래기죽을 끓일 수 있을 텐데, 비가 내리고 있으니 답답한 노릇이었다. 두 눈 질끈 감고 남의 집 처마 밑에 솥을 걸었다. 먹고살려니 어쩔 도리가 없었다.

처마 밑이라 해도 쏟아지는 비를 피할 수는 없었다. 오들오들 떨고 있는 아이들 셋을 대문 앞에 앉혀 놓은 다음 불을 지폈다. 등짝이며 가슴께로 흘러들던 빗방울은 더욱 거세지는가 싶더니 마침내 솥에까지 쏟아졌다. 시래기죽을 끓여야 할 판인데 물이 넘쳐흘렀다.

"아주머니, 그러지 마시고 비가 그치면 하시지요."

대문이 열리더니 주인집의 아들이 나왔다.

"어린것들이 배가 고파 울지도 못하고 있으니 언제 비가 그치기를 기다릴 수가 있겠어요."

이소선은 몸으로 비를 막아 가며 시래기죽을 끓였다. 시래기마저도 구하기 힘들 때가 많았다. 그럴 때면 이소선은 남의 집으로 걸식을 다녀야 했다. 창피한 것은 나중 문제였다. 아이들을 굶겨 죽이지 않으려면 이보다 더한 짓을 못 하겠는가 싶었다.

서울역 뒤 만리동 고개 근방에 갔을 때는 젊은 여자가 눈을 흘기며 "저런 말짱한 젊은 년이 뭐가 아쉬워 구걸을 하러 다녀!" 하고 대문이 열리기가 무섭게 쾅 소리가 나도록 문을 닫는 일도 있었다. 이소선은 자기도 모르게 눈에 눈물이 핑 돌았다. 그래도 아이들을 살려야 하니까, 울지 말아야 한다고 생각했다.

세상인심이 아무리 각박해도 저렇게 야박한 사람만 있는 것은 아니었다. 다른 집에 갔을 때는 피붙이 보듯 살뜰하게 대해 주는 사람들도 있었다.

"젊은 사람이 어찌 그리 딱하게 되었소…."

어느 집의 여자는 혀까지 차면서 이소선을 이끌고 집 안으로 들어가더니 따끈한 쌀밥을 차려 주기까지 했다. 김이 모락모락 나는 쌀밥을 보는 순간 목이 메었다. 태일이, 태삼이 그리고 먹지 못해서 골골거리고 있는 아기가 떠올랐다. 숟갈을 들어도 손이 움직이지 않았다. 이소선은 아주머니에게 사정 얘기를 하고 밥을 소쿠리에 담아서 집 아닌 집으로 돌아왔다.

사람에게는 당연히 돌아갈 집이 있어야 하는 법인데 이들이 갈 집은 남의 집 처마 밑이었다. 이소선은 밥을 나누어 줄 때마다 아이들에게 얻어 왔다는 말을 감추었다. 어린 자식들에게 거지 자식이라는 상처를 안겨 주고 싶지가 않았다. 엄마가 남의 집에 가서 일을 해 주고 쌀밥을 얻어 왔다고 했다.

시래기죽만 먹던 아이들이 쌀밥을 보면 글자 그대로 환장을 한다. 눈이고 코고 밥알을 엉겨 가면서 손으로 떠먹기에 정신이 없다. 어머니는 아이들에게 할 수만 있다면 어떻게 해서든지 죽이 아닌 밥을 먹이고 싶었다. 아이들에게 밥을 먹여야 한다는 일념에 어머니는 부끄러운 줄도 몰랐다.

천막집에서 팥죽장사를 시작하다

이소선은 비록 걸식을 해서 아이들을 먹이고 있었지만 아이들이 나쁜 영향을 받지 않을까, 그것이 늘 걱정이었다. 아무리 살기가 힘들어도 애들을 잘 키우고 싶었다. 남들 하는 것처럼은 못 해 주지만 사람답게 키워야 한다는 생각은 늘 하고 있었다.

"사람이 아무리 가난하게 살아도 남의 것을 훔쳐서는 안 된다. 머지않아 우리도 우리 집을 가지고 궁색하지 않게 살게 될 날이 반드시 올 것이다."

이소선이 밥을 주면서 이런 말을 하면 여섯 살 된 태일이는 엄마 말을 알아듣는지 고개를 끄덕거렸다. 사실 알아듣는 정도가 아니라, 태일이는 엄마 말이라면 꼭 지켰다.

어느 날 이소선이 밖에 나갔다가 돌아오니 태삼이가 참외 하나를 들고 있고 형제가 그 참외를 갖고 티격태격 다투고 있었다. 가만히 들여다보니 태일이가 태삼이 손에 있는 참외를 뺏으려 하는 중이었고, 마침 돌아온 엄마를 붙들고선 저 참외는 돌려주어야 한다고 말하는 것이었다. 이소선은 태일이에게 태삼이가 참외를 갖게 된 사연을 들었다.

태일과 태삼은 골목이 집이었으니 늘 길에서 놀았다. 그런데 근처에 있던 참외장수가 조는 동안에 그만 참외가 하나 굴러떨어졌다. 어린아이들이 얼마나 참외가 먹고 싶었을까. 겨우 네 살밖에 안 된 태삼이는 평소에 엄마가 타일렀던 가르침이 머릿속에 남아 있을 리 없어서 주저하지 않고 참외를 주워 온 것이다.

이소선은 두 아들이 다투는 것을 보고 한편으로는 기특했지만 가슴속이 쓰라려 왔다.

'어린것들이 얼마나 배가 고팠으면 굴러떨어진 참외를 주워 왔을까.'

"태삼아, 형 말을 들어야지. 아무리 참외가 먹고 싶어도 남의 것은 함부로 가져선 안 되는 거야. 굴러떨어진 참외는 당연히 주인에게 돌려주어야지. 주인이 얼마나 이 참외를 찾겠냐."

태삼이는 참외를 내놓지 않으려고 했다. 이소선은 아들을 찬찬히 타이르고 나서 참외를 가지고 골목으로 갔다. 두 아들을 앞세우고 참외장수에게 가서 사정 얘기를 했다. 참외장수가 이소선의 이야기를 듣더니 아이들을 불렀다.

"허! 그 녀석들 착하기도 하지, 옜다! 이것은 아저씨가 선물로 주는 거다. 착한 아이들은 선물을 받는 법이란다."

참외장수 아저씨는 참외를 깎아서 두 아이에게 나누어 주었다. 태삼이는 머뭇거리며 손을 내밀었지만 태일이는 한사코 안 먹겠다고 고집을 피웠다.

"태일아, 남의 것을 훔치거나 주워 먹어서는 안 되지만 이것은 아저씨가 주는 것이니 고맙습니다, 하고 받아먹어야지."

이소선은 태일이의 손아귀에 참외를 쥐여 주며 말했다.

"만약에 내가 이걸 먹으면 나중에 태삼이가 또 이렇게 할 것 아냐. 돈 주고 산 게 아니면 나는 안 먹겠어요."

태일이는 그렇게 말하더니 태삼이가 들고 있는 참외까지 빼앗아 가지고 바닥에 던져 버렸다. 그것도 모자라 마구 발로 밟는 것이었다. 엄마는 아이들에게 참외를 먹이고 싶은 마음이 굴뚝같았다. 하지만 태일이가 참외를 밟아 버리는 것을 보니 가슴이 저미면서도 다른 한편으로 아이가 자존심이 있는 것이 흐뭇했다. "그래, 아무리 배가 고파 먹고 싶어도 남의 것을 훔치거나 주워 먹어서는 안 된다" 하고 중얼거렸다.

이소선의 식구들은 남의 집 대문 앞이나 골목길에서 하늘을 지붕 삼아 하루하루를 연명해 나갔다. 다행히 그들이 머무는 곳의 집주인은 동정심이 있는 사람이었다. 이렇게 산 지 꽤 되어 싫은 소리를 할 만한데도 주인집 사람들은 관심을 갖고 이들을 도와주려고 했다. 그 집에는 주인 아저씨와 고등학교 3학년생인 아들이 있었다. 이 학생은 태일이와 태삼이에게 참으로 잘 대해 주었다. 잠잘 시간이 되면 아이들을 데리고 들어가서 재워 주기도 했다. 학생이 학교에 가고 난 뒤에는 태일이와 태삼이가 그 방에 있을 수 없었지만 학생이 집에 돌아오면 친동생같이 아이들에게 정답게 대해 주었다. 때로는 아이들에게 먹을 것을 사 주기도 했다. 가난한 집안의 아들인데도 마음 씀씀이가 퍽 착한 학생이었다. 어느덧 친해져서, 학생은 이소선에게 어찌하여 이런 처지가 되었는지 몇 번이나 물었다.

"어쩌다 사업에 실패하고 보니 이렇게 어려운 형편이 되었어, 돈 한 푼 없이 친척들을 찾아가서 신세 지기는 싫고 어떻게 해서든지 새로운 터전을 마련해서 떳떳하게 살려고 해."

이소선은 자세한 이야기는 하고 싶지가 않았다. 사실을 숨기고 싶었는지도 모른다. 하지만 아이들에게 부모가 걸인이나 다름없다는 마음의 상처를 주지 않아야 했다.

이런 상황에서도 이소선은 아이들만큼은 억척스럽게 키워 나갔다. 삶의 어려움이 심하면 심할수록, 배고픔의 아픔이 쓰리면 쓰릴수록 자식들은 잘 키워야 한다는 생각을 다잡았다.

하루는 집주인 아저씨가 이소선을 보자고 했다. 여느 걸식하는 사람들과는 달리 보았는지 홀대하지 않고 예의를 갖추어서 이소선을 찾아왔다.

"우리 아들이 서울대학 시험을 치려고 하는 날이었지요. 그때 꿈에서 날이 가물어 논에 있는 모들이 말라 버렸습니다. 그런데 마침 단비가 내려 우리 논 위쪽에는 물이 가득 찼는데 우리 논에는 물이 차지 않는 것이었어요. 그런데 아주머니가 나타나더니 물꼬를 파는 것이었습니다. 메말라 형편없던 논이 아주머니 덕택에 물이 찰랑찰랑 넘치는 거예요. 아주 좋은 꿈을 꿨습니다. 아마 금년에 우리 아들이 대학 입학시험에 꼭 합격할 꿈이라고 생각되는군요. 아주머니 생각은 어떠세요? 만약 우리 아들이 합격한다면 아주머니 덕분입니다."

주인집 아저씨는 자기 집 앞에서 얻어먹고 살아가는 이들을 도와주지 못하는 것이 마음에 걸리는 표정이었다. 자기 집 앞에서 거지 같은 사람들이 살아가고 있는데도 귀찮아하지 않고 도와주지 못해 안쓰러워하다니, 참으로 고마운 사람들이었다.

남의 집 처마 밑에서 생활한 지도 어느덧 3개월이 흘렀다. 막노동 일을 계속하던 남편이 천막 하나를 구해 왔다. 남대문 육교 근방 천막촌으로 옮겨 갈 수 있었다.

천막촌의 생활이라는 것이 빗물이나 겨우 피할 수 있는 정도였다. 잠은 그대로 맨땅에서 자는 것이다. 그러나 골목이나 남의 집 대문 앞에서 살던 이들이 천막이나마 비를 피할 곳을 마련했으니 기쁨이 이루 말할 수 없었다. '내 집'을 가졌다는 생각에 비록 맨땅이어도 그렇게 편안할 수가 없었다. 집 없는 서러움 속에서 거리에 내동댕이쳐져 있던 끝에 '내 집'이 생겼다는 생각으로 힘을 내면서 생활도 자리를 잡아 나갔다. 그나마 다행으로, 천막집을 마련한 무렵 넷째를 낳았다. 이름을 순덕이라고 지었다.

천막집으로 옮긴 이후에도 남편은 집에 들어오는 날이 많지 않았다. 여기저기 일자리를 구하러 다니느라고 정신이 없는 눈치였다. 그렇지만 앞으로 절대로 걸식생활은 하지 않겠다고 이소선은 다짐했다. 그런 생활에서는 아이들을 제대로 키울 수가 없었기 때문이다. 뭐든 먹고살 길을 찾아 나서야만 했다. 땡전 한 푼 없는 처지에 어디 가서 돈을 벌 수 있을지, 이소선은 곰곰이 생각하다가 장사를 하기로 했다.

결정은 했지만 돈 드는 것은 아예 꿈도 꿀 수가 없었다. 며칠 동안이

나 궁리를 하다가 팥죽을 끓여서 팔기로 했다. 사실 자신의 처지를 돌아본다면 팥죽 한 그릇 끓여서 팔 여유도 없었다. 이소선은 이웃 천막집에서 팥죽장사를 하는 사람들을 눈여겨보았다. 자기도 하면 될 것 같았다. 땔감은 남대문시장에서 구하기로 했다. 시장 바닥 여기저기에 흩어져 있는 종잇조각, 아이스케키 대, 상자 찢어진 것을 부지런히 모았다. 시장을 돌면서 땔감을 주우러 다니는 것은 괜찮았지만 태일이가 문제였다. 이소선은 태일에게만은 길바닥에서 무언가를 못 줍게 단단히 주의를 주어 왔던 것이다. 어렸을 때부터 아이가 길바닥을 돌아다니면서 아무거나 줍는 것이 좋지 않다고 생각했다.

땔감거리는 무엇이든지 주워서 이소선은 팥죽을 끓였다. 팥죽 끓이랴 땔감 구하러 다니랴 아이들 거둬 먹이랴 몸이 몇 개라도 모자랄 지경이었다. 그러던 어느 날 장사를 하고 돌아와서 땔감을 구하러 나가려고 하는데 천막 밖에 나무 땔감이 쌓여 있는 것이 아닌가. 흔하지 않은 나무 땔감이 어떻게 여기에 있는 걸까. 알고 봤더니 일곱 살 난 태일이가 동생을 업고 시장을 돌아다니면서 나무를 주워 날랐던 것이다.

이소선은 어린것이 제 어미를 생각해서 그런 것이라고 생각하고 태일이의 마음 씀씀이가 여간이 아니라고 생각했다. 줍는 것을 못 하게 말렸는데도 엄마가 고생하니 훔치지만 않는다면 괜찮다고 생각했나 보다. 태일이는 나무만 주워 오는 것이 아니었다. 며칠 뒤에 팥죽을 팔고 돌아오니 밀가루 반죽까지 해 놓았다. 밀가루 반죽은 어른도 하기 힘든 일인데 너무도 잘해 놓아서, 엄마가 보기에도 아이의 솜씨로는 도저히 이렇게 할 수가 없다는 생각이 들었다. 놀라서 어떻게 했느냐고 물었더니, '물을 적신 밀가루를 보자기에 넣고 그 위에 비닐을 깔고 발로 밟았다'고 대답했다. 식당에 있는 주방장이 하는 것을 보았다는 것이었다.

태일은 어릴 때부터 엄마를 도울 수 있는 일이면 뭐든 하려고 하고, 어떤 일이든 한참 궁리를 하고 노력하는 습성이 있었다. 이소선은 어린

태일이를 바라보면 대견하다는 생각이 절로 났다. 엄마를 돕겠다고 하는 것도 고마웠지만, 아직 어린것이 어쩌면 그런 궁리까지 해 가며 도우려고 할까, 아무리 자신이 낳은 아이지만 다른 아이들과 특별히 다른 데가 있다 싶었다.

'어떻게 해서든지 아이들만큼은 잘 키워 보자. 우리가 비록 지금 사는 모습이 사람 같지 않더라도 이 모든 어려움을 겪어 나간다면 나중에 큰 인물이 되겠지. 악착같이 살아야 한다. 저 자식들을 위해서라도 하루빨리 좀 더 나은 생활을 꾸려야 한다.'

전쟁과 가난이 조숙하게 만든 아이

남편은 자식들에게 자상한 편이 아니었다. 그래도 자식이니만큼 아내가 하는 것처럼 늘 관심은 가지고 있었지만, 그 관심과 교육의 방식은 이소선과 전혀 달랐다.

태일이가 남편에게 얻어맞고 있는 것을 이소선이 본 적이 있었다. 시장 바닥에서 아이스케키 대 같은 나뭇조각을 주워 오다 아버지에게 들키고 만 것이었다. 어린 아들의 행동이 잘못됐다고 생각한 남편은 아이를 세워 놓고 야단을 치더니 나중에는 심하게 매질까지 했다. 어쩌면 아버지가 돼서 어린 아들을 그렇게까지 때려야 했는지, 비록 가난하고 못살아도 자식들은 잘 키워 보고 싶어서 그랬을 테지만, 그 방법이 잘못됐다고 생각해 남편과 다투기도 했다.

가족이 모두 나서서 살아 보려고 아무리 발버둥 쳐도, 일이 뜻대로만 되는 것은 아니었다. 남편이 살아 보려고 무슨 일을 벌여 놨는지 이제는 천막집까지 남에게 넘어가는 일이 터지고 말았다. 답답한 나머지 천막집을 저당 잡히고 돈을 쓴 모양이었다. 어느 날 팥죽장사를 나가려는데 어떤 사내가 오더니 천막집을 내놓으라고 했다. 이소선은 뜬금없는 소리에 입이 딱 벌어졌다. 천막집이나마 내 집이라고 생각하고 살아왔는데 그 집을 비우라니 날벼락이 떨어진 것만 같았다. 사내는 막무가내로 집을 비우라고 하지, 남편은 나타나지 않지 이소선은 이 일을 어찌해야 할지 난감했다. 돈 빌려준 일을 눈으로 보지도 못했고 빌려 썼다는 말을 듣지도 못했지만 가만히 보니까 분명 남편이 빌려 쓴 것이 맞는 것 같았다. 사실이라면 책임을 안 질 수도 없지만, 그렇다고 당장 거리로 나설 수도 없는 형편이었다.

사내는 조금도 사정을 봐주지 않았다. 눈 딱 감고 집만 비우라고 했다. 아무리 사정을 해도 그 사내는 들은 척도 안 했다. 돈이 원수에, 사람이 어찌 저럴 수가 있는가 싶었다. 이소선은 생각을 곱씹어 보았다.

"태일이 아버지가 알지도 못하는 사이에 빌려 썼는데, 어떻게 그 사실을 알 수가 있어요? 당사자가 없는 판인데 함부로 집을 내줄 수는 없잖아요. 지금 당장 집을 비워 줄 수도 없을 뿐만 아니라 비워 준다면 당장 어디로 가란 말이에요?"

이웃 천막에 사는 사람들이 너나없이 들고 일어나서 편을 들어 줬다. 이소선은 이웃들의 한마디가 그렇게 고마울 수가 없었다. 그래도 없이 사는 사람들이 내 사정을 알아주는구나!

하지만 태일이는 천막을 비워 주자는 의견이었다. 아버지가 아저씨에게 돈을 빌리며 그렇게 약속을 했다면 지켜야 한다는 것이었다. 천막을 내주고 한데서 자게 되어도 자신은 괜찮다고 했다. 어린것의 의견이 그러하니 이웃에 사는 아주머니들이 놀라는 눈치다. 어린 아들이 말하는 의외의 의견을 듣고 이소선도 놀라운 한편 용기가 생겼다.

'그래, 비워 주자. 설마 죽기야 하겠냐. 이것 없이도 우리는 여태껏 잘도 살아왔는데….'

그렇게 해서 그들은 결국 천막을 비워 주었다.

막상 천막을 비워 주니 당장 갈 곳이 없었다. 그나마 생활의 보금자리로 여기고 살아온 든든한 천막촌이 아니었던가. 땅바닥에 주저앉아 시름에 잠긴 이소선에게 이웃 사람들은 어떻게 해서라도 이곳에서 살아 보라고 말했다. 천막과 천막 사이에는 빈 고랑 같은 공간이 있어서, 이소선은 거기에 비닐을 깔았다. 옷가지를 이불 삼아 덮고 그 비닐바닥에 누웠다. 어린애 셋을 데리고 이슬이나 피하는 정도였다. 무엇보다 부모로서 의무를 제대로 못 하고 있다는 생각에 너무도 침울했다. 그는 자리에 누워 태일이에게 넌지시 물었다.

"천막을 비워 주자고 하더니 이렇게 웅크리고 자는 것이 좋으냐?"

"엄마가 항상 말했잖아, 남에게 빚지거나 신세 지고 사는 것보다는 이게 훨씬 편해요."

태일의 이런 태도에 이소선은 한결 마음이 가벼워졌다.

비닐을 깔고 자는 생활 속에서도 팥죽장사를 계속했다. 그것마저 못 하면 당장 굶어 죽을 판이었다. 한데서 솥을 걸고 네 식구 밥해 먹기도 힘든 판인데 팥죽장사까지 하려니 힘든 날들의 연속이었다. 남편은 아예 식구들을 버린 듯 찾아오지도 않았다.

하루는 비가 내려, 네 식구가 비닐천막 밑에 쪼그리고 앉아 비를 피하고 있었다. 태일이가 비를 쳐다보더니 중얼거렸다.

"나는 앞으로 높은 사람이 될 거다. 그래 갖고 집 없는 사람들에게 억수로 많이 집을 지어 줘야지."

이소선은 그 말을 듣고 내심 기뻤다. 어린 아들의 소원이 이루어지길 마음속으로 빌었다. 비는 쉬지 않고 내리고 있었다. 점심을 먹는데 빗물이 비닐천막 끝에 매달려 뱅글뱅글 돌더니 똑 하고 떨어졌다. 태일이가 밥숟가락을 빗방울에 갖다 대더니 빗물을 맛있게 먹었다.

"너 밥 먹다가 그게 뭐하는 거냐?"

이소선은 수저를 들다가 물었다.

"난, 이렇게 하는 게 재밌어."

태일이는 물방울이 떨어지기를 기다리며 귀엽게 웃었다.

'저 애가 왜 저런 장난을 치는 걸까. 정말 어린애니까 재미있어서 그러는 걸까?'

태일이는 나이는 어리지만 빗물을 받아 먹을 정도로 어리광을 피우는 장난꾸러기가 아니었다.

'우리가 이렇게 천막 아래에서 살아서 그럴까? 고생하는 이 엄마를 위해 일부러 즐거운 표정을 짓고, 슬퍼하기보다는 기쁘게 살려고 저런 장난을 하는구나.'

태일이는 엄마에게 부담을 주지 않으려고 자기가 알아서 재롱을 피우는 어른 아닌 어른이 다 돼 있었다. 전쟁과 가난이 어린애를 조숙하게 한 것이다.

어느 날은 이발소 앞에서 어떤 남자가 돈을 떨어뜨린 채 자전거를 타고 그냥 가 버리는 일이 있었다. 태일이는 달려가서 그 돈을 주워 들고 주인에게 돌려주려 했지만 자전거는 이미 멀리 사라져 버렸다. 마침 그때 이발소에서 나오던 어른이 태일이를 보고 돈을 빼앗으려고 했다.

"아저씨 돈이 아니에요. 내가 가지고 있다가 그 주인이 다시 오면 돌려주겠어요. 왜 남의 돈을 뺏으려고 해요?"

태일이는 아등바등했지만 그 어른에게 돈을 빼앗기고 말았다. 그 어른은 자기 호주머니에 그 돈을 집어넣더니 가 버렸다. 태일이는 그 길로 집으로 돌아와, 이웃집 아주머니에게 사정을 얘기하고 이발소까지 함께 갔다. 이발소 주인을 만나서 어떻게 해서든지 그 돈을 받아 달라고 사정사정했다.

"돈을 잃어버린 사람이 나타날 때까지는 내가 가지고 있어야 돼요. 내가 주운 돈을 빼앗아 간 아저씨는 나쁜 사람이에요. 그 아저씨는 분명히 돌려주지 않고 그냥 가지려고 하는 거란 말이에요."

함께 간 아주머니와 이발소 주인도 나서서 기어코 그 돈을 다시 찾아왔다. 태일은 어릴 때부터 옳다고 생각하는 일에는 굽히지 않고 자기 뜻을 이루고야 마는 성미였다.

이 무렵 이들이 살고 있는 천막촌에 철거 명령이 떨어졌다. 천막조차도 없는 이소선의 식구는 부담 없이 미아리 공동묘지 근방으로 옮겨 가 8개월을 살았다. 어찌된 판인지 가진 것도 없는 가난한 동네에 강도가 많아서 도저히 마음 놓고 지낼 수가 없었다. 이들의 집에도 어느 날 밤 강도가 들이닥쳐 보잘것없는 가진 것을 다 빼앗겼다. 다시 거처를 도동으로 옮겼다. 남편은 남대문시장에 제품공장 일을 나가고 있었다.

더부살이 생활

1960년 무렵 전상수는 도동에서 미싱 한 대를 사서 옷을 만들기 시작했다. 옷이 잘 팔려 금세 미싱을 20여 대나 들여놓았다. 남대문시장 대도백화점 2층에 직매점을 내어 사업을 활발히 꾸려 나갔다. 단체복을 주문받아서 상당한 돈을 벌기도 했다. 단체복 사업은 규모를 크게 해야 했다. 이소선이 보기에는 너무 무리를 하는 것이 아닌가 싶어 이쯤에서 손을 떼는 게 어떻겠느냐고 남편에게 얘기했다. 그러나 남편의 생각은 달랐다. 돈이 벌릴 때 한꺼번에 왕창 벌자는 구상을 가지고 있었다. 이소선은 그의 생각을 바꿀 수 없었다.

4·19가 일어나기 직전 남편은 단체복 생산을 엄청나게 확장했다. 그동안 닦아 놓은 사업 기반을 이용해 원단을 많이 쌓아 두고 있었고, 주문이 들어오는 대로 거절하지 않고 다 받아들였다. 이 당시 남편은 하루도 술을 마시지 않으면 안 되는 것 같았다. 사업을 하면서 시장에 있는 여러 사람과 어울려 엉망이 되도록 술을 마시곤 했는데 그 가운데서 좋지 못한 사람을 사귀었던 모양이다. 취해서 인사불성일 때 친구가 남편의 주머니를 뒤져서 돈 받을 증서와 도장을 훔쳐가 버렸다. 남편은 그나마도

모르고 있었다. 어느 날 그 증서와 도장을 찾아보니 없어져 있었는데, 이미 그 친구가 돈을 다 받아 챙겨서 줄행랑을 놓아 버린 뒤였다. 순간의 실수로 많은 돈을 다 날려 버린 것이다.

마침 그 무렵 4·19가 터져서 세상이 혼란스러웠다. 세상이 술렁거리니 도망간 친구를 찾을 수도 없고 장사도 제대로 될 리가 없었다. 남편은 계속 단체복을 많이 만들어서 납품을 했지만 대금을 받아 내지 못했다. 수급을 못 하니 원단 값이며 공임 등 지불해야 할 돈을 지불할 방도가 없었다. 반면 갚아야 할 돈은 눈덩이처럼 늘어나면서 사업이 망해 갔다. 가지고 있던 재산을 빚잔치에 다 날리고 집 한 칸 없는 빈털터리가 되어 버렸다.

이소선과 전상수는 너무나 격심한 충격에 삶에 대한 의욕을 완전히 상실했다. 하루아침에 무기력한 인간이 되어 버렸고 건강은 말할 수 없이 나빠졌다. 이들 식구는 이태원에 있는 전상수의 친구 집에 임시 거처를 얻어 더부살이를 해야만 했다. 이소선은 밤만 되면 어질어질하고 사람조차 알아볼 수가 없을 정도로 충격에서 헤어나지 못했고 심각한 정신병에 시달렸다. 도대체 사람이 산다는 것이 무엇인가, 사람이 생명을 이어 가기가 이다지도 힘든 일이란 말인가. 살 만하다 싶으면 어느새 벼랑 끝에 매달려 있는 신세로 돌변했다. 이소선이 이처럼 정신을 못 차리니 아이들인들 오죽했을까. 하는 수 없이 아이들의 외할머니가 가끔 가다 와서 이들을 도와주었다. 어느덧 커서 학교에 다닐 때가 된 태일이는 근처 남대문국민학교에 다녔다.

이소선 남편 친구의 집에는 나이 많은 할아버지 한 분이 살고 있었다. 남편 친구의 아버지였다. 이 집 며느리는 시아버지에게 밥을 제때에 해주지 않고 숫제 굶어 죽기를 바라고 있었다. 사람의 탈을 쓰고 어찌 그럴 수가 있을까, 이소선과 태일은 이 꼴을 그냥 보고 넘길 수가 없었다. 남의 집에 더부살이하는 처지에 주인에게 이래라저래라 하면서 나무랄 수도 없고, 안타까운 마음은 굴뚝같은데 손을 쓸 만한 처지가 못 되니 답답하기만 했다.

이소선은 보다 못해 태일이를 불러서 할아버지에게 먹을 것을 갖다 드렸다. 태일이는 할아버지에 대한 정성이 지극했다. 어찌나 가엾게 보았는지 어린것이 자기 먹을 것을 할아버지에게 드리곤 했다. 주인 내외가 고운 눈으로 볼 리가 없었다. 눈에 거슬리는 하루하루가 지나다 하루는 대판 싸움이 벌어졌다. 이소선이 수제비를 끓여서 아이들과 먹다가 할아버지 생각이 나서 갖다 드렸던 것이다.

"자기들 먹을 것도 없는 주제에 남 동정하는 거야 뭐야. 꼴 보기 싫으니 당장 우리 집에서 나가 줘요, 알았어요?"

주인집 여자가 지켜보고 있었는지 방문을 닫고 나오는 이소선에게 삿대질을 해 댔다. 이 집에서 나갈 형편도 안 됐지만, 갈 데가 있다 해도 주인 여자에게는 대꾸를 할 마음이 안 생겼다. 이소선은 못 들은 척하면서 지나쳐 버렸다.

할아버지는 담배를 많이 피우는 편이었다. 그런데 아들이고 며느리고 담배를 사 주는 적이 없었다. 할아버지는 남산이며 시장이며 사방을 돌아다니면서 꽁초를 주워 피웠다. 방 안에 들어가 보면 벽지가 너덜너덜하니 군데군데 떨어져 나가 폐가에 들어와 앉아 있는 듯이 무서울 정도였다. 꽁초를 말아 피울 종이마저 없어 노인 양반이 벽지까지 찢어서 담배를 말아 피운 것이다. 하지만 태일이가 할아버지와 가깝게 지낸 뒤부터는 담배 걱정은 하지 않아도 됐다. 태일이는 학교에서 선생님이 피우고 남은 꽁초를 봉지에 담아 오고, 길에서도 꽁초를 주워 와서는 종이까지 잘 싸서 할아버지에게 드렸다.

그러나 할아버지에게 꽁초를 주는 것도 마음대로 할 수 있는 게 아니었다. 며느리가 있는 날이면 태일이도 당황해하면서 어쩔 줄 몰라했다. 할아버지도 며느리 눈치를 봐야 하니 거북하기만 했다. 주인 여자는 시아버지가 담배를 피우고 있는 것을 보면 어디서 구했느냐고 들들 볶아 댔다. 담배를 사 드리지 못한 것은 생각지도 않고, 노인을 몰아붙여서 못 살게 굴었다. 할아버지에게 담배를 갖다 주는 사람에게는 쌍욕을 퍼부었 다. 태일은 엄마에게 그들이 너무 잘못하고 있다, 할아버지에게 어떻게 저럴 수가 있느냐면서 뭔가 곰곰이 생각하는 눈치였다.

어느 날 주인집 방에서 고함이 터져 나오고 욕설이 난무했다.

"뭐? 이놈! 어린놈의 자식이 미쳤나, 네 이놈 지금 뭐라 그랬어!"

주인집 남자가 태일이를 나무라면서 욕설을 했다. 이소선이 듣자 하 니 태일이가 할아버지 문제 때문에 주인집 남자에게 뭐라고 따지고 대든 듯했다. 주인집 남자는 노발대발하면서 태일이를 끌어내라고 고함을 치 고 발로 방바닥을 치며 쿵쾅거렸다. 큰일이 났구나 싶어 기겁해서 달려 갔더니 이게 웬일인가, 어린 태일이가 주인집 남자에게 손가락으로 삿대 질을 해 가며 소리를 지르고 있었다. 태일이는 평소에 며느리보다 남자 가 더 나쁜 사람이라고 말해 왔었다. 이소선은 기어이 일이 터졌구나 생 각하고 태일이를 데리고 오려고 팔을 붙든 채 끌어당겼다. 태일은 조금 도 움직이려 하지 않았다. 끌려 나오면서도 주인 아저씨가 잘못한 일들 을 하나하나 들춰내면서 따졌다.

주인 남자는 어린것한테 당하면서도 주먹질은 할 수 없었는지 그저 당장 끌고 가라며 펄펄 뛰었다. 주인 남자가 날뛰는 것을 보니 태일이를 그 자리에 머물게 할 수가 없어서 이소선은 아이를 끌어내는 척했다. 속 으로는 뒷일이 걱정됐지만, 우선 속이 후련했다. 그날 저녁에 주인 남자 는 당장 방을 비우라고 했다. 한두 번 들어 온 말이 아니어서 겁날 게 없 었다. 이소선은 알았다는 말만 하고 내처 눌러 있었다.

며칠 뒤 편지가 한 통 왔다. 태일이가 편지를 집어 들더니 할아버지가 그토록 기다리던 부산에 있는 작은아들한테서 온 것이라고 하면서 엄마 에게 편지를 보여 주고 뜯어 보자고 했다.

"남의 편지를 뜯어 보면 어떻게 해?"

말리기는 했지만 사실 이소선도 편지 내용이 무척 궁금했다. 편지를 뜯어 봤다. 작은아들은 직장을 아직 구하지 못해 일정한 거처를 정하지도 못하고 떠돌고 있는 신세였다. 이런 형편이니 고생이 되더라도 조금만 참고 계시면 직장을 얻어서 모시러 오겠다는 내용이었다.

내용을 읽어 보니 딱한 형편이었다. 할아버지는 작은아들에게서 소식이 오기를 목 놓아 기다리고 있었다. 그런데 아직 직장을 구하지 못해서 모시러 올 수 없다니 할아버지가 얼마나 실망을 하실까. 태일이는 편지를 다시 봉해서 주인집에 갖다 놨다.

그날 밤, 할아버지가 태일이를 불렀다. 이소선도 함께 할아버지 방에 들어갔다. 할아버지는 이소선과 태일이 자신을 만나는 걸 다른 사람들이 못 보도록, 밖으로 불이 새어 나가지 않게 담요로 가리고는 태일이에게 작은아들이 보낸 편지를 읽어 보라고 했다. 태일이가 편지를 읽었다.

"…좋은 직장 구해서 생활의 안정을 얻고 잘 지내고 있습니다. 아버지께서는 속히 부산으로 내려오시기 바랍니다…."

교활한 며느리가 그사이에 시아버지를 내쫓기 위해 편지 내용을 바꿔놓은 것이다.

"아이구, 우리 아들 장하다. 내일이라도 당장 내려가야겠다."

앞뒤 상황을 모르는 할아버지는 기뻐서 어쩔 줄을 몰랐다. 태일이는 할아버지에게 내려가면 안 된다고 간곡히 말했다.

"할아버지, 객지에 나간 아들이니 부모님 걱정하실까 봐 잘 지낸다고 써 보낸 편지입니다. 할아버지, 좀 더 기다려 보세요. 설사 형편이 좀 나아졌다 하더라도 금방 내려가시는 것보다는 형편이 좀 더 나아진 다음에 내려가시는 것이 어떨까요. 그때쯤이면 작은아들께서 모시러 올라오겠지요."

태일이는 할아버지가 실망하지 않도록 조심스럽게 말했다. 할아버지는 태일이의 말에 수긍하는지 고개를 끄덕이면서도 말했다.

"아니야, 내려가야겠네. 여기 있다간 명대로 살지도 못할 거야. 내가 죽더라도 작은놈 얼굴이라도 한번 보고 죽어야 할 게 아닌가."

할아버지는 아들네의 박대를 더 이상 견딜 수가 없다고 생각하고 있었나 보다. 아무리 말려도 들으려 하지 않고 기어코 내려가겠다는 말만 했다. 태일이는 할아버지가 속고 있는 것을 차마 계속 볼 수 없어 사실대로 이야기했다.

"할아버지, 할아버지의 마음을 누가 모르겠습니까. 근데요, 이 편지는 거짓말을 하고 있는 거예요. 이건 아줌마가 할아버지를 부산으로 내려보내려고, 편지를 거짓말로 쓴 거예요. 오늘 낮에 제가 그 편지를 읽었는데 아직 부산 가신 아저씨는 직장을 못 구했대요. 직장을 구하고 집이 마련되면 모시러 온다고 했어요. 어렵더라도 할아버지가 조금만 참고 기다리시라고 했어요."

할아버지는 탄식을 터뜨리더니 소리 없이 눈물을 흘렸다.

"그래? 나는 그것도 모르고…. 이 일을 어쩌나, 죽지도 못하고 이놈의 생활을 해야 하니…."

딱한 처지였다. 아직 객지 나간 아들이 일정한 거처가 없다는데 할아버지가 어디로 간단 말인가. 할아버지의 꿈은 물거품처럼 사라졌고 그냥 지낼 도리밖에 없었다. 날이 밝자 며느리는 할아버지에게 작은아들이 있는 부산으로 내려가라고 했다. 며느리의 속셈을 다 알아도 뭐라고 속 시원히 말을 할 수는 없었지만, 결국 할아버지는 작은아들 집으로 가지 않았다. 며느리는 할아버지가 방 안에만 틀어박혀 꼼짝하지 않자 매일 성화였다. 입만 열었다 하면 작은아들 타령을 하면서 구시렁거렸다. 이 아들 부부는 어느 날 도저히 안 되겠다 싶었는지 기어코 집을 팔고는 그날로 당장 할아버지를 억지로 부산행 열차에 태워 보냈다. 이소선과 태일이를 쫓아내기 위한 마지막 수단이었다. 집이 팔렸으니 어쩔 도리가 없었다.

할아버지는 집을 떠나면서 태일이를 불렀다. 노인 양반이 어린 태일이의 손목을 잡더니 눈물을 뚝뚝 흘렸다.

"태일아, 넌 참 착한 아이다. 말하기 뭣하다만 그래도 네 녀석 때문에 목숨이라도 붙이고 살았어. 앞으로 넌 틀림없이 훌륭한 사람이 될 거다. 가난해서 그렇지 네 엄마 같은 사람은 이 세상에서 두 눈 씻고 찾아 봐도 없으니 어머니 말씀 잘 듣고, 부디 튼튼하게 잘 자라서 훌륭한 사람이 돼야 하느니라."

그동안 살면서 온갖 정이 다 들었나 보다. 노인이 어린 태일의 손등을 쓸면서 서럽게 눈물을 쏟고는, 무슨 돈이 있다고 주머니를 뒤져서 태일에게 일 원짜리 동전 다섯 개를 꼭 쥐어 주었다. 태일이는 손을 빼면서 돈을 받지 않으려고 했다. 할아버지는 그런 태일이가 귀여운지 눈물 속에서도 엷은 웃음을 지었다. 옆에서 보는 이소선의 마음도 착잡했다. 새로 나온 일 원짜리 동전이 태일이의 손바닥에서 반짝거렸다.

할아버지가 부산으로 내려간 직후 이소선네는 용두동으로 거처를 옮겼다. 남편은 여전히 집을 돌보지 않았다. 이소선의 몸이 성하지 않으니 어디 가서 방을 구할 수도 없었다. 또다시 남의 집 처마 밑에서 살 수밖에⋯. 결국 이사 때문에 태일은 남대문국민학교를 다니다 도중에 그만두었다.

대구로, 또 서울로

용두동에 있는 아는 사람 집 쪽으로 그들은 거처를 옮겼다. 지붕과 지붕 사이에 두어 평 정도로 비닐을 덮어서 비를 막고 바닥에는 나무판자를 깔았다. 방이나 부엌이 따로 있을 리 없다. 그저 밤이면 식구들끼리 살을 맞대고 잠이나 겨우 잘 정도였다. 이소선의 남편은 눈만 뜨면 밖으로 나

돌았다. 여기저기 일자리를 알아보고 다니는 것 같았지만 집에는 돈 한 푼 가져오지 않았다. 이소선은 건강이 너무 악화되어서 장사조차 할 수 없었다. 그런 중 태일이마저 돈을 벌어서 공부를 하겠다고 집을 나가니 이에 대한 마음고생까지 겹쳤다.

용두동에서 이들이 어렵게 살고 있다는 것을 안 시동생에게서 연락이 왔다. 무조건 대구로 내려와서 함께 살아 보자는 것이었다. 시동생은 남편이 돈을 잘 벌 때 사 준 미싱 한 대로 열심히 일을 해서 제법 넉넉한 생활을 하고 있었다. 이소선은 시동생의 제의를 끝내 거절했다.

'형제라도 잘살 때가 피붙이지 이렇게 지지리 못사는데 만나면 뭘 하나. 공연히 형제간의 의마저 상하게 할 뿐이지. 어렵더라도 우리가 고생하면서 헤쳐 나가는 게 낫다.'

이소선은 시동생의 도타운 정을 물리치면서 어떻게 해서든지 살아야 한다고 마음을 굳게 먹었다. 그러자 대구의 시동생에게서 시어머니가 위독하다는 전보가 날아왔다. 아이들하고 꼭 내려오라는 것이었다. 이소선은 시동생의 의중을 짐작할 수 있었다. 하지만 부모가 위독하다는데, 자식 된 도리로 어떻게 찾아가서 뵙지 않을 수 있나 싶어 혼자서 대구로 내려갔다. 내려가 보니 과연 그가 예상한 대로 시어머니는 멀쩡하게 살아계셨다. 시동생은 그 길로 서울로 올라가더니 온 가족을 데리고 내려왔다. 그래서 이들은 다시 대구에서 살게 되었다. 시동생이 형에게 미싱 한 대를 사 주었다. 남편은 미싱에 매달렸다. 이소선은 남편이 만든 것들을 내다 팔아서 겨우겨우 생계를 이어 나갔다.

그러던 중 어느 날 태일이가 돌아왔다. 공부하겠다고 부산 근방에서 떠돌다가 가족들이 너무 보고 싶어서 돌아왔다는 것이었다. 어린것이 객지에서 얼마나 고생을 했던지 얼굴이 반쪽이었다. 오랜만에 돌아온 아이의 앙상한 몰골을 보니 엄마의 가슴이 미어졌다.

가족들과 함께 사는 게 기쁜지 태일은 아버지를 거들며 열심히 일을 했다. 그는 중단했던 공부를 하고 싶어했다. 집안일을 도우면서도 시간이 나면 공부를 계속할 수 있는 곳을 찾아다녔다. 부모로서 자식이 하겠다는 공부를 막을 염치가 없었다. 태일은 국민학교도 제대로 졸업을 못했으니 정식 중학교는 갈 수가 없었다. 이들 형편에 중학교에 보낼 처지가 못 되었다. 결국 태일은 사범대학 학생들이 선생님으로 있다는 고등공민학교에 입학하게 되었다. 이 학교가 청옥고등공민학교다. 전태일의 짧은 생애 중에 가장 행복했던 시절이 이때였다. 태일은 그렇게 기뻐할 수가 없었다. 집안일을 하느라고 피곤할 텐데 학교는 하루도 빠지지 않았다. 태일이가 기뻐하는 모습을 보니, 어려운 생활이었지만 이소선의 마음도 한결 가벼웠다. 그러나 그 기쁨도 잠시였다. 하던 사업이 잘 되지 않자 남편은 느닷없이 태일에게 학교에 나가지 말라고 했다. 아이가 그토록 배우고 싶어하는데 학교에 나가지 말라니 그게 어디 부모로서 할 말인가, 이소선은 하늘이 무너지는 듯했다.

남편은 여전히 매일 술에 절어서 살았다. 술만 먹었다 하면 아이들을 구박하고 매질까지 했다. 이소선은 아이들을 감싸 안으며 남편의 손찌검을 막아 냈다. 하루이틀이 아니었다. 술기운만 돌았다 하면 사람이 짐승처럼 돌변했다. 집안이 평안한 날이 없었다. 허리를 졸라매고 아등바등거려도 입에 풀칠하기가 힘든 판인데 하고한 날 술타령이니 사람이 살수가 없었다. 날이 갈수록 굶는 날이 늘어만 갔다. 집안 꼴이 이 지경이니 큰집, 작은집 사람들이 좋아할 리가 없다. 이소선은 태일이와 태삼이를 부둥켜안고 밤마다 울었다. 이렇게 사는 것이 큰집이나 작은집에 부끄러웠다.

남편은 여자가 통이 커서 집안 말아먹게 생겼다는 등 심지어는 애들을 때리지 않는 것까지 트집을 잡으면서 아내에게 비난을 퍼부었다. 살아가면서 이소선은 혼자 고생하는 것이라면 그래도 참을 수 있다, 하지만 제대로 먹이고 입히지도 못하면서 자식들에게 매질까지 할 수는 없다고 생각했다. 자식들을 때려 가면서 키우고 싶은 생각은 없었다. 아이들이 말을 잘 들으니 매를 들어야 할 일도 생기지 않았다. 이소선은 태일이가 배우고 싶어하는 것을 나무라지 않았다. 도리어 아무리 생활이 어렵더라도 배워야지 훌륭한 사람이 될 수 있다고 가르쳤다.

'아직 어린것이 그토록 배우고 싶어하는 게 뭐가 그리 나쁘단 말인가.'

이소선은 굽히고 싶은 생각이 추호도 없었다. 남편이 뭐라고 하든지 간에 자식들을 자신의 방식대로 키워 나갈 것을 마음속 깊이 새겼다.

형편은 기울어 미싱마저 팔아야 했다. 이들은 다시 내당동 단칸방으로 옮겨 거기에 주저앉았다. 남편 전상수는 집을 나가 버렸다. 어린것들이 방구석에서 쪼그리고 앉아 굶고 지내는 형편이었다. 엄마인 이소선마저 먹을 것을 구하러 다녀야 하기 때문에 제때 집에 들어갈 수가 없었다.

먹을 것만 없는 게 아니었다. 굶주린 배에 파고드는 추위가 더 무서웠다. 어느 날 추위를 이기지 못하고 태일과 태삼이 공장 근방에서 숯을 주워 와 방 안에 피우고 잠이 들었다. 이소선이 돌아와 방문을 열어 보니 가스 냄새가 코를 찔렀다. 네 명이 방바닥에 누워 정신을 못 차리고 있었다. 조금만 늦게 발견했어도 큰일이 날 뻔했다. 하마터면 자식 넷을 한꺼번에 다 죽일 뻔한 것이다.

'인간이 굶어 죽으란 법은 없다. 명이 다할 때까지는 살아야지. 이대로 지낼 수는 없어. 서울로 가자. 죽었다 생각하고 앞으로 5년간 돈을 벌자. 서울 가서 정 안 되면 식모라도 하면 될 게 아닌가.'

이소선은 아무리 처참하게 살아도 앉아서 죽을 수는 없다고 생각했다. 막상 서울로 떠나려니 자식들이 눈앞에 어른거렸다. 저 어린것들을 남겨 두고 혼자서 떠날 생각을 하니 아찔했다.

'내가 없다고 설마 큰집이나 작은집에서 굶어 죽게 내버려 두지는 않겠지.'

오죽했으면 극도로 사이가 좋지 않던 친척들의 도움을 받으려는 생각까지 슬금슬금 고개를 내밀었다. 이소선은 무수한 고민에 휩싸였다. 이대로 있다가는 몽땅 굶어 죽을 판이었다. 서울에 가서 무슨 일을 해서라도 돈을 벌어야 한다. 자식들의 얼굴이 발길을 잡았지만, 아무리 머리를 싸매고 생각을 해 봐도 뚫고 나갈 방법이 없었다. 끝내 서울로 갈 결심을 굳혔다.

일자리를 주겠다던 수상한 남자

이소선이 주머니를 뒤져 보니 단돈 15원뿐이었다. 결심을 굳히고는 뒤도 안 돌아보고 집을 나섰다. 머뭇거리다가는 자신의 결심이 흔들릴 것만 같았다. 다른 생각은 일절 안 하기로 했다.

'오로지 서울만 가자. 서울에 가서 돈을 벌어야지 살 수가 있다.'

이소선은 이 돈을 가지고 부딪쳐 보기로 했다. 시내버스에 올라 10원을 내고 대구역에 도착했다. 5원밖에 안 남은 돈으로 기차표를 살 수 없으니, 무작정 역무원에게 갔다.

"아저씨, 정말로 미안합니다. 제 사정 좀 봐주실 수 없겠습니까? 실은 제가 서울에서 대구까지 빚을 받으러 왔다가 사람도 못 만나서 돈 한 푼 못 받았어요. 차비까지 다 날려 버렸으니 이 일을 어찌하면 좋겠습니까. 서울 집에서는 젖먹이까지 해서 어린애들이 이 어미를 기다리고 있습니다. 제 딱한 사정을 좀 봐주실 수는 없는지요."

이소선은 생각나는 대로 거짓말을 꾸며 댔다.

역무원은 냉정하게 거절했다. 아무리 사정해도 공짜로 기차를 탈 수는 없다는 것이었다. 이소선은 역무원 옆에 바짝 붙어서 한 번만 선처해 달라고 사정사정했다. 그래도 역무원의 표정은 변하지 않았다. 해도해도 너무한다는 생각이 들었다. 사람이 이렇게 간절하게 부탁하는데도 매정하게 아는 체도 하지 않다니 세상인심이 야속하기만 했다. 이소선은 가슴속에서 끓어오르는 화를 참지 못하고 기어이 터뜨리고 말았다.

"사람이 이럴 수가 있습니까? 내가 이렇게 사정하는데 한 번쯤 봐 줄 수도 있잖아요. 나도 할 수 없어요. 내가 사는 곳이 서울이니까 무조건 서울 가는 기차를 탈 겁니다. 내가 차표가 없어서 무슨 문제가 생기면 아저씨가 다 책임지세요."

이렇게 억지를 쓰니 역무원이 하도 어이가 없었는지 한참이나 이소선의 행색을 뜯어보았다. 그는 기다려 보라는 말을 하고 사무실로 들어갔다. 잠시 뒤 돌아온 역무원이 이소선의 손에 무임승차권 한 장을 쥐여 주었다. 역무원이 그렇게 고마울 수가 없었다. 이소선은 몇 번이나 허리를 굽혀 인사를 하고 개찰구를 빠져나갔다. 기차가 플랫폼에 들어오고 있었다.

'아! 결국 나는 이 차를 타야 하나? 어린 자식들은 어쩌하고….'

이소선은 가슴이 찢어지는 것 같았다. 정신이 몽롱해지고 서 있을 수가 없을 지경이어서 무임승차권을 손에 꼭 쥐고 기둥에 기댔다. 사람들이 기차를 타고 내리느라고 그의 어깨를 치며 지나가고 있었다. 이소선의 마음은 바싹바싹 타들어 갔다. 기차의 바퀴가 서서히 움직이기 시작했다.

'사람이 한번 결심을 했으면 끝까지 하고 말아야지. 이 길만이 우리가 살 수 있는 길이다.'

이소선은 출발하는 기차에 올라탔다. 가슴이 메어 울 수도 없었다. 창밖을 내다보니 대구 시내가 점점 멀어지고 있었다. 아이들이 있는 대구를 떠나고 있다고 생각하니 기차에서 뛰어내리고 싶은 충동이 생겼다.

'추위에 오들오들 떨면서 언제 굶어 죽을지도 모르는 자식들 곁을 떠나야 하다니….'

차창에 아이들 얼굴이 그려졌다. 하나같이 배가 고프다고 울부짖고 있었다. 이소선은 차창에 머리를 기대고 가슴속으로 눈물을 삼켰다.

'아니야, 내가 이러면 안 되지. 이것이 자식들을 위하는 길이야. 우리

가 살 수 있는 길이야.'

이소선은 입술을 꼭 다물고 고통을 참아 냈다. 아이들 생각을 지워 버리려고 고개를 드는데 맞은편에 앉아 있는 중년의 사내가 담배를 피우고 있었다.

'왜 남자들은 담배를 피울까. 나도 담배라도 피우면서 이 시름을 잊어 볼까.'

이소선은 고통스러운 이 순간을 벗어나고 싶었다. 담배꽁초를 하나 주웠다. 그러나 그에게는 성냥이 없었다. 아무리 사정이 절박하다 해도 남자들에게 담뱃불을 빌릴 엄두가 나지 않았다.

이소선은 주머니에 찔러 두었던 5원으로 3원짜리 성냥을 한 갑 샀다. 자리에서 일어나 화장실에 들어가서 문을 잠갔다. 담배에 불을 붙이고, 첫 모금을 빨아들였다. 어지럼증이 온몸을 휘감아 돌았다. 그래도 그는 담배꽁초 하나를 손끝이 뜨거워질 정도로 다 피웠다. 머릿속이 텅 빈 것 같더니 몸에서 힘이 쑥 빠져나갔다. 어질어질하고 눈을 뜰 수가 없었다. 며칠을 굶주린 데다 극심한 충격에 시달리고 있었기 때문에 손가락 하나도 까딱거릴 수가 없었다. 정신이 나간 상태로 얼마간 화장실에 쪼그리고 앉아 있었다. 기차가 덜컹거리는 소리가 그의 귀에 들려왔다. 이소선은 감고 있던 눈을 그때야 뜰 수가 있었다. 담배를 피운다는 게 어떤 것인지를 처음으로 알게 되었다.

어둑어둑한 새벽이 되자 기차는 서울역에 도착했다.

기차에서 내려 역사를 빠져나오니 막상 갈 곳이 없다. 오가는 사람도 없고 거리에는 어둠이 덮여 있었다. 이소선은 대합실 밖에 자리를 정하고 앉았다. 이런 꼴을 하고 아는 사람을 찾아가기는 죽어도 싫었다. 별별 생각이 다 스쳐 지나갔다. 무엇을 해서 돈을 벌 것인가, 머릿속에는 그 생각 하나만 자리를 잡고 있었다.

어둠이 걷히기 시작하자 거리에 사람들이 나타났다. 날이 밝을 때까지 한자리에 꼼짝하지 않고 앉아 있는 그에게 배가 조금 나온 중년의 남자가 다가오더니 말을 건넸다.

"아주머니, 혹시 일자리를 구하려고 기다리는 게 아닙니까? 식모 자리라도 괜찮다면 내가 알아봐 줄 수가 있는데요."

그는 그렇게 이소선에게 접근하더니 자기소개를 했다.

"나는 우유 배달을 하는 사람이에요. 내가 배달해 주는 집 중에 식모를 구하는 데가 많이 있어요. 일자리는 쉽게 구할 수 있으니 괜찮다면 나를 따라가겠어요?"

이소선은 더운밥 쉰밥 가릴 처지가 아니었다. 선뜻 그 남자를 따라나섰다. 이렇게 빨리 일자리를 구할 수 있다니, 운이 좋은가 보다 생각했다. 사내를 따라 서울 시내 여기저기를 한참 왔다갔다 했다. 그러다 남자가 말했다.

"아주머니, 미안하지만 이쯤 해서 내가 우리 집에 가 있어야 하겠는데요. 다른 일이 있어서 어디 가 봐야 할 데가 있거든요. 우리 집에 가 있으면 당장이라도 좋은 집에 소개해 드리겠습니다."

'이 남자가 나를 도와주려는 줄 알았더니 하는 짓을 가만히 보니 그게 아닌 것 같아.'

이소선은 남자가 엉뚱한 흉계를 꾸미고 있다는 생각을 하게 되었다.

'내가 어떻게 해서 서울에 올라왔는데 너한테 당할 것 같냐. 어디 한번 네놈이 당해 봐라.'

자신이 워낙 궁지에 몰리니 그런 생각까지 하게 되었다.

"그렇게 하지요. 그런데 아저씨, 내가 가진 돈이 없으니 어떻게 해요. 그러니 집에까지 갈 차비 좀 주시오."

남자는 금세 못 미더워하는 표정으로 변했다. 하는 수 없었던지 남자가 주머니에서 500원을 꺼냈다.

"아주머니, 그러지 마시고…. 구로동을 간다고 해도 집을 찾을 수가 없을 거예요. 그러니까 아예 왕십리 광무극장 앞에서 이따가 오후 1시쯤 해서 만나는 게 어떨까요?"

이소선은 남자의 이 말을 듣자 그의 속셈이 어떻다는 것을 완전하게 파악할 수가 있었다.

"아저씨 말대로 하지요. 그런데 아저씨 돈 천 원이 더 있었으면 좋겠어요. 만약 광무극장 앞에서 못 만나면 어떻게 물어서라도 내가 구로동 집을 찾아가지요."

남자는 담배를 물고 생각하는 표정을 짓더니 천 원을 더 내놓았다. 안도의 한숨이 새어 나왔지만, 우유 배달하면서 불쌍하게 살아가는 사람의 돈을 빼앗다시피 하는 것이 꺼림칙했다.

'당신이 나쁜 마음을 먹어서 내가 이런 짓을 하는 거요.'

이렇게 자신의 행위를 정당화하고 있었지만, 마음은 편하지가 않았다. 그러나 어디 가서 자신의 사정을 이야기하고 동정해 줄 사람을 찾을 수가 있을까 싶었다.

"아저씨, 내가 혹시 아저씨 집을 찾지 못해서 만에 하나 가지 못한다 하더라도 남 욕하지는 마세요."

이소선은 듣기에 따라서는 꼭 찾아가겠다는 의지를 나타내는 듯한 말을 남기고 그 남자와 헤어졌다.

'자, 이제 내 손에도 무엇인가를 할 수 있는 밑천이 생겼다. 이제 할 일을 찾아보기로 하자.'

고된 식당 일에 의식을 잃다

이소선은 일자리를 생각하다가 눈에 띄는 간판을 보고 서울역 뒤 직업소개소를 찾아가기로 했다. 하지만 날이 어둡기 전에는 직업소개소 문을 두드릴 용기가 나지 않았다. 국수 한 그릇을 사 먹고 해가 지기만을 기다리며 이 거리 저 거리를 돌아다녔다. 해가 뉘엿뉘엿 질 때 이소선은 직업소개소의 문을 열고 들어갔다.

"무슨 일을 원하십니까?"

차마 '식모'라는 말이 입 밖에 나오지 않았다.

'이쯤에서 주저앉아서는 안 되지. 밑천도 없는 사람이 장사는 할 수가 없고 무슨 일을 해서라도 돈만 벌면 되는 것이지 직업에 귀천이 어디 있으랴.'

"저는 식모를 했으면 하는데요."

"아, 그러세요. 일자리는 많이 있으니 걱정하지 마세요. 그래, 그럼 가정집을 원하십니까, 아니면 음식점 같은 곳을 원하십니까?"

'돈을 더 주는 곳으로 가야 한다. 힘이 들더라도 음식점이 돈을 더 많이 주겠지.'

"식당이요."

"식당으로 가시겠다는 말씀이죠. 그렇다면 아주머니, 혹시 조개밥을 만들 줄 아십니까?"

직업소개소 소장이 서류를 뒤적이며 물었다. 이소선은 사실 조개밥이라는 음식 이름은 처음 들었다. 그렇다고 해서 모른다고 대답을 하면 일자리를 얻을 수가 없을 것만 같았다. 그러나 '밥'이라면 못할 게 뭐 있겠는가. 이소선은 할 줄 안다고 자신 있게 대답했다.

그렇게 해서 이소선은 서울에 자리를 잡게 되었다. 동대문시장 근방에 있는 음식점이었다. 이소선은 다른 여자들과 함께 주방에서 일을 하게 되었다. 음식점 주인과 인사를 나누고 정신없이 하루 일을 끝냈다. 주방을 정리하고 식당 내에 있는 방에서 여자들과 잠자리에 들었다.

고된 하루를 보낸 뒤라 온몸이 천근만근이었다. 주방에서 음식을 만들고 그릇을 닦느라 피곤한 몸이었지만 잠자리가 편하지 않았다. 눈을 감아도 잠이 오지 않았다. 아이들이 어떻게 지내고 있을까 하는 생각만

이 어지럽게 머릿속을 파고들었다. 날은 추운데 끼니는 어떻게 해결하고 있을까. 어린것들이 무슨 사고는 나지 않았을까. 엄마가 없어진 걸 알면 얼마나 놀랄까. 아이들만 생각하면 미칠 것만 같았다. 객지에서의 첫날 밤은 그렇게 흘러갔다.

아이들 생각하랴, 주방에서 음식을 만들랴, 손에서 물이 마를 날 없는 고된 하루하루가 지나갔다. 닷새째였다. 이소선은 피곤한 몸을 이끌고 화장실에 앉았다. 그의 몸은 말이 아니었다. 어지럽고 아래에서는 피가 흘렀다. 너무 많은 하혈을 한 뒤 그만 정신을 잃고 말았다. 화장실에서 그대로 의식을 잃어버린 이소선을 식당 주인이 발견하고 병원에 입원을 시켰다. 병원에서 10여 일간을 치료받은 뒤 성치 않은 몸으로 퇴원해야 했다.

병실에 누워 있으면서도 마음이 편하지가 않고 돈 때문에 안절부절못했다. 이렇게 병원에 누워 있으면 돈은 언제 벌어서 아이들과 함께 살 수 있을 것인가. 식당 주인에게 물었더니 병원비를 갚으려면 식당 일을 6개월이나 월급 없이 해야 한다는 것이었다. 식당 주인에게 피해를 입히고 싶은 생각은 털끝만큼도 없었다. 그에게 일자리를 준 사람에게 그런 식으로 보답해서는 안 된다는 생각을 했다. 이소선은 병원비를 갚기 위해서라도 6개월 동안 무리를 해서 일을 하기로 작정했다.

이를 악물고 일을 했지만 날이 갈수록 그의 건강은 더욱더 나빠졌다. 화장실만 가면 피를 쏟았고, 그때마다 의식을 잃어버리는 날이 늘어 갔다. 평상시에도 일을 하다가 어지럼증 때문에 깜빡깜빡 정신을 잃었다. 그런 건강 상태였으니 일인들 제대로 할 수 있었을까. 일을 하다가 그릇을 깬다든지 실수를 자주 했다.

남들 보기에도 민망해서 견딜 수가 없었다. 한번은 솥에 물도 붓지 않고 불을 세게 때다가 그만 밥솥에 손가락만 한 구멍이 나 버렸다. 이소선은 그 구멍을 보는 순간 아찔했다. 주인 얼굴을 어떻게 대할 것인가. 당연히 솥 값을 변상해야 할 텐데 그럴 돈이 어디에 있단 말인가. 병원비를 갚아 나가느라고 월급도 못 받고 6개월을 일해야 할 처지인데 밥솥에 구멍까지 내다니, 서러움이 복받쳤다. 돈을 벌려고 서울에 왔는데 돈을 벌기는커녕 빚만 잔뜩 지게 생겼으니 이 일을 어찌하면 좋단 말인가.

이소선이 밥솥에 구멍을 낸 것을 알고 일하는 처녀들이 주방에 들어왔다. 그들은 눈물을 찍어 내고 있는 이소선을 둘러싸더니 저희들끼리 쑥덕거리며 의논했다.

"아줌마, 이렇게 하면 어떨까요? 주인이 이 일을 알면 당장 변상하라고 성화를 부릴 테니 우리가 장난을 하다가 구멍을 내 버렸다고 둘러댈게요. 주인 알면 쫓아낼지도 모른다고요."

이소선은 자기가 잘못한 일을 저희들끼리 책임을 지겠다는 그들이 고마워 말도 못하고 눈물만 흘렸다. 다행히 그들은 이소선을 좋아하고 잘 따랐다. 어려운 일이 있으면 이들은 힘들 테니 쉬라고 이소선에게 자리를 만들어 주기도 했다. 이소선은 객지생활을 하는 그들과 엄마처럼, 언니처럼 따뜻하게 지내 왔다. 세상이 각박하다고만 생각하고 있었는데 그 처녀들의 갸륵한 마음을 대하니 그저 고마울 따름이었다.

이소선의 건강은 더욱 악화되어 식당 일조차 할 수 없을 정도였다. 빚을 지고 있는 주인에게나 함께 일하고 있는 처녀애들 보기에도 미안해서 견딜 수가 없었다. 차라리 식당에서 나가는 게 그들을 돕는 것이라고 생각했다. 이런 이소선의 마음을 알았는지 식당 주인이 먼저 이소선을 찾았다.

"아줌마, 이런 말 하면 나를 너무 야속하다고 생각하실 테지만, 그 몸으로 우리 집에서 일을 한다는 것은 더 이상 무리예요. 내가 병원비를 받지 않을 테니까 어디 아는 집이라도 없어요?"

이소선은 얼마 전에 자신을 찾아왔던 태일이가 말한 상률이네 집을 생각하고 있었다. 서울에서 아는 집이라고는 그 집뿐이었다. 엄마가 식당에서 일을 하고 있다는 말을 듣고 찾아온 태일이는 순덕이를 고아원에 맡겼다고 했다. 이소선은 상률이네 집에 가 있으면 찾아가겠다는 말을 하고 태일을 돌려보냈었다.

"아주머니가 갈 곳을 정하신다면 제가 차비는 드리겠습니다. 생각해 보세요. 그 몸으로 더 일을 한다는 것은 정말 무리예요."

이소선이 식당 일을 더 이상 할 수 없어 나가게 되었다는 소식을 듣고 동료 처녀들이 주인 아저씨한테 한 달 월급을 주라고 건의를 했다. 이소 선은 할 말을 잃고 고개를 숙였다. 자신의 처지에 어떻게 돈을 달라고 할 수 있단 말인가. 주인은 할 수 없었던지 돈 만 원을 이소선에게 쥐어 주 었다. 이소선은 그것마저도 어찌나 고마운지 주인에게 머리를 숙이며 인 사를 하고 처녀애들과 작별을 나누었다.

배추 잎을 주워 팔다

어디로 갈 것인가. 식당을 나왔지만 마음 내키는 곳이 없다. 할 수 없었다.

'태일이에게 한 말도 있고 하니 상률이네 집을 찾아가기로 하자.'

이소선은 버스 안에서도 하혈을 했다. 의자에 앉아 등받이를 꼭 붙들 고 참아 냈다. 이대로 죽을 것만 같았다. 양쪽 바짓가랑이에 피가 엉겨 붙어 걸음을 걸을 수가 없었다. 걸음을 옮길 때마다 격심한 통증에 시달 렸다.

상률이네 집에 도착하자마자 병원에 실려 갔다. 병원 의사는 생명이 위독했다며, 여지껏 뭐하고 이런 상태까지 되도록 방치했느냐고 이소선 에게 화를 냈다. 이소선은 의사의 말을 들으며 고개를 옆으로 돌렸다. 피 주사를 맞고 병원에서 누워 있었다. 덕분에 간신히 목숨을 건지고 걸음 을 걸을 수 있을 정도로 건강이 회복되었다. 식당에서 받아온 돈 만 원은 병원비로 다 날려 버렸다.

이 무렵 큰아들 전태일은 서울에 올라와 남대문시장 주변에서 닥치는 대로 일을 해 돈벌이를 하고 있었다. 상률이 어머니를 통해 무허가 하숙집에 방을 얻어 지냈다. 하숙집 물을 길어다 주고 밥을 얻어먹었고, 구두통을 둘러메고 남대문시장을 돌아다니면서 돈을 벌어 하숙비를 낼 수 있었다.

그러던 어느 날 태일이는 동생 태삼이를 만났다. 태삼은 엄마와 형을 찾아 상경했으나 갈 곳이 없어서 시장 근처의 동냥하는 거지패들에 끼어 돌아다니고 있었다. 그러다가 다행히 구두를 닦고 있는 형 태일을 만나게 되었다.

천만다행으로 만나게 된 아들들을 끌어안고 이소선은 얼마나 울었는지 모른다. 아이들도 함께 울었다. 그러나 이들은 마냥 울고 있을 처지가 아니었다. 눈물을 거두고 살 길을 찾아야 했다. 이들 앞에 놓여 있는 모진 세파를 이겨 나가야 했다.

태삼은 태일을 대신해서 하숙집의 물을 길어 주고 밥 문제를 해결했다. 기우뚱거리며 물지게를 짊어지고 언덕을 오르고 있는 어린 태삼이를 보는 어머니의 가슴은 미어지고 눈은 눈물로 범벅이 되었다.

'그래, 자식들을 위해서라도 살자. 하루빨리 건강을 회복해서 생활 기반을 마련해 보자.'

어린 나이에 생고생을 하고 있는 자식들을 보면서 이소선은 반드시 살아 나가리라 결심을 다졌다.

'우리가 살 수 있으려면 적어도 5년은 죽을 고생을 해야 할 것이다. 이런 세상에서 우리가 무엇을 해서 돈을 벌 수가 있단 말인가. 나쁜 짓을 해서 돈을 벌지 않는다면 우리 처지에 5년 정도는 각오를 해야 한다.'

아무리 무허가 하숙집이라고 해도 형제 둘이 함께 살기는 어려운 형편이었다. 물을 길어다 주면서 겨우 밥이나 얻어먹는 처지였는데, 주인이 두 명을 다 받을 수는 없다는 것이었다. 온갖 잔심부름을 다 해 주다 어쩌다 잘못하면 매까지 얻어맞아야 하는 비참한 생활이었다. 태삼은 그대로 하숙집에 머물고, 태일은 이소선이 살고 있는 상륜이네 집으로 들어오기로 했다.

이소선은 상륜이네 집에 와서 그 집 식구들의 도움으로 단칸방에서라도 지낼 수 있었다. 건강도 어느 정도 회복되었다. 하지만 단칸방에서 그 가족들 틈에 끼어 살다 보니 미안해서 잠을 이룰 수가 없었다. 상륜이네 식구들만으로도 단칸방은 비좁았다. 그런데 태일이까지 왔으니…. 이소선은 단칸방에서 나와 마루 밑바닥께에 잠자리를 만들기로 했다. 마루 밑에 가마니를 깔고 태일이와 잘 수 있는 보금자리를 만들었다.

"아이고, 태일이 엄마, 그게 무슨 짓이에요? 그러지 말고 방에 들어와서 자요. 어차피 사는 게 다 그 모양인데, 어렵더라도 함께 지내야지요."

상륜이 아버지와 어머니가 이소선을 붙들고 성화였다. 이소선은 비좁은 방에서 여러 사람이 함께 잘 수는 없다고 한사코 거절했다. 낮에는 밖에서 일하다 해가 져도 일찍 집에 들어갈 수가 없었다. 상륜이네 가족이 보기만 하면 방에 들어와서 자라고 성화를 부리기 때문이었다. 이소선은 태일이를 데리고 남산 중턱으로 올라가, 산에서 태일이와 온갖 이야기를 나누다가 자정쯤 되어서 집에 돌아오곤 했다. 집 근처에 오면 발소리를 죽이고 살금살금 걸어서 마루 밑으로 기어들어갔다.

이른 봄, 밤바람이 찼다. 가마니를 깔았다지만 땅에서 올라오는 찬 기운은 참기가 어려웠다. 어머니는 옷을 벗어서 아들을 덮어 주었다. 태일이가 잠든 것을 확인하고 잠에 빠져 있다가 눈을 뜨면 어느새 태일이의 웃옷이 자신의 어깨를 덮고 있었다. 이소선은 잠든 태일을 어둠 속에서 들여다보았다. 그리고 아주 낮은 소리로 말했다.

"태일아, 사람이란 잘살 때도 있고 못살 때도 있는 법이다. 어쩌다 가난하다고 해서 나쁜 마음을 먹으면 절대로 안 된다. 진실되게 살려고 하지 않고 아무렇게나 살려고 했다면 우리가 이 고생을 뭐하러 하겠니. 힘들어도 앞으로 5년간만 억척같이 노력하면 안 될 게 뭐가 있겠냐."

이소선은 잠든 아들의 어깨에 그 옷을 다시 끌어다 덮어 주었다.

태일은 어느 누구에게도 의지하지 않고 혼자 일자리를 개척해 나갈 결심을 했다. 일자리를 많이 알아보더니 평화시장을 지나치다가 '직공 모집' 광고를 보고 미싱보조로 들어갔다. 그는 이소선이 말한 계획에 동의했지만, 5년은 너무 길다고 했다.

우선 순덕이가 문제였다. 태일은 대구에서 엄마를 찾아 서울로 올 때 순덕이를 업고 왔다. 그러나 서울서 신문팔이를 하며 길거리를 방황하면서 어린 순덕이가 굶주림과 질병 때문에 시달리는 것을 보고 이러다가는 둘 다 죽게 생겼다고 판단해 순덕이를 아동보호소에 맡겼다. 태일이는 이 일 때문에 무척 괴로워했다.

"어머니, 내가 순덕이를 속이다시피 해서 차에 태워 보낸 것을 생각하면 지금이라도 당장 데려오고 싶어요. 하지만 우리 처지가 그럴 수도 없으니 제가 죄를 지은 것만 같습니다. 그러니 어쩌겠어요. 어서 빨리 돈을 벌어서 순덕이를 데려와 함께 살 날을 앞당겨야지요."

이소선은 건강이 회복되지 않았지만 태일의 말을 듣고 더 이상 쉴 수가 없어 다시 일자리를 찾아 나섰다. 그러나 일자리를 구한다는 게 쉽지가 않았다. 의정부 식모살이라고 해서 '양공주'들의 뒤치다꺼리를 해 주는 일이 하나 있기는 했으나 고민 끝에 거절했다. 그래도 마냥 놀고 있을 수만은 없었다. 그동안의 경험으로 시장에 나가면 일자리를 얻을 수 있을 것 같아, 사람들로 들끓는 서울역 뒤 중앙시장으로 나가 보았다. 시장은 이소선에겐 남다른 감회를 불러일으키는 장소였다. 살아 보려는 사람들이 모여든 치열한 생존경쟁의 현장인 동시에 막다른 골목에서 생명을 유지해 줄 구원의 장소이기도 했다.

시장을 돌아다니면서 이소선은 할 수 있는 일을 찾아보았다. 자신과 비슷한 처지에 있는 여자들이 장바닥을 돌아다니면서 무엇인가를 한창 줍고 있는 것이 눈에 띄었다. 배추 잎을 줍는 것이다. 아낙네들은 한결같이 초라한 행색이었다.

이소선도 그들과 어울려 배추 잎을 주워 모아 시장에 있는 해장국집에 팔았다. 그 일도 쉬운 일은 아니었다. 시장 바닥에서 허리를 굽혀 배추 잎을 줍고 있노라면 뭇사람들의 따가운 시선이 등에 박혔다. 이 눈치 저 눈치를 보면서 배추 잎을 주워야 했다. 그중에서도 경비원들의 눈길은 유난히 험악했다.

장바닥에서 배추 잎을 주워 생계를 꾸려 가는 아낙네들 중에는 경비원들의 눈을 속이는 이들이 많이 있었다. 떨어진 배추 잎을 줍는 척하면서 무, 배추 등 다른 채소를 훔치는 것이었다. 그래서 경비원들은 배추 잎 줍는 여자들을 보기만 하면 도둑놈 다루듯이 쫓아내려고 눈에 불을 켜고 거칠게 행동했다. 먹고살기 위해서 시장 바닥에서 배추 잎을 줍는 신세지만 경비원들의 쏘는 듯한 눈길을 대할 때면 울컥울컥 서러움이 솟았다. 삶의 막다른 골목에서 남들이 흘린 것을 주워 먹고 살아야 하는데 도둑놈 취급까지 받아야 하다니…. 참으로 모진 목숨이었다.

이소선은 아무리 먹고사는 게 중요하다지만 이유 없는 수모를 받을 필요는 없다고 생각했다. 그래서 어지간하면 경비원들의 오해를 덜 받으려고 트럭에서 배추를 쏟아 내고 있는 창고 근처에는 가지 않았다. 창고 근처에 가까이 가야만 배추 잎을 많이 주울 수 있는데 멀리 떨어져 있으니 수입이 뚝 떨어졌다. 하루 종일 주워서 팔아 봐야 손에 쥘 수 있는 것은 겨우 백 원 남짓했다. 하루 일을 마치고 그 돈을 만지면서 굶주림에 운 적도 많았다.

그렇게 장터에서 배추 잎을 주워 생계를 이어 가고 있는데 어느 날 상률이네 집에 남편 전상수가 다녀갔다. 마침 하차 작업을 하는 창고에 일자리를 얻은 뒤여서 방을 구해야 했던 이소선은 이 이야기를 듣고 상률이네 집에서 나와 버렸다. 하차 작업은 주로 새벽에 들어오는 짐을 내리는 일이었기 때문에 중앙시장 근방에 잠자리가 필요하던 참이었다.

　모아 둔 돈이 없으니 제대로 된 방을 구할 수가 없었다. 중앙시장 근방에서 집 없는 사람들이 떼를 지어 자는 곳을 알아냈다. 양아치들이 모여서 잠자는 곳이었다. 밤중에 장바닥에 혼자 있으면 야경꾼들이 도둑으로 취급하면서 귀찮게 굴기 때문에 밤에는 혼자 있기가 힘들었다. 이소선은 잠자리를 찾다 밤이 늦어서야 양아치들이 자는 곳으로 걸음을 옮겼다. 양아치들은 낯선 여자를 쉽게 받아들여 주지 않았다.

　"아줌마 사정은 이해하지만 우리도 다 이유가 있다고요. 사람 수가 늘어나면 경비들이 못살게 군단 말이에요. 그리고 우리는 물건을 훔쳐서 먹고살다 보니 주로 밤일을 많이 하거든요. 그러니 남들이 보면 안 좋잖아요. 가만 보니 아줌마는 집이 있을 것 같은데 공연히 우리같이 불쌍한 사람들 괴롭히지 말고 집에 가서 편안하게 주무시라고요."

　"내 팔자가 그렇게 좋아 보입니까, 말이라도 고맙네. 그러지 말고 나도 댁네들과 똑같은 처지에 있는 사람이니 사정 좀 봐줘요. 정말로 갈 데가 없다니까요."

　이소선은 물러서서는 안 된다고 생각했다. 한밤중에 어디 가서 잔단 말인가.

　"정 그러시다면 아줌마, 돈 가진 거 있으면 다 내놔 봐요."

　'너희들의 속셈이 그거였구나. 어쩐지 말을 한참이나 돌리더라니….'

　이소선은 주머니에 있는 돈 전부인 150원을 털어 주었다. 이제 잠자리는 해결된 셈이었다.

시장 바닥에서 얻은 신임

이소선은 그렇게 해서 중앙시장에 발을 붙일 수가 있었다. 하차 일을 며칠 하다 보니 마음 한구석에서 불쾌한 감정이 싹텄다. 어찌된 셈인지 일을 열심히 해도 품삯을 제대로 주지 않는 것이었다. 작업하는 것을 가만히 보니까 이상한 관계가 형성되어 있었다. 업주가 품삯을 정당하게 지불하지 않아도 불만을 털어놓는 사람이 전혀 없는 이유가 따로 있었다.

하차 작업은 형식적으로 하는 것이었다. 실은 하차 작업을 하고 난 뒤 바닥에 흩어져 있는 배추 잎이나 폐품을 주워 가는 것이 허용되고 있었다. 하차 작업을 하는 동안에 어떻게 해서든지 업주의 눈을 속여 물건을 훔쳐 내다 파는 것으로 품삯을 대신하는 것이었다. 그것은 업주나 작업하는 사람이나 서로가 암묵적으로 인정하는 공공연한 비밀이었다.

이소선은 남의 물건을 훔치는 일은 도저히 할 수 없다고 생각했다. 자식들에게 '아무리 배가 고프고 궁색하더라도 남의 것을 훔쳐서는 안 된다'고 가르쳐 왔는데, 그런 자신이 어떻게 물건을 훔쳐서 돈을 벌 수가 있겠는가. 사람이 아무리 없이 살아도 부끄러운 짓을 안 하면 그것이 잘 사는 것이라고 믿어 왔건만, 이제 와서 양심을 허물어뜨릴 수는 없는 일이었다. 그래서 부끄러운 짓을 하지 않으려고 바닥에 흘린 것들만 주워서 파니, 먹고살 수가 없다. 그나마 다음 하차 작업에 매달리기 위해서는 주운 것들도 제값 받고 팔 수가 없었다. 남들도 마찬가지였다. 주운 것이나 훔친 것이나 제값도 받지 못하고 닥치는 대로 헐값에 넘겨 버렸다. 더욱이 훔친 물건은 단번에 알아보기 때문에 제값을 못 받는 건 당연했다. 고생은 고생대로 하고 결국 남 좋은 일만 하고 있는 꼴이었다.

이소선은 곰곰이 생각을 가다듬어 보았다. 하차 작업을 하는 여자들은 열심히 일을 해도 정당한 품삯을 받지 못하고, 눈치 보면서 훔쳐 낸 물건들을 헐값에 팔아넘긴다. 또한 업주 쪽에서는 어떻게 해서든지 물건을 안 빼앗기려고 고용한 사람들을 의심하고 경비원을 세우게 되니 그 돈으로 나가는 것이 만만치가 않다. 결국 양쪽 다 고생을 사서 하고 있는 셈이었다.

이소선은 고민을 하다가 하차 작업에 직접 참여하는 것을 포기했다.

그리고는 아예 일하는 여자들이 가지고 온 물건들을 지켜 주는 일을 맡았다. 그는 그 물건들을 정당한 값에 팔아서 여자들에게 나누어 주었다. 아낙네들은 처음에는 자신들 물건을 맡기기를 꺼렸지만 이소선이 속이지 않고 정당하게 처리해 주니까 안심하는 눈치였다. 이렇게 얼마 동안 하다 보니 여자들이 물건만 생겼다 하면 다 이소선에게 가져왔다.

그러다 보니 차츰차츰 양이 늘어났다. 이제 그 물건을 지키기에도 힘에 겨웠다. 이소선이 나서서 팔 엄두가 나지 않았다. 물건을 지키느라고 하루 종일 꼼짝달싹할 수가 없었다. 저녁이 되면 여자들이 일을 마치고 와서 물건을 팔아 이소선에게 지켜 준 삯을 주었다. 내친 김에 이소선은 여자들에게 생각한 바를 제안해 보기로 했다. '우리가 물건을 훔쳐 내와서 불안하게 헐값으로 팔 게 아니라, 일을 끝낸 뒤 업주한테 작은 양이라도 몇 단씩 얻어 와서 정당하게 제값을 받는 것이 좋겠다. 그렇게 하면 우리가 일은 일대로 하면서 공연히 도둑 취급을 받을 필요도 없을 것'이라고 했다.

이소선의 말을 들은 여자들은 고개를 끄덕거리며 그렇게만 될 수 있다면 얼마나 좋겠냐고 저마다 한마디씩 거들었다. 물건을 지켜 줄 사람이 없어서 헐하게 팔다 보니 어떻게 해서든지 많이 훔쳐 내려고 했는데, 이제 당신이 물건을 지켜 주니까 제값을 받을 수 있어서 불안에 떨며 많이 훔쳐 내지 않아도 된다며 찬성하는 사람들이 많았다.

이소선은 만나는 사람마다 붙들고, 훔치는 일을 하지 말고 정당하게 일한 만큼 돈을 받자고 설득했다. 그 말이 업주한테도 들어가 실행이 된 결과, 하차 작업을 하는 동안 모두가 불안에 떨지도 않게 되었고 물건을 훔치는 일도 사라졌다. 결국 사람들이 모두 다 좋아했다. 업주로서는 마음 놓고 일을 시켜서 좋고, 일하는 사람들도 기분 좋게 일하고 정당하게 보수를 받으니 얼마나 좋은 일인가. 훔쳐 낸 채소가 아니라 일을 하고 정당하게 받은 물건이니 시장에 내다 팔아도 여자들은 더 많은 이익을 얻을 수 있었다.

덕분에 이소선도 물건만 지키고 있지 않게 되었다. 구석진 곳에 물건을 숨겨 두지 않고 떳떳하게 제값을 받고 팔았다. 이어서 이소선은 물건을 팔 수 있는 장소를 하나 얻었다. 평판이 좋아지자 작업장 감독이 이런 이소선을 잘 보았는지 길목이 좋은 곳에서 장사를 할 수 있도록 해 준 것이다.

아무리 어려워도 사람은 정직하게 살아야 한다는 신조를 지켜서 이소선은 시장 바닥에 나온 지 한 달 만에 동료 여자들에게 두터운 신임을 얻었고 업주들이나 감독들로부터도 좀 특별한 사람으로 인정을 받게 되었다. 이소선은 이때 사람이 어떻게 살아야 하는가를 다시 한 번 절실하게 깨달았다.

다시 한곳에 모인 가족

비록 노점이기는 했지만 점포를 하나 마련하니 살 것만 같았다. 이소선은 하루아침에 부자가 된 듯한 기쁨을 누렸다. 열심히 일을 해서 차곡차곡 돈을 모았다.

태일이가 어느 날 찾아와서 제법 큰돈을 내놓았다. 돈이 어디서 났는지 물어보자 그는 평화시장 제품집에 취직해 월급을 받았다고 했다. 미싱보조로 취직해 보름간 일을 하고 600원을 받았는데 그중에서 40원은 빵을 사 먹고 남은 560원을 가져왔다는 것이었다.

이소선은 아들이 벌어 온 돈을 보면서 힘들더라도 조금만 참고 지내자, 머지않아 우리 방을 하나 구할 수 있을 테니 그때까지만 고생되더라도 꾹 참고 견뎌 보자고 다짐했다. 그는 허튼 곳에 돈을 쓰지 않고 한 푼 두 푼 돈을 모았다. 하루 세 끼 먹어야 할 것을 두 끼로 줄이고 허리띠를 졸라맸다. 하루라도 빨리 돈을 모아 온 가족이 다 함께 살고 싶었다. 당초 그가 잡은 계획은 5년이었지만 이대로 지내다가는 가족이 돌이킬 수 없을 정도로 좌절에 빠질 것만 같았다. 험한 세상에 아이들이 떨어져서 살아야 하니 혹시나 나쁜 길에 들어서지나 않을까 하는 조바심에 맘 편할 날이 없었다. 하루하루가 천년 같았다.

그렇게 고생해서 이소선은 6만 원 정도의 돈을 모았다. 제법 큰돈이었다. 그 돈을 가지고 방을 알아보기 위해서 남산 케이블카 밑에 자리한 남산동 일대를 샅샅이 뒤졌다. 발바닥이 부르트도록 걸어 다녀도 6만 원으로 이들이 살 만한 집은 없었다. 이소선은 맥이 풀렸으나 다시 힘을 얻어서 판자촌으로 발길을 돌렸다. 판자촌에서도 방을 얻기란 쉬운 일이 아니었다. 아이들이 있으면 집주인이 세를 줄 생각을 하지 않았다. 이소선은 그래서 아이들이 없다고 주인에게 말했다. 아이들을 조용히 시키면 되리라는 생각에서였다. 그렇게 해서 겨우 남산동 50번지에 방을 얻을 수가 있었다. 태일이와 태삼이를 데리고 왔다. 아이들이 좋아서 어쩔 줄을 몰라했다.

그러던 어느 날 태일이가 점심을 먹으러 시장에 있는 수제비집에 갔다가 동생 순옥이를 우연히 만났다. 헤어졌던 남매가 기적처럼 만났으니 기쁨이 이루 말할 수가 없었다. 두 아이는 수제비집에서 부둥켜안고 울었다. 어떻게 서울에 올라왔냐고 물으니 순옥이는 얼마 전에 아버지와 함께 서울에 올라왔고, 아버지는 평화시장에 취직을 하셔서 일을 나가고 있다고 했다. 동생의 대답을 들은 태일은 마음이 괴로웠다. 아버지의 소식을 들어서 반갑기는 했으나 엄마가 당부한 말이 있어서 함께 집에 가자고 선뜻 말을 꺼낼 수가 없었다. 이소선은 태일에게 '돈을 벌어서 집을 마련할 때까지는 한동안 가족이 헤어져서 살아야 한다. 그러니 아버지를 보더라도 만나지 말고 피하라'고 일러 두었던 것이다. 태일은 순옥에게 "오빠가 내일 꼭 너를 찾아 올 테니, 아버지께는 나를 만났다는 말을 절대로 해서는 안 된다" 하고 다음 날 점심 때 같은 가게에서 다시 만나기로 했다.

그날, 이소선은 집에 들어와서 태일이로부터 순옥이 만난 일을 자세히 들었다. 그는 태일에게 괴롭더라도 혹시 아버지를 만날지 모르니까 며칠 동안은 그 집에 가지 말라고 당부하며 일주일 정도가 지난 뒤에 찾아가 보게 했다. 그때쯤 순옥이를 만나 '우리는 잘 있으니 걱정하지 말고 집을 한 채 살 때까지 기다리라'고 잘 타이르라고 했다.

태일이는 엄마가 시키는 대로 며칠 뒤 순옥이를 만나러 그 수제비집을 찾아갔다. 순옥이가 기다리고 있었다. 오빠를 만난 순옥이는 이곳에서 일주일 동안 점심 때마다 기다렸던 것이었다. 태일이 순옥에게 미안하게 되었다고 말하고 아버지의 안부를 묻는 참인데 그사이 아버지가 들어왔다.

"네가 언젠가는 나타날 줄 알았다. 너를 못 만나면 어떻게 하나 하고 일도 제대로 못 하고 널 기다렸다."

아버지는 아들의 손을 잡고 말했다.

"아버지, 나는 평화시장에서 일하고 있어요. 어머니가 중앙시장에서 일을 해서 겨우 방을 하나 구했어요."

태일이는 집을 한 채 살 때까지 가족이 떨어져 살아야 한다는 말도 덧붙였다.

"태일아, 이 애비가 잘못했다. 너희들이 무슨 죄가 있어서 이 고생을 한단 말이냐. 내 이제부터는 술을 끊고 착실하게 살 테다. 우리 가족이 이렇게 떨어져서 살아서야 되겠냐. 내 약속하마. 이제 잘 살아 볼 테다."

태일이는 어머니의 말이 머릿속에 맴돌았지만 간곡하게 말하는 아버지를 외면할 수가 없었다. 이소선의 가족은 이렇게 해서 다시 함께 살게 되었다.

얼마 뒤에는 태일이가 천호동에 있는 아동보호소에서 순덕이도 데리고 왔다. 어린 순덕이는 아이가 이상하게 변해 있었다. 얼굴에 표정이 별로 없었다. 가족들을 다시 만났는데도 기쁘지 않은지 멍청하게 앉아만 있고, 새벽녘이면 자리에서 일어나 머리를 곱게 빗고 조용히 앉아 있었다. 한참 잠잘 시간인데 어린애가 왜 저러나 싶어 왜 자지 않고 일어나 앉아 있느냐고 물으면 '선생님한테 혼나지 않으려면 머리 빗고 가만히 앉아 있어야 된다'고 대답했다. 이소선은 아동보호소에서 아이를 얼마나 호되게 다루었으면 애가 저 지경이 되었을지, 어린애다운 구석이 하나도 없어진 막내딸이 가슴 아팠다. 다행히 순덕이는 가족들과 함께 살면서 차츰차츰 나아졌다.

남편은 어디 가서 돈을 구하더니 미싱을 한 대 사서 집에서 옷 만드는 작업을 시작했다.

절망을 극복하게 한 신앙

얼마 동안 집 안에서 일을 하는가 싶던 전상수는 또 술을 입에 대기 시작했다. 아무래도 술에서 벗어나기는 애진작에 틀린 사람이라고 이소선은 생각했다. 그가 술을 마시면 집안은 슬금슬금 불안에 빠졌다.

이소선은 주인집에 여러 가지로 미안한 생각을 가지고 있었다. 아이들이 없다고 했는데 한꺼번에 네 명이나 생겼으니 주인이 자신을 뭘로 볼 것인가. 아이들에게 매사에 조심하라고 단단히 주의를 주었다. 태삼이, 순옥이, 순덕이 등 어린애만 셋이었다. 아이들에게 밖에 나가서 놀거나 화장실에도 가지 말고 방 안에 조용히 있어야 한다고 말할 수밖에 없었다. 아이들은 눈치가 여간 빠른 게 아니었다. 볼일이 있거나 화장실에 갈 때면 한 명씩 조용히 나갔다가 들어왔다.

어느 날 주인 아주머니가 이소선에게 애들이 몇이나 되냐고 물었다.

"미안합니다 아주머니, 방을 구할 수 없을까 봐 제가 거짓말을 했습니다. 어린애가 셋이 있어요. 애들이 없는 것처럼 조용히 시키면 안 되겠습니까?"

이소선은 주인에게 숨긴 것을 미안하게 생각하고 있던 터여서 부드럽게 대답했다.

"제가 애들이 많다고 그러는 게 아닙니다. 애들을 그렇게 방 안에 가두어 놓고 키워서야 되겠습니까. 보통 애들처럼 까불거나 장난도 치지 않고 참으로 착한 애들이군요. 이제부터는 마음대로 밖에서 놀게 하세요."

주인 아주머니는 상당히 너그러운 마음씨를 가진 사람이었다. 이소선은 고맙다고 했다.

큰아들 전태일은 평화시장에 취직하기 전에 구두닦이, 신문팔이, 껌팔이, 때로는 우산장사 등 뭐든지 할 수 있는 일이 있으면 열심히 했다. 그러다가 1965년 봄경 평화시장에 취직했다.

이소선 가족이 서울 남산동에서 모처럼 모여서 어느 정도 자리를 잡아 가던 무렵인 1966년, 이 동네에 큰 화재가 났다. 그동안 힘겹게 장만한 세간살이며 재산이 그 화재로 몽땅 타 버렸다. 이소선의 충격은 말로 형언할 수 없을 정도였다. 너무 큰 충격을 받으니 눈이 멀어 버렸다. 그동안도 시력이 좋지 않았는데 화재가 나자 앞이 아예 보이지 않았다.

화재를 당한 이재민들은 남산국민학교에 수용이 되어 적십자사에서 마련해 준 천막에서 두 가구씩 생활을 해야 했다. 맨몸뚱이만 남아 있는 처지에 눈이 보이지 않는다고 해서 약을 먹거나 치료를 받을 형편도 아니었다.

평소 친하게 지내던 쌀집 아주머니가 자기가 다니는 교회에 나가 보자고 했다. 교회에 나가서 하나님께 열심히 기도하면 눈이 떠질 것이라는 말이었다.

"교회는 무슨 교회예요. 나는 내가 모시는 신장님이 계시는데 신장님이 노하시면 어떻게 해요."

이소선은 이전부터 친정어머니가 가르쳐 준 신을 집안에 모셔 놓고 섬기고 있었다.

"태일이 엄마, 그래도 내 말 한번 들어 봐. 하나님이 기적 같은 은혜를 베푸실 거야. 지금 상황에서 돈 들어가는 것도 아니잖아. 정성으로 기도를 하면 눈을 뜰 수 있을 거야."

쌀집 아주머니는 이소선의 거절에도 간곡하게 설득했다. 이소선은 믿어지지는 않지만 쌀집 아주머니의 말이 너무 곡진하니 그저 무시할 수 없었다. 처음에는 쌀집 아주머니의 정성을 거절할 수가 없어서, 그 아주머니를 대접해 드린다는 생각으로 나가던 교회를 여러 번 다니면서 진지하게 기도를 올리게 되었다.

"하나님, 제게는 어린 자식들이 넷이나 있습니다. 저 어린 자식들을 돌봐야 하는데 이렇게 앞이 보이지 않으면 저들을 누가 돌보고 키우겠습니까. 부디 제 눈을 뜨게 해 주셔서 어린 자식들을 돌보게 해 주십시오."

이소선의 이런 기도는 차츰차츰 이루어지기 시작했다. 전혀 보이지 않던 눈이 조금씩 보이기 시작한 것이다. 이소선은 더욱더 열심히 기도를 했다. 그렇게 하나님의 은총으로 눈을 뜨게 되었다. 이때부터 이소선은 기독교 신자가 되었다. 이소선뿐만 아니라 식구 전체가 기독교 신자가 되었다.

남산동 화재민들은 무허가 판자촌이 철거되어 그곳에서 살 수가 없게 되었다. 이소선의 가족은 미아리로 갔다가 거기서도 살 수가 없어서 도봉산 기슭의 공동묘지 근처에 판잣집을 지어 그곳으로 옮겼다. 그 당시에는 도봉산까지 가는 버스가 없어서 미아리 종점까지 버스를 타고 가서 내린 뒤 한 시간 남짓 걸어가야 공동묘지가 나왔다. 이 도봉산 공동묘지 근처에 전태일이 직접 판자로 집을 지어서 이사를 한 것이다. 화재민들이 한 집 두 집 모여들어서 자연히 마을을 이루게 된 곳, 바로 이곳이 서울 성북구(현재는 도봉구) 쌍문동이었다.

도봉산 기슭으로 옮긴 이후 거처는 어느 정도 안정이 되었다. 전태일은 평화시장에서 노동운동을 본격적으로 시작하면서 친구들을 이 집으로 많이 데려왔다. 작은 집에서 많은 친구들과 모임을 하다 보니 방이 좁아서 태일이는 무허가집의 방을 점점 더 넓혀 갔다.

이곳으로 이사 온 후 이소선의 남편 전상수는 지병을 앓다가 1969년 6월 사망했다.

너의 분신, 우리의 터전

국회로 향하다

1970년 11월, 이소선은 아들 전태일을 땅에 묻었다. 아니 가슴에 묻었다.

이소선과 전태일의 친구들은 장례 후 집에 와서 앞으로 어떻게 할 것인가를 의논했다. 당장 삼우제가 끝나는 다다음 날부터 무슨 일을 해 나갈 것인지를 밤새도록 얘기했다.

이튿날 이소선과 전태일 친구들은 평화시장으로 달려갔다. 노동청과 평화시장 업주 측에서 노조사무실을 주기로 약속했기 때문이다.

막상 평화시장에 도착해서 약속했던 노조사무실을 열고 들어가려 하니 문이 잠겨 있었다. 이소선 일행은 평화시장주식회사로 가서 실랑이를 벌였다. 왜 약속했던 사무실을 주지 않느냐고 항의를 했다. 회사 임원들은 어디론가 전화 통화를 하더니 태도가 선회해서는 마침내 열쇠를 가지고 와서 노조사무실로 주기로 했던 곳의 문을 열었다. 그들이 문을 열어준 사무실은 허접쓰레기로 가득 차 있었다. 이소선과 전태일 친구들은 사무실 안으로 들어가 그것을 치웠다.

쓰레기를 치우면서 이소선이 구석에 처박혀 있는 어느 판자를 찬찬히 들여다보니 희미한 글자가 박혀 있었다. 글자를 보니 노동조합 간판이 틀림없었다. 이소선이 이 간판에 대해 삼동회 친구들에게 들어 보니 전태일이 평화시장에서 근로조건 개선 운동을 하기 전에도 노동조합을 결성했다가 실패한 일이 있었다는 것이었다. 바로 그때 노조를 결성했던 사람들이 전태일 장례식에도 참여했다고 했다.

그다음 날 아침 이소선과 전태일 친구들은 눈 뜨기가 무섭게 사무실을 찾아갔다. 그렇게 해야 사무실을 지킬 수 있을 것 같아서였다. 그런데 또 문이 굳게 잠겨 있었다. 이번에는 경비들이 가로막으며 사무실 근처에도 못 가게 했다. 이들은 사무실 출입을 막는 경비들과 몸싸움을 벌이다 결국 평화시장 옥상에서 내쫓기고 말았다.

옥상에서 밀려 내려온 이소선 일행은 앞으로의 문제를 놓고 대책을 세우되 자리를 옮겨 사람들을 더 모아 의논하기로 했다. 연락 가능한 사람들에게 기별해 김동환 목사, 삼동친목회 회원들, 평화시장 노동자 등 여러 명이 을지로 6가에 있는 경기여관에서 모였다. 그 여관방에 모여서 어떻게 싸워 나갈 것인지 구체적으로 방법을 세웠다.

그 하나로 러닝셔츠를 사 가지고 와서 '8개 항 약속을 이행하라!' '노조 결성 방해 마라!' '노조사무실 내놓아라!' 등의 구호를 큼지막하게 빨간 글씨로 쓰기로 했다. 그 셔츠를 각자 입고 그 위에 작업복을 걸친 다음에 국회의사당 안에 들어가서 작업복을 전부 다 벗고 농성을 하기로 결정했다. 즉시 행동에 돌입했다.

러닝셔츠에 한창 글씨를 쓰고 각자 책임을 분담하고 있는데 김 목사가 걱정스러운 얼굴로 들어왔다. 밖에 경찰이 있다는 것이었다. 이소선은 경찰이 낌새를 알아차리고 덮칠지 모르겠다는 생각이 들어, 어떻게 대처할 것인가 잠깐 생각했다. 몇 명이나 있는지 물으니 두 명이라 했다. 순간 이소선은 그들을 여기로 불러들여 붙잡아 놓고 그사이에 다른 사람들은 국회의사당으로 가면 되겠다 싶었다.

이소선은 밖에 있는 형사들을 향해 "형사 양반들, 우리가 여기서 데모를 하니까 이리로 들어오시오” 했다.

형사들은 “데모요?” 하고 어리둥절해 눈이 휘둥그레졌다.

“들어와 봐요, 우리가 어떻게 하는가. 이렇게 러닝을 입고 국회의사당 안으로 쳐들어갈 거요. 당신들이 이리 들어와서 똑똑히 봐 두라고.”

방문을 들어서려다 머뭇거리던 형사들이 구호가 적힌 러닝셔츠까지 보여 주자 신발을 벗고 방 안에 들어왔다.

“철아, 저 사람들 붙잡아라!”

이소선은 형사들이 방에 발을 들여놓자마자 금세 표정을 사납게 바꿔 소리쳤다. 형사 하나에 세 사람씩 달라붙었다. 이렇게 그들을 꼼짝 못하게 만들어 놓은 다음 나머지 사람들은 계획한 대로 빠르게 움직였다. 형사를 붙들고 있는 사람들과 이소선만 남고 나머지는 러닝셔츠를 입고 국회의사당으로 향했다.

국회에 들어가려던 사람들은 정문에서 그만 경비원들에게 붙들리고 말았다. 이들은 작업복을 벗어던지고 구호를 외치면서 몸싸움을 벌인 끝에 모두 경찰에 연행됐다. 이때 연행을 피한 김태원은 국회의사당에서 빠져나와 중앙청까지 가서 그 앞에서 구호를 외치다 경찰에 잡혔다. 김태원은 거기에서 연행된 뒤 정보부로 이송되었다. 정보부로 끌려가서 의자에 묶인 채 몽둥이로 가슴팍을 얻어맞은 그는 나중에는 그 일 때문에 피를 토하고 결핵까지 앓게 되었다.

국회의사당 사건은 신문에 크게 보도되었다. 국회의사당 앞에서 전태일의 친구 누구누구가 노동조합 결성 보장 등 8개 항의 약속 불이행에 항의해 의사당 안으로 들어가려다 연행되고 말았다는 내용이었다. 이런 투쟁을 한 끝에야 비로소 그다음 날 노조사무실을 확보할 수가 있었다.

마침내 결성한 청계노조

노조사무실을 확보한 다음, 11월 20일 한국노총 회의실에서 삼동회 회원과 평화시장 노동자를 비롯한 관계 대표자들이 모임을 가졌다. 이 자리에서 '전국연합노동조합 청계피복지부(가칭) 결성준비위원회'를 구성하여 노조 결성 준비에 착수했다. 준비위원장은 최종인이었고 그 밖에 삼동회 회원, 평화시장 노동자들, 김성길, 김광호 등 노총 관계자들이 준비위원이 되었다.

11월 23일 노동조합의 주 사무실을 평화시장 옥상으로 확정했다. 노조 결성에 참여한 것은 전태일의 친구들인 삼동친목회 사람들만이 아니었다. 전태일이 근로조건 개선 투쟁을 하기 이전에 함께 노조 결성을 추진했던 세력, 그리고 노총이나 연합노조에서 지원 나온 사람들도 있었다. 이들은 서로 협조하기도, 대립하기도 하는 처지였다.

당시 전태일의 친구들은 근로조건 개선을 위해 물불 가리지 않고 싸움할 줄은 알았지만 실은 노동조합에 대해서는 잘 모르고 있었다. 노동조합을 정부에서 만들어 주는 것으로 생각하는 사람도, 노동조합과 노동청을 구별 못 하는 사람도 있었다. 정도의 차이는 있었지만 너나 할 것 없이 마찬가지였다.

이에 반해서 이전에 노조 결성을 추진했던 사람들은 노동조합에 대해서는 웬만큼 알고 있었지만 투쟁의지가 별로 없었다. 심지어 노조 결성을 자기 명예나 돈벌이의 수단으로 여기는 사람도 더러 있는 것 같았다. 이들과 달리 연합노조의 국제부 차장인 김성길 같은 사람은 개인적인 정의감에서 노조 결성에 지원했다.

이런 상태에서 노동조합 주도권을 두고 신경전이 벌어졌다. 전태일의 친구들은 노동조합 운영에 대해서는 잘 몰랐다. 그런데 이전에 노조 결성을 추진했던 사람들은 노조에 대해 아는 것이 있고 또 전태일 친구들의 선배들이다. 그러니 전태일 친구들이 이들을 제치고 나서기도 쉬운 일이 아니었다. 한편 이소선은 저들에게 노조를 맡겨서 과연 전태일의 뜻을 제대로 계승할 수 있을지가 의문이었다.

11월 25일경 평화시장 옥상 노조사무실에서 준비위원회가 열렸다. 지부장을 내정하는 자리로 삼동회 회원들과 김성길, 황태종, 양정목 등 이전에 노조를 추진했던 사람들이 참석했다. 지부장 후보를 놓고 전태일 친구인 최종인은 결정을 하지 못하고 망설이고 있었다. 선배들의 요구를 들어줄 수도, 거부할 수도 없었기 때문이다.

긴장된 분위기가 감도는 가운데 결론을 내지 못했다. 그때 공장에서 일하다가 작업복을 입은 채 이승철이 올라왔다.

"태일이는 어떤 영리를 위해서 죽은 것이 아니니까 영리를 목적으로 하는 사람에게 지부장을 맡길 수는 없다고 생각합니다. 그러므로 김성길 씨가 지부장이 되어야 합니다."

이승철이 시원스럽게 말하자, 최종인이 벌떡 일어났다. 그는 난처해하던 참에 이승철의 말을 듣자 힘이 나서 말했다.

"저도 그렇게 생각합니다. 우리는 태일이의 뜻을 생각하는 것이 가장 중요합니다."

김성길은 한양대학교를 나온 사람으로 평화시장 건너편 종로 5가에 있는 보건빌딩 근처에 살았다. 대학교는 나왔어도 원래 그쪽 지역에서 노는 사람들과도 잘 어울렸던 것 같다. 연합노조의 직원으로 있으면서 평화시장 일에도 관심을 갖고 있었기에 자연스럽게 시장의 많은 근로자들과 전태일의 친구들에게 더 큰 신경을 쓰게 된 사람이었다.

전태일이 11월 13일 분신한 직후 삼동회 친구들이 뒤이어 혈서를 쓰고 데모를 벌이자 경찰은 이들을 연행해 구류를 살렸다. 그때 김성길이 경찰서에 찾아와서 최종인을 만났는데 여기서 최종인은 그에게 "우리 친구들은 엄청나게 많다. 나가면 우리는 끝까지 싸울 자신이 있다"고 말했다.

최종인의 강렬한 투쟁의지를 보고 김성길은 가능성이 있다고 판단했다.

이런 우여곡절 끝에 마침내 1970년 11월 27일, 전태일이 자신의 몸에 스스로 불을 지르고 죽은 지 14일 만에 청계피복노동조합 결성식이 개최되었다.

가입 조합원 560명을 대표한 56명의 대의원이 '전국연합노동조합 청계피복지부 결성대회'를 노총회의실에서 개최했다. 그런데 이때 느닷없이 옛날 노조 결성에 실패했던 세력들이 이 결성을 방해하려고 회의장에 쳐들어왔다. 그 당시는 소위 노동조합 브로커들이 많아 노동자를 조직해 팔아먹는 사람들이 있던 시대였다.

이들의 방해에 맞서 이소선은 빗자루를 들고 펄펄 뛰면서 "왜 이제 나타나 노동조합 결성을 방해하느냐"고 소리를 지르며 죽을힘을 다해 싸웠다. 결국 그들은 전태일의 친구들과 유도 5단이라는 한국노총 조직부장에게 두들겨 맞고 쫓겨났다.

한참 동안 그들과 난리를 치른 뒤 결성식이 시작되었다. 식순에 따라 격려사 순서가 왔다. 이소선은 떨리는 심정을 간신히 억누르며 "그동안의 우여곡절 끝에 이제 노동조합 결성으로 태일이의 뜻이 이루어질 터전을 마련했으니 우리 모두 힘을 합해 열심히 투쟁합시다. 나 역시 이 몸이 가루가 되는 한이 있더라도 태일이의 뜻을 이루고 이 땅의 모든 근로자가 인간답게 사는 길이라면 조금도 흔들림 없이 싸우겠습니다" 하는 격려사를 했다. 김성길을 지부장으로 선출해 줄 것도 당부했다.

결성식은 축사, 격려사 등의 의례에 이어 운영세칙 심의, 임원 선출, 사업계획 및 예산안 토의, 결의문 채택으로 끝났다. 그렇게 마침내 청계피복노동조합이 탄생했다. 이날 결성대회에서 선출된 임원은 지부장 김성길, 부지부장 최종인·임현재·장병하·장정운, 사무장 하인수, 회계감사 양태정·신진철, 운영위원 황종욱·이승철·김태원·박명옥·주현민·서윤석·신기효·정상민·김부기 등이었다.

이날 노조 결성에 앞장선 이소선은 아들 태일이의 죽음 이후 14일간이 마치 천년을 지나온 것처럼 아득했다. 오로지 아들과의 마지막 약속을 어떻게 하면 지킬 수 있을 것인가만 생각하고 그것을 위해서라면 물불을 가리지 않고 달려온 2주였다.

이소선은 청계피복노동조합 간판을 죽은 아들이 살아온 양 부여잡고 흐느꼈다.

노조 결성 뒤의 실질적 문제들

결성대회를 마치고 12월 1일, 집행부에서 일할 부서별 부장을 뽑았다. 이로써 집행체계가 잡혔다.

그런데 노동조합을 결성해 놓았다고 하지만 삼동회, 그리고 전태일 사건에 영향을 받아 참여한 소수의 노동자들밖에 노동조합활동을 하지 않아 노조의 생명인 조직이 매우 취약했다. 원인은 사용주와 정부 당국에 있었다. 그들은 '노동조합엔 깡패들만 모여 있다'느니, '전태일이 개인 문제 때문에 비관해서 자살을 했다'느니 하는 온갖 악의적인 거짓 선전을 퍼뜨렸다. 이것 때문에 일반 노동자들이 노조 가입을 꺼렸다.

이에 노조에서 최우선적으로 해야 할 일은 조합원을 많이 가입시키고, 나아가 조합원을 조직화하는 작업으로 정해졌다. 조합 간부들은 노동조합 가입을 권유하는 내용을 녹음해 날마다 각 공장을 순회했다. 피복제품공장은 평화시장을 중심으로 청계천 일대와 을지로 일대에 수백 개가 산재해 있어 한 공장씩 일일이 찾아다녀야 했다.

업주들이 하도 악선전을 해 대서 노동자들의 호응이 신통치 않자 조합 간부들은 아는 사람들을 찾아다니면서 노조에 대한 교육과 설득을 해 공장마다 무더기로 가입시키는 방법을 택했다.

차츰차츰 노동자들의 호응이 높아지자 사업주들은 노골적으로 노조

가입을 방해했다. 거짓 악선전을 하는 것은 물론 노동자들의 출입을 통제해 작업 중 화장실에 가는 것도 제한하고, 심지어는 점심시간에 바깥 출입하는 것까지 감시했다.

이소선의 역할은 우선 20대 초의 한창 팔팔한 나이인 조합 간부들에게 복장이며 조합원과 사용주를 만날 때 지켜야 할 예의 같은 것을 일러주는 것이었다. 그리고 전태일의 친구들과 창동(행정구역상 쌍문동이었지만 이들은 흔히 창동이라 불렀다) 집에서 함께 먹고 자면서 문제를 풀어 나가기로 했다.

노조를 하려면 우선 돈이 필요했다. 한두 식구도 아니고 조합 간부들이 이소선의 집에서 함께 생활을 하는 데는 적잖은 돈이 들었다. 다행히 전태일의 장례 때 각계각층에서 들어온 조의금이 상당히 남아 있었다. 그 돈을 우선 급한 대로 노조 운영자금으로 썼다. 그러나 여러 명인 조합 간부들의 생활비와 단정히 보이기 위한 그들의 피복비 등 이것저것 지출하다 보니 얼마 못 가서 돈이 바닥나 버렸다. 난감했다. 노조사무실에 출근하면 최소한 밥은 먹어야 하는데 끼니 때울 돈이 없었다.

초기 며칠간은 종로 5가에 있는 김성길 지부장 집에서 밥을 해서 들통에 담아 와 낮에는 그것을 먹고 저녁에는 그 들통에 조금 남아 있는 걸로 죽을 끓여 먹었다. 이 노릇도 하루이틀이지 오래 할 수는 없었다. 돈도, 먹을 것도 다 떨어지고 간부들은 힘이 빠져 사무실에 앉아 있기 일쑤였다.

그러던 어느 날 노동청 직원이 사무실 문을 열고 들어왔다. 노조 간부들이 허기진 모습으로 의자에 기대어 있는 모습을 보고 그는 이렇게 말했다.

"허! 역 대합실처럼 축 처져서 앉아 있구먼. 노동운동은 이렇게 하는 것이 아닙니다. 간부들이 나가서 열심히 일을 하고 돈을 벌어 와서 노동조합을 운영해야지 이렇게 밥이나 먹고 풀어져 있으면 노동운동 한다고 볼 수 없지요."

뒤따라 들어온 형사들도 빈정거리며 덩달아 놀렸다. 이소선과 노조 간부들은 속으로는 열불이 나지만 자존심은 남아 있어 굶고 있다는 표시를 할 수가 없었다. 그들의 말을 감정적으로만 받아넘길 수가 없었다. 간부들이 현장을 돌면서 작업을 해야지, 배가 고파서 넋이 빠져 있으면 어떻게 노동조합을 꾸려 나갈 수 있을 것인가. 이들은 스스로 심각하게 반성하고 새롭게 계획을 짰다.

우선 손쉽게 할 수 있는 일이 상근자를 줄이는 것이었다. 비상근 간부들은 현장에서 일을 해서 운영비로 쓸 돈을 벌기로 했다. 청계노조는 사실 활동범위가 워낙 넓고 수많은 사업장이 흩어져 있어서 상근간부가 많이 필요했다. 노조가 이제 막 걸음마를 한 처지에서 보더라도 하루빨리 자리를 잡기 위해서는 상근자가 많아야 했다. 그래도 상근자를 대폭 줄이고 나머지 사람들은 현장에 취직하기로 했다. 그러나 사업주가 조합 간부들을 받아 주지 않아 현장으로 돌아가는 것도 쉽지 않았다.

추운 겨울에는 돈이 없으니 난로도 제대로 피울 수가 없었다. 그래서 동대문시장에 가서 생선 궤짝을 주워와 땔감으로 썼다. 그것으로 난로에 불을 지피면 생선 타는 냄새가 심하게 코를 찔렀다.

"아따, 고기 먹는 기분이다! 콧구멍이라도 기뻐하니 사는 것 같구면."

간부들은 난로에 빙 둘러앉아 코를 쥐어 막으며 우스갯소리를 늘어놨다. 어떤 때는 스물네 명이 점심을 먹으려고 라면 여덟 개를 사 왔다. 라면 여덟 개로 그만큼이 먹으려면 물을 많이 넣고 오래 끓여야 했다. 라면이 퍼져서 양이 많아져야 한 입이라도 더 먹을 수가 있었기 때문이다.

어린 노동자와 만나기 위한 떡장사

사업주들과 시장 경비원들은 현장 근로자가 노조사무실에 오는 것을 방해했다. 이소선은 현장 근로자들을 하루라도 보지 않으면 안 되는데 만날 수가 없으니 미칠 지경이었다. 이소선이 옥상 노조사무실에서 내려가면 어린 노동자들이 그를 쳐다보고는 씩 웃음을 던지고 뒷걸음질 치곤 했다.

이소선은 어린 노동자들을 보면서 생각했다. '나는 저 사람들을 만나야 한다. 태일이가 그토록 사랑하던 저 나이 어린 근로자들, 저 청순하고 때 묻지 않은 동심들, 가진 자들의 더러운 탐욕에 시들어 가는 저들을 나는 만나야 한다. 저들을 만나야 노동조합을 할 수 있는데 어떻게 해야 만날 수 있을까.'

이소선은 궁리 끝에 어린 노동자들과 쉽게 만날 수 있는 방법으로 그들을 상대로 떡장사를 하기로 했다. 생각이 미치자 이소선은 당장 떡을 떼어 왔다. 그리고 점심시간에 그들이 많이 있는 곳을 찾아다녔다.

평화시장 복도나 동화시장에 가서 떡을 팔았다. 점심을 못 먹는 노동자들이 태반을 넘었다. 점심시간에 떡이나 풀빵 몇 개를 먹고 밤늦게까지 일하는 이들이 많이 있었다. 마음 같아서는 이런 노동자들을 만나면 떡을 공짜로 나누어 주고 싶은 심정이었으나, 지속적으로 해야 하기 때문에 이문을 남기지 않는 정도로 팔았다. 경비원은 마이크로 떡 사 먹으면 안 된다고 소리를 쳤다. 굶는 어린 노동자들이 안타까워서, 못 팔면 어차피 버리니까 그냥 받으라고 해도 이들은 무서워서 눈치만 살피고 받아먹지를 못했다.

이소선은 물러서지 않고 경비원들에게 사정을 했다.

"나는 이렇게 해서라도 아이들을 만나는 것이 소원이니까 좀 봐주시오. 당신네들도 부모가 있는 사람들이 아니오? 당신네들 부모를 생각해서라도 나를 한 번 봐주시오."

울면서 사정을 하면, 그런 그를 한참 쳐다보다가 오늘만 팔고 내일은 오지 않는다는 조건으로 하루만 떡을 팔게 하겠다며 눈감아 주기도 했다.

이런 식으로 이소선이 판다는 명목으로 떡을 나눠 주자 어린 노동자들이 몰려왔다.

"이 아주머니가, 어제 하루만 팔기로 약속했잖아요. 그래 놓고 오늘 또 오면 어떻게 해요? 아주머니가 자꾸 이러시면 우리 모가지가 떨어지니까 안 돼요."

이제 경비원들이 적극 막기 시작했다.

"내가 어린 근로자들하고 말을 합니까, 싸움을 합니까? 떡만 주면 되는데 왜 장사도 못 하게 하고 애들을 만나게도 못 합니까?"

이소선이 따지고 들어도 막무가내로 막았다. 결국은 떡장사는 열흘가량 하고 접었다.

현수막 하나 못 다는 노동조합

사용주들과 정부 당국은 노동자들의 노조 가입을 방해하기 위해 다양한 악선전을 퍼뜨렸다.

"너희들이 노조에 가입하면 첫째, 조합비를 내야 된다. 그러면 갑근세까지 내야 되니 너희들 손해다."

"노조에 가입하면 세금 물고 너도 나도 다 죽는다."

그들은 엉뚱한 이유를 들어 노동자들을 방해하고 또 노조에 가입하면 해고를 해 버리겠다고 위협했다. 업주들의 협박은 집요했고, 그 결과 조합원 숫자는 점차 줄어들기 시작했다. 조합 재정도 그에 따라 바닥이 났다. 간부들은 매일같이 굶주림 속에서 사업장을 방문해 조합 가입을 권유하느라 기진맥진한 상태였다.

'그래도 길이 있겠지. 끝까지 버텨야지. 제 몸을 불살라 죽은 태일이가 오죽했으면 죽음이라는 방법을 선택했겠는가.'

이소선이나 전태일의 친구들은 죽은 전태일을 생각해서 고통 속에서도 모두가 한마음으로 참고 견뎠다.

그해 12월 21일, 그들은 노동자들의 노조 가입을 권유하기 위해서 현수막을 크게 만들어서 평화시장 입구에 높이 달았다. 현수막의 글씨는 눈에 잘 띄도록 빨간색과 파란색으로 큼지막하게 썼다.

'노동조건 개선 위해 노동조합 가입하자'

'분신으로 쌓은 터전 단결하여 주권 찾자'

그날 밤, 경찰관 몇 명이 노조사무실에 찾아왔다. 현수막 무단설치는 광고물 단속법 위반이므로 뜯어 내라는 것이었다. 노조 간부들은 노조활동이기 때문에 철거할 수 없다고 버텼다.

"저렇게 빨간 글씨로 근로자들을 선동하는 플래카드를 거는 것은 이북놈들이나 하는 짓으로 완전히 불법이다. 빨갱이 사상을 가진 사람들은 노동조합을 할 수 없으니 콩밥을 먹을 줄 알아!"

경찰은 위압적으로 현수막 철거를 요구했다.

"이 밤에 뜯을 수는 없으니 뜯더라도 내일 낮에 뜯겠소."

노조 간부들이 이렇게 말하며 정당한 노조활동을 방해하는 것에 항의했다. 그러나 경찰들은 조합 간부의 말은 들은 척도 하지 않고 철거하라는 말만 되풀이했다.

"그래 좋다, 이 더러운 놈들아! 내가 당장 뜯겠다. 우리가 죽어 줄 테니, 어디 너희놈들끼리 잘 살아 봐라!"

"현수막 하나 못 달게 하는 노조 해서 뭐해!"

이소선은 열불이 나서 분노를 폭발시켰다. 그리고 그 밤중에 전신주에 올라가서 단숨에 현수막을 뜯어 버렸다.

"에이 씨팔, 다 죽어 버리자! 현수막 하나 못 달게 하는 노조 해서 무엇해!"

사무실에 있던 간부 10여 명이 화를 참지 못하고 노조 결성 축하로 답지한 수많은 화분, 서류철 등 사무실 집기를 닥치는 대로 내던졌다. 삽시간에 사무실 안은 아수라장으로 돌변했다. 최종인은 얼굴빛이 시퍼래져서 경찰놈의 새끼들 다 죽인다고 설쳐 댔다. 간부들이 의자며 화분을 사무실 계단과 창밖에 내던지고 경찰과 싸움을 벌였다.

이소선은 전신주에서 내려와 걷어 낸 현수막을 들고 경찰의 모가지에 감고는 그 현수막을 잡고 나뒹굴었다. 목이 있는 힘껏 졸라지니 경찰은 이소선의 손목을 잡고 그를 와락 떠밀었고, 그들은 함께 바닥에 주저앉아 버렸다. 경찰의 잠바와 이소선의 옷에는 채 마르지 않은 페인트가 덕지덕지 엉겨 붙어 있었다. 사무실은 엉망이 되어 버렸다. 이렇게 한바탕 싸움 끝에 경찰이 물러간 뒤 그들은 한밤중에 회의를 열었다.

"현수막도 못 걸게 하고 콩밥 먹이겠다고 하는데, 형무소 가는 것도 무섭지 않다. 이렇게 당하고만 있으면 태일이하고 한 약속을 이행하지 못하고 있는 것이다. 그럴 바에 우리가 여태껏 헛발질을 했으니 차라리 다 죽어 버리자!"

회의는 정상적으로 진행되지 못하는 분위기였다. 저마다 분을 삭이지 못하고 감정이 폭발했다. 씨근덕거리며 누군가 말을 토해 내자 여기저기서 그 길밖에 없다고 큰 소리로 외쳤다. 모두가 똑같은 심정이었다. 그 말이 떨어지자마자 한 사람이 부리나케 밖으로 나가더니 석유 두 말을 사 가지고 왔다.

"자, 석유 사 왔으니 우리도 태일이처럼 분신을 하든지, 여기서 전부 다 창밖으로 불을 붙이고 뛰어내리든지 합시다!"

석유통을 열고 곧장 기름을 끼얹을 듯이 분위기가 살벌했다. 누가 나서서 말린다 해도 전혀 통할 분위기가 아니었다. 이때 누가 한마디 했다.

"잠깐만, 우리가 매일 굶다시피 하다가 이제 죽기로 했으니 기왕에 죽을 거 먹는 것이나 한번 실컷 배 터지게 먹어 보고 죽읍시다. 먹다 죽은 귀신은 때깔도 좋다고 했으니."

이들은 늘 고픈 배를 안고 살아와서 그것이 한이 맺혀 있었다. 죽음을 각오한 그 순간에 오죽했으면 먹을 것을 찾았을까. 또 한 사람이 우당탕

거리며 갈비탕을 시키러 계단을 달려 내려갔다.

그때 마침 서울대 대학원생인 이영희가 사무실에 와 있었다. 그는 전
태일 사건이 터지자 평화시장에 관심을 가지고 자주 들러서 간부들을 격
려해 주곤 했다. 이런 난리가 터졌으니 그냥 갈 수도 없어 묵묵히 지켜보
고만 있던 그에게, 이소선은 하도 답답해서 어떻게 했으면 좋겠냐고 물
었다.

"어머니, 이렇게 죽으면 어떻게 합니까. 태일이의 죽음은 어떻게 하고
요? 아무리 어려워도 살아 있어야 태일이 뜻을 이룰 수가 있지요. 이렇게
죽는다면 뭐하려고 노조를 만들었습니까. 어떻게 해서든지 살아서 열심
히 해야지요."

노조 간부들은 그 말에는 귀를 기울이지 않았다. 모두가 분노가 폭발
해서 눈빛만 불그죽죽한 형편이었다.

이들 노조 간부들은 화분과 사무실 집기로 바리케이드를 쳤다. 그 자
리의 열두 명 모두 집단분신을 하기로 결정하고 온몸에 석유를 끼얹었
다. 몇몇 간부들은 '허수아비 근로기준법'이라고 혈서를 써서 벽에 붙였
다. 간부들은 그 경황 가운데서도 전태일을 추도하는 의식을 갖기로 했
다. 이들이 추도식을 하고 있는데 기동경찰이 들이닥쳐 바리케이드를 뛰
어넘어 들어왔다. 경찰들은 분신 중지를 요구해 왔다.

"야, 이 개자식들아! 물러가! 물러가지 않으면 불을 싸질러 버릴 테다!"

노조 간부들은 라이터를 꺼내 들고 위협했다. 경찰은 그들이 석유를
끼얹고 있는 것을 보고 순순히 물러섰다. 간부들은 구호를 외치면서 연
좌농성을 시작했다. 한 시간이나 지났을까, 밤 11시 반쯤 갑자기 유리창
이 사방에서 깨졌다. 소방호스가 사무실 안으로 들이닥치더니 거센 물줄
기가 쏟아져 들어왔다. 간부들은 물줄기에 얼굴을 맞고 픽픽 쓰러져 나
갔다. 마스크를 쓰고 군복을 입은 경찰 기동대가 군홧발을 앞세워 침입
해서는 이소선의 팔을 꺾었다. 나머지 간부들도 물과 기름이 범벅이 된

처참한 몰골로 순식간에 잡혔다. 모두들 배가 고파 기진맥진한 상태니 제대로 저항할 수도 없었다.

이들은 싸움 한번 해 보지 못하고 몽땅 붙잡혔다. 경찰은 이들을 트럭에 집어 던졌다. 까만 천막이 드리운 경찰 트럭에 실려 연행되며 이들은 어두워서 서로의 얼굴조차 바라볼 수가 없었다. 간간이 신음이 터져 나왔다. 12월 한겨울, 물에 흠뻑 젖은 이들은 뼛속까지 파고드는 추위보다도 더 차가운 현실에 몸을 떨고 있었다.

이소선은 탈진한 상태에서 경찰차 의자에 늘어졌다. 그의 옆구리에서 엉덩이 하나가 들썩들썩거렸다. 어둠을 가르고 손으로 더듬어 보니 경찰 하나가 노조 간부의 머리를 다리 사이에 끼워 놓고 입을 막은 채 조이고 있었다. 노조 간부는 입을 열지도 못하고 "음음"거리며 신음만 내뱉었다. 이소선은 어둠 속에서도 그 광경을 보자 화가 치밀어 올라 허리를 펴고는 있는 힘을 다해 경찰의 다리를 물어뜯었다. 경찰은 "아악!" 하고 비명을 지르더니 사람 목을 조르고 있던 다리를 풀었다. 그때서야 노조 간부는 목을 매만지며 간신히 빠져나올 수 있었다.

경찰서 안에서도 이소선과 노조 간부들은 굴복하지 않고 구호를 외쳤다.

"노조활동 방해 말라!"

"근로조건 개선하라!"

이들은 보호실이나 유치장도 아닌, 문만 닫으면 깜깜한 방에 갇혔다. 끼니때가 되면 경찰이 밥을 시켜다 주었다.

"절대로 먹지 마라! 우리가 기름을 덮어쓰고 죽느니, 차라리 여기서 죽으면 저놈들 책임이 될 테니깐 절대로 먹어서는 안 된다!"

이소선은 간부들에게 "우리 모두 단식해서 죽자"고 소리쳤다. 경찰이 날라다 준 밥을 아무도 거들떠보지 않았다. 경찰은 이들이 밥을 먹든 안 먹든 끼니때면 밥을 가져왔다. 쟁반이 들어오면 이들은 계속해서 쌓아 두었다. 그동안 워낙 굶주려서 밥을 옆에 놔두고 안 먹는다는 것은 굉장

히 참기 어려운 고통이었지만, 단식을 하면서 사흘을 버텼다. 어떤 간부
는 물똥을 쌀 정도였다. 곳곳에서 토하는 사람이 속출했다.

대학원생인 이영희는 청계노조 간부들과는 다르게 "배후조종을 하지
않았느냐?" "죽으라고 석유를 사 주지 않았느냐?" 하는 추궁을 집중적
으로 들으며 몇 차례 조사를 받았다.

이영희는 이 사건 이후에도 청계노조와 노동운동에 많은 관심을 가져
주었다. 대학원 졸업 이후에는 노총에도 관계하고 '크리스챤 아카데미'
에도 근무하면서 노동 문제에 관심을 가졌다. 특히 노동법을 아직 잘 모
르는 조합 간부들이 가중되는 탄압으로 어찌할 바를 모를 때 많은 자문
을 해 주기도 했다. 노조 간부들은 무슨 일을 하다가 서로 의견이 맞지
않으면 싸움을 자주 했는데, 그럴 때 이영희는 돈을 가져와서 간부들과
어울려 술자리를 마련했다. 술자리가 무르익으면 차근차근 이야기를 풀
어 간부들을 부드럽게 결집하게 해 주곤 했다.

고마운 손길들

경찰서 유치장에 갇힌 이소선과 노조 간부들은 답답해서 견딜 수가 없
었다. 서둘러 노조 일을 해야 하는데 이렇게 갇혀서 일을 할 수가 없으니
이 얼마나 답답한 노릇인가. 그들은 미칠 지경이었다. 이소선은 답답함
을 이기지 못하고 경찰서 문짝을 발로 차면서 일을 할 수 있을 때까지 여
론을 불러일으키기로 했다.

"이놈들아, 노동조합활동을 보장해 준다고 해 놓고, 노동조합은 철저
하게 막고 사람은 잡아 가두니 우리는 죽기로 다시 싸울 수밖에 없다!"

이소선 일행은 경찰서 안에서 발작적으로 외쳤다. 드디어 기자들이
찾아오고 취재를 해 가더니 이 일이 신문에 보도가 되었다. 경찰서에 잡
혀간 지 사흘째 되던 날 노총 사무총장이 찾아와 보증을 서서 풀려나게

되었다.

　이런 일이 있고 난 뒤, 사용주와 경찰의 노골적인 방해는 일단 줄어들었다. 그러나 아직까지도 노동자들은 노조사무실에 오는 것을 두려워하고 있었다. 조합원이 있어야 노조를 꾸려 나갈 수 있는 것이지 자기들끼리 사무실에 죽치고 있다고 해서 노조가 되는 것이 아닌데…. 어린 노동자들에 대한 너무도 그립고 안타까운 마음은 가슴을 타들어 가게 만들었다.

　행여나 어린 노동자들이 노조 문을 두드릴까 해서 목을 빼고 기다리고 있었다. 그러던 중에 어린 시다 몇 명이 1원짜리 떡을 사 가지고 왔다.

　"오빠들, 이것 드세요. 우리가 돈을 걷어서 사 왔어요."

　그들은 수줍은 듯 쭈뼛거리며 떡 봉지를 책상에 내려놓았다. 이소선은 이들이 얼마나 반갑고 고마운지 눈물이 뺨 위로 흘러내렸다. 그 어린 시다들이 돈이 어디 있어서 떡을 사 왔겠는가! 노조 간부들은 그 시다들을 보고 큰 힘과 용기를 얻었다.

　"우리가 반성하자. 지금 당장 어렵다고 좌절에 빠져 회의만 해서는 안 된다. 우리가 최선을 다할 때 많은 사람들이 우리의 참마음을 알 수 있지 않겠냐. 우리는 죽지 말고 살아서 이 노동조합을 지켜야 한다."

　그들은 어린 시다들이 사다 준 떡을 먹으면서 눈물로 맹세했다.

　12월 25일, 사람들은 크리스마스라고 들떠 있었지만 이들은 끼니도 때우지 못하고 굶고 있었다. 이때 사무실 문이 열리더니 얌전하게 생긴 아가씨가 조심스럽게 들어왔다. 그는 크리스마스 카드를 만들어 판매한 돈이라면서 1만 원을 내놓았다. 엄청나게 큰 액수였다. 이들은 그 돈을 보고 너무 놀라서 멍하니 서 있었다. 아가씨는 이들의 표정에는 아랑곳하지 않고 팔을 걷어붙였다. 조합 간부들이 21일 밤에 싸움을 해서 사무실은 엉망진창이었다. 아가씨는 침착하게 깨진 화분들을 하나하나 정리했다. 살릴 수 있는 꽃은 따로 가려내 화분을 사다가 심어 놓고 깨끗이 청소까지 했다.

'노동자의 마음은 이렇게 착하고 아름다운데 가진 자들은 자신의 욕심을 채우기 위해 사람을 황폐하게 만드는구나. 왜 그들도 똑같은 사람인데 그럴까.'

이소선은 그의 아름다운 행동을 보고 새삼스럽게 가진 자에 대한 생각을 해 보았다.

그 착하고 예쁜 아가씨는 미싱사로서 이름은 유정숙이었다. 그 어려운 시절에 이런 마음으로 그를 비롯해 박명옥, 임영란, 이정은 등 여성 조합원들이 노조에 참여하기 시작했다. 이들의 참여로 노조에 새로운 활기가 불었다. 삼동회를 비롯한 남자들만 노조활동을 해 왔기 때문에 사용주들이 깡패집단이라고 악선전해 대던 것을 이제는 피할 수가 있게 되었다. 참으로 중요한 시기의 참여자들이었다.

이렇게 여러 사람들이 노조에 참여하니 차츰차츰 힘이 생겼다. 그러나 현실은 냉정했다. 돈이 없으니 굶는 것은 언제나 마찬가지였다. 이소선과 노조 간부들은 재정 문제를 가지고 고민을 하다가 밤늦게야 집에 갔다. 집에 간다고 돈이 생기지도, 뾰족한 수가 생기지도 않으니 마음만 답답했다. 이소선은 장바닥에서 무 하나를 구해 와, 주워 온 우거지에 비지와 보리쌀로 죽을 끓여서 함께 거처하는 전태일 친구들에게 먹였다. 그들이 이것이라도 어찌나 잘 먹던지…. 그것을 바라보는 이소선은 한창 나이의 그들을 마음껏 먹이지 못하는 것에 가슴이 아팠다.

이소선의 큰딸 전순옥은 낮에 시장 언저리에 가서 우거지를 주워 오는 것이 하루의 일과가 되어 버렸다. 순옥이 우거지를 주워다가 삶아 놓으면 이소선은 저녁에 와서 죽을 끓였다. 운이 좋은 날은 보리쌀과 밀까지 사다가 밥을 하곤 했다.

조합 간부들이 온종일 사업장을 설치고 다니면 양말이 금세 다 떨어졌다. 이소선은 식구대로 양말을 다 벗게 해서 양말을 빨아 연탄불에 말려서 딸과 함께 밤늦게까지 꿰매는 게 일이었다. 이소선은 돈을 벌기 위해 낮에는 중앙시장에 가서 헌 옷 장사를 다시 시작했다. 장사를 나가기 전에 간부들에게 "너희들은 사무실에 출근해서 열심히 일들 잘해라. 나는 시장에 가서 돈 벌어 올 테니까"라고 당부를 했다.

헌 옷 장사는 전태일 사건이 나기 전부터 해 오던 것이었다. 전태일 사건이 터지고 노동조합을 해야 했기 때문에 계속할 수가 없었지만, 뭐니뭐니 해도 노동조합을 하려면 돈이 필요하다는 것을 이소선은 절실하게 깨달았다. 상근자를 굶기지 않고 노동조합을 잘해 나가기 위해서는 그가 옷장사를 해야만 했다.

당시에는 가난하게 사는 사람들이 워낙 많아서 헌 옷들을 잘 사 입었다. 이소선은 헌 옷 장사를 하면 남들보다 돈을 더 많이 벌 수가 있었다. 헌 옷은 대개 군복, 작업복, 고물 등 여러 경로를 통해 나오는데 그중에서도 죽은 사람의 옷을 갖다가 팔면 돈이 많이 남는다. 남들은 죽은 사람의 옷은 무섭다고 취급을 하지 않았다. 그러나 이소선은 사람이 죽으면 영혼은 떠나 버리고 육신만 남는데 뭐가 무섭냐는 생각에 아무렇지도 않았다. 죽은 사람의 옷을 걷어다 그것을 밤새도록 깨끗하게 빨고 고쳐서 내다 팔면 아무런 손색이 없는 옷이 되었다.

이소선은 아들 친구들이 배가 고파 지쳐서 노동조합을 그만하겠다고 할까 봐 두려웠다. 그래서 중앙시장에 나가 열심히 헌 옷 장사를 했다. 그러나 늘 돈이 부족했다. 노조 간부들도 늘 배가 고팠다.

그러던 어느 날 전화가 걸려 왔다. 생판 모르는 고운 목소리다. 노조 사무실을 방문하기 위해 평화시장 아래에 와 있다는 말에, 올라오라고 했다. 조금 있으니까 여자 다섯 명이 노조사무실에 들어왔다. 아주 인텔리로 보이는 여자들이었다. 그들은 이소선을 보더니 대뜸 "아이고 태일이 엄마, 이렇게 고생을 하다니…" 하면서 손을 붙잡고 마치 백년지기처럼 악수를 했다. 이어 노조 간부들을 향해서도 "젊은이들, 당신들은 태일이가 죽고 나서 그 뜻을 이루기 위해 고생들을 하는데, 우리는 지식인입네 하면서 공부만 하고 있었다니 정말 미안하구려" 하는 것이다.

이소선과 간부들은 당황해 멀뚱멀뚱 쳐다보기만 했다. 그들은 인사가 끝나자 사무실에 있는 사람들 모두 함께 밥을 먹으러 가자고 했다.

노동조합 사무실 아래에는 불고기집이 많이 있었다. 모두 가까운 불고기집으로 들어갔다. 장정들이 자리에 앉으니 식당 방이 꽉 찼다. 방문자들은 고기를 주문하고 방석까지 집어 주면서 그들을 친절하게 대했다.

쇠판에 얹은 고기가 지글거리며 익어 간다. 방 안 가득히 고기 굽는 냄새가 코를 벌렁거리게 만들었다. 조합 간부들은 침을 꿀꺽 삼키며 젓가락을 집어 든다. 누가 먼저랄 것도 없이 젓가락을 움직이기 시작하자 쟁반에 있던 고기가 금세 바닥이 났다. 방문자들이 고기가 없어지기가 무섭게 계속해서 주문을 했다. 모두들 별말도 없이 고기 먹는 데만 온 정신이 팔려 있었다. 잠깐 사이에 6인분이나 되는 고기를 한 사람씩 먹어 치웠다.

그때서야 밥을 먹으면서 이야기를 할 수 있었다. 그 손님들은 조합 간부들이 먹는 것을 보면서 매우 즐거워했다. 그들의 이름은 이우정, 윤종호, 이효재… 그런 분들로서 나중에 알고 보니 대학교수들이었다. 그날 고기를 먹게 된 인연으로 그들과의 만남이 시작되었다. 한참 풍성한 저녁자리가 무르익자 이렇게 저렇게 해서 간부들이 굶고 있다는 말을 하게 되었다.

"아유, 그래요? 다른 것은 사지 말고 꼭 쌀을 사서 밥을 해 먹고 용기를 가지고 살아가세요. 우리도 계속 관심을 가지고 또 많은 사람들이 그럴 것이니 용기를 잃지 말고 열심히들 하세요. 정말 부끄럽군요. 이런 실정인 줄은 정말 몰랐습니다."

그들은 쌀 한 가마 살 돈을 주고 가면서 간부들 손목을 일일이 잡으며 용기를 북돋아 주었다. 젊은 장정들이 한 사람당 6인분씩의 고기를 먹었고 쌀 한 가마니 값이나 주고 갔으니 모든 것을 다 주고 간 방문자들이었다.

저녁을 실컷 먹고 돌아가는 길에 누군가 "참, 하나님도 귀가 밝구먼" 했다. 이소선이 그게 무슨 소리냐고 묻자 그는 "어머니가 어젯밤에 눈이 퉁퉁 붓도록 기도하고 오시더니만 하나님이 저 사람들한테 고기 사 주라고 명령을 했던 모양이죠?" 한다. 그날 그 일로 간부들의 사기가 올라갔다.

이소선은 그때 그 사람들을 평생 잊지 못했다. 가장 어려운 시기에 때맞춰 찾아와 힘이 되고 용기가 되어 주었기 때문이다. 이후 이소선은 이들과 지속적으로 교류하면서 민주화의 동지가 되었다.

대결

청계 노동자의 생활실태

1970년은 이소선에게 가장 큰 상처를 남긴 해다. 사회적으로 전태일 사건뿐만 아니라 유난히 사건과 사고가 많은 해였다. 정인숙 피살사건, 서울 마포의 와우아파트 붕괴로 33명이 죽고 19명이 중상을 입은 사건, 용두동 판자촌 532채와 마장동 판자촌 168채가 타 버린 사건, 제주 - 부산 간 여객선 남영호의 침몰로 326명이 익사한 사건 등등, 이 많은 사건과 사고는 불가항력적인 자연재해라기보다는 돈과 권력을 가진 자들의 탐욕과 무능에서 비롯된 것이 대부분이었다.

1971년이 되었다. 전태일의 죽음이 계기가 되어 민중들의 투쟁이 고조되었으며 대통령 선거를 앞두고 정치·사회 정세는 격동하기 시작했다. 이런 상황 속에서 청계피복노조는 끊임없는 탄압을 이겨 내며 어느 정도 자리를 잡아 나가게 되었다. 우선 중요한 활동은 일을 해 놓고도 임금을 못 받는 근로자들의 진정을 해결하는 것이었다.

근로자가 뼈 빠지게 일을 해 놓고도 임금을 달라고 하면 사용주는 임금을 주지 않고 상습적으로 떼어먹는 일이 많았다. 이 같은 현상은 1970년대 후반까지 이어졌다. 노조에 들어온 임금체불 진정 내용을 대표적인 것만 살펴보자.

아동복을 만드는 공장의 미싱사인 이 아무개 양(19세)은 한 달에 1만 3,000원을 받기로 하고 1970년 1월 초부터 평화시장의 ㄷ사에서 일을 했는데 12월 중순 갑자기 사업주가 일감이 없다면서 해고했다. 그동안 밀린 임금 1만 6,800원 중에서 8,300원을 받았으니 나머지를 달라고 요구하자 사업주는 "오는 4월에 주겠다"고 딱 잘라 말하면서 거절하는 것이었다. 여러 차례 사업주와 실랑이를 벌이다가 지쳐 노동조합에 진정을 했다.

다음은 김 아무개 군(20세, 성동구 마장동)의 경우다. 평화시장 ㅅ상회에 재단보조로 월 1만 5,000원을 받기로 하고 1969년 10월에 취업했다. 작업 중 분실된 재단기를 물어 주지 않는다고 1970년 1월 초 역시 해고됐다. 김 군은 업주의 주장에 따라 불법으로 자기 집을 수색까지 받고 그 결백이 증명되어, 밀린 임금 1개월분을 달라고 업주에게 요구했으나 해가 바뀌도록 주지 않자 노동조합을 찾게 되었다.

이렇듯 사업주들은 차일피일 시간을 끌면서 근로자들의 임금을 주지 않았다. 근로자들은 날마다 임금만 받으러 다닐 수도 없고 생계를 위해서는 할 수 없이 다른 공장에 취직해야 했다. 사업주들은 이 같은 근로자들의 약점을 최대한 이용하는 것이었다.

밀린 임금을 받으러 가면 미루기 일쑤고 심지어 손찌검을 해서 내쫓는 사업주들도 많았다. 근로자들이 노동청이나 경찰서에 가서 호소해도 시간만 낭비하고 오히려 망신만 당하곤 했다. 앉아서 당하는 꼴이었다. 그러나 노동조합이 생기면서 근로자들의 생각도 서서히 바뀌어 나갔다.

노조가 체불임금 처리와 더불어 중점적으로 활동해야 할 것은 주휴제 실시였다. 근로기준법에도 명시되어 있는 주휴제를 평화시장에서는 외면하고 한 달에 첫째, 셋째 일요일만 휴일이었다. 매일 아침 8시 반까지 출근해서 밤 10시, 11시까지 일하고 일요일도 쉬지 못하니 기계가 아니고

서야 견딜 수가 없다. 추석이나 설 대목(옷이 잘 팔리는 성수기) 때면 일주일이고 보름이고 공장 안 그 자리에서 먹고 일해야 한다. 잠은 하루에 두어 시간 정도 눈 붙이는 게 고작이다. 철야 작업에 매달려야 하기 때문이다.

이런 살인적인 노동시간을 조금이라도 줄이기 위해서는 우선 매주 일요일마다 유급휴일을 실시해야 했다. 조합 간부들은 일요일마다 출근해서 주휴제를 실시하지 않는 공장을 찾아가 계몽과 설득을 하며 작업을 중단시켰다. 간부들의 이런 활동을 무시하고 악질적으로 작업을 강행하게 하는 사업주는 조직적으로 응징하거나 고발조치를 했다.

평화시장에서는 막차시간이 퇴근시간이나 다름없었다. 밤늦게까지 일하던 여성 근로자가 막차가 끊겨져 공장으로 되돌아오니 셔터는 내려져 있고 여관비가 없어 불량배들에게 욕을 당한 일도 있었다. 서울 시내에 집이 있거나 기식할 곳이 있는 경우를 제외한 시골 출신 시다는 세를 얻어 자취를 할 수밖에 없었다. 주인의 양해 아래 작업장에서 먹고 자는 사람도 많았다. 셋방을 얻을 돈이 없어 공장에서 자취를 하던 남녀 근로자들이 작업장 위아래층에서 기거하다 일어난 풍기문란도 더러 있었다.

식생활도 형편없어, 월급 3천 원은 식비와 최소한의 광열비로 거의 다 써 버릴 수밖에 없는 실정이었다. 이러니 반찬이 없거나 변변찮은 도시락을 차마 동료들 앞에서 먹을 수가 없어 도시락을 들고 인적이 없는 옥상으로 올라가거나 혼자 몰래 먹는다. 이것도 안 되면 아예 도시락을 싸오지 않고 공장 앞 어두운 복도 여기저기 있는 떡장수로부터 이삼십 원어치의 떡을 사서 점심으로 허기를 달랜다. 신발 값, 옷 값 등은 아예 무시했을 때의 얘기다.

노동조합은 1971년 새해 들어 중점사업을 선정했다. ①시범공장 ②건강진료소 ③합숙소 ④급식소의 설치를 목표로 사업계획을 세우고 활동했다.

시범공장은, 정부의 협조를 받아 근로기준법을 준수하는 시범공장을 세움으로써 전반적인 근로조건을 개선해 보고자 한 것이었다. 건강진료소란 가벼운 환자에 대해서는 무료로 치료해 주고, 열악한 작업환경과 고된 노동으로 인한 각종 직업병 환자를 조기에 값싸게 치료해 주기 위한 복지의원의 설립계획이었다. 또한 끼니를 굶는 근로자들이 많아 이들을 위해서 아주 싼 값에 배불리 먹을 수 있는 급식소를 설치하려는 계획이 있었으며, 합숙소 설치계획은 열악한 주거환경을 개선하기 위한 것이었다.

진료소의 경우 아프리(아시아아메리카자유노동기구, 즉 Asian American Free Labor Institute의 약자인 AAFLI를 읽은 것으로 당시 흔히 '아프리'로 불렀다. 미국노총 산하기관으로 아시아 지역 노동운동을 지원하기 위한 기구였다)의 의료기 자재 지원과 메리놀 수녀회의 의약품 지원을 받아 계획에 따라 그해 2월 21일 동화상가 옥상에 '청계시장상가 근로자복지의원'을 개설하게 되었다.

후생식당에서 직접 국수를 삶다

노조에서는 점심을 굶는 노동자에 대한 대책을 당국에 요구했다. 이에 서울시는 중구청을 통해 청계천 노동자와 저소득층을 위한 후생식당을 열어 운영했다. 노조에서 요구한, 점심 굶는 청계 노동자들을 위한 급식소 성격을 띤 이곳에서는 하루에 300그릇의 국수를 만들어 한 그릇에 5원씩 팔았다.

문제는 무성의하게 만든 국수라 질이 나빴다. 또 급식시간도 문제였다. 점심 한 시간 동안만 국수를 파는데 시장의 지게꾼 아저씨들이 먼저 와서 줄을 서 버리면 공장의 청계 노동자들은 미처 줄을 서지 못해 국수를 먹을 수가 없었다.

이런 문제점을 알게 된 이소선은 안 되겠다 싶어 자신이 직접 후생식당에 가서 일을 하겠다고 자청했다. 식당에서 기존에 일하는 사람들은 이를 못마땅해했지만 그는 아랑곳하지 않고 무작정 그곳에서 일을 했다. 후생식당에 고용되어 일하는 사람들은 국수를 삶기 위해 불에 앉혀 놓고는 면이 불어 터져도 상관하지 않았다. 이소선은 왜 그런 식으로 일을 하느냐고 강력하게 항의했다. 매일 지급되는 국수와 멸치, 파, 고춧가루, 단무지 등도 제대로 다 쓰지 않고 주먹구구식으로 운영하고 있었다. 이소선은 더 이상 보고 있을 수 없었다.

이소선은 아침 일찍 식당으로 출근했다. 멸치를 넣어서 육수를 끓이고, 파를 썰었다. 단무지도 썰어서 고춧가루로 양념을 만들어 버무려 주었다. 이소선이 이렇게 앞장서 성심껏 일을 하니 고용되어 일하던 여자들이 구석에서 구시렁거리며 잔소리를 늘어놓았다. 이소선은 상관하지 않았다. 도리어 책임자에게 '하루에 얼마만큼 배당되는가를 따져서 쓰면 되는 것이지 이것 아껴 두었다가 뭐하려고 그러느냐'며 조목조목 따지고 들었다.

문제는 여러 곳에 있었다. 점심을 못 먹는 노동자에게 최대한 급식을 제공해야 할 텐데 그렇지 않고 그저 시간만 지나면 당장 급한 사람이 와도 무정하게 문을 닫아 버렸다. 이소선은 그렇게 하는 것은 옳지 않다고 생각했다. 하루에 배당되는 양만큼은 급식을 해야 한다면서 늦게 오는 노동자들에게도 국수를 팔았다. 고용인들은 그것도 못마땅해서 눈살을 찌푸렸다.

이소선은 잘못된 것은 계속해서 고쳐 나갔다. 점심시간이 지나 작업시간 시작 때문에 허둥거리는 노동자들에게 먼저 급식을 했다. 그런 다음에 비교적 덜 바쁜 지게꾼 아저씨들에게 국수를 말아 드렸다.

그 당시 배식을 하면서 우스운 일이 하나 있었다. 어떤 지게꾼 아저씨에게 아이가 하나 있었는데 날마다 아버지를 따라서 함께 시장에 나오는 모양이었다. 이소선이 보기에 엄마가 없는 것 같았다. 매일 시장 바닥에서 돌아다니니 아이의 손과 얼굴에 땟국물이 흐르고 더럽기 이를 데 없었다. 하루는 날을 잡아 오후에 물을 데워서 그 아이를 목욕도 시키고, 중앙시장에 가서 옷을 사 입혔다. 그 일이 있고 난 다음부터 아이는 이소선만 보면 엄마라고 하면서 졸졸 따라다녔다. 식당에 서 있다가 자기 아버지가 오면 "아버지 아버지, 엄마가 국수 줬어" 하며 달려왔다. 난감한 마음에 차라리 할머니라고 하라고 타일러도 막무가내였다. 아침 일찍 시장에 나가면 아버지는 지게를 지고 일을 하러 가고 아이가 식당 앞에서 이소선이 오기를 기다리고 있었다. 식당 안에서 국수를 삶으려고 왔다갔다 하는 동안에도 뒤를 졸졸 따라다녔다. 한나절이나 시장에서 놀다가 국수 먹을 시간이면 돌아와 배고프다고 하기도 했다. 이소선은 그 애를 보고 있으면 어찌나 웃음이 나오는지, 몇 달 동안 그 녀석하고 정이 들어서 안 나오기라도 하면 궁금해서 견딜 수가 없었다. 아이 몫으로 꼬박꼬박 국수를 남겨 놓고 녀석을 기다리곤 했다.

조합원들은 이소선에게 일은 하지 말고 양념 같은 거나 챙겨 주라고 성화였다. 이소선은 그들의 말은 고마웠지만 그렇게 하고 싶지가 않았다. 국수 삶는 것도 보람이라는 생각에 힘든 줄 몰랐다. 그런데 시간이 흐르다 보니 묘한 분위기가 조성되고 있었다. 식당에 고용된 사람들이 급기야는 자기들의 일까지 이소선에게 떠넘기는 것이었다. 처음에는 정신없이 일을 하느라 그런 줄도 몰랐지만 나중에는 너무 힘이 들었다. 매일매일 힘든 일 속에 묻혀 있다 보니 몇 달 후에는 쓰러져서 병이 나 버렸다. 더 이상 식당 일을 하지 못하게 되었다.

한영섬유 김진수 피살사건

전태일이 죽은 지 불과 여섯 달도 안 돼 이소선은 또 다른 노동자의 죽음을 보아야만 했다. 서울 영등포에 있는 한영섬유라는 공장에서 노조 탈퇴를 거부한 노동자 김진수를 회사 측이 고용한 깡패가 드라이버로 머리를 찔러 죽게 한 사건이었다.

한양섬유(대표 한익하)는 종업원이 600여 명으로 편직물을 생산하는 공장이었다. 이 회사에서는 1970년 12월 28일 조합원 400여 명이 모여 섬유노조 서울의류지부 한영섬유분회를 결성하고 분회장에 김용욱을 선출했다.

노동조합이 결성되자 회사 측은 우선 200여 명의 조합원을 강제퇴사시켰다가 재입사의 형식으로 채용했다. 그리고 공장장 유해풍에게 노조파괴공작의 책임을 맡겼다. 유해풍은 예전에 폭행사건으로 해고된 적 있는 사람을 매수해 재입사시키고 자신의 수족으로 삼았다. 결국 깡패들을 고용한 셈이었다. 깡패들은 노조원의 탈퇴를 강요하는 데 앞장섰다. 회사는 71년 1월 4일에 노조분회장과 간부 4명을 사칙위반 명목으로 해고했다.

공장장 유해풍은 노조를 와해하기 위해 치밀한 계획을 수립했다. 매수자들에게 김진수라는 자가 말을 가장 안 들으니 시비를 걸어 싸움을 벌이게 하라고 지시했다. 매수자들은 3월 18일 오후 5시쯤 공장 밖 술집에서 소주 2병과 포도주 1병, 막걸리 1되를 마시고 나와 공장으로 돌아왔다. 매수자 중에서 정진헌이 김진수에게 시비를 걸었다. 김진수가 불쾌한 표정을 짓자 가지고 있던 드라이버로 김진수의 머리를 2.5센티미터나 찔러 혼수상태에 빠뜨렸다.

이들은 사건이 발생하자 김진수를 세브란스병원에 입원시키고 사실을 숨기기 위해 넘어져서 다쳤다고 말했다. 의사는 응급조치만 했다. 그러나 사건의 진상을 알게 된 한영섬유 분회장과 영등포 산업선교회 실무자들이 병원 측에 급하게 연락을 했다. 연락을 받은 병원에서 재진찰 후 수술을 했으나, 때가 너무 늦어 김진수는 줄곧 의식불명 상태에 있다가 5월 16일 숨을 거두고 말았다.

처음 이 사건이 발생하자 한영섬유 노동자 150여 명이 그다음 날인

3월 19일 오후 1시, 김진수 사건의 진상해명을 요구하는 결의문을 채택하고 2시간가량 농성했다. 사건의 당사자 측으로서 노조는 회사 측의 소행이라고 강력하게 주장했다. 그러나 상급조직인 섬유노조와 한국노총에서는 이 사건이 "가해자와 피해자 간의 개인적이고 우발적인 사건"이라고 발표했다.

상급노조는 '자기들끼리 싸우다가 발생한 일까지 회사가 책임을 지고 보상해 줘야 하다니, 기업이 무슨 자선사업 하는 곳이냐'는 태도를 취했다. 이에 회사 측은 김진수의 유가족에 대한 보상마저 못하겠다고 강압적으로 나왔다. 이소선은 이 사건에 대한 내용을 전해 듣고 가만히 있을 수가 없었다. 적극적으로 나서서 투쟁하기로 했다.

이소선은 자식을 잃은 경험이 있는 어머니다. 그 끔찍한 일을 당하고 김진수의 어머니가 얼마나 가슴이 찢어지는 아픔을 겪고 있을 것인가를 생각하니 바로 자신의 일이라고 생각했다. 억울한 죽음, 분통의 죽음은 전태일의 죽음으로 끝나야 할 텐데 또 한 사람의 노동자가 죽음을 눈앞에 두고 신음하고 있는 것이다. 이소선은 청계피복노조 간부들과 함께 당장 김진수가 입원해 있는 세브란스병원으로 쫓아갔다.

이들이 병원에 가서 보니 김진수는 의식을 잃고 방치된 채 누워 있었다. 드라이버로 머리가 찔렸는데 겉의 상처만 치료한 채 며칠 동안 내버려 두고 있었다.

이소선 일행은 보호자를 찾았다. 그러자 침대 밑에서 김진수 어머니라는 사람이 넋이 빠진 채 기어 나왔다.

"우리는 청계피복노조에서 온 사람들입니다. 얼마나 놀라셨습니까. 나도 작년에 아들을 잃은 사람입니다. 정신이 없으시지만 이러고 있으면 안 됩니다. 시간이 더 가기 전에 하루빨리 아드님이 어떻게 당했는지 진상을 밝혀내야 합니다."

목이 메는 것을 참아 가며 이소선은 얼이 빠져 있는 김진수의 어머니에게 차근차근 얘기해 주었다. 병원 측에도 조사를 해서 김진수가 드라이버로 찔린 것을 밝혀냈다. 그러나 그때는 이미 뇌가 상해 있었고, 쇠에 붙어 있던 녹물이 흘러들어 균이 뇌로 퍼진 뒤였다. 수술을 해도 별 소용이 없게 되어 버린 상태였다.

누가 봐도 회사 측이 고용한 깡패들에게 노조 탈퇴를 강요당하면서 일어난 사건임이 명백했다. 그러나 여전히 서울의류지부나 섬유노조본조, 한국노총에서는 이 사건이 개인적이고 우발적인 사건이라며 회피하고 있었다.

이소선은 노동자의 입장에서 노동자를 대변해야 할 상급노조의 태도에 화가 났다.

"진상이 명백한데 왜 회피하는 거야? 이 문제 가지고 앞장서서 싸워야 할 노총이 뭐하고 있는 겁니까?"

그는 섬유노조와 노총을 찾아다니면서 강력하게 따졌다. 그러나 그들은 이리저리 핑계를 대면서 피하기만 했다. 이소선과 청계노조 간부들은 그들의 속셈을 알아차리고 다른 수단을 쓰기로 했다. 김진수 친구들을 불러 모았다. 그리고 그들에게 친구들이 이러고 있으면 안 된다, 노총에 가서 강력하게 항의를 하고 온갖 수단과 방법을 다 동원해야 된다고 설득·선동하고 그들에게 여러 가지 방법을 가르쳐 주었다. 티셔츠에 '김진수를 살려 내라!' '노총을 규탄한다!'라고 쓰고 모두들 입게 했다. 그리고 노총에 가서 어떻게 싸워야 하는지까지 상세히 일러 주었다. 노총 위원장실에 들어가 해결될 때까지 눌러앉아 농성을 벌이라고 했다.

김진수 친구들은 곧바로 티셔츠를 입고 노총 사무실에 쳐들어갔다. 이들은 노총에 가서 위원장실을 찾지 못하고 복도에서 시끌벅적하게 소란을 피웠다. 난데없이 사람들이 들이닥치니 노총 직원들이 놀라서 뛰쳐나왔다.

"위원장 최용수 만나러 왔다. 위원장은 앞장서서 김진수를 살려 내라!"

김진수 친구들은 흥분해서 마구 소리쳤다.

"이 자식들이 어디서 함부로 말을 하는 거야!"

노총 직원들은 완력을 쓰며 김진수 친구들을 몰아내려 했고, 김진수 친구들은 그들을 밀어내며 곧장 싸움을 시작해 버렸다. 노총 사무실은 삼면이 유리창이었다. 그 많은 유리창을 다 때려 부수고, 서류는 물에 넣어서 짓이겨 버렸다. 흥분한 김진수 친구들은 마구 날뛰면서 사무실 집기까지 완전히 박살을 내 버렸다.

그 일이 터지자 노총에서는 즉각 청계피복노조 간부들을 의심했다. 아마 김진수 친구들이 이소선과 청계노조 간부들이 시켜서 찾아왔다는 말을 한 모양이었다. 노총 위원장이 이소선에게 말했다.

"어떻게 청계에서 노총을 때려 부수라고 시킬 수가 있소? 우리는 청계한테 해 준다고 했는데, 정말 섭섭합니다."

그러면서 청계피복노조 간부들을 고발하겠다고 으름장을 놓았다. 이소선 등도 지지 않고 맘대로 하라고 했다. 그러나 차마 노총에서 고발은 할 수 없었는지 뒷말은 없었다.

노동자 유족에게 전수한 데모 기술

이소선은 김진수 어머니를 날마다 만났다. 함께 머리를 맞대고 어떻게 해서든지 해결해야겠다고 생각했지만, 어떻게 해 볼 도리가 없었다. 그는 별별 궁리를 다 하다가 공장장 유해풍을 생각했다.

이소선은 김진수 어머니를 앉혀 놓고 공장장을 찾아가서 싸워야 한다고 설득했다. 밤새도록 어떻게 싸워야 하는지를 가르쳐 주고 연습까지 시켰다.

"네놈이 우리 아들을 저 지경으로 만들었으니 우리 아들을 살려 내라!"

김진수 어머니는 이소선이 하는 대로 따라서 소리를 질렀다. 그는 밤새워 연습을 마치고 공장장 집을 찾아갔다. 그런데 공장장은 갈 때마다 집에 안 들어왔다는 것이었다. 이소선은 김진수 어머니 혼자만 보내서는 안 되겠다고 생각하고 작전을 바꾸기로 했다. 이소선과 청계피복노조 간부들이 김진수 친구들과 함께 공장장 집에 쳐들어갔다.

"공장장 이 새끼, 사람을 죽게 만들어 놓고 어디 갔단 말이야!"

이들은 집안을 발칵 뒤집어 놓았다.

"공장장 안 찾아내면 올 때까지 여기서 죽치고 살 거니까 알아서 하시오. 어서 가서 공장장 유해풍이 찾아 와요!"

이들은 방 안에 진을 치고 구호를 외쳤다. 이소선은 김진수 어머니에게 자신을 따라해 보라고 했다. 고함지르는 법과 손 놀리는 것도 가르쳐 주었다.

"공장장이 시켜서 내 아들 죽게 되었으니 살려 내라!"

김진수 어머니는 그 말만 하고 가만히 입을 다물고 있었다. 다른 말도 하고 설쳐 대야 할 텐데 가르쳐 준 한마디만 하고 가만히 있는 것이었다. 참으로 답답했다. 직접 당사자인 김진수 어머니가 앞장서서 싸워야 지원하는 이들이 보조를 맞출 텐데, 어머니가 그러니 이들이 나서서 싸울 수밖에 없었다. 결국 이소선이 김진수 어머니와 공장장 집에 쳐들어가서 새벽까지 난리를 치고 싸우니까 경찰이 알고 들이닥쳐 모두가 연행되었다.

경찰은 김진수 어머니는 내보내고 이소선만 붙잡아 두었다. 당사자는 가만히 있는데 옆에서 선동했다고 해서 선동죄, 남의 집에 침입했다고 해서 주거침입죄, 공장장 부인을 감금했다고 해서 불법감금죄 등 별별 죄목을 붙이더니 즉결 9일을 선고했다. 재판에서 잘못했다고 말하면 용서해 주겠다고 했다.

"나는 잘못한 것 없다. 공장장이 깡패를 사서 사람을 죽게 만들어 놓고 저렇게 방치해 버렸지 않은가. 그 공장장은 처벌하지 않고 놔두면서 왜 우리만 가지고 처벌을 하는 것이냐!"

이소선은 있는 그대로 말했다. 결국 구류 9일을 살았다. 그가 구류를 사는 동안 영등포 산업선교회의 목사들과 민주화운동을 하는 재야인사들이 계속 면회를 왔다.

김진수는 결국 사망했다. 그동안 식물인간으로 두 달간이나 링거만 맞고 있다가 끝내는 숨을 거둔 것이다. 김진수가 죽고 난 뒤에도 회사에서는 눈 하나 깜짝하지 않았다. 시신을 병원에 놓고 책임 문제와 보상 문제 때문에 무려 한 달 동안을 싸웠다.

이소선은 지속적으로 김진수 어머니에게 찾아가서 싸우는 방법을 알려 주었다. 이소선과 청계피복노조 간부들이 함께 노총, 회사, 경찰서, 교회 등을 쫓아다니며 악착같이 싸웠다.

그러던 어느 날, 이소선은 노조 간부인 전태일 친구와 공장장 집에 가려고 버스를 기다리다가, 잠깐 화장실에 가려고 몇 걸음 옮기고 있었다. 그때 난데없이 체격이 우람한 사내들이 그를 둘러싸더니 네모반듯한 지프차에 달랑 실어 넣어 버리고는 어디론가 차를 몰아 갔다. 함께 있던 전태일 친구도 감쪽같이 모르게 이소선만 붙잡히고 말았다. 그는 어딘지 모를 지하실 같은 곳에 갇혀 버렸다.

잡아온 사내들이 이소선에게 협박을 가했다.

"왜 김진수 사건에 개입해서 이렇게 복잡하게 만들고 여러모로 시끄럽게 하는 겁니까? 당신도 김진수처럼 죽어 보려고 그래요?"

"너희들이 나를 잡아온 것 세상이 다 아는데 죽이고 싶으면 어디 한번 죽여 봐라 이놈들아!"

이소선은 화가 치밀어 머리로 들이받으면서 싸웠다. 그들은 이소선에게 항복을 받아 내기 위해 온갖 모욕적인 고문을 자행했다.

"이놈들, 나는 죽어도 이 문제가 해결될 때까지 끝까지 달라붙어서 싸울 테다."

이소선은 죽기살기로 대들었다. 그들도 하는 수 없었는지 저녁때쯤

되어서 이소선을 내보내 주었다. 불과 7~8시간 동안 당했지만 그 치욕
스러운 순간은 7~8년쯤 되는 것 같았다. 이소선은 나오자마자 또다시
김진수 어머니를 찾아갔다.

결국, 이 사건은 6월 19일에야 회사 측과 유족 간에 위자료와 장례비
를 받는 선에서 일단락이 지어졌다.

이소선과 청계노조 간부들은 장례 문제를 논의했다. 김진수 묘를 전
태일 묘 옆에 쓰기로 결정했다. 이것마저도 압력이 들어와 싸움을 한 끝
에야, 모란공원에 안치는 하되 전태일 묘에서 약간 떨어진 곳에 자리 잡
기로 했다.

3월 18일 사고가 나서 5월 16일 숨을 거두고, 6월 25일에야 가까스로
장례식을 치르게 된 것이다.

노조 내부에서 벌어진 박대

이소선과 청계노조 간부들은 노동조합에 대해 잘 모르는 처지였다. 더구
나 노동법에 대해서는 까막눈이나 다름없었다. 노조 운영에 관한 한 김
성길 지부장에게 전적으로 의존할 수밖에 없었다. 김성길은 의욕적으로
일을 추진하려고 했다. 하지만 일을 풀어 가는 방식이 주로 관계기관에
진정을 하거나 건의·호소하는 정도였다. 물론 이런 방식이 유효할 때도
있지만 결코 궁극적으로 바람직한 방법은 아니었다.

김성길 지부장은 상당한 야심을 품고 지부장이 되었다. 그런데 막상
노조를 꾸려 나가다 보니 조합원 가입도 시원찮고 관계기관에 건의한 거
창한 사업계획도 관철되기 어렵다고 생각하는 것 같았다.

그가 세운 거창한 계획이란 청계천 노동자들을 위한 복지시설을 만드
는 자금으로 5천만 원 정도를 관계기관에 요청하자는 것이었다. 이 계획
은 수포로 돌아갈 조짐을 보이고 있었다.

건의가 묵살될 낌새가 보이자 김성길은 전태일 친구들인 간부들에게 마지막으로 한번 노동청장실을 뒤집어 엎으라고 부추겼다. 노동청장실을 엎으면 사회 여론을 불러일으켜 해결될 가능성이 있다는 것이었다.

이소선과 청계노조 간부들은 지부장의 요구를 가지고 심각한 고민에 빠졌다. 과연 그의 말대로 행동을 하는 것이 올바른 것일까. 심각한 고민 끝에 결론을 내렸다. 지부장이 시키는 대로 했다가 일이 잘못 풀리면 그것이 도리어 화가 될 것이다. 그러면 결국 탄압의 구실을 주어 그로 인해 노조가 없어져 버릴 것이라는 단순한 결론이었다. 당시에는 정확히 이와 같은 말로 표현하지는 못했지만, 대중과 유리된 싸움을 무모하게 벌여 모험적으로 일을 추진했다가는 그 결과가 조직 자체를 파괴하지 않겠느냐는 직관에 의한 판단이었다.

이소선과 전태일 친구들은 지부장의 지시를 거부했다. 그러자 김성길 지부장은 "너희들이 내 말을 듣지 않으면 나도 지부장을 못 하겠다"는 한마디를 남기고 지부장직을 사임했다. 그가 사임함으로써 2월 25일 임현재가 잠깐 동안 지부장 직무대리를 했다. 노조는 4월 6일 임시 대의원 대회를 열었다. 이 자리에서 지부장에 구건회, 사무장에는 김윤근을 선출했다.

구건회와 김윤근은 김성길이 사임하자 전태일의 선배인 신기효가 소개해서 온 사람들이었다. 전태일이 미싱을 하다가 재단사가 되는 것이 노동자 편에 서서 일할 수 있다고 판단하고 재단을 배우던 무렵, 신기효가 재단사였다. 전태일은 그의 밑에서 재단보조로 있었다. 구건회는 서울운수노조 지부장을 하던 사람이라고 했다. 신기효는 "너희들이 아직 어리니 조금 더 잘하는 사람이 일단 와서 해야 하지 않겠냐" 하면서 전태일 친구들에게 그 두 사람을 소개해 주었다.

이때 이소선은 삼동회 친구 중에서 하나가 지부장이 되어야 하지 않겠느냐는 제안을 했고 최종인이 하는 것이 좋겠다는 주장을 굽히지 않았다. 그러나 최종인은 자신은 법도 잘 모르니 다른 사람이 하는 것이 좋다며 사양했다. 이소선은 최종인을 붙들고 비지땀을 흘리며 설득했다. 아무리 해도 안 되어 아카데미에 있는 다른 선생들까지 동원해서 설득했지만 최종인의 고집을 꺾지 못했다.

결국 구건회가 지부장이 되었다. 아니나 다를까 이소선이 보기에 구건회는 노동조합을 이끌어 나가는 방식이 아무래도 이상했다. 조합원을 중심으로 투쟁을 해서 근로조건을 개선하는 것이 아니라, 업주들을 불러다 놓고 고양이 쥐 잡듯이 공갈과 협박을 가해서 모든 일을 처리하려고 했다. 물론 때로는 그와 같은 방법이 필요할 때도 있지만 노동조합이 나아가야 할 올바른 행동은 아니라는 생각이 들었다.

"저 새끼가 뭔데 맨날 사장들 데려다가 저래 가지고 우리 이미지를 버려 놓는 거야."

차츰차츰 노조 간부들에게서도 불만이 터져 나왔다.

구건회와 김윤근은 한술 더 떠 이소선에게 보따리를 든 채 사무실에 오지 말라고 했다. 이소선은 여전히 중앙시장에서 헌 옷 장사를 하고 있었다. 조합 간부 대부분이 그의 집에서 함께 생활하고 있어, 그가 부지런히 장사를 해서 그들을 먹여 살려야 했기 때문이다. 이소선의 일과는 정해져 있었다. 아침에 노조 간부들과 함께 사무실에 출근해서 사무실을 깨끗이 치워 놓고, 중앙시장에 가서 장사 보따리를 풀었다. 노조가 못 미더우면 점심시간에 사무실에 왔다가 돌아가고, 저녁이 되면 다시 사무실에 가서 조합 간부들과 함께 퇴근해서 곧바로 집으로 갔다.

이런 그를 두고 지부장은 보따리를 가지고 사무실에 오지 말라고 했으니, 이것은 사무실 출입을 하지 말라는 뜻이었다. 그것도 자신들이 나서서 직접 그런 게 아니라 애매한 조합원들을 시켜 말을 했다. 그런 말을 들으니 이소선은 하늘이 노랗게 보였다. 보따리를 이고 평화시장 계단을 내려오는데 그의 입에 찝찔한 눈물이 흘러들었다. 갑자기 눈앞이 깜깜해지면서 이소선은 쓰러져 버렸다. 그날도 그는 중앙시장에서 장사를 나갔다.

'평화시장에 있는 노조사무실에 내가 갈 수 없다면 나는 어떻게 해야 하나.'

이소선은 그 생각에 눈이 붓도록 울기만 하고 장사를 못 했다. 하는 수 없이 보따리를 평화시장 사무실 옆 화장실에 놓고 사무실에 들어갔다. 이소선이 보따리를 밖에다 놓고 들어온 것을 눈치챈 지부장은 노골적으로 이소선을 박대했다. 지부장이 내세운 이유는 이소선이 노사 관계의 직접적인 당사자가 아니라는 것이었다. 이소선은 다짐했다.

'너희들이 아무리 그래도 나는 사무실에 갈 테다. 안 그러면 나는 살 수가 없어.'

이소선은 3층 가게에서 전태일 친구를 불러내 지부장이나 사무장이 있는가를 확인하고 없는 틈을 타서 잠깐씩 노조 간부들을 보고 나왔다. 저녁때는 보따리를 이고 평화시장 밑에서 기다렸다가 함께 퇴근했다. 어느 날 저녁에 이소선은 너무나 불안해서 말했다.

"종인아, 나 거기에 못 오게 하면 나는 못산다. 알지?"

"걱정 마세요. 우리가 배워서 잘 만들어 놓을 때까지 어머니가 조금만 참고 계세요. 새끼들 여기가 어딘데 어머니를 못 오게 하는 거야."

악질 노조 간부

이소선에 대한 박대는 여기서 끝나지 않았다. 노조사무실에 출입하지 못하게 하더니 급기야는 전태일 사진을 노조사무실에서 떼어 버리라는 말까지 했다.

그날도 장사를 마치고 사무실에 와 보니까 노조 결성 때부터 벽에 걸려 있던 전태일의 사진이 이소선의 눈에 안 보였다. 전태일이라는 노동자 투쟁의 혼을 빼 버린 그저 그렇고 그런 노조, 무능 어용노조를 만들겠다는 심사로 보였다.

이소선은 사무실 벽에 전태일의 사진이 걸려 있을 때는 어려울 때마다 '친구들도 있고, 태일이가 있으니까 언젠가는 노동조합이 잘 되겠지' 하며 전태일의 사진을 들여다보곤 했다. 그런데 그 전태일의 사진이 없어진 것이다. 피가 거꾸로 솟는 것 같았다.

"어떤 놈이 내 아들 사진 떼었나?"

최종인도 눈이 뒤집힐 정도로 흥분해서 "○○놈 유인규, 이놈의 새끼 내가 칼 갖고 ○○버린다" 하며 함께 소리를 질렀다.

당시 박정희 정권은 유인규 동화상가 사장을 통해서 노조사무실에 있는 전태일의 사진을 떼라고 압력을 넣고 있었다. 전태일 사건이 나자 평양에서 전태일 사진을 가지고 대규모 집회를 했다면서 전태일의 사진을 노조사무실에 걸어 놓는 것은 결국 빨갱이와 똑같다는 억지 논리였다. 유인규 사장은 사용주 대표로서 단체협약으로 체결된 조합비 일괄공제와 전임자 급료 지급을 해 주지 않겠다는 수단으로 계속 압력을 가하고 있었다.

최종인은 너무 흥분한 나머지 칼을 가지고 날뛰다가 동맥이 끊어져 버렸다. 솟아오르는 피를 간신히 수건으로 감고 국립의료원으로 데리고 가서 꿰맸다. 전태일의 사진을 떼어 낸 지부장은 그 자리에 박정희 사진을 달아 놓았다.

"왜 태일이 사진은 떼고 박정희 사진을 붙이는 거야?"

이소선은 지부장에게 박정희 사진을 떼라고 요구했다. 누구 하나 선뜻 나서서 박정희 사진을 건드릴 생각을 못 했다. 한참이나 실랑이를 벌이다 이소선은 자신이 직접 박정희 사진을 박살 내 버렸다. 나중에 그 자리에는 전태일 사진도, 박정희 사진도 걸리지 못했다.

이소선은 노조사무실에서 아들의 사진을 볼 수 없게 되자 서운하고 슬펐다. 사진 한 장에 얇은 종이를 발라서 구겨지지 않게 만들어 가슴에 걸고 다니기로 했다.

이소선과 전태일 친구들은 노조활동 경험이 없었다. 그래서 노조 운영을 배우기 위해 지부장과 사무장을 외부사람으로 선출한 것이다. 그런데 선출된 지부장과 사무장은 이들에게 엉뚱한 행동만을 보여 주었다. 노동조합의 힘을 약화하고 은연중에 내부의 분열과 갈등을 조장하는 일만 하는 것이었다. 그들은 얼마 지나자 노골적으로 기관의 요구에 순응하는 태도로 변해 가고 있었다. 이소선과 전태일 친구들은 이들을 감시하고 쫓아내지 않으면 발전할 수 없다는 절박한 상황을 깨닫게 되었다.

이소선과 전태일 친구 모두가 이들에게 불만을 느끼고 있는 중에 구건회 지부장이 못된 짓을 하다가 발각되는 일이 발생했다. 간부들이 사업장에 활동하러 나가고 지부장 혼자 사무실에 있을 때 여성 조합원 하나가 사무실을 방문했다. 구건회 지부장은 느닷없이 그 여성 조합원 앞에서 종이에 성기를 그려 놓고 음담패설을 늘어놓았다. 그때 사업장 순회를 마치고 온 이승철이 그 광경을 목격했다.

이승철이 들어서자 구건회는 그 종이를 슬며시 구겨서 쓰레기통에 버렸다. 눈치 빠른 이승철은 이것을 놓치지 않았다. 모르는 척 시치미를 떼고 있다가 나중에 쓰레기통을 뒤져 그 종이를 은밀하게 보관해 두었다. 날을 잡아서 철퇴를 가하려는 것이었다.

8월 20일쯤, 간부들이 전체 모인 자리에서 이승철은 "지부장, 이야기 좀 합시다" 하고 먼저 말을 꺼냈다. 그는 구건회에게 말을 건네는 한편 부녀부장 정인숙에게 창동에 택시 타고 빨리 가서, 책갈피에 접은 종이가 하나 있으니까 그것을 좀 가져오라고 했다. 정인숙에게 말을 마친 이승철이 지부장을 향해 "조합원들한테 요즘 뭐 잘못한 거 없습니까?"라고 느긋하게 물었다. 구건회는 어리둥절한 표정을 짓더니 "갑자기 무슨 말이야? 내가 조합원들한테 잘못을 하다니?" 하며 발뺌을 하려 들었다.

"○○놈이 어디서 거짓말을 해!"

이승철은 단번에 버럭 소리를 지르더니 빈 병을 깨고는 "정말이야?" 하면서 깨진 병을 구건회의 코앞에 들이밀었다. 다른 간부들도 구건회의 행동에 대해 익히 알고 있었던 터라 구건회를 둘러싸고 매섭게 노려보았다. 구건회는 "정말 그렇다니까" 하며 빠져나가려 했다.

"좋아, 너 이 새끼. 정인숙 도착하면 두고 보자."

잠시 후 정인숙이 도착했다. 이승철은 종이를 받아들고 펴서 구건회에게 보여 주었다.

"이 새끼, 이래도 거짓말할 거냐? 여기가 어떤 자린데 네놈들이 조합원을 희롱해. 너 이 새끼 오늘 죽을 줄 알아."

구건회와 옆에 있던 김윤근의 얼굴이 단번에 새파랗게 질려 버렸다.

결국 조합 간부들은 이 둘에게 잘못했다는 것을 실토하게 하고, 각서까지 받아냈다. 그들은 그날로 사임했다. 그렇게 해서 지부장은 공석이되었다. 공석이 된 지부장 직무대리는 최종인이 맡게 되었다.

사업주 조세인하 투쟁을 지지하다

청계피복노조는 청계천 평화시장 노동자들의 힘만으로 결성된 것이 아니라 전태일이 죽은 뒤 그 친구들의 피나는 노력이 밑거름이 되었다. 또한 학생, 사회 각계의 여론에 힘입어 결성된 노동조합이기도 했다. 그렇기 때문에 조합원 가입원서를 받는 것도 중요했지만 조합원을 실질적으로 조직화하는 일이 무엇보다도 시급한 과제였다.

그중에서도 여성 조합원을 조직화하는 일은 가장 급한 문제였다. 남성의 경우 삼동회가 중심이 되어 영성하게나마 조직화가 되어 있었던 반면에, 청계천 피복공장 노동자 중 8할 이상인 여성의 조합원 조직화는 전혀 되어 있지 않았다. 노조에서는 여성 조합원 조직화 사업을 서두르기로 방침을 세웠다.

노조활동에 적극적으로 참여했던 여성 조합원들이 중심이 되어 각 공장 고참 미싱사들에게 모임의 필요성을 설득해 나갔다. 특히 JOC(가톨릭 노동청년회)에서 파견되어 부녀부장을 맡은 정인숙의 조직활동은 괄목할 만했다.

5월에는 여성 조합원들을 모아서 금곡릉으로 친선 야유회를 다녀왔다. 여기에서 '아카시아회'가 처음으로 발족했다. 아카시아회는 여성 조합원들만을 가입 대상으로 했다. 한 모임당 15명 내외의 회원을 가진 소모임 연합체적인 모임이었다. 아카시아회에서는 주로 노조에 대한 교육과 함께 자체 행사로 이를테면 연말의 연소 근로자 위안잔치, 노동절 행사, 교육기금 마련 바자회 등을 개최했다. 아카시아회는 노조의 기본조직으로서 1970년대 말까지 이어져 나갔다. 청계노조의 걸출한 여성 노조활동가도 거의 대부분 이 아카시아회 출신이다.

1971년 4월 27일 실시된 대통령 선거에서 공화당의 박정희 후보는 온갖 부정을 저지른 끝에 100만이 채 못 되는 표차로 신민당의 김대중 후보를 힘겹게 이겼다. 집권당이라는 기득권을 이용해 자행한 엄청난 부정을 감안한다면 사실은 집권층을 반대하는 민중들의 승리였다.

학생들과 재야인사들은 박 정권에 대한 반대 투쟁을 일으켰다. 노동자와 서민들도 생존권 투쟁을 활발하게 전개했다. 한진상사 노동자들의 KAL빌딩 방화사건을 비롯하여 광주대단지 사건, 국립의료원 인턴들의 처우개선 투쟁, 영세상공인들의 세금 투쟁 등 민중들의 투쟁은 더욱 세차게 타올랐다. 청계천의 평화시장, 동화상가, 통일상가, 신평화시장에서도 피복상인들이 1971년 1/4분기 사업소득세가 과중하게 부과된 데 항의하는 투쟁이 벌어졌다. 수백 개에 달하는 점포에 터무니없이 높은 세금이 책정되어 나왔다. 청계천에 있는 거의 대부분의 상가가 항의의 표시로 8월 26일부터 한꺼번에 철시를 단행했다. 사업주들의 철시는 3일간이나 계속되었고 공장은 휴업상태에 이르렀다.

이에 8월 29일, 노동조합에서는 사업주들의 조세인하 투쟁을 지지하는 성명을 발표했다.

"사업주들의 주장은 정당하다. 사업주들에게 중과세가 부과된 것은 근로자들의 생존을 위협하는 것이기 때문에 노동조합은 당연히 사업주들과 함께 세금인하 투쟁을 공동으로 벌여 나갈 것을 천명한다."

이와 함께 즉각 조합 간부들은 사무실에서 농성에 들어갔다. 국세청장 앞으로 '우리의 요구'를 알리는 공문까지 발송했다. 그러자 국세청에서는 9월 6일 자로 중부지방국세청장에게 실정에 알맞게 과세하라는 내용을 이송했다. 관할 남산세무서에서 같은 날짜로, 일반 경비부담의 증가와 과세표준 결정 과정에 대한 시장대표 및 번영회의 자문 등을 반영해서, 문제되었던 과세가 인하·재조정을 통해 정상화되었다는 회신이 왔다.

이 회신과 함께 국세청 담당 국장과 남산세무서장이 노조사무실을 방문하여 자세한 경위를 설명했다. 노조는 요구사항이 어느 정도 관철되었다고 판단해서 농성을 풀고 투쟁을 끝맺었다.

이 투쟁이 끝난 뒤에 사용주들은 노조에게 감사인사를 하러 왔다. 사업주들이 그렇게 건의를 해도 반응이 없었는데 노조가 나서니 즉각 반응이 왔다면서 고맙다는 말을 했다.

이와 같은 투쟁을 거치면서 노동조합은 차근차근 자리를 잡아 나가기 시작했다.

구건회 등을 축출하고 최종인이 직무를 대행해 오다 9월 12일 대의원대회를 열었다. 여기서 최종인을 지부장으로, 이승철을 사무장으로 각각 선출했다. 드디어 삼동회 친구들이 중심인물이 되었다. 최종인, 이승철과 함께 김영문, 임현재 등의 전태일 친구들이 조합 간부로 선임되었다.

어둠의 시대

독재 시대의 민주노조 투쟁

3선 개헌으로 장기집권 음모를 관철한 박정희 정권은 1971년 대통령 선거에서 엄청난 부정선거를 저지르고도 야당을 가까스로 제치고 집권했다. 그런 만큼 공화당이 잡은 권력은 매우 불안정했다. 부도덕한 방법으로 장기집권한 정권에 이미 등을 돌린 민중들은 생존권 투쟁의 방식으로 거세게 저항하기 시작했다.

전태일 사건 이후 노동자들의 투쟁이 증가했다. 통계에 의하면 전태일 분신 직후인 1971년에는 노동쟁의가 전년도에 비해 10배가 넘는 1,656건을 기록했다. 비록 조직적인 투쟁은 아니었지만 투쟁의 양상이 폭발적이었다.

1960년대 이후 산업화 과정에서 수많은 농민들은 농촌에서 더 이상 견디다 못해 도시로 몰려들었으나 마땅한 일자리는 고사하고 찬 이슬 피할 집 한 채 없이 도시의 변두리 판자촌에 내동댕이쳐졌다. 땅 투기로 돈벌이에 눈이 먼 정부 당국은 서울시 변두리에 거주하고 있는 빈민들의 집을 강제로 철거해 14만 5,000여 명을 현재의 성남시에 해당하는 경기도 광주군으로 내몰았다.

새로운 정착지라는 말은 한낱 기만에 불과하고 생계를 이어 나갈 방안이 없던 상황에서, 당국의 비호 아래 온갖 사기·협잡·폭력이 난무하여 땅값이 폭등하자 이들 주민은 생존의 벼랑에 몰리게 되었다. 정부 당국의 야만적 처사에 대한 이들의 사무친 증오는 격렬한 투쟁으로 폭발하고 말았다.

1971년 8월 10일 오전 10시경 광주대단지 주민 5만여 명은 탄리 성남출장소 뒷산에 모여 양택식 서울시장을 면담하려고 빗속에서 기다리고 있었다. 이들은 7월 7일 '광주대단지 토지불하가격 시정대책위원회'를 조직했다. 7월 14일 서울시가 애초의 약속을 어기고 분양지 유상불하 통지서를 발부하자 주민들은 이 위원회를 중심으로 여러 차례 서울시에 진정을 하는 한편 산발적인 시위를 벌였지만 서울시에서는 아무런 반응이 없었다. 이에 주민들은 대책위원회를 '투쟁위원회'로 바꾼 다음 8월 10일을 '최후결정의 날'로 정했던 것이다.

사건 당일 이른 아침부터 '모이자, 뭉치자, 궐기하자, 시정 대열에'라는 제목의 전단을 집집마다 뿌렸다. '배가 고파 못살겠다' '토지불하가격을 인하해 달라' '일자리를 달라'는 내용이 적힌 피켓과 플래카드도 준비했다. 주민들의 강경한 움직임에 당황한 서울시는 양 시장과의 면담을 10일 오전 11시에 주선해 주겠다고 제의했다.

오전 11시 40분까지 양 시장이 나타나지 않자 주민들의 감정은 폭발했다. 격분한 주민들은 성남출장소와 관용차, 경찰차 등을 불태워 버렸다. 오후 1시 45분경 서울시경과 경기도경 소속 기동경찰 700여 명이 나타나 최루탄을 발사하는 등 진압에 나서자 주민들은 투석으로 이에 맞섰다.

일부는 광주경찰서 성남지서를 때려 부수고, 일부는 차량통행을 막았다. 이 사건은 오후 5시경 서울시장이 주민들의 요구조건을 무조건 수락하겠다고 했다는 소식이 있자 6시간 만에 끝났다. 이 사건으로 주민과 경찰 100여 명이 부상을 당했고 주민 가운데 23명이 구속되었다.

그로부터 약 한 달 뒤인 9월 15일, 서울 도심 한복판에서 또 하나의 노동자 투쟁이 폭발했다. '한진상사 파월기술자 미지불임금 청산투쟁위원회' 300여 명이 KAL빌딩 앞에 집결, 체불 노임 149억 원을 지불하라고 요구하면서 빌딩 안으로 진입하여 방화하는 등 격렬한 시위를 벌인 것이다. 이들은 곧이어 출동한 경찰과 치열한 공방전을 벌이다가 다수가 경찰에 연행됨으로써 약 5시간 만에 해산당했다.

1971년 봄부터 시작된 교련 반대 투쟁은 2학기에 접어들면서 한층 격렬해졌다. 교련 철폐와 현역교관 철수를 부르짖는 시위가 전 대학가를 휩쓸다시피 했다. 박 정권의 대응은 무지막지한 것이었다. 10월 5일 새벽, 수도경비사령부 소속 군인 약 30여 명이 고려대학교에 난입하여 학생 5명을 불법연행, 구타하는 사건이 일어났고 10월 12일에는 국방부와 문교부의 두 장관 명의로 '교련 거부 학생은 전원 징집하겠다'는 내용의 담화문이 발표되었다. 그러나 당국의 이러한 태도는 학생들을 더욱 자극할 뿐이었다. 학생들은 교련 철폐 시위에 더하여 '무장군인 난입 사건' 규탄 시위를 전개하기 시작했다.

10월 8일 서울대 총학생회는 급기야 '중앙정보부 폐지와 군의 정치적 중립'을 요구하는 성명을 발표했으며, 10월 11~14일에는 전국의 각 대학교 학생 5만여 명이 가두시위를 단행하면서 '고대 난입군인 처단'을 요구했다.

박 정권은 10월 15일, 서울 전역에 위수령을 발동하고 '학원질서 확립을 위한 특별명령'을 발표했다. 서울시내 8개 대학에 위수군인이 진주하여 1,889명의 학생들을 연행, 이 중 119명을 구속했다. 문교부는 시위 주동학생들을 제적하도록 각 대학에 강요해 23개 대학에서 117명이 제적되었고 이들을 즉각입영 조치를 당했다. 각 대학의 서클 74개를 해체하고, 서울대 법대의 『자유의 종』 등 14종의 간행물을 폐간조치했다.

독재에 대한 항거는 그동안 권력의 횡포에 대해 침묵만을 지켜 오던 다양한 세력들 사이에서도 들불처럼 번져 갔다.

언론인들은 5월 15일 '언론자유수호 행동강령'을 발표했다. 이 행동 강령은 ①책임성 있는 취재·보도 ②관계기관에 의한 불법부당한 연행의 일절거부 ③기사 삭제에 대한 타당성 확인 ④정보기관원의 언론기관 상주·출입의 배제 등을 결의함으로써 그동안 언론이 권력에 의해 어떻게 탄압받아 왔는가를 아울러 폭로했다.

그해 7월, 검찰이 잇따른 무죄판결에 대한 보복으로 판사 2명을 구속하고 뇌물수수 혐의로 영장을 신청하자 서울의 형사·민사 지방법원 판사 전원이 사표를 제출하고 사법권 침해 사례 7개 항을 공개했다. 이러한 사법권 독립운동은 곧바로 전국으로 확산되어 전국 415명의 판사들 중 153명이 사표를 제출하고 사법부의 독립과 압력 배제를 결의했다. 이뿐만 아니라 대학교수들도 대학 자주화 선언 운동을 전국적으로 전개했다.

이처럼 박정희 정권은 민중으로부터 철저히 배척당하고 있었다. 각계 각층 민중은 독재자에 대한 공세를 더욱더 강화해 나갔다. 이제 독재권력이 취할 수 있는 길은 보다 강력한 폭력을 휘두르는 것뿐이었다.

박 정권은 10월 15일의 위수령에 이어 12월 6일에는 국가비상사태를 선포함으로써 나라를 극심한 공포상태로 몰아넣었다. 12월 27일에는 민중에 대한 억압을 법적으로 뒷받침할 속셈으로 '국가보위에 관한 특별조치법'을 전격 통과시켰다.

이 법은 대통령에게 엄청난 비상대권을 부여하는 법으로서 대통령이 ①경제규제를 명령하고 ②국가동원령을 선포하고 ③옥외집회·시위를 규제하고 ④언론·출판에 대한 특별조치를 취하고 ⑤노동자들의 단체행동권·단체교섭권을 규제하고 ⑤군사상의 목적을 위해 세출액을 조정할 수 있다는 내용이었다.

그중에서도 제9조 단체교섭권 등의 규제조항에는 '단체교섭권 또는 단체행동권의 행사는 미리 주무관청에 조정을 신청해 그 조정결정에 따라야 하며 대통령은 국가기관 및 지방자치단체, 국영기업체, 공인사업, 국민경제에 중대한 영향을 미치는 사업에 종사하는 근로자에 대해서는 단체행동을 규제하기 위하여 특별한 조치를 취할 수 있다'는 내용이 포함되어 있었다. 한마디로 이 법은 독재권력이 민중에 대한 억압과 수탈을 강화하고 군사력을 증대하기 위해 필요한 어떤 조치라도 발동할 수 있다는 근거를 마련해 놓은 악법 중의 악법이었다.

박 정권은 정권의 위기를 모면하기 위해 이처럼 폭력적인 조치를 취하는 한편 기만적인 통일놀음을 벌여 정권 연장에 이용했다.

국가보위에 관한 특별조치법으로 노동삼권을 박탈당한 가운데서도 노동자들의 생존권 투쟁은 멈추지 않았다. 1972년 연합노조 서울시 지부에서는 서울시의 노조활동 방해 및 근로조건 저해에 맞서 총사직을 결의했다. 5월 10일에는 전국의 은행원들이 당국의 노사협의제 무시, 급여제도의 개악에 항의하여 넥타이를 하지 않고 근무하는 항의시위를 벌였다. 이에 재무부 측은 보위법을 적용하겠다고 경고했다.

보위법과 유신의 치하에서 가장 끈질기고 치열하게 투쟁해 온 조직은 한국모방(원풍모방)이었다. 4월 10일 한국모방의 퇴직 근로자 40여 명이 '퇴직금 받기 투쟁위원회'를 결성하여 퇴직금을 지불하지 않는 회사 측을 고발하는 고발장을 노동청에 제출하면서 본격적인 투쟁이 시작됐다.

8월 9일, 한국모방 노동자들은 노조 지부장 입후보자 지동진에 대해 전출 명령을 내린 것과 관련해 철회 등 4개 항의 요구조건을 내걸고 농성을 했다. 1973년 6월 회사가 도산위기에 처하자 노동자들이 수습대책위원회를 구성하여 회사 이사진으로부터 회사 운영권을 인수, 우리나라에서는 처음으로 노조에 의한 회사 운영이 시도되기도 했다.

한국모방이 원풍모방으로 이름을 바꾼 후에도 이 같은 훌륭한 투쟁은 민주노조 투쟁의 밑거름이 됐다. 원풍모방노동조합은 1970년대의 대표적인 민주노조로서 투쟁을 전개해 나갔다.

노동교실 개관

유신정권은 청계피복노조를 집중적으로 탄압했다. 물리적인 탄압은 일상적이었다. '국가안보'라는 전가의 보도를 휘두르면서 노동운동을 억누르는 한편 '공장 새마을운동'이라는 미명하에 노동자의 권리의식을 왜곡했다. 또한 언론을 통해서, 각종 행사나 교육을 통해서, 노총이나 노동조합 상층간부를 통해서 기만적인 노사협조주의를 강요했다.

이런 분위기 속에서 노조활동은 위축되었고, 운동을 통해 대중적인 힘으로 전진해 나가기보다는 매사를 사무적이고 행정적으로 처리하려는 경향성이 얼핏얼핏 드러나고 있었다.

청계피복노조에서는 1972년 들어 조합원 교육사업을 비중 있게 펼쳐 나가기로 했다. 시장상가 취업 근로자의 80퍼센트를 차지하는 여성 근로자들은 자신의 정당한 권익 문제를 스스로 해결할 여건마저 갖추지 못한 처지에 놓여 있었다. 이러한 문제를 발견·해결하고 나아가서는 인격과 정당한 권리를 되찾게 함으로써 노동조합의 조직을 강화하기 위해서 여성 근로자들의 야간 교육과정을 설치·운영하기로 했다.

5월 22일, 지부사무실에서 여성 근로자 50명을 대상으로 중등기초과정을 가르치는 '평화새마을교실'을 열었다. 애당초 50명을 대상으로 실시하기로 하고 인원을 모집했는데 응모자가 200여 명이나 되었다. 교육장소인 노조사무실은 겨우 7평밖에 안 되었기 때문에 50명도 수용하기가 어려운 처지였다. 참으로 난감한 일이었다. 노동자들은 대개가 국민학교밖에 졸업을 못하고 곧바로 공장에 취직했기 때문에 배우고자 하는 열의가 누구보다도 강했다.

할 수 없이 200명의 신청자 중에서 50명을 선발하고 이들 중에서 20명은 차기에 우선적으로 배려할 것을 약속하고 30명으로 교육을 진행했다. 교육이 진행되는 기간 중 노조에서는 교실난을 해결하기 위하여

관계기관에 백방으로 교섭활동을 벌여 보았으나 뜻을 이루지 못했다.

그러던 차에 9월 15일, 정인숙 부녀부장이 모범 근로여성으로 뽑혀 대통령 부인 육영수가 마련한 청와대 모임에 초청되었다. 이 자리에서 육영수가 부녀부장에게 필요한 것이 무엇이냐고 질문하자 정인숙 부녀부장은 지금 당장 근로자들이 공부할 교실이 필요하다고 대답했다. 육영수는 그 자리에서 노동청장에게 조치를 취하라고 지시를 내렸다.

이것이 계기가 되어 노동교실 설립은 빠르게 추진되었다. 10월 13일 노동청 상황실에서 노동청장을 비롯해 노동청 직원 8명, 각 상가대표 31명, 그리고 노총 사무총장·연합노조 위원장·청계피복노조 지부장 외 3명이 참석한 가운데 '청계피복 새마을 노동교실 설치 간담회'를 개최하고 추진위원회를 구성했다.

그리고 12월 5일, 노동교실 설립추진위원회 주관으로 각 시장별 업주총회를 소집하여 노동교실 설립취지를 설명하고 찬동 결의를 받았다. 15일에는 각 사업장별로 새마을노동교실 설립기금 350만 원을 할당해 징수에 착수했다. 1973년 5월 20일까지 258만 원이 징수되어 동화시장 옥상에 50평 규모의 건물을 장기임대 계약하고 내부시설의 비품 일체를 '아프리'에서 지원받았다.

5월 21일, 노동교실 개관식을 앞두고 노조는 초청장을 만들어 그동안 청계피복노조에 관심을 보여 준 이들을 초청하기로 했다. 초청장을 가능하면 정성스레 만들려고 없는 돈에 자줏빛 색깔을 넣어서 인쇄를 했다.

개관식 날 노동청 관계자, 노총 관계자, 사용주 등의 사람들이 얼굴을 내밀러 왔다. 『중앙일보』에서는 이날 개관하는 노동교실을 두고 '전태일 기념회관'이라고 보도했다. 이에 대해 관계기관에서 예민하게 반응했다.

그도 그럴 것이 육영수가 지시해서 어쩔 수 없이 노동교실을 만들기는 했지만, 이것이 자기네들 뜻대로 이용되지 않고 그들이 하루빨리 지우고 싶은 '전태일'이란 이름으로 운영이 된다면 공연히 노동자들에게 멍석만 깔아 준 결과가 될 것이라 판단했을 것이다. 아니나 다를까, 그날 일이 벌어졌다.

노동교실이 있는 동화상가 옥상으로 올라오는 계단에서 사람들이 웅성거리더니 급기야 다투는 소리가 들렸다. 이소선은 노동교실을 개관하는 날인데 웬 사람들이 싸우는가 싶어 내려가 보았다. 거기에 함석헌 선생이 사람들에게 둘러싸여 오도 가도 못하고 있었다. 초청장을 흔들어 대면서 "나는 엄연히 청계피복노조에서 초청을 해서 온 사람인데 왜 길을 막는 거야!"라며 소리를 지르는 함 선생을 덩치 큰 기관원들이 몸으로 벽을 쌓고 "도대체 누가 당신을 초청했습니까?"라며 가로막고 있었다.

이에 이소선은 "내가 초청했어! 세상에 초청한 사람을 그렇게 무례하게 가로막는 법이 어디 있어!" 소리치며 계단을 내려갔다. 사람들 틈에 끼어서 함 선생을 들여보내라고 소리를 지르자 기자들이 우르르 달려와서 사진을 찍고 취재를 한다고 난리였다. 이소선은 어떻게 해서든지 함 선생을 개관식장까지 모셔 가려고 했으나 역부족이었다. 사람 벽이 꼼짝도 못하게 이소선을 가로막았다. 끝내 함 선생은 식장에도 들어오지 못하고 되돌아가고 말았다. 이소선은 화를 삭이면서 개관식을 지켜보아야 했다.

함석헌 선생 초청 사건 이후부터 정보기관에서는 청계피복노조에 대해 촉각을 곤두세우면서 탄압의 고삐를 조여 오기 시작했다. 그들은 누가 '반정부 인사'인 함석헌 선생을 초청했는가를 조사했다. 이소선은 노조 간부들에게 자신이 초청했다고 잘라 말했지만, 기관에서는 이승철 사무장을 의심하고 있었다. 이승철이 그날 함 선생을 모시러 갔기 때문이었다. 이소선이 '함 선생이 참 좋은 분이라 내가 초청했다. 우리한테 도움이 될 뿐만 아니라 앞으로도 좋은 것을 배우게 될 터라 내가 불렀는데 그게 뭐가 문제가 된단 말이냐'며 아무리 주장해도 기관원들이 그에게 초점을 맞추고 탄압을 가하는 통에 이승철은 경찰서로 연행되어 곤욕을 치른 뒤 몇 시간 만에 풀려 나와야 했다.

이소선이 함석헌 선생을 알게 된 것은 전태일이 죽고 노동조합을 결성하고 난 뒤였다. 1970년 12월 초쯤이었다. 그때는 최종인, 이승철 등 전태일 친구들 여럿이 창동 이소선 집에 함께 모여 살고 있었다. 어느 날 새벽 "계십니까? 계십니까?" 하며 어떤 남자 목소리가 들리더니 이소선의 집 문을 두들기는 소리가 들렸다.

이소선은 이 새벽에 누가 찾아왔나 하고 자리에서 일어났다. 문을 열려고 하니까 어떤 남자가 대문을 스스로 열고 들어왔다. 한눈에 보기에도 희한한 노인이었다. 허연 수염을 가슴께까지 기다랗게 늘어뜨리고 흰 두루마기를 입은 채 새벽녘의 어둠 속에서 "여기가 전태일이네 집이죠?" 묻는 것이다.

생전 처음 보는 사람이 안개가 자욱하게 낀 새벽에 찾아와서 문을 열고 있는 모습이 마치 신령님 같기도 하고, 예수님 같기도 했다. 이소선은 하도 놀라서 말이 안 나왔다. 방 안에 있던 전태일 친구들도 귀신에 홀린 것처럼 멍하니 그의 뒤에 서 있었다. 노인은 허연 수염을 앞으로 내밀며 "어머니 계십니까?" 부드러운 음성으로 물었다.

이소선은 눈을 껌벅거리다가 "제가 태일이 엄만데요" 하는 말만 겨우 하고 입을 다물었다. 다른 말을 할 수가 없었다. 이소선이 말을 마쳤는데도 그 노인은 물끄러미 바라만 보고 있을 뿐 말이 없었다. 잠시 침묵이 흐르고 있었다. '들어오세요. 어디서 오셨어요?'라는 말이 머릿속에서만 뱅뱅 돌 뿐 입이 떨어지질 않았다. 그저 멀거니 그 노인의 흰 두루마기를 바라보고만 있었다. 잠시 후 그 예수 같은 노인은 마당으로 들어서고 어떤 양복 입은 사람이 들어왔다. 양복 입은 동행자가 허리를 약간 숙이더니 공손하게 인사를 했다.

"새벽녘에 이렇게 불쑥 찾아와 놀라셨습니까?"

"아닙니다…. 그런데 어쩐 일인지요?"

그 양복 입은 사람은 사람처럼 보였다. 이소선은 그때서야 말문을 열고 그를 똑바로 쳐다볼 수가 있었다. 양복쟁이 동행자가 예수님 같은 분을 소개했다.

"저분은 함석헌 선생님입니다. 선생님이 미국에 가셨다가 전태일이 죽은 소식을 듣고 볼일도 다 보지 않고 서둘러 귀국하셔서 곧바로 여기에 오신 겁니다."

"그렇습니까? 하여간 이렇게 찾아와 주셔서 고맙습니다. 어서 들어오시지요. 실례지만, 함 선생님은 어떤 분이십니까? 참, 밖에 계시는데 안으로 들어오시라고 하세요."

이소선은 함 선생님이라는 분이 누구인지는 몰라도 새벽에 미국에서 찾아왔다는 말에 고마운 마음이 앞섰다. 방에 들어온 함 선생은 예수님 같은 얼굴의 주름진 눈에 슬픔을 가득 담고 이소선의 손을 잡으며 말했다. "이렇게 가슴 아픈 일을 보고 내가 미국에 있고 싶은 생각이 없어져서 서둘러 귀국했습니다. 집에도 들르지 않고 곧장 이리로 왔습니다. 이렇게 애석하고 위대한 죽음을 했는데 내가 어떻게 외국에 머무를 수가 있겠습니까?"

노인의 말을 듣고 있으려니 진정으로 고마운 생각이 들었다. 흰 수염을 손으로 쓸며 함 선생은 전태일 친구들을 향해 "정말 여러분들이 열심히 해서 전태일 군이 원하는 근로조건 개선을 이루어야 합니다"라고 말하고 그 밖에도 좋은 말을 많이 해 주었다. 선물도 마련해 왔다. 그는 돌아가면서 무슨 일이든지 갑갑하고 안 풀리는 일이 있으면 자신을 찾아오라고 당부했다. 그때부터 이소선은 함 선생을 알게 되었고, 노동운동을 하다가 어려운 일이 있으면 원효로에 있는 함 선생 댁으로 찾아갔다.

이후 함 선생은 『씨알의 소리』에 전태일 사건에 관한 글도 싣고, 해마다 전태일 추도식을 씨알의 소리 주최로 개최했다. 선생은 전태일을 항상 '전태일 선생'이라고 불렀다. 손자뻘 되는 태일이를 무슨 선생이라고 부르느냐, 듣기가 거북하다고 이소선이 하면 함 선생은 "우리는 아무리 부르더라도 그에 맞게 알아서 부르니까, 어머니는 누구한테 가서 그런 말씀 마시오" 하면서 전태일이라는 사람은 젊은 나이였지만 살아서 인간으로서 할 일, 즉 도리를 다하고 먼저 죽었으니 당연히 선생이라고 불러야 한다고 말을 했다.

청계노조 어용화 책동

1973년 6월은 청계피복노조 지부장 선출대회가 있는 달이었다. 6월 22일 제3차년도 정기 대의원대회를 앞두고 기관과 사용주 측에서는 청계노조를 어용화하겠다는 음모를 꾸미고 있었다. 최일호가 노총의 법규부장으로 있을 때 그를 통해서 '이선두'라는 사람이 노조에 왔다. 그에게 청계노조 상임지도위원이라는 직책이 주어졌다. 정부의 정보기관과 사용주 측에서는 이선두를 지부장으로 출마시켰다. 이선두를 통해 어용노조를 만들겠다는 계략이었다.

이선두라는 사람은 청계노조 상임지도위원으로 있으면서 주로 사용주를 족쳐서 굴복시키는 일을 했다. 사용주가 일단 근로기준법을 어겼다든지 부당한 일을 저질렀다든지 하면 그 꼬투리를 잡아서 사용주를 고양이 쥐 잡듯이 다그쳐서 합의서를 받아내는 게 그의 방식이었다.

한번은 어떤 사용주가 일요일에 강제작업을 시키다가 걸렸다. 노조사무실에 불러다 놓고 닦달을 하고 있는데 그 사용주가 전화를 한 통 쓰겠다고 했다. 수화기를 붙들고 집에 있는 부인에게 뭐라고 말을 건네더니 갑자기 중국말로 바꿔서 하는 것이었다.

이때 전화 통화를 듣던 이선두가 갑자기 "야, 이 새끼야! 뭐라고? 이 새끼들이 말을 안 듣는다고? 어, 이 자식 봐라?" 하며 소리를 질렀다. 이선두는 흥분해서 죽여 버리겠다고 웃통을 벗은 채 주먹을 휘둘렀다. 사

215

장은 수화기를 내려놓더니 손이 발이 되도록 빌었다. 옆에 있던 이들은 그 사장이 중국말로 그런 말을 했는가 보다 하고 짐작만 할 뿐이었다.

그 사장이 돌아간 다음에 어떤 사람이 이선두에게 중국말을 할 줄 아느냐고 넌지시 물어보았다. 이선두는 고개를 가로저으며 이렇게 말했다.

"담배를 피우면서 전화하는 것을 가만히 보니까 뭐라고 지껄이는 소리가 딱 비웃는 꼴이야. 그래서 요 새끼가 지금 우리 욕을 하는구나 하고 감을 잡은 거지."

이렇게 이선두라는 사람은 사용주를 쥐 잡듯 다루는 데는 능란했다. 사용주를 윽박질러 돈을 받아 내는 데는 따를 사람이 없었다. 이런 사람을 정부와 사용주 측에서 지부장으로 당선시키겠다는 것이었다.

이에 맞서 이소선과 전태일 친구를 중심으로 하는 사람들은 의논을 해서 최종인을 지부장을 해야 한다고 강력하게 추천했다. 그러나 당사자인 최종인은 한사코 지부장을 못 하겠다고 버텼다. 이소선과 이승철이 나서서 최종인을 설득했으나 그는 지도위원으로 있는 최일호가 해야 한다면서 끝내 사양했다. 이소선은 최종인의 그러한 태도에 너무나 답답해서 화를 내며 말다툼까지 했지만 하는 수 없었다. 이소선과 친구들 쪽에서는 이선두보다 최일호가 낫겠다고 판단해 최일호를 지부장으로 밀기로 했다.

6월 22일 개최된 대의원대회에서는 결국 최일호가 지부장으로 선출되고, 최종인이 상임부지부장으로 선출되었다. 최일호는 지긋한 나이에다 노동법을 잘 알고 있었다. 노조 운영에 대한 행정능력도 뛰어나 당시 조합 간부들에게 많은 영향을 끼친 사람이었다. 그는 노총을 통해서 청계노조에 왔으나, 운동성이나 투쟁의지는 없는 사람으로 본인 스스로도 자신은 '반공포로'이기 때문에 한계가 있다고 말하기도 했다. 이런 최일호가 두 달가량 지부장을 하다가 사임을 했다. 결국 최종인 상임부지부장이 직무대행을 맡게 되었다. 이어서 10월 5일, 임시 대의원대회를 개최해 최종인을 지부장으로 선출했다.

　정보기관과 사용주 측에서는 노조를 어용화하려는 계획과 동시에 전태일의 친구들을 분열시키려는 공작을 진행하고 있었다. 그 일환으로 노동교실 개관식 때 함석헌에게 초청장을 보냈다는 트집을 잡아 계속적인 압력을 가해 오기 시작했다. 그들은 초청장을 붉은 글씨로 인쇄해서 재야 인사들에게 보낸 이승철 사무장과 간부 4명 정도를 해임하라고 요구해 왔다. 집행부에서는 그들의 요구가 부당하기 때문에 단호하게 거절했다.

　정보 당국은 그동안 전태일 사건의 파장 때문에 여론을 의식해서 노골적으로 공작을 진행하지 못했고, 또 선거도 있어서 까놓고 탄압은 못하고 음성적으로 작업을 했다. 그러다가 이제는 국가비상사태를 선언해 안보 불안을 조성하고 국민의 기본권까지 제한하는 데 이어서 박정희 친위 쿠데타인 10월유신까지 한 마당에 이제는 거리낄 것이 없다는 태도였다.

　이에 맞서 이소선은 저들의 탄압이 드셀수록 '노동조합 간부를 기관이나 사용주가 자기네들 맘대로 이래라 저래라 할 수 있는 권한이 어디 있느냐'며 강력하게 싸워 나가기로 작정했다. 그는 이승철에게 이렇게 말했다.

　"승철아, 너 절대로 나가지 말아라! 저놈들이 와서 끌어낼 때까지 버티고 있어라!"

　이소선의 이 같은 태도에 전태일 친구들과 조합원들은 뜻을 함께했다. 그러나 이선두 등은 당국의 요구에 응해야 한다는 입장이었다.

　이승철이 거부하고 집행부에서 계속 버티니까 구체적인 압력이 들어오기 시작했다. 사용주들이 전임자 급료를 지불하지 않는 동시에 조합비도 일괄공제해 주지 않았다. 노조가 가장 골머리를 썩여 왔던 돈 문제를 가지고 공격해 오기 시작하는 것이었다.

　노조 결성 초기에는 어려운 재정을 전태일 장례조의금으로 메꾸어 나가면서 굶다시피 하며 어렵게 견뎠다. 단체협약이 체결되면서 조금씩 숨통이 트여 어느 정도 재정자립이 될 만하니까 저들이 돈을 가지고 숨통을 조여 왔다.

여기에 더해 노조 간부의 활동도 방해하기 시작했다. 시장 경비들을 동원해서 조합 간부들의 공장 출입을 가로막았다. 그래서 간부들은 날마다 공장에 나가 경비들과 몸싸움을 벌이다가 저녁때는 진이 빠져서 사무실로 돌아왔다. 탄압은 끈질겼다. 견뎌 내려고 애를 썼지만 시간이 지날수록 집행부 간부들은 많은 고민과 갈등에 휩싸여 갈피를 못 잡게 되었다. 갈수록 방해공작은 치밀해져 갔다. 어느새 조합 간부들은 '일이 이쯤 되었으니 이승철이 당분간 물러나야 한다'는 분위기로 변해 가고 있었다. 이른바 현실론이 고개를 든 것이다.

이승철의 거취 문제를 논의하기 위해 간부들이 우이동 계곡에서 술자리를 함께하는 자리에서 최일호가 발언했다.

"너무 힘들다. 이런 때는 숨통을 터서 살아나야 하지 않냐? 쉽게 말해 솥뚜껑을 완전히 덮어 버리면 터지니까, 조그만 구멍을 내서 터지는 것을 방지해야 하지 않겠냐?"

이승철이 물러나야 한다는 적극적 주장이었다. 이에 대해 모두들 할 말을 잃고 술만 들이켰다. 결국 이 문제로 4개월 가까이 버티다가 9월 18일 운영위원회를 열어 부서장 사표처리를 논의했다. 이때 이승철, 양승조, 신진철, 신정은 등 부서장의 사표를 수리하는 것으로 결정했다.

이소선은 억울함과 울음을 참을 수가 없었다. 호소와 애원도 소용없었다.

'저들은 태일이를 앗아 가더니, 이제는 태일이 친구들마저 곁에서 빼앗아 가려고 하는구나. 노조를 어떻게 만들었는데⋯. 태일이의 뜻을 이뤄야 하는데, 여기서 이런 꼴을 당하면 어떻게 되는 거야⋯. 태일아, 네 친구들이 쫓겨나는구나!'

노동교실을 둘러싼 싸움

우여곡절 끝에 만들어진 '청계피복지부 새마을 노동교실'을 놓고 사용주를 앞세운 정치권력과 노동조합 간에 싸움이 시작되었다. 권위주의적인 정치권력은 근로자를 위한다는 전시효과를 내세우기 위해 노동교실을 허가해 주었다. 그러나 그들은 노동교실을 '새마을운동'의 일환으로 운영함으로써 노동자의 권리의식을 마비시키고 정부의 시책을 교육·홍보하는 장소로 활용할 방침을 세우고 있었다.

노동조합에서는 이에 대항해 노동교실이 진정으로 노동자를 위한 공간으로서 노동자들의 권리의식과 투쟁의식을 고취하는 교육의 장, 노동자를 단결시키는 만남의 장, 투쟁의 장이 되게끔 하기 위해 노력했다. 서로 화해할 수 없는 입장을 가진 사람들 사이에서 끈질기고 치열한 투쟁의 서막이 오르고 있었다.

개관식 초청자에 대한 시비가 있은 뒤 이틀이 지난 1973년 5월 23일, 노동교실의 임대주이며 동화상가주식회사의 사장인 유인규가 자신이 노동교실의 설립추진위원장이었음을 빌미 삼아 추진위원회를 '관리위원회'로 개칭해 버렸다. 청계피복지부가 운영을 담당한다는 당초의 취지를 뒤엎고, 자신이 교실을 전면 관리·운영하겠다고 일방적으로 선언한 것이다.

유인규 사장의 행동은 '선언'으로 끝나지 않아 노동교실에 출입하는 노조 간부들을 폭력적으로 추방하고 교실 문을 걸어 잠그기까지 했다. 그는 7월 3일에는 노조와 일절 상대하지 않을 것을 선언하고 일방적으로 교실의 관리자와 실장을 임명·배치했다. 또한 노동교실은 어디까지나 자신의 소유물이니 자신의 책임하에 노조와는 아무런 관계 없이 운영할 것임을 공언했다.

개관식 때 걸었던 간판도 떼어 내고 '시장상가 새마을 노동교실'이라는 간판을 일방적으로 달았다. 그리고 경비들을 시켜 나이 어린 시다들을 모집해서 중등반 기초과정의 교육을 일방적으로 진행했다. 학생을 모집하면서는 장차 고등공민학교로 발전시킬 것이라고 선전까지 했다.

이에 대해 노조는 대책을 세워야 했다. 노동교실의 운영을 노조지부가 맡지 못했기에 개관한 지 8개월이 지나도록 정상적인 노동교실이 아니었다고 판단하고, 여하한 수단을 다 동원해 노동교실을 노동교실답게 뜯어고치기로 했다. 노조는 이 같은 사실을 노동청에 알리고 개관할 때의 취지대로 운영될 수 있도록 협조를 요청하는 공문을 발송했다. 노동청의 회신은 '노사가 협조해서 정상적으로 운영하라'는 하나마나한 소리였다.

노조에서는 노동교실 정상화를 위한 세부지침을 마련했다. 노동교실은 지부가 설립한 평화교실의 발전적인 소산이므로 설립취지에 부합되도록 지부에서 운영을 주관할 것, 노동교실의 운영·직제 및 특별회계예산의 원칙 등 근거를 제도화할 것, 설립목적에 충실하도록 책임 있는 운영체계를 갖출 것, 그리고 점차적으로 교육 전문기관으로 확대·발전시킬 것 등의 노동교실 운영개선 방안 기본방침을 확정했다.

노조에서는 이와 함께 노동교실이 당초의 취지에 알맞게 운영되도록하기 위하여 '아프리'의 지원하에 노동교실의 새로운 장소를 확보하기로하고 을지로 6가 유림빌딩(이후의 협성빌딩)을 임대했다.

어둠을 가르는 몸짓

민청학련 사건과 공포정치

온 나라를 얼어붙게 한 유신 폭압 아래에서도 민주주의와 생존권을 지키기 위한 민중의 투쟁은 멈추지 않고 계속되었다. 박정희 정권은 오로지 강권과 폭압으로 국민들을 억눌러 침묵을 강요했지만, 강요된 침묵 속에서도 불만과 저항의지는 더욱더 광범위하고 강렬하게 타올랐다.

1973년 8월 8일, 유신독재의 탄압을 피해 일본에서 망명투쟁을 전개하고 있던 전 신민당 대통령 후보 김대중이 중앙정보부 요원에 의해 강제납치, 귀국당하는 사건이 발생했다. 박정희 정권은 납치 도중 김대중을 현해탄에서 수장(水葬)시키려고 했다. 이 사건은 각계로부터의 즉각적이고도 거센 반발과 저항을 불러일으켰다.

그해 10월 2일, 서울대 문리대 학생회는 교내 4·19기념탑 앞에서 비상총회를 열고 자유민주주의 체제의 확립을 요구하는 선언문을 낭독한 후 2시간여 동안 구호를 외치며 시위를 전개했다. 이들은 ①정보·파쇼 통치 즉각중지와 자유민주주의 체제의 확립 ②대일 경제예속 관계 즉각중지 및 국민생존권 보장 ③중앙정보부 즉각해체 ④김대중 씨 사건 진상규명 등 4개 항을 주장했다. 이 시위는 유신 이후 최초의 공개시위로 기록되면서 유신폭압체제에 대한 민주세력의 공격이 개시되었음을 예고했다.

서울대 문리대 시위를 기폭제로 하여 11월에 들어서면서부터는 전국의 각 대학이 일제히 유신 철폐를 요구하는 시위를 벌여 나갔다. 재야인사들도 시국선언문을 발표하는 등 새롭게 투쟁의 결의를 다져 나갔다. 1973년 12월부터 재야 민주인사들이 유신헌법 개헌청원운동을 공개적으로 감행했다.

백만 인 서명을 목표로 한 이 운동이 전개되자 박정희는 12월 29일 담화문을 통해 개헌운동을 즉각 중단하라고 발표했다. 이어 1974년 1월 8일에는 개헌운동을 금지하는 대통령 긴급조치 제1호를 선포했다. 이 긴급조치 1호로 개헌청원운동을 벌이던 장준하, 백기완 씨 등이 구속되고 종교계에서도 이규상 전도사 등이 구속되었다. 서강대의 박석률 군을 비롯해 다수의 학생들 역시 구속되었다.

1974년 개학과 동시에 학생들은 유신헌법 철폐와 박 정권 퇴진을 요구하면서 심상치 않은 움직임을 보였다. 이에 박정희는 1974년 4월 3일 밤 10시를 기해 특별담화문을 발표했다. 이른바 '전국민주청년학생총연맹'과 관련하여 긴급조치 4호를 발동한 것이다.

"…소위 '전국민주청년학생총연맹'이라는 불법단체가 반국가적으로 불순세력의 배후조종하에 그들과 결탁하여, 공산주의자들이 이른바 그들의 '인민혁명'을 수행하기 위한 상투적 방편으로 으레 조직하는 소위 통일전선의 초기 단계적 지하조직을 우리 사회 일각에 형성하고 반국가적 불순활동을 전개하기 시작했다는 확증을 포착하기에 이르렀습니다. 이들은 그동안 우리 사회와 같은 공개사회가 지니는 특성을 역이용하여 표면상으로 합법성을 가장, 그들의 정체를 위장하고 우리나라 각계각층에 침투를 획책하였습니다. 그리하여 특히 최근에 이르러서는 소위 '전국민주청년학생총연맹'이라는 지하조직을 결성하여 공산주의자들이 말하는 이른바 인민혁명의 수행을 기도하였던 것입니다."

이 발표와 동시에 많은 학생들이 연행되어 가거나 수배됐다. 동시에 1974년 4월 25일, 신직수 중앙정보부장이 민청학련 사건에 대해 발표했다. 그 내용을 요약해 보면, 전국민주청년학생총연맹의 주동학생들은 4단계 혁명을 통해 이른바 노동자·농민에 의한 정부를 세울 것을 목표로 하여 과도적 통치기구로서의 민족지도부 결성까지 계획했으며, 이 민청학련의 배후에는 ①과거 공산계 불법단체인 인혁당 조직과 재일 조총련계 일본공산당 ②국내 좌파 혁신계가 복합적으로 관련되었다는 것이었다. 이 발표와 함께 학생을 포함한 1,024명이 조사를 받고 이 중 254명을 군법에 송치하여 54명이 1차로 기소됐다.

민청학련 사건 발표를 바라보며 이소선은 섬뜩했다. 공산당의 조종을 받은 학생들이 체제 전복을 꾀한 사건이므로 최고 사형에서 무기징역, 5년 이상의 장기징역을 살리는 것이 불가피하다는 발표 앞에 그는 두려웠다. 그토록 많은 젊은이들을 잡아다가 무거운 징역을 살리겠다는 의도도 무서웠지만 관련자들 중 많은 사람이 그가 직접적으로 알고 있는 사람들이라 더욱 놀랐다. 전태일이 죽어서 성모병원에 있을 때 그를 찾아와 자신들이 시신을 인수해 장례를 치르겠다고 했던 학생들과 그 당시에 경찰에 잡혀갔던 유인태·이철 등이 수배되었고, 영안실에 맨 처음 찾아왔던 장기표도 찾는다고 난리였다.

경찰은 민청학련 사건 수배자를 잡는다며 수배자들의 사진이 박힌 전단을 수없이 뿌리고 다녔다. 길거리의 벽에는 온통 도배를 해 놓은 듯 수배자 사진벽보가 붙었다. 특히 방학동에서 그들이 모의를 했다 하여 방학동을 중심으로 도봉구 일대는 검문검색하는 경찰들로 가득 찼다. 동네방네 그들을 신고하라는 스피커 방송이 요란했고 형사들은 큰 길, 작은 길 할 것 없이 경계망을 쳐 놓고 오가는 모든 사람들의 신분증을 조사했다. 뿐만 아니라 온 동네를 샅샅이 뒤지면서 집집마다, 심지어는 간장독까지 뒤질 정도로 공포 분위기를 조성했다.

도망다니는 장기표를 위해 방을 구하다

공포의 어느 날 밤이었다. 동네 전체가 깊은 잠에 떨어진 시간에 낯선 손님이 소리 없이 이소선네 방으로 찾아들었다. 인기척에 전깃불을 켠 이소선은 소스라치게 놀랐다. 전국에 수배가 떨어지고 경찰이 눈에 불을 켜고 찾는 장기표가 이소선 앞에 서 있는 것이 아닌가! 그의 얼굴을 대하는 순간 이소선은 죽었다가 살아 돌아온 사람을 만난 기분이었다. 그는 검거되면 사형을 당할 사람이었다. 사형이 아니면 무기징역을 선고받아 평생을 감방에 갇혀 있다가 죽을지도 모른다. 사형이든 무기징역이든 그가 경찰에 잡히는 순간부터 이소선은 영원히 그의 얼굴을 볼 수 없게 된다는 생각이 들었다.

장기표는 전태일 사건이 났을 때, 그 사건을 학생운동과 결합하기 위한 투쟁을 했던 장본인 중의 한 사람이었다. 그는 전태일 사건 이후에도 학생운동과 관련해서 늘 쫓겨 다니거나 구류를 살았다. 1972년 5월에는 소위 '서울대생 국가내란음모 사건'이라는 무시무시한 이름의 사건으로 구속됐다. 그러나 이 사건은 조작된 사건이었던 탓에 결국 재판이 흐지부지되어 몇 달 만에 나왔다.

이처럼 구속·구류·수배의 연속인 가운데서도 그는 청계피복노조 일에 끊임없이 관심을 기울였다. 밖에서 이소선과 조합 간부들을 만나 모르는 것이 있으면 서로 가르쳐 주고 문제가 생기면 토론을 통해 이견을 좁혀 나갔다. 전태일이 죽었을 때 명동의 삼일다방에서 처음 만난 이후로 이소선과도 각별하게 지내는 사이였다.

이소선이 놀란 가슴을 채 진정시키기도 전에 그가 다급하게 말했다.

"어머니가 방을 하나 얻어 주셨으면 합니다. 내일이라도 좋으니 빨리 얻어 주십시오."

그의 목소리는 건넌방에서 자고 있는 종인, 승철, 승조가 눈치채지 못하게끔 나직했다. 그 말을 들은 이소선은 갑자기 방을 어떻게 얻을 수 있을까 난감했지만 "알았어. 내가 한번 얻어 볼게" 하고 대답했다.

"어머니, 저 방에 있는 사람들은 알지 못하도록 하고 어머니 혼자만 알고 있어야 합니다."

당부하듯이 말을 한 그는 이소선의 알았다는 대답이 끝나자마자 창문을 넘어서 공동묘지 쪽으로 사라져 버렸다. 이소선은 어둠을 가르고 사라지는 그의 안전과 건강을 기원했다. 그리고 모두의 고통이 헛되지 않고 언젠가는 이 짙은 어둠을 이기는 빛이 되리라는 믿음을 되새겨 보았다.

이소선은 이리저리 궁리하기 시작했다. 경찰의 눈을 피할 수 있는 방을 당장 어디 가서 어떻게 얻어야 할까? 고민 끝에 방학동에 살고 있는 교회 집사님의 방을 생각해 냈다. 자신도 집사니까 같은 교회의 집사로서 사정을 하면 되겠구나 싶었다.

이튿날 일찌감치 그 댁으로 찾아갔다.

"집사님, 대구에 사는 우리 조카가 공무원시험을 봐야 한다면서 고모인 나한테 방 하나만 얻어 달라고 해서 왔는데, 방이 있으면 하나 빌려줄 수 없겠소? 시험만 끝나면 내려간다고 하니까 집사님네 학생이 쓰던 방을 좀 빌려주면 좋겠는데요."

이러저러한 얘기 끝에 보증금을 안 주는 대신 월세를 꽤 많이 주겠다고 하니까, 솔깃해서 그러라고 했다. 그 집은 남편이 공사판에 다니며 생활하느라 형편이 어려웠다.

이소선이 돈을 갖다 주면서 한 달을 살든 두 달을 살든 하여튼 공무원시험만 보면 방을 비워 주겠다는 조건을 걸어 장기표는 그 집에 이사해 들어갔다. 그러나 막상 이사를 들어가기는 했는데 사방이 경찰과 방범대원으로 완전히 포위되다시피 해서 위험천만이었다. 하루는 수배전단 하나가 그 집 담벼락에 붙었다. 전단에는 장기표의 사진과 인적사항이 똑똑히 적혀 있고 현상금까지 걸려 있었다. 그것을 본 이소선은 불안해서 장기표에게 말했다.

"이 집 담벼락에 형 잡는다는 종이가 붙어 있어!"

이소선은 장기표를 '형'이라고 불렀다. 최종인이나 이승철 등 전태일 친구들이 그를 형이라고 부르는 것을 마땅한 호칭이 없어 그대로 따라 부르기 시작했던 것이다.

장기표는 자기도 알고 있다고 말했다. 그러면서 자기를 알고 있는 사람이 똑똑히 들여다보면 알아볼지 몰라도 그렇지 않으면 알아보기 어려울 거라면서 안심을 시켰다.

장기표는 이소선의 조카라고 했기 때문에 만약에 누가 물어보면 전 씨로 행세하기로 했다. 문밖에서는 여전히 경찰과 방범대원이 길 가는 사람들을 조사하고 있었다. 이소선은 날이 어두워지기를 기다려 집으로 돌아왔다.

서방질 누명을 쓰다

장기표는 고등학교에 들어가려고 공부하는 그 집 중학생에게 공부를 가르쳐 주기 시작했다. 집주인인 집사님은 돈 받고 방 빌려주고, 거기다가 공부를 잘 가르쳐 주는 무료 과외선생이 생겼으니 아주 고마워했다. 그는 자기 딸에게 공부를 가르쳐 주어서 고맙다며 장기표에게 먹을 것을 주는 등 친절하게 대해 주었다.

그러던 차에 묘하게 일이 꼬이기 시작했다. 이소선이 틈을 내서 장기표가 사는 방에 가는 날이면, 그와 두런두런 얘기를 나누며 오랜 시간을 머물 수밖에 없었다. 화장실에 갈 일이 있어도 주위에 지나가는 사람들이 있는가 없는가 살피면서 조심스럽게 다녀야 했다. 그도 그럴 것이 그 동네는 논도 있고 밭도 있는 가운데 여기저기 띄엄띄엄 집이 있었기 때문에, 어떤 집에 어떤 사람들이 드나드는지를 쉽게 알 수 있었다. 여러

번 드나들기가 어려웠다. 동네 분위기가 좋지 않을 때는 하루 종일 그 방에 묶일 때도 있었다.

이런 행동을 집사는 차츰차츰 이상하게 생각하기 시작했다. 그는 이소선이 중앙시장에서 헌 옷 장사 하는 것을 아는데, 장사하러 나가지도 않고, 먹고살기에 바쁠 여자가 한번 방 안에 들어가면 도대체가 나올 줄 모르는 것이다. 더구나 들리지도 않는 목소리로 속닥거리니 이상스럽다고 생각했을 것이다. 그 집사는 과부인 이소선이 서방질을 하는 것으로 오해를 했다.

처음에는 장기표에게 먹을 것도 잘 가져다주고 친절하게 대해 주던 집사님의 태도가 변하기 시작했다. 이소선을 대하는 태도도 냉랭해졌다. 마당에서 펌프질을 할 때 이소선이 들어가면 쳐다보지도 않고 팩 돌아서서 들어가 버리고 말도 하지 않았다.

이윽고 그는 "집사님, 저 방 안 나가요?" 하며 노골적으로 나가라는 티를 냈다. 참으로 난감하기 그지없었다.

장기표는 바깥 상황이 조금 괜찮아졌다 싶으면 아무도 몰래 밖으로 나갔다. 이소선이 불안해서 "형, 저기 수배 종이떼기가 붙어 있는데, 그렇게 맨날 기어 나가면 어쩌려는 거야?" 하면 장기표는 "그래도 일을 해야 해요" 한다. 이소선은 '도대체 이 판에 무슨 일을 하는 거야?' 생각했다.

그는 가끔씩 이소선에게 글을 써서 어디어디에 가면 누구누구가 있으니 갖다 주라고 시켰다. 이를테면 유인물을 만드는 곳에 이소선을 심부름시킨다든가 하는 식이었다. 그렇게 자기가 나갈 수 없을 때는 이소선에게 시키고, 자기가 나갈 수 있을 때는 직접 나가서 하루 종일 일을 보고 어두운 밤에 돌아왔다. 밤에 돌아와서는 또 밤늦도록 뭔가를 쓰고, 이소선에게 심부름시키기 위해 다음 날 다시 오라 하곤 했다.

낮에는 말할 것도 없고 밤에도 가로등 밑에 여기저기 경찰들이 서 있었다. 사람이 움직이면 눈에 띄는 대로 검문을 했다. 상황이 그럴 때마다

227

장기표는 이소선을 붙들고 "지금 밖에 검문이 심하니까 나가지 마세요. 어머니가 붙들리면 큰일입니다. 어머니가 붙들리면 나도 붙들리게 됩니다"라며 못 나가게 했다.

이렇게 해서 이소선은 그 방에서 밤에도 나올 수 없게 되었다. 이런 일이 있고 나서부터 집주인인 집사님은 노골적으로 "저 연놈들이 뭐하는 거야?"라고 방 안에까지 들리도록 말했다. 당시 뭐라고 해명할 수도 없는 상황에서 벙어리 냉가슴만 앓는 격이었다.

하루는 수요예배를 보러 교회에 나갔는데 목사가 이소선을 불렀다. 그러고는 하는 말이 '근신'을 해야 한다는 것이었다. 교회에서 근신이란 아무 데도 가지 말고 회개하면서 자기 잘못을 깨달을 때까지는 교회에 나오지도 말라는 뜻이다. 하도 기가 막혀 "목사님, 제가 왜 근신을 해야 합니까?"라고 묻자 "집사님, 몰라서 물어보는 것입니까?" 하는 것이다. 이소선은 뭐라고 할 말을 잃어버렸다. 변명을 할 수가 없었다. 그래서 알았다고만 했다. 목사는 평소 그가 노동운동 하는 것을 매우 못마땅하게 생각했다. 그러니 집주인 집사에게 무슨 말을 듣게 되자 때는 이때다 싶어 막아 볼 심산인 듯했다.

그래도 이소선은 수요일 예배에 또 나갔다. 목사는 근신하지 않고 왜 왔느냐며 이소선을 나무랐다. 이소선은 왈가왈부하고 싸우기 싫어 그가 뭐라고 말하면 그냥 알았다고만 하고 계속 교회에 나갔다. 당시에 이소선은 교회에 나가지 않으면 죄를 받아 죽는 줄 알 정도로 열심히 다녔기 때문에 그렇게 불편한 관계를 유지하면서도 교회에 나갔다. 그러면 목사는 "왜 근신하라고 했는데도 근신하지 않고…. 과부가 어디서 나이 어린 사람 데려다 놓고 못된 짓을 하는 거야?"라며 대 놓고 이소선을 윽박질렀다. 이소선은 뭔가 오해를 하고 계신다고만 말했다. 그러나 그 이상 더 얘기할 수는 없는 일이었다.

"꼭 내 입으로 말해야 알아듣겠소? 집사님 집에서 나이 어린 남자 데려다 놓고 밤낮으로 지랄을 하고 있잖소. 그런 못된 행동을 하면서 그래도 집사라⋯. 교회 입장을 봐서 나오지 말라면 나오지 말 것이지, 왜 자꾸 나오는 거요? 이렇게 뻔뻔스럽게 굴면 저 사람들이 듣는 데 공개하리다. 한 번만 더 나오면 사람들 앞에서 서방질했다고 공개한단 말이오!"

그는 신도들을 가리키며 이소선을 몰아붙였다. 이소선은 하도 억울하고 분통이 터져 억장이 무너지는 것 같았지만 찍소리 한마디 하지 못했다. 자신을 어느 정도 아는 목사님이니, 정말로 그렇다고 믿지는 않을 것이라 생각했다. 그동안 노동운동을 그만두라고 노골적으로 압력을 가했는데도 받아들이지 않으니 이렇게 몰아세우는 것이라고 여겼다.

이소선은 더 이상 버틸 수가 없게 되었다.

"목사님, 알겠습니다. 다음부터 나오지 않을 겁니다. 그러나 저는 그런 사람이 아니라는 것만 알아주시기 바랍니다. 안녕히 계십시오."

목사는 이소선의 인사말은 들은 척도 하지 않고 그의 등에다 대고 "하여튼 음란때가 속에서부터 덮어씌어 가지고, 부끄러운 줄 모르고 서방질한 것이 어떻게 예수님을 믿는다고 하는지. 너 같은 것은 예수 안 믿어도 된다. 제발 내 입장을 봐서 나오지 마라" 하며 가슴에 대못을 박듯 쏘아댔다.

이소선은 그길로 그 교회를 나와 버렸다.

이소선은 장기표의 방에도 갈 수 없게 되었다. 그 집사는 이소선을 볼 때마다 심하게 닦아세웠다. 면전에 두고 그에게 할 소리 못 할 소리를 다 퍼부어 댔다. 그런데 더욱 난감한 문제가 발생했다. 그 집사가 장기표에게 밥도 주지 않고 그의 딸이 공부하러 가는 것도 못 가게 하면서 나가라고 성화를 부려 댔다. 방을 옮기는 것도 큰일이지만 당장 밥을 안 주니 딱 굶어 죽게 생겼다. 굶겨 죽일 수는 없는 노릇이라 이소선은 김밥을 말아서 갖다 주기로 했다.

김밥을 말아 가지고 밖에 나서니 언제나처럼 경찰들이 쫙 깔려 있다.

산동네다 보니까 들이고 산이고 도랑둑이고 경찰들이 서 있다. 그들은 사람 그림자만 보여도 쫓아와서 조사를 했다. 할 수 없이 김밥 보자기를 학생들이 학교 갈 때 메는 책보자기처럼 등에 메고 경찰들의 눈을 피해 뱀처럼 기어갔다. 사람이 보는 것 같다 싶으면 납작 엎드려 포복을 해서 기어갔다. 주위를 살펴봐서 그들이 없을 때는 살살 기어가다가, 그들이 나타나면 땅바닥에 엎드려 움직이지 않았다.

그런 식으로 산 뒤로 돌아서 그 집 앞에 당도했다. 막상 도착은 했으나 대문을 열고 안으로 들어갈 수가 없었다. 이소선은 창문께로 가서 돌을 하나 던졌다. 그러나 기척이 없다. 세 개째를 던지고 나자 장기표가 불도 안 켜고 창문을 쪼끔 열고 내다보았다.

"형 나야, 나."

"어머니, 아직 들어오라고 하기 전에는 들어오지 마세요. 대문 앞으로 가서 가만히 귀를 기울이고 계세요."

대문 앞으로 가서 바짝 귀를 기울이니 졸졸거리는 물소리가 들렸다. 경첩 쪽의 나무가 불어서 살짝 열어도 소리가 나지 않도록 장기표가 대문에다 물을 붓는 것이다. 물을 어느 정도 부은 뒤 가만히 문을 열어 놓고 장기표는 이소선에게 빨리 들어오라는 손짓을 했다.

방 안에서 그와 마주한 이소선은 교회에서 목사에게 당한 수모를 털어놓았다. 임금님 귀는 당나귀 귀라는 식으로라도 하소연할 길이 없던 차라 그에게 쏟아 놓았다. 이소선의 얘기를 다 들은 그는 "어머니, 그래도 얼마나 다행입니까? 잡혀서 죽는 것보다야 누명을 쓰는 것이 나을지도 몰라요. 그런 것은 세월이 가면 해결될 때가 올 테니까 어머니, 제발 참고 그 사람들하고 싸우지 마세요"라고 했다.

이소선 역시 억울하다고 사실을 얘기한다면 마음은 풀어질지 모르지만 그 즉시로 장기표는 잡혀가게 될 것이니, 주인집 집사님이 장기표와의 관계를 불륜의 관계로 오해한 것이 오히려 다행이라고는 생각했다.

수배범을 구한 임기응변

이소선이 교회에서 쫓겨나자마자 집주인은 당장에 방을 비워 달라고 성화였다. 딱히 어디로 옮겨야 할지 대책이 서지 않고 가슴만 바짝바짝 탔다. 장기표는 사흘만 여유를 달라고 사정해 보라 했다. 달리 대안이 없는 탓에 이소선은 그에게 가서 손이 발이 되도록 빌었다.

"집사님, 우리가 다 잘못했습니다. 앞으로 반성하겠습니다. 내가 젊은데 어찌할 수 있겠습니까? 혼자 살다 보니까 어쩌다 이렇게 됐으니 다른데 방을 얻어서 옮길 때까지 사나흘만 여유를 주면 이사를 가겠습니다. 제발 집사님, 살려 주세요. 내가 지은 죄를 집사님이 용서해 주세요."

집사님이 예수님이라도 되는 것처럼 빌고 또 빌었다. 그때서야 그는 싸늘한 표정을 누그러뜨리며 "딱 3일만 여유를 주겠소, 그때 안 나가면 당장 문을 봉해 버리겠소!"라고 말했다.

이소선은 막상 허락을 받아 놓았지만 걱정을 풀지 못했다. 그렇지 않아도 방을 비워 줄 수밖에 없음을 예견하고 천호동에 방을 얻어 놓았으나, 경찰의 감시망은 조금도 허술해지지 않아 동네를 벗어날 수 없는 상황이었다.

마음만 태우다가 이틀이 지나갔다. 다음 날이면 방을 비워 줘야 한다. 그사이에 무거운 책들은 아주 버리고, 가장 중요한 물건들만 가지고 도망칠 준비를 단단히 해 놓았다. 먹을 것이 없어 남은 쌀로 죽을 끓이고 왜간장을 쳐서 김에다 먹고 살았다. 꼼짝도 못 하고 방 안에 갇혀 시간만 보내는데 집사님이 방문을 열고 대뜸 "오늘이 3일간의 여유가 끝나는 날인데 아직도 못 나가고 있는 거야?" 언성을 높이더니 이소선을 밖으로 불러 놓고 말했다.

"그만큼 지랄병을 했으면 나갈 때가 되지 않았어? 아주 못된 여자구먼. 우리 집에 그런 인간들을 데리고 있으면 기분이 나쁘니까 한시라도 빨리 나가 주었으면 좋겠소."

"오늘 밤 지내고 내일 나가려고 준비를 다 해 놓았어요. 이사 갈 방이 아직 비지 않아서 그럽니다."

이소선은 답답함과 억울함으로 가슴이 부글부글 끓었지만 어금니를 깨물어 감정을 삭였다. 그날 밤 그들은 다음 날 아침에 어떻게 이 집에서 빠져나가 천호동까지 당도할 것인가를 연구했다.

"형, 내일 아침에는 죽어도 나가야 한다. 새벽에 가면 그놈들이 못 보지 않겠어?"

"어머니, 그렇지 않아요. 사람들이 제일 많이 출근하는 시간에 나가야 해요. 출근시간은 사람들이 왔다갔다 할 시간이라 사람들을 붙잡고 조사하기가 쉽지 않을 거예요. 그럴 때 사람들에 묻어서 나가야 합니다."

길고 긴 밤을 지내고 아침을 맞았다. 이소선은 이삿짐을 가지고 제발 무사히 빠져나갈 수 있게 해 달라고 기도했다. 이들은 출근시간에 맞춰 그 방을 빠져나왔다.

"어머니가 앞에 서서 가세요."

"좋아, 그러면 내 말만 딱 들어요."

이소선은 밤새 고심해서 떠올린 방안을 그에게 가르쳐 주었다. 무겁다고 장기표가 든 책 보따리를 빼앗고 대신 이불 보따리를 둘러메라고 했다. 이불을 아주 헐렁하게 매서 한쪽에다 메는 척 삐딱하게 어깨에 얹고, 얼굴을 가린 뒤 자신이 발자국을 떼는 대로 땅바닥만 보고 따라오라고 했다.

"최선을 다해 보는 거야."

골목길에서 빠져나와 큰길 쪽으로 가는데 경찰들이 총을 들고 서서 검문을 하고 있었다. 앞장서 걷던 이소선은 장기표의 얼굴을 뒤돌아보았다. 그의 얼굴은 완전히 하얀 종잇장처럼 질려 있었다. 이소선 역시 마음이 오그라들었다. 그러나 이래서는 안 된다고 다짐하고 길게 숨을 들이 마셨다.

"차 시간 다 됐는데 빨리빨리 안 걸어오고 뭐하느라 꾸물거리냐!"

이소선은 일부러 소리를 빽 질렀다. 눈치를 챈 장기표가 걸음을 재게 놀렸다. 검문경찰들 앞을 지나는데 식은땀이 등줄기를 타고 흘러내렸다. 경찰은 이들을 검문하지 않았다.

의정부에서 나오는 큰 신작로까지가 평소와는 달리 왜 그렇게 멀기만 한지 아득했다. 큰길에 거의 당도했는데 이게 또 무슨 변고인가! 잘 아는 북부경찰서 정보과 형사 둘이서 하나는 저쪽 편에 서 있고, 하나는 이쪽 전봇대에 기대서서 나오는 사람들 얼굴을 하나하나 뜯어보고 있지 않은 가. 이소선의 입안이 바짝바짝 말랐다. 마른침이 목구멍을 타고 넘어갔 다. 이소선은 얼른 장기표에게 소곤거렸다.

"형, 저 새끼들이 붙어 서 있으니까 내가 하라는 대로만 따라 해야지 안 그러면 큰일 나."

장기표가 고개를 끄덕였다. 이소선은 말을 이었다.

"저 신작로에서 나하고 헤어져서 형은 택시 잡는 곳으로 가고, 그다음 에는 내가 하라는 대로 하는 거야."

"어머니는 어디로 가고요?"

"나는 저 형사 옆에서 말하고 있을 테니까 그사이에 택시를 잡아타고 가란 말이야."

이소선은 말을 마치자마자 장기표와 헤어져 전봇대 밑에 있는 형사에 게 갔다.

"장 형사, 왜 여기 이러고 서 있어? 내가 장 형사 만나려고 북부서에 세 번이나 가도 없더구먼."

"이 여사가 나를 찾으러 왔어요?"

"내가 찾으러 갔었지."

"무슨 일로요?"

"내가 꼭 할 말이 있어서 찾으러 갔으니까, 오늘 만나서 얘기합시다."

장 형사가 의아스러운 표정으로 "이 여사가 나를 찾으러 세 번이나 왔어요?" 하면서 순간적으로 뒤를 돌아보는데, 그 시선의 끝에서 장기표가 택시를 잡고 서 있었다. 이소선은 그런 그의 시선을 끌기 위하여 일부러 큰 소리로 긴요하다는 듯 말을 붙였다.

"가만, 이 짐 실어 주고 나서 얘기합시다."

이소선은 머리며 손에 들고 있던 물건들을 잽싸게 택시에 탄 장기표에게 던져 주었다. 기사가 이소선에게 타라고 했지만 이소선은 손을 내저었다. 장기표가 기사에게 출발을 독촉하자 택시는 이내 출발을 했다. 차가 떠나고 나자 이소선은 비로소 가슴을 쓸어내렸다.

뒤를 돌아보니 장 형사는 의심은커녕 여전히 어리둥절한 표정이다. 그도 그럴 것이 평소에 그가 만나자고 치근덕거릴 때마다 냉랭하게 대하던 이소선 쪽에서 먼저 만나자고 청하니 무리도 아니다. 내심 이 기회에 가깝게 지냄으로써 정보를 수집하고자 하는 계산을 하고 있을 게 뻔했다.

"이 여사, 나한테 무슨 할 말이 있소?"

"세 번씩이나 찾아갈 때는 할 말이 있어서 갔겠지, 그냥 갔겠소?"

보채는 그에게 면박을 주며 이소선은 주위를 둘러보았다. 바로 옆에 다방이 있다. 이소선은 다방으로 들어가서 얘기하자고 하며 앞장을 섰다. 장 형사가 쫄쫄거리듯 그의 뒤를 따라왔다. 이들은 다방 한쪽에 자리를 잡고 앉았다. 아가씨가 보리차를 날라 왔다. 이소선이 물잔을 입에 대자 장 형사도 물잔을 들었다. 물을 마시려다 말고 갑자기 짚이는 게 있는지 장 형사는 물잔을 내려놓았다.

"아까 그 사람 누구요?"

이소선은 태연히 물을 마셨다. 장기표를 태운 택시는 벌써 멀리 떠났을 것이다.

"아니, 그 사람이 누군지 몰라서 물어보는 거요?"

이소선은 일부러 시침을 떼고 말했다.

"글쎄, 누구냔 말이오."

장 형사는 안달이 나서 재차 물었다. 이소선은 여유 있게 물잔을 내려 놓았다.

"장기표요!"

장기표란 말에 장 형사는 발을 동동 구르며 미칠 듯이 안달이다.

"장기표? 장기표가 지금 어디로 가는 거요?"

"모르지요. 자기가 도망가는데 나보고 짐 좀 들어 달라고 해서 들어 주었는데, 나한테 어디 간다고 말하고 갔겠소?"

"이 여사한테는 말하고 갔을 게 아니오?"

"그런 말 들은 적 없소."

"아까 그 택시번호가 몇 번이지요?"

"예끼, 여보시오. 내가 지나가는 택시번호를 어찌 안단 말이오."

"그럼 장기표가 어디로 오라고 했소?"

"물어봐도 안 가르쳐 주던데."

"이 여사가 정 이렇게 나오면 지금 서에 전화를 하겠소."

"허 참, 전화할 테면 해!"

이소선은 되레 당당하게 굴었다. 장 형사는 낙담하는 모습이다. 그는 완전히 포기를 했는지 태도를 바꾸었다.

"그건 그렇고 무슨 일로 나를 만나려 했던 거요?"

이소선은 그를 마주보며 천연덕스럽게 대답했다.

"아까 그 사람이 나보고 이사 가는데 짐 좀 내주고, 신작로 택시 타는 데까지 데려다 달라고 합디다. 어찌나 무섭던지 숨어 있는 사람이 있다고 알려 주려고 서에 찾아갔었는데 갈 때마다 장 형사가 없더만. 그래서 알려 주지 못한 거요."

"그럼 딴 사람한테라도 말하지, 왜 말 안 했소?"

"맨날 자기가 담당이니까 무슨 일이 있으면 꼭 자기한테만 말하라고 해서, 딴 사람한테 말하면 안 되는 줄 알았지."

장 형사는 성질이 날 대로 났는지 얼굴이 붉으락푸르락 난리가 아니다.

"그러면 아까는 왜 말 안 했소?"

장 형사는 콩콩 뛰었다.

"아까는 내가 잡으라고 그 사람을 데리고 당신 앞으로 뿌득뿌득 가도 암말도 안 하고 있지 않았소? 내가 당신 앞에 뭐하러 갔겠소? 그때 저 사람 누구냐고 물어보지, 그때는 왜 안 물어봤소? 안 물어보니까 지금 가르쳐 주려고 이렇게 오지 않았는가. 그 사람이 바로 장기표란 말이야!"

장 형사는 벌떡 일어서며 고함을 질렀다.

"전화해서 이 여사도 연행하겠소!"

그 말에 이소선은 어찌나 성질이 나는지 물러서지 않고 맞고함을 쳤다.

"이놈아, 연행하려면 연행해 봐라. 너 이놈의 새끼, 택시 타는 데까지 데려다줘도 안 잡고 전봇대에 기대서서 놀고만 있었지? 네새끼가 안 잡았지 내가 안 가르쳐 주었냐? 내가 도망을 갔냐? 왜 나한테 그래! 잡으라고 옆에 데려다줘도 못 잡고, 찾아가도 없고, 나는 할 수 있는 데까지 다 했는데 어떻게 하란 말이냐? 전화한다고 했으니까 전화 한번 해 봐라. 나는 서까지 데려다주면 내가 다 말하련다. 네놈이 안 잡더라고, 내 말 못 할 줄 아냐? 뭐해, 빨리 전화 안 하고?"

이소선은 숨 한 번 쉬지 않고 그에게 퍼부어 댔다. 장 형사의 태도는 어느새 돌변해 있었다.

"이 여사, 그러지 말고…."

그는 사정하듯이 말했다. 이소선은 여유를 두지 않고 몰아붙였다.

"그러지 말고는 뭐가 그러지 말고야! 내가 전화할까? 장 형사가 안 잡았다고 다 말할 테니까."

이소선은 자리를 박차고 일어나 다방 문을 밀쳤다. 장 형사는 부리나케 쫓아와 이소선의 팔을 붙잡았다.

"나하고 얘기 좀 더 하고 갑시다."

이소선은 이만하면 됐다는 생각을 하면서도 좀 더 몰아붙였다.

"얘기는 무슨 얘기, 이제는 북부서에 가서 말해야겠어. 빨갱이를 잡아 줘도 잡지 않았으니 나도 가서 말해야겠다. 그리고 네놈이 나를 잡아먹으려 드니 나도 너 좀 잡아먹어야겠다."

이소선이 말을 마치고 신작로로 뛰어가니까, 쫓아와서 이소선을 붙든 그는 차 한 잔만 마시고 가라고 애걸복걸이다. 이소선이 그의 손길을 뿌리치고 북부서에 신고하러 가야 한다니까, 그는 뭐라고 신고할 것이냐고 묻는 것이다.

"빨갱이를 잡아 줘도 형사가 안 잡더라는 소리밖에 더 있어?"

장 형사는 그런 이소선을 잡아끌다시피 해서 다방으로 들어갔다.

"이 여사, 이번 일을 없었던 일로 하면 안 되겠소?"

"아, 있었던 일을 어떻게 없었던 걸로 하잔 말이오?"

이소선은 부득부득 우겼다.

"이것은 없는 양으로 하면 되는 게요. 이 여사가 가만히 있고, 내가 가만히 있으면 없는 양으로 되는 것이지요. 이 여사가 일러줘 봤자 오라 가라 하고 좋을 것 하나도 없소."

"오라고 하면, 당신이 안 잡아가더라고 한 가지만 말하면 될 게 아니오?"

"우리는 한 지역에 살고 또 나는 이 여사를 담당하는 사람으로서 서로 좋게 지내야요. 이 여사가 나를 갈궈서 좋을 게 뭐가 있겠소. 그러니까 요번에는 없던 양으로 합시다."

장 형사는 간곡하게 사정을 했다. 이소선은 비로소 표정을 누그러뜨렸다.

"당신이 없는 양으로 하자고 사정을 하니 내 가만 있겠소만, 꼭꼭 품어 뒀다가 언제든지 말할 것이오."

"이런 것은 없었던 것으로 해도 아무것도 아닙니다."

장 형사는 안심했다는 듯 헛웃음을 웃었다. 이소선은 못 이기는 척하고 받아들였다. 이소선은 이렇게 해서 장기표를 도망 보냈다.

이소선은 교회에서 쫓겨난 후 다시는 그 교회에 갈 수 없게 되었다. 그를 보면 교회 사람들은 "뻔뻔한 년, 양심도 없는 년" 하고 외면했다. 이소선이 아무렇지도 않게 여기고, 사람들을 만날 때마다 그저 반가워서 어디 가냐고 옛날처럼 인사를 하면 말도 못 붙이게 했다. 발 없는 말이 천 리 간다고 이미 다 소문이 나 버린 모양이었다.

9년 동안 빠짐없이 새벽기도를 다녔을 정도로 그의 신앙심은 독실했다. 예수를 믿지 않으면 안 되고, 교회를 다니지 않으면 안 되고, 또한 열심히 성경을 읽으면서 기도를 하루도 거르지 않아야 된다고 그는 믿고 있었다. 잠깐 동안이라도 교회에 나가지 못하면 큰 죄를 저지르는 줄로만 여겼던 그다. 소문이 날 대로 다 나서 가까운 교회는 가지도 못하니 소문이 안 난 미아리교회를 다니기 시작했다. 그러면서도 이소선은 그를 쫓아낸 목사님이나 그를 오해한 집사님을 야속하게 여기지 않았다. 비록 지금은 진실을 말할 수 없으나, 세월이 지나면 언젠가는 진실을 밝힐 날이 꼭 오리라는 자신감 때문이었다.

이소선은 그동안 예수를 믿음으로써 마음의 평안을 얻었다. 모든 역경이 닥쳐와도 그 믿음으로 이겨 냈다. 예수란 누구인가, 그가 알기로 예수는 하늘을 날아다니고 공중에 떠 있는 존재가 아니라 민중의 아들로서 고통받는 이들을 위해 그들 대신 십자가에 매달려 죽은 위대한 사람이었다. 그래서 사람들은 그의 훌륭한 삶처럼 살기 위해 그를 믿고 따르는 것이며, 우리 모두의 양심이 곧 예수라고 이소선은 생각해 왔다.

그러면 성경은 무엇인가, 예수님이 처음으로 바르게 생각하고 바르게 살다 바르게 죽었기 때문에 이것을 기록해 놓은 책이 바로 성경책이었다. 바꿔 말하면 성경은 '너희도 이렇게 살아라' 하는 교훈을 가르쳐 주는 책인 것이다. 살아가면서 시험에 닥칠 때면 그 책을 자꾸 확인하고 양심대로 살려고 노력해야 한다. 사람에게는 양심이 있고 비양심이 있는데, 비양심이 '세상이란 다 그런데 왜 꼭 그렇게 사느냐'고 하면, 양심은 '세상이 그렇더라도 원칙과 진실은 이렇지 않느냐' 하면서 싸우는 것이다. 그래서 자신하고 싸우는 것이 가장 힘든 일이라는 것이 이소선의 생각이었다.

기도회와 재판정에서 만난 사람들

그 시절, 민청학련 사건으로 구속된 이들의 가족들은 '구속자가족협의회'를 조직해 당국의 사건조작을 폭로하고 구속자 석방 운동과 민주회복 운동을 펴기 시작했다.

민청학련에 관련된 학생들은 법정에서 '전국민주청년학생총연맹'이라는 이름은 수사기관에서 처음 들었다고 진술하기도 했다. 전남대 김정길은 수사기관에서 '김일성 만세'라고 자꾸 쓰게 해서 시키는 대로 했더니 나중에 그것이 자기 조서에 들어가 있었다고 했다. 김지하, 나병식 등 관련 인사와 학생들은 수사 과정에서 받았던 살인적인 고문행위를 폭로하여 국내외적으로 커다란 파문을 불러일으켰다.

1974년 9월 7일 오전, 비상고등군법회의는 민청학련 사건 주모자급 48명과 2명의 일본인을 포함한 50명에 대해 긴급조치 위반, 국가보안법 위반, 반공법 위반, 내란예비음모, 내란 선동 등의 죄로 선고공판을 열고 사형 8명, 무기징역 9명, 징역 12년 이상 20명을 각각 선고했다. 그러나 1974년 4·3사건 발생일로부터 10개월 12일 만인 1975년 2월 15일, 민청학련 사건 관련자 180명 중 인혁당재건위 관련자 21명과 학원 관계자 4명을 제외한 148명이 출옥했다. 유신독재를 유지하기 위해 조작해 낸 사건이라는 내외의 여론에 이들을 석방하지 않으면 안 되는 상황에까지 밀리게 된 것이다.

이소선은 이 무렵부터 목요기도회에 열심히 나가기 시작했다. 목요기도회는 유신정권 시절에 재야 민주인사들이 모여 '기도회'라는 형식을 빌려 인권 문제를 비롯한 정치적 문제를 다루던 강력한 반정부 집회의 하나였다. 유신 때는 반정부적인 집회를 합법적으로 개최할 수가 없었기 때문에 개신교가 되었든 가톨릭이 되었든 양심적이고 진보적인 성직자들이 앞장서서 기도회라는 형식으로 반정부 집회를 가졌다. 목요기도회는 매주 목요일마다 하는 정기적인 기도회였고, 그 밖에는 노동 문제나 인권 문제 그리고 정치적인 문제가 있을 때마다 당면한 사안에 따라 기도회를 열었다.

이소선이 목요기도회를 비롯한 각종 기도회에 거의 빠짐없이 나가게 된 이유는 전태일 사건 이후에 학생들과 종교인들, 지식인들이 노동자 문제에 관심을 가지고 함께 싸워 준 것이 고마워서였기도 하고, 노동운동이나 민주화운동에 대해서 배우고 싶은 마음이 샘솟았기 때문이기도 했다. 실제로 갖가지 기도회나 특히 민주인사 재판정에 방청을 다니면서 배운 바는 엄청나게 많았다.

이소선은 기도회에 가서 전국 각지에서 벌어지는 사례들을 생생하게 들었다. 이렇게 암울한 시대에도 양심적이고 올바른 사람이 많다는 것을 알고 이 투쟁이 결코 외로운 투쟁은 아니라는 것을 깨달았다. 또 구속된 민주인사들의 재판정에 방청을 가서 그들이 당당하게 재판을 받는 모습을 보고, 묶이고 갇힌 자가 죄인이 아니라 그들을 짓밟고 올라선 자들이 당당하지 못하고 비굴한 죄인이라는 것을 확인할 수 있었다.

김지하가 재판을 받는 것을 들어 보니까 '말뚝이'에 대해서 이야기를 하는데, 김지하의 말이 어쩌면 그렇게 조목조목 맞는지 그날 이소선은 양반집 하인인 말뚝이를 통해서 분배의 정의를 알게 되었다.

함석헌 선생이 불구속으로 재판을 받을 때는 함 선생이 스스로 죄인이 아니라고 주장하며 삼베옷을 곱게 입은 채로 재판장 앞을 왔다갔다 하면서 말했다.

"재판장, 내 말 들으시오. 지금은 우리가 죄인이라고 당신이 재판하지만, 역사로는 당신들이 죄인 되는 날이 올 것인데 두렵지 않소? 정권을 유지하기 위해서 올바로 말하는 사람들을 죄수라고 하지만, 역사로 말할 것 같으면 당신네가 죄인이 되는 거요. 그러니까 나는 당신들이 말하는 대로 앉아서 재판을 받을 만한 죄인이 아니오."

함 선생은 이렇게 그 서슬 퍼런 유신정권을 준엄하게 꾸짖었다.

이소선은 기도회나 재판에 가서 보고 듣고 배운 것을 가지고 밤에는 노동조합에 와서 조합원들에게 열심히 그 얘기를 해 주었다. 그 귀중한 가르침을 조금이라도 더 많이 청계노조 조합원들에게 전달해 주고 싶은 생각에서였다. 조합원들을 항상 그런 곳에 데리고 다니고 싶은 생각이 굴뚝같았지만, 그들은 공장에 가서 일해야 하기 때문에 그럴 수는 없었다. 그래서 자신이 보고 배운 것들을 조합원들에게 열심히 전해 주었다.

이소선이 목요기도회를 다니면서 보고 들은 많은 사례 중에서도 가장 안타까운 것이 인혁당 사건이다.

인혁당이란 것은 애당초 1964년 8월 "북한괴뢰의 지령을 받고 대규모적인 지하조직으로 국가를 변란하려던, 소위 인민혁명당의 정체를 전 국민 앞에 밝히는 바"라는 당시 중앙정보부장 김형욱의 발표에 의해서 알려졌다. 그러나 이 1차 사건은 재판 과정에서 검사 등의 공소유지 불가능을 이유로 기소가 거부되기도 하고 공소가 취하되기도 했다. 그리하여 대부분 무죄판결을 받고 몇몇 사람만 비교적 무겁지 않은 실형을 받았다.

그런데 10년 후인 1974년의 민청학련 사건 때, 과거의 인혁당 사건에 연루된 사람이 또다시 연루되는 경우가 있었다. 이들은 민청학련을 배후 조종하고, 인혁당을 재건하려 기도했다는 이유로 민청학련 2·15석방 때 제외되었다.

이소선은 처음에는 인혁당 사건의 내막을 자세히 알지 못했다. 그러나 정부가 일반 민청학련 사건 관련자와 인혁당 사건 관련자들을 분리해서 조치하고, 또 언론이나 사회여론도 이러한 정부의 의도에 따라가고 있다는 생각이 들었다. 석방운동도 따로따로 하고 있었다. 심지어는 재야 민주인사들마저도 인혁당 사건에 대해서는 별종으로 치부하는 듯한 인상이 짙었다. 이런 가운데 인혁당 사건 가족들이 호소문을 써 들고 기도회에 나와서 읽겠다고 사정하면 사회를 보는 사람이 순서에 넣어 줄 수 없다고 거절하는 예가 한두 번이 아니었다.

인혁당 사건 가족은 끈질기게 기도회나 집회에 나와 자신들의 억울한 사정을 호소했다. 정식순서로 참가할 수 있는 것이 아니고 폐회가 된 뒤 그들이 마이크를 잡고 호소하는 식이었다. 어떤 때는 인혁당 사건 가족들이 나타나 호소하고자 하면 신부나 목사가 그들을 피해 버리는 경우도 있었다.

인혁당 사건 가족들은 "얘기 좀 합시다. 우리가 얼마나 억울하게 됐는데, 그런데도 말도 못하게 합니까?"라며 외면하는 사람들을 아랑곳하지 않고 마이크를 잡고 이렇게 호소했다.

"우리는 인혁당이라는 것을 알지도 못했습니다. 남편들 재판정에서 어느 날 그런 이름이 붙었는데, 우리 남편들은 그냥 순수한 모임이었습니다. 그런데 그것을 별난 모의라고 해서 조작해 낸 것입니다. 증거는 아무것도 없습니다. 우리는 억울합니다. 여기서 끌려든 사람들은 학생도 아니고, 목사도 아니며, 사회에서 뚜렷한 이름을 가진 사람들도 아닙니다. 전부 다 누가 석방운동을 해 주지도 않을 그런 사람들만 끌어모으다가 이렇게 덮어씌워 가둬 놓고 있습니다."

그들의 처절한 호소를 듣고, 많은 사람들이 관심을 갖기 시작했다. 이소선 역시도 이러한 문제를 외면해서는 안 되겠다는 생각이 들어 그들에게 도움이 될 수 있는 일이라면 해야겠다고 마음먹었다. 그러나 그가 할수 있는 일이라는 것은 그들이 싸우는 곳에 가서 함께 싸워 주는 것밖에는 달리 없었다.

훌륭한 성직자들과 민주인사 몇몇을 제외하고는 아직도 인혁당 사건을 이상한 눈초리로 보고 있었다. 그들의 편에 서서 그들이 호소할 수 있는 자리를 마련해 주고, 잘못된 시각을 바로잡아 주고, 고통당하는 가족들에게 따뜻한 위로의 말 한마디라도 해 주어 그들에게 큰 힘이 되어 주는 사람은 많지 않았다. 가족들의 억울한 사정을 구구절절이 적은 호소문은 눈물 없이는 읽어 내릴 수가 없었다. 그 호소문을 읽어 나가면서 이소선은 그러한 현실이 안타까웠다.

점차로 인혁당 사건 가족들의 호소가 많은 사람들의 호응을 얻게 되고, 석방운동이 활발해졌다. 그러자 중앙정보부에서 그 가족들을 탄압하기 시작했다.

다음은 당시 인혁당 사건으로 무기징역을 선고받은 전창일 씨의 부인 임인영 씨가 증언한 사례다.

나는 스스로 '정보부를 한번 들어가 봐야겠다'고 마음먹었다. 그 이유는 남편이 재판정에서 그렇게 억울하다고 얘기하는데, 그래도 이 사람이 뭔가에 묶여 있으니까 정보부에서 묶지 않았겠나 생각했기 때문이다. 무기징역을 살 정도면, 저들이 남편에 대해 뭔가 의심스러운 게 있지 않겠는가 하는 의문이 항상 나를 따라붙었다. 나는 중앙정보부에 들어가서 애 아빠를 취조한 수사관을 붙들고 남편에 대한 것을 물어봐야겠다는 생각을 차차 굳혀 갔다.

내가 만나자고 해도 그들은 만나 주지 않으니까, 내가 과격하게 행동하면 만나 주겠지 하는 생각을 했다. 그래서 나는 인혁당 사건에 대한 호소문도 더욱더 과감하게 써서 배포하고, 고문에 대한 것도 폭로하였다. 그러고 나서 '이제는 잡으러 올 것이다' 하고 집에서 마음의 준비를 하고 기다렸다. 아니나 다를까 어느 날, 청량리경찰서 담당 직원이 찾아왔다. 우리 집에는 남편과 관계있던 사람들이 늘 드나들었기 때문에 나는 어떻게 왔느냐고 물었다. 형사들이 난처한 듯 머뭇거리다가 "저 아줌마, 중앙정보부에서 좀 모시고 오래요"라고 하였다.

나는 기다렸다는 듯이 "나 데리고 오래요?"라고 했다. 형사들이 그렇다고 대답해서 나는 아이들에게 "아이고 가야지. 얘들아, 나 빨리 갔다 올 거다" 하면서 형사들을 따라나섰다. 나의 그런 태도에 오히려 형사들이 놀라는 눈치였다. 중앙정보부라는 이름만 들어도 무서워서 당황해하거나 '왜 데려가려 드느냐'며 버티며 몸싸움이라도 한 바탕 해야 하는데, 되레 반가워하면서 따라나서니 놀라는 것도 당연했다.

이렇게 해서 나는 그 악명 높은 중앙정보부에 연행되어 갔다. 처음에는 혼자만 잡혀 들어온 줄 알았다. 나중에 알고 봤더니 같은 시간에 인혁당 사건 관련 가족 10여 명을 동시에 연행한 것이다. 대구에서도 잡아오고 서울에서도 잡아들이고 해서 여자 10여 명을 연행했다. 연행되어 와서는 각자 다른 방에 있었으니까 서로 그런 줄을 몰랐다.

어떤 방엔가 앉혀져 잠시 기다리니까 과장이라는 사람이 들어왔다. 키가 조그맣고 얼굴이 새까맣게 생긴 사람이었다.

"흥, 생긴 건 빤빤하게 생겨 가지고…."

그 사람은 대뜸 반말지거리를 했다. 나는 그를 쳐다보지도 않고 아무런 대꾸도 하지 않았다. 그랬더니 그 사람이 조금 후에 점잖은 태도로 학교를 어디 나왔느냐고 물었다. 내가 몇 마디 대꾸를 해 주자 그 사람은 밖으로 나갔다. 이어서 취조관이 들어왔다. 취조관이 나를 취조하려고 들기에 나는 소리를 지르듯 말했다.

"내 남편 취조한 취조관을 데려오시오."

"아이고 아줌마, 아저씨 취조한 사람은 데려다 뭐하게요? 우리하고 얘기합시다."

나는 공책 3페이지 정도 되는 공소장을 달달 외우고 있던 터에 취조관에게 항의하듯 따지고 들었다.

"아니오. 나는 우리 아저씨가 재판정에서 한 얘기도 있고, 공소사실을 보면 3페이지밖에 안 되는데 그것을 가지고 무기징역이 뭐야! 그게 도대체 있을 수 있는 일이야? 자, 봐라. 무슨 책이 걸렸다고 하는데, 그것은 시중에서 파는 책이다. 그리고 다방에서 국가변란을 모의했다고 하는데, 내가 그 다방 가 봤다. 가 보니까 의자가 요렇게 다닥다닥 붙어 있는 게 거기에서 국가변란을 모의해? 정신이 빠진 사람이 아니고 그런 데서 국가를 변란하기 위한 모의를 할 수 있겠어? 거기에서는 어려운 사람들이 오면 차 마시고 식사 대접했다고 하더라. 그래 당신들은 그런 데서 국가변란 모의를 하냐?"

내가 얘기하는 동안 취조관은 내내 말을 못 하고 가만히 앉아 있기만 했다.

"전창일이 의심나는 것 있으면 말해 봐라. 그러면 나는 석방운동 안 해. 너희들이 당장에 증거만 대고 전창일이 의심스러웠던 것만 대 주면 석방운동 안 해. 그러니까 빨리 데려오라고."

내가 바락바락 소리를 질러 대니까 밖으로 나갔던 과장이라는 사람이 다시 들어왔다. 과장은 사나운 눈초리로 나를 노려보며 말했다.

"아니, 여기가 어딘 줄 알고 떠들어? 저것 맛 좀 봐야겠네?"

과장이라는 사람이 눈을 부라렸지만, 나는 물러서지 않았다. 인혁당 사건이 조작된 것이라면 내가 이들의 협박에 굴할 아무런 까닭도 없다고 생각했다.

"왜 고문해서 조작했냐? 너희들에게 고문해서 빨갱이 만들라는 권한이 어디 있냐?"

과장은 더욱 싸늘한 눈매로 나를 노려보다가 고함을 질렀다.

"저것 진짜 한번 혼 좀 내야겠네. 저년 당장 고문실로 데려가!"

"그래, 내 남편이 받았다는 고문, 나도 받아 보는 게 소원이다. 가자 가!"

과장이라는 사람하고 취조관은 서로 얼굴을 마주 보며 나의 태도에 놀라는 모습이었다. 그들은 나를 그 방에서 데리고 나왔다. 그러나 고문실로 데려가지는 않고 다른 방으로 데려갔다. 그리고 비교적 공손한 태도로 취조를 했다.

"아주머니, 자꾸 남편이 억울하다고 하는데 남편 공판기록을 보시겠습니까?"

"그래요, 가져와 보세요. 한번 봅시다."

취조관이 캐비닛에서 공판기록을 꺼내 전창일 부분을 펴서 보여 주었다. 그것을 보니까, 판사가 "국가변란을 모의했습니까?"라고 묻는 말에 "네, 했습니다"라고 한 것으로 되어 있었다. 뿐만 아니라 다른 질문들도 재판정에서 전혀 그렇지 않다고 했는데 전부 "네, 했습니다"로 뒤집혀 있었다. 순간적으로 이수병 씨를 맡은 조순갑 변호사가, 공판기록이 조작됐다고 했던 말이 떠올랐다. 그 얘기를 전해 들을 때는 설마 했었는데, 이렇게 직접 눈으로 확인하고 나니 눈이 확 뒤집혔다.

"아니, 공판기록이 조작됐다고 변호사님이 말하더니 이것 좀 봐! 법정에서 '국가변란을 모의했습니까?' 하니까 '우리는 국가변란 모의가 뭔지도 모르고 우리는 그런 것 하지도 않았습니다'라고 대답하는 것을 내가 똑똑히 들었는데, 이게 뭐야! 다 했다고 되어 있잖아. 당신들, 이런 짓까지 해도 되는 거야? 하늘이 무섭지도 않냐!"

내가 팔팔 뛰며 몰아붙이자 취조관은 얼른 공판기록을 덮어 버리고, 그 얘기를 다시는 꺼내지 않았다. 같은 정보부 내에서도 공판기록을 조작한 부서가 다르기 때문에 그 취조관은 조작사실을 모르고, 그 기록을 보여 주면서 나를 설득해 보려고 한 모양이었다.

3일 동안 조사를 받으면서 나는 그런 식으로 싸워 나갔다. 내가 워낙에 강력하게 싸운 탓인지 조사기간 내내 비교적 험한 대우를 받지는 않았다.

임인영 씨와는 달리 다른 가족의 경우는 온갖 비인간적인 모욕과 고문을 당하기도 했다. 그중에서 ○○○ 씨의 부인은 치 떨리는 야만적인 고문을 당했다고 한다.

그는 정보부에 끌려가자마자 온갖 더러운 욕설을 들어야 했다. 특히 미국인 오글(한국명 오명걸) 목사가 인혁당 사건을 비롯한 한국의 인권 문제에 많은 관심을 기울이고 있는 것을 두고 그들은 '그 미국놈들 왜 쫓아 다니냐'며 입에 담기에도 더러운 욕을 했다.

○○○ 씨 부인은 그때 코트를 입은 채 연행되었는데, 먹살을 잡고 얼마나 세게 흔들었는지 나중에 석방되어서 나온 뒤에도 목 언저리에 먹살 잡힌 코트 자국이 선연히 남아 있을 정도였다. 그런 폭행을 처음 당해 보았기에 그는 너무 놀라서 기절을 하기도 했다고 한다. 또 취조당하는 과정에서 너무도 숨이 차고 목이 타서 물을 달라고 하자 그들은 하얀 색의 물을 가져다주었다. 순간적으로 이상하다고는 생각했지만 그저 물인 줄만 알고 반쯤 마셨는데, 물을 마시고 나니 갑자기 성욕이 솟구치는데 못 견딜 정도였다. 물에다가 흥분제를 탄 것이다. 견딜 수가 없어서 바닥에서 막 데굴데굴 구르는 그의 모습을 지켜보던 정보부 요원들은 자기네끼리 짐승처럼 웃고 있었다고 한다. 그가 어느 정도 진정되자 그들은 "자, 네 남편은 간첩이다. 그러니까 네가 직접 네 남편은 간첩이라고 써라" 하

고 강요했고, 그는 강요에 못 이겨 남편이 간첩이라고 자신의 손으로 진술서를 쓰고 말았다 한다.

○○○ 씨 부인은 그런 치욕적인 고문을 당하면서 거짓 진술서 쓴 것을 가책하여 석방된 뒤 "나는 죽어야 돼. 죽어야 돼" 하면서 일절 사람을 만나지 않았다. 하루는 자기가 남편을 간첩이라고 진술서를 써 주었기 때문에 남편이 죽게 될 것이라고 생각되어 남편의 사진을 다 태워 버렸다고 한다.

그는 남편의 사진을 불태우고 나서 자식들과 함께 죽기로 작정하고 쥐약을 사 왔다. 아이들에게는 쥐약이라는 얘기를 하지 않고 몰래 먹인 뒤 자신도 먹고 죽으려 했다. 방 안에 아이들 셋을 앉혀 놓고, 약 뚜껑을 열고 쥐약을 먹이려고 하니 아이들이 눈치를 채 버렸다. 엄마의 태도가 이상했던 것이다.

"안 먹어, 안 먹어! 우리는 안 먹을 거야. 왜 쥐약을 먹이려고 해!"

"먹어야 돼. 이리 와, 이거 먹고 우리는 다 같이 죽어야 돼."

이렇게 엄마와 아이들이 서로 울면서 실랑이를 벌이는데 마침 친정 어머니가 들어와 약병을 빼앗고는 그들을 모두 끌어안고 하염없이 통곡했다고 한다.

○○○ 씨 부인은 그 뒤 임인영 씨 등 인혁당 사건 가족과 양심 있는 성직자들, 그리고 재야인사들의 위로와 관심으로 용기를 얻어 자신이 당했던 일들을 폭로하고 목요기도회에도 나오게 되었다.

인혁당 사건 가족들의 피맺힌 한

1975년 4월 8일, 대법원은 민청학련 및 인혁당 사건 관련 상고자 39명의 형량을 원심대로 확정했다. 이 중 인혁당재건위 관련자 8명(서도원, 도예종, 하재완, 송상진, 이수병, 우홍선, 김용원, 여정남)은 사형을 확정받았다. 대법원은 사형이 확정된 바로 이튿날 이들의 사형을 집행했다.

사형이 집행된 다음 날은 목요기도회가 있는 날이었다. 이소선은 여느 때와 마찬가지로 목요기도회에 참석했다. 전날 억울하게 사형당한 사람들에게 조의를 표하는 뜻에서 모두가 검은 리본을 달았다.

그 자리에서 인혁당 사건으로 무기징역이 확정된 전창일 씨 부인이 사건 경위를 발표했다.

"여러분이 그렇게 석방운동을 해 주셨는데, 우리 인혁당 사건 8명의 목에 기어이 밧줄이 걸려서 죽고 말았습니다. 우홍선 씨는 가족면회도 한번 하지 못했습니다. 육영수를 죽인 문세광도 가족면회를 시키고 죽였다는데, 이 사람이 무슨 죄가 있다고 이렇게 죽어야 합니까. 사형되기 전날까지 쫓아다녔는데, 우리도 그때까지 죽인다는 생각은 전혀 못 했습니다. 어떻게 생사람을 잡아다가 그렇게 전격적으로 죽일 수가 있습니까. 형이 확정된 바로 그다음 날 집행할 수밖에 없는 저들, 그들은 스스로 인혁당 사건이 조작임을 증명한 셈입니다.

어제 구치소로부터 통보가 와서 우리 가족들은 구치소로 갔습니다. 제가 어제 서울구치소로 갔더니 구치소 넓은 홀은 텅텅 비어 있고 정보부 요원들만이 서성이고 있었습니다. 교도소 놈들은 저희들끼리 웃고 놀면서 돈치기 놀이를 하고 있었습니다. 서울에 사는 우홍선 씨의 부인, 김용원 씨의 부인은 개인적으로 시체를 찾아갔습니다. 그러나 집이 대구인 다섯 분의 시체는 대구까지 모시고 갈 수가 없습니다. 그래서 함세웅 신부님과 문정현 신부님, 그리고 우리 가족들이 의논한 끝에 함세웅 신부님이 계시는 응암동성당에서 합동장례식을 갖고 명동성당 공동묘지에 모시기로 했습니다.

그런데 경찰들이 합동장례식을 하지 못하게 시체를 탈취해서 가족들을 따돌리고 대구로 내려가 버렸습니다. 나머지 시체들은 다 빼앗기고 송상진 씨 부인만이 시체를 빼앗기지 않고 가까스로 도망쳐 나와 응암동성당으로 가려고 했는데, 지금 응암동 삼거리에서 경찰들이 앞뒤를 가로막고 있습니다. 죽은 시체가 말을 합니까? 저들은 죽여 놓고도 합동장례식마저 못 하게 시체를 빼돌렸습니다. 여러분, 도와주세요. 하나 남은 시체라도 빼앗기지 않으려면 여러분의 힘이 필요합니다. 함께 가 주세요!"

그의 호소는 애절했다. 피눈물을 토해 가며 호소하는 그의 모습은 기도회에 자리한 모든 사람의 마음을 움직였다. 그의 호소가 끝나자마자 자리에 앉았던 사람들은 모두 일어섰다. 그리고 단 한 사람도 빠지지 않고 응암동으로 향했다.

임인영 씨가 얘기한 대로, 응암동 삼거리에는 사형당한 사람들의 가족이 경찰에 둘러싸여 있었다. 그 가운데서 한 어린 여학생이 울부짖고 있었다. 여학생은 경찰들을 향해 죽은 아버지의 얼굴을 한 번만이라도 보게 해 달라고 애원하였다. 이소선은 그만 가슴이 꽉 막히는 것 같았다.

그때 마이크로버스 한 대가 막 움직이고 있었는데, 이들 일행 중 한 사람이 그 여학생의 이름을 부르면서 그의 아버지가 버스에 있다고 소리를 질렀다. 이소선과 몇 사람이 득달같이 달려가서 마이크로버스를 가로막았다. 버스는 더 나아가지 못하고 멈춰 섰다. 나중에 알고 봤더니 시신을 실은 버스를 경찰이 빼앗아 화장터로 향하던 중이었다. 이소선이 멈춰 선 차의 문을 발로 걷어차고 땅바닥에서 돌을 주워들어 유리창을 깨버리려고 덤벼드니까 차 안에 타고 있던 자가 왜 그러느냐면서 문을 열었다.

이때를 놓칠세라 얼른 차 문을 열어젖히고 올라가니까 검정색 칠을 한 관짝이 놓여 있었다. 무슨 노끈 같은 것으로 두어 번 엉성하게 묶인 상태였다. 이소선은 손에 들고 있던 돌로 관짝을 마구 내리쳤다. 너무 날치기 관이어서 그런지 어렵지 않게 관을 부술 수가 있었다. 관짝을 열어젖히니 죄수복을 입은 채로 죽은 시체가 모습을 드러냈다.

"○○○ 아버지 여기 있다!"

"○○○ 아버지가 맞다!"

이소선은 정신없이 소리를 질렀다. 소리를 지르면서 관을 차 밖으로 끌어내리려고 하는데 그의 뒤에 있던 경찰이 차 밖으로 그를 밀어냈다. 이소선은 죽을힘을 다해 버티면서 연신 "○○○ 아버지가 여기 있다"고 소리 질렀다.

그의 목소리를 들은 많은 사람들이 몰려와서 마이크로버스를 에워쌌다. 그러자 기동경찰들이 나타나 그들을 포위했다. 경찰들은 그들을 밀어내고 차를 뺏으려 들었다. 시체를 지키기 위해 사람들은 경찰과 몸싸움을 벌였다. 한동안 차를 뺏으려고 하는 경찰과 지키려는 그들 사이에 실랑이가 계속되었다. 그들은 결사적으로 막았다. 그러나 결국, 수적으로 우세한 경찰이 그들을 밀어내고 차를 움직였다.

그때 문정현 신부가 "이 자리가 내가 죽을 자리다"라고 외치더니 시동이 걸린 버스 앞으로 달려가 큰대 자로 누워 버렸다. 경찰들은 버스 앞에 누워 있는 문정현 신부를 무시하고 버스를 움직였다. 버스 바퀴가 문정현 신부의 다리 위로 달려들었다.

이소선은 눈을 가렸다. 온몸이 와들와들 떨렸다. 눈을 가렸던 손을 치우자 시뻘건 피가 시야에 들어왔다. 모두들 경악했다. 어떻게 사람이 앞에 있는데도 버스를 달리게 한단 말인가. 그들은 앞을 가로막은 경찰들을 밀었다. 그러나 워낙에 수로 열세인 탓에 경찰들의 벽을 뚫을 수가 없었다.

그러는 사이에 집게차가 나타났다. 집게차는 버스를 공중으로 들어올리더니 그들이 발을 구를 새도 없이 화장터를 향해 사라져 갔다. 이소선은 그만 바닥에 털썩 주저앉았다. 여전히 그의 몸은 와들와들 떨렸다.

문정현 신부는 병원으로 옮겨졌다. 다리를 크게 다쳤다. 생명에는 지장이 없었지만 그때 다친 다리로 인해 평생을 절뚝거리게 되었다.

인혁당 사건 가족들의 그 피맺힌 한을 어찌 다른 사람들이 짐작이나 할까! 이소선은 이 사건 이후로도 그 가족들을 보면 너무도 가슴이 아파 조금이라도 위로할 수 있는 방법이 무엇일까 생각하곤 했다.

작은 혁명

노동교실 되찾기 투쟁에서 승리하다

노동자의 생존을 위한 크고 작은 집단적 투쟁은 끊임없이 이어졌다. 1974년 9월 19일, 울산의 현대조선소 노동자 2,500여 명은 도급제 철폐, 사원과의 차별대우 철폐, 해고 금지, 임금 인상, 노조 결성 보장 등 13개 요구 조건을 내걸고 경비실과 승용차 등에 불을 지르며 16시간 동안 싸웠다. 요구를 관철하기 위해 경남 도내 16개 경찰서의 경찰과 대치했다.

언론에서는 이 사건을 두고 일방적으로 노동자들의 폭력적인 행위만 들춰내면서 왜 노동자들이 이렇게 극한적인 투쟁을 하지 않으면 안 되었는지, 그리고 자본가가 어떻게 노동자를 억압하고 착취하는지에 대해서는 언급하기를 회피했다.

현대조선소 노동자들의 이 폭발적인 투쟁도 조직적이고 지속적이지 못해 결국은 경찰의 대대적인 진압에 의해 663명이 연행되고 21명이 구속된 채 끝을 맺었다.

한편 조직적인 한국모방(원풍모방) 노동자들의 노조민주화 투쟁에 이어, 역시 투쟁을 통해 반도상사노동조합이 결성되었고 이후 유신정권의 생명을 단축시키는 데 결정적인 역할을 한 YH노동조합도 결성되었다.

청계피복노동조합은 유신 이후 정치권력과 자본으로부터 집중적이고 교묘한 탄압을 당하면서 투쟁이 위축되었다. 당국은 노사협조주의, 새마을정신 등의 지배논리로 노동자를 길들이는 한편 노동조합을 노동 통제의 기구로 활용하고자 기도했다.

이 같은 분위기에서도 결코 물러설 수 없는 청계천 평화시장 노동자들의 권리투쟁이 1975년부터 새롭게 시작되었다.

청계천 평화시장 노동자들은 배우고 싶어도 배울 수 있는 기회를 박탈당한 채, 오직 먼지구덩이 다락방 속에서 저임금과 장시간 노동을 강요당해 왔다. 노동조합에서는 국민학교를 겨우 졸업했거나 아예 국민학교조차 제대로 나오지 못한 대다수 노동자들의 배움에 대한 갈망을 약간이라도 채워 주고 그들이 자신의 권리를 스스로 찾는 데 도움을 주기 위해서 노동교실을 만들었다. 그러나 정부 당국은 노동조합의 이러한 목적과는 달리 노동교실을 새마을운동의 방향으로 이끌어 가려 하며 사용주들을 앞세워 노동교실 운영권을 노동조합이 갖지 못하게 하고 사용주들이 독점하게끔 했다.

노동교실 개관식 때 함석헌 선생을 초청했다며 트집을 잡았던 경찰은 이를 탄압의 빌미로 삼았다. 사용주들은 노조와 함께 설립한 노동교실의 운영에 노조가 개입할 수 없도록 하기 위하여 온갖 방해를 일삼았다. 사용주 대표인 동화상가주식회사의 유인규 사장은 노동교실을 지부와 관계없이 독자적으로 운영할 것을 선언하고 관리실장 등을 1년 반 넘게 일방적으로 임명·관리했다.

그동안 노동조합에서는 노동교실의 주체는 노동자이며 노동자를 대표하는 노동조합에 운영권을 인도해야 함을 수차례에 걸쳐 요구했고, 노동청에까지 가서 노동교실 문제에 대해 협조해 줄 것을 요청했으나 노동청과 사용주는 노동조합의 요구를 묵살한 채 기만적인 술책을 썼다. 그들의 태도를 지켜봐 오던 조합원들은 서서히 분노하기 시작했다. 하루 종일 일에 시달린 지친 몸에도 조합원들은 막차를 타고 창동 이소선의 집에서 모였다.

"이대로 우리가 애써 만든 노동교실을 빼앗길 수는 없다. 우리가 노동교실을 만들기 위해 얼마나 힘들게 모금을 하고 또 장시간 노동도 감수했나. 그 이익금을 노동교실을 만드는 밑거름으로 썼지 않았나."

"그래 맞아, 사용주들은 자기네들이 돈을 내서 노동교실을 만들었다고 생각하나 본데, 우리가 한 달 동안 작업시간을 연장해서 뼈 빠지게 일을 한 것은 생각지 않는 모양이지."

"우리가 골병들도록 일해 주지 않으면 자기네들이 어떻게 돈을 벌겠어? 사장들은 이 세상 모든 것을 자기 것으로 손아귀에 틀어쥐어야만 직성이 풀리는 족속들인가 봐. 이대로 있어서는 안 돼. 참는 것도 한도가 있지. 이번엔 우리가 모여서 본때를 보여 줘야 한다구!"

이렇게 저마다 사용주 측의 부당한 처사에 분개하면서, 노동교실은 싸움을 통해서 찾아야지 교섭을 통하거나 행정적인 절차를 밟아서는 해결될 사항이 아니라고 결론지었다. 투쟁을 하자는 의견이 모아졌다. 방법상으로는 1975년 2월 7일 점심시간을 이용해 동화상가 옥상에 있는 노동교실에 기습적으로 집결하여, 노동조합이 노동교실을 인수할 때까지 농성할 것을 결정했다. 동시에 점심식사가 끝날 무렵인 오후 1시 20분쯤에는 동화상가를 비롯한 각 상가의 공장을 방문, 조합원들이 자발적으로 참여하게끔 선전선동을 하기로 했다. 이를 위해서 각자 역할을 나누어 맡았다.

드디어 2월 7일 오후 1시 20분. 조합원 동원조는 일제히 흩어져 상가 복도를 누비며 외쳤다.

"여러분, 못 배운 우리들이 지친 몸을 무릅쓰고라도 배우고자 노동교실을 만들었습니다. 그런데 그 노동교실을 사용주들이 일방적으로 운영해 옴으로써 노동교실의 주인인 우리들은 쫓겨나고 말았습니다. 여러분, 우리들의 소박한 희망마저 가로채 간 저 간악한 사용주들을 응징하고 우리의 노동교실을 우리 힘으로 찾읍시다. 모두들 지금 곧바로 동화상가 옥상에 있는 노동교실로 모입시다!"

기계를 멈추고, 하던 일손을 털고 250여 명의 조합원들이 노동교실로 모여들었다. 교실 안이 꽉 들어찼다. 조합원들은 사용주 측에서 채용한 관리실장을 내몰고 서둘러 문 앞에 바리케이드를 쳤다. 이어 조합원들이 노래를 불렀다.

우리 승리하리라
우리 승리하리라
우리 승리하리 그날에
오, 참맘으로 나는 믿네
우리 승리하리라

노래는 모두를 하나로 묶어 주었다. 어떤 조합원들은 즉석에서 연설을 했다. 별다른 순서도 없이 노래를 부르고 연설도 하면서 농성을 계속했다.

두어 시간가량 지나자 갑자기 빛이 번쩍이기 시작했다. 기자들이 와서 사진을 찍는 것이다. 조합원들은 기자가 왔다고 더욱더 기가 살아났다.

기자들이 왔다 간 이후에야 노동청 근로감독관이 코빼기를 내비쳤다. 지부장과 농성 조합원 대표 5명은 노동청 중부지방사무소장과 유인규를 비롯한 사용주 측과 회의를 시작했다. 이 자리에서 노동조합의 요구에 대해 사용주 측은 궁색한 이유를 내세워 자신들이 운영해야 한다고 주장했다. 심지어 유인규 사장은 "교실 운영권 다툼이나 하는 노조는 필요 없다. 그런 노조는 해산시켜 버리겠다"는 망발을 했다. 이는 교섭대표들의 분노를 폭발시켜, 회의장은 험악한 분위기로 돌변했다. 최종인 지부장은 탁자를 들어 엎으며 유인규 사장에게 망발을 취소하고 사과하라고 요구했다.

7시간여의 농성과 협의 결과, 사흘 이내에 합리적인 처리방안을 사용주 측에서 내놓기로 하고 회의는 일단락되었다. 수차례의 협의를 거쳐 마침내 3월 19일, 노조에서 주장한 요구가 관철되어 노동교실을 사용주로부터 인수하게 되었다.

노동교실을 인도할 때 사용주들은 사용주 찬조금으로 마련된 건물 임대료 200만 원과 개관 당시 외부로부터 기증받은 비품만은 노조에 넘겨줄 수 없다고 주장했다. 노동청에서도 이에 동조했다. 그리하여 노조에서는 을지로 6가에 소재한 협성빌딩에 노동교실을 새롭게 마련하고 비품 일체를 인수받았다. 이로써 결국 노조의 투쟁으로 노동교실을 노조의 품으로 가져왔다. 이 투쟁은 지금까지의 투쟁과는 다른 양상을 예고하는 것이었다.

이 1975년 노동교실 찾기 농성투쟁 직후 이소선은 낯선 사람이 찾아와서 건네주는 편지 한 장을 받았다. 장기표가 보낸 것으로, 부산 태종대에서 만나자는 내용이었다. 이소선은 '아, 그동안 무사했구나! 무소식이 희소식이라더니, 부산에 가서 숨어 지냈구나. 잘못되어 잡히기라도 하면 죽든지 장기징역을 살아야 될 텐데 용케도 잘 숨어 있었구나' 하는 마음에 반갑고도 안심이 되었다.

이소선은 약속된 날짜에 맞춰 부산 태종대에 갔다. 거기서 만난 장기표는 스님이 되어 있었다. 서울에서 숨어 있기가 어려워서 한 사찰에 들어가 그동안 스님생활을 했다는 것이었다. 장기표는 곧바로 서울로 올라갈 테니 거처를 마련해 주었으면 좋겠다고 했다. 그와 헤어져 서울로 올라온 이소선은 은밀히 사람들을 만났다. 장기표가 부탁한 말들을 전해주고 또 그가 기거할 곳을 마련해 놓았다.

얼마 후 장기표는 서울에 모습을 나타냈다. 머리에 가발을 쓰고 신사복을 입은 탓에 승려의 모습은 어디에서도 찾아볼 수 없었다. 그는 보문동에다 방을 얻어 놓고 이소선의 작은아들 전태삼이 다니는 공장에 시다로 잠깐 취직했다가, 이어 미싱사로서 청계노조 간부인 김혜숙의 소개로 중부시장에 있는 공장에 취직했다. 김혜숙의 언니 밑에서 시다로 일하며 그곳에서 먹고 자게 되었다.

11월, 전태일

11월이 가까워지면 이소선의 몸은 천근만근이 된다. 해마다 아들 전태일이 죽은 날이 다가올수록 온몸이 쑤시고 등허리가 당긴다. 골은 뭐라고 형언하기 어렵게 무겁고 아파 온다. 전태일의 5주기를 앞두고 조합원들의 움직임은 빨라졌다. 조합원들은 이번 추모행사만큼은 의미 있는 행사가 되어야 한다고 단단히 별렀다.

현장 조합원들은 1970년 전태일의 장례식에 이어 이듬해인 1주기 때만 해도 추도식을 규모 있게 치렀다. 전태일의 뜻을 기리고 이를 투쟁의 전열을 새롭게 가다듬는 계기로 삼았다. 그러나 유신 이후부터는 형식적으로 치르게 되었다. 평소에 줄곧 이를 안타까워하던 조합원들은 스스로 문제의식을 느끼는 한편 이를 극복하고 시정해야 한다고 생각하기 시작했다.

노조 집행부의 추도식이 형식적으로 치러진다고 생각된 가장 큰 이유는 무엇보다도 추도식 행사에 가장 많이 참석해야 할 청계노조 조합원들을 비롯한 노동자들이 참석할 수 없다는 점 때문이었다. 노동자들이 공장에서 일을 해야 하는 평일 낮 시간에, 그것도 묘소에 가서 식을 하기 때문에 조합원들이 참석하고 싶어도 할 수가 없었다. 몇 년 동안은 단체교섭을 통해서 11월 13일을 대체휴일로 정해 많은 조합원들이 추도식에 참석했으나, 이후 대체휴일이 취소되는 바람에 추도식에 참석하려면 결근을 하지 않을 수 없게 되었다.

또한 추도식도 행사를 위한 행사가 되어 가고 있다는 비판이 있었다. 투쟁이 없는 행사라는 데서 나온 문제의식이었다. 전태일의 죽음은 노동자의 각성을 불러일으키고 노동자의 단결된 투쟁을 호소했으므로, 전태일의 죽음을 진정으로 추모하는 길은 뭐니뭐니 해도 당면한 투쟁을 가장 올바르게 수행하는 것이라는 주장이었다.

이와 같은 주장에 따라 뜻있는 조합원들은 11월 13일, 노조 집행부가 주최하는 묘소에서 거행되는 추도식과는 별도로 조합원들이 일을 끝내고 참석할 수 있는 시간인 저녁 8시에 노동교실에서 추도식을 개최한다는 계획을 세웠다.

그러한 추진의 계기는 지부장컵 쟁탈 등산대회에서 시작되었다. 청계피복노조에서는 해마다 가을이면 정기적으로 '지부장컵 쟁탈 등산대회'를 개최해 왔다. 이 등산대회는 매년 백여 명가량 참가하는 행사로서 조합원들의 단합과 조직강화 사업의 일환으로 실시되었다. 그해에는 11월 3일에 이 등산대회를 했다. 이날, 다가오는 13일 추모행사를 의미 있게 치르기로 계획했던 몇몇 조합원들은 뜻을 함께하는 조합원들을 규합하는 기회로 삼았다.

이소선과 추진 주체들은 등산을 하면서 자신들의 생각을 얘기하고 동조의 뜻을 비치는 믿을 만한 사람들과 별도의 약속을 정해 만나기로 했다. 이렇게 해서 이소선과 조합원들은 창신동 낙산시민아파트 박형만의 집에 모였다.

이날 이렇게 모인 사람은 이소선을 중심으로 양승조, 김혜숙, 민종덕, 박형만, 전인철, 김채진, 이숙희, 차인애, 이순자, 김복실, 배철수, 윤현숙 등이었다. 한 방에 들어가기에는 낙산아파트 방이 비좁은 숫자였다. 그 자리에 모인 이들이 주축이 되어, 사람들을 더 규합해서 '전태일 동지

5주기 추모위원회'를 만들기로 했다. 할 일을 나누어서 일을 처리하기로 하고 이 모임의 대표로 양승조를 뽑았다. 모든 업무를 기획하고 선전하는 일은 민종덕이, 대외적인 섭외활동은 이숙희가 맡기로 했다. 조직활동은 가장 중요한 일이라 모두가 책임을 지기로 했다. 조직활동에 각별히 신경을 쓰자는 결정을 끝으로 이날 모임은 끝났다.

추모위원회 회장을 맡은 양승조는 전태일 친구들의 친구로서, 전태일이 죽고 난 직후부터 노조활동을 시작했다. 지난번 노동교실 개관식을 둘러싼 문제 때문에 조합 간부직을 내놓고 활동해 오고 있었다. 추모위원들 중에 유일하게 상근간부를 지낸 사람이기도 했다.

그날 창신동 낙산시민아파트에서의 모임 이후 추모위원회 회원들은 자주 만날 필요가 있어 광희동에 방을 얻어 놓고 자취를 하는 회원 배철수의 집을 모임 장소 겸 연락처로 쓰기로 했다. 회원들은 날마다 일을 끝내고 광희동 배철수의 집으로 모여, 밤새도록 토론하고 실무적인 일들을 처리했다.

위원들은 아침 8시에 공장에 출근해서 하루 종일 일을 하고, 밤 10시나 11시에 퇴근해서는 광희동 배철수의 집으로 와서 또 밤늦도록 토론하고 실무를 해야 했다. 아침에 해가 뜨면 눈을 비비고 또 일하러 나갔다. 이소선은 이들의 뒷바라지를 하면서 함께했다. 지치지도 않고 열성적으로 활동하는 그들이, 자신을 어머니라고 부르는 그들이 이소선은 눈물겹도록 믿음직스럽고, 고맙고, 사랑스러웠다. 저들의 열정은 어디로부터 비롯되는 것일까, 결코 나이가 젊어서만 그런 것이 아니라고 이소선은 생각했다.

전태일 5주기 추모행사

1975년 11월 13일, 전태일이 자신의 몸에 불을 붙이고 산화한 지 5년이 되는 날이었다. 이소선은 아침 일찍 묘소에 갈 채비를 해 놓고 노조사무실에 갔다. 관광차 한 대 인원의 조합 간부와 조합원들이 이른 아침에 묘소로 향했다. 추도식은 말 그대로 엄숙하게 진행되었다.

묘소에 갔다 온 이소선은 곧바로 광희동 배철수의 자취방으로 갔다. 몇몇 회원들이 긴장된 얼굴로 행사준비 마지막 점검을 하고 있었다. 이날 저녁 추모의 밤 행사를 개최하면 경찰에서는 어떻게 나올 것인가, 또 노조 집행부에서는 어떻게 생각할 것인가, 사람들은 제대로 동원될 수 있을까, 행사진행에 실수는 없을까, 이 모든 것들에 대해 어느 하나도 마음이 놓이지 않는 표정들이다. 이소선은 이렇다 저렇다 간섭하지 않았다. 다른 문제도 아니고 아들 전태일의 추모행사를 놓고 고민하는 그들이 마냥 고맙고 미더울 뿐이었다. 대신 끼니때 밥을 해 주고 가끔씩 따뜻한 격려의 말을 해 주었다. 그들은 그런 그의 말에 커다란 힘을 받았다.

저녁 7시가 되었다. 추모위원들은 결연한 자세로 광희동 자취방을 나섰다. 광희동에서 을지로 6가에 있는 노동교실까지는 10분밖에 안 걸린다. 이소선 등이 노동교실에 당도해 강당이 있는 3층 문을 열어 보니 문이 잠겨 있었다. 강당 문을 열어 달라고 요청하기 위해 사무실이 있는 4층에 올라가 노동교실 실장을 만났다. 그러나 실장은 절차를 문제 삼고 나왔다. 사전에 사용신청을 하지 않았다는 것이었다. 한참을 옥신각신하고 나서야 강당에 들어갈 수 있었다.

추모위원들은 대회장 정비를 서둘렀다. 강당은 곧 '추모의 밤' 행사장으로 변했다. 정면에는 대회 이름이 적혀 있는 현수막이 걸렸고, 그 밑에는 얼마 전까지만 해도 함부로 내걸 수 없던 전태일의 사진이 놓였다. 벽에는 근로조건 개선을 요구하는 구호들까지 여기저기 붙었다.

저녁 8시를 지나 9시가 가까워질 무렵부터 노동자들이 모여들기 시작했다. 사람들이 모이지 않을까 봐 조바심을 내던 추모위원들은 비로소 안도의 숨을 내쉬었다. 막 행사를 시작하려고 하는데 출입구 쪽에서 소란이 벌어졌다. 이소선이 잽싸게 나가 소란이 이는 곳에 가 보니 중부경찰서 정보과 형사 박원식이 있었다. 그 뒤에 여러 명의 형사들이 중견 조합원들과 싸움 중이었다.

"불법은 무슨 얼어 죽을 놈의 불법이야! 추모행사도 불법집회라면 도대체 불법 아닌 게 아무것도 없겠네."

"아 글쎄, 이렇게 불순한 목적으로 사람이 모이면 불법인 거야! 유인물을 만들어서 배포하고 선동하는 것이 집단행동 아니고 뭐란 말이야?"

오가는 말을 들어 보니 부아가 치밀어 이소선은 그 형사의 멱살을 움켜쥐고 마구 소리를 질러 댔다.

"야, 이 썩을 놈의 새끼야! 너네 집은 에미애비 제사도 안 지내냐? 죽은 사람 제사 지낸다고 사람들 모인 것이 뭐가 잘못됐다고 시비냐 시비가. 그리고 이 유인물이나 저 구호가 어떻다고 지랄이야? 이 유인물이 박정희를 잡아먹는다던? 저 사람들이 너네를 들어 엎겠다고 하더냐? 빨리 꺼지지 못해!"

그러자 평소에 안면이 있는 정보과 형사가 나섰다.

"아, 이 여사 왜 이러십니까? 흥분하지 말고 얘기를 들어 보세요."

"지금 흥분 안 하게 생겼어? 할 말 있으면 다음에 해. 꼭 이 판국에 해야겠어? 빨리 이 자리에서 나가!"

이소선은 삿대질을 해 가며 언성을 높였다. 모여 있던 노동자들이 일제히 일어나서 우우 소리를 내질렀다.

"경찰은 물러가라! 경찰은 물러가라!"

이에 정보과 형사들은 할 수 없다는 듯 문밖으로 물러났다. 그러나 수십 명의 사복경찰들이 완전히 물러가지 않고 건물 밖에서 진을 치고 있었다. 이에 아랑곳없이 노동자들은 200명 가까이 모여들었다.

예정시간인 저녁 8시보다 늦게 식이 시작되었다. 양승조가 개회사를 간단히 하고 이어서 국민의례, 묵념 그리고 이소선이 모시고 온 목사님의 추모예배가 이어졌다. 전태일의 수기 일부분이 낭독되었다. 추도사와 추모시가 낭독되면서부터 분위기가 서서히 고조되었다. 결의문을 채택할 때는 분위기가 절정에 달했다. 노동자들의 투쟁 분위기가 고조되자 밖에 진을 치고 있던 경찰들은 안으로 들어오려는 도발을 시도했다. 경찰은 이소선을 비롯해 추모위원장과 아카시아회 회장을 끌어내겠다고 위협을 가해 왔다. 그들의 위협에도 불구하고 행사는 진행되었다.

이날 행사에서 결의한 사항은 시간 단축, 주휴제 이행, 작업환경 개선, 다락방 철폐 등의 근로조건 개선과 인간적인 대접, 부정축재 일소 등의 추상적인 요구조건과 아울러 이런 요구를 관철하기 위해 투쟁할 것이라는 내용이었다. 특히 '우리 근로자도 사람이다' '근로시간을 단축하라' '다락을 철폐하라'라는 요구는 청계천 노동자들의 가장 절실하고 절박한 목소리였다.

공식적인 순서가 끝나자 조합원들은 농성에 돌입할 태세를 갖추었다. 경찰은 바짝 긴장하는 모습이었다. 분위기가 이렇게 되자 행사장 밖에서 이를 지켜보던 노조 집행부 간부들이 지금 시기는 농성투쟁이 적절하지 않다며 농성 조합원들을 설득했다. 이소선과 조합원들은 추모식을 하고 투쟁하는 분위기인데 노조 집행부는 이를 지켜보고 말리는 기이한 모습이 연출되었다. 결국, 이날 농성은 자제하기로 하고 추모식을 마친 뒤 자진해산했다.

햇빛을 못 보는 청계천 노동자들

추모의 밤 행사는 조합원들의 투쟁의식을 고취하는 측면에서 성공리에 끝났다. 추모위원들은 이 승리의 여세를 몰아 조직을 더욱 확대·강화하고 더욱 구체적인 투쟁을 통해 근로조건을 개선하기로 했다. 노동자들의 이러한 움직임에 정부 당국은 민감한 반응을 보였다.

당국에서는 그동안 전태일이 죽고 난 뒤 청계천 평화시장 노동자들의 근로조건이 상당히 개선된 것처럼 선전해 왔다. 그러나 실상은 그렇지 않았다. 전태일 장례를 계기로 달아올랐던 여론이 차차 가라앉게 되자 보여주기식 근로조건 개선마저도 옛날로 되돌아갔다.

75년 당시의 근로조건의 몇 가지 사례를 보면 이렇다.

저 악명 높은 다락은 거의 모든 공장에 설치되어 있었다. 다락이라는 것은 평소 쓰지 않는 물건이나 버리기 아깝고 놔두자니 귀찮은 물건을 두는 공간이어야 하는데, 청계천 피복공장은 전 지역에 걸쳐 다락이 설치되어 그 위칸과 아래칸에 기계와 작업대를 갖다 놓고 사람이 일을 한다. 다락이 설치되어 있으니 사람들이 일하면서 왔다갔다 하려면 허리를 구부리고 고개를 숙여야만 한다. 미싱 기계에 원단 더미, 그리고 제품에 묻혀서 일하면 도대체 비좁아서 마음 놓고 움직일 수 없다.

미싱에서, 원단 더미에서, 기레빠시(천 조가리)에서 나오는 먼지 역시 심각하다. 작업장에는 먼지가 빠져나갈 만한 구멍이 없다. 환풍기도 없다. 멀쩡한 건물에 다락을 쳐 놓았으니 설사 창문이 있다 해도 바람이 제대로 통할 리 없다. 겨울에는 털 종류의 작업을 해야 하기 때문에 먼지 크기가 눈송이만하다. 이러한 먼지들은 작업장을 가득 메우고 떠돌아다니며 노동자들의 폐를 야금야금 갉아먹는다.

하루 종일 먼지구덩이 속에서 일하다 보면 콧구멍에 새까만 코딱지가 닥지닥지 엉겨 붙게 마련이다. 밤늦게 버스에서 코딱지를 파는 아가씨는 영락없이 청계천 피복공장 노동자라는 자조 섞인 이야기도 있었다. 통행금지에 임박해 일을 끝내면 막차를 놓치지 않으려고 부랴부랴 공장을 나서야 하는 탓으로 씻고 정리할 틈이 없어 더욱 그렇다.

평화시장의 작업환경은 한마디로 '비좁은 다락방 먼지구덩이'라 할 수 있었다. 비좁은 다락방 먼지구덩이에서 제대로 먹지도, 쉬지도 못하면서 일해야 하는 노동자들의 몸에는 각종 병이 그림자처럼 따라다녔다.

상당수가 폐결핵을 앓고 있고, 동상·생리불순·관절염·두통 따위의 병이 언제든지 노동자들을 쫓아다닌다. 병을 몇 가지씩 달고 다니는 노동자들도 상당히 많았다. 2년 정도의 경력을 지닌 노동자들은 대개 뇌신 몇 알에다 박카스를 매일같이 먹어야 일할 수 있을 정도였다.

'평화시장 아가씨들은 시집가서 3년만 고생하면 고물이 된다'는 자학적인 말이 증명하듯 노동자들은 고통스럽게 살고 있었다. 하루하루 몸이 망가져 가도 노동자들은 몸을 돌보지 못한다. 청계천 노동자들은 '아프려 해야 아플 시간이 없다'고 자신의 신세를 한탄했다.

매일 노동시간은 보통 12~14시간이며 그 이상도 많다. 출근시간은 아침 8시나 8시 30분이며, 점심시간은 어떤 공장이건 간에 오후 1시부터 2시까지다. 퇴근은 밤 10시를 넘겨야 한다. 즉 통행금지시간(자정)에 맞춰 자기 집에 갈 수 있는 시간이 퇴근시간이다.

공장 문을 나서면 집으로 향하는 막차가 이들의 지친 몸뚱이를 기다린다. 별을 보고 나와서 별을 보고 귀가할 때도 있다. 형편이 어려운 노동자들은 점심도 굶고 일을 한다. 일이 바쁜 대목(추석이나 설을 앞둔 성수기) 때는 일주일이고 보름이고 간에 퇴근이 없다. 하루에 열두어 시간 정도 일하다가 그 자리에서 쓰러져 자고, 그 자리에서 밥 먹고, 그 자리에서 일하는 이른바 밤일(철야)을 연속으로 한다. 이때 잠을 쫓기 위해 사장들이 '타이밍'이라는 약을 복용하게 한다. 장시간에 걸쳐 연속작업을 하다 보면 정신이 멍해지고 바느질도 제대로 하지 못한다. 몸이 약한 사람은 쓰러져 버린다. 당시에는 평화시장이 전국 기성복 수요의 80~90퍼센트를 공급했기 때문에, 쉬는 날이라고는 한 달에 겨우 이틀뿐이었다.

1974년 11월 노조가 근로조건 개선 문제에 대해 380명을 표본조사한 결과에 따르면, 가장 절실한 요망사항으로는 휴일제(매주 일요일) 실시가 27.3퍼센트, 근로시간 단축이 39.1퍼센트로 나타나 있다. 작업시간을 단축하고 일주일에 하루 쉬고프다는 바람이 전체의 66.4퍼센트를 차지하고 있다.

전태일이 평화시장에서 노동운동을 시작했던 직접적인 이유는 이 작업시간이었다. 오죽했으면 죽는 그 순간에도 "어린 동심들한테 일주일에 한 번만이라도 햇빛을 보게 하라"고 외쳤을까. 청계천 노동자들은 햇빛을 거의 보지 못했다. 비록 점심시간에 잠깐 쉬고 한 달에 이틀 쉬는 날이 있지만, 그 짧고 황금 같은 시간에 잠을 자야지 언제 밖으로 나올 수 있겠는가! 이런 연유로 청계천 피복공장의 노동자들은 밝은 날 밖에 나가면 눈이 부셔 똑바로 눈을 뜨지 못했다.

인간다운 노동을 보장하라

이런 작업환경 속에서 상상을 초월하는 장시간 노동의 결과로 받는 임금은 과연 얼마였을까? 청계천 피복업체의 임금제도는 주먹구구식이었다. 작업시간이나 경력, 부양가족 등을 전혀 고려하지 않고 관례에 따라 사용주가 알아서 지급했다. 객공 미싱사는 옷 한 벌당 공전을 정해, 만들어 낸 숫자에 따라 임금을 지급한다. 공전을 정하는 것도 미싱사 당사자와 미리 합의해서 정하는 것이 아니라, 제품을 팔고 난 후에 사용주가 알아서 정한다. 그중 좀 낫다고 하는 사용주 역시 재단사에게 의견을 물어 결정하는 것이 고작이었다.

1974년 11월 노조가 조사한 임금실태 현황을 보면, 재단사가 1일 8시간으로 환산해서 계산한 임금이 월 1만 1,400원, 시다는 월 5,568원이다. 이나마도 제때 지급되지 않는다. 체불되기 일쑤고 뼈 빠지게 일해 놓고도 월급 한 푼 받지도 못하고 쫓겨나는 사람이 부지기수였다. 1974년 한 해 동안 임금을 제때 못 받아서 임금을 받아 달라고 노조에 진정해 온 사람이 122명에, 체불임금액은 229만 7,328원이고 1975년에는 150명이 진정해 해결한 금액이 284만 4,177원이었다.

이렇듯 가혹한 노동조건을 개선하지 않고서는 인간다운 생활은커녕 날마다 시들어 가는 생명을 유지하는 데 급급할 수밖에 없다. 그때까지 평화시장의 노동조건을 개선하기 위한 조직적인 투쟁이 없었던 탓에, 일시적으로 근로조건이 개선되는 듯하다가도 결국 눈가림식으로 끝나 버리곤 했다. 노동자들은 이런 현실을 직시해 나가면서 조직적인 투쟁이 아니면 안 된다는 자각을 하기에 이르렀다.

청계피복노동조합에서는 결성 당시부터 여러 가지 근로조건 개선을 요구해 왔다. 주휴제를 명시했을 뿐만 아니라 조합 간부들이 둘째 주와 넷째 주 일요일마다 출근해서 작업시키는 공장을 감시하러 다녔다. 조합 간부들이 각 공장마다 순회하면서, 작업하는 공장이 있으면 일하는 조합원들에게 일차적으로 교육했다.

"일주일에 하루 쉬는 것은 법에도 명시되어 있다. 일요일에도 일을 시키는 것은 근로기준법 위반이며 단체협약 위반이다. 주면 주는 대로, 시키면 시키는 대로 일하면 안 된다. 자신의 권리는 싸워서 찾는 것이지 어느 누가 저절로 가져다주는 것이 아니다. 사용주들의 부당한 처우를 거부하고, 어려운 일이 있을 때는 노동조합으로 와서 함께 해결하자."

이렇게 설득하면 노동자들은 얼른 일어나서 퇴근했다. 간혹 사용주의 위압에 눌려서 퇴근하고 싶어도 눈치만 보고 일어나지 못하는 노동자도 있었다. 이런 공장은 조합 간부들이 전기 스위치를 내려 일을 못 하게 했다.

1975년 12월 14일, 이날은 둘째 일요일이었다. 조합 간부들은 여느 때와 마찬가지로 주휴일 작업 단속에 나섰다. 특히 이날은 을지상가(전체 67개 업체)에서 많은 공장이 작업을 하고 있다는 정보를 입수했다. 조합 간부들은 을지상가에서 집중적인 단속을 폈다.

조사를 해 보니 주휴제를 위반한 업체가 30개 업체를 웃돌았다. 조합 간부들은 각 공장마다 다니면서 전기 스위치를 내리고 조합원을 교육했다. 상당한 숫자의 공장이 작업을 중단하는 것을 확인하고 난 후 그들은 다른 지역으로 단속을 나갔다. 그런데 얼마 뒤 노조사무실로 다급히 전화가 걸려 왔다. 지금 을지상가의 여러 공장이 다시 작업을 시작하고 있다는 것이었다.

밤 여덟 시의 기적

조금 전 작업을 중단시켰는데 그사이에 다시 일을 시키다니, 조합 간부들은 씩씩거리며 다시 을지상가로 달려갔다. 진상을 알아보니, 조합 간부들이 다녀간 뒤 노동청 서울중부지방사무소에서 근로감독과장과 근로감독관들이 각 사업장에 와서 이런 말을 했다는 것이었다.

"주휴제는 일주일에 아무 때나 하루만 쉬어도 되는 것이지, 꼭 일요일마다 쉬라는 것은 아닙니다. 그런데 노조에서 나와 단전을 하는 것은 억지를 쓴 것입니다. 작업해도 좋으니 어서 작업하세요."

근로감독관들의 이런 응원에 사용주들은 얼씨구나 좋다 하며 다시 일을 시켰다. 노조 간부들은 분개했다. 단체협약에도 일요일은 휴일로 정해져 있다. 현실적으로도 일요일에 작업을 시키고 다른 날 유급휴일을 주는 공장은 전무하다. 이와 같은 사정을 잘 알고 있는 근로감독과장과 감독관들이 벌인 처사이기에, 전혀 납득할 수가 없었다. 성질 급한 어느 간부는 "감독관노무 새끼덜, 돈을 을매나 처먹었간디 그런 싸가지 없는 말을 하고 댕기는 거여" 하고 가슴 치며 분통을 터뜨렸다.

전후 사정을 곰곰 따질 것도 없이 노동청에서 나와 그런 발언을 했다면 노동조합을 깔본다는 저의가 분명했다. 간부들은 즉시 대책회의를 열었다. 회의 결과 지부장을 비롯한 간부 전원, 그리고 마침 소모임 활동을 하기 위해 노동교실에 나와 있는 조합원들을 동원하기로 했다. 이렇게 모인 인원이 약 40여 명쯤 되었다. 이들은 즉시 종로 2가에 있는 노동청 중부지방사무소로 쳐들어갔다.

이소선도 조합원들과 함께 중부지방사무소로 달려갔다. 이들은 들어가자마자 우선 소장실부터 찾았다. 갑자기 우르르 몰려든 사람들 때문에 노동청 직원들은 놀랐다. 일요일이라서 소장이 없을 뿐 아니라, 특별히 근무하러 나온 직원 대여섯 명 외에는 사람이 없었다. 이들이 소장실에서 죽치고 앉아 농성하려는데 감독과장이 다가왔다.

지부장은 감독과장을 향해 "근로감독과장은 오늘 을지상가에서 노사 합의사항을 무시한 휴일작업 발언의 진상을 밝히시오!"라고 단호한 어조로 말했다. 함께 간 조합원들이 일제히 "해명하라! 해명하라!" 외쳤다.

"여러분, 진정하세요. 뭔가 오해를 하는 것 같은데 여러분이 사실과 다르게 알고 있어요. 우리가 오늘 얘기한 것은 근로기준법상의 휴일근무에 대해서 말해 준 것이지 다른 뜻은 없어요."

감독과장이 말하자 작은 몸집의 이순자가 일어나 말했다.

"단체협약상에 명시되어 있는 사항을 무시하고 무책임한 발언을 하니 그것을 빙자해서 사용주들이 일을 시키잖소. 그리고 청계천의 현실을 볼 때 일요일에 쉬지 않으면 대신 다른 날을 쉬게 해 줄 사용주가 어디 있습니까? 이러한 사정을 뻔히 알면서 그 같은 무책임한 발언을 한 저의가 대체 무엇이오?"

그는 또록또록 야무지게 따지고 들었다.

이소선 역시 같은 취지의 말로 감독과장을 몰아세우고 어떻게 할 것이냐며 따졌다. 그러자 근로감독과장은 "일요일이 아닌 날의 휴일 실시는 사용자가 잘못 받아들인 것으로, 이를 즉각 시정 조치하여 일요일이 주휴일이 되도록 하겠습니다"라고 말했다. 이에 지부장은 "좋습니다. 주휴일은 그러면 과장의 명예를 걸고 지키도록 하십시오. 우리가 지켜보겠습니다. 그건 그렇고, 지금 근로기준법에 어긋난 작업시간을 비롯해 다락 문제, 건강진단 문제 등은 어떻게 할 작정입니까?"라며 근로시간 이외의 문제까지 거론했다. 근로감독과장은 그 문제도 근로기준법 위반이라면 다 해결하겠다고 말했다.

이번에는 남자 조합원이 나섰다.

"아, 그렇게 어물쩍하게 대답하지 마시고 확실하게 대답하시오. 맨날 시정하겠다, 검토하겠다, 연구하겠다면서 구렁이 담 넘어가듯이 하지 말고 언제까지 어떻게 해결하겠다는 것을 밝히시오!"

그러자 조합원들이 일제히 "옳소!"를 연발하며 응원했다. 감독과장이 12월 16일까지 힘닿는 모든 행정력을 동원해서 그 문제를 해결하겠다고 약속했다. 그러나 조합원들은 "우린 지금까지 너무 속아 와서 믿을 수가 없소. 문서로 약속하시오" "그래요, 맞아요. 각서를 쓰시오" 하는 것이었다.

근로감독과장은 난처해하면서 말했다.

"각서는 쓸 수 없고 여러분이 나를 믿어 주세요. 내가 감독과장의 자리와 명예를 걸고 여러분한테 약속하는 것이니 믿으세요. 여러분의 요구가 없어도 이러한 문제를 진작부터 시정하려고 계획해 왔습니다."

이렇게 서면약속 문제로 한동안 옥신각신하던 끝에 지부장이 감독과장을 한번 믿어 보자고 해서, 이날 노동청 중부지방사무소 항의방문은 일단락됐다. 날이 어둑어둑해진 뒤에야 이소선과 조합원들은 노동교실로 돌아왔다.

드디어 약속한 그날이 왔다. 1975년 12월 16일 저녁 8시. 서울의 청계천변에 소재한 평화, 동화, 통일, 을지, 연쇄, 동문, 부관, 동신 등 각 시장상가에 있는 580여 개 공장의 1만여 의류제조 노동자들에게 실로 천지개벽과 같은 엄청난 사건이 벌어졌다.

이날 저녁 8시가 되자마자 전체 시장상가에 전깃불이 나갔다. 각 공장의 사장들과 경비들이 노동자들에게 "작업이 끝났으니 어서 집으로 돌아가시오" 외치며 퇴근을 종용하고 다녔다. 노동자들은 어리둥절한 얼굴로 서로 마주 보았다. 청계천에 제품공장이 생긴 이후 단 한 번도 없던 일이다. 어쩌다 비수기인 때 일감이 없어서 일찍 끝난 적은 있어도 요즘같이 바쁜 철에, 그것도 사장들이 앞장서서 일을 끝내라고 설치는 것은 상식적으로 있을 수 없는 일이었다. 그러나 그 일이 눈앞에서 벌어졌다. 이날의 감격을 일기 형식으로 쓴 어느 조합원의 글을 보자.

간절한 소망
— 잊을 수 없는 어느 날의 일을 회상하며

내가 평화시장 제품업소에서 일해 온 지도 어언 십이삼 년. 그동안 직접, 간접으로 우리 살림을 돕는 데 보탬이 될 수 있었던 것은 무척 다행한 일이었다고 가끔 생각해 보았다. 그러나 이 시장에서 일하고 있는 대부분의 사람은, 아니 거의 다라고 보아도 과언이 아닐 것이다. 너무도 가난하기만 한 집안에 태어나 잘살아 보겠다는 책임을 안으로 지고 나선 사람들이기 때문에 하고한 날 불리한 환경과 조건 속에서 장시간의 노동을 해 와도 어쩔 수 없는 운명이려니 했다. 뼈에서 오도독 소리가 나도, 얼굴빛이 누렇게 떠도 또 참고 참다 보니 이젠 몸에 배어서 당연한 것으로 인식되고 말았다.

나 한 사람 희생해서 우리네 가정이 잘산다면 모르지만 아직도 끝없는 가난이 뒤따르고 있다. 이토록 몸 바쳐 참고 희생해 봐도 이 가난에서 벗어나지 못할 바엔 근로조건이라는 한 귀퉁이를 터놓아서라도 고된 일에서 다소나마 해방해 주어야 한다는 간절한 소망을 빌어왔다.

지난 14일(1975년 12월 14일)은 둘째 일요일이어서 노동교실에서는 여러 팀의 모임과 회의가 있을 예정이었다. 예정된 시간이 넘어도 과반수 이상이 모이질 않았다. 웬일일까 해서 알아보니 작업들을 하고 있기 때문이라는 것을 알아냈다.

노조 측이 가서 제지하였으나 듣지 않았으므로 노동청에 보고하여 근로감독관들이 왔다. 그러나 사업장에 나간 근로감독관들은 오히려 이제까지 지켜 온 우리의 질서를 뒤엎는 식의 지시를 하고 갔기 때문에 우리 조합원들은 흥분한 나머지 지부장님을 찾았다.

40여 명이 중부지방사무소에 가서 무책임한 행정 지시에 항의하고, 앞으로 우리의 근로조건을 개선하고 감독하지 않으면 우리도 더 이상 가만히 있지 않겠다고 강력히 요구했다. 우선 시간 단축에 주력하겠다는 다짐을 받고 돌아왔기에 반신반의하면서 오늘을 마음 졸이며 기다렸다.

저녁 8시, 갑자기 전기가 나갔다. 제각기 어리둥절하며 이구동성으로 한마디씩 웅성거렸다. "요즘처럼 바쁜 시기에 웬일일까"라는 등. 그러나 나는 안다. 그 이유를. 아! 춤이라도 추고 싶었다.

"누구 나하고 춤출 사람 없니?"

"아니, 언니 왜 그래?"

그러나 아무것도 모르고 일찍 끝났다는 해방감에 좋아하는 저들에게 무어라 이 기쁜 설명을 한마디 전할 수 있단 말인가. 사장네들은 빨리 옷 주워 입고 나가라고 설쳐 댄다. 겁먹은 소리로 건물 밖에 나오니 무리를 지어 우리 동료가 나오고 있지 않은가. 지난 14일의 우리 요구가 실효를 보았다니 오늘 하루만이라도 좋다. 아니 며칠, 몇 달만이라도….

아! 이 기쁨을 누구 통할 수 있는 사람과 나누며 기념하고 싶다. 생각나는 대로 친구가 사는 집으로 숨도 쉬지 않고 달려갔다. 마침 동생이 일찍 들어와 있었다. 나는 급히 방으로 뛰어들었다.

"순자야, 나하고 춤추자!"

나는 그녀를 얼싸안았다.

"언니, 웬일이야?"

영문을 모르는 순자는 정신 이상이라도 되지 않았나 하는 표정으로 나를 바라보았다.

"우리의 소망인 시간 단축이 된 거야, 이것아!"

"언니, 정말? 아이 좋아, 아이 좋아."

우리는 서로 얼싸안았다. 이날을 맞기 위해 이미 한 사람이 목숨을 바쳤고, 앞에서 뒤에서 얼마나 많은 노력을 해 왔던가. 부디 눈속임을 쓰기 위한 방지책이 되지 말고, 제멋대로인 시장상가에 질서와 규칙을 가져올 수 있는 동기가 되고, 더 나아가서는 법질서 위에 떳떳이 앉아 굶주리지 않고 일할 수 있는 일터들이 될 때가 하루속히 와 주기를 간절히 빌었다.

1975년 12월 16일

(『청계노조 20년사』 51~52쪽에서 인용)

한편, 지난번 전태일 추모행사를 주도한 '전태일 동지 5주기 추모위원회' 회원들은 지금이 기쁨에 도취되어 있을 때만은 아니라고 인식했다. '저들이 비록 지금은 저렇게 호들갑을 떨고 있지만 언제 돌변할지 모르는 일이다. 이번에 실시된 시간 단축이 백지화될 때를 대비해 투쟁을 준비해야 한다. 이번이야말로 투쟁을 통해서 확실하게 쟁취해 내지 않으면 시간 단축은 허망한 꿈으로 돌아가 버릴 게 틀림없다'는 생각이었다.

추모위원들은 광희동 배철수의 방에 은밀히 모였다. 방 안에 빙 둘러앉아 앞으로의 대책을 논의했다. 모두들 이번에는 기회를 놓치지 말고 확실하게 싸워서 쟁취하자는 데 의견을 모았다.

사실 1975년과 같은 폭압적인 정치적 상황에서 노동자들이 집단적인 투쟁을 통해 최소한의 근로조건이라도 개선시킨다는 것은 당사자들의 대단한 결단을 요구하는 것이었다. 대학교에는 경찰과 정보원들이 상주해 있고, 언론은 침묵을 지키고, 자주적인 노동운동과 농민운동은 미약한 상태였다. 뜻있는 지식인·학생 들이 유인물만 뿌려도, 말 한마디만 비판적으로 해도 그 서슬 퍼런 긴급조치에 의해서 감옥으로 끌려가는 시대였다.

이 자리에서 추모위원들은 추모위원회가 추모행사를 치르기 위한 일회적인 조직이기 때문에 이를 재정비하고 새로운 사람들을 더 규합해서 투쟁조직체를 만들기로 했다. 이에 따라 추모위원 핵심들은 각 모임, 이를테면 아카시아회, 산울림회, 리본침회, 삼진회 등의 회원들과 접촉해서 조직을 확대·강화하기로 했다.

아니나 다를까, 12월 16일의 시간 단축 조치는 설마 했던 기대에도 역시나 원점으로 되돌아갔다. 16일부터 시작된 시간 단축이 꼭 닷새 동안만 시행되고는 이전처럼 백지화되고 말았다.

노동시간 단축, 그 머나먼 길

저녁 8시만 되면 각 상가마다 전기를 내리고 감독관들이 감독을 강화하니까 시간 단축이 지켜졌는데, 이런 상황은 며칠 못 가서 시들해졌다. 사용주들은 전기를 내렸다가 감독관이 사라지면 다시 전기를 올리고 일을 시켰다. 닷새가 지난 뒤부터는 아예 전기도 내리지 않고 작업을 시켰다. 이 공장 저 공장에서 8시 이후에 작업을 시킴으로써 시간 단축이 전면 백지화되어 버렸다.

이소선은 그 무렵 오전에 노조사무실에 잠깐 들러 조합을 둘러보고 간부들을 격려하고, 낮에는 중앙시장에 가서 헌 옷가지를 사다가 팔고, 저녁때는 광희동 배철수의 자취방으로 가는 것이 일과였다. 광희동에는 시간단축 투쟁을 주도한 사람들이 매일 저녁마다 모여서 각자 활동했던 내용을 취합했다. 그들은 대책을 세우느라 날마다 밤을 지새웠다. 광희동 자취방은 자연히 투쟁의 사령탑으로 자리 잡게 되었다.

광희동에 모이는 사람들은 하루 종일 일하고 그 짧은 점심시간이나 출퇴근시간을 이용해서 사람들을 만났다. 밤에는 또다시 자취방에 모여 동이 부옇게 틀 때까지 토론을 했다. 그리고 한두 시간 눈을 붙였다가 아침에 부랴부랴 일어나서 밥도 제대로 먹지 못하고 출근했다. 자연히 몸이 배겨 내질 못했다. 모두들 얼굴이 붓고 입술이 부르텄다.

이소선은 헌 옷 장사를 해서 몇 푼 번 돈으로 이들을 거둬 먹이려니 안타깝기 그지없었다. 돈이 떨어져 빈털터리가 되는 날은 광희동 집으로 향하는 언덕배기가 어찌 그리도 높은지, 손에 든 보따리는 왜 그리 천근 만근 무겁게 느껴지는지 싶었다.

시간 단축을 위해 싸워야 할 시기가 임박해 왔다. 위원 중에는 투쟁 준비로 할 일이 많아지자 공장 출근과 투쟁 조직을 병행할 수 없게 된 사람도 있었다. 하는 수 없이 양승조와 민종덕이 아예 장기간 결근할 셈 잡고 며칠간 이 일에 전념하기로 했다.

청계천 평화시장 일대 노동자들은 잠깐 동안 시행되던 시간 단축이 백지화되자 체념하는 분위기에 빠졌다. 그들은 서로 체념 섞인 말을 주고받으며 무너진 희망을 위로하고자 했다.

"청계천 제품공장에서는 시간 단축이 될 수 없다. 한두 개도 아니고 600여 개에 달하는 공장을 어떻게 똑같이 저녁 8시에 끝나게 할 수 있어? 일찍 끝나면 좋기야 좋지만 시간 단축은 희망일 뿐이야!"

"그래 맞아. 제품쟁이들을 한 놈도 빼놓지 말고 몽땅 서울운동장 같은 곳에다 몰아넣어 버리고 우리 이제 절대로 저녁 8시 이후에는 일 못 한다고 버티지 않는 한 어려울 거야."

그러나 한쪽에서는 투쟁을 통해서 시간 단축을 쟁취하고자 하는 활동을 끈질기게 준비해 나갔다. 추모위원회가 중심이 되어 재단보조 모임인 산울림회, 리본침사(바늘이 두 개인 미싱을 다루는 기술자로 주로 남성이었다)들의 모임인 리본침회, 재단사들의 모임인 삼진회 등이 조직적으로 참여하고 회원 중에도 동조자들을 연합해서 '근로기준법을 지키게 하는 투쟁위위회'를 만들었다.

그러나 미싱사와 시다 중심의 여성 모임인 '아카시아회'는 여러 가지 내부사정상 들어오지 못했다. '아카시아회'는 소모임 중 가장 규모가 큰 조직이었으므로 매우 아쉬운 일이었다. 그 대신 아카시아회 회원 중에 투쟁을 찬성하는 조합원들이 개별적으로 참여하기로 했다. 당시의 아카시아회 임원 중에는 노조 집행부와 가까운 사람들이 많았다. '근로기준법을 지키게 하는 투쟁위원회'는 12월 23일 저녁 8시에 시간 단축을 요구하며 노동교실에서 무기한 단식농성을 하기로 결정했다.

드디어 12월 23일. 투쟁위원들은 결연한 각오로 농성할 자세를 가다듬었다. 어떠한 집단행동도 허용되지 않는 시국에 대부분 처음 해 보는 단식농성투쟁을 앞두고 바짝 긴장했다. 농성 장소인 노동교실은 집행부의 반대를 피하기 위해 산울림회를 통해 회원 교육을 한다는 명목으로 미리 빌려 놓았다. 투쟁위원들은 처음에는 조합원 교육을 하는 것처럼 위장해서 시간을 끌다가, 어느 정도 사람이 모여들면 출입구 셔터를 내리고 농성에 곧바로 돌입하기로 했다.

농성이 몇날며칠이 걸릴지 모르고 수돗물을 끊을 수도 있기 때문에 물통에 물을 가득 받아 놓고 소금도 준비해 놓았다. '농성 중에 어느 누구도 자진해서 농성장을 빠져나가지 않는다', '쓰러져서 병원에 실려 가기 전에는 절대 흩어지지 않는다'는 결의를 다지기도 했다.

투쟁의 날, 드디어 '노동조합이란 무엇인가'라는 주제의 교육에 조합원들이 속속 모여들었다. 투쟁위원들은 저마다 구역으로 흩어져 사람을 모으기에 여념이 없었고, 그들의 노력에 의해 교육이 끝날 무렵에는 200여 명의 조합원들이 강당을 가득 메웠다. 교육이 끝나자 투쟁위원이 단상에 올라가 선동을 시작했다.

"여러분, 우리도 인간입니다. 우리도 먹고 자고 쉴 권리가 있습니다. 그런데 우리의 처지는 어떻습니까? 쉬는 날도 없이 하루 14시간씩 뼈 빠지게 일을 해야 합니다. 날마다 먹고 자고 일하고, 마치 다람쥐 쳇바퀴 돌듯 생활을 해야 하니 이게 어디 사람 사는 겁니까? 다른 사람들은 놀러도 다니고 극장 구경도 다니는데 우리는 죽어라고 일만 해도 언제 한번 마음 놓고 쉴 수가 있습니까? 그렇다고 잠을 편히 잘 수가 있습니까?

우리는 이렇게 우리의 청춘, 우리의 인생을 소모할 수는 없습니다. 우리도 최소한 쉴 수 있어야 합니다. 지난 16일부터 시장에 전깃불이 나가고 8시에 일이 끝나니까 얼마나 좋았습니까? 그런데 그게 일주일도 못 가서 말짱 도루묵이 되어 버렸습니다. 이제 저들의 사탕발림에 더 이상 속지 말고 우리가 싸워서 일하는 시간을 줄입시다. 그래서 우리도 좀 사람 사는 것같이 살아 봅시다. 여러분의 적극적인 참여가 시장상가 1만 2천여 명의 운명을 결정짓습니다. 한 사람도 빠짐없이 이 자리에 남아 함께 밤을 새웁시다."

"옳소! 이 자리에서 끝장을 냅시다!"

투쟁위원의 선동연설에 우레와 같은 박수소리가 교실을 가득 메웠다. 대단한 열기였다. 강당 안에 있던 노동자들은 모두 하나가 되어 노래를 부르기 시작했다.

우리들은 정의파다 좋다 좋아
같이 죽고 같이 산다 좋다 좋아
무릎을 꿇고 사느니보다
서서 죽길 원한다
우리들은 정의파다 청계피복 노동자다…

이런 열띤 분위기는 밤 11시가 넘으니까 점점 식기 시작했다. 미리 철야농성을 할 계획으로 모인 사람보다도, 투쟁위원들이 공장에 들이닥쳐 선동을 해서 온 노동자들이 많았기 때문이다. 그들은 막차시간이 가까워지자 술렁거리기 시작했다. 이를 지켜본 이소선은 안 되겠다 싶어서 앞에 나섰다.

"여러분, 늦게까지 일하고 밤이 늦었는데 또 여기까지 와서 얼마나 고생스러운지 우리도 다 알아요. 하지만 생각해 보세요. 언제까지나 우리가 이렇게 멸시받고 천대받으면서 살아야 하겠어요? 주면 주는 대로, 시키면 시키는 대로 해서는 안 돼요. 특히 여러분들은 여자로서 앞으로 시집가서 아이도 낳아야 하는데 여러분이 건강해야 여러분의 후세들도 건강할 거 아닙니까? 그런데 우리는 너무나 심한 일을 끊임없이 해야 하기 때문에 온몸이 시들어 가는 처지가 아닙니까? 우리도 다 같은 사람인데, 적당히 일하고 자신의 건강도 돌보면서 또 여유가 있으면 최소한의 문화생활이라도 누릴 수 있어야 하지 않습니까?

이제 우리도 자신의 일은 스스로 알아서 해결하는 사람이 되어야 합니다. 어느 누가 우리의 권리를 대신 해결해 주지 않습니다. 여러분들이 오늘 저녁 고생된다 해도 이 순간만 고생을 하면 우리의 요구가 관철되어, 시간이 단축되어 건강을 해치지 않고 또 약간은 여유 있는 생활도 해 나갈 수 있습니다. 나 아니라도 다른 사람이 해 주겠지 하는 생각은 우리가 이 생활에서 영원히 헤어나기 어렵게 하는 잘못된 생각입니다. 여자로서 갑자기 집에 들어가지 않으면 부모님이 걱정하실 것도 잘 압니다. 그러나 여러분의 공장에서 며칠씩 철야작업을 할 때하고 비교도 안 되는 일입니다. 여러분의 부모님도 여러분의 진실을 알면 여러분을 이해하실 겁니다. 웬만한 사람들은 우리와 함께해요. 그리고 나이가 어린 사람들 중에 집에 들어가지 않으면 도저히 안 되겠다 싶은 사람이 있으면 그런 사람들만 집에 가고 그 사람들은 내일 아침에 다시 이곳으로 오세요."

이소선은 어머니의 심정으로 차분하고 조리 있게 호소를 했다. 그의 호소가 끝나자 박수 소리가 났다. 물론 초저녁 때만큼의 열띤 박수는 아니었다.

입구 쪽에서 이제 14~15세 정도의 어린 시다들이 자리를 뜨는 모습이 보였다. 이소선은 하루 종일 공장에서 힘겨운 노동에 시달린 나이 어린 여성 노동자들을 또 밤늦게까지 붙잡고 농성을 시킨다는 것이 측은하기도 하고 미안한 생각도 들었다. 그러나 냉정히 생각해 보면, 지금 저들이 측은하다고 해서 집으로 돌려보낸다면 저들은 어쩌면 오늘의 처지를 자신의 타고난 팔자소관이라면서 체념하고 언제까지나 노예적인 삶을 면치 못할지도 모른다는 생각을 했다.

이때 남자 조합원 하나가 연단 위로 올라오더니 이빨로 손가락을 물어뜯었다. 시뻘건 피가 흐른다. 그는 피로 "계속 투쟁합시다"라고 글씨를 썼다. 이 광경을 본 조합원들로부터 박수가 터져 나왔다. 열기는 다시 오르는 것 같았다. 혈서를 쓴 조합원은 재단보조로서 산울림회 회원인 김기철이었다.

밤 12시 가까이 되자 사람은 절반도 넘게 빠져나갔다. 남은 사람들끼리 밤을 새울 준비를 제대로 하기 위해서 자리를 정돈했다. 강당 전체가 석유난로 하나밖에 없는 시멘트 맨바닥인데, 여기에다 신문지를 깔고 앉게 했다. 참가자들이 돌아가면서 자유발언도 하고, 노래를 부르기도 했다. 그러다 새벽 2시쯤부터 신문지 바닥에서 덮을 것도 없이 모두들 새우잠을 자기 시작했다. 눈을 붙였다 싶었는데 자다 보니 추워서 잠을 더 잘 수가 없었다. 온몸이 퉁퉁 부어오르는 것 같은 느낌에 몸이 천근만근 같았다. 또 입안이 깔깔하고 뒷골도 당긴다고 말하는 사람이 많았다. 이렇게 해서 농성 첫날 밤이 지났다.

그런데 날이 환하게 밝자 시체처럼 널브러져 있던 사람들이 한 사람 한 사람 눈을 뜨고 일어나더니 훌훌 털고 밖으로 나가는 것이다. 아침 7시가 넘으니까 남은 사람이 절반도 못 되었다. 다들 공장으로 출근을 해버리는 것이다.

이런 모습을 본 이소선은 낭패스러웠다. 밤새도록 고생해 놓고 출근시간이 되자 상당한 숫자가 출근을 해 버렸으니 농성을 계속 이어 가기가 어려울 것 같았다. 조금 있으면 경찰이 들이닥칠 텐데 이렇게 적은 숫자가 초라하게 앉아 있으면 그들이 우리를 얼마나 같잖게 볼까! 이소선은 애가 타 발을 동동 굴렀다. 그렇다고 가는 사람들을 억지로 붙잡을 수도 없는 노릇이었다.

이런 예상치 못한 상황에 대처하기 위해 투쟁위원들이 모여서 회의를 했다. 일단은 조금 있으면 경찰이 들이닥칠 텐데 그때를 대비해 사람 숫자가 많아야 하니, 투쟁위원들이 농성장 밖으로 나가 집에서 출근하는 조합원들을 최대한 설득해서 농성장으로 데려오기로 했다.

투쟁위원들이 흩어져 각 상가 입구로 나간 뒤 한참 있으니까 그들이 몇 명씩 무리지어 출근하는 조합원들을 데리고 들어왔다. 이소선은 농성장에 합류한 조합원들이 참으로 고마웠다. 정말 사람 하나하나가 억만금과도 같다는 생각을 했다. 세상에 사람 귀한 것을 그때만큼 실감해 본 적도 없었다고 이소선은 말했다.

투쟁위원들이 데리고 온 사람 중에 검정 바바리코트를 입은 미싱사 하나가 "잠깐만 공장에 갔다 오겠다"고 하면서 다시 농성장을 나가려 했다. 이소선은 가슴이 덜컹 내려앉는 것 같았다. 어렵게 데려왔는데 갔다 오겠다고 해 놓고 오지 않으면 어쩌나 해서였다. 실제로 몇 명은 그렇게 해서 갔다가 다시 오지 않았다.

이소선이 보기에 그 검은 바바리코트를 입은 미싱사는 말하는 것도 상당히 생각이 있어 보이고, 나이에 비해 등이 구부정한 것을 보니 공장에서 일한 경력이 오래된 것 같았는데 그런 사람이 간다고 하니 너무나 속상했다. 그래서 그에게 농성투쟁하는 사정을 간곡히 애기하니, 그는 공장에다 애기하고 곧바로 틀림없이 오겠다는 것이었다.

이소선은 '그래 어쩔 수 없다, 또 한 사람 가는가 보다' 하고 단념하며 그를 보냈다. 그런데 다시 올 것으로 기대하지도 않았던 그 미싱사가 자기 친구들까지 데리고, 농성할 준비까지 단단히 하고 다시 돌아오는 것이 아닌가! 이소선은 정말 죽었던 사람이 다시 살아온 것 같아서 그 미싱사를 얼싸안았다.

그는 동화상가의 '다림사'라는, 와이셔츠를 만드는 공장의 오야 미싱사로 이름은 신순애였다. 집안 형편이 어려워 아주 어려서부터 공장생활을 했고 생활력이 누구보다 강한 그는 시다 때부터 10년 가까이 정말 먹고 싶은 것 못 먹고, 하고 싶은 것 안 하고 지독하게 저축을 했다. 그러나 그 돈을 뼈 빠지게 일하느라고 얻은 폐결핵 때문에 몽땅 날려 버리기도 했다. 평소 그는 꼭 먹어 보고 싶은 것으로 다른 것이 아닌, 길을 가다 보면 제과점 유리문 너머에 진열되어 있는 제과점 빵을 꼽았다. 그 빵이 그렇게 먹고 싶은데 그것을 나이 스물이 넘은 아직까지도 먹어 보지 못했다고 했다.

아침 8시 30분이 지나니까 농성자들이 어느 정도 정해져 농성장은 안정이 되었다. 그런데 이번에는 농성장에 남아 있는 조합원들의 공장 사장들과 공장장들이 찾아와서 농성자들을 데리고 가려 했다. 조합원들이 나오라고 해도 나가지 않자 온갖 공갈협박을 하면서 농성자를 끌어내리고도 했다.

그러나 남아 있는 사람들은 공장장의 협박에도, 사장의 공갈에도 넘어가지 않고 버티고 있었다. 안 되겠다 싶어 아예 출입문의 셔터를 내려 버렸다. 그랬더니 리본침회 회장인 박종화가 다니던 공장의 공장장이 셔터를 발로 차면서 "종화야! 너 당장에 안 나와? 너 지금 안 나오면 해고다!" 소리치는 것이었다.

"공장장님, 나는 이 자리에서 나갈 수가 없습니다. 우리는 각오했어요. 작업시간이 단축될 때까지 우리는 물러서지 않기로 했습니다. 그러니 시간 단축이 되기 전에는 나를 데리러 올 생각 하지 마세요."

"야 인마, 네가 그럴 수가 있냐? 내가 섭섭하게 해 준 게 있다면 직접 얘기할 것이지, 이런 데 와서 이렇게 할 수가 있어? 너 일단 나와, 공장에 가서 나하고 얘기하자!"

"나는 우리 공장의 문제만 가지고 이러는 게 아닙니다. 시장 전체가 시간 단축이 안 되면 우리 공장도 말짱 헛것입니다. 그러니까 우리 공장만 일찍 끝낸다고 될 문제가 아닙니다."

"너 잔소리 말고 빨리 못 나와!"

공장장은 셔터를 뚫고 들어올 것처럼 위압적으로 말했다.

"공장장님, 자세한 얘기는 이 농성이 끝난 다음에 합시다. 나 들어갈 겁니다."

박종화는 문 입구에서 안으로 들어와 버렸다. 그러자 공장장은 셔터를 발로 차면서 다급하게 "종화야! 종화야!"를 연해 불렀다. 이에 농성 조합원들이 일제히 일어나 "공장장은 물러가라!" 외치자 공장장은 혼자 열을 내다가 할 수 없이 아래층으로 내려갔다.

11시쯤 되어 경찰이 건물 밖을 에워쌌다. 조금 있으니까 국방색 전투복을 입고 허리에 권총을 찬 중부경찰서 정보과의 장 계장이 몇 명의 부하를 거느리고 노동교실 안으로 들어왔다. 육중한 몸매를 움직이면서 장 계장은 "지금 때가 어느 땐데 겁도 없이 집단행동이야! 불법인지 모르고 하나? 모두 다 긴급조치로 구속되어 볼 테야?" 하고 고압적으로 말했다. 이소선은 '긴급조치' 운운하는 말을 들으니 열불이 치밀어 "그래, 긴급조치로 잡아넣어 볼 테면 넣어 봐! 노동자들이 노동시간이 너무 길어서 단축해 달라고 요구하는데 긴급조치가 어떻다고 협박이야? 잡아넣을 테면 나부터 잡아넣어 봐!" 하며 대들었다. 그러자 장 계장은 차고 있는 권총을 짤그락거리면서 이소선을 향해 "저 여자는 무슨 자격으로 노동운동을 하는 거야? 근로자도 아니면서 선동하는 거야?" 하는 것이다.

이소선도 지지 않고 "나보고 무슨 자격으로 노동운동 하느냐고 묻기 전에, 본인은 무슨 자격으로 노동 문제에 간여하는지 생각해봐! 근로자들이 아무리 무식하다고 해도 근거도 없이 협박하는 것은 무슨 자격으로 하는 거야! 근로자들을 짓밟으라는 자격을 누가 주었나?" 말했다. 장 계장은 "저 여자 당장 끌어내 차에 실어!" 하고 대동한 부하들에게 명령했다. 경찰들이 움직이자 조합원들은 일제히 이소선을 에워싸고 외쳤다.

"경찰은 물러가라!"

"우리 어머니는 절대 못 데려간다!"

조합원들의 필사적인 행동에 경찰들은 물러섰다. 장 계장은 자신의 공갈이 통하지 않는지 "지금부터 30분 이내에 해산하지 않으면 전원 차에 싣겠다. 30분 이내에 해산하라!" 하는 소리를 던지며 물러갔다.

조합원들은 격앙되어 구호를 외치고 노래를 불렀다. 30분의 최후통첩 시간을 넘기자 경찰은 또다시 10분간의 여유를 준다며 해산을 명령했다. 농성 노동자들은 경찰의 협박에도 꿈쩍하지 않고 계속 버텼다. 그러자 공갈협박으로는 안 되겠다 싶었는지 경찰은 그냥 철수를 했다.

경찰이 물러가고 조금 있으니까 이번에는 노동청 감독관들이 우르르 들어왔다. 노동청 중부지방사무소장이 앞에 나와서는 모든 행정력을 동원해서 단속을 강화할 테니 농성을 해산하라고 했다. 농성 조합원들은 '말로만은 믿을 수가 없다. 무조건 저녁 8시에 시장상가에 전깃불을 내린다는 서면약속을 하라' 주장했다. 이에 대해 소장은 전깃불을 내리는 것은 노동청의 권한이 아니라 한전의 소관이기 때문에, 자기들이 한전에 적극적으로 건의는 해 보겠다고 말했다. 이 문제를 가지고 노동청 직원과 한참 동안 말싸움을 했다.

시간은 12시가 훨씬 지나 오후 1시가 가까워졌다. 오후 1시면 조합원들의 점심시간이기 때문에 노동청 직원들은 현장 조합원들이 농성장에 합류할 것을 우려하는 것 같았다. 결국 12시 50분이 지나 소장은 간곡하게 "나 자신의 모든 명예와 관의 명예를 공개적으로 걸고 여러분의 요구를 해결하겠습니다"라 말했다. 이에 농성자들은 소장의 발언을 받아들이고 농성을 일단락하기로 결정했다.

이날 구체적으로 합의된 사항은 첫째, 당장 당일부터 저녁 8시에는 어떠한 이유에서라도 작업을 할 수 없게 할 것. 둘째, 다락 철거는 지금 당장 일률적으로 할 수 없으니 내년 3월까지 전부 철거토록 할 것. 셋째, 기타의 근로조건도 즉각 개선토록 할 것, 등이었다.

이날 투쟁의 결과로 시간 단축이 실질적으로 실시되었고, 그 악명 높던 다락도 철거되었다.

항의하러 왔다가 투쟁 선봉에 선 미싱사들

이소선은 조합원들이 작업시간이 짧아진 데 좋아하는 모습을 보고 뭔가 숨통이 트이는 느낌이었다. 아들 태일이가 죽어 가면서 염원했던 그 소망을 조금이나마 이루었다는 생각에 스스로 위로가 되었다.

시간 단축이 투쟁을 통해서 관철되자 노동조합에 대한 조합원들의 관심이 폭발적이었다. 조직이 급격히 확대되어 노조에서 주최하는 무슨 행사든 조합원 동원이 성황을 이루었다. 그러나 일부 조합원들이 시간단축 투쟁을 한 조합원들에게 불만을 갖고 항의하는 일도 있었다.

시간단축 농성을 마친 지 며칠 안 되어, 통일상가에서 일하는 미싱사라면서 10여 명의 비교적 나이 먹은 조합원들이 밤에 노동교실로 몰려왔다. 그중 몇몇은 결혼한 아주머니들이었다.

"누가 시간을 단축하라고 해서 시간을 단축시킨 거요? 괜히 시간 단축을 시켜서 우리들 수입만 줄어들었어! 어떻게 할 거야!"

'투쟁위원'들을 겨냥하고 하는 소리였다. 한바탕 붙어 보려고 작정하고 온 사람들 같았다. 투쟁위원들과 지난번 농성에 참가했던 잠바 미싱사들이 그들의 주위에 둘러앉았다. 그리고 차근차근하게 그들과 대화를 시작했다.

"무슨 이유 때문에 오셨는지 차분하게 얘기를 하세요. 여기 있는 사람들 다 여러분하고 똑같이 공장에서 미싱 밟고 있는 사람들이니까 우리 사정을 어느 누구보다도 더 잘 알아요. 그렇게 다짜고짜 시비조로 얘기하면 어떡합니까?"

"아, 다른 게 아니라 우리는 잠바집 미싱산데 대목 한철 일을 해서 비철에 먹고사는데 이 바쁜 철에 일을 일찍 끝내니까 수입이 줄어들잖아요. 그래서 우리가 일을 더 하겠다고 사장한테 말을 했더니 사장 하는 말이, 노조에서 못 하게 해서 일을 시킬 수가 없으니까 따질 테면 노조에 가서 따지라고 하데요?"

잠바집 미싱사들은 객공(잠바 한 벌당 공임단가를 정해서 자신이 만든 숫자만큼의 공전을 수입으로 하는 제도, 일종의 도급 형태다)이기 때문에 겨울 한철 눈에 불을 켜고 일을 해서 수입을 올려야 비수기인 여름철을 버틸 수 있다. 오야 미싱사(기능이 좋은 고참 미싱사)는 보조 미싱사와 미싱사에 딸린 시다 두 명, 도합 4명이 한 조가 되어 일을 해서 공임을 받는다. 오야 미싱사는 그 공임으로 보조 미싱사와 시다들의 임금을 주고 나머지는 자신의 수입으로 한다.

"하여튼 잘 왔습니다. 여러분도 우리의 뜻을 알면 충분히 이해를 하실 거예요. 우리 생각해 봅시다. 아침부터 밤 11시까지 몸이 부서져라 미싱을 밟아도 우리가 벌어 가는 돈은 뻔하지 않습니까? 그렇게 장시간 힘든 일을 하니 무쇳덩어리라 해도 온전할 리 있겠습니까? 이제 우리는 오랜 시간 뼈 빠지게 일을 해서 수입을 조금 더 올리려고 생각하기보다는, 충분하지는 못하나마 그런 대로 휴식을 취하면서도 정당한 임금을 받을 수 있는 방법을 생각해 봐야 하지 않겠습니까?

"그런 방법이 어디 있나요?"

"물론 있습니다. 그러나 그건 저절로 생기는 것이 아니고 당사자들이 싸워서 얻어야 합니다. 지금 저녁 8시에 끝나는 것도 일찍 끝난다고 불만

이 많은가 본데 그 8시에 끝나는 것도 하루 10시간이 넘는 시간입니다.

근로기준법에는 1일 기본 근로시간이 8시간인데 우리는 그것보다도 훨씬 일을 더 많이 하는 것입니다. 결론적으로 말씀드리자면 원칙적으로는 하루 8시간만 일을 해도 우리들의 생활이 보장될 수 있어야 하는데 우리는 시장 일의 특수성을 감안해서 저녁 8시 작업종료를 요구했습니다. 그렇다면 간단한 문제입니다. 8시에 일을 끝내고도 그 전에 11시에 일을 끝낼 때처럼 수입이 같아져야 하지 않겠습니까? 그 방법은 다름 아니라 임금 인상, 미싱사들에게는 공전 인상입니다."

"그렇게만 되면 얼마나 좋겠습니까? 하지만 그게 어디 쉬운 일인가요?"

"물론 쉬운 일이 아닙니다. 그러나 불가능한 일도 아닙니다. 여러분들이 중심이 되어 잠바 만드는 미싱사, 보조, 시다 들이 똘똘 뭉쳐서 요구하면 해결되는 문제입니다. 객공 미싱사 공전을 쉽게 올리는 방법이 있습니다. 그 방법이 뭐냐 하면, 지금 시다 월급을 오야 미싱사인 여러분의 공전에서 주지요?"

그들은 고개를 끄덕인다.

"여러분의 수입 일부를 떼어서 주던 시다 월급을 사장들이 직접 주게 해야 합니다. 그렇게 되면 여러분은 공전 인상을 따로 안 해도 자연적으로 시다 월급을 줬던 만큼 공전이 인상됩니다. 시다들의 경우엔 여러분이 주던 임금보다는 많이 요구해서 사장한테 직접 받게 되면 시다 임금도 인상될 겁니다.

사실 시다들이 코피 터져 가면서 일하는 것은 미싱사 일을 해 주기 위해서가 아니라 사장의 일을 해 주는 것이 아닙니까? 고용은 사장이 하고, 월급은 미싱사가 주는 그런 잘못된 제도가 어디 있습니까? 근로기준법에도 임금은 사용주가 직접, 본인에게, 일정한 날, 전액, 현금으로 주게 되어 있습니다."

"아! 그렇게 하면 참 좋겠네요. 그런데 단합이 잘 안 돼요."

"단합이 잘 되도록 노력하면 됩니다. 우리들 생활과 직결되어 있는 문젠데 누가 외면하겠습니까?"

투쟁위원회에서는 애당초 시간단축 투쟁을 계획할 때 시간 단축에 이어 그로 인해 감소되는 임금을 보전하기 위한 임금인상 투쟁을 염두에 두었다. 항의하러 온 미싱사들은 오히려 설득을 당하고 돌아가게 되었다. 뿐만 아니라 그들은 앞으로 있을 임금인상 투쟁을 주도하는 데 앞장 서겠다고도 했다.

한편 '근로기준법을 지키게 하는 투쟁위원회'는 한시적 투쟁위원회에서 항시적인 조직으로 발전할 필요가 있다는 판단에 따라 조직을 개편하기로 했다. 그래서 시간단축 농성투쟁에 참여했던 조합원들이 중심이 되어 '횃불회'라는 이름의 조직을 만들었다. 의욕과는 달리 어떠한 체계가 잘 잡혀 있는 조직은 아니었다. 다만 그동안 어렵게 함께 투쟁해 온 동지들로서의 뜨거운 애정과 신뢰로 지탱되는 모임이었다.

1976년 초부터 횃불회 회원들은 그해 봄 임금인상 투쟁을 준비하기로 했다. 그런데 이런 준비를 하기 위해서는 편하게 모일 수 있는 장소가 필요하건만 마땅한 곳이 없었다. 지난해 추모의 밤과 시간단축 농성을 준비하던 광희동의 배철수가 다른 곳으로 이사를 가 버렸기 때문이었다. 이런 모임의 장소는 청계천 공장과 가까운 위치에 있으면서도 주인집 눈치를 보지 않고 자유롭게 드나들 수 있는 방이라야 했다. 즉 주인집 대문을 통하지 않고 출입문이 따로 나 있는 집이 가장 좋다. 그런 마땅한 방이 없어서 이소선이 잘 아는 종로 5가 동대문시장에 있는 여인숙을 잡아 놓고 그곳을 회원들이 모이는 장소로 썼다.

매일 모이는 이들에게 저녁밥과 아침밥을 먹여야 하고 여인숙 비용을 내야 하니 이것도 한두 번이고 하루이틀이지, 여러 날 하니까 이소선이 헌 옷 장사를 해서는 감당할 수가 없었다. 물론 회원 각자가 회비를 내기도 하고 또 각자의 활동비는 자기 돈으로 했지만 그 돈이야 뻔하기 때문에 먹고 자는 비용은 이소선이 만들어 내야 했다.

이소선은 고민 끝에 식비를 줄이기 위해서 쌍문동 자기 집 근처에 있는 여인숙을 모이는 장소로 정했다. 쌍문동은 청계천에서 멀기는 하지만 이곳에서 얘기하며 밥을 집에서 해 와서 먹이면 식비는 절약이 되기 때문이다. 이소선은 집에서 밥과 반찬을 해서 밤늦게 머리에 이고 여인숙으로 가지고 가서 회원들에게 먹이고, 밥 먹고 나면 함께 이야기를 했다. 그러다가 잠잘 때가 되면 도둑고양이처럼 몰래 집으로 가서 잠깐 눈을 붙이다가 아침에 일어나 또 아침밥을 해서 여인숙으로 가지고 갔다. 이렇게 하니까 몸은 고되지만 밥값은 절약되었다. 당시 쌍문동에 있는 여인숙을 전전하면서도 이소선의 집에서 모임을 하지 못한 이유는 그의 집에는 집행부 상근간부가 동거하고 있었기 때문에, 행여 계획이 누설되어 일을 그르칠까 염려가 되어서였다.

횃불회 회원들은 몇날며칠을 이 여인숙 저 여인숙을 전전하면서 논의하고 고민한 끝에 구체적인 임금인상 투쟁계획을 정했다. 즉 시다 임금을 월 1만 2,000원에서 2만 원으로 인상하고, 미싱사와 재단사의 임금을 50퍼센트 인상할 것, 시다의 임금을 미싱사에게 맡기지 말고 주인이 직접 지불할 것, 능률급(객공) 미싱사에게도 기본급을 보장할 것 등을 확정했다. 투쟁할 날짜는 3월 10일 근로자의 날로 정했다. 당시에는 노동절(메이데이)이 없었고 대신 정부에서 한국노총 창립일을 '근로자의 날'로 지정했다. 투쟁 방법으로는 평화시장 앞길에서 가두시위를 하기로 했다.

가두시위 준비의 성취

이들이 이른바 근로자의 날인 3월 10일을 거사일로 잡은 이유는 정부와 한국노총이 한통속이 되어 이날 하루 체육관에서 형식적인 행사나 치르고 쇼나 하는 것을 행동으로 비판하기 위해서였다. 근로자의 날 행사는 노동자를 위로한답시고 노동자의 현실을 호도하는 나쁜 행사인 만큼, 노동자의 비참한 현실을 내외에 폭로함으로써 그들의 기만적인 작태를 만천하에 알리고자 함이었다. 그래서 이에 적합한 투쟁 방법은 가두시위라고 판단한 것이다.

그러나 이 계획은 곧 변경되었다. 3월 10일은 근로자의 날이라는 명분으로 쉬는 공장이 많기 때문이었다. 그날 시장 앞길에서 가두데모를 했다가는 인원동원이 안 될 것 같았다. 구경하는 사람이라도 많아야 고립되지 않을 텐데 쉬는 날 데모했다가는 참가자 전부가 붙잡힐 것으로 판단되었다.

3월 10일 대신 3월 26일 오후 1시로 날짜를 변경했다. 노조 집행부에서 임금교섭을 하는 날이었다. 그날을 선택해서 집행부의 투쟁 없는 교섭 위주 임금 인상을 견제하는 동시에 교섭에 힘이 되기 위한 것이었다.

26일을 하루 앞둔 25일 밤에도 조합원들은 쌍문동 이소선 집 근처에 있는 여인숙에서 밤을 새웠다. 밤새도록 피켓, 어깨띠, 머리띠 등 데모할 때 쓰는 것들을 준비했다. 한쪽에서는 등사기로 선언문을 미느라 진땀을 빼고 있었다. 그때 선언문의 일부를 보면 다음과 같다.

우리 노동자도 인간이다. 노동자도 먹어야 하고 입어야 하고 잠을 자야 한다. 그러나 우리의 이 숨 막히는 현실을 보라! 13시간 이상 뼈와 살을 깎는 아픔을 이겨 가면서, 건강과 젊음을 송두리째 빼앗겨 가면서, 휴식과 공부는커녕 몸 아플 시간마저 갖지 못한 채 일을 하고서도 밥 먹는 것마저 제대로 해결하지 못하고 당장 허기진 배를 움켜잡고 죽지 못해 일하고 있는 것이다. 치솟는 젊음은커녕 핏기마저 바싹 마른 노동자의 얼굴을 보면서도 살이 너무 쪄서 걱정들을 하는 저 사장족들을 보면 우리 노동자들은 기껏 저들의 살을 찌우는 인간비료밖에 아니란 생각에 치솟는 분노를 억누를 길 없다.

물가는 다락같이 오르는데 우리들 노동자의 임금은 제자리걸음을 면치 못하니 이대로 가다가는 잘살게 되기는커녕 배가 고파서도 못 살겠다는 것을 깨달았다.

밤을 꼬박 새운 이들을 위해 이소선은 없는 돈을 구해서 쇠고기에다 대파를 큼직큼직하게 썰어 넣고 고춧가루를 벌겋게 넣어서 얼큰하게 육개장을 끓였다. 투쟁을 준비하는 과정에서 제대로 먹지도 못하고 잠도 못 자 혈색이 누렇게 떠 버린 이들을 위해 국물이라도 푸짐하게 먹이고 싶었다.

인원동원조가 각 공장을 돌면서 잘 아는 사람들을 통해 '낮 1시 20분 평화시장 구름다리 밑에서 우리 임금 문제를 의논하기 위해서 많은 사람들이 모일 테니까 공장 동료들과 함께 나와 보라'고 얘기를 하는 방식으로 사람을 모으기로 했다. 물론 잘 알고 통하는 사람들에게 어느 정도 얘기를 자세히 할 수는 있겠지만, 데모를 한다는 말은 하지 않기로 했다. 그 사실이 미리 알려지면 데모도 하기 전에 경찰이 막을 수 있으니 각별히 유의해야 했다.

당일 낮 12시쯤, 신설동의 어느 다방에서 시간이 되기를 기다리던 회원들 일부가 사전에 분위기를 파악하기 위해서 평화시장 앞으로 떠났다. 그들에게서 전화가 왔다.

"큰일 났어요! 지금 평화시장 앞에 기동대가 새까맣게 깔려 있어요. 경찰들이 지나가는 사람들을 조사하는 것 같은데, 몇 사람을 찾는대요!"

오늘 데모한다는 사실이 미리 새 나간 것이다. 회원들은 전혀 예상치 못한 사태에 어찌할 바를 몰라 했다. 일단 평화시장 근처로 가서 상황을 관찰하기로 했다.

오후 1시가 되자 경찰 병력은 더욱더 증강되었다. 이런 상태에서는 초동이 뜨지 못해 도저히 데모를 할 수 없을 것 같았다. 회원들은 평화시장 건너편에 있는 현저다방에 모여 대책을 논의했다. 그러나 사전에 예상하고 대비하지 않았던 문제라 별 뾰족한 대책이 나올 리가 없었다. 이날의 데모계획은 일단 무산된 것으로 결정했다. 모두들 억울하고 허탈했다. 이소선 역시 허탈했지만 그런 내색을 하지 않고 회원들을 다독이고 위로했다.

이렇게 해서 3월 26일의 데모는 불발되었다. 그런데 여기에 그치지 않고 경찰들은 미수에 그친 데모 주동자들을 잡겠다고 설쳤다. 횃불회 회원들 대부분이 대상이었다. 그중에서도 잠바 미싱사인 임금자를 가장 심하게 찾았다. 임금자는 지난번 추모의 밤 때나 시간단축 농성투쟁 때는 그렇게 적극적이지 않았지만 이번 임금인상 투쟁을 앞두고 왕성하게 활동을 해서 통일상가를 중심으로 한 잠바 미싱사들을 뛰어나게 조직화하고 그들을 투쟁대열에 함께하게 했다.

잠바는 다른 옷보다도 더 계절을 타는 옷이라 성수기와 비수기가 뚜렷하다. 그리고 옷이 크고 무겁기 때문에 잠바를 봉제하는 일은 다른 업종보다도 노동 강도가 세다. 그래서 잠바 미싱사들은 성수기 한철(대개 늦가을에서 초봄까지) 동안 온몸이 망가지도록 일을 해서 번 돈으로 비성수기를 살아간다. 이러한 특성 때문에 잠바 미싱사들은 거의 다 객공 미싱사였다. 잠바 객공은 짧은 기간 동안 공임을 많이 올려야 하기 때문에 동료들 간에 경쟁도 치열하고 작업시간도 가장 길어, 개인주의적인 성향이 강한 편이다. 이러한 특성이 있는 잠바 미싱사를 조직화하기란 여간 힘이 드는 일이 아니었다. 그러나 임금자와 정선희 같은 경우 잠바 미싱사로서 기술과 경력이 오래된 데다 조직 능력이 뛰어나, 어려운 여건에 있는 잠바 미싱사들을 효과적으로 조직화했다.

비록 임금 인상을 위한 가두투쟁은 무위로 돌아갔으나 현장 노동자들의 움직임이 만만치 않다는 것을 과시한 효과는 있었다. 이것이 단체교섭 과정에서 유리하게 작용하는 힘이 되었다. 즉 시다 임금의 사용주 직불 문제를 잠바 미싱사들과 시다들이 끈질기게 요구함으로써 이를 관철했고 결국 미싱사 공임의 인상과 시다 임금의 인상이라는 효과를 얻어내게 되었다.

이와 같이 추모의 밤, 시간단축 투쟁, 임금인상 투쟁 시도 등 일련의 투쟁은 노동조합 집행부 중심이 아닌 현장 조합원들 중심으로 이루어진 일들이었다.

이소선은 고민이 많았다. 아들 전태일의 죽음 위에 세워진 청계피복 노동조합인데 한국노총식 노동운동이 계속된다면 전태일의 뜻은 영원히 멀어져 버릴 것 같은 위기감이 있었다. 노동조합을 주어진 법 테두리 내에서 교섭 위주로 행정을 하듯 한다면 그것은 이미 아무런 생명력이 없는 노동조합이라고 생각했다. 이런 분위기에서 벗어나기 위해서는 현장 조합원들과 함께 투쟁하는 길밖에 없다. 그런데 그렇게 하면 집행부와의 오해와 마찰을 피할 수 없게 된다. 집행부는 누구인가? 다름 아닌 그가 믿고 의지해 온 아들의 친구들이 아닌가?

좀처럼 울지 않는 이소선은 이때 혼자 울기도 많이 울었다.

'얘들아, 미안하다. 나는 내 길을 가야 해, 태일이와 했던 약속을 나는 지켜야 해. 지금 너희들이 나를 야속하게 생각해도 할 수 없다. 언젠가는 너희들이 내 맘을 이해할 거야. 나도 너희들을 이해한다. 너희들은 이제 장가도 가고 가정을 이루어야 할 때도 되었지. 이렇게 험난한 노동운동을 계속하라고 강요할 수는 없지. 너희들이 아니었다면 내가 누구를 믿고 노동조합을 했겠니? 그래서 나는 너희들을 원망하지 않는다. 그렇지만 이제 나는 나의 길을 가야 한다.'

결국 일련의 투쟁 사건이 벌어지고 난 뒤인 1976년 4월 9일 최종인 지부장 및 전 임원이 사임을 했다. 이어 4월 16일 임시 대의원대회에서 이전 집행부 중 한 사람인 이승철을 지부장으로 선출했다. 이소선은 연합노조 출신 최일호가 물러난 자리인 노동교실 실장으로 선출되었다.

승승장구

강남 아파트를 주겠다는 회유

새로운 집행부가 들어서고, 조합원들 또한 투쟁을 통해 단련됨으로써 노동조합활동은 더욱더 활발해지기 시작했다.

각종 소모임들이 조직되고 조합원 교육 역시 활발하게 진행되었다. 노동교실은 매일 저녁 8시 이후에 이루어지는 조합원들의 각종 모임과 교육으로 3, 4층이 발 디딜 틈이 없을 정도로 만원이었다. 1976년 봄, 새 집행부는 의욕적으로 사업을 추진하기 시작했다.

그해 3월 1일 삼일절을 맞이하여 김대중 씨 등 재야인사 12명이 「민주구국선언」을 발표하고 긴급조치의 철폐, 구속인사의 석방, 언론·출판·집회의 자유 보장, 국회 기능의 회복, 사법부의 독립 등 5개 항을 요구했으며 아울러 박정희 정권의 퇴진운동을 본격적으로 벌여 나가기 시작했다. 이 선언문에 서명하거나 연루된 인사는 윤보선·함석헌·정일형·김대중·윤반웅·안병무·이문영·서남동·문동환·이우정·문익환·함세웅·신현봉·문정현·김승훈·장덕필·이태영·이해동·김택암·안충석 등이었다.

당시 3·1민주구국선언 사건에 관계된 인사들은 전태일 사건에 지대

293

한 관심을 가져 왔고 이후 이소선과 함께 재야활동을 한 이들이었다. 또 실제 3·1민주구국선언이 전태일 정신과 깊은 연관성이 있다는 것을 밝힌 증언도 있다. 2013년 3월 1일 민주구국선언 37주년 행사가 서대문구치소 자리에서 있었는데, 이 자리에서 서명 당사자였던 문동환 목사는 당시 민주구국선언 연판장을 돌리면서 "이 연판장이 다름 아닌 전태일이다"라며 서명을 받았다고 증언했다. 뿐만 아니라 문익환 목사는 오랫동안 전태일기념사업회 회장을 했고, 북한을 방문해 김일성 주석과 면담하는 자리에서는 자신의 직함 중에 가장 자랑스러운 직함이 전태일기념사업회 회장이라고 말한 바 있었다.

한편 그 무렵 미국의 대통령 선거 결과, 이른바 인권정책을 내세운 카터가 대통령에 당선됨으로써 박 정권은 더욱 궁지로 몰리게 되었다. 당시 재야운동에 참여한 인사들 가운데 상당수는 카터의 인권정책에 어느 정도 기대를 가지고 있었다. 반면 박정희 정권은 상대적으로 보수적인 포드가 당선되기를 기대하던 분위기였다.

이런 상황에서 세계적으로 악명을 떨치던 박정희 정권의 인권탄압은 권력유지에 부담이 되었다. 이에 박 정권은 카터의 취임을 전후해서 반정부 인사들을 대상으로 은밀한 회유공작을 펼치기 시작했다.

아니나 다를까, 어느 날 중앙정보부의 박 아무개라는 사람이 이소선을 찾아왔다.

"이 여사, 요즘 무척 힘드시죠. 그래서 저희들이 신경을 좀 써 봤습니다. 저희들의 조그만 성의로 아시고 달리 생각 안 하셨으면 좋겠습니다. 다름이 아니라 요즘 아파트가 한창 유행이 아닙니까. 살기가 참 편하죠. 열 가지 고민을 하다가 아파트 한 채 마련했습니다. 강남에 '장미아파트'라고 있는데, 함께 가 보시는 게 어떻겠습니까?"

그러면서 아파트의 평수가 넓으니까, 시가로 따져도 상당한 액수가 될 것이라는 말도 덧붙였다.

이소선은 이 말을 듣고 놀라지 않을 수 없었다. 아들 태일이가 죽었을 때도 그 많은 돈을 가지고 자신을 회유하려 들더니, 5년여가 지난 지금에 와서도 그러한 공작을 계속하고 있다는 데 등골이 오싹할 지경이었다. 물리적인 탄압보다도 이 같은 금전적인 술책이 오히려 더 고통스러웠다. 이제부터 그 추악한 술책을 물리쳐야 한다는 생각을 하자 진저리가 쳐졌다.

"이보시오, 우리 같은 사람이 그렇게 커다란 아파트에 어떻게 살 수 있겠소? 난 그런 아파트 꿈에도 생각한 적 없어요. 그리고 내가 왜 실없이 남한테 공짜로 집을 얻는단 말이오?"

이소선은 이렇게 일언지하에 잘라 말했다. 그리고 그 자리에서 도망 나오다시피 뛰쳐나와 버렸다. 이후에도 정보부 요원은 집요하게 쫓아다니며, 그 아파트 명의를 이소선으로 해 놓았으니 언제라도 가서 살면 된다면서 아파트의 호수까지 알려 주었다.

삼양사 공장장의 노조 간부 폭행사건

이제 막 들어선 새 집행부는 의욕은 넘쳤으나 아직 자리가 잡히지 않았고 또한 경험이 부족해 서툰 점이 많았다. 그런 상태에서 사건이 터졌다.

1976년 6월 2일, 이날도 여느 때와 마찬가지로 저녁 8시가 지나자 조합 간부들이 8시 이후의 작업을 단속하기 위해 각자 담당한 사업장으로 나갔다. 그런데 나간 지 약 1시간이나 지나서 다급한 목소리의 전화가 노조사무실에 걸려 왔다.

"여보세요? 거기 노조사무실이죠? 저는 통일상가에서 일하는 조합원인데요, 지금 통일상가 B동 29호에서 공장장하고 그 부인이 조합 간부를 넘어뜨리고 막 때리고 있어요. 빨리 좀 와 보세요!"

통일상가로 단속 나간 간부는 이숙희 교선부장이었는데, 사용주 측에서 노조 간부가 여성이라고 얕잡아 보고 폭행을 한 것이었다. 빨리 조합원들을 동원해서 현장으로 보내야겠는데 간부들은 몽땅 단속하러 나가고 아무도 없었다. 이소선은 급한 김에 노동교실로 전화를 걸었다. 노동교실에서는 그쪽에도 방금 그런 전화가 왔다며, 그래서 모임을 하던 조합원들이 지부장과 함께 지금 통일상가로 몰려가기 위해서 준비 중이라고 했다.

때마침 노동교실에서는 남자 조합원들의 모임인 '바위솔' 회원들이 모여 있었다. 지부장은 이 조합원들을 이끌고 통일상가로 달려갔다. 그 사이에 이소선은 노동교실로 달려갔는데, 조금 있으니까 밖에서 시끌벅적한 소리가 났다. 이소선이 내다보니 조합원들이 폭행을 가한 공장장을 둘러싸고 그를 노동교실로 데리고 오고 있었다.

이들은 노동교실의 응접실로 쓰는 방에 폭행한 공장장과 그의 부인을 앉혀 놓고 사건의 전말을 물어보려 했다. 그런데 그 공장장은 술이 취해 횡설수설하며 제대로 말을 못했다. 이런 모습을 본 조합원들이 흥분해서 따지고 들었다.

"당신이 뭔데 노조 간부를 넘어뜨리고 머리끄덩이를 잡아채는 거야! 사장이 그렇게 하라고 시켰어?"

그래도 공장장은 술 냄새만 풍기면서 씩씩거렸다. 이를 보다 못한 공장장의 부인이 대답했다.

"누가 넘어뜨리고 머리채를 잡았다고 그래요? 자기가 굴러떨어져서 그랬지."

"이거 봐! 그럼 당신이 가만히 있었는데 우리 교선부장이 일부러 자빠져서 억지를 쓴단 말이야? 말도 안 되는 소리 작작하고 어떻게 된 내용인지 자초지종을 말해 봐."

내막은 이랬다. 교선부장이 통일상가 3층에 8시 30분쯤 도착하여 B동 29호 삼양사에 갔다. 그 시간에 아직도 작업을 하고 있기에, 빨리 끝낼 것을 요청하고 다른 공장으로 향했다. 그런데 다른 공장을 둘러보고 9시가 넘어서 다시 삼양사로 가 보니, 그때까지도 일을 계속 시키고 있는 것이었다. 교선부장은 8시 이후에 작업을 시키는 것은 단체협약 위반이니 빨리 끝낼 것을 거듭 요구했다. 그럼에도 불구하고 공장장과 그의 부인이 그 요구를 거부하자, 그는 전기 스위치를 꺼 버리고 일하는 사람에게 돌아가라고 했다. 그러자 공장장과 그의 부인이 이숙희를 마구 밀어서 넘어뜨리고 머리채를 잡고 흔들었다.

그 일이 벌어진 통일상가는 건물이 낡은 데다 작은 건물들이 이리저리 달라붙어 있어 복잡하다. 내부는 어두침침하고, 미로 같은 통로는 후미진 구석에서 사람이 얻어맞아도 직접 옆에서 보지 않으면 모를 정도로 열악한 건물이었다. 삼양사에서 폭행이 벌어진 그때, 마침 삼양사 위층에서 일하던 미싱사가 내려오는 길에 싸우는 소리를 듣고 현장을 목격했다. 조합 간부가 구타를 당하자 그가 즉시 노조사무실과 노동교실에 전화를 한 것이다.

지부장은 공장장에게 사건의 전말과 사과문을 쓰고 가라고 했다. 그러자 술이 잔뜩 취한 공장장은 "고발할 테면 고발하든지 말든지 마음대로 해! 그런 것 못 써 줘!" 하는 식이었다.

이런 모습을 지켜본 20대의 팔팔한 조합원들은 주먹을 쥐고 당장이라도 한 방 먹일 듯했다. 흥분한 조합원들에게 이소선은 손끝만 대도 도리어 폭행했다고 뒤집어쓸 수 있다며 절대 손대지 말라고 말렸다. 지부장은 오늘 간단하게만 쓰고 내일 술이 깬 다음에 얘기하자며 공장장을 달랬다. 그래도 그는 "못 써!" 하고 언성을 높이며 거부했다. 옆에서 지켜보고 있던 공장장 부인이 "여보, 얼른 써 주고 갑시다" 하며 달랬지만 부인의 말에도 그는 못 하겠다고 버텼다.

지부장은 공장장과는 말이 통하지 않겠다고 판단하고, 부인 쪽과 따로 얘기를 하기 위해 공장장 부인을 데리고 도서실 방으로 갔다. 도서실에서 공장장 부인이 확인서를 쓰고 있는데, 갑자기 여성 조합원 하나가

엉엉 우는 소리가 났다. 그는 울면서 이렇게 말했다.

"삼 년 전에 저놈의 집구석에서 일을 하다가 눈을 다친 적이 있어요. 치료비를 요구했더니 이 핑계 저 핑계 대면서 돈을 안 주는 거예요. 나중에야 겨우 천 원을 주더라고요. 그 돈으로는 도저히 병원에 갈 수가 없어서 치료도 못 받고, 나는 눈병신이 되었다고요."

이렇게 분에 못 이겨 울면서 억울함을 털어놓는 조합원의 이름은 임은숙이었다. 모임 때문에 노동교실에 왔다가 우연히 예전에 일하던 공장의 공장장 부인을 만난 것이다. 그들을 이곳에서 보니 억울했던 옛날 일이 생각나서 이제야 마음 놓고 억울함을 터뜨리는 것이었다.

이소선이 임은숙을 보니 과연 한쪽 눈이 흰자위밖에 없었다.

'갓 스물을 넘긴 처녀가 한쪽 눈이 저렇게 되었으니 얼마나 한이 맺혔을까. 노동조합이나 노동교실을 모를 때니 혼자서 속만 태웠을 테지…. 거지한테 동냥을 주는 것처럼 던져 준 돈을 받아 들고 얼마나 억울하고 서러웠을까!'

옆에서 지켜보고 있던 조합원들은 하나같이 자신이 당한 것처럼 흥분하기 시작했다.

"이런 것들은 인간도 아냐! 아무리 돈에 환장했기로서니, 자기네 공장에서 일하다가 눈을 다쳤는데 치료비 천 원이 뭐야, 천 원이? 남의 눈 병신 만들면서 번 돈 죽을 때 다 싸 가지고 갈래?"

이때 옆방에 있던 공장장은 갑자기 여자의 울음소리가 들리고 큰 소리가 터지자 저들이 자기 부인을 때린다고 펄펄 뛰기 시작했다. 그런 게 아니라 당신 공장에서 일하다가 눈을 못쓰게 된 아가씨가 억울해서 우는 것이라고 얘기해도 막무가내였다. 그러다가 갑자기 머리를 벽에다 들이받더니, 4층에서 뛰어내린다며 유리창을 깨려고 날뛰었다. 조합원들이 재빨리 공장장을 제지했다.

이렇게 한바탕 벌어진 소동이 어느 정도 가라앉자 공장장 부인에게 확인서를 받고 그들을 돌려보냈다. 그런데 이들 부부가 나간 뒤, 공장장이 길가에서 자기 부인을 폭행하고 있다는 전화가 걸려 왔다. 확인서를 써 주었다고 부인이 남편한테 얻어맞고 있다는 것이었다. 지부장이 부랴부랴 쫓아 나가서 싸움을 말리고 버스를 태워서 집으로 보냈다. 그런데 일이 여기에서 끝난 것이 아니었다.

정부와 업주 측의 야합

다음 날 아침 공장장은 노조사무실로 찾아와, 술을 먹고 실수했다며 사과하고 돌아갔다.

그러나 비록 공장장이 노조사무실에 와서 사과를 했다고 해도, 공장장의 폭행사건과 별도로 작업시간 위반 부분은 여전히 문제로 남았다. 노조에서는 8시 이후에 작업을 절대로 시키지 않겠다는 사장의 각서를 받아 내기로 했다. 조합원 30여 명이 점심시간을 이용해 삼양사 점포가 있는 통일상가 1층으로 몰려갔다. 조합원들이 행동하자 사장은 멈칫멈칫 망설이다가 각서를 쓰기 시작했다. 그런데 그 순간 통일상가 경비반장과 주위에 있던 다른 점포의 사장들이 몰려와서 "각서 써 주지 말아요! 노조가 뭐길래 각서를 받아 내? 한번 싸워 보자고!"하면서 각서 쓰는 것을 말렸다. 조합원들과 몰려온 사장들 사이에서 분위기가 험악하게 돌변했다. 자칫 큰 싸움이 벌어지게 생기자, 지부장이 조합원들에게 일단 오늘은 철수하고 이후 차분하게 처리하자고 설득을 했다. 그에 따라 조합원들은 각자 작업장으로 흩어지고, 이소선과 지부장 그리고 다른 상근간부들은 노조사무실로 올라왔다.

그리고 2시간가량 지났는데, 느닷없이 여러 명의 경찰들이 노조사무실로 들이닥쳤다. 폭력사건으로 이소선과 지부장, 조직부장과 교선부장을 조사할 것이 있다며 경찰서로 가자는 것이었다. 이소선이 나섰다.

"이봐요, 누가 누구를 어떻게 폭행했다는 말이오?"

"고소가 들어와서 조사하려고 하는 것이오. 가 보면 알 것 아닙니까?"

누가 고소했다는 말이냐고 노조 간부가 물으니 경찰은 "아, 박천일이라는 사람 몰라요?" 했다.

박천일은 삼양사 공장장 이름이었다. 아침에는 자기 발로 찾아와서 잘못했다고 빌고 갔던 사람이 이제 와서 고소를 한 것이다. 이소선과 조합 간부는 폭행한 사실이 없었기 때문에 순순히 경찰을 따라 경찰서로 갔다. 경찰서에서 삼양사 사장이 형사와 함께 나가더니 약 2시간 뒤에 "1주일 치료를 요함"이라고 씌어 있는 진단서를 들고 왔다. 이때부터 경찰은 그들을 폭력범 취급을 하는 것이었다.

이소선은 경찰과 업주들이 새로 들어선 집행부를 이 기회에 이런 건으로 걸어 놓고 힘을 시험해 보려는 속셈이라고 판단했다.

"자기가 제 머리를 벽에다 들이받고 자기 마누라를 폭행했으면서 남한테 뒤집어씌우는 저런 개쌍노므새끼, 저런 새끼 말만 믿고 우리한테 사람 때렸다고 조사하는 거요?"

경찰을 향해 소리치는 이소선의 말을 듣고 조합 간부도 "정부와 사용주가 야합해 우리를 탄압하고 있다"라며 항의했다. 이렇게 조사를 못 받겠다며 실랑이를 벌이다가, 시간이 지나 대충 조사에 응해 주고 밤 10시 반쯤에 경찰서에서 나왔다.

경찰서를 나온 이들은 노동교실로 갔다. 노동교실에 와 보니 조합원들이 노동교실에 빽빽이 들어차서 노조 탄압에 항의하는 농성을 벌이고 있었다. 이소선은 조합원들 앞에서 말했다.

"여러분 수고하셨습니다. 오늘 우리는 사용주와 정부 당국의 비열한 탄압을 확인했습니다. 공장장이 우리한테 행패 부렸다는 것을 뻔히 알고서도 경찰은 오히려 우리한테 폭행을 뒤집어씌우고 있습니다. 이것은 무엇을 말하는 것입니까? 그것은 다름 아니라 정부 당국과 사용주가 야합

을 해서 우리 노동조합을 탄압하고 힘을 약화시키려 하는 저의가 깔려
있다는 것입니다. 우리는 여기에서 결코 굽혀서는 안 됩니다. 우리가 굽
힌다면 저들은 계속해서 우리를 짓밟으려 들 것입니다."

이소선의 말이 끝나자 박수와 함께 "옳소!" 소리가 터졌다.

그들은 이번 사태를 예의주시하고 어떠한 행동이 필요할 그때를 위
해서 일단 자진해산을 했다. 그리고 다음 날 점심시간, 전체 시장상가에
'삼양사 사건을 주시하고 있는 노동자 일동'의 명의로 된 「삼양사 사건의
진상은 이렇다」라는 제하의 유인물이 뿌려졌다. 이는 노조 탄압을 우려
하는 '바위솔' 회원의 조합원들이 주동해 제작·배포한 것이었다. '당국
과 업주의 부당한 처사를 폭로한다. 노조 간부 4명이 불구속으로 입건된
것은 부당하므로 이것을 취소하라. 삼양사 사장은, 공장장을 사주해 고
소하게 한 것과 저녁 8시 이후에 작업을 시킨 것을 6월 24일 대의원대회
석상에 나와서 공개사과하라. 아울러 삼양사 공장장과 그의 부인을 무고
혐의로 처벌하라'는 내용이었다.

이 유인물이 뿌려지자 곧바로 중부경찰서 정보과장이 노동조합사무
실을 찾아왔다. 그들은 이 유인물을 배포한 주동자가 누구냐고 캐묻는가
하면, "'○○○ 사건의 진상은 이렇다'라고 쓴 것을 보니까 꼭 북괴에서
내려 보낸 삐라하고 비슷하단 말이야!"라면서 협박을 했다.

당국과 사업주의 이러한 처사에 맞서 조합원들은 매일같이 점심시간
이 되면 50명, 100명씩 삼양사 가게에 가서 한 시간씩 농성을 했다.

결국 이 삼양사 노조 간부 폭행사건은 노조의 강경한 투쟁으로 삼양
사 사장의 사과를 받아 내고, 조합 간부가 폭행을 했다는 것에 대해서도
불기소 처분을 받는 것으로 일단락되었다.

다시 걸린 전태일 사진

1976년 6월 24일의 대의원대회에서는 한 가지 특별한 결의가 있었다. 그것은 다름 아니라 이전 집행부 시절 정보기관의 압력에 의해서 노조사무실에 걸려 있던 전태일의 사진을 떼어 낸 일이 부당한 처사라고 규정하고, 전태일의 사진을 다시 걸자고 하는 결의였다. 이날 대의원대회 기타토의 순서에서 대의원 한 사람이 일어나 긴급제안 발언을 했다.

"대의원 동지 여러분! 우리 다 같이 저 앞을 보십시다. 저 앞에는 지금 누구의 사진이 걸려 있습니까? 육영수 여사의 사진이 걸려 있습니다. 본인은 어떤 연유로 해서 육영수 여사의 사진이 걸려 있어야 하는지 모르겠습니다. 저기에는 다름 아닌 전태일 동지의 사진이 걸려 있어야 합니다. 우리가 노조사무실이나 노동교실에다 전태일 동지의 사진을 거는 것은 단순히 형식적인 것이 아니라, 전태일의 뜻을 기리고 그 뜻을 이어받기 위한 조합원들의 굳은 의지를 나타내는 것이라고 생각합니다. 우리 청계피복지부의 노동교실에 육 여사의 사진이 걸려 있는데 왜 전태일 동지의 사진은 걸려 있지 못하느냐는 것입니다.

동지들이 다 아시다시피 전태일 동지는 자신의 젊은 육신을 불태워 3만여 우리 시장상가 근로자의 권익을, 더 나아가 이 땅의 모든 억압받는 근로자들의 인간다운 삶을 쟁취하기 위해 죽어 갔습니다. 이에 우리 청계피복지부는 전태일 동지의 위대한 뜻을 받들어 결성된 노동조합입니다. 전태일 동지의 값진 희생이 없이 어떻게 청계피복지부가 만들어졌겠습니까? 어떻게 근로조건이 개선될 수 있었겠습니까? 그러함에도 불구하고 청계피복지부의 노동교실에 전태일 동지의 사진이 걸려 있지 않다는 것이 어디 말이나 되겠습니까? 전태일 동지 사진 하나 걸지 못하는 말 못할 사정이 있었는지는 모르지만 오늘 이 자리에서 우리들이 분명하게 결의해서 우리의 손으로 직접 걸어 놓읍시다!"

이 긴급제안 발언이 끝나자 참석 대의원들의 우레와 같은 박수 소리와 함께 "옳소!" 하는 함성이 터져 나왔다. 이어 의장인 지부장이 이 긴급제안에 찬성하는 사람은 손을 들라고 하자 모두가 손을 들었다. 만장일치였다.

만장일치로 통과되자 이 일을 주동한 '바위솔' 모임의 대의원 몇 명이 나와 전태일의 사진을 걸었다. 사진은 전태일이 평화시장에 다닐 때 어딘가 야유회에 갔다가 입에 사탕을 물고 있는 채 찍힌 사진을 확대한 것이었다. 사진 옆에는 전태일이 살아생전에 썼던 일기 부분을 표구해서 걸었다. 이어 그 글을 또박또박 읽어 내려갔다.

이 결단을 두고 얼마나 오랜 시간을 망설이고 괴로워했던가?
지금 이 시각, 완전에 가까운 결단을 내렸다.
나는 돌아가야 한다.
꼭 돌아가야 한다.
불쌍한 내 형제의 곁으로, 내 마음의 고향으로,
내 이상의 전부인 평화시장의 어린 동심 곁으로.
생을 두고 맹세한 내가, 그 많은 시간과 공상 속에서
내가 돌보지 않으면 아니 될 나약한 생명체들.
나를 버리고, 나를 죽이고 가마. 조금만 참고 견디어라.
너희들의 곁을 떠나지 않기 위하여 나약한 나를 다 바치마.
너희들은 내 마음의 고향이로다….

이 광경을 지켜보는 이소선은 아들 전태일이 다시 살아온 것 같았다. 반갑고, 아쉽고, 한없이 그리운 사랑스런 아들, 전태일. 그는 조그맣게 그 아들의 이름을 수없이 불러 보았다.

동일방직 노동자들의 나체시위

이 무렵 1970년대의 저 처절하고 끈질긴 여성 노동자 투쟁의 대명사인 인천 동일방직노동조합에 대한 탄압이 시작되었다.

동일방직노동조합은 1972년 5월, 회사 측의 지원을 받는 남자 후보들을 큰 표차로 물리치고 주길자가 지부장으로 선출되면서 민주적인 노동조합으로 발전했다. 동일방직의 노조는 1972년 5월 말 시점에 1,383명의 조합원 중 1,214명이 여성이었다. 이처럼 조합원의 대다수가 여성인 노조에서 여성 지부장이 출현할 가능성은 당연히 높았다. 그러나 그 가능성을 현실화하는 데는 많은 어려움이 따를 수밖에 없었던 것 또한 당시의 상황이었다.

우리나라 최초의 여성 지부장인 주길자 지부장에 이어 1975년 이영숙 집행부가 들어섰다. 이영숙 지부장을 중심으로 노동조합활동이 활발히 전개되자 회사 측에서는 노조를 노골적으로 탄압하기 시작했다.

회사 측은 1976년 2월 노동조합 대의원 선거를 앞두고 조합원들에 대한 압력을 가중시켰다. 그러나 사측에서 내세운 대의원 숫자는 당시 집행부를 붕괴시키기에는 역부족이었다. 이에 사측은 자신들이 내세운 지부장 후보 고두영을 당선시키기 위해 대의원들을 회유하는가 하면 온갖 징계, 협박, 공갈 등으로 탄압했다. 정상적으로 대의원대회를 개최하려고 시도하면 대의원들을 감금·납치하여 대회를 무산시키는 수법으로 방해했다.

그러나 이 정도는 시작에 불과했다. 정말 기가 막히는 일이 벌어졌다. 경찰이 이영숙 지부장을 불법으로 연행한 상태에서, 이미 노조에서 징계당한 고두영이 관의 비호 아래 7월 23일 기숙사 강당 문을 걸어 잠그고 자파 대의원 24명만으로 대의원대회를 열어 이영숙 지부장을 불신임하고 자신을 지부장으로 선출케 했다. 이는 정족수도 미달될 뿐만 아니라 대의원대회 소집절차에도 위배되는 불법적인 대회였다.

이에 조합원들은 사측의 사주에 의한 대의원대회가 불법무효임을 폭로하기 위해, 못질되어 있는 기숙사 문을 박차고 들어가 농성에 돌입했다. 처음에 200여 명의 조합원이 기숙사 창문에서 뛰어내려 시작한 농성이 오후 2시 출근자들이 합세할 움직임을 보이자 경찰은 연행해 간 이영숙 지부장을 일단 석방했다. 그러나 2시 출근자들의 움직임이 어느 정도 진정되었다고 판단한 경찰은 다시 지부장과 이총각 총무부장을 연행해 갔다. 조합원들의 분노는 극에 달했다. 밤 10시 출퇴근자들이 농성에 가담하여 철야농성에 돌입했다.

이튿날인 7월 24일 농성 조합원 수는 800여 명으로 불어났고 농성장 밖에서 300여 명이 모여들어 호응했다. 전면적인 파업농성을 하면서 노동자들은 "이영숙 지부장을 석방하라" "회사는 자율적인 노조활동에 개입하지 말라" "7·23대회는 무효다" "엉터리 고두영 물러가라" 등의 구호를 외쳤다.

다음 날까지 계속된 농성으로 노동자들은 한낮의 더위와 배고픔에 지쳐 있었다. 이때 갑자기 경찰, 회사 경비원과 남자 사원 들이 합세하여 머리채를 끌고 발길질을 하면서 조합원들을 경찰차에 집어넣기 시작했다.

"벗고 있는 여자 몸엔 경찰 아니라 그 누구도 남자들은 손을 못 댄대! 우리 모두 옷을 벗어 버리자!"

노동자들이 흩어지면 안 된다는 생각에 누군가가 다급하게 외쳤다. 그 말에 탈진해 있던 여성 노동자들이 옷을 벗어던졌다. 이른바 나체시위였다. 이 얼마나 처절한 투쟁인가! 젊은 처녀들이 자신의 조직과 권익을 지키기 위해 수치심도 내 버리고 짐승 같은 남자들 앞에서 옷을 벗은 채 저항을 해야 하는 참혹한 현실이었다. 경찰과 회사 사원들은 나체 상태에서의 저항에도 아랑곳하지 않고 노동자들을 개 패듯 다루어 72명을 경찰서로 연행해 가고 3명의 노동자는 혼수상태에서 병원에 입원하게 되었다.

이 같은 동일방직 노동자들의 처절한 투쟁 소식을 접하면서 이소선은 치밀어 오르는 분노를 억누를 길이 없었다. 그동안 동일방직 문제를 둘러싸고 청계노조 노동교실에서도 관계자들의 대책회의가 여러 번 있어서 사건 내용을 알고 있었지만, 이처럼 잔인무도할 수 있는가!

이소선은 혼수상태로 병원에 입원한 조합원들이 있는 곳으로 달려갔다. 병원에 누워 있는 이돈희, 이순옥은 초점을 잃은 눈을 멀거니 뜬 채 온몸에 경련을 일으키면서 입가에는 거품만 내뿜었다. 이런 모습을 본 이소선은 기가 차서 뭐라고 말이 안 나왔다. 수건에다 물을 적셔서 입가에 묻은 거품을 닦아 주었다. 옆에 회사 사람이나 노동청 직원이 있으면 당장에 멱살을 잡고 어떻게 할 거냐고 따지고 싶었다.

동일방직노동조합에 대한 탄압은 이후에도 계속돼 정부, 회사, 섬유노조가 야합해서 노동조합을 와해시키고자 했다. 1978년 2월에는 회사 측의 협박을 받으면서도 노조가 대의원 선출 투표를 감행하려하자 회사 측 남성 노동자들이 똥을 날라다가 여성 조합원에게 퍼부었다. 이때 경찰들은 구경만 했고, 도움을 요청하는 여성 노조원들에게는 냉소와 욕설을 퍼부었다. 이 사건이 소위 '동일방직 똥물세례 사건'이다. 회사 측은 노동자 126명을 해고했고 해고자 명단을 각 사업장에 돌려 재취업을 봉쇄했다.

이 과정에서 재야 민주세력과 민주노조가 함께 투쟁에 동참했다. 특히 1976년 당시 청계피복노조는 자체 투쟁에서 이기는 싸움을 몇 번 겪고 난 뒤라 노동조합의 힘이 어느 때보다도 강해서, 동일방직노조의 투쟁을 적극적으로 지원했다.

동일방직 사건을 주제로 하는 기도회, 집회 등에 여러 노조의 조합원들이 집단적으로 참여함으로써 노동자는 지역과 업종을 초월해서 하나라는 의식이 성장하기 시작했다.

승승장구

풍천화섬 사건

당시만 해도 기업별노조라는 틀에 갇히기를 바라는 자본가들의 논리에 노조 지도자들도 순응하는 경우가 많았다. 이런 잘못된 기업별노조 의식의 풍토 속에서도 이소선은 노동자의 문제를 기업별로 구별하지 않았다. 노동자의 권리와 인권 문제라면 기업, 지역, 산업을 구별하지 않고 관심을 가지고 투쟁했다. 이소선은 여기에 그치지 않고 지식인, 학생, 종교인 등에 대해서도 구별 없이 노동인권 문제와 민주화를 위해서는 연대하고 함께 투쟁했다.

청계피복노조 역시 이러한 이소선의 영향을 받아 기업별노조의 틀을 뛰어넘기 위한 연대에 적극적이었다. 청계노조는 연대를 위해 일차적으로 동일한 업종의 노동자들이 공통된 내용을 가지고 공동으로 투쟁하는 것부터 출발했다. 그래서 같은 업종인 봉제업체의 노조 결성, 근로조건 개선, 임금 인상 문제 등에 적극적으로 개입하기 시작했다.

1976년 이 시기에 성수동 남진산업의 임금인상 투쟁, 월곡동 극동피혁의 파업농성과 노조결성 투쟁, 그리고 동대문종합시장의 유진산업 집단해고 사건에서 해고수당 3개월분과 퇴직금 지급 등을 따낸 투쟁, 신당동 신일산업사의 폐업철회 투쟁 등이 그 사례다.

청계노조가 타 사업장에 개입한 가장 대표적인 사례는 풍천화섬 노동자들의 노조 결성을 위한 투쟁이라고 할 수 있다. 풍천화섬은 서울 성동구 성수동에 소재한 에이원저지라는 옷감의 생산공장이었다. 생산직 대부분이 연소 여성 노동자로서 800여 명 규모에 달하는, 청계피복업체에 비하면 큰 사업체였다. 당시 에이원저지는 수출은 물론 국내 수요도 많아 경기가 좋은 회사였는데도 풍천화섬의 근로조건은 형편없었다. 공휴일, 생리휴가 등도 무시하면서 하루 3교대 작업을 2교대로 바꾸고, 임금 또한 2~3년 근무한 사람이 고작 일당 480원이었다.

이에 노동자들은 자신들의 근로조건 개선을 위한 투쟁을 어떻게 할 것인가를 고민하다가 무엇보다도 먼저 노동조합을 결성해야겠다는 생각에 이르렀다. 그리하여 이들은 청계피복노조에서 운영하는 노동교실에 가면 노조 결성하는 방법을 잘 가르쳐 줄 것이라는 소문을 듣고 노동교실로 찾아갔다.

긴 머리의 10대 후반인 박숙녀가 동료 4명을 인솔해서 찾아오자, 노동교실 실장인 이소선 등은 이들이 말하는 회사 사정을 자세히 듣고 그들이 노조를 결성하고자 하는 각오를 확인했다. 그래서 청계노조 간부들과 당시 노동교실을 드나들던 노동운동가들을 통해 이들을 집중적으로 교육시켰다.

이들 중에 가장 열성적인 사람이 애초에 동료들을 인솔해서 노동교실에 찾아왔던 박숙녀였다. 그는 나이는 어렸지만 야무지고 대담성이 있었으며 동료들로부터 신망이 두터웠다. 이소선 등은 박숙녀에게 또 다른 그룹을 만들어서 데리고 오라고 했다. 그래서 박숙녀는 5명 단위로 네 그룹을 조직해서 인솔해 와 노조 결성에 대한 교육을 받게 했다.

이어 이 교육을 받은 사람들이 중심이 되어 노조 결성 준비를 하기 시작했다. 근로조건 개선을 요구하고 그것을 관철하기 위해 농성투쟁을 하면서 투쟁 현장에서 노동조합을 결성키로 했다. 구체적으로는 추석날인 9월 8일에도 휴가를 주지 않고 일을 시키는 것에 항의농성을 하면서 이 자리에서 노동조합 결성식을 거행키로 했다.

드디어 9월 8일 아침. 박숙녀는 기숙사 베란다에 500여 명의 동료들을 모이게 했다. 동료들이 모이자 「단결의 노래」를 부르며 임금 인상, 기숙사의 외출자유 보장, 공휴일 근무제 폐지, 부서 이동의 복귀, 노조 결성 등 7개 사항을 요구하는 유인물을 돌리고 이를 구호로 외쳤다.

이들은 기숙사 베란다에서 한동안 노래와 구호를 외치면서 농성을 했고, 이어 운동장으로 나와서 운동장을 돌며 시위를 했다. 이때 중앙일보사의 취재차가 회사 안으로 들어와 취재를 하기 시작하자 이들은 그동안 무관심과 멸시, 천대 속에 살아오며 추석날조차 고향 가는 것은 고사하고 작업을 해야 하는 처지에 대한 설움과 분노가 극에 달했다. 이들 중 120여 명은 취재를 마치고 회사 정문으로 나가는 취재차를 따라가면서 구호를 외치기 시작했다. 자신들의 요구가 적혀 있는 휘장을 두르고 3킬로미터가량을 아무런 제지도 받지 않고 따라갔다. 결과적으로 가두시위를 하게 된 것이다. 한양대 부근으로 행진을 할 때까지 몰랐던 경찰은 뒤늦게 출동하여 이들을 진압하기 시작했다. 경찰은 어린 여공들의 머리채를 휘어잡고, 군홧발로 걷어차면서 행진을 가로막았다. 이 과정에서 76명이 동부경찰서에 연행되었고, 2명이 동부시립병원에 입원하게 되었다.

이들의 가두시위는 유신 이후 집회 및 시위에 관한 법률, 국가보위에 관한 특별조치법, 대통령 긴급조치 9호 등이 엄존한 상태에서 공장 노동자들로서는 처음 있는 가두데모였다.

이소선은 이 소식을 전해 듣고 노동자들이 자신들의 분노를 조절해 가면서 지혜롭게 대응하기에는 아직 일렀구나 생각했다. 자신들의 분노를 폭발시키는 것은 좋지만 결과적으로 조직적이고 지속적인 투쟁에는 실패할 수밖에 없는 것이 안타까웠다. 경찰서와 병원으로 연행된 노동자들을 면회를 가야 하나, 어떻게 해야 하나 상황을 예의주시하고 있던 차에, 저녁 8시경 노동교실로 전화가 걸려 왔다. 전화를 건 사람은 다름 아닌 이날 사건의 주동자인 박숙녀였다. 이소선은 연행된 그가 전화를 한 것에 놀랐다.

박숙녀는 경찰과 싸우는 과정에서 많이 다쳐서 동부시립병원에 입원한 사람 중의 하나였다. 병원 2층에 입원해 있던 그는 경찰의 감시가 소홀한 틈을 이용해 2층에서 뛰어내려 병원을 탈출했다. 지금 어린이대공원 근처에서 전화를 걸고 있다는 것이었다. 이 전화를 받고 이소선은 즉시 택시로 양승조 총무부장을 박숙녀가 있는 곳으로 보냈다. 양승조는 그를 만나 안전한 곳으로 피신시켰다.

　주동자를 놓친 경찰은 당황했다. 경찰로서는 큰 사건이었는데, 주동자를 놓쳐 버렸지, 그렇다고 연행자들을 보면 나이 어린 여성 노동자인데다가 단순가담자들이라 주동자 박숙녀 이외에 다른 구속할 명분 있는 사람이 없으니 난감하지 않을 수 없었을 것이다.

　이소선과 청계 조합원들은 사태의 추이를 예의주시하면서 시치미를 떼고 일상활동을 수행해 나갔다.

청계노조 쑥대밭 발언

다음 날 동부경찰서 소속 경찰관 3명이 노동교실로 찾아왔다. 그들은 노동교실 관리인인 이양현과 재단사 이 씨, 김 씨를 찾았다. 이양현이라는 사람은 풍천화섬 노동자들이 농성을 할 때 배포한 유인물을 만들어 준 사람이고, 이름은 알 수 없지만 재단사 김 씨와 얼굴이 예쁘장하게 생기고 눈이 쌍꺼풀이 진 재단사 이 씨라는 사람은 교육을 시켰기 때문에 그들을 찾는다는 것이었다. 이들 세 사람은 풍천화섬 노동자들이 연행되었다는 소식을 듣고 즉시 피신을 했다. 두 재단사는 학생운동 출신인 김세균과 장명국이었는데, 이름은 당시 끝까지 밝혀지지 않았다. 이 세 사람을 찾지 못한 경찰은 다음 날 노동교실 주위에서 잠복을 했다. 그러나 하루 종일 지키고 있어도 그들은 나타나지 않았다.

　이튿날 경찰은 노동교실 안으로 침입해 서류를 뒤지고, 교실을 지키고 있던 배철수를 연행해 갔다. 경찰은 배철수에게 이양현과 이 씨 재단사를 찾아내라고 종일 폭행을 가했다. 그러나 조합원들에게는 비밀리에 진행되었던 교육이었기 때문에, 배철수로서는 그들을 알 수 없었다. 경찰은 배철수로부터 나오는 것이 없자 돈 3,000원을 주면서 양승조 총무부장을 잡는 데 협조해 달라며 그를 석방시켰다. 그러면서 경찰서에서

두들겨 맞았다는 얘기를 하면 가만히 놔두지 않을 것이라고 위협을 했다.

박숙녀를 피신시킨 양승조는 자기도 며칠간 피해 있었다. 9월 12일, 자정이 넘어서 양승조와 배철수가 이소선의 집으로 잠자러 왔다. 좀 더 피해 있지 왜 왔느냐며 걱정하는 이소선에게 양승조는 "어머니, 괜찮을 거예요. 그동안 다른 곳에서 잠을 잤는데, 경찰이 박숙녀를 도피시킨 것까진 알 수 없을 것이고 박숙녀는 잡히지 않을 것입니다"라고 안심시켰다.

그러나 그날 새벽, 경찰이 이소선의 집에 들이닥쳐서는 잠자고 있는 양승조와 배철수를 끌고 갔다. 이 소식은 즉각 조합원들에게 알려졌다. 날이 밝자 연행 소식을 들은 노조사무실 간부들이 동부경찰서로 몰려갔다. 그 시각 노조사무실은 경리 혼자서 지키고 있었는데, 경찰이 여기에도 들이닥쳐 경리장부를 빼앗아 갔다. 그러면서 "장부에서 백 원이라도 착오가 나면 청계피복지부를 쑥대밭으로 만들어 버리겠다"고 위협을 했다.

이소선은 이날 오후에 조합원 20여 명과 함께 동부경찰서로 갔다. 경찰들은 이들이 방문하는 것을 미리 알고는 경찰서 입구에서부터 철통같이 가로막고 이들을 못 들어가게 했다. "사람을 불법으로 연행하고서는 면회도 못 하느냐? 왜 들어가지도 못하게 막느냐?" 하며 항의해도 아랑곳하지 않고 가로막기만 하고 있었다. 한참을 소리 지르며 버티고 있으니 계급이 조금 높은 듯한 경찰이 나왔다. 그는 대표 6명만 면회를 시켜 준다고 했다.

이소선을 포함한 6명이 대표로 경찰서 안으로 들어가 4층에 있는 정보과 사무실 입구에 당도하니까, 덩치가 집채만 한 형사 6명이 떡 버티고 서서 이들을 향해 "이봐! 어디 가는 거야?" 했다. 이소선이 "정보과에 면회하러 가는 거요"라고 말하자 그들은 명령조로 "누구 맘대로 면회를 해! 정보과는 면회하는 데가 아니니까 내려가!" 말하는 것이다. 이소선의 입에서 곧바로 욕이 나왔다.

"야 이 새끼야! 시켜 준다고 해서 들어왔다. 그런데 이제 와서 가라니, 너희 놈들은 금방 한 약속도 이런 식으로 지키지 못하냐?"

경찰은 청계 노동자들이 밖에서 소란을 피우니까 인원을 분산시키기 위해 면회를 시켜 주겠다고 기만한 것이었다. 이소선 일행은 덩치 큰 경찰들에 밀려서 내려올 수밖에 없었다. 이소선은 하도 분해서 계단에 주저앉아 소리소리 질렀다.

이날 저녁 노동교실에서는 조합원들이 모여 불법연행에 항의하는 농성을 벌이고 있었다. 이 자리에서 조합원들은 불법연행 중지, 연행자 즉각석방, 압수수색영장도 없이 불법적으로 장부를 탈취해 가고 노조를 쑥대밭으로 만들겠다고 발언한 데 대한 사과, 면회금지 철회 등을 요구하고 규탄했다.

저녁 9시 30분쯤 되었을까, 중부경찰서 정보과 형사 10여 명이 농성장에 난입하려 했다. 조합원들이 문 앞을 가로막고 이들을 못 들어오게 하자 경찰은 무조건 해산하지 않으면 전원 연행하겠다고 위협했다. 조합원들은 더욱더 흥분을 해서 해산하지 않겠다고 했다.

결국 이날의 농성은 정보과장이 '청계피복노조를 쑥대밭으로 만들겠다는 발언에 대해 사과토록 할 것이며 면회금지 조치도 해제토록 하겠다'는 약속을 함으로써 밤 11시경에 자진해산했다.

14일 오후에 이소선은 지부장 및 부녀부장과 함께 동부경찰서에 면회를 하러 갔다. 경찰은 전날 보여 주었던 태도와는 달리 이들을 정보과로 안내하고 양승조와 배철수를 면회하게 해 주었다. 불과 며칠 사이에 두 사람의 얼굴은 형편없이 여위어 있었다. 말은 안 해도 심하게 맞은 티가 났다. 이소선이 맞았으면 맞은 사실을 이야기해 달라고 하니까 옆에서 지켜보고 있던 형사들이 정보과장이 만나 보고 싶어한다며 이소선 일행을 억지로 정보과장실로 데리고 갔다. 이소선은 어차피 정보과장을 만나서 따질 것을 따져야 하기에, 양승조와 배철수에게 갈아입을 옷을 전해 주고 응했다.

"왜 죄 없는 사람들을 잡아다가 때리는 거요?"

"때리기는 누가 때려요? 그럴 리가 있나요"

정보과장은 과장된 몸짓으로 답했다.

"아니, 청계노조를 쑥대밭으로 만든다면서? 한번 쑥대밭으로 만들어 봐, 어떻게 만드는가. 쑥대밭을 만들기 위해 양승조하고 배철수를 잡아다가 고문을 하는 거요?"

"누가 그런 말을 해요?"

"안 했어요? 청계노조에 와서 무슨 근거로 경리장부를 빼앗아 가는 거요?"

"그것은 잠깐 조사할 것이 있어서 그런 것인데, 잘못된 일이라면 사과하겠습니다."

"청계노조를 쑥대밭으로 만들겠다는 것에 대해서는 그냥 얼버무릴 거요?"

"그런 발언을 했다면 사과하겠소. 누가 했는지 조사를 해서 잘못을 시정하도록 하겠습니다."

정보과장은 노조에서 빼앗아 간 경리장부를 가져오라고 부하에게 지시했다. 장부는 즉시 돌려받았다. 장부 압수와 노동조합을 쑥대밭으로 만들겠다는 발언에 대해서는 정보과장의 공식적인 사과 정도로 마무리했다.

그날 이후에도 그들은 매일 밤 8시에 노동교실에서 집회를 가지면서 그날그날 있었던 일에 대해 보고를 하고 앞으로의 대책을 결정했다.

조합원들이 하루도 빠지지 않고 집회를 열어서 당국의 불법부당한 탄압을 항의규탄하자, 중앙정보부에서 노조사무실에 찾아왔다. 그들은 집회를 하려면 사전에 집회보고서를 내고 모든 결의는 운영위원회나 대의원대회와 같은 공식회의에서 하라며 위협했다.

경찰이 양승조와 배철수를 연행해서 붙들어 놓고 있는 이유는 이 사건의 중심적인 인물을 잡기 위해서였다. 즉 이양현이나 재단사 이 씨, 또 박숙녀를 잡아야 하는데 정작 구속해야 할 당사자들의 소재는 전혀 파악하지 못하고 있었던 것이다.

양승조나 배철수에게 배후조종 혐의를 두는 것조차 쉬운 일이 아니었다. 양승조는 뭔가 관계가 있는 것 같은데 뚜렷한 물증은 없고, 배철수는 아는 게 워낙 없어서 배후조정자로는 적당한 인물이 아니었다.

경찰은 배철수를 공무집행 방해로 구류 4일을 살렸다. 직책이 총무부장인 양승조에게는 장부상 2,000원의 출처가 기록되지 않은 것을 트집 잡아서 추궁하기 시작했다. 그 2,000원은 박숙녀를 도피시키기 위한 택시비였다. 경찰은 이것을 가지고 양승조에 대해 범인은닉 혐의로 구속영장을 신청했다.

집단면회투쟁

노동조합에서는 양승조 석방 투쟁에 대해 다시 대책을 세웠다. 지금까지는 즉자적으로 조합원들이 모여서 집회를 했는데 앞으로는 좀 더 계획적이고 조직적인 투쟁을 전개하기로 했다.

일단 면회라는 합법적인 통로를 이용해 조합원들이 당국에 집단적으로 항의하고 노조의 투쟁의지를 과시하기로 했다. 면회투쟁은 계획적으로 진행되었다. 점심시간과 퇴근시간 이후를 이용해 조합원들이 30~50명 단위로 순차적 집단면회를 갔다. 그러나 매번 경찰서 정문 앞에서 기동대에 가로막혀 기동경찰과 몸싸움을 하다 전원 경찰에게 연행되었고, 경찰에서는 이들을 여러 경찰서로 분산해 놓았다.

이소선도 하루는 양승조 면회를 갔다가 경찰에 연행되어 강제로 차에 실려서는 을지로 6가에 버려져 노조사무실로 가던 중, 힘들어서 평화시장 계단에 앉아 쉬고 있었다. 그런데 어디선가 중앙정보부 요원이 나타났다. 그는 청계노조 담당으로 가끔씩 나타나는 사람이었는데 가까운 다방으로 가서 얘기를 하자는 것이었다. 다방에 들어서자 그는 "이 여사, 노동교실에 붙어 있던 육영수 여사 사진을 누가 어떻게 했습니까?"라고 물었다. 1974년 8월 15일 육영수가 피살당하고 난 뒤 기관에서 노동교실에 게시하라는 압력을 가해 걸었던 그 사진을 말하는 것이다. 지난번 대의원대회에서 결의해 전태일의 사진을 걸고 그 자리에서 떼어 냈던 육영수의 사진은 이소선이 아무도 몰래 싸서 창고에 처박아 둔 참이었다. 이소선은 시치미를 떼고 말했다.

"나는 그 사진이 어떻게 되었는지 알 수가 없소."

"그러면 어떻게 해서 육 여사의 사진이 걸려 있던 자리에 다른 사진이 걸리게 된 것입니까?"

"그거야 대의원대회에서 대의원들이 결의해서 걸었으니까. 그 사진은 어느 누구도 대의원대회 결의 없이는 건드릴 권한이 없소."

정보원은 뭔가를 한참 생각하더니 알았다고 했다. 이후 중앙정보부에서는 지부장에게 육영수 사진의 행방을 밝힐 것과 전태일의 사진을 뗄 것을 집요하게 요구했다. 그러나 지부장은 이미 대의원대회에서 결의한 사항은 자신의 권한으로도 독단적으로 어떻게 할 수 없다고 응대했다.

이날 저녁에도 조합원 70여 명이 모여 동부경찰서 정문으로 가서 면회를 시켜 달라고 요구했다. 경찰은 방망이로 때리고 심지어는 총부리로 여성 조합원들의 가슴을 찌르면서 밀어냈다.

다음 날 오후 1시에 또 조합원 150여 명이 모여 경찰서 정문 앞에서 면회를 요구하며 농성을 벌이다 돌아왔다. 저녁에는 조합원들을 더 많이 동원해서 갔다. 오후 8시부터 노동교실에 조합원들이 모여들기 시작했다. 오는 대로 조를 짜서 미리미리 보냈다. 먼저 도착한 사람들은 경찰서 근처에 대기하고 있다가 밤 9시 정각에 경찰서 정문 앞에서 집결하여 면회투쟁을 하기로 약속이 되어 있었다.

이윽고 9시 정각이 되었다. 경찰서 근처 여기저기에 흩어져 있던 조합원들이 일제히 경찰서 정문 앞으로 집결했다. 300명이 넘는 숫자였다. 경찰은 이들이 대개 몇 시쯤에 몰려올 것인가를 그동안의 경험을 통해 알아차리고 미리 철통같이 대비하고 있었다.

"구속자를 석방하라!"

"면회를 허용하라!"

조합원들이 구호를 외치며 기동경찰과 대치하면서 시간이 흐르자, 경찰에서는 면회를 시켜 주겠다는 연락이 왔다. 이소선과 남자 조합원들에게 차례로 들어오라는 것이었다. 이소선과 완력이 있는 남자 조합원들을 우선 경찰서 안으로 끌어들여 놓고 여자 조합원들과 분리하겠다는 술책이었다. 이번에는 이에 속지 않았다.

그러자 기동대는 남자 조합원 한 사람을 솔개가 병아리 채가듯 덥석 잡아끌고 가려고 했다. 여자 조합원들이 한꺼번에 함성을 지르면서 남자 조합원을 빼앗기지 않으려고 잡아 끌어당기는 싸움이 벌어졌다. 그렇게 해서 남자 조합원은 다시 대열에 돌아왔다. 그 순간 경찰들이 이소선의 팔목을 붙잡았다. 5명의 경찰이 이소선의 사지를 붙들고 잡아당겼다.

이소선은 경찰들에게 잡혀가지 않으려고 있는 힘을 다해 뒷걸음질을 쳤다. 남자 조합원들이 경찰들과 엉겨 붙어 이소선의 허리를 잡고 끌어당겼다. 상체는 경찰이, 하체는 조합원들이 잡아당기니 이소선의 작은 몸뚱이가 찢어지는 것 같았다.

이소선은 소리조차 지를 수 없을 정도로 고통스러웠다. 팔목, 허리, 어깨가 떨어져나가는 것처럼 고통스러웠다. 이런 실랑이를 거의 10분간이나 했다. 이소선은 기진맥진해져 몸이 오징어처럼 축 늘어져 버렸고 눈을 감은 채 정신을 못 차리게 되었다. 조합원들은 이러다가 그가 크게 다칠까 봐 할 수 없이 그의 몸을 잡고 있던 손을 풀고 말았다.

승승장구

그렇게 이소선은 경찰서 안으로 끌려 들어갔다. 조합원들은 이소선이 끌려가는 데로 따라서 몰려 들어가 경찰서 마당에까지 들어오게 되었다. 이제 경찰서 마당에서 조합원들과 경찰의 육박전이 벌어지기 시작했다. 이 싸움 과정에서 경찰들은 여성 조합원들의 젖가슴을 주무르기까지 하는가 하면 여자들을 발로 차고 곤봉으로 때렸고, 조합원 한 사람당 4명의 경찰이 달라붙어 경찰서 안으로 내던졌다. 그 결과 여성 조합원 47명과 이소선은 경찰서 2층 강당으로 끌려가고, 남자 조합원 10명은 1층 수사계로 끌려가고 말았다.

강당으로 연행된 조합원들에게 경찰이 조사를 시작했다. 집 주소와 직장 등을 대라고 요구했다. 어떤 조합원들은 엉터리 주소와 이름을 말해 주기도 했다. 조사가 끝나자 경찰 간부 하나가 강당 단상에 올라가 교육을 시키려 했다.

이소선은 축 늘어져 물을 마시고 누워서 숨을 고르니 겨우 정신이 돌아왔다. 그런데 여기에다 대고 교육을 시킨다는 것이다. 이소선이 벌떡 일어나 말했다.

"경찰은 우리를 교육할 자격이 없다. 우리한테 ×× 같은 년, 빨갱이 같은 년 등 욕설을 마구 해 대고, 또 노동자들은 무조건 개 패듯이 패고 여성 조합원의 젖가슴을 더듬는 경찰이 무슨 자격으로 교육을 한단 말이야!"

이소선의 말에 조합원들은 박수 치며 함성을 질렀다.

"경찰은 민중의 지팡이냐, 민중을 때려잡는 몽둥이냐? 폭력경찰 물러가라!"

조합원들이 항의하는 소리에 경찰들은 조용히 하라며 소리를 꽥꽥 질렀다. 조합원들이 기죽지 않고 계속 항의하자 경찰들은 밖으로 나가 버리고 대신 전투복을 입은 경찰들이 문밖에서 지켰다. 강당 안은 완전히 조합원들 세상이었다. 조합원들은 노래를 부르면서 웃고 떠들며 단상에 올라가서 연설 흉내를 내기도 하고 강당 안에 있는 기물들을 이것저것

만져 보기도 하면서 시간을 보냈다.

이렇게 밤 12시가 되자 경찰은 조합원들을 귀가시키겠다고 했다. 통행금지 때문에 각자 집으로 돌려보낼 수가 없으니까 노동교실까지 실어다 주겠다는 것이었다. 그런데 조합원들을 싣고 노동교실을 향해 출발한 경찰차가 목적지에 거의 도착하자 갑자기 방향이 바뀌었다. 노동교실에서 지금 150명가량의 조합원들이 농성을 하고 있으니 그들과 합류하면 안 된다는 것이었다. 그리하여 중부경찰서 강당으로 보내진 조합원들은 직원들이 깔고 덮는 이부자리로 잠을 자고 아침 6시경 석방되었다.

한편 수사과로 끌려갔던 10명의 남자 조합원들은 한 명씩 분리되어 보복성 폭행을 당했다. 누가 먼저 가자고 했는지, 주동자는 누구인지를 대라면서 경찰은 이들을 밤새도록 두들겨 팼다.

"이 새끼들, 이북에서는 김일성한테 어버이라고 하는데 네놈들이 이소선이를 어머니라고 부르는 것은 빨갱이 교육을 받았기 때문이 아니냐?"

또 누구한테 빨갱이 세뇌교육을 받았는지 밝히라면서 고문을 가했다. 남자 조합원들은 동부경찰서에서 이렇게 조사를 받고 다음 날 오전 9시경에 다시 중부경찰서로 이송되었다. 남자 조합원들이 중부서로 옮겨졌다는 소식을 듣고 이소선은 지부장과 곧바로 정보과로 가서 항의했다.

"경찰서에 면회하러 간 것도 죄가 되느냐. 왜 시켜 달라는 면회는 안 시켜 주고 사람들을 연행해 가고, 두들겨 패고, 아직까지 붙잡고 있느냐?"

그의 강력한 항의에 경찰은 즉시 재조사를 하던 것을 멈추고 남자 조합원 전원을 석방시켰다.

경찰은 조합원들이 이렇게 면회투쟁을 연이어 계속하자 이제 조합원들의 집을 하나하나 찾아다니면서 위협을 했다. 형사들이 조합원 윤미숙, 오홍순, 이광숙 등의 집에 찾아가서는 "청계피복 노동교실은 빨갱이 세뇌교육을 시키는 곳이니 그런 데 당신 딸을 보내지 마시오. 공연히 그런 데 보내서 신세 망치지 말고 좋은 말로 할 때 못 가게 하시오"라며 위협했다. 조합원 이영순의 집에는 형사들이 찾아와 부모에게 "당신 딸 노동교실 같은 데 한 번만 더 가면 쥐도 새도 모르게 없애 버리겠다"고 협박했다. 시골에 집이 있는 조합원들 경우에도 경찰은 같은 위협을 가하면서 공연히 신원조회를 하겠다며 온갖 수단을 동원했다. 그러니 아무 영문도 모르는 시골의 부모들은 놀라서 내 딸이 어디 가서 큰 잘못을 저질렀는가 싶어 야단을 치기도 했고, 어떤 부모는 이소선에게 찾아와 왜 우리 딸을 나쁜 길로 들게 했냐고 항의를 했다.

이렇게 노동자들이 여기저기에서 얻어맞고 당해도 당시 언론은 전혀 보도를 하지 않았다. 억울함을 신문사에 직접 찾아가서 호소를 해도 국내 언론은 외면했다.

이소선과 청계 조합원들은 고립된 투쟁이 되지 않는 방법을 찾다가 외신기자를 부르는 방법이 있다는 것을 알게 되었다. 외신기자 중에 한국의 인권 문제에 관심을 가지고 열심히 취재하는 기자들이 있었다. 이들이 노동자가 투쟁하는 현장에 와서 취재를 하면 이것만으로도 노동자들은 큰 힘을 얻을 수 있었다. 당시 조합원들이 끈질기게 면회투쟁을 할 때 AP통신 기자가 계속해서 취재를 해 갔는데 경찰에서는 여기에 매우 신경을 곤두세웠다. 이렇게 외신기자가 또 하나의 압력수단이 되기도 했다.

양승조를 위한 호소와 장기표 체포 소식

양승조는 9월 24일 구치소로 이송되었다. 그 뒤로도 조합원들은 줄기차게 면회를 다녔다. 11월부터는 재판이 시작되었는데 조합원들은 방청을 가는 것도 끈질기게 했다. 날씨는 갈수록 추워지는데 감옥 안에서 추위에 떨고 있을 승조를 생각하면 이소선의 가슴이 찢어지는 듯했다.

재판을 할 때면 으레 형사들이 방청석 앞을 다 차지하고 있었다. 이소선은 경찰이 조합원들의 방청을 방해하는 것으로 생각하고 경찰과 싸우다가 경찰차에 실려서 노동교실까지 오기도 했다. 이뿐 아니라 재판 과정에서 풍천화섬의 회사 측 증인들이 나와서 구속자들에게 불리한 위증을 하는 것에도 이소선은 속이 상했다.

그해 11월 13일, 전태일의 추도식 날은 유난히 추웠다. 그 추운 날에도 추도식은 많은 조합원들이 참석한 가운데 치러졌다.

낮에는 조합 간부를 비롯, 조합원 50명가량이 모란공원에 가서 추도식을 하고, 밤에는 일을 마친 조합원들이 600여 명의 근로자들과 함께 노동교실에서 추모식을 거행했다. 그전 해에 시간단축 투쟁을 비롯해 몇 가지 근로조건이 획기적으로 개선되었고 그 투쟁으로 조합원이 눈부시게 증가했기 때문에 이날 추모행사에 참가한 조합원의 숫자가 아주 많았다.

이날 밤 추모식이 시작되기 전부터 노동교실은 3층과 4층이 복도까지 조합원으로 빽빽이 들어차 발 디딜 틈이 없었다. 그래서 2층에 있는 '청계시장상가 근로자복지의원'까지 빌려서 행사를 치를 정도였다. 이날 조합원들은 추모행사를 마치고 나서 "구속자 석방"과 "근로조건 개선"등을 외치며 스크럼을 짜고 거리시위를 하려다가 경찰의 제지로 노동교실 밖으로는 진출하지 못했다.

이날 이소선은 청계노조 조합원들뿐만 아니라 사회 모든 인사들에게 「태일이를 살려 주십시오」라는 호소문을 발표했다. 그 내용은 다음과 같다.

오늘 11월 13일은 태일이가 근로자의 권익 쟁취와 근로조건의 개선 그리고 모든 억눌린 사람의 인간다운 생활을 부르짖으며, 스스로 제 몸을 불태운 지 만 6년이 되는 날입니다.

평화시장 근로자 여러분, 전국의 근로자 및 노동운동가 여러분!

"내 죽음을 헛되이 하지 말라"며 근로자의 단결된 투쟁을 호소한 이날은 바로 우리 모두의 살길을 정당하게 인식하고 행동으로 우리의 살길을, 빼앗긴 권리를 쟁취해야 할 날이라고 확신합니다. 그러나

승승장구

6년의 세월이 지나도록, 근로자의 보다 나은 생활이나 근로조건의 개선은커녕 우리의 고통은 더욱더 심해지고 전태일의 이름은 이 땅에서 영원히 사라지기를 강요당하고 있을 뿐입니다.

정의와 진리가 배신당하고 폭력과 기만이 활개를 치려 드는 암담한 현실은 태일이를 더욱 생각나게 하고 태일이의 죽음을 헛되이 하지 말아야 한다는 결의를 더욱 다지게 합니다. 더욱이 태일이의 뜻을 이어받아 근로조건의 개선과 권익 옹호를 위해 끈질기게 노력하다가 감옥에 들어간 양승조 군을 생각하면 나의 마음은 찢어질 듯 아프며, 거기에다 우리 시장 근로자들의 죽음을 각오한 철야단식농성으로 양 부장의 석방을 보장받은 것도 한낱 기만에 불과했구나 생각할 때는 더욱 분해집니다.

또한 우리 근로자를 위해 힘쓰다가 구속된 분들이 이 추위에 고생하고 있는 것을 생각하면 죄스럽고 안타까울 뿐입니다.

근로자 여러분!

그러나 우리는 실망할 필요가 없습니다. 그동안 우리는 끈질기게 투쟁해 왔고 또 계속적으로 승리해 왔습니다. 우리가 뭉쳐 싸울 때 어떠한 어려움도 이겨 낼 수 있다는 것을 경험을 통해 확신했습니다. 나는 근로자 여러분의 확고한 권리의식과 강렬한 투쟁정신에서 태일이의 부활을 보고 싶습니다. 태일이를 살립시다. 태일이를 살려 주십시오!

양승조는 결국 해를 넘겨 1977년 2월 8일, 20만 원의 보석금으로 구속된 지 5개월 가까이 되어서 석방되었다. 양승조가 나오는 날 노조에서는 석방을 기념하는 페넌트를 만들어 조합원들에게 나누어 주었는데 이 페넌트의 색깔이 빨간색이라는 이유로 중부경찰서 정보과에서는 빨갱이라 트집을 잡기도 했다.

1977년 봄은 날로 높아져 가는 반유신·박 정권 퇴진 투쟁으로 긴장이 계속 고조되었다. 그전 해는 '3·1구국선언'을 기점으로 각 대학에서 구국선언을 하면서 학생들이 유신 철폐와 박 정권 퇴진을 요구하는 데모를 벌였는데, 이번 3·1절을 기해서도 학생, 재야인사, 노동자 들이 대대적인 반정부 투쟁을 벌일 것이라는 소문이 자자했다.

길거리에서도 유신을 비난하고 박 정권 퇴진을 요구하는 유인물이 뿌려졌다. 각 대학의 개학을 앞두고 정보기관에서는 학생들과 민주인사들을 잡아들이는 데 혈안이 되었다. 중앙정보부 요원들은 유인물을 작성한 사람들을 찾기 위해서 수배자들을 찾는 공작을 펼쳤다.

이 같은 정세에서 3·1절을 며칠 앞둔 어느 날 저녁, 이소선은 날벼락 같은 소식을 들었다. 장기표가 종암동의 어느 다방에서 잡혔다는 것이었다. 장기표는 그동안 이소선과 은밀하게 지속적으로 만나고 있었다. 이소선뿐만 아니라 민종덕과 전태삼을 비롯한 몇 명의 청계피복 조합원들, 그리고 청계피복 조합원은 아니지만 노동운동에 헌신적이던 박문담 등이 장기표를 지속적으로 만나 왔다. 이소선이 이들을 만나게 해 준 건 개별적으로 따로따로였는데 어떤 때는 그들끼리 함께 만나기도 한 모양이었다. 이날도 장기표는 이들을 보기로 했다가, 약속 장소였던 다방에서 체포되어 중앙정보부로 끌려갔다는 것이었다.

장기표가 잡혔다는 소식을 알게 된 것은 약속시간보다 늦게 다방에 도착한 전태삼이 다방에 들어가려고 하다가 정보부 요원들이 민종덕과 장기표, 박문담을 다방에서 끌어내 차에다 태우는 것을 보고는 곧바로 도망쳐 여기저기에 전화를 해서였다.

장기표는 그동안 평화시장 제품공장에서 1년가량 일을 했었다. 그러다가 민청학련 사건으로 함께 도피생활을 하던 조영래의 도움으로 결혼(물론 비밀결혼)을 해서 월곡동의 시영아파트에서 살고 있던 중이었다. 봄의 반정부 투쟁을 앞두고 분주하게 일을 꾸미고 다니다 그만 덜컥 잡혀 버린 것이다. 이소선은 눈앞이 캄캄해지는 것 같았다. 이제 잡혀 들어가면 얼마나 많은 형을 받을 것인가! 온갖 걱정이 다 되었다. 민청학련 사건 당시에 잡힌 것보다는 여러 측면에서 다행이었지만, 그래도 안타까웠다.

오야 미싱사를 중심으로 이룬 조직화

청계피복노동조합은 1976년부터 조합원들을 업종별로 조직하기로 방침을 세웠다. 청계천에는 조그마한 피복 제조업체가 수백 개로 분산돼 있어 조합원을 조직하는 데 많은 어려움이 뒤따른다. 게다가 같은 피복 제조업체라 해도 다양한 업종이 있다. 이를테면 대인복, 아동복, 작업복, 학생복, 숙녀복, 와이셔츠, 바지 업체 등이다. 이것들을 노동조합이라는 큰 틀로 묶을 수는 있어도 실질적인 투쟁조직으로 엮는다는 것은 여간 어려운 일이 아니었다.

그동안 조합원을 조직하기 위해 조합 간부들은 갖은 심혈을 기울였다. 예를 들면 상가별, 지역별로 구역위원회 제도를 두고 직종별, 나이별, 취미별, 성별 등의 분류를 통해 조직을 꾸렸다. 이와 같은 방법은 나름대로 일정한 성과를 거두었지만 현장 대중 조직화의 방법으로는 부족한 점이 많았다. 노동자들이 일상에서 요구하는 것들에 소홀하니 현장 내의 투쟁에서 어려운 점이 있었다. 이러한 문제점을 극복하고 현장 대중의 요구를 조직화하기 위해 업종별 조직을 강화하고 발전시키기로 했다.

물론 업종별 조직은 이전에 시도된 바 있었다. 그러나 이전에는 각 업종에 대한 구체적인 실태와 특성, 현장 대중들의 요구를 깊게 연구하지 않은 상태에서 진행됐기 때문에 기대했던 만큼의 성과를 거둘 수가 없었다. 이 같은 이유에서 이번에는 보다 구체적인 연구를 통해 조직화를 도모하기로 했다.

와이셔츠 업종은 무엇보다도 옷의 디자인이 단순해서 어떤 공장에서 옷을 만들더라도 작업 형태가 비슷하다. 따라서 근로조건도 각 공장마다 비슷하다. 와이셔츠 업체는 타 업체보다 비교적 규모가 커서 대개 한 공장에 노동자 숫자가 30명 안팎이다. 뿐만 아니라 다른 업종에 비해서 계절을 타지 않으므로 비성수기가 짧다.

이와 같은 유리한 조건을 최대한 활용해서 조합원들을 조직화하면 그들의 요구를 중심으로 투쟁을 이끌어 낼 수 있고, 투쟁을 통해서 조직을 대중적으로 강화할 수 있을 것이었다. 조합 간부들은 청계천에 있는 모든 와이셔츠 업체의 실태―각 공장의 위치, 사용주 성명, 가게 위치와 규모, 자본 규모, 조합원 분포 등―를 파악하기 시작했다. 그리고 무엇보다도 중요한 각 공장의 근로조건 실태와 조합원들이 시급히 개선하고자 하는 요구가 무엇인가를 조사했다.

이와 같이 기초적인 자료를 조사한 다음 와이셔츠 업체에서 가장 영향력이 있는 '에리' 미싱사(와이셔츠 깃 재봉사)를 조직하기로 했다. 와이셔츠는 무엇보다도 에리, 즉 깃이 중요하며 이 깃을 비롯해 앞판 쪽을 재봉하는 것이 상당히 까다롭고 기술을 요한다. 그렇기 때문에 에리 미싱사는 고참 중에서도 기술이 뛰어난 미싱사다.

이들은 우두머리라는 뜻으로 '오야 미싱사'라고도 불리는데, 이 '오야 미싱사'가 일손을 놓아 버리면 다른 공정이 돌아간다 해도 완성된 제품이 나올 수 없었다. 와이셔츠 '오야 미싱사'는 다른 직종과는 달리 재단사보다도 임금이 많았다. 당연히 공장 내에서 가장 영향력을 행사할 수 있는 노동자였다.

이들은 한 공장에 보통 한 명이고, 비교적 규모가 큰 공장은 두 명 정도였다. 노동조합에서는 전체 와이셔츠 업체 '오야 미싱사'들을 망라해서 모임을 만들었다. 모임에서 근로기준법, 노동조합법 등을 공부한 이들은 각자의 공장에서 근로기준법에도 미치지 못하는 사항을 찾아내고, 공장 내에서 고쳐야 할 문제점에 대해서도 토론을 했다. 이런 가운데 그들은 자연스럽게 공전이 인상되어야 한다는 의견을 모았다.

물가는 날마다 하늘 높은 줄 모르고 솟아오르는데 임금은 제자리걸음이니 노동자의 생활은 날이 갈수록 어려워지고 있었다. 와이셔츠 업체 노동자의 공임은 와이셔츠 한 벌을 만드는 데 34원이다. 이 공임으로는 아무리 열심히 일해도 생계비에도 미치지 못한다. 매년 공임이 올라봤자 1원이 오르고 많으면 2, 3원이었다. 이것은 거지에게 동냥 주는 격이지, 결코 임금 인상이라고는 볼 수가 없었다. 더구나 그전 해에는 시다임금을 사용주들이 직접 지급하게 되었다는 이유로 미싱사 공전을 5원씩 깎아 버린 일도 있었다.

이 셔츠업체 노동자들은 '오야 미싱사'뿐만 아니라 일반 미싱사, 시다들까지 조직을 확대해 지금까지의 침묵을 깨고 공전인상 투쟁을 벌이기로 했다. 공전인상 투쟁의 첫 단계로 현재의 공임 34원을 50원으로 인상해 줄 것을 각 공장마다 일시에 요구하기로 했다.

1977년 5월 2일, 각 공장마다 오야 미싱사를 중심으로 한 전체 노동자들이 공장장과 사장에게 50원으로의 공전 인상을 요구했다. 노동자들의 요구에 사용주들은 한결같이 놀라 나자빠졌다. 그도 그럴 것이 매년 1~3원 정도 올려주던 공임을 한꺼번에 16원을 인상해 달라고 했으니….

와이셔츠 노동자들이 34원에서 50원으로 공전을 인상해 달라고 요구한 근거는 한국노총에서 산출한 최저생계비와 그동안의 물가 상승을 감안해 최소한 공전이 그만큼은 돼야 했기 때문이다. 처음에 사용주들은 공전 인상 요구에 놀라고만 있었는데, 나름대로 알아보더니 와이셔츠 공장은 모두 다 똑같은 요구를 했다는 사실을 감지하고 무언가 심상치 않다고 생각했던 모양이다. 그들은 다음 날 각 공장에서 조합원들에게 공전을 40원까지 올려줄 수는 있다고 하면서 40원에 일을 할 수 없는 사람은 그만두라고 했다.

사용주들은 성실히 협상에 응할 생각은 하지 않고 고압적인 자세로 조합원을 대했다. 이에 분개한 조합원들은 협상을 통해 요구가 관철되지 않으면 파업농성을 벌이기로 한 계획대로 실력 행사에 돌입할 수밖에 없다는 판단을 내렸다.

5월 4일, 이날 아침 출근시간에 와이셔츠 업체의 모든 오야 미싱사는 각 공장으로 출근하지 않고 노동교실로 모여 오전 내내 대책회의를 했다. 각자 공장에서 있었던 사례를 발표하고, 앞으로 어떻게 투쟁해야 할 것인가를 진지하게 논의했다. 어떤 사람은 즉각 파업농성을 하자고 주장했다. 또 어떤 사람은 '오늘 오전 근무를 하지 않은 것으로 우리의 실력을 보여 주었다. 일단 경고의 의미가 있으니 반응을 보고 본격적인 행동에 들어가자'고 주장했다.

상당 시간을 토론한 결과 당일은 일단 오후부터 작업에 들어가고, 저녁까지 아무런 반응이 없으면 다음 날 아침부터 전면적인 파업농성을 벌이기로 결정했다. 이와 같은 결정에 따라 모두 점심을 간단히 먹고 각자의 공장으로 출근했다. 이들이 오후에 출근하니 사용주들은 왜 늦게 출근했냐고 야단만 치고, 공전 인상에 대해서는 이렇다 저렇다 말이 전혀 없었다.

오야 미싱사들은 치밀어 오르는 분노를 억누르며 끝까지 참고, 저녁 8시까지 일을 마치고 노동교실로 모였다. 예정대로 다음 날부터 파업농성에 들어갈 것을 재확인하고 그에 대비해 준비할 것들을 최종적으로 점검한 후 각자 집으로 돌아갔다.

승리한 파업농성

다음 날 아침, '오야 미싱사'들은 정상 출근시간에 맞춰 공장에 나가서 출근하는 사람들을 몽땅 노동교실로 보냈다. 이렇게 되니 청계천 일대 와이셔츠 공장의 모든 기계가 멈춰 버렸다.

노동교실은 약 250여 명의 와이셔츠 공장 노동자들로 꽉 들어차 임금 인상의 구호와 투쟁의 열기로 가득 차 있었다. 사용주들은 그때서야 허둥대면서 어찌할 바를 몰라했다. 노동청 중부지방사무소에서도 노동조합으로 찾아와서 지부장을 붙잡고 어떻게 해야 작업에 들어갈 수 있겠느냐고 물었다. 중부경찰서 정보과에서도 찾아와 전후 사정을 알고자 법석을 떨었다.

이소선은 농성 조합원들이 흔들리지 않고 농성을 계속할 수 있도록 그들을 격려하면서 함께 자리를 지켰다. 지부장은 종일 사용주들과 노동청 직원들을 만나 이번 문제는 요구조건을 수락하는 것이 유일한 해결방법임을 강조했다. 이와는 별도로 조합 간부들은 파업농성 소식을 알리는 유인물을 시장상가에 배포하고, '37.5% 인상'이라는 리본을 조합원들에게 달아 주었다.

밤이 되어서도 농성 조합원들은 해산하지 않고 계속 농성을 이어 갔다. 거기에 다른 업종에 종사하는 조합원들까지 합류했다. 경찰들은 당황했다. 중부경찰서 정보과에서는 해산을 강요해서 무마할 수 있는 성질의 일이 아니라고 판단했는지 자신들이 수습에 앞장섰다. 경찰은 노사협의회 사용주 측 의장인 동화상가 최용갑 전무를 불러내어, 그로 하여금 와이셔츠 업체 사용주들을 모이게 했다.

와이셔츠 업체 사용주들이 모인 가운데 최용갑 전무는 공전 인상을 해 주지 않고는 문제를 풀기 어렵다면서 사용주들의 올바른 판단을 기대한다고 말했다. 최용갑 전무는 나름대로 합리적인 판단력과 추진력, 과단성이 있는 사람으로 업주들을 통솔하는 능력이 있는 이였다. 노사협의회 석상에서도 다른 사용주들은 노조의 요구에 막무가내로 반대만 하는데 비해 최 전무는 들어줄 것은 들어주고, 안 될 만한 것은 사용주 편에 서서 그들을 대변했다.

이 문제로 동화상가 전무실에서 이루어진 철야마라톤회의 끝에 새벽쯤에야 결판이 났다. 결정 내용은 노동조합 측에서 요구한 공전 50원이었다. 그야말로 완전한 승리였다. 노조가 승리했다는 소식을 전해 들은 조합원들은 팔짝팔짝 뛰면서 좋아하고 감격했다. 어떤 조합원들은 서로 껴안으며 울음을 참지 못하기도 했다. 이들의 승리가 과연 단돈 16원의 승리였을까? 결코 아니라고, 지금까지 당한 멸시와 천대를 깨부수고 노예적 삶에서 자주적 삶으로 바뀌는 승리라고 이소선은 생각했다. 와이셔츠 업체는 이때의 승리로 전체 사업장이 근로기준법을 지키게 되었다.

조합원들의 이러한 승리에도 1977년 7월 대의원대회에서 이승철 지부장은 조합원들의 투쟁에 소극적이었다는 이유 등으로 불신임을 당했다. 이승철 지부장은 대의원들이 자신을 불신임할 움직임이 있다는 것을 알아채고 대의원대회를 유회시키려고 했으나, 대의원들과 중견 조합원들이 힘으로 그를 의장석에 앉게 해서 대회를 치렀다. 이처럼 아름답지 못한 모습을 지켜보는 이소선의 마음은 착잡했다. 이로써 전태일과 함께 활동했던 바보회 멤버는 모두 노조 지도부에서 빠지게 되었다. 차기 지부장으로 양승조가 선출되었다.

목숨을 걸고

민종진의 죽음과 항의투쟁

1977년 7월 3일, 일간신문 사회면에는 다음과 같은 기사가 눈곱만 하게 실렸다.

"2일 낮 협신피혁공업사(서울 영등포구 등촌동, 대표 문재인) 폐수처리장 배수로에서 작업 중이던 이 공장 근로자 민종진(32) 씨가 유독가스에 중독돼 숨지고 함께 일하던 근로자 2명이 중태에 빠져 한강성심병원에 입원 중이다."

한 문장으로 된 이 짤막한 신문기사는 한 사람의 죽음을 보도한 것이었다. 그 이면에서는 이 땅의 숱한 노동자들이 산업재해로 이름 없이 죽어 가고 있었다. 하루에도 수 명의 노동자들이 죽고 다치는 산업재해 문제를 정부 당국자와 기업주, 그리고 사회조차 외면함으로써 노동자의 죽음은 개죽음이 되고 만다. 더구나 옆의 동료가 산업재해를 당하는 것을 본 노동자 자신들도 이 문제를 함께 해결하기 위해 노력하려는 의지를 보이기 어렵다. 물론 기업주나 정부 측에서 산업재해를 노동자 자신의 실수로 몰아붙이기 때문에 나타나는 현상이다.

이때 협신피혁에서 일하다가 숨진 노동자는 다름 아닌 청계피복노조 민종덕의 둘째 형이었다. 민종덕은 노조활동을 바쁘게 하느라고 거의 집에도 못 들어가는 형편이었다. 그는 형이 산재사고로 죽었다는 소식을 듣고, 자신이 노동운동을 한다고 여태껏 돌아다녔지만 이러한 문제 하나 미연에 방지하는 투쟁을 하지 못한 것을 자책하면서 집으로 달려갔다. 그는 즉시 호소문을 만들었다.

…비단 공장에서 일하다 숨진 근로자가 저희 형뿐만은 아닙니다. 연일 안전사고로 인하여 이름 없이 죽어 가는 근로자들이 수없이 많다는 것은 우리가 잘 알고 있는 사실입니다. 저희 형의 죽음도 새삼스러울 것 없는 일이긴 합니다. 이처럼 근로자들의 비참한 죽음은 저희 형 한 사람에 국한된 문제만은 아니기에 기업주와 행정 당국자들의 무책임과 비인간적인 처사를 여러분께 고발하는 것입니다.
문제의 그 폐수처리장은 서울시로부터 폐수 배출업소로 지정을 받은 유허가업소임에도 불구하고 경비 절감을 위해 폐수시설을 가동치 않고 이틀에 한 번씩 사람이 폐수가 빠져나간 뒤의 배수로를 청소해 왔습니다.
그런데 날씨가 추울 때는 배수로에 들어가 청소를 해도 생명에는 지장이 없을 정도이지만, 날씨가 더운 여름에는 단 1~2분 사이에 유독가스에 질식될 수 있습니다. 회사는 이처럼 위험한 작업에 폐수시설을 가동하면 비용이 드니까 이것을 아끼기 위해 사람을 들여보내 폐수를 처리하도록 하여 숨지게 한 것입니다.
저희 형을 죽인 것이 과연 유황이나 메탄가스이겠습니까? 결코 아닙니다. 경비 절감을 위해, 1~2분 사이에 즉사하는 줄 알면서도 사람을 집어넣고 작업을 시킨다는 것이 살인행위가 아니고 무엇이겠습니까?

그는 이렇게 반문하고 나서 사장의 구속과 감독소홀의 책임이 있는 노동청장의 퇴진 등을 요구했다. 청계피복노조 조합원들은 이 같은 호소에 적극 호응하여, 산업재해 문제를 가지고 싸우기로 결정했다. 청계노조 조합원과 함께 경인지역 민주노조에 소속된 노동자들도 '고 민종진 씨의 죽음에 항의하는 노동자 일동'의 명의로「노동자들을 더 이상 죽음으로 몰아넣지 말라!」라는 성명서를 냈다.

> 장시간의 중노동, 최소한의 생계조차 유지할 수 없는 저임금, 하루 하루 노동자의 건강을 갉아먹고 피를 말리는 인간 이하의 작업환경, 나날이 목숨을 걸어야 하는 살인적인 유해 위험시설, 이 속에서 지금까지 얼마나 많은 우리 힘없는 노동자들의 목숨이 헛되이 죽어 갔던가!
> 5백만 노동자 여러분! 우리는 다 같이 노동자의 건강과 목숨을 헌신짝처럼 짓밟고 쓰레기처럼 무시하는 불의한 현실 아래 고통당하고 있습니다. 우리들은 똑같은 억압 아래서 똑같은 고통을 겪고 있는 형제들인 것입니다. 이제 또 한 사람의 우리 형제가 죽어 갔습니다.

그리고 '우리의 결의'에서 다음과 같은 사항의 요구조건을 내걸었다.

1. 노동청장은 이 사건에 책임을 지고 즉각 물러나라.
2. 무책임한 강서경찰서 담당 형사는 즉각 물러나라.
3. 살인만행을 저지른 협신피혁공업사 사장(문재인)을 구속하고 폐수 안전시설을 가동할 것이며 근로기준법을 철저히 이행하라.

이소선은 조합원들과 함께 이 소식을 듣고 즉시 민종진의 시체가 안치되어 있는 한강성심병원으로 갔다. 우선 유족들을 위로하고 조합원들과 함께 앞으로의 대책을 의논했다. 그 결과 우선 최대한 사회여론에 호소하고, 이 같은 문제가 다시는 발생하지 않도록 노동자의 요구를 가지고 농성을 벌이기로 했다.

청계노조 조합원들은 유가족의 호소문과 성명서가 담긴 유인물을 각 공장, 대학교, 사회단체 등에 배포했다. 그리고 밤에는 수많은 조합원들이 퇴근을 한 뒤 영안실에서 농성투쟁을 전개했다.

민종진의 죽음에 항의하는 노동자들의 투쟁이 전개되자 민주세력도 즉각 동참하기 시작했다. 특히 자본가와 정치권력 그리고 어용 노총으로부터 탄압을 당하는 노동자들일수록 적극적인 호응이 있었다. 동일방직, 인선사, 방림방적, 대협, 화창물산, 한국갈포, 대일화학을 비롯해 곳곳에서 활발하게 전개되고 있던 노조결성 투쟁과 민주노조운동의 참여 노동자들이 함께했다. 이 중에서도 인선사의 유령노조 사건은 이 땅에 어용노조가 얼마나 뿌리 깊게 독버섯처럼 자리 잡고 있는가를 드러내 주었다.

서울 성수동에 있는 노트·앨범 제조업체인 인선사는 종업원 수가 1천여 명이나 되는 대규모 사업장이었다. 반면에 작업환경은 말할 수 없을 정도로 열악했다. 매일 13시간씩 강제로 일을 시키고 7, 8년 근무해도 일당 950원에 불과한 저임금이었다. 연월차 유급휴일제마저 없었다. 또한 안전시설이 미비해 작업 과정에서 재단기에 손을 잘리기가 일쑤였다.

노동자들은 1977년 4월 21일 전국화학노조 인선사지부를 결성한 뒤 지부장으로 박문담을 선출하고 상무집행위원회를 구성했다. 이튿날 지부장 박문담은 노조설립신고필증을 받기 위해 화학노조에 들렀다가 엄청난 사실을 알게 되었다. 이미 1975년 3월 30일 자로 인선사의 노동조합이 설립되어 전국출판노조에 가입돼 있었던 것이다. 이 기록에는 단체협약 체결일이 1975년 5월 10일, 지부장은 안병국(영업부 과장), 조합원 수는 536명으로 되어 있었다.

노조 결성에 앞장섰던 조합원들은 출판노조를 찾아가서 "조합원이 모르는 노동조합이 존재할 수 있는가? 회사의 간부인 과장이 어떻게 지부장이 될 수 있는가? 조합비도 안 낸 노동조합을 여태까지 인정해 왔는가?"라고 항의했다. 출판노조에서는 "우리는 지금까지 매달 조합비를 받아 왔으며 조합이 잘 운영되고 있는 것으로 알고 있다. 너희들은 노동조합을 하기 위해 온 것이 아니고 회사와 지부장, 출판노조를 비난하기 위해 온 것이냐? 공장장이 지부장을 하는 조합도 있다"라고 답변을 늘어놓았다.

이때부터 인선사는 노동조합 결성을 주도했던 사람들을 탄압하기 시작했다. 지부장 박문담에게는 사직을 강요하고, 다른 조합원들은 부당징계, 부당전출을 하는 등 계속해서 탄압을 가했다.

박문담을 중심으로 노조 결성을 주도한 노동자들은 출판노조가 사용주와 결탁하여 현장 노동자들의 노조 결성을 사전에 막기 위해 유령노조를 묵인한 것이기 때문에 마땅히 유령노조는 해산되어야 한다고 주장했다. 정당한 노동자들의 주장에 출판노조는 이들을 제명했고, 회사는 사직을 강요했다.

출판노조에 대한 비난이 가중되자 출판노조는 유령노조인 인선사지부를 기만적으로 개편하고 이병인 위원장은 임기 1년을 남긴 채 중앙위원회에 인책사표를 제출해 집행부를 재편했다. 그러나 새 집행부 역시 유령노조를 추인의 형태로 승인했다. 인선사노조의 정상화를 위해 싸워온 노동자들은 여전히 회사에서 쫓겨나 있었다. 해고 노동자들은 자신들의 복직을 요구하고 출판노조의 어용성을 고발하기 위해 출근투쟁, 법정투쟁, 사회 민주세력과 연대한 불매운동 등 다양한 방법으로 끈질기게 투쟁을 전개했다.

지부장인 박문담은 태광산업에서 노조활동을 해 오다가 해고된 이후에도 그동안 여러 사업장에 취업해서 노조를 만든 조직가였다. 그는 이같은 활동을 하면서 항상 노동교실에 들러 이소선과 많은 얘기를 나누기도 했으며 청계 조합원들과도 아주 친밀하게 지내 온 터였다.

이처럼 각 사업장에서 치열하게 싸우는 많은 노동자들이 한강성심병원 영안실에 찾아와서 청계노조 조합원들과 함께 농성을 했다. 그 결과 8일 새벽, 회사 측이 일간신문에 공개사과문을 게재하고 보상 문제를 원만히 해결하겠다고 함으로써 농성이 일단락되는 듯했다.

투쟁 현장이 된 장례식

7월 10일 한강성심병원에서 민종진의 장례식이 거행되었다. 청계피복노조 조합원을 비롯해 동일방직, 인선사, 반도상사 노동자들이 참석한 가운데 진행된 이 장례식은 노동자들이 스스로 마련한 의식에 따라 추도사, 노동청장과 노총 위원장에게 보내는 공개편지 등을 채택했다.

추도사에서는 각지의 노동자들이 자신이 속한 사업장의 문제가 아니라도 결코 남의 문제가 아님을 강조하고, 우리 노동자들이 이렇게 비참하게 죽어 가는 데 함께 연대하여 투쟁할 것을 다짐했다. 그리고 노동청장에게 보내는 공개편지에서는 수많은 노동자들이 산재사고로 죽어 가는데도 감독 책임을 회피하려는 처사를 규탄하고, 대책을 강구할 것을 촉구했다. 또 노총 위원장에게 보내는 공개편지에서는 노동자의 권익을 옹호하기 위해서 누구보다도 앞장서서 투쟁해야 할 노총이 전국 방방곡곡에서 처절하게 투쟁하는 노동자의 고통을 외면하는 것을 비난하고, 즉각 노동자의 권익 쟁취에 앞장설 것을 촉구했다.

약 1시간 반에 걸쳐 진행된 장례식을 마치고 오후 3시경, 영구차가 병원을 출발하게 되었다. 장례식에 참석한 모든 노동자들은 하나같이 설움에 복받쳐 영구차를 뒤따라가면서 눈물 섞인 구호를 외쳤다.

"산재사고 감독소홀 노동청장 물러가라!"

"노동삼권 보장하라!"

영구행렬은 자연스럽게 시위대열로 변해 버렸다. 한강성심병원에서 제2한강교(지금의 양화대교) 방향으로 300미터가량 나아갔다. 그러나 미리 대기하고 있던 기동경찰과 부딪치게 되었다. 아스팔트 위에서 육박전이 벌어졌다. 경찰은 여성 노동자들의 머리채를 잡아서 흔들고, 군홧발로 짓밟고, 경찰봉을 휘둘렀다.

이 싸움 과정에서 청계 조합원인 박재익의 동맥이 끊어지고, 신순애가 중상을 입고 쓰러져 두 사람이 병원에 입원하게 되었다. 이소선은 힘으로 도저히 손을 써 볼 수가 없어서 여성 노동자를 마구 때리는 경찰의 다리를 붙잡고 물어뜯어 버렸다.

경찰의 무자비한 폭력에 밀려 노동자들은 뒤로 물러나면서 한강성심병원에서 다시 모이기로 했다. 각자 뿔뿔이 흩어지는 것처럼 되돌아가서 전체가 한강성심병원에 다시 모였다. 다시 모인 노동자들은 부상자까지 발생한 이 마당에 이대로 물러설 수는 없다는 결론을 내리고, 병원에서 약 300미터 떨어진 노동청으로 쳐들어가기로 했다.

이들 200여 명의 노동자가 우르르 노동청 안으로 들어갔다. 처음에는 일반 방문객인 줄 알고 제지하지 않던 경비원이 한꺼번에 많은 노동자들이 몰려오는 것을 보고 제지하기 시작했다. 정문을 통해 미처 들어가지 못한 노동자들은 담을 넘어 들어갔다. 청사 안으로 들어가서 현관문 앞에 앉아 연좌농성을 시작했다. 이 자리에서 요구조건을 다음과 같이 정리했다.

1. 노동청장은 이 사건에 책임을 지고 물러나라.
2. 노동청은 직권조정한 청계천 상가의 단체협약을 기업주가 지키도록 철저히 감독하라.
3. 인선사의 휴직 근로자를 복직시키고 노동조합 정상화를 위해 현 노조를 없애라.

4. 노동청은 인선사의 근로기준법 위반사항을 시정하라.

5. 동일방직은 유재길 양을 복직시키라.

6. 반도상사와 동일방직은 기숙사를 정상운영하라.

농성에 참가한 노동자들은 이 요구조건을 해결하기 위해 노동청에서 대책을 세워 줄 것을 촉구했다. 노동청 당국과의 협의를 위해 대표자들이 선정됐다. 대표는 이소선, 박문담, 유동우 그리고 각 사업장에서 나온 한 사람씩이었다. 이들은 노정국장실로 가서 노정국장에게 요구조건을 제시하고 어떻게 대책을 세울 것이냐고 다그쳤다.

"여러분의 요구는 충분히 이해하며, 요구를 해결하기 위해 백방으로 노력하고 있으니 조금만 이해해 주시길 바랍니다."

"노력하고 있다고 말씀하셨는데, 구체적으로 어떤 노력을 하고 있는지 말해 보시오."

"이렇게 집단적으로 와서 행동하는 것은 불법이니 빨리 철수하세요!"

노정국장이 아무런 해결책도 제시하지 않고 무턱대고 쫓아낼 궁리만 하자 이소선은 화가 뻗쳤다.

"이봐요, 노정국장! 당신은 이 자리에 앉아 있으면서 근로자의 문제를 해결해야 할 책임이 있는 사람 아니오? 감독소홀로 근로자가 죽어 나자빠져도 아무런 책임도 지지 않고, 근로자들이 여기저기에서 권리를 찾기 위해 노동조합을 결성하면 회사에서는 해고하고 폭력배를 동원해서 사람을 두들겨 패고, 상급노조에서는 제명이니 유령노조니 하는 야비한 수법으로 탄압을 하고 있는데, 노동청에서는 도대체 뭐하고 있는 거요?

그러면서도 얼굴 파는 일에는 빠지지 않으려고 있지도 않은 사실을 신문에 내기나 하고, 청계피복노조의 임금 인상이 언제 직권조정으로 되었단 말이오? 청계노조의 임금 인상은 조합원들의 투쟁에 의해서 관철되었는데, 당신들이 직권조정해서 해결했다고 거짓말을 해 놓고는! 지금은 업주들이 단체협약을 위반하고 있으니 이것을 해결하시오!"

이소선은 속사포처럼 마구 퍼부어 댔다. 그러자 노동청의 다른 직원들이 몰려와 이소선을 제지했다. 노동자들의 요구를 경청하려는 태도가 아니라 어떻게 해서든지 눈앞의 상황을 빠져나가려고만 하는 것으로 보였다. 노정국장은 계속해서 '노력하겠다' '연구 중이다' '알아보겠다' '사실과 다르다' 따위의 알맹이 없는 말만 늘어놓고 있었다. 이런 말만 되풀이되는 것에 이소선은 열불이 나서 참을 수가 없었다.

"왜 노동자를 기만하는 거야! 동일방직에서 사람이 얻어맞아 죽어 가게 생겼는데도 '알아보겠다'고만 하면 죽어 나자빠지고 나서 뭐하겠다는 거야!"

이소선이 노정국장의 멱살을 흔들며 소리를 지르자 직원들이 우르르 몰려와 이소선과 노동자들을 끌어냈다. 곧이어 전투복의 기동경찰들이 밀고 들어왔다. 경찰은 개 패듯 마구잡이로 이소선 일행을 끌어냈다. 이들 대표가 노정국장과 싸우고 있는 동안 현관에서는 농성하는 조합원들을 경찰이 마구 짓밟아서 강제로 연행해 갔다. 당시 18세이던 청계노조 조합원 임경숙은 경찰의 군홧발에 아랫배가 채여 그 자리에서 기절해 성모병원으로 옮겨졌다.

경찰에게 질질 끌려 내려온 이소선은 경찰차에 실려 영등포경찰서로 연행되었다. 이미 많은 노동자들이 연행되어 대부분 축축 늘어져 있었다. 경찰은 경찰서 마당에 두 줄로 늘어선 경찰들 사이로 이들을 지나가게 하면서 "이 빨갱이 같은 년들! 머리 숙여!" 하며 두들겨 팼다. 이날 연행된 사람들은 모두 42명이었다.

청계노조 조합원 임미경은 고개를 들고 "우리가 뭘 잘못했다고 고개를 숙이라는 거요?" 하며 대들었다. 경찰은 "이런 × 같은 년을 봤나, 이년 너 잘 걸렸다. 어디 맛 좀 봐라. 네가 주동자지?" 하고는 경찰봉으로 임미경의 머리를 마구 때리면서 욕을 했다.

경찰은 노동자들을 한자리에 모아 놓고 "전부 다 무릎 꿇어! 이것들이 아직도 정신을 못 차려! 지금부터 우리가 하는 말을 잘 들어, 조사할 게 있으니까 똑바로 해야 돼. 잘못했다고 생각하는 사람은 손 들어 봐. 내보내 줄 테니까" 하는 것이다. 아무도 손드는 사람이 없자 경찰은 이 사람 저 사람 가리지 않고 마구 몽둥이질을 했다. 자기들이 보기에도 마구잡이로 사람을 다루는 듯싶었는지 경찰 하나가 나서서 "그렇게 때리면 쓰나, 상처 안 나게 잘 때려야지" 하더니 이소선을 지목했다. 그리고는 이소선을 주먹으로 내리치는 것이었다. 그는 칼끝으로 찌르는 듯한 통증을 느끼며 쓰러져 버렸다.

이런 식으로 경찰은 밤새도록 조사를 하고 다음 날 오후에야 연행자 36명을 풀어 주었다. 이소선과 청계피복 조합원 5명은 더 조사할 게 있다면서 계속 붙들어 놓았다. 이소선은 조사를 완강하게 거부하고 있었다. 이날 경찰에서 풀려난 노동자들과 밖에서 있던 노동자들은 다시 노동청 앞에 모여 이소선 등 6명의 석방을 요구하면서 싸웠다.

노동청 앞길 로터리의 분수대 앞에서 노동자를 석방하라고 구호를 외치며 시위를 벌이는 이들을 끌어내리려고 경찰은 차량통행까지 금지했다. 노동자들은 미리 준비한 석유를 온몸에 들이붓고는 라이터를 꺼내 들고 경찰이 접근하면 불을 붙이겠다면서 결사적으로 버텼다. 이렇게 몇 시간이나 대치했다. 이후에 이소선 등 6명을 석방하겠다는 약속을 받고서야 노동자들은 해산했다.

이 투쟁을 주도한 유동우는 70년대 초부터 노동운동을 해 온 노동자로, 자신이 살아온 이야기를 글로 써서 『어느 돌멩이의 외침』(청년사, 1984)이라는 책으로 펴냈다. 그 역시 청계피복 노동교실에 자주 와서 이소선과 얘기를 나누고 청계 조합원들과도 친밀하게 지내던 그야말로 선구적인 노동운동가였다.

6명은 다음 날 새벽에 풀려나왔다. 경찰은 이소선을 풀어 주면서 "중앙관서를 점거하는 것에 대해 위에서 중대한 문제로 생각하고 있습니다. 다음부터 이런 일이 절대로 없도록 하세요"라고 했다. 이에 대해 이소선은 "누구 맘대로! 노동자들을 못살게 굴면 청와대에라도 쳐들어갈 테다!" 하며 나오는 순간까지 굽히지 않았다.

이 투쟁은 기업별노조라는 한계를 뛰어넘어, 여러 사업장의 노동자들이 개별 사업장만의 문제가 아닌, 이 땅의 노동자라면 누구나 공감하는 문제를 가지고 연대해서 싸웠다는 데 의미가 있었다. 그동안 개별 단위로 치열하게 투쟁해 오다가 스스로 한계를 깨닫고 자연스럽게 연대한 것이었다. 그만큼 노동자들의 의식이 성장해 가고 있다는 것을 말해 주는 일이었다. 여기에는 노동자의 문제에 대한 이소선의 구분 없는 인식과 노동자를 억압하는 모든 구조적 모순에 대한 그의 대담한 온몸으로의 투쟁이 밑바탕에 있었다. 이소선은 굳이 '총자본에 대한 총노동의 투쟁'이라는 이론은 몰랐을지라도, 실천을 통해 배우고 깨달은 바를 행동으로 옮긴 것이다.

장기표의 재판정에서 있었던 일

6월 3일부터 그전 봄에 구속되었던 장기표의 재판이 시작되었다. 이소선은 그동안 면회가 안 되어서 장기표의 얼굴을 한 번도 보지 못해 무척 답답했었다. 그나마 장기표가 건강하게 잘 있는지 확인할 수 있어서 반갑기 그지없었다. 한 가지 괴로운 것은 재판 결과 형량이 얼마나 떨어질까 하는 점이었다.

재판이 있는 날 이소선은 조합원들과 함께 성북지원 제1호 법정으로 갔다. 조그마한 재판정은 정보원들, 대학생들, 재야인사들로 꽉 들어찼다. 이때 장기표의 재판은 대학생들의 교육장으로 유명했다.

장기표는 긴급조치 위반, 반공법 위반 등으로 구속되었다. 민청학련 사건 때 작성한 「민중의 소리」라는 4·4조의 장시와 잡힐 때 빼앗긴 『노동운동 지침서』가 노동자들을 만난 사실과 함께 문제가 되었다. 반공법 위반은 이북방송을 들었다는 것 때문에 씌워진 혐의였다.

제1회 공판인 이날 장기표는 모두진술을 통해 유신정권의 잘못된 점을 낱낱이 열거하면서 신랄하게 비판해 방청객들로부터 열렬한 박수갈채를 받았다. 판사와 정리(廷吏)가 제지했으나 방청객들은 아랑곳하지 않고 박수를 쳤다. 이소선은 장기표가 말을 많이 하면 목이 탈 것 같아서 밖에 나가 물 한 컵을 떠 왔으나 교도관들이 필사적으로 이소선을 가로막았다. 이어서 검사가 공소사실을 심문했다.

"피고는 청계피복 근로자를 만난 목적이 노조원들에게 임금 인상을 위한 투쟁을 종용하기 위해서지요?"

"내가 근로자들을 만난 것은 사실이지만 그들을 만나 임금인상 투쟁을 종용하기 위해서는 아닙니다. 어느 누가 임금 인상을 종용한다고 해서 근로자들이 그대로 따라한다고 생각하는 자체가 근로자들의 현실을 무시하는 것입니다. 근로자들 자신이 어느 누구보다도 임금 인상의 필요성을 절실히 깨닫고 있는 것이지, 누가 시킨다고 될 문제는 아닙니다. 사실 나는 근로자들을 만나면 내가 그들한테 배우는 것이 훨씬 더 많습니다. 이 땅에서 가장 열심히 땀 흘려 일하는 근로자들이야말로 우리 사회에서 가장 중요한 존재이며 역사발전의 주체라는 것을 배우게 됩니다. 그러함에도 불구하고 이 정권은 근로자의 문제를 외면한 채 그들의 정당한 요구를 짓밟는 데만 급급합니다."

"아, 피고 됐어요. 묻는 말에 예, 아니오만 대답하세요."

장기표가 말을 조리 있게 끌어 나가려고 하자 검사가 말을 제지했다. 방청석에서 야유가 터져 나왔다.

"방청석, 조용히 하세요."

판사가 근엄한 투로 말했다. 당황한 정리는 왔다갔다 하면서 방청객들의 소란스러움을 가라앉히려고 했다. 검사의 심문이 이어졌다.

"피고, 피고는 근로자들과 만나서 임금인상 투쟁에 대해서 논의한 일이 있지요?"

"임금 인상에 대해서 논의했느냐 아니냐가 중요한 것이 아니라 지금 우리나라 근로자들의 현실이 어떤가가 중요합니다. 우리나라 근로자들은 세계에서 가장 장시간 노동에다 최저생계비에도 훨씬 미달하는 저임금에 시달리고 있습니다. 통계수치로 따져 보자면…."

"아, 피고! 묻는 말에만 대답할 것이지 무슨 말이 그렇게 장황해요!"

검사가 말을 가로막았다. 그러자 방청객들이 벌떡 일어서더니 "계속 말하게 해! 제지하지 마라!" 고함을 질렀다. 이소선은 검사의 심문하는 태도가 하도 얄밉고 화가 머리끝까지 치밀어 올라 참다못해 쏘아붙였다.

"왜 쓸데없는 질문을 자꾸 하느냐, 심문도 지랄같이 하네. 매년 올려준다는 임금은 올려 주지 않고 무슨 죄가 있다고 사람을 잡아다가 재판을 해!"

상황이 이렇게 되자 재판이 일시중단되었다. 재판장이 이소선을 지목하면서 나가라고 했다. 정리가 이소선을 잡아 끌어내리려고 하자 조합원들이 이소선을 에워쌌다. 소란이 어느 정도 진정된 후 재판이 다시 진행되었다.

2회 공판은 6월 17일에 있었다. 이날도 검사의 심문이 있었다.

검사는 지난번 재판 당시 장기표가 "박 정권은 남북대화를 정권 연장에 이용했다. 국민들의 통일 열기를 이용해 남북대화를 진행하다가 남북통일에 능동적으로 대처하려면 강력한 정권이 필요하다면서 유신을 했고, 그 유신을 총칼을 앞세워 진행했다. 유신정권이야말로 민주적인 절차를 깡그리 무시한 일인 장기독재정권이다. 때문에 남북대화 중단의 책임은 박 정권한테 있다. 분단이야말로 이 땅 모든 비극의 원인이다"라고 진술한 사실을 확인하고 나서 "피고는 지난번 진술에서 남북대화 중단

책임이 대한민국에 있다고 했는데, 무엇을 근거로 대한민국에 책임이 있다고 보는 것입니까?"라고 심문했다.

당시는 유신을 비난하기만 해도 긴급조치 위반으로 쇠고랑을 차야 하는 분위기였다. 더구나 남북대화 중단의 책임이 박 정권에게 있다는 공개적인 발언은 상당히 충격적인 것이었다. 장기표가 대답했다.

"박 정권은 진정으로 남북대화를 하려는 의사도 없으며, 그럴 만한 자격도 없는 정권입니다. 박 정권이 남북대화를 정권 연장에 이용하고 있다는 예를 하나 들어 보자면, 금년 초의 대통령 연두기자회견에서도 잘 나타납니다. 박 정권은 북한에 대한 식량 원조를 제의했는데 이것은 한마디로 저속한 기만술책에 불과합니다. 북에서 받아들이지 않을 것이라는 것을 뻔히 알면서도 일방적으로 제의한 것 자체가 진지하게 대화를 하고 통일을 하자는 자세가 아닙니다. 따라서 이처럼 반통일적인 유신정권은 통일을 말할 아무런 자격도 없는 정권입니다. 통일이야말로 남북의 민중들이 주체가 되어 성취시켜야 할 과제입니다."

장기표의 이 말에 이소선은 "대한민국 근로자는 배가 고파 굶어 죽을 지경인데 원조가 무슨 원조야!" 하며 장기표의 말에 자신의 생각을 보탰다. 이소선이 큰 소리로 말하자 정리가 이소선을 바라보더니 조용히 하라고 제지했다. 그래서 그는 다시 입을 다물고 조용히 방청을 하고 있었다. 그런데 또 검사의 심문이 이렇게 이어졌다.

"피고, 피고가 근로자들을 배후에서 조종하면 근로자들이 임금 인상을 요구해 사회불안이 현저하게 야기되는데, 이 틈을 이용해 북괴가 내려온다면 어떻게 하겠는가?"

이소선은 또다시 울화통이 터졌다.

"배고파서 임금 인상을 해 달라고 하는데 이북하고 무슨 상관이냐!"

이소선이 소리를 지르니 재판이 중단되었다. 정리가 이소선의 팔을 잡고 끌어내리려고 하자 조합원들과 다른 방청객들이 검사의 질문 태도를 규탄하면서 이소선을 에워싸고 끌어내지 못하게 했다. 판사는 몹시 화가 난 표정이었다. 그러나 그들은 이소선을 어쩌지 못하고, 또다시 재판을 진행했다.

그 후의 재판도 이와 같은 분위기로 진행되었다. 검사는「민중의 소리」라는 시를 써서 소책자를 만들게 된 배경을 물으면서 근로자의 궐기를 선동한 내용을 집중적으로 캐물었다. 옛날보다 근로자들이 잘살게 되었는데, 왜 항상 부정적인 시각으로 근로자를 선동하느냐는 식으로 질문을 몰아갔다. 이에 대해 장기표가 대답했다.

"정부에서 물가고를 연 10퍼센트 선에서 억제하고 1975년 말까지 2만 원 미만 임금 근로자 일소를 하겠다고 했는데, 이를 이행치 못하고 있으면서 10년 전에 초근목피로 어려웠던 농촌경제가 발전되었다고 자랑만 하는 것은 근로자가 처해 있는 현실을 호도하려는 비열한 술책일 뿐입니다."

장기표는 수치까지 들먹이며 호되게 정부를 비판했다. 누가 누구를 재판하는지 분간하기 어려울 정도로 검사가 피고인으로부터 논리적으로 당하는 재판이었다.

사건이 된 재판은 7월 15일 오전 11시, 역시 성북지원에서 열렸다. 이날은 검사의 심문 도중에 재판장인 판사가 보충질문을 했다.

"대통령 각하가 연두순시에서 근로자 임금 인상을 지시한 것은 근로자를 보호하기 위한 것인데, 이것이 반근로자적이라고 왜 반대해석을 하지요?"

판사의 질문에 대해 장기표는 실례를 열거하면서 이렇게 대답했다.

"임금 인상을 비롯한 근로자의 권익 문제는 대통령이 지시한다고 해서 해결될 수 없는 것입니다. 왜냐하면 근로자 스스로 단결된 투쟁을 통해서만 근로자의 문제를 스스로 해결할 수 있기 때문입니다. 권력을 가진 자가 시혜를 베풀 듯이 임금 인상을 지시한다는 것은 근로자들의 자주적인 의식의 발전을 가로막는 결과를 가져오는 것입니다.

노동운동을 탄압하는 법률적·제도적 장치를 그대로 온존해 놓고 임금 인상 지시를 한다고 해서 임금 인상이 되는 게 아닙니다. 지금 동일방직 근로자를 비롯해 인선사, 방림방적, 화창물산, 한국갈포, 낙산섬유 등의 근로자들이 자신들의 정당한 권리를 주장했다는 이유로 직장에서 쫓겨나고 부당한 대우를 받고 있습니다. 그리고 어떤 공장에서 노동조합 하나 결성을 하고자 해도 무슨 비밀 지하조직을 만들 듯이 만들어야 하는 현실입니다. 또한 노동조합을 어렵사리 만들었다 해도 기업주와 관이 결탁하여 파괴하고자 온갖 악행을 저지르고 있습니다.

우리나라 노동정책은 단적으로 경찰의 숫자와 근로감독관의 숫자를 비교해 봐도 알 수 있습니다. 산업의 발달로 노동자의 숫자가 날로 늘어나 이제 800만 명에 이르는데, 소위 근로자의 이익을 위해 사용주를 감독한다는 근로감독관의 숫자가 근로자 몇만 명당 한 명꼴의 적은 숫자밖에 안 됩니다.

이와 같은 상황에서 대통령이 버스 차장한테 겨울잠바 하나씩 하사했다고 해서 버스 차장 아가씨들의 권익이 보장되는 겁니까? 또한 고물가, 저농산물, 저임금의 경제정책을 놔두고, 연두순시 때 임금 인상을 지시한다고 임금이 인상된다고 생각하십니까?"

그러자 판사가 "아 피고인, 간단하게 얘기해요!"라며 말허리를 끊었다. 장기표가 이에 아랑곳하지 않고 계속해서 말을 이어가자 판사는 화를 내면서 말을 가로막았다. 이때부터 재판장과 피고 사이에 진술을 자유롭게 할 수 있어야 하지 않느냐면서 뜨거운 입씨름이 오갔다. 이소선은 이런 말씨름을 듣다 못해 밖으로 나가면서 한마디 쏘아붙이지 않을 수 없었다.

"판사나 검사나 다 똑같은 놈이구먼, 판사라고 해서 검사와는 다른 점이 있는 줄 알았더니 오히려 한술 더 뜨네! 재판장이나 검사가 먼저 뒈져야 우리가 살 수 있지 안 그러면 우리가 정말로 다 죽겠다."

재판정이 약간 소란스러운 것 같았으나 이소선은 그냥 밖으로 나와 버렸다. 화장실에 가서 물 한 모금 마시고 담배 한 대 급하게 피우고 다시 법정 안으로 들어가 보니 재판은 여전히 진행되고 있었다.

구치소로 잡혀 들어간 '여간첩'

이소선은 장기표의 재판에 가서 할 말을 했더니 분위기가 심상치 않았다는 느낌이 들었다. 사람을 재판한다면서 벌이는 작태가 말도 안 되기에 그때마다 치밀어 오르는 화를 참을 수가 없어서 큰소리를 친 것이 문제의 불씨가 된 모양이었다. 그날 이후 이소선의 집은 감시를 당하고 있는 것 같았다. 하기야 그동안 이소선의 집을 경찰들이 감시하지 않은 적이 언제 있었던가. 동네 입구 가겟집에서 서성거리는 사람이 끊이지 않았다. 경찰이나 정보부 사람들이었다.

그런데 최근에는 이소선의 집 담벼락 옆에 아예 방범초소를 새로 지어 놓았다. 가난한 사람들만 사는 동네에 지킬 게 뭐가 있다고 방범초소를 지었겠는가. 이번의 분위기가 예전과는 다르다는 것을 느낄 수 있었다.

아니나 다를까, 7월 19일 밤 9시경 다섯 명의 사복경찰이 이소선의 집 마당 안에까지 들어오더니 이소선을 찾았다. 지금까지 이런 일은 없었다. 경찰이 집 바깥에서 얼씬거리기는 했어도 마당에까지 들어오지는 않았다.

"누군데 밤중에 남의 집에 허락도 없이 들어오는 거요?"

"아, 이 여사님이시죠? 태릉경찰서에서 나왔습니다. 서에 잠깐만 가서 조사할 것이 있어서 왔습니다."

이소선을 연행하겠다는 것이었다. 딸 전순옥이 잽싸게 눈치를 채고 노조사무실과 노동교실에 전화를 했다.

"지금 어머니를 연행하려고 경찰들이 들이닥쳤으니 조합원들을 빨리 보내 주세요!"

이소선은 밖에서 찾는 경찰에게 "가자는 이유가 뭐요? 이유를 모르고는 갈 수가 없소!" 하고 단호하게 거부했다. 그러자 그중에서 계급이 높은 듯한 사람이 "지난 7월 15일 성북지원 법정에서 검사와 판사한테 욕설을 한 것 때문에 조사할 것이 있어서 그러니 잠깐만 가시죠?" 하며 이유를 말했다.

"조사할 것이 있으면 여기서 조사를 하든지 아니면 낮에 올 것이지 밤중에 와서 뭐하자는 거요? 하여튼 나는 갈 수 없소!"

그러자 경찰들은 슬그머니 밖으로 나갔다. 이소선이 못 가겠다고 완강히 버티고 있다는 사실을 보고하고 어떻게 했으면 좋겠느냐고 묻기 위해서 전화하러 나간 것이다.

이소선은 그들이 왜 자신을 연행하려고 하는지를 생각해 보았다. 틀림없이 지난번에 노동청에 가서 농성한 것 때문이리라. 그 당시 많은 노동자들이 투쟁을 전개했던 것도 이유가 되겠지만, 노동운동과 연관시켜 자신을 구속하는 건 명분상 불리하다고 판단하고 일단 석방을 시켰던 게 아닌가 생각했다. 그러던 차에 법정에서 있었던 일들을 트집 잡아 구속시키려는 것이 틀림없었다.

집 안팎에서 형사들이 지키고 있는 가운데 시간이 흘렀다. 그사이에 조합원들이 이소선 집에 한꺼번에 몰려왔다. 작은 집에 50여 명의 조합원들이 들어오니 집안이 꽉 찼다. 조합원들은 이소선을 지키고 있던 형사들을 쫓아 버렸다. 노동교실에 들러 모임을 하다 달려왔으니 모두들 배가 고프겠다 싶어 이소선은 저녁 늦게 밥을 해서 먹였다.

이날 밤 모두 다 이소선의 집에서 새우잠을 잤다. 다음 날 오전 11시쯤에 조합원들이 이소선을 에워싸고 노동교실로 갔다. 경찰들은 이들 뒤만 졸졸 따라올 뿐 강제로 연행하려는 눈치는 아니었다. 이소선이 집에서 연행되려다가 노동교실에 왔다는 소식을 듣고 조합원들이 점심시간을 이용해 노동교실로 몰려들었다. 노동교실 주변에 경찰력이 증강되어 들어오려는 조합원들을 가로막았다. 조합원들과 경찰 사이에 몸싸움이 벌어졌다.

"우리 교실에 왜 못 들어가게 하느냐?"

"어머니 연행을 중단하라!"

노동교실 안에 들어와 있는 조합원들이 경찰과 싸우는 동료들을 도와주기 위해 노동교실 3층에서 경찰을 향해 물과 석유를 뿌리고 유리병과 몽둥이를 내던지자 경찰의 저지망이 무너졌다. 조합원들이 왕창 밀고 들어왔다.

조합원들은 농성을 하면서 이소선을 지켰다. 하루가 지나자 경찰은 철수했다. 어쩌자는 것인지 감을 잡을 수가 없었다. 당시 이소선은 이승철 전 지부장 및 조직부장과 함께 미국 피복노조의 초청을 받은 상태여서 8월에 출국할 수속을 밟고 있는 중이었다. 이승철 전 지부장이 성북경찰서 정보과로 전화를 했다.

"당신들, 이소선 어머니가 미국에 가려고 하니까 미국 가는 것을 방해하기 위해서 어머니를 연행하려는 것이지요? 그렇지 않고서야 하필 이때 어머니를 연행하려는 이유가 뭐요?"

사실 그런 면이 없지 않았을 것이다. 외신기자가 노동 문제, 민주회복운동에 관한 취재만 해 가도 겁내던 정부로서는 이소선이 미국에 가서 한국의 노동 문제와 인권상황을 알리게 되면 정권 유지 차원에서 부담이되었을 테니까 말이다.

"그럴 리가 있나요. 그렇지 않습니다. 법을 어긴 사항이 있어서 조사를 한번 해 보려는 것이겠지요."

"이것 보시오! 그렇게 말하기로 하면, 어머니가 법을 어긴 게 이번이 처음이오? 그런데도 여태까지 아무런 문제를 삼지 않다가 이제 와서 문제 삼는 저의가 뭐냔 말이오? 당신들이 지킬 만한 법을 만들어야 법을 지키지, 국민을 억압하는 법만 만들어 놓으니 지킬 수 없는 것 아닙니까!"

"이 지부장, 그렇게 흥분하지 말고 내 말 들어 보시오. 이 여사를 조사하고자 하는 것은 태릉서이기 때문에 우리로서는 단정적으로 말할 수 없지만, 집에 들어오셔도 아무 일 없을 겁니다."

"무얼 근거로 그런 말을 합니까?"

"이 여사를 연행해 가면 청계 조합원들이 가만히 있지 않을 것이고, 또 이 여사는 지금 미국에서 초청되어 있는 처지이니 이 여사를 연행하면 한국의 인권 문제가 국제적으로 알려질 것이 뻔한 것 아닙니까."

그럴듯한 말이었다.

"지금 어머니가 출국수속을 밟고 있는데 시간이 없단 말이오. 다른 서류는 대충 갖추었고, 신원조회서만 있으면 돼요. 닷새 안으로 서류를 갖추어야 출국을 할 수 있는데 당신들이 방해해서 못 가게 되면 책임은 당신들한테 있는 줄 아시오."

"이 지부장! 염려하지 마시오. 우리가 책임지고 신원조회를 해 줄 테니 지금 집으로 오시라고 하시오."

"그 말 정말 믿어도 되는 거요?"

"믿어도 되지요. 아무 염려하지 말라니까."

전화 통화는 이렇게 끝났다. 이 전 지부장은 다른 간부들과 의논을 했다. 다들 괜찮을 것 같다는 의견이었다. 속는 셈 치고 들어가 보자는 것이다.

이렇게 해서 7월 22일 오후 3시경 이소선은 조합원 몇 명과 함께 집에 도착했다. 이소선은 그동안 집에 들어오지 못해 무더운 여름인데도 목욕을 제대로 하지 못해서 온몸이 끈적끈적해 견딜 수가 없었다. 시원하게 목욕을 하면 심신이 개운해질 것 같아서 도착하자마자 낮에는 비어 있는 이웃집에 가서 목욕을 했다.

목욕을 막 끝내고 속옷을 다 입고 겉옷을 입으려는데 밖이 소란스러 웠다. 덩치가 커다란 남자들이 이 집 저 집 몰려다니면서 사람을 찾고 있었다. 자신을 잡으러 왔구나 하는 생각을 하고 있는데, 그 순간 문을 열고 일단의 형사들이 들이닥쳤다. 그들은 이소선을 보자마자 낚아챘다.

"야, 이놈들아! 여자가 목욕을 하는데 이렇게 무례하게 들어와서 사람의 몸을 비틀면 어떻게 하겠다는 거야!"

그들은 이소선의 외침은 들은 척도 하지 않고, 이소선을 끌고 가서 미리 대기하고 있던 차에 밀어넣어 버렸다. 딸 전순옥과 노동교실에서 함께 따라온 조합원들이 이 모습을 보고서도 미처 손쓸 틈도 없이 순식간에 당한 일이었다.

잡혀간 이소선이 경찰차 안에서 바깥을 얼핏 보니 형사들이 온 동네에 깔려 있었다. 족히 50여 명은 될 것 같았다. 온 동네에 쫙 깔린 경찰들은 태릉경찰서와 성북경찰서에서 동원된 자들이었다. 이들이 집집마다 다니며 "여간첩 잡으러 왔다" 하면서 동네를 들쑤셨다.

이소선을 태운 승용차는 지체 없이 출발했다. 이소선의 양옆에는 엄청나게 덩치 큰 경찰 둘이 팔짱을 끼고 앉았다. 이소선이 차창 밖을 보니 뒤에서 순옥이와 조합원들이 맨발로 차를 쫓아오고 있었다. 그들이 가로막는 경찰들과 몸싸움을 벌이고 있는 모습이 순간적으로 멀어져 갔다.

이소선을 태운 차는 그가 사는 동네 입구의 노원파출소에서 잠깐 멈췄다. 그를 잡았다는 보고를 하는 것 같았다. 이소선이 탄 승용차 앞에는 백차가 선도를 하고, 뒤에는 기동대를 태운 버스가 따라오고 있었다.

이소선은 곧바로 태릉경찰서로 갔다. 거기서 잠깐 머물다가 다시 서울지검 성북지원으로 갔다. 그곳에서 조사가 시작됐다. 검찰 서기가 종이와 볼펜을 주면서 진술서를 쓰라고 했다.

이소선은 "나는 무식해서 내 이름자도 쓸 줄 몰라요" 하며 서기를 등지고 돌아앉아 버렸다. 서기가 어이가 없다는 듯 웃더니 자기 혼자 무슨 서류를 쓰고, 이소선에게 몇 마디 질문을 던진 후 자기가 썼던 서류를 내밀었다.

"여기 이름 밑에다 서명을 하세요."

"나는 무식해서 이름도 쓸 줄 모른다니까요."

"뭐 이런 양반이 다 있어? 그러면 지장이라도 찍어요."

이런 말씨름 끝에 그날 밤에 이소선은 성동구치소로 송치되어 수감되었다. 이소선이 경찰서에 있으면 조합원들이 몰려와서 시위하고 농성을 할까 봐 곧바로 구치소에 수감시킨 것인지, 모든 것이 속전속결로 진행되었다.

이소선은 어둠 속에 우뚝 솟은 높다란 벽, 기다란 복도, 수많은 철문을 지나 성동구치소 여사(女舍) 1호실 방에 갇혔다. 사방은 짓누르는 듯한 무거운 침묵의 바다다. 그 침묵을 헤집고 수인 중에서 직책이 높은 '지도'(모범수거나 만기가 가까워 비교적 자유로운 일을 한다)라는 사람이 이소선 방 앞에 섰다.

"어떻게 들어왔소?"

"나도 무슨 일인지 잘 모르겠소."

그는 누런 덩어리와 노란 무가 담긴 찌그러진 그릇을 구멍을 통해 밑에 넣어 주었다.

"배고프지 않아요? 밥 먹으시오."

"밥이 어디 있소?"

그는 벽에 난 구멍으로 밀어 넣은 덩이를 가리켰다.

"저기 밥이 있잖아요."

이것이 사람 먹는 밥이라니, 그것도 다 식어 빠진 것을…. 문득 일제 때 정신대에 잡혀가서 먹던 강냉이죽이 떠올랐다.

"난 안 먹을라요."

"배고프면 먹겠지. 안 먹으려면 관둬."

그는 더 이상 아무 말도 하지 않고 그냥 사라졌다. 이소선이 관짝같이 좁은 방 안에 누워서 천장을 바라보니 별의별 생각이 다 났다. 어렸을 때의 태일이 모습이 떠오르기도 하고, 노동교실과 노조사무실도 떠올랐다. 자신이 없는 집에서 어렵게 살아갈 태삼이, 순옥이 그리고 순덕이가 궁금했다. 태일이와 마지막으로 했던 약속이 생생히 되살아왔다.

'그래, 태일이는 나한테 어떤 어려움이 닥치더라도 끝까지 참아 어둠 속에서 신음하고 있는 어린 노동자들을 밝혀 주는 불이 되어 달라고 했지…. 나는 태일이하고 마지막으로 약속을 했다. 그렇다. 어렵더라도 태일이하고 약속했던 사항을 지켜야 한다. 그래야 이후에 내가 태일이를 떳떳이 만날 수 있지 않겠는가!'

그날 저녁 이소선은 이리저리 뒤척이다 잠깐 잠이 들었다. 그 풋잠 사이에 아들 태일이가 어머니를 찾아왔다. '어머니 힘을 내세요! 내가 이렇게 지켜보고 있잖아요!' 하는 목소리가 생시에 듣는 것처럼 생생했다.

기상나팔 소리에 눈을 떠 보니 아침이었다. 이 방 저 방에서 하루를 시작하기 위한 소리가 요란했다. 이어서 구치소의 일상이 시작되었다. 특별한 일 없이 하루 종일 감방 안에 앉아 있으니 답답하기 그지없었다. 바깥에서는 자신을 내놓으라고 야단들일 텐데 조합원들이 얼마나 고생을 할까, 생각하면 가슴이 아팠다. 자신이 여기에 와 있는 걸 알면 순옥이라도 면회를 올 텐데…. 아무도 오지 않는 것을 보니 여기에 있는지 아직 모르거나, 알고 있어도 면회를 시켜 주지 않는 것이 분명했다.

이렇게 면회조차 안 되는 상태에서 사흘이 지났다. 이소선의 방문을 간수가 덜컹 열더니 나오라고 했다. 이소선이 간수를 따라 이른 곳은 보안과였다. 남방셔츠를 깨끗하게 입어 인상이 깔끔하게 생긴 사람이 이소선을 기다리고 있었다. 책상 위에는 법전이 놓여 있었다. 그는 종이와 볼펜을 들고서 "이름이 뭡니까?" 물었다.

"내가 무슨 일로 여기까지 왔는지도 모르는데 무슨 얘기를 하란 말이

오? 당신네들이 무조건 잡아왔으니 나한테 뭘 묻기 전에 당신네들이 먼저 이유를 말하시오."

경찰서에서 하지 못한 조사를 여기서 하는 것이었다.

"장기표의 재판에 방청하러 간 사실이 있지요?"

그는 아무런 감정도 없는 기계처럼 질문을 했다. 이소선은 아무 소리하지 않고 잠자코 있었다. 상대방의 반응에는 아랑곳하지 않고 그는 계속 얘기를 했다. 장기표의 재판에 가서 몇월 며칠날, 어떻게 소란을 피우고 판사와 검사에게 욕설을 한 적이 있느냐고 물었다. 이소선이 비로소 말을 시작했다.

"욕을 한 사실이 있소. 재판을 가뜩이나 지배적으로 하길래 울화통이 터져 욕을 했소. 판검사라면 공부를 많이 해서 지식이 많은 사람들인 걸로 알고 있는데, 내 상식으로 생각할 때 많이 배운 사람의 태도가 아니라고 생각했소. 배운 사람들이 그렇게 진실되지 못하게 사람을 업신여기고 야비하게 몰아붙이는 것을 보니 화가 치밀었소. 그래서 재판장이나 검사가 먼저 죽어야 우리가 살 수 있지, 이런 식으로 하다가는 우리가 정말로 다 죽겠다는 뜻으로 욕을 했소."

"그럼 지금도 잘했다고 생각합니까? '잘못했다' '앞으로 다시 그런 일이 없을 것이다'라고 하면 집에 빨리 갈 수 있을 텐데요?"

여전히 기계음 같은 그의 말을 들은 이소선은 '나 같은 여자에게 항복을 받으려고 하다니' 싶고 야비한 처사에 구역질이 나서 버럭 소리를 질렀다.

"내가 맞는 말을 했는데 왜 잘못했다고 해! 형사놈의 새끼들이 구제 안 해 줘도 내가 살 수 있어!"

"참 구제불능이구먼, 왜 욕을 해? 내가 형산 줄 아는가 보지?"

그는 싸늘한 냉소를 던지더니 나가 버렸다.

그가 나가고 난 뒤 보안과장이 이소선 앞으로 다가왔다.

"그 사람 형사가 아니고 검사요."

"검사가 왜 여기에 오나요?"

"경찰서에서 조사를 받아서 영장을 떼 갖고 왔으면 검사가 이런 것을 안 하는데, 그것을 안 해 오니까 검사가 직접 온 겁니다."

요식적인 절차가 어떻게 처리되었는지 모르지만, 조사는 그것으로 끝나고 그렇게 구치소 생활이 시작되었다.

구치소 담 밖에서 들려온 목소리

이소선이 처음 구치소 생활을 하던 때는 몹시 더운 여름이었다. 날씨는 더운데 감방 안은 물이 귀하다. 그러니 머리 감는 일이 큰일이다. 이때까지 이소선은 쪽 찐 머리에 비녀를 꽂고 살았다. 이소선이 여태껏 머리를 자르지 않은 이유는 시아버지가 돌아가실 때 자신에게 했던 유언 때문이었다.

"태일이 에미야, 우리 상수가 부족하더라도 네가 꼭 참고 열심히 살아라. 나는 너를 믿는다. 그리고 태일이 저놈도 참 똑똑하다. 네가 어떤 어려운 일이 있어도 꾹 참고 전씨 집 사람으로 살면 나중에 좋은 일도 있을 것이다."

"예, 아버님 염려하지 마세요. 열심히 잘 살게요. 아이들도 훌륭하게 키우겠어요."

"암. 그래야지. 그리고 에미야, 너는 내가 죽더라도 그 쪽 찐 머리는 자르지 말고 그대로 살아야 한다."

"예, 아버님."

남편과 부부의 정을 느끼지 못하면서 살아온 이소선을 시아버지는 끔찍이 아껴 주었다. 당신의 아들보다도 이소선을 더 미더워했다. 그래서 시아버지가 돌아가실 때 이소선은 누구보다도 더 서럽게 울었다.

이소선은 시아버지의 유언에 따라 여태껏 비녀머리를 하고 살았는데 결국 이런 곳에 와서 머리를 잘라야 하니 돌아가신 시아버지에게도 한없이 죄스러웠고 자기 자신의 사지육신이 떨어져 나가는 것처럼 허전했다. 그날 밤 이소선은 시아버지의 꿈을 꾸었다. 그리고 태일이보다 한 해 먼저 저세상에 간 남편 꿈도 꾸었다. 이소선은 살아생전 살뜰하게 해 주지 못한 남편에게 여러 번 속죄했다.

면회는 가족밖에 안 되기 때문에 순옥이만 매일 찾아왔다. 조합원들은 날마다 수십 명씩 찾아와 구치소 밖에서 몸싸움만 하다가 되돌아간다고 했다. 나이 어린 조합원들이 벌어먹고 살아야 하는데 공장 일도 제쳐놓고 면회 오는 것이 너무 미안했다. 그는 순옥에게 그들더러 면회 오지 말라고 하라 당부했다.

이소선은 사회에 있을 때도 가슴앓이 속병이 있었는데 어느 날 이 속병이 재발을 했다. 발병하면 창자가 끊어지는 듯하고 온몸이 뻣뻣해지며 정신을 잃었다. 그럴 때면 그는 쓰러진 채 죽는다고 소리치며 성모병원으로 데려가 달라고 했다. 구치소 측은 치료할 생각은 안하고 이소선의 방에 '지도' 여자를 집어넣더니 이소선이 아파서 죽는다고 해도 그대로 놔두고 그의 일거수일투족을 감시만 하고 있었다. 구치소라는 데는 사람이 죽는가 안 죽는가만 감시하는 곳인가 보다 했다.

이렇게 며칠 동안 아파서 죽겠기에 면회 온 순옥에게 자신이 집에서 먹던 약을 가져오라고 했다. 그러나 구치소 측에서 약을 받아 주지 않았다. 한참 만에 홍성우 변호사를 통해서야 약을 받아 먹을 수가 있었다. 이소선이 아파서 고생을 하니까 밖에서는 이것이 와전이 되어 죽었다는 소문이 돌았다. 그러니 조합원들은 이소선의 건강상태가 염려되어 날마다 면회투쟁을 했다. 그러나 구치소 측은 면회를 시켜 주지 않아 날마다 구치소까지 와서 몸싸움만 하고 그냥 되돌아갈 수밖에 없었다.

이소선은 딸 전순옥을 통해서 노동조합이 돌아가고 있는 소식을 듣고, 기관에서 청계피복노조를 완전히 없애 버릴 작정을 하는 것이 아닌가 하는 불길한 생각이 들었다. 이소선을 구속시킴과 동시에 노동교실을 봉쇄해 버리고 조합원의 출입을 가로막고 있다고 했다. 그뿐만 아니라 8월 4일에는 노동교실 임대계약이 만료되지도 않았는데 건물주로부터 명도요청 통보가 왔다고 했다. 건물주가 관으로부터 압력을 받은 것이었다.

조합원들은 노동교실에서 모일 수가 없자, 노조사무실이 있는 평화시장 옥상에 모여서 오락회를 열었다. 이것을 중부경찰서에서는 불법집회라고 해서 경고문을 보냈다. 당국의 탄압에 맞서서 조합원들은 매일 점심시간에 노동교실 앞에서 경찰의 불법적인 봉쇄에 항의하는 집회를 열었다.

하루는 이소선이 운동시간이 되어서 운동을 하고 있는데 담 밖에서 자신을 부르는 소리가 멀리서 들렸다.

"하나 둘 셋, 이소선 어머니 내놔라!"

이소선의 귀에 분명히 임미경 또래 시다들의 목소리였다. 얼마나 듣고 싶은 목소리였던가. 그들은 이소선이 이렇게 듣고 있는 줄도 모를 터였다. 조합원들은 하도 답답하니까 이왕에 온 것, 힘껏 고함이라도 질러 보고 가자는 생각으로 외치는 것이었다. 얼마나 반갑고 그리운 목소리인지 이소선은 눈물을 흘리며 "미경아! 청계!" 온 힘을 다해 불러 보았다. 그러나 그의 목소리는 저 높은 담을 넘지 못했다. 이런 식으로 조합원들이 날이면 날마다 어찌나 찰거머리처럼 면회시켜 달라고 했는지 어느 날 보안과에서 이소선을 불렀다.

"면회를 시켜 줄 테니까 나가서 '너희들 자꾸 이렇게 와서 소란을 피우면 내가 나가는 데 지장이 많으니까 그러지 말고 조용히 해야 한다'고 말 좀 해 주시오."

"좋소. 그렇다면 면회를 시켜 주시오."

드디어 면회가 성사되었다. 면회실에 나가 보니까 어린 시다들이 먼저 들어와서 기다리고 있었다.

"어머니!"

얼마나 반가운지 아이들이 할 말을 잃고 있었다. 어떤 아이는 눈물을 질질 흘리기도 했다. 이소선은 이 아이들이 반갑다는 생각은 제쳐 놓고 미안한 생각이 먼저 앞섰다.

"어떻게 일 안 하고, 결근을 했냐?"

"어머니, 지금 일이 문제예요? 어머니가 잡혀서 여기 계시는데 우리가 일 나가면 어떻게 해요. 어머니 석방 투쟁을 해야지요."

"야 너네들, 일을 제대로 안 하면 뭐 먹고 사냐? 싸우더라도 일을 해서, 먹으면서 싸워야지. 배고프면 소리도 지를 수가 없잖아. 나는 잘 있으니까 그만 찾아와도 된다. 너희들이 착실하게 일하고 있으면 나도 곧 나갈 수 있을 거야."

보안과장의 부탁 때문이 아니었다. 어린것들이 일도 팽개치고 날마다 여기까지 와서 싸우고 얻어맞다가 허탈하게 돌아갈 것을 생각하니 이소선의 속이 편치 않았다. 그다음부터 조합원들은 조별로 번갈아 가면서 매일같이 면회를 왔다.

'법정모욕죄'인의 공판

8월 24일, 이소선의 첫 공판이 열리는 날이었다. 공소장에 적힌 이소선의 죄명은 '법정모욕'이었다. 이소선은 재판에 나가면 그동안 보고 싶었던 얼굴들을 볼 수 있겠다는 생각에 마음이 들떴다. 모처럼의 외출을 대비해서, 죄수복이지만 깨끗하게 빨고 정성스럽게 손질해 감방 문을 나섰다. 그러나 곧바로 기분을 잡치고 말았다. 출정하기 전에 양손에는 수갑을 채우고 양팔은 포승으로 묶는 것이었다. 마치 짐승처럼 끌려가야 한다고 생각하니 참담했다.

교도관들은 이소선을 특별하게 계호했다. 수십 명의 교도관이 그를 에워쌌다. 이소선을 태운 차도 일반수와는 달리 특별한 차였다.

법원 입구에는 기동대 차가 몇 대 있고 주위에는 정·사복 경찰관이 쫙 깔려 있었다. 법원 정문에서 재판정까지 경찰들이 두 줄로 늘어섰고, 방청객은 주민등록증을 확인받고 그 사이를 지나가야 했다. 법정 입구에는 사람이 배치되어 방청권을 일일이 확인하고 있었다.

이처럼 삼엄한 분위기 속에서도 조합원들을 비롯해 많은 재야인사들이 방청석을 메웠다. 그러나 방청하고 싶어도 방청권을 받지 못한 많은 조합원들은 법원 입구에서 방청 제지에 항의를 했다. 이들은 방청권을 경찰들이 사전에 싹쓸이하다시피 해서 방청이 제한된 것에 항의하는 뜻으로 성북지원에서 태릉경찰서까지 거리시위를 했다.

1회 공판 때는 검사의 심문이 있었다. 검사는 이소선에게 어떤 재판에서 욕설을 했느냐고 물었다. 이소선은 사실대로 얘기했다. 1회 공판이 끝난 지 10여 일이 지난 뒤 2회 공판이 열렸다. 2회 공판에서는 검사의 구형이 있었다. 검사의 구형을 받고 난 후 구치소 생활에 어느 정도 자리가 잡힐 무렵 보안과에서 이소선을 불렀다. 보안과장이 대뜸 "민종덕 알아요?" 물었다.

"잘 알지요. 걔한테 무슨 일이 생겼습니까?"

보안과장의 심각한 표정을 보고 가슴이 덜컥 내려앉았다.

"민종덕이가 9월 9일에 '노동교실을 돌려주고 어머니를 석방하라'고 외치며 청계피복 노조원들과 농성하다가, 노동교실 3층에서 뛰어내려 허리부상을 당해 지금 병원에 입원해 있습니다."

이소선은 노동교실 3층을 상상해 보았다.

'얼른 생각해 봐도 아득히 높은 곳이다. 거기에서 뛰어내렸으면 틀림없이 죽거나 다쳤을 것인데, 병신이 될 정도로 다쳤으면 어떻게 하나. 제발 죽지는 말아야 할 텐데. 다치더라도 회복될 수 있어야 할 텐데….'

민종덕은 1974년에 처음 이소선의 집에 찾아왔다. 그는 잡지에 실린 전태일의 수기를 읽고 감동을 받아 자기도 청계천에 취직하고 노동운동을 하겠다고 했다. 당시는 청계노조 총무부장이었다. 그날 저녁 이소선은 민종덕이 크게 다치지 않고 빨리 회복될 수 있도록 하나님께 간절히 기도했다.

보안과장을 통해 이소선에게 전해진 '9월 9일 결사투쟁 사건'의 자초지종은 이러했다.

9월 3일, 서울지법 성북지원 법정에서 열린 이소선에 대한 제2회 공판에서 검사는 누구의 눈에도 엉터리임이 빤히 들여다보이는 증인(형사)을 억지로 내세우고, 도저히 인간의 양심을 지녔다고는 할 수 없는 비열하고 악의에 찬 엉터리 논고를 한 끝에 이소선에게 징역 3년을 구형했다. 또한 판사는 변호사 측의 증인신청을 기각해 버렸으며 변호사와 방청객들을 모욕하는 발언을 하는 등 강압적이고 편파적인 재판 진행을 했다.

노동자들의 실망과 분노는 걷잡을 수 없이 평화시장 일대에 퍼져 나갔다. 또한 9월 5일경에는 두 달 가까이 경찰이 불법점거하고 있었던 노동교실이 완전 폐쇄된다는 소문이 나돌았다. 경찰 측의 집요한 압력에 견디다 못한 노동교실 건물 주인이 마침내 평화시장 노동자들과의 임대계약(보증금 900만 원, 월세 6만 원, 계약기간은 1977년 12월 31일까지)을 일방적으로 파기하고는 다른 사람에게 교실을 월세도 없이 보증금 600만 원에 임대했고, 새 입주자는 노동자들에게 9월 10일까지 교실을 비우지 않으면 모든 교실 잡기와 책걸상 따위를 자기네가 들어내 버리겠다고 통고해 온 것이다.

이리하여 노동자들 사이에는 폭발 직전의 처참한 공기가 감돌았다. 드디어 9월 8일, 「결사선언」이라는 비장한 제목의 격문이 시장상가 일대에 뿌려졌다. 이 선언문에서 노동자들은 "시장상가 3만여 여러분! 그리고 6백만 노동자 여러분! (…) 이대로 우리의 소중한 어머니와 노동교실을 빼앗긴다면 저들은 우리의 모든 희망과 권리를 빼앗아 갈 것이다. (…)

목숨을 걸고

저들은 제2의 전태일을 요구한다! 우리는 어떠한 타협도 원하지 않는다! 우리가 살아남기 위해서는 죽음을 각오하고 싸우자! (…) 어머니와 노동교실을 되찾고 노동자의 진정한 권리가 보장될 때까지 한 발짝도 물러섬이 없이 한 사람이 쓰러지면 또 한 사람이 뒤이어 쓰러지는 죽음의 항쟁을 선언한다"라고 부르짖고 '어머니 즉각 석방, 폭력경찰 처단, 노동탄압 중지와 노동삼권 반환' 등을 요구했다.

9월 9일 결사투쟁 사건

이튿날인 9월 9일 오후 1시 30분경, 200여 명의 노동자들이 시장 일대에 깔린 사복형사들의 눈을 피해 노동교실 앞으로 몰려갔다. 교실 건물 정문 앞에는 2명의 경찰이 지키고 있었다. 앞장섰던 당시 스물다섯 살의 노조 총무부장 민종덕이 그들에게 "우리, 교실에 좀 들어가야겠소"라고 물러날 것을 요구하니까 경찰들은 못 들어간다고 했다.

민종덕은 경찰 앞으로 바싹 달라붙어 사정하는 척하면서 경찰봉을 빼앗아 버렸다. 경찰과 민종덕이 실랑이를 벌이는 사이에 조합원들은 급히 노동교실로 뛰어 올라갔다. 경찰 둘은 민종덕의 멱살을 잡고 뒤에서 두 팔로 민종덕의 목을 졸랐다.

이때 스물한 살의 재단보조 신승철이 민종덕의 목을 조르고 있는 경관에게 석유를 뒤집어씌웠고 다른 여공들이 또 한 명의 경관을 습격함으로써 경관들이 쫓겨 갔다. 이 틈에 40여 명의 노동자들은 급히 교실로 통하는 입구의 셔터를 내리고 3층에 있는 책상과 의자 따위로 바리케이드를 쳐서 창문과 문을 막았다. 그중 일부는 4층으로 올라가서(교실은 3층과 4층에 있는 방 4개를 쓰고 있었다) 마찬가지 작업을 했다.

경찰 기동대에 가로막혀 교실에 미처 들어가지 못했던 200여 명의 노동자들 중 일부는 교실 건물과 인접한 이웃 3층 건물의 옥상으로 올라와서, 교실 4층에 있는 노동자들에게 건너갈 테니 문을 열어 달라고 소리를 질렀다. 이웃 건물 옥상에서 교실 4층으로 뛰어넘기란 자칫 한 발만 헛디 디면 떨어져 죽을 판이었으나 노동자들은 창문 하나를 깨서 동료들이 건 너오도록 했다. 이렇게 하여 14명이 건너왔을 때 또다시 기동경찰이 밀 어닥쳐 나머지 노동자들은 미처 건너오지 못하고 쫓겨 내려왔다.

3시경, 기동대는 이웃 건물 옥상에 빽빽이 들어차서 노동자들이 농성 하고 있는 방들의 창문으로 들어오려 하고 있었다. 그중 50여 명은 노동 교실 옆에 붙어 있는 가정집의 문을 부수고 교실 건물 내부로 들어왔다. 그들은 한 손에 수갑 하나씩을 들고, 어깨에는 최루탄 기구를 둘러메고, 또 한 손에는 곤봉을 쥐고 있었다.

이때부터 노동자들과 경찰 사이에 실로 처참한 난투극이 벌어졌다. 노동자들은 4개의 방마다 입구까지 쳐들어온 경찰들이 휘두르는 곤봉에 대항하여, 형광등·거울·책장·유리 따위에서 깨어 낸 유리조각들을 집 어던졌다. 남자들은 걸상에서 빼낸 몽둥이 따위로 경찰에 대항했다.

이웃 건물 옥상에서 창으로 넘어 들어오려던 기동대는 이 기세에 눌 려서 한 사람도 넘어오지 못했다. 한편 건물 안에 들어온 경찰들은 바리 케이드로 쌓아 놓은 책상과 걸상을 집어던져 부수어 버리고 셔터를 올려 서 아래층과의 통로를 트고 노동자들을 곤봉으로 마구 구타했다. 스물한 살의 미싱보조 임경숙은 7월 10일 영등포경찰서에서 얻어맞았던 허리를 이 통에 다시 다쳐서 쓰러졌다.

시간이 흐를수록 싸움은 노동자들에게 불리하게 기울어 갔다. 3층에 는 이때 노동자가 4~5명밖에 없었는데 20여 명의 경찰이 방 안에까지 들이닥쳤다. 이때 민종덕이 창문틀 위에 올라서서 경찰대에게 "물러가지 않으면 내가 뛰어내려 죽겠다!"라고 소리쳤다. 스물네 살의 노조 부녀부 장 이순자는 울면서 민종덕을 붙들려고 했으나 기동대는 그의 말을 들은 척도 안하고 노동자들을 끌어내리려고 했다. 결국 민종덕은 그대로 땅으로 뛰어내려 사지를 뻗고 움직이지 않았다. 그는 이미 이 싸움을 준비하면서 '결사선언문'을 유서처럼 쓰고 죽음을 각오한 참이었다.

한편 4층에서는 노동자들이 재단판 2개로 문을 막고 싸우고 있었는데 경찰들이 그것을 부수고 방으로 들어오려 했다. 이때 신승철이 경찰들을 향하여 "물러가라!" 소리를 지르면서 거울유리를 깨어 들고 창문 위로 뛰어올라서 유리칼로 두 차례 배를 가르고 "물러가지 않으면 모두 다 뛰어내리겠다"고 다시 소리를 질렀다.

또 스무 살의 재단보조 박해창은 유리조각으로 팔의 동맥을 끊으려고 팔을 15센티미터가량 그었다. 두 사람 모두 피가 낭자하게 흘렀다. 이와 동시에 노동자들은 방 안에 있던 신문지 등을 모아서 휘발유를 뿌리고 불을 질러 놓고는, 경찰들을 향하여 "들어오면 다 같이 죽자!" 하고 울부짖었다. 순식간에 온 방 안에 연기가 가득 찼고, 재단판도 시꺼멓게 타들어 가기 시작했다.

극도로 당황한 경찰들은 모두 물러갔고 얼마 후 소방대가 소방호스로 물을 뿜어 넣어 타오르는 불길을 잡았다. 소방대가 뿌린 물이 교실 바닥에 고이자 신승철의 배와 박해창의 팔목에서 흘러내리던 피가 번져서 온 방 안에 벌겋게 물들었다. 노동자들은 극도로 흥분해 모두 창문으로 몰려가 아래를 내려다보면서 개미떼처럼 모여 있는 기동경찰에게 "어머니를 당장 모셔 와라! 모셔 오지 않으면 모두 다 죽어 버리겠다!"라고 소리를 질렀다.

이때부터 경찰 측은 요구조건을 다 들어줄 테니 모두 내려오라고 하면서 회유작전으로 나오기 시작했다. 중부서 서장과 정보과장은 길에서 마이크를 들고 "지금 어머니를 모시러 갔으니까 흥분을 참고 조금만 기다려라" 하고 방송을 했다.

얼마간 시간이 흘렀으나 이소선은 여전히 나타나지 않았다. 기다리다 지친 노동자들은 또다시 흥분하기 시작했다. 이때가 오후 6시경, 스물한 살의 재단보조 김주삼이 유리조각으로 배를 몇 차례 그었다. 이와 때를 같이하여 스물다섯 살의 전순옥(이소선의 장녀)이 웃통을 벗어서 아래로 던지고 창문에 올라가 땅으로 뛰어내렸다. 순간 몇 명의 여성 노동자들이 급히 전순옥의 다리를 붙잡고 통곡했다. 전순옥은 발 하나만 잡히고 머리는 땅을 향한 채 창밖으로 공중에 매달려 발을 버둥대면서 "놔라! 날 죽게 해 달라!" 하고 울부짖었다. 스물한 살의 재단보조 김석래가 뛰어와서 전순옥을 끌어 올려 번쩍 안아다가 구석방에다 가두어 버렸다.

또 이때 열아홉 살의 미싱보조 임미경이 웃통을 벗고 유리조각을 집어 들고 다른 창문 위로 뛰어올라갔다. 그는 "평화시장에서 남자 한 사람이 목숨 바쳤으니까, 제2의 전태일은 여자가 되어야 한다. 딴 사람 희생할 것이 없이 내가 죽겠다!"라고 소리치면서 몸부림을 쳤다.

두 번째로 할복한 신승철은 노동교실 아랫길과 건물 옥상에 가득 찬 경찰들을 향해 "앞으로 40분간 여유를 주겠다. 그 안에 어머니를 이 자리에 모셔 오지 않으면 너희들도 다 여기 들어와서 싸우다 같이 죽자. 왜 우리만 늘 착취당하고 혹사당하다가 죽을 때도 억울하게 혼자 죽어야 하느냐? 그런 법이 있느냐? 빨리 모셔 오든지 같이 죽든지 40분 안에 결단하라!"라고 외쳤다.

다른 노동자들도 이웃 빌딩 옥상에 올라와 있는 중부서 정보과장과 기동경찰들을 보고 "빨리 들어와라! 우리가 기운 있을 때 당신들 하나라도 더 죽이고 같이 죽겠다"라고 소리를 질렀다. 이때 정보과장은 경찰들에게 "다들 내려가라!"라고 고함을 질러 모두 철수시켰으며 이소선을 40분 안에 데려올 테니 진정하라고 회유했다.

이 무렵부터 40분 남짓, 노동자들은 '어머니를 석방하라!' '노동교실을 돌려 달라!'라고 쓴 종이 플래카드를 건물에 펼쳐 내려뜨리고, 창문에 몰려서 구호를 외치고 「억울가」, 「투쟁가」 등의 노래를 합창했다. 인근 건물들의 창문과 옥상마다는 사람들이 빽빽이 몰려서 이 광경을 지켜

보고 있었으며 기동대는 교실로 통하는 모든 길목을 철통같이 봉쇄하고 있었다.

40분의 시간이 흐르고 노동자들이 다시 흥분하기 시작하자, 스물아홉 살의 노조 지부장 양승조가 올라왔다. 그는 "저 사람들(경찰)이 어머니를 석방하는 데 법적인 절차가 있어서 한 열흘은 걸린다고 좀 기다려 달라고 말하는데, 내가 내려가서 교섭을 더 해 보고 올라올 때까지 기다리고 있어라" 말하고는 내려갔다.

8시 반 무렵이 되어 지부장이 다시 올라왔다. 그는 노동자들이 요구한 사항, 즉 ①이소선 어머니의 석방 ②노동교실을 원 계약기간인 12월까지 사용하도록 해 줄 것 ③이날의 사태에 대해서는 어떤 심문도 하지 않으며 구속하지 않는다는 세 가지 사항을 모두 경찰에서 받아들였으니 내려가자고 권유했다.

지부장의 해산 제의를 둘러싸고 노동자들은 1시간 반가량 실랑이를 벌였다. 대부분 노동자들은 경찰 측의 각서가 없는 한 말만으로는 믿을 수 없으니 해산해서는 안 된다고 강경하게 버텼다.

밤 10시경이 되었을 때 노동자들은 몇 시간 동안 계속 피를 흘리면서 치료를 받지 못하고 있는 신승철·박해창 등의 동료들을 생각하여, 또 지부장의 간곡한 권유와 '지부장의 입장을 살려 줘야 한다'는 일부 노동자들의 주장을 받아들여 경찰 측의 약속을 한번 믿어 보기로 하고 아래층으로 모두 내려갔다.

53명의 노동자들이 교실 문 앞으로 내려가자, 문 앞에서부터 큰길까지 양쪽으로 기동경찰들이 물 샐 틈 없이 늘어서 있었다. 그들이 큰길 입구까지 다다랐을 때 철조망을 친 기동대 버스가 대기하고 있다가 그들을 전부 실어서 중부서로 데리고 갔다.

노동자들은 중부서 지하대기실로 옮겨졌다. 잠시 후 정보과 과장과 계장이 내려와 소리를 지르고 형사들이 우르르 내려와 노동자들의 주소,

성명, 부모의 이름 등을 적고 한 사람씩 위층으로 데리고 올라가기 시작하자 모두들 "속았다"고 외치면서 통곡했다.

전순옥, 이숙희(노조 교선부장), 김주삼, 이순자, 신순애(노조 부지부장) 등이 정보과로 불려 올라가 취조를 받았고 나머지 노동자들도 계속하여 차례로 불려 올라갔다.

정보과에서 진술서를 쓰고 난 노동자들은 일단 지하실로 내려왔다가 곧이어 수사과로 불려 올라가 심문을 받았다. 형사들은 "야, 이년들아! 이북에서는 김일성이보고 아버지라 부르는데 니네들은 거기서 배워 가지고 이소선이보고 어머니라 부르냐?"는 등의 폭언을 하고 차마 입에 담을 수 없는 온갖 욕설을 퍼부으면서 무수히 구타했다.

수사의 초점이 된 것은 이번 일을 모의하고 방화, 구호 선창, 플래카드 제작, 유리 깨기를 한 사람들이 누구인가를 묻는 것이었는데, 모든 노동자들이 답변을 거부함으로써 심한 고문을 당했다. 시다로 일하는 장선애 같은 열네 살짜리 어린 소녀들도 따귀를 얻어맞고 발길로 차이는 등의 고문을 당하면서 끝내 아무것도 모른다고 버텼다. 김주삼은 모의, 동원, 방화 등을 모두 자신이 했고 다른 사람들은 모른다고 답변했다. 그러자 형사들은 그를 의자에 앉혀 놓고 따귀를 때리고 구둣발로 무릎을 차고 다시 일으켜 세워 놓고는 두 발을 구둣발로 꽉꽉 짓밟아 이겨 놓았다. 신순애는 장 계장이라는 사람이 무릎을 꿇려서 땅바닥에 앉혀 놓고 발길로 차고 따귀를 때리며 "×× 같은 년" 등의 욕설을 퍼부었다.

이튿날인 9월 10일 오후 5시, 체포된 53명의 노동자 중에서 14명을 제외한 39명이 석방되었다. 남은 14명 중 장선애를 포함한 9명은 즉결에 넘어갔으며 이 가운데 장선애는 형사 미성년자라 하여 중부서에서 닷새 만에 풀려났고 8명은 구류 15일씩을 받았다.

나머지 5명에 대해서는 9월 10일 방화 및 특수공무집행 방해 등의 죄로 구속영장을 신청했다. 이날 신승철, 김주삼에게는 구속영장이 떨어졌으나 이숙희, 임미경, 신순애의 영장은 기각되었다. 세 사람의 구속영장이 기각되자 정보과에서 내려와 다시 지시를 내리더니 다음 날 구속영장이 떨어졌다.

한편 3층에서 뛰어내린 민종덕은 곧바로 영락병원으로 옮겨졌는데, 척추가 부러져서 3개월간 입원치료를 받아야 했다. 몸을 움직이지 못하는 상태였다. 병원 측은 첫날 그의 양팔에 깁스를 하고 응급처치로 주사한 대를 놓고 엑스레이를 15번 찍은 후로는 치료비를 내지 않는다는 이유로 더 이상 아무런 치료도 하지 않고 퇴원 명령을 내렸다.

그가 입원하던 날부터 경찰은 영락병원 주변을 봉쇄하고 사람들의 접근을 막았다. 경찰관 2명이 입원실에 들어와 같이 잠을 자며 지키다가, 치료비가 문제가 되자 책임을 회피하기 위해 입원실 밖에서 지키기 시작했다.

민종덕은 기소중지 상태에 놓였다. 이처럼 조합원들이 목숨을 걸고 투쟁하자 윤보선 전 대통령과 김수환 추기경을 비롯해 재야 민주인사 함석헌, 윤공희, 지학순, 나길모, 김재덕, 경갑룡, 박정일, 최재선, 최세구, 김관석, 박형규, 조남기, 안병무 등이 성명을 발표하고 이소선의 석방을 촉구했다.

새날은 오려는가

구치소에서 만난 청계 식구들

이소선은 1977년 9월 24일 공판에서 징역 2년의 실형을 선고받았다. 1심이 끝나고 항소를 했기 때문에 곧바로 성동구치소에서 서울구치소로 이감을 가게 되었다. 어느 날 아침밥을 먹고 나니까 이감이라 해서, 징역 보따리를 싸 가지고 미리 대기하고 있던 호송차에 탔다.

이소선이 도착한 곳은 그 유명한 서대문의 서울구치소였다. 이감 절차에 따라 조사가 끝날 무렵, 어떤 교도관 하나가 아는 체를 했다. 알고 봤더니 성동구치소에서 근무를 하다 얼마 전에 이곳으로 옮겨왔다는 것이었다. 성동에서와 마찬가지로 관짝만 한 독방으로 배정이 되었다.

감옥 안에서 가장 좋은 시간은 뭐니뭐니 해도 운동시간이다. 하루 종일 방구석에 갇혀 있다가 30분 정도의 짧은 시간에 햇볕도 쪼이고 활개를 쳐 볼 수도 있다. 비록 개 훈련장처럼 담벼락으로 칸막이가 된 운동장이지만….

그날도 참 좋은 가을 날씨였다. 따사로운 햇살, 높푸른 가을 하늘, 스쳐 지나가면서밖에 볼 수 없지만 꽃밭 여기저기에 피어 있는 국화, 이 모든 것들이 삭막한 감옥이라 할지라도 사람 사는 곳임을 일깨워 주었다.

햇살을 즐기면서 운동을 하고 있는데, 담벼락 너머 옆칸으로 이소선을 부르는 소리가 나는 것이 아닌가! 분명 임미경의 목소리였다.

'그래! 경찰과 업주들이 노동교실을 빼앗으려고 했었지.'

어머니라 부르는 자신을 석방시키고 청계 노동자의 보금자리를 지키기 위해 싸우다 구속된 조합원들이 이 구치소 안에 들어와 있었던 것이다.

이소선은 임미경이 나이는 어리지만 깡다구가 있고 행동이 재빨라서 감옥생활도 잘할 것이라 생각했다. 그 애가 지금 이 감옥 안에서 자신을 부르고 있다니! 이소선의 가슴 저 밑바닥에서부터 조합원들을 보고 싶은 마음이 간절했다.

"그래, 나 여기 있다. 미경아! 어디에 있나?"

감시하는 교도관들이 부릅뜬 눈으로 이소선을 주시하고 있었다. 하늘을 가릴 듯 철벽같은 담장이 이들의 만남을 가로막고 있었다. 이소선의 목소리는 담을 넘지 못하고 운동장에 흩뿌려졌다. 더구나 큰 소리로 자신을 부른 미경은 지금쯤 감시하는 교도관과 싸움을 하고 있을지도 몰랐다.

이들은 더 이상 서로를 확인할 수가 없었다. 이 감옥 속에서 청계피복 노조 식구들을 만날 수 있다고 생각하니 이소선은 조합원들의 손을 잡고 있는 듯 힘이 솟았다. 하지만 가슴 한구석에 찬 물결이 일었다. 그들이 겪어야 하는 감옥생활이 아무리 지금의 현실이라 해도, 처녀애들한테 감옥까지 갔다 온 전과자의 딱지가 붙는다면 시집은 어떻게 갈지 걱정도되었다.

'나를 찾는 소리만 듣고 말다니 너무 억울하다. 애들의 얼굴을 보기는 커녕 말도 건네 보지 못하고 이대로 헤어져야 하다니, 이렇게 속상한 일이 어디에 있단 말인가.'

다음 날 아침 기상을 하고 세수하러 나가는 길에 다른 방의 사람들을 통해서 이숙희, 신순애, 임미경이 어느어느 방에 있다는 것을 전해 들었다. 세면이 끝나고 배식을 기다리고 있는데 이 청계 조합원들이 이소선을 부르고 있었다.

"이소선 어머니! 저희들이에요!"

이소선은 얼른 식구통으로 머리를 내밀었다. 여섯 번째 방 너머에서 이숙희가 식구통에 까만 머리만 내놓고 그를 부르고 있었다.

"어머니, 식사 잘하시고 건강하게 지내세요. 여기 와서는 어찌 되었든 건강이 최고예요. 우리들은 젊으니까 까딱없어요."

"그래, 숙희야! 고생이 많구나! 어디 아픈 데는 없지?"

이소선은 감격에 겨워 목이 메어서 말이 제대로 나오지 않았다. 교도관은 사납게 외치면서 통방하지 말라고 한다.

"어머니, 밖에 있는 사람들도 모두 잘 있어요. 그리고 승철이, 주삼이도 무사하고요."

"너희들은 빨리 나가야 할 텐데, 불편한 점은 없냐?"

"네, 우리들은 염려하지 마세요. 우리 모두 징역살이를 잘하고 있어요. 우리들이 어디 가서 기죽고 사는 것 봤어요? 우리들은 항상 떳떳하고 어디 가도 까딱 안 하잖아요."

"그래, 너희들이 그렇게 생각하니까 내 속도 편하다. 순애하고 미경이도 한번 봤으면 좋겠다."

"어머니, 이따가 운동시간에 볼 수 있을 거예요. 그럼 식사 많이 하시고 이따 또 봬요."

통방, 얼굴도 못 보면서 그리운 사람을 만나는 일. 이들은 그렇게 해서 감격스러운 첫 만남을 가졌다.

운동시간이 되면 이숙희, 신순애, 임미경이 이소선의 방 앞으로 지나갔다. 이들은 서로 잠깐씩 얘기를 나누며 매일같이 통방을 했다. 이소선은 이들의 발자국 소리만 들어도 그렇게 좋을 수가 없었다. 비록 철창 안에 갇혀 있는 몸이지만 청계피복노조 조합원들과 만날 수 있으니 의지가 되어 살 것만 같았다. 이들은 영치금이 들어왔다고 빵이며 김치 같은 먹을 것을 사서 이소선에게 보내왔다. 어머니를 잘 보살펴 달라며 소지(단기징역을 사는 모범수 가운데 감방 밖 청소나 허드렛일을 하도록 뽑힌 사람. 청소를 뜻하는 일본어 '掃除'의 발음이 그대로 굳어진 말이다)에게 부탁하고, 어머니가 머리를 감을 수 있도록 물을 보내 주기도 했다.

하루는 검방(수시로 감방을 검사하는 일)을 하는데 이숙희와 신순애가 수건의 올을 빼서 만든 마스크를 남사동에 수감되어 있는 신광용(신승철)과 김주삼에게 전해 준 것이 뒤늦게 발각되어 여감방이 난리법석이었다. 그도 그럴 것이 남사와 여사는 완전히 분리되어 있어, 남녀 공범이 만날 수 있는 기회는 재판 때를 제외하고는 전혀 없었다. 재판 때 본다고 해도 교도관들이 일일이 따라붙어 계호를 하기 때문에 먼발치에서나 볼 수 있지, 얘기를 나눌 수는 없다. 이런 엄중한 경계를 뚫고 마스크를 만들어서 편지와 함께 전했다는 사실은 구치소 당국으로서는 큰 사건이었다.

이숙희와 신순애는 기가 막힌 방법을 썼다. 여자 수인 가운데 재판을 받으러 나가는 사람에게 사정을 말하고, 사전에 치밀하게 각본을 잘 짜 두었다. 여자 수인은 다수가 간통이기 때문에 남자와 함께 재판을 받게 된다. 재판에 나가는 여수인들의 공범 남자들이 청계 조합원인 신광용과 김주삼과 같은 사동에 있는 사람이라는 것을 미리 알아내 부탁을 한 것이었다.

구치소 당국에서는 남사와 통방을 했다는 사실은 알지만 구체적인 증거를 잡을 수가 없으니 처벌을 할 수가 없었다. 교도관들은 그날 이후 증거를 찾으려고 검방을 강화했다. 이소선은 그 사정을 다 듣고 교도관들에게 한마디 했다.

"마스크를 전해 주었는지 아닌지는 잘 모르지만, 설사 전해 주었다 해도 그렇지, 날씨가 추운데 마스크 좀 갖다 주면 어때요?"

이들이 하나가 되어 싸우니까 교도관들도 이들을 함부로 대하지 못했다. 가능하면 이들과 부딪치지 않으려고 신경을 썼다.

11월 3일부터 '9·9사건'으로 구속된 청계노조 조합원들의 재판이 시작되었다. 조합원들이 재판을 받으면서 자신과 노동자의 현실을 어찌나 진실되고 조리 있게 진술했는지, 일반수들은 물론 교도관들 사이에서도 소문이 자자했다. 재판정에서 노동자들의 진술을 듣고 울지 않은 사람이 없다고 했다. 지금까지 노동자의 현실을 어렴풋이 알던 사람들이 정말 노동자의 현실이 그런 줄 몰랐다 말하기도 하고, 또 어떤 사람은 국민학교밖에 못 나온 노동자들이 어찌 그렇게 똑똑할 수가 있느냐면서 혀를 내두르기도 했다.

이소선에 대한 2심 재판은 12월 21일 시작되어 12월 28일 재판에서 징역 1년을 언도받았다. 구치소 당국은 하루라도 빨리 이소선의 재판이 끝나기를 기다렸다는 듯이 2심 재판이 끝나자 곧바로 이감을 보내기로 했다. 이 사실을 알고 신순애와 이숙희가 항의했다. 구치소 당국의 입장에서는 한시라도 빨리 이소선 하나라도 떼어 놓아야 이들의 힘이 약화될 테니, 이감을 지체할 이유가 없었다.

이소선이 수원교도소로 이감되는 날, 남게 된 청계 조합원들은 떠나기 전에 한 번만이라도 이소선 어머니를 보게 해 달라고 아우성쳤다. 이소선도 우리 아이들을 만나기 전에는 이감을 갈 수가 없다고 버티었다. 그렇게 해서 차를 타기 전에 한 사람씩 만나서 손목을 잡아 볼 수 있었다. 이소선은 이들의 따스한 체온을 고이고이 간직하면서 또 낯선 감옥으로 떠나야 했다. 구속된 청계 노동자들은 울면서 인사를 했다.

"어머니 안녕히 가세요!"

"어머니 건강하세요!"

이소선은 떨어지지 않는 발을 내딛으며 손을 흔들었다.

"너희들도 밥 잘 먹고 건강해라! 아무리 힘들어도 용기를 잃지 말고 꿋꿋이 살아야 한다!"

"알았어요. 어머니, 염려하지 마세요!"

이소선은 뜨겁게 흐르는 눈물을 닦아 내면서 누가, 무엇이 그들을 이렇게 이별하도록 만들었는가 생각했다.

징역살이를 따뜻이 보살펴 준 한 사람

이소선은 이감 오기 전에 청계 조합원들을 보기 위해 교도관들과 용을 쓰느라 화장실에 가는 것도 잊어 먹었다. 오줌도 억지로 참고 수원까지 왔는데, 수원에서도 번호를 받고 방을 배정받느라 시간을 넘겨 버렸다. 화장실에 가서 볼일을 보려고 아무리 힘을 써도 소용이 없었다. 이것이 결국 병이 되어 버렸다.

몸을 움직이기도 힘든 처지였는데 수원교도소는 방 안에 화장실이 없었다. 커다란 뻘건 통을 사용하는 소변과 달리 대변은 방 안에서 처리를 할 수가 없었다. 모범교도소로 지어 놓은 교도소가 화장실조차 없어서 변을 보는 시간을 정해 놓고, 그 시간에 볼일을 다 보아야 했다. 똥이 시간 맞춰서 나올 리는 없고, 급하기는 한데 억지로 참자니 이 또한 병이 되지 않을 수 없었다.

어느 날 밤이었다. 이날따라 설사가 나서 죽을 지경이었다. 자다가 똥을 눌 수가 없으니 사람 미칠 지경이다. 누구한테 호소도 할 수 없었다. 온몸에서 땀이 쏟아지고 전신이 조여드는데 생전 이런 고통은 처음이었다. 견딜 수가 없어서 생각하다 못해 옆 사람이 눈치채지 않게 조용히 일어나 잡수(雜水)통으로 쓰는 바가지를 자신의 담요 속에 넣었다. 바가지 안에다 빵 봉지를 깔아 놓고 소리가 나지 않도록 똥을 누었다. 이 똥을 빵 봉지에 싸서 다시 휴지로 싸고 팬티로 둘둘 말았다. 이튿날 아침에 이 것을 고쟁이에 담아 가지고 화장실에 갖다 버렸다.

이런 일이 또 닥친다면 정말 못살 것 같았다. 이소선은 하도 고통스러워서 그날 밤에 혼자 막 울어 버렸다. 대변도 자유롭게 볼 수 없는 이 지굿지굿한 생활, 이게 지옥이지 어디 사람 사는 세상인가. 이소선은 밥도 못 먹고 낙심해 있다가 깜빡 잠이 들었다.

"엄마, 엄마! 왜 콩밥을 안 먹고 계세요? 또 아프세요?"

태일이는 관 속에서 '하나, 둘, 셋' 하며 힘을 쓰더니 관짝을 들쳐 내고 벌떡 일어섰다.

"그래 죽은 사람도 이렇게 살려면 살아갈 수 있는데, 엄마는 여기에 들어온 것을 후회하시는지요? 눈물 흘리고 밥도 안 드시면 되겠습니까? 나하고 약속했는데 어떻게 그러실 수 있습니까? 벌써 약속을 못 지키시는 건가요?"

태일이는 어머니 이소선을 마구 꾸짖는다. 이소선이 뭐라고 말을 하려고 용을 쓰다가 잠이 딱 깼다. 꿈이었다.

'모두들 잠을 자고 있는데 나만 깨어나서 고통에 시달리는 걸까. 다른 사람은 다 사는데, 왜 나만 병들고 못산다고 잠을 못 이루면서 수선을 피우는 것인가. 내 의지가 약해진 것일까. 내가 또 잊을 뻔했어, 태일이가 항상 내 곁에 있다는 것을…. 힘들어도 참고 징역살이를 이겨 나가자.'

이소선은 허약해진 몸을 지탱하며 징역살이를 넘기고 살았다. 그런데 또 병이 났다. 밥도 못 먹고, 물조차 목구멍으로 넘어가지 않았다. 게다가 이들 방에 정신질환자까지 들어와서 소리를 지르니 더욱더 견디기 어려웠다. 정신질환자 때문에 교도관들은 다른 때보다 시찰을 자주 했다. 특히 그 정신질환자가 무슨 사고라도 저지르지 않을까 해서 한밤중에도 자주 들여다보았다.

이소선은 그날 밤에도 등허리가 당기고, 소화가 안 되고, 뒷골이 쑤시고, 온몸이 아파서 다른 사람들이 다 잠들어 있는 시간에 조용히 기도를 했다. 그는 어려운 일이 있을 때는 늘 기도하는 습관이 있었다.

기도를 한참 하고 마음이 어느 정도 안정이 되었다 싶어서 다시 자리를 정리하고 누우려고 하는데 시찰구에서 그를 쳐다보는 눈이 있었다.

그 눈과 이소선의 눈이 마주쳤다. 나뭇잎사귀 세 개짜리인 교사 김 부장(교사는 각 사동을 책임지는 교도관의 계급명으로, 직책상으로는 '부장'이라 불린다)이었다. 그가 아까부터 이소선을 쳐다보고 있었나 보다.

"교회 다니세요?"

부드러운 음성이었다.

"예, 교회 다닌 지 오래 되었소."

김 부장은 그날 밤부터 이소선에게 특별한 관심을 가지고 성의를 다해서 그를 도와주려고 노력했다. 아마 이소선의 신분장을 보았을 것이다. 그의 배려로 이소선은 가끔씩 교회당에 가서 예배를 보기도 했다.

낮에는 다른 사람들이 모두 출역을 하기 때문에 이소선 혼자만 방 안에 갇혀 있었다. 답답하기 그지없었다. 그래서 "나도 일을 하러 가겠다"고 여러 번 얘기를 했다. 얼마 뒤 김 부장이 손을 썼는지 이소선도 출역을 할 수가 있었다. 종이에 풀을 붙이고 봉투를 만드는 일인데 낮에 아무도 없는 방에 혼자 갇혀 있는 것보다는 백 번 천 번 좋았다. 그런데 출역 나간 지 닷새째에, 담당 교도관이 갑자기 출역을 나오지 말라고 했다.

"왜 다른 사람은 다 출역을 시켜 주는데 나만 안 시켜 주는 거야?"

이소선은 사람들 속에 섞여 일하는 것이 정말 좋았다. 이유를 따졌더니 담당 교도관이 보안과에 알아보라고 해 즉시 그날로 보안과장을 만났다.

"왜 나만 출역을 내보내지 않는 거요? 내가 무슨 큰 죄를 저질렀다고 나만 안 내보내는 거요?"

"당신은 요시찰이기 때문에 출역을 나갈 수가 없어요. 공연히 다른 사람들까지 선동해서 일을 못 하게 할 가능성이 있기 때문이오."

"내가 언제 선동을 했다고 그러는 거요? 한 달에 55원을 줄 바에야 그냥 시키지 55원은 뭐하러 주느냐는 말을 두고 선동했다고 생각하나 본데, 그게 무슨 선동이란 말이오?"

"선동을 했다는 얘기가 아니라 선동을 할 수도 있다는 얘기지요. 사회에서 그런 일에 종사를 했기 때문에 그런 것 아닙니까. 어찌 됐든 요시찰은 출역을 시킬 수가 없소. 만약 일이 잘못되어서 납품에 차질이 생기면 낭패가 아닙니까?"

보안과의 방침은 확고했다. 결국 출역도 못 하게 되어 버렸다.

이소선은 구속되기 전부터 있었던 병들이 날이 갈수록 더욱더 심해졌다. 자신의 병은 자신이 잘 안다. 병명을 딱 집어서 말을 할 수는 없지만 온몸이 당기고 가끔씩 마비가 되어, 머리가 아프고, 가슴에서 불덩어리가 치밀어 오르는 그런 병이었다. 그런 세월이 지나는 사이에 어떤 약을 어떻게 먹어야 할지를 스스로 체득했다.

이소선의 병은 단골로 다니는 약국에서 지어 주는 약을 먹어야 했다. 그런데 사회에서 먹던 약을 영치시켜서 먹는 일이 워낙 까다로워서 아예 포기하는 것이 속 편할 지경이었다. 밖에서 약을 들여와서 먹는 것이 불가능해지자 이소선의 병은 갈수록 심해져 도저히 견디기가 어려웠다. 너무 통증이 심해, 조용한 시간에 김 부장에게 은밀히 부탁을 했다.

"김 부장, 내가 이 병으로 아프면 주사를 맞거나 약을 먹어야 하는데, 그 약을 못 먹으면 아파서 살 수가 없어요. 어렵겠지만 나를 도와줄 수 있겠소?"

이소선은 며칠 전부터 밥도 못 먹고 퍼져서 누워 있었다.

"방법을 한번 모색해 봅시다. 내가 심부름을 할 테니 누구 만날 수 있는 사람이 있으면 말을 해 보세요."

낮에는 모든 사람들이 출역하기 때문에 온 사동에 김 부장과 단 둘만 남게 된다. 그래서 이소선은 비교적 자유롭게 얘기를 할 수 있었다.

"우리 딸 순옥이가 하루도 빼놓지 않고 매일 면회를 오는데 우리 순옥이를 만나서 얘기하면 될 거요."

"알았어요. 제가 따님을 만나지요."

그렇게 해서 이소선은 김 부장의 배려로 약을 먹게 되었다. 약을 먹으니 상당히 좋아지긴 했지만 이른바 '징역병'이라는 것이 그를 괴롭혔다. 가장 괴로운 것은 대변을 보고 싶을 때 어떻게 처리할 수가 없다는 것이었다. 더 이상 참을 수가 없어서 김 부장을 붙들고 하소연을 했다. 그러자 김 부장이 말했다.

"밤에 문을 두들기면서 똥이 마려워 죽겠다, 배가 아파 죽는다고 소리를 지르세요. 그러면 내가 문을 열어 드릴 테니까요."

문을 열어 주기 위해서는 자기보다도 높은 사람에게 댈 명분이 필요했던 것이다. 그래서 이소선은 그가 시키는 대로 했다.

김 부장이 담당하는 날은 한밤중에도 방 밖으로 나가서 주사도 맞고, 대변도 볼 수 있고, 또 약도 먹을 수가 있었다. 그리고 아픈 사람, 정신질 환자를 위해서 이소선이 기도를 해 줄 수도 있었다. 김 부장의 도움으로 징역살이에 적응을 해 나가자, 가슴에서 치밀어 오르는 불덩이 같은 것이 차츰 가라앉는 것을 느낄 수가 있었다.

그런데 김 부장이 담당하는 날, 이소선이 폐방 이후에도 바깥에 나가 있는 것을 같은 사동의 다른 죄수들이 높은 사람에게 고자질했다. 이소선이 요시찰이기 때문에 같은 방의 사람들에게도 그에 대한 정보를 일러바치게 하고 특혜를 주면서 수작을 꾸며 놓은 것이 틀림없었다. 같은 처지의 수인들 때문에 어느새 소문이 나돌아 김 부장의 입장이 상당히 난처해졌다.

날이 갈수록 소문이 부풀어 김 부장이 이소선 때문에 사직서를 쓰게 되었다는 말까지 나돌았다. 김 부장이 그에게 몰래 약을 갖다 주었기 때문에 권고사직을 당할 거라는 것이었다. 이소선은 도무지 참을 수가 없었다. 김 부장은 자신의 생명의 은인이나 다름없었다. 그가 약을 갖다 주지 않고 주사를 맞게 해 주지 않았더라면 자신이 과연 살아날 수 있었을까 하는 생각을 했다. 그는 호의를 가지고 힘닿는 데까지 보살펴 주었다. 그런 생명의 은인이 지금 곤란을 당하고 있는데 가만히 있을 수가 없었다. 차라리 자신이 죽는 일이 있어도 그를 사직하게 해서는 안 된다는 생각이 들었다.

교도관들과의 실랑이

이소선은 무조건 문짝을 발로 찼다.

"담당! 담당! 문 열어!"

담당은 얼떨결에 이소선 방문 앞으로 달려왔다.

"왜 그러세요? 조용히 말로 하지 왜 문짝을 차요?"

"지금 조용히 할 계제가 아니야! 나 소장 좀 만나야겠어, 이 문 좀 열어 줘!"

"무슨 일인지 알아야 문을 열어 주든지 말든지 하지요."

"담당하고 할 얘기가 아니라 소장하고 할 얘기니까 문이나 열어 줘!"

이소선이 막무가내로 문을 열어 달라고 떼를 쓰니까 담당이 높은 사람과 의논을 하고 돌아왔다. 문을 열어 주더니 보안과로 데리고 갔다.

"옳은 일 하는 사람한테 사직서 쓰라는 게 말이 되냐!"

보안과장이 무슨 일이냐고 물었다.

"당신이 나 때문에 교도관 중에 누구를 사직서 쓰고 나가게 했다는데 그 사람이 누구요?"

"누가 그런 소리를 해요?"

"소지들이 다니면서 하는 얘기를 밤에 들었소."

"어떤 소지가 그런 말을 했소?"

"내가 어떻게 이름을 알 수 있다는 말이오? 77번 때문에 어떤 교도관이 사직서를 쓰게 되었다고 쑤군거리는 소리를 들었단 말이오! 그 사람이 누군지 말해요!"

이소선은 몹시 흥분해 금세 언성이 높아졌다. 77번은 이소선의 수인

번호였다.

"나 때문에 사직서를 쓰고 나가는 교도관이 있다면 내가 가만히 있지 않을 거요! 내가 무슨 나쁜 짓을 한 것도 아니니까 그렇게 아시오. 수원 교도소가 모범교도소라고 이름이 났다면 모범교도소답게 소장 이하 직원들이 여기에 있는 죄수들을 보호해서 병이 나면 고치라고 하는 것이 임무일 텐데, 오히려 그런 임무를 충실히 한 사람을 벌준다는 것은 말이 안 되는 것 아니오! 죄수들이 병나서 만약 죽게 되면 그 책임이 누구한테 돌아가는 거요? 병이 나서 죽을 것 같은데 당신네들은 약 줄 생각도 안 하지, 그래서 사람을 살려 냈기로서니 그게 무슨 죄란 말이오? 오히려 그런 부하를 잘 두었다고 칭찬을 해야 마땅하지 않소?

이제 보니까 수원교도소가 모범교도소가 아니라 살인교도소구면. 죽어 가는 사람을 구제해 주었다고 사직서를 쓰게 하는 걸 보니. 어디서 독재를 본받아 가지고 아랫사람 짓밟는 것만 배웠구면? 내가 이 교도소에 살 날이 며칠 안 남았어! 나 때문에 사직당한 사람이 있다면 내가 사회에 나가서 가만히 있지 않을 거야! 정 안 되면 개인적으로라도 보복할 거야! 내가 얼마나 지독하고 못된 년인가 본때를 보여 주겠어!"

이소선은 펄펄 뛰면서 말을 단숨에 내뱉었다. 그가 소리소리 지르니까 금세 교도관들이 달려들어 뜯어말렸다.

"나 때문에 사직서 쓰고 나가라는 놈이 누군지 데리고 와라. 안 불러 오면 나는 이 자리에서 소리를 질러 갖고 사람들 다 불러 모아서 뒤집어 버리겠어! 소장새끼의 태도가 그 따위로 해서 되겠어? 무슨 큰 죄를 지은 것도 아니고, 뒷거래를 한 것도 아니고 아픈 사람 약 하나 갖다 줬다고 모가지를 자르는 이런 개놈의 새끼들이 어디 있느냐!"

한참을 실랑이하자 교도관들은 이소선을 진정시키며 그의 요구를 받아들이려는 눈치였다. 바로 그때 김 부장이 왔다. 김 부장이 이소선을 보더니 참으라고 말렸다. 자신을 대하는 걸 보니 보안과장이 시킨 것이 틀림없었다.

"난 잘못된 것을 보면 안 고치고는 못 참아. 그러다가 여기까지 들어온 사람이야. 이런 나쁜 처사를 보고 내가 가만히 있을 것 같아? 이놈의 새끼들, 네가 책임 다 못하고 있는 것 부하가 했다면 그 부하를 잘 두었다고 생각은 안 하고 앵앵거리냐?"

이소선은 하도 분해서 머리로 보안과장 가슴팍을 들이받아 버렸다. 말리라고 데려온 김 부장까지도 이소선 편을 들었다.

"나는 이 분이 몹시 아파서 그대로 방치해 두었다가는 큰일 날 것 같아서 도와준 것뿐이에요. 이 사람이 무슨 잘못이 있습니까? 내가 잘못을 했다면 사직서를 쓸 수도 있어요."

이소선은 김 부장의 말을 들으니 더 화가 났다.

"사직서를 써? 내 일로 해서는 죽어도 사직서를 쓸 수 없어요! 하여튼 사직서를 썼다가는 내가 밖에 나가면 소장하고 보안과장부터 사직서를 쓰게 할 거야! 나는 나갈 날짜가 석 달 남짓밖에 안 남았으니 나가면 보자고. 저 여자를 사직서 쓰게 하는 놈은 끝까지 가만두지 않을 거야!"

이소선이 한바탕 난리를 피우고 나니 보안과장을 비롯해 간부들이 저희들끼리 머리를 맞대고 한참이나 쑥덕거렸다.

"그럼 이렇게 합시다. 사직서는 받지 않도록 하고, 그 대신 시말서만 쓰는 것으로 일단락 지읍시다."

보안과장이 김 부장에게 종이와 볼펜을 내밀었다.

"시말서는 당신이 써야지, 왜 그 사람이 써야 하는 거야! 옳은 일 하는 사람한테 시말서를 쓰라는 것이 말이 되는 거요!"

이소선은 김 부장에게 내민 종이를 잡아채서 찢어 버리고 입으로 물어 뜯어 버렸다. 그들은 어쩔 수 없다고 생각했는지, 김 부장에게 이소선을 데리고 들어가라고 지시했다. 이소선이 방으로 돌아오는 길에 김 부장이 물었다.

"어떻게 알고 그렇게 싸웠어요?"

"소지들한테 얘기 들었소."

"나는 일부러 사직서를 쓰고 나가려고 했습니다. 그런데 시말서 쓰는 것으로 일단락 지을 생각인 것 같아요. 시말서 쓰라는 것을 찢은 것, '시말서는 당신이 쓰시오.' 하고 말한 것은 참 잘했어요. '모범교도소 소장이 그 따위로 직무유기나 하고 사람이 죽도록 내버려 두는데 당신이 사직서를 써야지 왜 이 사람이 사직서를 쓰느냐'고 하는 그 소리에 저는 밖에 나가서 자신 있게 심부름을 해 줄 수 있다고 생각했어요."

그 일은 김 부장에게 아무런 피해가 가지 않고 마무리되었다. 높은 사람들이 이 일이 교도소 밖으로 확대되는 것을 두려워한 나머지 없었던 일로 처리한 모양이었다.

이소선은 김 부장을 보면서 이 세상 어디에도 올바르고 진실된 사람은 있기 마련이라는 생각을 했다. 그는 김 부장이 하도 고마워서 자신이 그 사람을 위해서 할 수 있는 일이 무엇일까를 생각해 보았다. 무엇보다도 김 부장이 퇴직할 때까지 그 이름을 어느 누구에게도 발설하지 말아야 한다고 생각했다. 이소선은 석방 후에도 그를 가끔씩 만났지만, 어느 누구에게도 그의 이름을 말하지 않았다.

석방된 지 얼마 안 되어 이소선은 김 부장을 다시 만났다. 그때 그는 몸에 혹이 나서 수술해야 할 처지에 놓여 있었다. 이소선은 자신이 힘닿는 데까지 도와주겠다고 하고 김수환 추기경을 찾아가서 자초지종을 말하고 수술하는 데 도움을 달라고 부탁했다. 추기경의 손길 덕분에 그는 무료로 수원의 성빈센트병원에 입원해서 수술을 받고 다행히 완쾌될 수 있었다.

물론 교도관 중에는 이소선과 심하게 싸운 교도관도 있었다.

성동구치소에 있을 때였다. 무더운 여름인데 워낙 물이 귀한 데다, 조그마한 방에 여러 명이 들어앉아 있으면 가만히 있어도 짜증이 난다. 다른 방 사람들은 문을 따서 열어 준 뒤 이불을 꿰매는 일을 시키고 '지도'를 통해 목욕물을 주는데 이소선의 방은 물을 주지 않았다.

이소선의 방 사람들은 푸른 수의를 입고 땀을 닦으며 밥을 먹고 있었는데 옷의 물감과 땀이 범벅이 되어 다들 몸뚱이가 시퍼렇게 물들어 버렸다. 이에 이소선이 담당 교도관을 불러서 목욕물 좀 달라고 하자 나이 어린 담당이 대뜸 톡 쏘아붙였다.

"무슨 죄수가 목욕물을 주니 안 주니 하는 거야?"

"땀을 너무 흘려서 옷에 물이 다 빠질 지경인데 우리는 목욕을 안 시켜 주는 이유가 뭐야? 안 시켜 주는 이유가 있으면 그 이유를 말해 봐."

"안 주면 안 주는 거지, 죄수 주제에 목욕물 타령이야?"

그렇지 않아도 날씨는 푹푹 찌고 짜증은 나는데 교도관의 말하는 본새가 화를 돋우었다.

"이 ××의 계집애 봐라. 너 문 열어 봐. 죽고 싶어 환장했어?"

"그래 열어 줄게. 한번 죽여 봐라!"

"죽여 줄 테니 빨리 문 열지 못해?"

교도관은 커다란 열쇠를 가지고 오더니 문을 철커덕 땄다. 이소선은 밖으로 나갔다.

"어디 한번 죽여 봐라."

교도관이 열쇠를 가지고 이소선의 옆구리를 쿡쿡 찔렀다.

"아니 문 열 때 쓰라는 게 열쇠지, 죄수들의 옆구리 찌르라고 준 건 줄 알아?"

이소선은 교도관의 가슴팍을 밀어 자빠뜨리고 작신작신 밟아 버렸다. 쇠 문지방에 대고 밟았으니 얼굴이 금세 퉁퉁 부어올랐다. '죄수 주제에 어떻다'는 얘기에 억울함이 차오르고 울컥해서 이성을 잃고 말았다. 비명을 듣고 다른 교도관들이 몰려왔다. 이소선은 교도관들에게 결박당한 채 보안과에 끌려갔다. 보안과장이 그를 노려보았다.

"죄수가 교도관을 때리면 죄가 되는지 모르나요?"

이소선은 보안과장의 말을 듣고 상대하기 힘든 사람이라고 나름대로 짐작해 버렸다.

"나는 당신네들이 있는 곳에서는 말을 하지 않을 거요! 소장을 불러 주시오."

이렇게 나오자 보안과장은 이소선을 묶으라고 명령했다. 이소선은 이 때를 놓치지 않았다.

"그래 돈 있는 죄수들하고 뒷거래하면서 죄수들 간에 차별대우하는 것이 잘했다는 거야? 마음대로 해봐!"

교도관들이 소위 말하는 '범털'들한테는 뒷구멍으로 돈을 받아먹고 특별대우를 해 주는 대신, '개털'들한테는 규정된 사항도 지키지 않는 것에 대한 말이었다. 목욕물만 해도 그랬다. 돈 많은 '범털'들만 빼내서 일을 시킨다는 명목으로 목욕물을 많이 주고, 돈 없는 '개털'들은 땀이 흘러 옷에 물감이 몸에 배어들도록 놔두는 것이었다.

보안과장은 결국 이소선을 묶지는 못했다. 뒤가 구리기 때문에 어떻게 할 수는 없고, 빈 껍질 같은 권위를 유지하려고 공연히 큰소리만 쳤다.

"교도관한테 죄수들 옆구리 찌르라고 열쇠를 주는 거야? 누가 시켰어? 소장이 시켰어, 보안과장이 시켰어?"

"조용히 해요!"

보안과장은 그저 조용히 하라는 말만 했다. 이소선은 내친 김에 마구 퍼부어 댔다.

"어떤 사람은 하루에도 목욕을 몇 번씩 시키고, 어떤 사람은 목욕시키지 말라는 규정이 있으면 내놔 봐!"

이소선이 계속 난리를 치니까 저희끼리 회의를 했다. 이소선의 손에 채운 수갑을 풀어 주더니 세수까지 하고 가라는 것이었다.

"나는 그냥 갈 수 없어! 저 어린 교도관 년이 나한테 '죄수 주제에 어떻고' 했는데 그에 대한 해명을 해! 열쇠로 나를 쿡쿡 찔렀는데 누가 시켰는지 알아야 되겠어!"

전세가 역전이 되었다. 분해서 씩씩거리며 이소선을 쳐다보던 그 교도관의 얼굴빛이 달라지며 당황해했다. 보안과장을 비롯해 금테를 두른 간부들이 어린 교도관에게 사과를 하라고 넌지시 일렀다.

"77번도 나 같은 딸이 있지 않습니까? 제가 잘 몰라서 그랬으니 한 번만 용서해 주세요."

나이 어린 교도관이 간신히 입을 열었다. 이소선은 그런 식으로 사람을 차별하는 행동을 하지 말라고 따끔하게 얘기해 주고 자신의 방으로 들어왔다.

출소 뒤

'법정모욕죄'로 1년의 징역을 살고 이소선은 1978년 8월 22일 만기출소했다. 출소하는 날 새벽에 이소선의 가족들과 조합원들이 마중을 나왔으나 그들을 볼 수 없었다. 정보부와 경찰이 이소선을 승용차에 태워 집에까지 데려와 버렸기 때문이다.

1년 만에 사회에 나와 보니 달라진 것이 너무 많았다. 무엇보다도 청계피복노조의 조직이 엄청나게 약해졌다. 이소선이 구속된 이후 노동교실이 폐쇄되고 9·9사건으로 많은 사람이 구속과 부상을 당했다. 이소선보다 두 달 전에 이숙희와 신순애가 이미 석방되어 나와 있기는 했지만, 아직도 신승철과 김주삼은 구속되어 있었다. 게다가 가닥을 파악할 수 없는 조직 내의 갈등이 첨예해져 조합원 간 반목이 심한 상태였다.

이 당시 청계노조의 극심한 조직분규는 1976년 물러났던 최종인 집행부 측이 양승조 집행부가 '너무 투쟁적'이라는 이유로 비난하며 물러날 것을 요구하여 시작됐다. 이들이 마침내 양승조에 대한 인신공격성 유인물을 전체 상가에 뿌리면서 진흙탕 싸움의 양상을 띠게 되었다.

이로 인해 대의원대회가 정상적으로 열리지 못하고 표류했다. 혼란 끝에 양승조 지부장이 물러나고 김영문이 지부장이 되었다. 김영문이 지부장이 된 것은 임현재를 지부장으로 하기 위한 임시방편이었다. 임현재는 그동안 피복공장을 운영해 왔기 때문에 사용주가 아니냐는 논란이, 그렇기 때문에 노조 지부장의 자격이 있느냐 없느냐의 시비가 있었다.

실질적으로 지부장의 권한을 행사한 새 집행부에서 임현재는 상근집행부를 교체했다. 이소선은 새로운 상근집행부에 대해 불만이 많았다. 그동안 숱한 투쟁에 앞장섰던 간부들은 쫓겨나고 대신 노조투쟁에 참여하지 않았거나 소극적이었던 사람들로 새로운 집행부가 구성된 것이다. 이 문제로 이소선은 임현재 지부장과 심한 갈등을 겪었다.

임현재는 3개월 동안 자신의 노동자 지위를 만든 뒤 대의원대회를 열어 김영문에 이은 지부장으로 선출되었다. 이때 황만호를 중심으로 한 노조 대의원과 중견 조합원들은 임현재로부터 해임당한 민종덕을 지부장 임명직이 아닌, 대의원대회 선출직인 사무장으로 뽑아 집행부에 복귀시켜 버렸다. 이후에도 임현재 지부장과 이소선 간에는 집행부 구성에 대한 심한 갈등이 지속되었다. 그 끝에 신순애, 이숙희 등이 상근집행부로 복귀하게 되었다.

한편 9월 22일 오후, 기독교회관 2층 강당에서는 동일방직 노동자들이 동일방직 사건을 가지고 연극하는 행사가 있었다. 석방된 지 한 달 남짓 된 이소선은 딸 전순옥을 그날 오후에 공연장에서 만나기로 약속을 잡았다.

76년에 처절한 나체시위를 벌인 바 있던 동일방직노조는 이소선이 구속된 이후에도 끊임없이 탄압을 받았다. 특히 1978년 2월 21일 새벽에 벌어진 똥물 사건은 인간으로서는 도저히 상상할 수 없는 잔인하고 야비한 일이었다. 이소선은 동일방직 노동자들에게서 그들이 당한 일을 자세히 들을 수 있었다.

동일방직노조는 그동안 온갖 탄압을 물리치면서 민주노조로 뿌리를 내려 가고 있었다. 이에 회사, 정부, 섬유노조는 한패가 되어 민주노조를 파괴·와해할 기회를 엿보았다. 노조는 1978년 2월 임시 대의원대회를 앞두고 있었는데, 회사는 자신들의 앞잡이를 지부장 후보자로 내세웠다. 이에 대항해 노조 집행부 측에서는 이총각이 지부장 후보자로 나섰다.

대의원대회에 앞서 2월 21일 대의원 선거가 있었다. 그동안 회사 측은 집행부가 '빨갱이 단체'니 '국제공산당과 연계를 가진 단체'니 하며 온갖 비난과 흑색선전을 폈다. 그러나 비열한 술책들이 먹혀들지 않고 오히려 자신들이 불리하게 되자 폭력으로 대의원 선거를 방해하려는 음모를 꾸몄다.

똥물을 뒤집어쓰고 짓밟힌 동일방직 노동자들

1978년 2월 21일 새벽 6시 10분 전, 동일방직의 지부사무실에서 조합 간부들은 밤새워 투표 준비를 마치고 6시 야근반 퇴근자들을 기다리고 있었다. 퇴근자들이 막 작업을 마치고 투표를 위해 줄지어 나오던 바로 그때, 갑자기 화장실 앞에 숨어 있던 회사 측 앞잡이 박복례, 문명순 등과 남자들 5~6명이 방화수통에 똥을 담아 가지고 달려들었다. 그들은 고무장갑을 낀 손으로 닥치는 대로 조합원들의 얼굴과 온몸에 똥을 처바르고 뿌렸다. 심지어는 어린 조합원을 붙잡아, 강제로 입을 벌리고 똥덩어리를 처넣기까지 했다. 기겁을 해서 달아나는 여자 조합원들을 쫓아다니며 가슴팍에 똥을 집어넣고 통째로 뒤집어씌우는 일조차 있었다.

"저년을 잡아! 저 ××가 주동자야, 저년을 잡아 똥을 먹여!"

박복례와 문명순은 앞장서서 조합 간부들을 지목하며 남자들을 선동했다. 난동자들은 탈의실과 기숙사까지 쫓아 들어와 똥을 뿌려 댔다. 순식간에 벌어진 일이었다. 현장에서는 노조에서 요청한 여러 명의 정·사복 경찰관과 본조에서 파견된 간부들이 지켜보고 있었다.

"경찰 아저씨들 뭐하고 있어요! 우리 좀 살려 주세요!"

다급한 여자 조합원이 경찰들에게 구해 달라고 울먹였다.

"야! 이 ××야! 가만있어, 이따가 말릴 거야. 똥맛이 어때!"

경찰들은 멀찌감치 떨어져서 키득거리며 웃기만 했다. 본조 간부들은 재미있는 구경거리를 만난 듯 박수까지 쳐 가며 발을 굴렀다. 박복례 등과 남자 조합원들은 여기에 만족하지 않고 지부 사무실에 마련된 투표함과 사무용구들을 몽둥이로 때려 부수면서 "네년들이 투표하게 우리가 놔둘 줄 알았어?!"라고 했다.

"아무리 가난하게 살았어도 똥을 먹고 살지는 않았다. 네놈들이 인간이냐!"

조합원들은 처절하게 울부짖었다. 노동조합은 결국 회사 측이 조종한 폭력배들에 의해 투표가 무산되어 정상적으로 기능하지 못했다.

그러나 조합원들은 이런 야만적인 폭력에 굴하지 않았다. 3월 10일 노동절 행사장에서의 투쟁, 성당에서의 단식농성투쟁, 부활절 여의도 예배장에서의 투쟁 등 조합원들의 끈질긴 투쟁은 멈추지 않았다. 1978년 4월 1일 자로 회사 측은 124명의 조합원을 대규모로 해고했다. 경찰은 지부장을 비롯해 조합 간부들을 구속·수배했으며, 어용 섬유노조는 김영태 위원장이 앞장서서 '블랙리스트'를 작성해 각 사업장에 배포했다. 자본, 권력, 어용노조가 3박자를 맞춘 것이다. 이러한 노동자들의 처절한 투쟁에 언론은 침묵으로만 일관했다.

9월 22일의 연극 공연은 동일방직 노동자들의 이 같은 투쟁을 사회에 널리 알리고 민주인사들과의 연대를 꾀하기 위해서 마련된 행사였다. 이소선은 연극 공연이 거의 끝나 갈 무렵에 기독교회관에 도착했다. 회관 주위에는 기동대가 철통같은 경계를 펼치고 있었다. 정문으로 통하는 길에 꼭 한 사람만 간신히 지나갈 수 있도록 양쪽으로 늘어서 장벽을 쳤다. 이소선은 그 사이를 뚫고 2층 강당으로 올라갔다.

공연장은 노동자들의 열기로 뜨겁게 달아올라 있었다. 무대 위에서는 똥물을 뿌리는 장면이 펼쳐지고 있었는데 연기를 하던 노동자들이 통곡을 터뜨리기 시작했다. 무대 위 배우들은 더 이상 연기를 하지 못하고 그대로 주저앉아 서럽게 울부짖었다. 관객들도 한 물결이 되었다. 강당 안은 완전한 울음바다였다. 앞부분을 보지 못했던 이소선도 흐르는 눈물을 주체할 길이 없었다. 아무리 목 놓아 울어도 분노는 풀리지 않았다.

밤 9시 경, 동일방직 노동자들의 뼈에 사무치는 분노가 마침내 폭발했다. 노동자들은 강단 앞에 붙여 두었던 플래카드를 떼어서 들었다.

"노동삼권 보장하라!"

"똥을 먹고 살 수는 없다!"

그들은 구호를 외치며 강당을 뛰쳐나갔다. 회관 밖으로 나가려고 했지만 기동경찰들이 회관 입구를 철벽처럼 가로막았다. 1층 현관에 대기하고 있던 경찰이 구호를 외치며 밖으로 뛰쳐나가려는 노동자들을 삽시간에 연행해 갔다. 공연에 참석한 노동자와 민주인사, 학생 들은 어느새 강당 북쪽의 베란다로 몰려갔다. 이들은 회관 정문 쪽을 향해 구호를 외치기 시작했다. 노동자들과 학생들, 여러 시민들의 구호가 점차 격렬해졌다.

"독재정권 물러가라!"

강당 안은 자연스럽게 농성장으로 자리를 잡아 나갔다. 강당 밖에서는 경찰이 이들을 해산시키기 위해 강당으로 난입할 기회만 노리고 있었다.

회관 안에 있던 이들이 정문 쪽으로 몰려가 구호를 외치기 시작한 순간 100여 명의 사복형사들은 2층 강당으로 난입, 닥치는 대로 폭행을 가하면서 참석자들을 밖으로 내몰았다. 경찰의 폭력에 여기저기에서 비명이 쏟아져 나오고 회관 안은 아수라장으로 바뀌어 버렸다.

대항할 틈도 없이 순식간이었다. 무자비한 군홧발이 이소선을 낚아챘다. 그대로 나자빠진 이소선은 머리·가슴 가리지 않고 수없이 쏟아지는 군홧발길에 사정없이 짓밟혔다. 숨이 막혀서 비명조차 지를 수가 없었다. 그들은 거의 초주검이 되다시피 한 이소선을 2층 계단으로 질질 끌고 내려가더니 기동대 차에다 던져 버렸다.

이소선을 비롯해 연행된 많은 사람들은 동대문경찰서로 실려 갔다. 이들은 동대문경찰서 조사실에서 또 한 차례 구타를 당한 뒤 유치장에 던져졌다.

이소선은 오십 가까운 그 나이가 되도록 그동안 이루 헤아릴 수 없을 만큼 경찰들과 싸우고, 그때마다 얻어맞으며 살아왔다. 경찰서나 정보부에 끌려가서 고문까지 당해 봤지만, 이날처럼 혹독하게 두들겨 맞은 적은 없었다. 이소선은 평생 그때 두들겨 맞은 후유증 때문에 온몸에 어혈이 맺혀 날만 궂으면 신경통 때문에 고통을 당했다.

유치장에서 간신히 정신을 차리고 둘러보니, 여기저기에서 끙끙거리는 신음이 터져 나오고 있었다. 마치 큰 전쟁 통에 폭격이 휩쓸고 간 뒤의 처참한 광경 그대로였다. 끌려온 사람을 대강 헤아려 보니 박형규 목사 내외, 조정하, 조화순, 안강수 목사, 이총각 지부장 등이 있었다. 딸 전순옥도 끼어 있었다. 전순옥 역시 얼마나 심하게 짓밟혔는지 허리가 아프다고 신음을 하면서 제대로 움직이지 못했다.

다음 날 저녁, 이소선의 둘째 딸 전순덕이 옷 보따리를 가지고 면회를 왔다. 면회를 온 순덕은 어머니를 마주하고서도 아무 소리 하지 않고 입만 삐쭉거리고서 옷 보따리만 내밀었다. 불만스러운 감정을 노골적으로 드러내는 딸의 태도를 이소선은 나무랄 수가 없었다. 오히려 미안해서 얼굴을 들 수가 없었다.

막내딸 순덕이가 아주 어렸을 때 전태일 사건이 났다. 그때부터 이소선은 집안일은 제쳐 놓고 노조 일에 빠져들기 시작했다. 다행히 전순덕은 성격이 워낙 착하고 이해심이 많았다. 어린 나이였지만 노조활동을 하는 어머니를 이해하는 눈치였다.

그러나 이소선의 집은 거의 하루도 빠짐없이 손님이 들끓었다. 그럴 때마다 막내딸은 이방 저 방 쫓겨 다니면서 공부하고 잠을 자야 했다. 그러니 속으로는 참으로 괴로웠을 것이다. 더구나 그는 작년에 어머니가 구속이 되어 많은 충격을 받은 참이었다. 그런데 징역을 살고 나온 지 한 달 남짓밖에 안 되었는데 엄마와 언니가 또 유치장에 갇혀 있으니 얼마나 한심스럽게 느껴질까! 이소선은 엄마로서 한없이 미안하고 딸이 안쓰럽기 그지없었다. 이소선은 옷 보따리를 받아 들며 어린 순덕이를 끌어안았다.

'이 어린것한테 어미라는 게, 하고한 날 이런 꼴만 보여 줘야 하다니.'

이소선으로서는 아들 태삼이나 큰딸 순옥은 스스로 노동운동을 하겠다고 나섰으니 그들한테는 덜 미안했다. 그러나 아직 어릴 때부터 이런 험한 일을 겪어야 하는 순덕이에게 더 미안함을 금할 수 없었다.

"순덕아! 미안하다. 어떻게 하겠니? 세상이 이런 걸."

이 말을 들은 막내 순덕이는 더 이상 아무 소리 하지 않고 고개만 푹 숙였다. 그리고 "몸조심하세요!" 하며 돌아섰다. 돌아서 가는 어린 딸의 자그마한 등을 보면서 어머니 이소선은 상념에 잠겼다.

'저 착하고 순진한 아이들이 슬픔을 모른 채 살아갈 수 있는 때는 언제일까.'

YH무역 사건

1977년 9·9사건으로 구속되었던 신승철, 김주삼이 79년 4월에 출감했다. 이로써 이제 구속되어 있는 청계 조합원은 하나도 없게 되었다. 하지만 노동조합의 힘은 극도로 쇠약해져 있었다. 허약해진 조직의 힘을 강화하기 위해서는 많은 노력이 필요했다.

자본과 권력은 청계노조를 탄압하고 동일방직노조를 어용화한 데 이어 70년대 대표적인 민주노조인 YH노동조합을 탄압하기 시작했다.

YH주식회사는 가발을 만들어 수출하는 업체였다. 창업주인 장용호는 1970년, YH무역회사를 자신과 진동희의 공동명의로 등기했다. 국내 경영은 진동희 사장에게 전담시키고 자신은 개척을 핑계로 YH의 제품을 판매하는 '용 인터내셔날 상사'를 미국에 설립했다.

진동희 사장은 YH 제품을 다른 회사보다 훨씬 싼 값으로 장용호의 회사에 수출했다. 장용호는 후불조건으로 사들인 300만 달러 상당의 제품값을 대금결제시한인 3년(1975년)이 지나도록 갚지 않음으로써 사실상의 외화도피를 기도했다.

진동희는 사장으로 있으면서 장용호에게 특혜수출을 하는 동시에 YH로부터 자본을 빼돌렸다. 1973년에는 YH해운을 설립하여 자신의 잇속을 채웠다. 국내외 양쪽에서 자본을 빼앗긴 YH무역은 점점 쇠퇴해 가기 시작했다.

1976년 말, 가발 경기의 후퇴와 더불어 장용호로부터 수출대금이 상환되지 않자 은행부채가 급격히 늘어났다. 진동희는 YH해운의 이름을 대보해운으로 바꾸고 사장으로 옮겨 가면서 박정원을 대표이사로, 김종혁을 재정관리 상무이사로 취임시켰다.

진동희 사장을 비롯해 경영진들이 계속해서 외화도피와 부정행위, 무리한 사업 확장을 하면서 회사는 결국 빚더미에 앉게 되었다. YH무역의 계속되는 적자로 인해 원리금 상환이 중단되자 조흥은행은 1979년 1월 10일 YH무역을 적색기업으로 단정하고 거래중지는 물론 면목동 공장을 차압하겠다고 경고장을 보냈다.

이에 대한 경영진의 폐업 공고에 맞서 노동조합은 당연히 폐업 철회를 요구했다. 경영진들이 이미 회사 돈을 뒷구멍으로 빼돌려 놓고 빈껍

데기만 남겨 놓은 채 폐업하겠다고 하는 것은 노동자들의 단물을 실컷 빨아먹고 뱉어 버리겠다는 심사였다.

이소선은 YH의 기업주를 보면서 새삼스럽게 자본가의 본질을 깨닫게 되었다. 그 끝없는 욕망, 그것을 채우기 위한 온갖 부정과 비리, 비인간적인 처사, 자기만의 잇속에서 희생당하는 노동자의 참상은 뭐라고 표현해야 할지 기가 막혔다. 이소선은 전태일이 본 세상을 떠올렸다.

> 내가 보는 세상은, 내가 보는 나의 직장, 나의 행위는 분명히 인간본질을 해치는 하나의 비평화적·비인간적 행위이다. 하나의 인간이 하나의 인간을 비인간적인 관계로 상대함을 말한다. 아무리 피고용인이지만 고용인과 같은, 가치적(으로) 동등한 인간임엔 차이가 없기 때문이다.
>
> 인간을 물질화하는 세대, 인간의 개성과 참인간적 본능의 충족을 무시당하고 희망의 가지를 잘린 채, 존재하기 위한 대가로 물질적 가치로 전락한 인간상을 증오한다.
>
> 어떠한 인간적 문제이든 외면할 수 없는 것이 인간이 가져야 할 인간적 문제이다. 한 인간이 인간으로서의 모든 것을 박탈당하고 박탈하고 있는 이 무시무시한 세대에서, 나는 절대로 어떠한 불의와도 타협하지 않을 것이며 동시에 어떠한 불의도 묵과하지 않고 주목하고 시정하려고 노력할 것이다.
>
> 인간을 필요로 하는 모든 인간들이여. 그대들은 무엇부터 생각하는가? 인간의 가치를? 희망과 윤리를? 아니면 그대 금전대의 부피를?

YH 노동자들은 4월 13일 노조 총회를 열고 공장 안에서 농성에 돌입했다. 그러나 노동청 차장 등이 YH무역 폐업공고 철회를 약속하자 곧 정상근무에 들어갔다. 이 약속은 얼마 지나지 않아 백지화가 되어 버렸고,

YH 노동자들은 7월 30일부터 다시 무기한으로 농성에 들어갔다. 노동자들의 생존을 위한 투쟁에도 아랑곳하지 않고 회사는 8월 6일 전격적으로 폐업 공고를 했다.

노동자들은 이제 '정상화 아니면 죽음이다'라는 구호를 머리띠에 써서 두르고 8월 9일 아침 9시 30분을 기해 마포에 있는 신민당사로 들어가 농성을 시작했다. 187명의 여성 노동자들은 이렇게 죽음을 각오한 투쟁에 돌입했다. 이때서야 YH 노동자들의 문제가 신문에 대서특필되고 방송에서 보도되기 시작했다.

이소선은 사건이 나자 서둘러서 신민당사로 달려갔다. 그러나 당사 주변에 경찰들이 철통같이 둘러싸고 있어서 접근하기조차 어려웠다. 할 수 없이 집에 돌아와 사건의 추이를 지켜보는 수밖에 없었다.

그런데 이게 웬일인가! 8월 11일 아침 눈을 뜨자마자 라디오를 들어보니 신민당사에서 농성하고 있던 여공들이 경찰에 의해서 강제해산을 당했다고 하지 않는가! 그뿐만 아니라 노동자들이 초주검이 되도록 얻어맞아 끌려 나가는 광경, 국회의원들이 두들겨 맞아 피 흘리는 장면, 전쟁터를 방불케 하는 아수라장이 된 신민당사의 모습이 신문에 실려 있다. 그리고 1명의 노동자가 죽었을지 모른다는 기사도 있었다.

이소선으로서는 도무지 궁금해서 견딜 수가 없었다. 제발 죽는 사람은 없어야 할 텐데, 이소선의 가슴이 바짝바짝 타들어 갔다. 매시간 흘러나오던 뉴스는 이소선의 기도도 소용없이 노동자의 죽음을 전했다.

보도에 의하면 노동자 김경숙은 왼팔 동맥이 끊긴 채, 4층 강당에서 떨어져 당사 후편 지하실 입구 아래에 쓰러진 모습으로 발견되었다. 곧 병원으로 옮겨졌으나 새벽 2시 반경 숨졌다.

그 소식을 듣자 이소선은 자신의 가슴을 갈기갈기 쥐어뜯기는 것 같았다. 맨 정신으로는 김경숙의 죽음을 받아들일 수가 없었다.

한창 피어날 꽃다운 나이의 어린 노동자 김경숙. 척박한 이 땅에 태어나 착하고 진실된 노동자로 살아가고 싶었을 것이건만…. 온갖 멸시와 천대 속에서 피워 보지도 못한 젊음을 노동자의 생존권 투쟁의 제단에 바친 그의 넋을 어떻게 위로해야 한단 말인가! 그의 부모들은 얼마나 가슴을 찢는 슬픔에 젖어 있을 것인가! 자식을 낳아 보고, 키워 보고, 또 비참하게 잃어 본 그로서는 누구보다도 그 심정을 알 수 있었다. 이소선의 뺨 위로 눈물이 한없이 흐르고 있었다.

이소선은 미친 듯이 신민당사로 달려갔다. 그러나 경찰이 가로막고 있어서 현장에 가 보지 못하고 경찰과 싸움만 실컷 하고 되돌아왔다. 그 다음 날에야 겨우 신민당사에 들어갈 수가 있었다. 4층 강당에 들어서 자마자 바닥을 보니 핏자국이 아직도 선연히 남아 있었다. 그것을 보고 이소선의 피가 거꾸로 솟아올랐다. 그는 바닥에 털썩 주저앉아 그 핏자국을 매만지며 "세상에! 노동자는 이렇게 때려죽여도 되느냐!" 하고 통곡했다.

"노동자의 피땀을 긁어모아서 정부가 움직이고 살면서, 노동자의 피를 이렇게 흘리게 하고 목숨을 끊어도 되는 거냐!"

그는 이렇게 외치면서 신민당사를 헤집고 다녔다. 정부 관계자나 기업주가 옆에 있다면 이빨로라도 물어뜯고 싶었지만 그들의 얼굴은 어디에서도 찾을 수가 없었다.

이소선은 당사 총재실로 가서 김영삼 총재와 면담했다. 그도 이 사태에 대해 참담해하면서 적극적으로 대응하겠다고 약속했다.

YH 노동자들의 투쟁을 야만적으로 진압한 정부는 노동운동 탄압의 고삐를 더욱더 조여 가기 시작했다. 특히 민주적이고 자주적인 노동자들을 '도산계'라고 이름 붙여 놓고, '도산계'는 국제공산당하고 연결되어 있어 기업을 도산시킬 목적으로 산업 현장에 침투한 세력이라면서 어용언론을 통해 여론공세를 폈다.

박정희 유신정권은 노동운동을 짓밟는 것에 그치지 않고 야당인 신민당에까지 탄압의 칼을 들이대, 마침내 김영삼 신민당 총재를 국회에서 제명하기에 이르렀다. 그야말로 정권 말기적인 광기였다.

아니나 다를까, 10월 16일 부산과 마산에서 유신 철폐를 주장하는 데모가 거세게 일어났다. 유신독재정권은 즉각 군대를 투입해 부마 민중들의 항쟁을 짓밟았다.

이소선은 이러한 사태를 보면서 이 악독한 독재가 무너져야 노동자들의 고통이 해결될 텐데 그날이 언제 올까 간절하게 기다리고 있었다.

그런데 그런 날이 오고 있었다.

태일아, 박정희가 죽었단다

10월 26일, 그날도 이소선은 노조사무실에 출근을 했다. 노동조합은 조직이 극도로 쇠잔한 데다가 정부에서는 YH 사건 이후 탄압의 칼을 목에 들이대, 너무 힘들다는 생각에 날마다 고민에 휩싸여 지냈다. 낮에 일을 마치고 저녁에는 노동교실에 가서 조합원들을 만나 조합원들의 고민을 함께 나누는 것이 일상이었다.

밤늦게 집으로 돌아가는 길이었다. 버스에서 내려 집으로 향하는 야산길을 하염없이 걸어갔다. 하늘에 초승달이 처연하게 떠 있었다.

'그놈의 달 참 처량도 하다. 그렇지만 저 달은 이제 차오를 텐데, 우리 삶은 어이하여 이다지도 앞이 안 보일까. 하루하루가 팍팍하기만 하고 태일이가 원하는 날은 아득하기만 하니….'

이소선은 밖에서 활동할 때는 잊고 지내도, 집으로 들어갈 때는 으레 집안 살림이 걱정이 되었다. 징역 살고 나와 보니까 그의 살림은 거의 거덜이 난 것이나 다름이 없었다. 작은딸 순덕이가 은행에 다니고 있어서, 그 월급으로 근근이 살아가는 형편이었다. 그러니 가장으로서 책임을 못하는 자신은 아이들 볼 면목이 없었다.

'유신독재 때문에 우리 아들 태일이도 죽고 또 많은 사람들이 죽어 가고 노동자가 탄압을 받고 있는데, 우리의 피와 살을 다 깎아 먹는 유신독재정권이 무너지는 날이 언제일까? 달아 너는 알고 있느냐? 속 시원히 내게 말 좀 해 다오. 어째서 우리 노동자들은 매일 당하고만 살아야 하는 것이냐?'

이소선은 버릇처럼 중얼중얼 생각하며 달빛을 따라 걸었다.

그리고 다음 날 아침, 사무실에 출근하기 전에 빨래를 해 놓으려고 가게에 비누를 사러 갔다. 좌판 근처에 사람들이 웅성거리며 몰려 있었다.

"아줌마, 나 비누 좀 줘요."

"이 아줌마가 지금 정신이 있어요, 없어요?"

"아니, 비누 달라고 했는데 무슨 말을 그렇게 해요? 무슨 일이 났어요?"

사람들은 그가 묻는 말에는 들은 척도 하지 않고 슬픈 표정을 지으며 라디오에 귀를 기울였다. 무슨 일이 일어났나 싶어서 이소선도 뉴스를 자세히 들어 보았다. 라디오에서는 조용한 음악이 깔리고 간간히 "고 박정희 대통령"이라는 나지막한 아나운서의 목소리가 흘러나오고 있었다.

'고 박정희라니? 아니, 그럼 박정희가 죽었단 말이야?'

"고 아무개라는 건 죽은 사람이라는 건데, 박정희가 죽었다는 말이오?"

라디오를 듣고 있던 사람들이 얼굴도 돌리지 않고 말없이 고개만 끄덕거렸다. 이소선은 얼른 비누를 집어 들고 집으로 돌아왔다. 집에서 라디오를 자세히 들어 보니 박정희가 죽은 것이 틀림없었다.

'우리 노동자를 탄압한 박정희가 죽다니! 박정희가 죽다니! 이게 꿈인가 생시인가! 태일아, 박정희가 죽었단다. 그러면 독재정권이 무너진단다! 우리 노동자들도 어깨를 펴고 살아갈 수 있겠구나. 태일아, 너도 하늘에서 보고 있느냐? 이 어미는 너무나 기뻐서 가슴이 터질 것만 같구나.'

이소선은 서둘러 시내로 나가서 사람들을 만나 보고 싶었다. 드디어 억눌린 자, 갇힌 자가 다 풀려나올 수 있겠다, 이제는 살았다! 짓눌린 그의 가슴이 확 트였다. 그는 가쁜 숨을 몰아쉬며 날 듯이 노조사무실을 향했다. 그의 마음속 전태일의 얼굴에 조합원들의 모습이 겹쳐지고 있었다.

서울의 봄

박정희가 가고 전두환이 오다

1979년 10월 26일 유신독재의 깊숙한 곳, 궁정동에서 박정희 대통령이 중앙정보부장 김재규의 총탄에 쓰러졌다.

유신독재의 정점인 박정희 대통령이 죽었으니 유신독재도 종말을 고할 것이었다. 그러나 18년 장기집권의 끈질긴 명줄은 쉽게 끊어지지 않았다. 박 대통령이 사망하자 곧바로 계엄령이 선포되고 군인들이 모든 권력을 장악하기 시작한다.

민간인으로서는 생전 처음 보는 전두환 보안사령관이라는 사람이 군복을 입고 고압적인 얼굴로 TV에 나와서 '박정희 대통령 시해 수사발표'라는 것을 했다.

계엄사에서는 연일 갖가지 '경고한다!'라는 것을 발표하고 계엄포고령도 발표했다. 계엄포고령에 의해 모든 집회는 불허되고, 노동조합의 정상적인 활동도 많은 제약을 받게 되었다.

하지만 이소선과 청계 조합원들은 지금 아무리 군인들이 설치는 세상이지만 언제까지 민간 영역에서 그러겠느냐는 생각을 했다. 박정희가 군부 쿠데타로 집권을 해서 그 지긋지긋한 18년 동안 군부독재를 종식시키기 위해 투쟁해 왔는데, 또다시 군인이 쿠데타로 권력을 잡는다면 이제는 국민이 그것을 용납하지 않을 것이라고 생각했기 때문이다.

청계노조는 계엄상황에서도 노동조합의 힘을 강화하기 위한 노력을 계속했다. 1977년 노동교실 사건으로 많은 피해를 당한 데다가 1978년 조직 내부갈등으로 흐트러진 조직을 정비하는 데 노력을 기울였다.

조합원 교육을 통해 활동인자를 늘려 나감으로써 조직 강화를 꾀하기로 했다. 교육을 위해서는 무엇보다 시급한 것이 1977년에 빼앗긴 노동교실을 다시 세우는 것이었다. 그래서 노조에서는 1977년 이후 평화시장의 중심에서 가까운 곳의 적당한 건물을 세 얻어 노동교실로 활용하기로 했다.

그러나 노동교실로 쓰기 위해 세를 얻기란 쉬운 일이 아니다. 노동조합에서 세를 얻는다고 하면 건물주들은 기겁을 하고 계약을 취소하는 것이다. 요행히 건물주와 계약을 해서 입주를 하더라도 일주일을 견디지 못하고 쫓겨 나와야 했다. 노동교실이 입주한 건물주에게 중앙정보부, 경찰, 세무서 등이 나서서 노동교실을 내쫓으라고 압력을 가하니 이를 견딜 건물주를 찾기 어렵다. 당국으로부터 압력을 받은 건물주는 마치 죽기를 각오한 듯이 노동교실을 내쫓았다.

이소선은 이런 일을 당할 때마다 "참, 야비한 새끼들! 제 놈들이 직접 내쫓는다면 우리가 끝까지 싸우기라도 하겠지만, 죄 없는 건물 주인을 앞세워 탄압을 하니 건물 주인하고 죽기살기로 싸울 수도 없잖아!"라고 답답해했다.

이때부터 이소선과 청계 노동자들은 노동교실로 사용할 수 있는 자체 명의의 건물이 하나 있으면 얼마나 좋을까 하는 소망을 갖게 됐다.

유난히 추웠던 전태일 9주기 추도식

계엄정국은 날이 갈수록 꽁꽁 얼어붙었다. 유신독재를 완전하게 끝장내기 위해서는 전두환을 비롯한 정치군인들의 준동을 저지해야 할 상황이었다. 재야 민주세력은 전두환 일당 신군부의 등장을 막기 위해 은밀하게 집회를 준비하고 있었다. 모든 집회가 금지된 상황에서 오직 관혼상제만 허용되었기 때문에 결혼식을 가장한 집회를 준비했다. 그것이 'YWCA 위장결혼식'이다.

이 무렵인 1979년 11월 13일, 전태일 9주기 추도식이 마석 모란공원 묘소에서 열렸다. 그날의 추도식은 정치적 상황이 꽁꽁 얼어붙은 것처럼 날씨마저 유난히 추웠다. 계엄령으로 위축된 분위기라 조합원 참석도 저조하고 청계 조합원 이외의 사람들도 별로 참석하지 못했다. 뿐만 아니라 추도식을 집전할 목사님도 쉽게 모실 수가 없었다. 목사들도 몸을 사리는 분위기였기 때문이다. 그럼에도 당시 선교교육원 원장으로 있던 서남동 목사가 추도식 집전을 흔쾌히 맡아 주기로 했다.

서남동 목사는 '민중신학' 이론에 대한 설교뿐만 아니라 이론에 따른 실천도 철저하게 하는 목사로 늘 노동자들과 함께하는 이였다. 추도식 집전을 맡은 그는 유신잔당을 거리낌 없이 비판하고 신군부 등장에 대한 경계를 늦추지 않았다.

"박정희 독재자는 살아 있는 동안에 자신의 추종자들이 인위적으로 신화를 만들지만, 전태일처럼 정의로운 사람은 살아 있는 동안에는 신화가 없었지만 죽어서 그 신화가 만들어지고, 그 신화는 세월이 갈수록 점점 더 많은 사람들에게 선하게 살아남을 것입니다. 이것만 보아도 우리는 똑같은 두 죽음이지만 대비가 되는 것을 알 수가 있습니다."

서남동 목사는 가방에서 책 한 권을 꺼내어 번쩍 추켜올렸다.

"여러분! 이 책을 보십시오. 이 책은 우리 자랑스러운 젊은이의 아름다운 신화를 기록한 책입니다. 여기 전태일 열사의 일생을 기록한 책입니다. 우리나라의 훌륭한 청년 전태일의 일생을 기록한 이 책이 비록 우리나라에서는 출판되지 못했지만, 이웃 일본에서 출판이 됐습니다."

당국의 탄압이 예상되어 우리나라에서는 출판하지 못한, 일본에서 일본어로 출판된 『전태일 평전』을 구입해 가지고 온 것이었다.

"독재자 스스로 권력이라는 아성으로 쌓아 놓은 신화가 무너졌습니다. 이 얼마나 허망한 신화입니까! 이제 민중의 뜨거운 사랑으로 쌓아 놓은 아름답고 튼튼한 신화로 이 세상을 바꿔 나가야 하겠습니다. 여기 전태일은 그 신화를 창조해 낸 장본인입니다."

초겨울 뼛속까지 스며드는 찬바람 부는 산비탈에서 울리는 노목사의 뜨거운 외침이었다. 이소선은 설교를 마친 서남동 목사에게 말했다.

"목사님, 아무리 어려운 상황에서도 그것을 헤치고 나아갈 힘과 용기를 불어넣어 주는 선지자가 있기에 우리 노동자들은 절망하지 않고 다시 일어설 수 있습니다. 오늘 목사님의 그 선지자적인 말씀 고맙습니다."

"별말씀을요. 우리는 어머님을 보면서 용기를 얻습니다. 감사합니다."

그날 이소선은 다짐하며 산에서 내려왔다.

'산 아래의 상황은 더욱더 절망적일지라도 우리는 거기로 가야 한다. 그곳에서 다시 희망을 일궈야 한다.'

장기전이 된 단체협약 갱신체결 투쟁

10·26 이후 계엄정국은 앞이 보이지 않는 '안개정국'이었다. 이에 민주세력은 민주화 일정을 밝히라고 요구했고, 대학에서는 민주화를 요구하는 시위를 벌였다. 마침내 1979년 11월 24일 민주세력은 그동안 준비했던 YWCA 위장결혼식을 통해 계엄 철폐와 유신헌법에 의한 대통령 선거 반대 등을 외쳤다.

그러나 신군부는 오히려 민주세력을 탄압하고 마침내는 12·12쿠데타로 권력을 찬탈하기에 이르렀다. 신군부의 등장에도 불구하고 민주화의 요구는 날이 갈수록 더욱더 거세어졌다. 1980년 새 봄, 대학가에서는 유신 철폐와 계엄 해제를 요구하는 시위가 이어졌고, 노동자들의 생존권 요구도 그치지 않았다.

이런 정세 속에서 청계피복노조도 매년 갱신체결되는 단체협약에 관한 협상을 그해 4월 초부터 시작했다. 단체협약 갱신체결의 중요 내용은 임금 인상과 퇴직금 전면실시였다. 임금 인상은 노동자들이 열악한 작업환경에서 장시간 저임금으로 시달리며 최소한의 인간다운 생활도 어려운 형편을 개선하기 위한 요구였다.

퇴직금 전면실시 요구는 모든 사업장에 상시근로자 숫자와 관계없이 퇴직금을 적용하라는 내용이었다. 청계천 피복제조공장과 같은 영세업체들은 수십 년간 일을 하다가 퇴직을 해도 퇴직금이 적용되지 않기 때문에 퇴직 이후에는 최소한의 생활조차도 어렵게 되어 있었다. 그동안 근로기준법상 퇴직금제도는 30인 이상 업체에만 적용되었는데 얼마 전 16인 이상 업체에까지 적용된 참이었다. 그럼에도 불구하고 사용주들은 이것을 회피하기 위해 상시근로자의 숫자를 편법적으로 16인 미만으로 줄이는 등 온갖 수단을 쓰고 있었다. 그리하여 퇴직금제도가 제대로 실시되도록 하는 이 단체협약 갱신체결을 위한 노사협의회가 4월 초부터 여러 번 진행됐지만, 사업주 측에서는 성의를 보이지 않고 회의를 유회시키면서 노조 측의 힘을 빼고 있었다.

이소선은 날마다 노조사무실에서 노사교섭 결과를 기다리며 좋은 소식이 전해지기를 간절히 기도했다. 그러나 기도와는 달리 매번 빈손으로 돌아오는 조합 간부들을 보면서 뭔가 대책을 세워야 한다고 생각했다.

4월 7일, 이날 노조 측 교섭위원들은 오늘이 마지막이라는 각오로 노사회의장인 동화상가로 향했다. 그러나 이날 역시 마라톤회의를 했음에도 타결의 기미는 없고 시간이 지나자 사용주 측 교섭위원들이 하나둘씩 회의장을 빠져나갔다. 이에 노조 측 교섭위원들은 그 자리에서 한 발짝도 물러서지 않겠다는 각오로 철야농성을 시작했다. 노조 간부들이 노사협의회 회의장에서 단식농성에 들어갔다는 소식을 전해 들은 조합원들은 작업을 마치고 농성장에 올라오려 했으나 상가 경비의 제지로 뜻을 이루지 못했다.

중견 간부와 조합원 들은 이날 저녁 도봉구 쌍문동 이소선의 집에 모였다. 이소선과 조합원들은 투쟁을 통해서 요구를 관철할 수밖에 없다는 결론을 내리고, 8일 오후 1시부터 평화시장 옥상에 있는 노조사무실에서 농성할 것을 결의했다.

8일 오전, 20여 명의 조합원들은 「노조 간부 7명 단식농성에 돌입하다」라는 전단과 함께 단체협상에 무성의한 사용주를 규탄하고 노조가 요구한 임금 인상 등을 수락할 것을 요구했다. 아울러 정부에 대해서는 영세기업의 과중한 납세로 그 부담이 노동자에게 돌아와 영세기업에 종사하는 노동자의 저임금과 실업이 심해지고 있으므로 영세기업에 조세감면을 해 주는 한편 노동삼권 보장, 노동자의 복직·복권을 조속히 단행하라는 내용의 격문을 상가 각 공장에 배포하고 오후 1시까지 노조사무실로 모일 것을 호소했다.

4월 8일 오후 1시, 이소선을 비롯해 약 200여 명의 조합원은 7.5평밖에 안 되는 노조사무실에 빽빽이 들어가 문 앞에다 바리케이드를 치고 농성에 돌입했다. 사무실 집기를 다 갖다가 바리케이드를 치니 움직일 틈도 없이 농성장이 꽉 찼다. 나이 어린 시다에서부터 임신한 사람까지 있었다.

7.5평에 꽉 들어찬 노동자들은 서로의 살과 살을 맞대고 "무릎을 꿇고 사느니보다는 서서 죽기를 원한다"는 「정의파」 노래를 불렀다. 노예이기를 거부하는 뜨거운 열기에 이들은 땀을 뻘뻘 흘리며 농성에 돌입했

다. 평화시장 옥상 곳곳에 '임금 인상하라!', '퇴직금을 전면실시하라!', '노동 3권 완전보장하라!', '노동자의 복직복권 단행하라!' 등의 플래카드가 나붙기 시작했다.

이소선은 이 농성투쟁이 쉽게 끝나지 않을 것이기 때문에 이들이 굶지 않고 잘 버티려면 필요할 먹을 것을 어떻게 해결해야 할지 걱정했다. 우선 급한 대로 빵과 우유를 사 오게 해서 노동자들에게 나눠 주었다. 노동자들은 이 빵과 우유로 허기진 배를 채우고 첫날을 지새웠다. 서로가 서로를 의지하며 새우잠을 자는 사람, 경비를 서는 사람, 도란도란 얘기하는 사람 등 저마다의 모습이었다.

4월 9일, 농성 소식을 듣고 계속해서 조합원들은 노조사무실로 모여들었다. 새로 모인 조합원들은 사무실 밖에서 연좌농성을 하며 임금 인상을 외쳤다. 같은 시각 동화상가 옥상에서는 오후 3시에 단식하고 있던 노조 간부 중 부녀부장 신순애가 졸도해 쓰러져서 병원에 입원했다.

신순애는 홀어머니를 모시고 시다부터 시작해 15년 가까이 일해 미싱사가 되었다. 1975년 시간단축 투쟁 무렵부터 노동운동을 하다 1977년 9월 9일 결사투쟁 때 구속되어 1년 가까이 징역을 살고 나왔다. 어린 나이부터 장시간 저임금 노동에 시달렸던 그는 수감생활까지 겪은 이후로 건강이 아주 좋지 않았다.

이날 동화상가 옥상 노사회의장에서는 3시간 동안 회의를 했으나, 사용주 측에서는 임금을 15~22퍼센트만 인상하고 퇴직금과 상여금은 줄 수 없다고 하여 협상이 결렬되었다. 다음 날 회의를 하자는 여지는 남기고 끝났다.

4월 10일 오후 3시, 여섯 번째 노사협의회가 열렸다. 이날도 몇 차례나 회의가 중단되고 타협안이 오갔으나 사용주 측에서는 농성을 풀라는 말만 할 뿐 임금 인상에 대해서는 의견을 좁힐 생각이 없어 보인다는 전갈이 농성장에 있는 이소선에게 전해져 왔다. 그는 분개했다.

"해산이 중요한 것이 아니고 임금 인상이 중요한 것인데 사용주들은 왜 성의를 보이지 않는 것인지 모르겠다."

근로감독관은 노사 양측을 오가며 임금 28퍼센트 인상, 상여금 150퍼센트의 중재안을 제시했다. 그러나 이 중재안은 노사 양측이 모두 거부했다.

사용주 측에서는 조정신청을 내겠다고 했고, 노조 측에서는 국가보위법을 철폐하고 노동삼권을 보장하라고 요구하는 마당이니 직권조정이 있어도 받아들이지 않고 계속해서 투쟁하겠다고 선언하고 회의장을 퇴장했다. 그리고는 4일간의 단식농성을 해제하고 노조사무실의 농성 조합원과 합세했다.

노조사무실에서 농성하는 조합원들은 3일간의 철야농성으로 얼굴이 창백해진 데다 세수도 제대로 하지 못해 얼굴에 때가 묻고 목이 쉬어 있었다.

이제 장기전으로 돌입해야 할 상황에 처했다. 당장 솥단지를 걸어 놓고 쌀을 가마니째 사다가 불을 피워 밥을 짓고, 계속해서 늘어나는 농성 참가 인원을 사무실 밖에서 떨게 할 수 없으므로 평화시장 옥상에 천막을 쳐 간단하게 집을 지었다. 이렇게 장기적으로 싸울 채비를 갖추었다.

노래와 함성으로 뒤덮인 승리의 밤

장기전을 위한 준비 작업은 특별히 누가 시키고 지시할 것도 없이 참가자 저마다 할 일을 스스로 찾아 가며 척척 진행됐다. 이소선은 그들의 모습을 보면서 노동자들이야말로 모든 것을 창조하는 위대한 힘을 가진 존재라는 것을 새삼 확인했다.

'우리끼리는 높은 사람, 낮은 사람이 따로 없고 시키는 사람, 시킴을 당하는 사람도 구별이 없다. 모두가 대등하고 자유롭다. 이런 것이 바로

우리가 꿈꾸는 대동세상이 아닐까.'

농성투쟁의 날이 길어져 농성 참가 조합원들이 귀가하지 못하자, 그 부모들이 농성장에 찾아와서 자식을 데려가려 하는 소동이 벌어졌다. 어떤 부모들은 농성에 참가하는 노동자를 보내주지 않는다며 노동조합에 항의를 하기도 했다. 이에 이소선은 부모들에게 '강제로 붙잡아 두지 않았으며, 저마다 자신의 문제를 해결하기 위해 자발적으로 참가한 것'이라고 설득하는 일을 전담하다시피 했다. 그래서 그 부모들까지 투쟁에 동조하게 만드는 일을 하곤 했다.

날이 갈수록 농성 참가자들은 더 늘어났다. 참가 조합원들은 동조자를 더 모으기 위해 각 상가마다 돌며 선동을 하고 시위를 했다. 그럴 때마다 기동경찰들과 충돌하여 부상자가 속출했다. 이소선은 부상당한 노동자들을 보살피고 격려하기에 바빴다.

농성을 시작한 지 닷새째 밤이 되었다. 농성 인파가 계속 늘어나 잠자리가 매우 불편했다. 그래서 집에 가야 할 사람은 가고 낮에만 오라고 해도, 대부분의 조합원들이 함께 고생을 해야 마음이 놓인다며 집에 가지 않았다. 봄이라지만 4월의 추위는 한데서 잠을 자기에는 너무 춥다. 그래서 긴급히 담요와 이불을 사 왔다. 이소선은 추위에 떠는 농성 조합원들의 추위를 조금이나마 덜 수 있을 것 같아 마음이 놓였다. 사무실 안에서 밤을 새우는 사람은 비좁아서 불편하고, 사무실 밖에서 밤을 새우는 사람들은 추워서 견디기 힘들었는데 그나마 이불과 담요를 마련했으니 다행이었다. 이소선은 담요와 이불을 지원해 준 재야 시민단체 인사들에게 고맙다는 인사를 했다.

추위를 견딜 수 있게 덮을 것을 마련해 이제 편안한 잠을 잘 수 있겠다 싶었는데 이제는 밤늦게 비가 오기 시작하는 것이 아닌가! 담요와 이불을 덮고 누웠던 농성 조합원들은 한밤중에 일어나야 했다. 조합 간부들과 열성 중견 조합원들은 부랴부랴 비닐로 천막을 치고 주방에도 비닐

서울의 봄

404

을 쳐 비바람을 가렸다. 그리고 모래를 가져와 천막 주변을 막았다.

비는 그치지 않고 계속 와서 물까지 샜다. 하는 수 없이 사무실과 천막과 주방에서 비를 피할 수 있는 사람들을 제외하고 나머지 인원은 평화시장 3층 복도로 이동했다. 그리고 복도 맨바닥에 종이상자를 깔고 잠을 잘 수밖에 없었다. 조합 간부들은 잠을 자지 않고 아직 농성에 참가하지 않은 조합원에게 보내는 유인물을 밤새워 만드는 등 다음 날 준비에 분주했다.

비는 다음 날도 계속 왔다. 빗속에서도 참가자들은 열심히 구호를 외치고 프로그램에 따라 상가 주변을 돌면서 시위를 계속하고 선전전도 이어 갔다. 이소선은 비닐로 둘러쳐진 비가림막에서 수백 명의 조합원들이 먹을 주먹밥을 만드는 일을 함께했다. 이소선은 어느 때 어느 장소에서나 조합원들을 먹이는 일에 신경을 쓰는 것이 일상화되었다. 빗속에서 주먹밥을 맛있게 먹는 조합원들의 모습이 마치 전쟁 통에 보았던 장면 같다는 생각을 했다.

비는 계속 내리는데 농성 참가 조합원들은 계속 늘어나서 밤이 되면 이들을 감당해 낼 잠자리가 큰 문제였다. 그래서 밤에는 100여 명의 조합원만 남아 계속해서 철야농성을 하고 나머지 조합원들은 집으로 돌려보내기로 했다.

농성투쟁을 계속하는 가운데 노사교섭위원들은 교섭을 이어 나갔다. 그러나 의견 접근에 크게 진전이 없었다. 이소선은 고생하는 조합원들을 볼 때 하루라도 빨리 타결이 되어야 할 텐데 안타깝기 그지없어 연신 담배를 피웠다.

4월 16일에는 평화시장 옥상에서 '전태일 모의장례식'이 거행되었다. 그날의 장례식은 "지금까지 시키는 대로 일하고 주는 대로 받던 우리들의 노예근성을 동지 앞에 활활 불태워 버리는" 자리였다. 이날 청계노조 한 간부는 "1970년대에 우리가 깨우치지 못해 우리 손으로 동지를 죽게 했지만, 10년이 지난 오늘 우리는 동지의 커다란 외침을 통해 눈과 귀가 뚫려 이제 결코 동지를 죽음으로 보내지 않겠다. 우리들 가슴마다 당신의 넋을 활활 불타게 하고 임금인상 투쟁에 당신이 임하셔서 우리의 투쟁대열에 선봉이 되어 힘과 용기와 지혜를 달라"고 호소하기 위해서 마련된 장례식이라고 의미를 밝혔다. 이 자리에서 이소선의 기도 순서가 있었다.

"주여! 여기 억눌리고 약한 당신의 딸들이 일주일째 밤잠을 못자고 투쟁하고 있습니다. 약한 근로자들을 보살펴 주시어 이들이 인간답게 살 수 있도록 힘과 능력을 주시고 업주들의 잘못된 마음을 주님의 능력으로 돌려 주십시오. 우리는 주님이 약한 자의 편임을 믿사옵니다. 우리 앞에 임하셔서 우리의 투쟁에 힘이 되시고 이들의 건강을 돌봐 주시리라 믿고 싸워서 이기겠습니다."

이소선의 간절한 기도에 500여 명의 농성 참가 조합원은 모두 다 눈물을 흘렸다. 행사의 끝은 추모가를 부르며 모의관을 메고 대형만장을 앞세운 장례행렬이었다. 그 행렬은 평화시장 옥상을 몇 바퀴 돌고 각 상가를 돌기 위해 건물 밖으로 나가기 시작했다.

그런데 전태일의 영정을 선두로 진행되는 행렬을 기동경찰이 가로막았다. 조합원들은 "전태일 동지의 죽음을 헛되이 하지 말자"라는 구호와 추모가를 부르며 기동대와 몸싸움을 벌였다. 밀고 밀리다가 다시 옥상으로 밀려온 조합원들은 농성에 들어갔다. 이소선은 10년 전 죽은 아들 태일이가 또다시 죽어서 장례를 두 번이나 치르는 모습에 가슴이 찢어지는 것 같아 애꿎은 담배만 태웠다.

이런 투쟁을 배경으로, 노조는 그동안 사용주 측과 교섭 과정에서 숱하게 밀고 당기며 점점 합의점에 도달해 가고 있었다. 이소선은 이럴 때 조금만 더 버티면 좋은 결과를 얻을 수 있겠다고 판단했다. 그리고 아니나 다를까, 중재에 나선 노동청 중부사무소장은 사용주 측 노사협의위원

측에 임금 29퍼센트 인상, 퇴직금 10인 이상업체 100퍼센트 실시의 조정안을 상정했다. 저녁 7시 30분까지 회의를 한 끝에 사용주 측이 이 중재안을 받아들이기로 결정했다.

그런데 이에 통일상가 일부 사용주들이 항의하여, 가게 문을 닫고 동화상가 옥상에 있는 근로감독관실 앞에서 소란을 피우는 일이 있었다. 노조 측에서도 이 협상안을 놓고 철야회의 끝에 상여금 80퍼센트, 미싱사 최저 30퍼센트 인상을 추가하여 협상하자고 통보했다.

결국 노조 측에서 추가 협상안을 철회하고 4월 17일 밤의 조정안으로 타결이 되어, 조인까지 마쳤다. 평화시장 옥상 농성장에서 회의 결과를 초조하게 기다리던 조합원들이 천막과 비닐로 막아 놓은 사무실 쪽에서 옹기종기 모여 얘기하다가 누군가 교섭을 마치고 돌아오는 일행을 발견했다.

"어떻게 됐어요?"

한 명이 소리치자 금세 200여 명의 조합원들이 우르르 달려와 회의 결과를 다그쳐 물었다.

"잘 됐어!"

교섭위원이 금방 조인한 단체협약서를 높이 쳐들었다.

"만세!"

"우리가 이겼다!"

일제히 환호가 터졌다. 여기저기서 서로 부둥켜안고 눈물을 흘리며 껑충껑충 뛰는가 하면 "언니 수고했어!" "아니야, 네가 고생 많았다" "형 수고했어요" "뭘, 모두 다 수고했지" 하며 인사를 나누었다.

"어머니, 수고하셨습니다!"

농성 조합원들이 다 같이 이소선을 향해 외치며 그에게 큰절을 했다. 그는 가슴이 울컥하여 즉시 말을 잇지 못했다.

"그래 너희들이 고생 많았다. 장하다! 청계노조 조합원!"

이 말이 떨어지자 누군가 "우리 승리하였다"하는 노래를 즉석에서
지어 불렀다. 만세 소리가 그칠 줄을 몰랐다. 아무나 붙잡아 헹가래를 치
고, 손에 손을 맞잡고 줄을 지어 "우리 승리하리라" "전태일 동지의 죽
음을 헛되이 하지 말자"하는 노래를 부르고, 평화시장 옥상을 돌며 꽹과
리, 징, 장구 소리에 맞추어 춤을 추었다. 춤을 추다 지치면 막걸리로 목
을 축이고, 또 일어나 노래하고 춤추었다. 승리의 함성으로 날이 새는 줄
몰랐다.

피바람의 계절

전두환 군부의 노조 탄압

1980년 4월 청계피복노조의 단체협약 갱신체결 투쟁에서 임금 인상과 퇴직금 10인 이상 업체 적용을 쟁취한 것은 상당한 의미가 있었다. 첫째, 유신독재체제가 무너져 정치적 공간이 넓어진 상황에 선도적인 투쟁을 했으며, 둘째, 퇴직금의 경우 근로기준법의 '16인 이상'을 뛰어넘는 '10인 이상' 업체에 대한 적용을 쟁취함으로써 제도개선 투쟁을 했다는 의의가 있었다.

4월투쟁을 끝낸 청계노조 간부들은 매우 분주했다. 전국 각지에서 봇물처럼 터져 나오는 노동자들의 생존권 투쟁 현장에서 요청하는 지원과 연대를 함께하기 위해서였다. 청계 간부들은 투쟁 사업장에 달려가서 자신들의 투쟁 사례를 발표하고 연대를 표시했다.

이소선은 투쟁 사업장 방문에 누구보다도 바빴다. 특히 청계노조 임금인상 투쟁 직후 벌어진 사북탄광 노동자들의 투쟁을 격려하기 위해서는 청계 조합원들을 이끌고 사북으로 향했다.

사북 사태는 동원탄좌주식회사의 열악한 근로조건과 노동조합의 어용성에 맞서 투쟁한 사건이다. 직접적인 발단은 당시의 노조위원장이었던 이재기가 광산노동조합연맹 전국지부장회의에서 결정된 42.7퍼센트의 임금 인상안을 무시하고, 4월 15일 회사 측과 비밀리에 20퍼센트 인상에 합의한 것에서 비롯됐다.

이에 노동자들은 즉시 '위원장 사퇴'와 '임금 인상' 등을 요구하며 파업농성을 벌였다. 이 과정에서 광산 노동자 5명이 경찰차에 치이는 사건이 발생했다. 이에 흥분한 광산 노동자들은 사북읍으로 가두진출했다. 노동자들은 경찰과 무력충돌하면서 4월 22일 오후 2시께 사북읍을 완전히 장악했고, 24일 대책위원회와의 2차 협상에서 11개 항에 합의함으로써 파업이 종결되었다.

이소선은 파업이 진행되던 당시 노동자와 경찰이 대치하고 있는 긴박한 상황을 뚫고 노동자들을 향해 달려가 사북탄광 노동자들을 격려하려 열변을 토했다.

1980년 봄에는 노동자들의 투쟁만 있었던 게 아니었다. 새 학기가 시작되자 각 대학교에서는 학내 민주화투쟁 집회가 열렸다. 이 학생들의 집회에서 강연과 연설을 해 달라는 요청이 이소선과 청계 노동자들에게 쇄도했다. 이소선과 청계노조 간부들은 여건이 되는 대로 각 대학교 집회에 가서 노동 문제를 부각하기 위한 연설을 했다.

특히 이소선의 고려대 연설은 대단히 선동적이어서 수많은 학생들로 하여금 노동운동, 민주화운동의 투쟁의지에 불을 댕겼다.

"박정희 독재가 죽어서 민주주의 되겠다고 생각했는데 더 지독한 놈이 나타나서 지금 민주주의를 빼앗으려고 합니다. 학생, 노동자 똘똘 뭉쳐서 전두환을 몰아내야 합니다. 그렇지 않으면 또다시 군복 입은 놈들에게 민주주의 빼앗겨 독재의 암흑 속에서 두들겨 맞다 죽을지도 모릅니다. 여러분!"

이소선의 연설에 학생들의 열화와 같은 박수가 터져 나왔다.

"나는 우리가 싸우지 않고는 절대로 민주주의가 오지 않을 것이라고 생각합니다. 학생 여러분! 민주주의를 위해, 노동자 서민의 생존을 위해 나서서 싸웁시다!"

이소선의 선동에 학생들은 스크럼을 짜고 함성을 지르며 교문으로 밖으로 향했다.

학원의 민주화 집회와 투쟁 양상은 점점 수위가 높아지기 시작했다. 마침내 5월 13일을 기점으로 '계엄 철폐' '유신잔당 퇴진' '전두환 일당 퇴진' 등을 외치며 가두로 진출했다.

이소선과 청계 노동자들은 학생들의 시위대열에 합류해 투쟁하느라 바빴다. 5월 15일에는 서울역 앞 광장에 10만 명이 넘는 학생과 시민이 모여 데모를 했다. 이날도 청계노조 조합원들이 시위에 많이 참가했다. 그렇지만 노동자 대오를 지을 정도는 아니었다. 이날의 투쟁은 지도부인 학생운동 세력이 그날의 집결인파만으로도 당국에 의사전달은 충분히 됐을 것이라는 결론을 내리고 다시 학교로 돌아갔다. 이른바 '서울역 회군'이다.

서울에선 15일 시위를 끝내고 이후 어떻게 싸울 것인가를 놓고 고심하는 사이에 전남 광주에서는 계속해서 시위가 진행됐다. 마침내 신군부는 5월 17일 계엄령을 전국으로 확대하고 시위 진압에 군을 투입시켰다. 그럼에도 광주에서 '계엄 철폐'와 '민주화', '전두환 퇴진' 등을 요구하는 시위가 계속되자 군부가 시위대에 발포를 함으로써 '광주민중항쟁'이 촉발됐다. 살육 작전이 벌어지는 동안 광주는 완전히 고립돼 있었다.

5월 27일, 끝내 시민군이 지키고 있던 전남도청이 계엄군에게 빼앗기며 광주민중항쟁은 끝이 났다. 광주항쟁을 진압한 신군부는 이어 민주세력에 대한 대대적인 공세에 들어가기 시작했다. 처음에는 주로 학생·지식인·정치인 들을 집중적으로 연행하고 구속·수배했다. 그리고 곧이어 전두환을 중심으로 한 국보위가 설치됐다. 군부는 긴장과 공포 속에서 모든 권력을 장악했다. 그리고 노동운동 관련자들을 탄압하기 시작했다.

노동조합 탄압은 몇 단계에 걸쳐서 실행됐다. 첫 번째 조치는 노동운동가에 대한 수사였다. 두 번째 탄압조치는 이른바 노동청 업무 검사를 전국적으로 실시하는 압박이었다. 세 번째 조치는 소위 정화조치와 지역지부 폐지 등이었다.

첫 번째 조치로 계엄 당국은 이소선을 체포하기 위해 전국에 지명수배를 했다. 4월 7일부터 17일까지 임금인상 투쟁에 앞장선 것, 고려대 등 대학교에 가서 연설한 것이 계엄포고령 위반이라는 것이 수배의 이유였다. 이소선은 계엄군을 피해 일단 피신했다.

두 번째 조치로 노동청 업무 검사를 대대적으로 실시했다. 탄압 대상인 노동조합들의 회계장부를 뒤졌는데, 청계피복이라고 예외일 수 없다. 노동청 직원이 연일 노조사무실에 상주하면서 노조의 모든 장부를 샅샅이 뒤졌다.

이에 대해 청계노조는 '회계 등 돈에 관한 한 전통적으로 떳떳하니 뒤져 볼 테면 뒤져 보라'는 생각으로 업무 검사에 임했다. 그런데 이처럼 도덕적 우월성을 내세웠던 노조가 탄압의 주체인 노동청에게 창피를 당하는 일이 벌어졌다. 이숙희 교선부장이 조합원들에게 조합비를 징수해서 입금하지 않고 개인적으로 유용해 버린 사실이 노동청 업무 검사에서 발각됐기 때문이다. 이 일로 이숙희 교선부장은 즉시 사임하고 그 후임으로 박원섭이 임명됐다.

세 번째 조치는 지역지부 폐지 방침이었다. 청계피복노조는 예외로 인정됐으나 정화조치에는 해당이 됐다. 한국노총의 중앙정화위원회를 중심으로 각 산별 위원장이 추천하는 사람들로 구성된 정화위원회에서 지침이 내려왔는데, 그 내용은 다음과 같았다.

①1977년 9월 9일 결사투쟁 사건 때 구속됐던 4인(신순애, 신광용, 이숙희, 민종덕)의 조합 임원직 사표를 신속히 받으라.

②청계피복노조 고문 이소선 여사에게 지급되는 월급을 중단하라.

③평화·동화·통일 시장상가 이외의 건물에서 일하는 노동자는 조합원이 될 수 없으니 그들로부터 조합비를 징수해서는 안 된다. 그들로부터 과거에 받은 조합비는 모두 당국에 토해 내야 한다.

이에 대해 노조에서는 대책을 숙의한 결과 ①의 경우 무시하고 받아들이지 않기로 했고, ②의 경우 이소선에 대한 월급을 내용상으로는 지급하되 형식상 지급하지 않는 것으로 하기로 했다. ③에 대해서는 융통성 있게 운영하면 될 것이라고 결론 내렸다. 청계노조는 스스로 내린 결론에 따라 버티기로 하고 사태의 추이를 예의주시하기로 했다.

이소선은 졸지에 수배자 신세가 되었다. 그는 아들 전태일의 친구 집에 잠깐 머물다, 며느리의 친정인 사돈집에 피신해 있다가 계엄사 합수부 요원들에게 발각이 되어 10월 11일 검거, 곧바로 구속되었다.

이소선의 재판은 계엄 아래서 속전속결로 진행되었다. 군인들이 착검을 한 채 민간인을 재판하는 군법회의였다. 이소선은 '왜 민간인을 군인이 재판하는 것이냐'고 따졌으나 재판은 공포 분위기에서 이어졌다. 결국 이 재판에서 이소선은 포고령 위반 혐의로 징역 1년을 선고받았다. 그러나 이소선은 구속된 지 두 달 만인 그해 12월 12일 계엄사령관 심사로 석방됐다.

청계노조 강제해산 명령

이소선이 포고령으로 구속되어 있던 12월 8일, 계엄사 합수부 요원들이 이른 아침부터 청계피복 노조사무실을 둘러싸고 있다가 출근하는 조합 간부 8명을 연행하기 시작했다. 건장한 괴사내들이 노조사무실 주변에서 기다리고 있다가 노조 간부들이 출근시간에 맞춰 나타나면 "노동 문제에 대해 잠깐 회의할 것이 있으니 같이 갑시다"라며 여러 명이 한 사람을 에워싸고 강제로 연행해 갔다.

그 괴사내들은 합수부 요원들이었다. 그들은 처음에는 예의를 갖추는 듯한 말투로 노조 간부들을 대기하고 있는 승용차까지 데리고 갔다. 그러다가 일단 승용차에 타는 순간부터 태도가 돌변해 "야, 이 새끼야, 대가리 처박아!" 하면서 강압적으로 앞을 보지 못하게 했다.

이렇게 어디로 가는 줄도 모르는 채 납치된 이들이 연행되어 간 곳은 갈월동에 있는 헌병대 수사실이었다. 이곳에 연행된 이는 청계피복노조 간부뿐만 아니었다. 한일도루코, 해태제과, 롯데제과 등에서 노동운동을 한 노조 간부나 민주화운동을 하는 사람들도 있었다.

5.17 계엄 확대 이후 전두환 계엄사 합수부에서 재야정치인, 종교인, 기업인에 이어 노동계를 정화한다는 명분으로 수사한 결과였다. 계엄사 합수부는 연행한 노조 간부들을 2주 동안 협박과 구타 등 공포 분위기 속에서 수사했다. 그 결과 구속할 사람, 삼청교육대에 보낼 사람, 직장에서 해고할 사람, 소양교육을 보낼 사람 등으로 분류했다.

그런데 청계노조 간부는 이와 같은 분류에 들어가지 않았다. 그 대신 마지막 석방하는 날 그들을 계엄사 합동수사본부 2단장 방으로 데리고 갔다. 대령 계급의 수사본부 2단장은 한자리에 모인 청계노조 간부들 앞에서 일장연설을 하던 중 갑자기 "청계피복노조는 내가 없애 버린다. 청계피복 같은 노조는 노조도 아니야!"라는 말을 하는 것이었다. 국가가 어쩌고저쩌고, 안보가 어쩌고저쩌고 하는 지루한 연설을 하다가 느닷없이 나온 말에 청계노조 간부들은 어안이 벙벙했다. 군인은 청계노조 간부가 뭐라 대꾸할 틈도 주지 않았다.

한편, 이소선은 감옥에서 나와 보니 기가 막혔다. 아들 태일이의 죽음과 이후 수많은 노동자들의 눈물과 외침과 숱한 고통으로 일군 노동조합이, 간부 한 사람도 없이 연행되어 텅 빈 사무실을 경리직원 혼자 지키고 있었다. 그래도 위안이 되는 것은 점심시간에 틈을 내어 노조사무실에 들러서 서로의 안위를 묻고 함께 걱정하는 조합원들의 마음이었다.

이소선이 석방되고 일주일 후 연행되었던 노조 간부들이 풀려나왔다. 이소선은 이들이 그나마 구속되거나 삼청교육대에 끌려가거나 몸이 상하지 않고 무사히 돌아온 것에 안도하고 감사했다. 그러나 석방되어 나온 간부들의 표정은 밝지 않고 어두웠다. 뭔가 먹구름이 잔뜩 끼어 있는 모습이었다. 계엄사 합동수사본부에서 풀려날 때 합수부 부단장으로부터 들은 충격적인 말 때문이었다. "청계노조는 노조도 아니야", "청계노조는 내가 없애 버린다"라니…. 노조 간부들이나 이소선은 이 말을 믿으려 하지 않았다. 너무나 엄청나고 상식 이하인 발언이었기 때문이다. 아무리 계엄령하의 군인 세상이지만 국민의 기본권인 노동조합을 일개 군인이 자기 마음대로 없애 버리겠다니!

청계피복노동조합은 1970년 전태일이 분신항거한 뜻을 받들어 결성된, 우리나라 민주노조의 상징적인 노동조합이다. 이러한 노조를 그렇게 간단히 없애 버릴 수가 있을까? 청계피복노조 간부들은 자꾸만 좋은 쪽으로 생각하고 싶어했다. 그래서 '군인이 공연히 우리를 겁주기 위해서 해 본 소리겠지'라며 애써 위안을 삼았다.

그러나 계엄사 수사관들은 12월 20일 청계노조 간부들이 풀려난 이후에도 노조사무실에 수시로 찾아와서 노조 간부들의 동향을 살폈다. 뿐만 아니라 정화지침 이행을 재촉하는 등 노조 운영에 관해서도 사사건건 간섭했다.

마침내 1981년 1월 6일 서울시에서 보내온 공문 한 장이 노조사무실에 배달되었다. 그 공문에는 서울시장 박영수의 명의로 다음과 같이 적혀 있었다.

"노동조합법 제32조에 의거 노동위원회의 승인을 얻어 즉시 해산을 명함"

이 짤막한 한 줄짜리 공문을 받은 이소선과 청계노조 간부들은 기가 막혔다. 이소선은 1970년 전태일이 분신한 이후 아들의 뜻을 이루기 위해서 노동조합을 결성하고 그 노동조합을 통해서 노동자의 인간다운 삶을 쟁취하고자 했다. 그런 청계피복노조를 이 한 장의 간단한 공문으로 해산하라고 명하다니! 이소선은 또다시 아들이 죽어 가는 모습을 지켜보는 것 같았다.

당시 노동조합법 32조는 "행정관청은 노동조합이 노동관계법령을 위반하거나 공익을 해할 염려가 있다고 인정하는 경우에는 노동위원회의 의결을 얻어 그 해산을 명하거나 임원의 개선을 명할 수 있다"라고 규정하고 있었다. 즉 노동조합의 해산 및 임원 개선을 임의로 명할 수 있는 조항으로, 노동조합의 자주성을 해치는 독소조항이었다. 그러나 설사 이 법에 의거한다 하더라도 최소한 당사자에게 무엇을 위반했는지 또는 무슨 염려(?)가 있는지에 대해 소명의 기회를 준다든지, 아니면 사실 확인이라도 해야 되는 것이 상식이다. 그러나 이러한 최소한의 절차나 기회조차 무시한 채 그들은 '해산을 명'했다.

당시 서울시 노동위원회에서는 청계노조 해산에 관한 안건을 노동위원회에서 조사하거나 의결하는 절차를 밟지 않았다. 노동위원 8명 중 4명의 이름으로 급하게 처리했다.(진실화해위원회, 2009. 10. 15. 김영수 당시 서울시 노동위원회 사무국장 진술서) 그것도 이 4명 중 1명만 서명한 것으로 보아, 일개 군인의 명령에 서울시와 노동위원회가 들러리 서 준 것이었다.

이에 대해 청계노조에서는 1월 13일 서울시장 앞으로 질의를 했다. 청계노조가 노동조합법 32조를 어떻게 위반했으며, 어떤 절차와 어떤 내용으로 노동위원회의 의결을 얻었는지를 답변해 달라고 했다. 이 질의에 대한 서울시의 회신이 1월 17일 도착했다. 그 내용은 이랬다.

①청계피복노조는 1월 6일 자로 이미 해산되었다.

②이미 해산된 노조의 이름으로 제출된 질문에는 아무런 답변도 할 수 없다.

③노조설립신고증의 반납과 노조 해산에 따른 청산위원회의 조속한 구성을 촉구한다.

노조는 연일 대책회의를 했다. 그 결과 서울시의 해산 명령은 불법부당한 조치이기 때문에 받아들일 수 없다는 결론을 내리고, 따라서 노조 해산에 따른 청산위원회에 참여할 수 없다는 원칙을 세웠다.

청계노조의 이와 같은 방침과는 달리 상급단체인 전국연합노조(당시 위원장 김인근)는 청계노조 해산에 적극적으로 참여했다. 청계노조 청산위원장은 연합노조 기획실장 출신으로 당시 한국노총교육원장이던 이운용이 맡았다.

이운용 위원장은 임현재 지부장에게 수시로 전화를 하고, 만나서 청산위원회를 구성하고자 하는 데 협조를 해 달라고 요청을 했다. 그럴 때마다 임현재 지부장은 노조지부 내에서 의견이 통일되지 않아 어려움이 많다면서 선뜻 응하지 않았다.(강남경찰서, 81. 2. 20. 이운용 진술조서)

1월 10일 지부장 등 청계노조 간부들이 연합노조를 방문했다. 이 자리에서 청계노조 사무장은 "지부가 해산당하는 것을 본조가 함께 지켜주지는 못할망정 왜 그렇게 앞장서느냐? 어용을 하더라도 염치가 있어야지 이렇게 노골적으로 하는 법이 어디 있느냐!"며 연합노조 간부들에게 항의했다. 그러자 "이미 결정된 일이니 어쩔 수 없지 않느냐"는 이운용 기획실장의 말을 비롯해 상급단체 간부의 냉담한 답만 되풀이되어 돌아왔다. 상급단체 간부는 어쩌면 '너희들이 아무리 그래 봐야 어쩔 수 없다'는 말을 하고 싶었는지 모른다. 사실 청계노조 간부들과 연합노조 위원장이 면담하고 있는 중에도 이운용 실장은 서울시경 연합노조 담당 형사와 복도에서 청계 간부 쪽을 가리키면서 수시로 협의하는 것이 여러

번 목격되었다.

'사방에서 우리를 죽이려 드는구나! 어디 한군데 기댈 곳이 없구나!'

청계노조 간부들은 본조인 연합노조를 나오면서 생각했다. 이 같은 상황은 청계노조만 당하고 있는 것이 아니었다. 1970년대의 몇 안 되던 민주노조들도 이미 해산당했거나 당하고 있는 처지였다. 이러한 민주노조들 간에 연대를 해서 공동으로 대응해야 했지만, 당시에는 저마다 자신들이 당하고 있는 상황이 다급하여 그럴 엄두를 내지 못하고 있었다.

대못이 박힌 노조사무실

노조 강제해산 명령서를 받은 청계노조 간부들은 이런 상황을 어떻게 뚫고 나가야 할지 갈피를 잡을 수 없었다. 상근간부들은 매일 여느 때와 다름없이 출근했지만 뚜렷한 방향을 잡지 못한 채 날짜만 지나갔다.

이런 분위기 속에서도 일부 간부들은 이 상황을 타개하려면 어떤 형태로든지 싸우는 수밖에 달리 도리가 없다고 판단했다. 지금부터 싸울 힘을 모아, 죽더라도 꽥 소리라도 한번 질러 보고 죽어야 한다고 말하는 사람도 있었다. 독재정권의 부당한 탄압에 순순히 당하고 물러선다면 이후 다시 일어설 명분도, 자산도 없게 될 것이었다. 죽더라도 장렬하게 죽어야 한다, 그것이 이후 다시 일어설 명분이 되고 되살아날 자양분이 될 것이라고 생각했다.

상근간부 중에서 투쟁으로 돌파해야 한다고 생각한 사람은 민종덕 사무장이었다. 그는 지금부터 싸움을 준비해야 한다고 생각했다. 그는 우선 노조사무실 출입이 봉쇄될 것을 예상하고 사무실이 폐쇄당하기 전에 타자기와 등사기를 빼돌려 창신동에 사는 조합원 이수진의 셋방 다락에 숨겨 두었다. 이수진은 재단사로서 노조활동에 적극적이지는 않지만 협조적인 사람이었다. 미싱사인 김화선과 결혼한 새신랑으로, 그의 집은 낮에는 내외가 다 출근을 해 아무도 없었다. 그 시간을 이용해 유인물을 얼마든지 제작할 수 있었다.

사무장은 투쟁의지 없이 다른 사람 눈치만 보는 간부들과 결론 없는 논의만 하기에는 상황이 급박하다고 판단했다. 그래서 비상근간부인 부지부장 신광용을 비롯해 회계감사 황만호, 그리고 이들보다 늦게 노동운동에 뛰어들었지만 열정적으로 활동하는 김영대 등과 투쟁계획을 논의하기 시작했다.

이들은 자취하는 동료들의 셋방이나 다방을 전전하면서 모임을 열고 대책을 고민했다. 가장 큰 고민은 어디서 농성을 하면 오래 버틸 수 있는지와 그 방법에 관한 것이었다. 당시 사회 분위기는 종교단체조차도 이들과 함께 싸우는 것을 꺼리는 분위기였다.

그래서 생각해 낸 것이 외국인 사무실에서 혹은 외국인과 함께 농성하는 방법이었다. 외국인과 함께 농성하면 진압하는 쪽에서도 외교적인 문제를 일으키지 않으려고 함부로 경찰을 투입하지 못할 것이었다. 아울러 자신들의 투쟁이 외신에 보도될 수도 있어서 효과가 클 것으로 기대했다. 그런 마땅한 장소를 물색했다.

반면, 노조 상근자회의는 알맹이 없이 걱정만 계속하다 마치기를 거듭했다. 그러다 1981년 1월 16일 임현재 지부장, 이승철 지도위원, 전태삼 조직부장, 민종덕 사무장, 박원섭 교육선전부장, 박재익 조사통계부장, 신순애 부녀부장이 참석해 해산 명령에 따른 대책을 본격적으로 논의했는데 이 자리에서 해산 명령을 순순히 받아들일 수밖에 없다는 의견, 행정소송을 해 보자는 의견, 그리고 이대로 물러설 수는 없으니 깨지더라도 청계노조답게 투쟁을 해야 한다는 의견이 나왔다. 마치 여러 의견처럼 보이지만, 사실상 싸워야 한다는 쪽과 아무 대책이 없는 쪽 두 가지였다. 행정소송을 하자는 의견 역시 실제로 행정소송을 할 분위기나 의지를 갖고 주장한 것이 아니라 그것이라도 해 보자는 뜻이었다.

"청계피복노조가 어떤 노조입니까? 전태일 동지의 죽음으로 만들어진 노동조합이 아닙니까. 우리 노조는 민주노조의 상징으로서, 권력의 부당한 탄압에 이렇게 뒷걸음질만 치다가 결국 낭떠러지로 떨어져 깨질순 없습니다. 우리가 힘은 없지만, 있는 힘을 다해 싸워야 합니다. 그것이 민주노조의 자존심이고 우리가 살 길입니다.

지금 정세에서 우리가 싸운다고 해서 저들이 해산 명령을 철회할 리는없겠지요. 많은 희생이 따르겠지요. 그렇다고 이대로 물러설 수는 없습니다. 지금 우리가 장렬하게 싸워서 깨지면 이후 우리가 다시 살아날 수 있을 것이지만, 뒷걸음치다가 깨지면 다시는 살아날 수 없을 것입니다."

투쟁을 주장하는 측의 이런 논리에 어느 누구 반대하지는 않았다. 다만 지부장과 지도위원은 투쟁 후 그에 따른 희생에 대해 걱정을 했다.

"그렇다면 조합원들을 동원해서 농성 같은 것을 해야 할 텐데 지금 분위기로는 금세 진압이 될 것이다. 그러면 투쟁다운 투쟁도 못 해 보고 조합원들 희생만 커질 텐데 현실성이 있을까?"

회의 참석자들은 이런 걱정만 하고 있었다. 이때 임현재 지부장이 의견을 냈다.

"그렇다면 우리가 실력 행사로 대항하기 위한 방법으로 노조사무실보다는 아프리 사무소 같은 외국인 사무소에서 성명서를 발표하면 좋겠는데, 여러분은 어떻게 생각하십니까?"

"그거 좋은 생각입니다. 찬성합니다. 조직력을 동원해 실력으로 대항함으로써 우리 노조의 원상복구를 요구합시다. 그 방법으로 우리 청계피복지부 사무실이나 노동교실 등지에서 시위농성을 할 경우 10분 내지20분 이내에 경찰에 진압될 우려가 있으므로, '아시아아메리카자유노동기구'(아프리) 한국사무소 같은 곳을 점거해 외국인과 함께 농성하면 경찰에서도 외국기관이므로 쉽사리 진압하지 못할 뿐만 아니라 외신에 보도돼 효과가 있을 것입니다."

지부장의 아프리 발언을 받아 투쟁을 주장하는 쪽에서 찬동하는 의견을 내세웠다. 대부분은 찬성도, 그렇다고 반대도 하지 않는 분위기 속에서 하는 방향으로 얘기가 되었다. 논의 결과, 곧 있을 미국 대통령 취임식 뉴스에 농성 소식이 묻힐 수 있으므로 취임식 후인 1월 22일에 실행하기로 결정했다. 그리고 농성을 위한 유인물과 조합원 동원 등의 준비는 사무장 민종덕과 조직부장 전태삼이 하기로 했다. 더 구체적인 방법에 대해서는 다음에 있을 확대 간부회의에서 토의하기로 하고 회의를 마쳤다.

그런데 바로 그다음 날부터 임현재 지부장의 태도가 달라졌다.

"내가 도요한 신부를 만나 실력 행사를 하기로 한 사실을 알렸더니 극력 만류하더라. 지금 우리가 싸우면 최소한 3년은 징역을 살아야 하는데 3년 징역 사는 만큼의 힘으로 조직을 하면 되지 않겠나?"(81. 2. 2, 16. 피의자 임현재 신문조서)

이에 대해 전날 투쟁에 반대할 명분이 없어서 반대를 못 했던 다른 간부들도 이제는 지부장의 의견에 찬성하는 분위기였다. 그렇다고 적극적으로 찬성하는 것도 아니어서 회의는 흐지부지 끝났다.

이와 달리 사무장은 신광용, 황만호, 김영대 등과 계속 투쟁계획을 세웠다. 그리고 대상을 더 넓혀 전태삼, 김선주, 서재덕 등과도 개별적으로 접촉했다. 투쟁을 준비하는 핵심들은 실행 이전에 검거되거나 발각될 염려가 있어 아예 집을 나와 싸움을 준비했다.

집행부는 또다시 노조 강제해산에 대한 대책을 논의하기 위해 1월 18일 오후 5시에 회의를 하기로 했다. 장소는 서울 동대문구 휘경동에 있는 신순애 부지부장 집이었다. 이날 참석자는 임현재 지부장, 이승철 지도위원, 민종덕 사무장, 박원섭 교선부장, 박재익 조사통계부장 그리고 경리직원 나성자였다. 이 자리에는 이소선도 참석했다.

노동조합의 강제해산이라는 절체절명의 상황에서 열린 대책회의임에도 이날은 초반부터 비장함 같은 것은 보이지 않았다. 서로에 대한 싸한 분위기가 감돌았다. 대책은 고사하고 임현재 지부장과 이승철 지도위원이 이소선에게 그동안 섭섭했던 개인적인 감정을 털어놓는 것으로 회의를 망치기 시작했다. 말다툼이 벌어졌다. 이소선은 "너희는 단결력도 없고 결단력도 없다. 내가 형무소 갔을 때 누구 하나 돌봐 준 사람 있느냐"(아프리 사건 공소장) 면서 언성이 높아졌다.

다른 참석자들은 황당한 분위기를 수습해 보려 했지만 소용이 없었다. 결국 이날 회의는 대책이고 뭐고 노조 강제해산에 대해서는 아무 논의도 하지 못한 채 뿔뿔이 흩어져 버렸다.

이소선은 이날 회의가 이렇게 파탄 난 것이 어쩌면 의도적인 것이라고 생각했다. 즉 대책을 논의하는 자리에서 어느 누구 하나라도 강력하게 싸우자고 주장하고 나서면 명분상 반대할 수 없었을 것이다. 그래서 투쟁을 회피하기 위해서 회의 자체를 엎어 버린 것이 아닌가 하는 의구심을 가졌다.

상근간부들은 그다음 날에도 여전히 노조사무실에 나갔다. 그날도 강제해산에 대한 대책을 논의하기 위해 회의했으나 별다른 대책은 나오지 않고 단지 본조인 연합노조에서 구성하는 청산위원회에 참여하지 않는다는 결정만 하고 끝났다.

이틀 뒤인 1월 21일 오전, 연합노조 김인근 위원장으로부터 청계노조 지부장을 만나고 싶다는 연락이 왔다. 임현재 지부장과 이승철 지도위원이 연합노조로 가는 것을 보고 사무장도 따라나섰다. 이들이 위원장실에 들어가니 김인근 위원장이 함께 자리한 낯선 사람 세 명을 소개했다.

"이 사람들은 서울시에서 여러분을 도와주기 위해서 나온 분들이니 애기를 잘해 보세요."

서울시 공무원이라는 소리에 열이 받은 청계노조 간부가 버럭 한마디 했다.

"국민의 기본권을 이렇게 짓밟아도 됩니까? 서울시가 무슨 권한으로 노동조합 해산을 명하는 것입니까? 법에 의해서 해산 명령을 내렸다고요? 아무리 죽을죄를 지은 죄인이라 해도 마지막 할 말은 하게 하는 것 아닙니까? 그런데 노동조합을 해산하면서 아무 이유 없이 소명의 기회도 주지 않고 해산을 명하는 것이 법치국가에서 있을 수 있는 것입니까?"

청계노조 간부들이 이렇게 흥분하며 얘기하자 서울시에서 나왔다는 사람들은 '흥분하지 말라'며 청계노조의 해산은 자신들의 힘으로도 어쩔 수 없는 어떤 큰 힘의 작용으로 결정된 것이니 기정사실로 받아들이라는 얘기를 장황하게 늘어놓았다. 그러면서 그들이 온 본래 목적을 말했다.

"노조는 이미 해산됐으니 여러분들은 취직을 해야 할 것 아닙니까. 시에서 여러분들을 위해 취직자리를 알아봐 줄 테니 잘 생각해 보세요."

그들은 이렇게 청계노조 간부들을 회유하려고 했다. 이에 심한 모욕감을 느낀 간부가 말했다.

"이것 보시오. 우리는 그런 것 필요 없으니 다른 데 가서 알아보시오."

이들 일행은 그 자리를 박차고 나와 버렸다. 나오면서 연합노조 위원장에게 "위원장님, 상급조직 전국연합노조 위원장으로서 기껏 하시는 일이 이런 공무원들 심부름입니까?"라고 항의했다. 그때 이들 일행이 소개받은 사람들은 서울시 공무원으로 자청했지만 사실은 정보부 직원이었을 가능성이 농후했다.

연합노조를 다녀온 그날 오후 합동수사본부 요원들이 다시 노조사무실에 들이닥쳤다. 그들은 고압적인 태도로 '청계노조의 해산을 재차 명한다'면서 노조의 회계장부와 예금통장을 빼앗아 갔다.

상근간부들은 이런 모욕과 협박을 당한 이날 저녁에도 여느 때와 다름없이 노조사무실 문을 잠그고 퇴근을 하려 했다. 그런데 사복 차림의 몇몇 그림자가 노조사무실 주위를 감시하고 있는 것을 목격했다. 낌새가 이상하다고 생각했지만 태연한 척하면서 퇴근했다.

다음 날 아침 그들이 평상시처럼 정상출근을 하는데, 아침 일찍부터 수백 명의 기동경찰들이 평화·동화·통일 시장상가 주변을 포위하고 있었다. 노조사무실이 있는 평화시장 옥상 입구에서는 경찰들이 노조 간부들의 출입을 가로막았다.

간밤에 경찰과 서울시가 합동작전으로 노조사무실에 침입해서 사무실 집기 등 노조의 모든 재산을 끌어내고 노조사무실 출입문을 대못으로 박아 버린 것이다.

소식을 전해 들은 이소선은 참담했다. 바로 어제까지 출퇴근하던 노조사무실을 빼앗겨 버린 것이다. 이소선과 상근간부들은 이날 종일, 지척에 있는 노조사무실에 접근도 못하고 근처 다방을 전전하면서 앞으로의 대책을 의논하고 상황을 조합원들에게 알렸다.

뒷걸음칠 것인가 싸울 것인가

이소선은 졸지에 빼앗긴 노조사무실이 사무치게 그리웠다.

청계피복 노조사무실!

저 사무실에는 '전국연합노동조합 청계피복지부'라는 간판이 걸려 있다. 그냥 나무에다 글자를 파서 새긴 그저 그런 간판이다. 그러나 그것을 지키기 위해 그동안 이소선은 온몸을 바쳤다. 수많은 노동자와 민주인사의 목숨을 건 투혼과 한숨과 분노와 외침이 서려 있는 간판이었다. 그 사연 많은 간판이 군부독재정권의 군홧발에 짓밟혔다. 손만 뻗으면 금방 닿을 것 같은 거리에 있지만 권력이라는 이름의 폭력에 막혀 이제는 접근조차 할 수가 없게 되었다.

어떻게 할 것인가? 이 참담한 상황에서 이들이 발붙일 곳은 아무 데도 없었다. 죽으려고 해도 죽을 곳이 없다더니 이들이 싸울 수 있는 장소마저 없다. 이소선은 이런저런 생각에 눈물이 나 견딜 수가 없어서 평화시장 계단에 앉아 남몰래 울었다.

한편, 투쟁을 준비해 온 사람들은 일단 아프리 사무소를 농성 장소로 정해 놓고 아프리 사무소에 대한 사정을 알기 위해 노력했다. 민종덕은 1월 20일 당구장으로 임현재 지부장과 이승철 지도위원을 찾아가 이런 저런 말을 하면서 아프리 사무소에 대한 얘기를 나누었다. 그러던 중 뜻 밖에 중요한 정보를 알아냈다. 1월 30일 오후 4시경에 아프리의 본부장인 미국인 모리스 팔라디노(Morris Paladino)가 한국에 와서 임현재 지부장과 면담키로 했다는 것이었다.

아프리는 아시아 후진국 노동조합을 지원하는 미국노총 산하의 기구로 청계피복노조에 노동교실 기자재를 지원한 일로 인연이 있었다. 당시이 '아프리'에 대해서는 상반된 시각이 있었다. 말 그대로 후진국의 노동운동을 지원하는 기구로 보는 이도 있었지만, 후진국을 지원해 주면서 노동운동을 비롯한 민중운동의 정보를 수집하기 위한 곳으로 보는 시각도 있었다. 투쟁을 준비하는 쪽에서는 자신들이 아프리에 가서 투쟁을 하게될 때 아프리에서 어떤 태도를 취하느냐에 따라 그 성격이 드러날 것이라고 생각했다. 이들은 어쨌든 모리스 팔라디노가 일본 도쿄에서 개최된 국제노동연맹 아시아지역기구 연사로 참석했다가 한국에 오는 것을 놓치지않고 그와 함께 농성을 한다면 소기의 목적을 달성할 것이라고 보았다.

이날부터 이들은 을지로 6가 덕수다방, 양지다방, 솔다방 등을 전전하면서 회합을 했다. 이들은 노조가 강제해산당하는 상황에서 이대로 뒷걸음친다면 낭떠러지로 떨어지는 것밖에 달리 도리가 없으니 싸우면서 앞으로 나아가야 한다는 인식을 함께했다. 그러므로 아프리 사무소를 점거해 팔라디노와의 면담을 요구하고, 해산된 노조지부의 원상회복을 위해 농성을 벌이기로 결의했다. 민종덕은 성명서 등 유인물 및 농성에 필요한 음식물과 초 등을 준비하고 신광용, 황만호, 김영대, 전태삼은 각자노조원들을 동원하기로 업무분담을 한 뒤 박계현, 김성민, 임기만, 이덕곤, 문숙주, 정화숙 등 12명에게는 개별적으로 위의 사실을 알려 동조를 얻었다.

이들이 아프리에서 농성하기로 한 사실이 미리 정보기관 등 다른 곳에 알려진다면 일을 치르기도 전에 모두 사전검거될 수가 있으므로 소수 몇 명만 모여서 의논을 했다. 장소도 수시로 옮겨 가면서 사람들을 만났다.

유인물 작성 담당자는 빼돌린 타자기로 작업을 시작했다. 그는 방 주인이 출근한 뒤 아무도 없는 방에서 밖으로 소리가 새어 나가지 않도록 커튼과 담요로 문을 겹겹이 가리고 농성 때 필요한 「호소문」, 「청계피복노조 해산 명령을 철회하라」, 「성명서」 등의 문서를 만들었다. 「호소문」은 당시 한국 상황에서 청계피복노조를 비롯해 민주노동운동이 어떻게 탄압받고 있으며 앞으로 어떠한 탄압이 자행될 것인가를 폭로하는 내용이었으며, 그런 가운데 아프리에게 다음과 같이 요청했다.

> 우리는 당면한 당국과의 투쟁을 힘써 해 나갈 것이다. 우리는 이 싸움에서 반드시 승리하리라는 신념을 갖고자 한다. 그러나 사실 우리는 현재의 한국 상황에서 약하고 외롭다. 우리의 이러한 외로운 생존권 투쟁, 민주노동운동 발전 투쟁에 당신들의 성원을 요청한다. 당신들은 그렇게 하여야 할 의무가 있다고 믿는다. 그렇게 함으로써만이 노동자의 생존권이 보장되고 세계평화가 이루어질 것이 아닌가? 우리는 긍지를 갖고 있는 한국의 노동자들이다.

그 당시 이란에서 미국인을 인질로 잡은 사건이 국제적 뉴스였다. 이들은 아프리에서 농성을 하게 되면 미국이 그러한 차원의 일로 받아들일까 봐 매우 조심스러웠다. 그래서 미국의 노동단체에게 '연대를 요청'한다는 것을 미리 알려 준 것이다.

「성명서」는 외국기관인 아프리에서 농성을 하게 되면 당국이 자신들을 '사대주의자'라고 매도할 가능성이 있기 때문에 그것을 미리 차단하기 위해서 쓴 내용이었다. 유신정권 말기 야당과 민주세력이 미국에게 한국의 독재정권을 지원하지 말라고 요청하자 정권 측이 이것을 두고 '사대주의'라고 매도한 일이 있었던 것이다. 「청계피복노조 해산 명령을 철회하라」는 당국에 대한 요구사항을 담은 내용이었다.

1월 29일 오후 1시경 이소선은 임현재 지부장과 함께 아프리 사무소에 찾아갔다. 아프리 사무장 조지 커틴(George Curtin)을 만나 노조복구 문제를 건의하고, 지원해 준 재봉틀 등을 계속 사용하게 해 달라는 요청을 하기 위해서였다. 이 자리에 민종덕 사무장이 따라갔는데 그의 목적은 아프리 농성을 앞두고 사전답사를 하는 것이었다. 그는 농성조건이 충분하다는 것을 재확인했다.

강제해산에 항거하는 최후의 투쟁

마침내 거사의 날인 1월 30일이 다가왔다. 오후 2시 30분경부터 을지로 6가에 있는 금융다방, 은성다방, 돌체다방 등에 분산동원된 조합원들이 은밀히 모였다. 한참 일해야 할 시간에 그것도 비밀리에 모여야 하기 때문에 많은 수의 조합원을 동원하기는 어려웠다. 전체 22명의 조합원이 동원되었다.

세 군데 다방에 분산되어 모여 있던 조합원들은 그룹별로 버스를 타고 오후 4시 30분까지 아프리가 입주해 있는 강남구 서초동의 건물 앞에 집결했다. 건물 주위는 아무런 낌새도 없이 조용했고 인적조차 드물었다. 사실 그들은 이쪽 동네에 별로 와 본 적이 없어서 더욱 낯설게 느껴졌다. 모두 집결한 것을 확인하고 나서 이들은 일시에 3층에 있는 아프리 사무소에 몰려들어갔다.

갑자기 노동자들이 우르르 몰려들자 아프리 사무소의 직원들은 당황해서 어찌할 바를 몰랐다. 들어서자마자 청계 조합원들은 모리스 팔라디노를 찾았다. 그런데 어찌된 영문인지 지부장과 모리스 팔라디노 간의 면담이 이루어지고 있을 시간인데 이들이 보이지 않았다. 사무실에 외국인이 한 명도 없었다. 농성을 준비해 온 주모자들은 황당했다.

이들 일행 중에 민종덕이 유일하게 한국인 직원인 기획관 최광석을 알고 있었다. 그는 최광석을 붙들고 자신들이 억울한 일을 당했기 때문에 호소하러 왔다고 얘기하면서 시간을 끌었다. 그러던 중 외출했던 한국사무소장 조지 커틴이 들어왔다. 조합원들은 그나마 다행이라고 생각하며 최광석의 통역 아래 조지 커틴에게 팔라디노를 면담케 해 달라고 요구했다. 그러자 조지 커틴은 팔라디노의 일정이 분주하다는 이유로 이들의 요구를 거절하고 차후 면담 일자를 정하여 통고하겠다는 것이었다. 민종덕은 팔라디노와 지부장이 없는 것이 미리 정보가 새 나간 탓이라고 생각했다.

민종덕은 전날 신순애 부지부장에게 농성을 계획하고 있다는 사실을 알려 주고 그 시간에 오라고 했었다. 나중에 알게 된 사실이지만 신순애는 이 사실을 임현재 지부장에게 이야기했고, 지부장은 1월 30일 오후 아프리 사무소에 전화를 걸어 최광석 기획관에게 '아이들이 몰려가니 피하라'고 이야기를 해서(81. 1. 31, 2. 25. 피의자 신문조서) 팔라디노와의 약속을 취소하고 아프리 사무소에 오지 않게 된 것이었다.(81. 1. 31. 자술서) 그 시각 팔라디노는 애초 아프리 사무소에 오기로 한 약속을 변경해 플라자호텔에 머물렀다.

청계노조 조합원들은 이대로 물러설 수 없었다. 계속해서 팔라디노를 면담하게 해 주거나, 그렇지 않으면 한국사무소장인 커틴이 자신들과 함께 있어 줄 것을 요구했다. 그러자 커틴은 청계 조합원들에게 귀가할 것을 종용하며, 계속 함께해 주기를 간절히 바라는 조합원들의 바람에는 아랑곳하지 않고 막무가내로 사무실을 빠져나가려고 했다.

이에 남성 노동자들이 중심이 되고 다수의 여성 조합원들이 합세해 커틴을 붙잡았다. 덩치가 큰 그는 이들을 뿌리치고 나가려고 했다. 사무실을 빠져나가려는 조지 커틴과 이를 막으려는 노동자들 간에 한동안 실랑이가 벌어졌고, 점점 분위기는 험악해지기 시작했다. 나가려는 자와 막으려는 집단 간에 몸싸움이 벌어진 것이다.

이렇게 몇 시간 동안 밀고 밀치는 실랑이 끝에 그들은 몸싸움에 지친 조지 커틴을 소장실에 앉히는 데 성공했다. 신광용이 커틴을 붙잡고 있는 동안 본격적인 농성체제로 돌입하게 되었다. 이들은 아프리 사무소 직원들을 내보내고, 미리 준비한 유인물을 읽어 주면서 그 내용을 최광석 기획관에게 통역하게 하고, 다른 한편으로 사무실 출입문 두 군데에 책상, 의자, 캐비닛 등으로 바리케이드를 쌓았다. 그리고 사무실에 걸려 있는 족자를 떼어서 그 뒷면에 붉은 매직펜으로 '청계노조 원상복구시키라'라는 내용의 플래카드를 제작해서 창문 밖에 내걸었다. 이때가 밤 8시경이었다. 이들은 창밖으로 성명서 등 유인물을 뿌리고 「노총가」, 「우리 승리하리라」, 「흔들리지 않게」 등의 노래를 부르면서 농성하기 시작했다.

밤 9시경이 되자 경찰이 출동해 건물 주위를 새까맣게 포위했다. 경찰은 농성장으로 진입하려고 시도했지만 이미 바리케이드로 출입구가 막혀 있어 진입이 쉽지 않았다. 강남경찰서장이 노상에서 메가폰으로 계속해서 해산을 종용했으나 농성은 계속되었다.

경찰은 건물 주위에 그물망을 치고 출입문을 뜯어서 농성장으로 진입하려 시도했다. 그러자 신광용이 난방용 석유통에서 석유를 사무실 주위에 뿌리고 이 사실을 경찰에게 알리며 만약 들어오면 라이터로 불을 붙이겠다고 위협하면서 버텼다.

이런 상태로 자정까지 경찰과 대치하고 있는데, 경찰이 12시를 신호로 일제히 창문과 출입문을 부수고 쳐들어왔다. 경찰과 노동자 간에 아수라장 같은 싸움이 시작되었다. 이 과정에서 전태삼과 신광용이 3층에서 떨어졌다.

전태삼은 다행히 그물망으로 떨어져 부상을 입지 않았는데, 신광용은 맨땅으로 떨어져 큰 부상을 당해 병원으로 옮겨졌다. 나머지 농성 조합원들 전원은 경찰의 무자비한 폭력에 이끌려 나와 곧바로 경찰차에 실려서 강남경찰서로 연행되었다. 이로써 청계노조 강제해산에 항거하는 최후의 투쟁은 막을 내렸다.

민종덕은 애초에 아프리 사무소에서 농성하더라도 불과 몇 시간이면 경찰에 의해 강제해산당할 것으로 예상했다. 밤샘농성은 불가능하리라고 생각했던 것이다. 그런데 이곳에 온 지가 서너 시간이 넘었는데도 예상 밖으로 경찰이 오지 않고 날도 어두워지고 있기에, 밤샘농성에 대비해 외신기자를 부르고 빵과 우유, 양초 등을 사러 저녁 8시 30분경에 밖으로 나왔다. 가게를 찾아 헤매다가 물건을 사서 농성장에 당도했더니 이미 경찰들이 건물 주위를 포위하고 있었다. 그렇게 농성장에 다시 들어가지 못한 채 그대로 수배를 당하게 되었다.

임현재 지부장은 최광석 기획관과의 통화로 청계 조합원들이 농성을 한다는 사실을 듣고 밤 10시 20분경 현장에 도착했다. 지부장은 농성 조합원들을 설득하기 위해 3층으로 들어가겠다고 강남경찰서장에게 말했으나 경찰서장이 들어가지 못하게 해 대신 4층에서 대기하고 있었다. 그러다가 경찰서장의 지시에 따라 메가폰으로 농성을 풀라고 설득했으나, 조합원들은 듣지 않았다.(81. 1. 31. 자술서)

경찰과 조합원 간의 난투 끝에 농성 조합원 22명 전원이 강남경찰서로 연행되었다. 농성을 해제하라고 설득하러 온 임현재 지부장과 이승철 지도위원도 함께 연행되었다. 그 무렵 이소선은 조합원 농성 소식을 전해 듣고 쓰러져 병원으로 실려가 입원했다. 나중에 경찰은 병원에 입원한 이소선까지도 연행했다.

경찰은 연행자 중 전태삼, 황만호, 김영대, 박계현, 김성민, 이덕곤, 문숙주, 임기만을 구속하고, 신광용은 허리를 다쳐 불구속 상태로 수사했다. 민종덕은 '엄탐(嚴探) 필포(必捕)'(81. 2. 5. 신병처리 지휘 품신 및 지휘 내용)하라

며 전국에 지명수배했다. 아울러 이소선, 임현재, 이승철도 농성자들과
함께 구속했다.

이 외에도 이날 농성에 참가했다 연행된 조합원은 함금순, 박연준, 이
승춘, 김재주, 권태경, 이정임, 이남숙, 이막순, 김한영, 차애숙, 박경숙,
정화숙 등이었다. 연행된 조합원들은 경찰로부터 폭행과 심한 모욕을 당
하면서 조사를 받았다.

경찰에서 조사받는 동안 조지 커틴은 비교적 농성 조합원들에게 불리
하지 않게 진술을 했다.

> 농성 과정에서 석유를 뿌릴 때에는 불을 지를 것으로 생각되었으나
> 시간이 지날수록 그 사람들이 위협을 하는 것으로 보이고 불을 지르
> 지는 않을 것으로 생각이 들었음.
> 본인에게 폭행을 한 사람은 없고 욕설에 관하여는 한국말을 모르기
> 때문에 알 수가 없고, 경찰이 진압하는 마지막 순간에 한 사람이 가
> 위(사무실에 있는 것)를 본인의 머리에 들이대고 했는데, 그것도 사다
> 리를 타고 내려오는 경찰에게 보여 주기 위한 것으로 보였으며 가위
> 를 들이댄 사람은 기억할 수 없음.

> 제가 억류된 동안 조합원들은 노래를 부르고 슬로건을 외쳤습니
> 다. 그들은 밖에 있는 경찰을 위협하려는 인상을 주었으나 저는 육
> 체적으로 위협받지 않았습니다.(While held, the workers sang songs
> and chanted slogans. Although they made threats to impress the police
> outside I was not physically threatened.)

_ 81. 2. 26. 진술조서

사실은 초기에 조지 커틴이 밖으로 나가려 할 때 농성 조합원들이 상

당한 정도의 육체적 위협을 가했던 게 사실이었다. 그는 그럼에도 불구하고 조합원들에게 불리하지 않게 진술을 했다. 반면 상급조직인 연합노조 이운용 기획실장의 진술은 그렇지 않았다.

본건 농성이 있기 2일 전에 임현재를 만났더니 임현재가 하는 말이 그동안 몇 번 실력 행사를 하여 노조를 복구시키자는 기도가 있었으나 자신이 과격파인 전태삼 등과 의견이 맞지 않아 실력 행사를 하지 않기로 하였다고 말한 사실이 있었음.

몇 년 동안 본건 노조의 생태는 전태삼, 신광용, 민종덕, 황만호 등이 과격파이고, 임현재, 이승철, 박재익, 박원섭 등은 온건파인데 임현재가 지부장으로 당선이 된 것도 온건파가 승리하였다고 보아야 하는 것으로 임현재가 지부장이 되고 난 뒤에도 과격파의 반대로 일이 제대로 되지 않을 경우가 많았으며 특히 이소선은 지부장이 결정한 사항을 번복할 수 있을 정도의 절대적 권한을 가지고 있으며, 과거 행적으로 보아 유인물 작성은 민종덕의 담당이었음.

_ 81. 2. 20. 진술조서

이렇게 이운용 실장은 사건과 직접 관계가 없는 것까지도 진술함으로써 경찰에 협조하는 모습을 보였다. 이로써 전태일의 죽음으로 세워진 '전국연합노조 청계피복지부'는 신군부에 의해 강제해산을 당했다. 청계피복노조의 강제해산으로, 전태일 정신을 구현하기 위한 노동자의 투쟁은 여기서 멈춘 듯했다.

아들과 함께 구속되다

그해 겨울은 혹독하게 추웠다. 강남경찰서에 아프리 사건으로 연행된

25명은 무지막지한 폭력을 당하면서 조사를 받았다.

조사 결과 여성 조합원들은 모두 구류 15일을 받아 살고 나왔으나 황만호, 전태삼, 김영대, 박계현, 김성민, 임기만, 이덕곤, 문숙주 그리고 이소선, 임현재, 이승철 등 11명은 구속영장이 신청되었다. 부상당한 신광용은 기소중지였다.

이소선은 포고령 위반으로 감옥에서 나온 지 두 달도 안 되어 또다시 구속된 것이었다. 이번에는 조합원들과 함께, 게다가 아들 전태삼과 함께 구속되었다. 이소선은 구속된 조합원들에게 지워진 짐을 자신이 대신 짊어질 수 있다면 좋으련만, 한겨울 혹독한 추위보다도 더 매서운 이 현실이 언제 끝날지, 과연 끝이 있기는 있는지 묻고 또 물어보았다.

이소선은 아무리 어려워도 자신을 그 어려운 길로 가라고 요구하고, 그 요구를 지킬 것을 약속하라고 죽기 직전에 다그쳤던 아들 전태일을 한 번도 원망해 본 적이 없다. 오히려 그때마다 죽은 아들이 사무치도록 보고 싶어졌다. 뼈까지 오그라들도록 추운 경찰서 유치장에서 잠 못 이루던 이소선은 꿈인 듯 현실인 듯 "어머니 힘내세요! 우리 어머니는 이겨 낼 거예요" 하는 아득한 소리로 전태일을 만났다.

이소선과 전태삼, 그리고 청계노조 조합원들은 줄줄이 포승줄에 엮여 구치소로 넘어갔다. 구속영장이 떨어진 것이다. 세상 어느 나라 저항의 역사에서 전시(戰時)도 아닌 평시(平時)에 이렇게 모자간에 줄줄이 포승줄에 엮여 끌려간 사례가 있을까? 그것도 국민의 기본권을 지키기 위해 투쟁했다는 이유로 이런 수모를 주는 권력이 또 있을까?

청계피복 노동자들의 아프리 투쟁은 그즈음 소위 체육관투표로 대통령이 된 전두환이 맨 처음 미국을 방문한 시기와 맞물려 있었다. 이 아프리 사건은 미국 교포사회에 알려져 미국을 방문한 전두환을 규탄하는 사유 중 하나가 되었다.

검사는 이소선의 기소장 별명란에 '노동자의 어머니'라고 적었다. 재소자 신분 카드에도 이렇게 적었다.

　이소선은 '노동자의 어머니'에 대해 여러모로 생각해 보았다. 1970년 아들 전태일이 까맣게 탄 몸으로 피를 토하면서 마지막 유언으로 "어머니는 노동자의 편에서 싸워 주세요" 하는 말에 그 약속을 지키겠다고 굳게 맹세한 이후로 줄곧 노동자의 어머니로 살아왔다. 그래서 지금 자신이 여기에 있다. 감옥에서 나온 지 두 달도 되지 않아서 또다시 감옥에 들어왔다. 그것도 아들 전태삼과 함께 들어와 있는 것이다. 죽어 가는 아들과의 약속이었기 때문에 이후에 무를 수 있는 약속이 아니다. 살아 있는 자와 약속을 했다면, 어려우면 번복도 하고 무를 수도 있으련만… 어떠한 고난이 닥쳐와도 지켜야 할 약속이다.

　큰아들 전태일과의 약속은 그렇다 치더라도 밖에 남아 있는 가족들은 어떤 지경에 처해 있을까 생각하니 기가 막혔다. 전태일의 사후로 장남이 된 전태삼이 1979년에 청계노조 조합원인 윤매실과 결혼해서 딸 여진이를 낳았고, 몇 달 전에는 쌍둥이 아들을 낳았다. 그래서 젖을 막 뗀 아기 손녀와 갓난애 손자 둘이 고물고물한 상태였다.

　이런 상황에 며느리 윤매실은 시어머니와 남편을 옥바라지한다고 거의 날마다 큰아이는 손잡고 걸리고, 쌍둥이 하나는 앞에 안고 또 하나는 등에 업고 구치소를 오갔다. 이소선은 면회 온 며느리에게 면목이 없기도 하고, 안쓰럽기도 해서 말했다.

　"뭐할라꼬 이리 자주 오노? 힘들게."

　"힘들어도 어머니만 하겠어요? 어쨌든 몸 상하지 않게 식사 잘하세요."

　"여진 애비는?"

　"여진이 아빠도 어머니 면회 끝나고 할 거예요."

　손녀인 여진이도 아기인데 이제 막 태어난 쌍둥이 손자들은 아직 이름도 짓지 않은 상태에서 할머니가 감옥에 들어온 것이다. 이소선은 면회를 마치고 돌아서는 며느리 윤매실에게 마음속으로 '고맙고 미안하다.

고맙고도 미안하다'를 되뇌었다. 시어머니는 노동운동에 미쳐서 전국 각지를 돌아다니고, 집에는 조합원은 물론이고 사방팔방에서 시도 때도 없이 손님이 찾아와 하루도 조용할 날이 없고, 집안은 늘 가난에 쪼들려 허둥대는데도 윤매실은 찾아오는 손님 밥해서 먹이는 일을 아무런 불평도 없이 해 내고 있었다. 그 무렵 그는 먹고살기 위해 신설동에서 삯바느질을 시작했는데, 혼자서 그 일을 감당하고, 어린 자식 셋을 키우고… 그 와중에 남편도 시어머니도 덜컥 감옥에 들어와 버렸으니 이제는 두 사람 옥바라지까지 하고 있는 것이다.

이소선은 혼잣말을 되풀이하며 자책했다.

'나야 내가 좋아서 이러지만 저 며느리나 어린 손주들은 무슨 죄가 있어 이 고생일꼬! 언제 내 자식들에게 알뜰한 어미 노릇 한번 해 볼 수 있을까? 이번에 밖에 나가면 따뜻한 할미 노릇을 해 볼 수 있을까?'

이소선은 담배 한 개피만 피우면 마음이 편안해질 것만 같았다. 그러나 이곳은 담배를 피울 수 없는 감옥이다.

'그래, 기도해야 한다. 어렵고 앞이 막힐 때는 기도를 해야 한다.'

"하나님, 어찌하여 우리에게 이 가혹한 시련을 주십니까? 이 시련 당신의 뜻이라 해도 우리에게는 너무도 힘들고 버겁나이다. 우리는 남을 미워하거나 남에게 나쁜 일을 하지 않았습니다. 우리는 우리에게 주어진 권리를 찾고 인간답게 살기 위해 몸부림치고 우리의 생명과 같은 노동조합을 지키기 위해 투쟁한 것밖에 없습니다.

지금 차가운 감방에서 외롭게 떨고 있는 청계 노동자들은 열심히 일하고 자신의 권리를 지키기 위해 노력하는 너무나 순수하고 선한 당신의 어린 양입니다. 이 어린 양을 살피시어 이들이 하루 속히 이 감옥에서 벗어나게 하옵소서.

주님께서 우리들이 있는 이 감옥에 임하셔서 한 사람도 건강 해치지 않게 살피소서. 밖에서 남편도 없이 어린 자식들 키우면서 고생하는 우리 여진이 에미 특별히 보살펴 주셔서 지치거나 낙심하지 않게 해 주시옵소서. 이 모든 말씀 예수 그리스도의 이름으로 기도하옵나이다. 아멘."

이소선의 간절한 기도는 그칠 줄 모르고 이어졌다.

이소선은 아들 전태삼을 비롯한 청계 식구들 10명과 같은 법정에 나란히 서서 재판을 받았다. 군부독재는 모자지간에 나란히 서서 재판을 받게 하는, 인권은 고사하고 인류도 무시하는 잔인함을 보여 주었다.

재판 결과 이소선은 10개월형을 받았다. 아프리 농성에 참가하지 않은 지부장 임현재와 지도위원 이승철 역시 각각 10개월형을 받았다. 주동자급으로 분류된 전태삼, 황만호, 김영대, 박계현 등은 3년형을 받았다. 문숙주, 이덕곤은 집행유예로 풀려났다.

이소선은 면회 온 며느리에게 죄지은 심정으로 말했다.

"내가 3년을 받아야 하는데…. 태삼이가 먼저 나가야 니가 고생을 조금이라도 덜 할 낀데, 징역이 바뀌어서 우짜노."

정말 지금 형편으로서는 자신이 아들의 징역까지 살고 싶었다. 쌍둥이 손자의 첫돌이 다가오지만 누구 챙겨 줄 사람도 없었다. 어른들 세상과는 달리 그저 구김살 없이 방긋 웃는 쌍둥이 손자들을 덥석 안아 보고 싶어 면회소 유리벽을 더듬어 보아도, 유리벽의 냉기만 온몸에 전달되어 오는 현실이었다.

이소선은 징역 10개월을 살고 만기출소했다. 출소해서 집에 와 보니 집안은 그야말로 말이 아니었다. 며느리는 삯일하랴, 남편과 시어머니 옥바라지하랴 아이 셋을 키우랴 정신없이 뛰지만 돈벌이가 제대로 될 턱이 없었다. 아이들 분유 값도 바닥이 나서 허덕허덕했다. 이소선은 손녀 손자를 제대로 안아 볼 여유도 없이 곧바로 중앙시장으로 나갔다. 헌 옷장사라도 해서 분유 값이라도 보태야 했다.

어둠 속의 모색

전태일기념관건립위원회

청계노조가 강제해산당하고, 아프리 사건으로 수많은 사람들이 구속·수배된 상태에서 세상에는 어둠 같은 침묵만 짙게 깔려 있었다.

신군부독재정권은 청계피복노조를 필두로 반도상사, 서울통상, 태창섬유, 남화전자, 무궁화메리야스 노조 등 일련의 70년대 민주노조를 파괴했다. 1981년 7월에는 콘트롤데이타노동조합을 파괴했다. 콘트롤데이타는 다국적 기업으로서, 그동안 부당노동행위를 자행해 오다가 마침내 공장철수를 단행함으로써 노동자들을 해고했기에 노동조합이 공장철수 반대와 부당해고 철회를 요구하며 투쟁했다. 그러나 정작 자국 노동자의 이익을 위해 일해야 할 우리나라의 노동부에서는 콘트롤데이타 해고자를 복직시키지 못하도록 지시했다. 이러한 사실을 알게 된 노동자 50여 명은 노동부에 찾아가서 노동부의 처사를 규탄하고 항의농성에 돌입했다. 그러자 경찰은 무자비한 폭력으로 농성 노동자 전원을 연행하고 그중 3명을 구속했다.

또한 70년대의 대표적 민주노조 중 하나인 원풍모방노조에 대해서도 끊임없이 숨통을 조여 왔다. 지부장과 부지부장을 정화해고하고 상집위원과 대의원을 연행하여 강제사표를 받고 해고조치했다. 이 밖에 노동부에서는 법률적 근거도 없이 통합 종용을 하는 등 온갖 탄압을 자행하다 마침내 1982년 9월 27일 정체불명의 구사대 100여 명이 노조사무실에 난입해 노조 간부와 조합원들을 사무실 밖으로 강제로 끌어내고 사무실의 기물을 파괴했다. 이 과정에서 조합 간부가 정신을 잃어 병원에 입원하기도 했다.

이에 현장에 남은 650여 명의 조합원들은 "폭력배 물러가라" "노동조합 사무실 돌려 달라"라는 구호를 외치며 투쟁하기 시작했다. 계속되던 조합원들의 투쟁은 마침내 10월 1일 새벽 회사 정문에서 농성하던 이들이 전투경찰의 무자비한 폭력에 의해 모두 끌려나오면서 끝나고 말았다.

이렇게 해서 70년대 민주노조는 원풍모방을 마지막으로 단 하나도 남지 않고 파괴되었다. 신군부정권은 이렇게 노동운동을 완전히 압살한 상태에서 노사분규가 81년에 비해 82년은 절반으로 줄어들었다고 자랑하고 있었다. 또한 83년 초에는 노사분규가 발생하는 사업장에 즉시 개입하겠다고 발표하기도 했다.

70년대 민주노조 간부 출신들은 구속, 수배, 정화, 삼청교육, 해고 등으로 엄청난 좌절과 분노를 되씹어야 했다. 모두들 생활과 건강이 말이 아니었다. 이러한 처지에서 그들은 서로 만나 서로의 상처를 어루만지며 지독한 외로움을 달래고 앞날을 기약했다. 이때 이들은 해고자들이라는 뜻을 담은 '고자모임'이란 자조 섞인 이름으로 만나 주로 관악산을 등산하면서 쓴 소주잔을 기울이며 울분을 달랬다.

이처럼 폭압적인 노동운동 탄압 속에서 어떻게 하면 노동운동의 불씨를 꺼뜨리지 않을 것인가를 재야 민주인사들은 고민했다.

1981년 11월 13일 전태일 11주기 추도식이 다가왔다. 그러나 그동안 전태일 추도식을 주최해 왔던 청계노조가 해산된 상황에서 이제 추도식을 주최할 만한 단체가 없었다. 그래서 유가족, 구속자 가족, 조합원 그리고 재야인사 몇 사람이 함께 추도식을 주최하기로 했다. 비록 초라하게 치러진 추도식이었지만, 이 자리에 참석한 사람들은 그 어느 때보다도 비장한 각오와 결연한 의지로 전태일의 뜻을 실현하고자 다짐했다.

이때 추도식에 참가한 재야인사들은 청계노조의 아프리 사건으로 구속된 이소선, 황만호, 전태삼, 김영대, 박계현, 김성민, 임기만, 이덕곤, 문숙주 등 11명이 너무나 가혹한 형벌을 살고 있음에도 그들을 위한 구명운동이나 지원활동이 미흡하다고 지적하고, 구속자들을 위한 기구를 만들기로 의견을 모았다.

몇 번의 모임을 거쳐 마침내 1981년 12월 14일 '전태일기념관건립위원회'를 발족했다. 이 기구는 당국으로부터 탄압의 예봉을 피하기 위해 겉으로는 전태일 기념관을 건립하기 위한 모금활동을 하는 것을 표방했지만, 실제 활동내용은 구속자 석방 운동 및 지원, 노동자들이 모일 수 있는 공간 마련 등이었다. 아울러 노동운동 탄압에 바람막이가 되고 청계노조 재건을 지원하는 일도 했다.

당시 전태일기념관건립위원회를 발족시킨 인사들은 공덕귀, 이우정, 이창복, 김동완, 이길재, 김창국, 정인숙, 윤순녀, 정양숙 등으로 주로 신구교의 인사들과 재야·노동 운동가들이었다.

전태일기념관건립위원회 회장으로는 공덕귀 여사가 선출되었다. 그는 윤보선 전 대통령의 부인으로서 남편과 함께 박정희 정권 내내 반정부·민주화 운동의 상징으로서 활동해 왔다. 70년대 재야 민주화운동 과정에서 이소선과도 신뢰와 친분이 두터웠다. 1977년 이소선이 첫 번째로 구속되었을 때에도 공덕귀 여사는 노동교실에 직접 방문하여 그의 구속에 항의하다가 경찰의 제지를 받기도 했다. 공 회장을 중심으로 전태일기념관건립위원회는 기념관 건립기금 모금활동을 벌이는 것은 물론 구속 노동자들을 위한 기도회, 면회, 모금 활동 등을 했다.

1981년 말에 만기출소한 이소선은 심신이 매우 지쳐 있었다. 그렇다고 여유롭고 마음 편하게 쉴 수도 없는 처지였다. 우선 당장 급한 대로 어린 손주들을 살 수 있게 해야 했다. 그래서 신당동 중앙시장에 나가 헌 옷을 사다가 세탁해서 파는 일을 며느리와 시작했다. 중앙시장에 나가면 헌 옷을 수집해 오는 고물장사가 있다. 그에게 옷을 사서 깨끗하게 세탁하고 수선해서 파는 것이다. 이소선은 이 장사를 오래전부터 해 와서, 청계노조 초창기에 경제적으로 어려울 때도 이로써 노조 운영을 이어 나갔다. 낮에 옷을 수집해 와서 밤새도록 며느리와 손빨래를 해 널어 놓았다가, 다음 날 다 마르면 깨끗이 다려서 내다 파는 일로 생활을 꾸려 나갔다. 윤매실은 낮에는 삯바느질을 해서 마련한 돈으로 틈틈이 감옥에 있는 남편 면회를 다녔다.

이소선은 아들 태일이의 목숨과 바꾼 청계노조도 해산되고, 수많은 조합원들이 구속된 상태에서 집안 형편까지 엉망이 된 것을 볼 때 마음이 허했다. 헌 옷 장사로 집안을 어느 정도 수습해 놓으니 공허한 마음이 더했다. 집 안에서 손녀손자 돌보며 평범하게 사는 것이 징역살이보다 더 힘든 것 같았다.

이때 이소선은 그동안 노동운동 때문에 소홀했던 교회를 열심히 나가기로 했다. 그러나 막상 다닐 교회가 마땅치 않았다. 아들 전태일이 죽었을 때 장례식을 치러 주었던 교회는 자신이 노동운동을 한다는 이유로 말도 안 되는 오해를 해 다닐 수가 없게 되었기 때문이다. 그래서 집 근처에 있는 창동교회를 열심히 다니기 시작했다. 교회 직분인 권사로서 부끄럽지 않은 신앙인으로 거듭난다는 각오로 교회를 다니고 아울러 흐트러진 가정을 일으켜 세우는 데 마음을 쏟아야 했다.

이소선은 가정의 일과 교회 다니는 일이 어느 정도 안정이 되자, 마을 주민들이 당하는 어려운 일에 관심을 갖게 되었다. 마을에서는 어려운 일을 당하면 이소선에게 찾아와 의논하고 일을 해결해 달라고 부탁하는 일이 많았다. 이를테면 식량이 떨어진 집에서 하소연하면 이소선이 나서서 동사무소에 가서 밀가루라도 타 와서 해결해 준다든지, 의지할 곳 없는 이웃 주민이 상을 당하면 염습을 직접 해 주기도 했다. 그러니 자연스럽게 마을 사람들과 한집안처럼 지내게 되고 마을 사람들은 이소선을 집안 어른처럼 여기게 되었다.

산업체 부설학교와 야학

광주에서 민주시민을 무참히 살육하며 등장한 전두환 군부정권은 청계피복노조를 강제해산한 후 그것을 호도하기 위해 알량한 당근을 주었는데, 그것이 산업체 부설학교였다.

서울시에서는 청계노조 해산 직후 중구 장충동에 소재한 장충여중을 산업체 부설학교로 지정하고 동화상가, 을지상가, 연쇄상가, 통일상가 등에 있는 노동자들을 학생으로 모집했다. 그러나 이곳 노동자들은 노동시간이 길기 때문에 야간학교인 산업체 부설학교에 들어가기가 현실적으로 어려웠다. 하지만 같은 피복제조업체라도 와이셔츠 업체 노동자들은 1일 8시간 노동을 하므로 상대적으로 시간 여유가 있었다.

시에서는 주로 와이셔츠 업체 노동자들을 대상으로 상가주식회사에 인원을 할당하고 강압적으로 학생을 모집했다. 그 무렵 산업체 부설학교에 다녔던 고 박영숙은 그의 홈페이지 '별난 이력서'에 이렇게 적었다.

> 1982년 3월 사장님의 협박으로 장충여중 산업체 특별학교에 입학. 한 공장에 한 명씩 보내는 게 의무이고 전두환 대통령의 특별배려조치라 안 따르면 사장이 곤란했다고 함.

산업체 부설학교는 70년대 산업화 과정에서 자본이 대규모 노동력을 동원하기 위한 방편으로 주로 노동집약적, 경공업, 대규모 공장에 만들어졌다. 가난 때문에 상급학교에 진학하지 못하는 농촌의 많은 소녀들이 돈도 벌고 상급학교에 진학해서 공부도 할 수 있다는 꿈을 가지고 이 공장에 취업했다.

청계천의 피복제조업체는 주로 영세한 소규모 공장에 불과해 산업체 부설학교가 설립되기 어려운 조건이었지만, 청계노조 탄압을 호도하기 위해 시에서는 적극적으로 나서 이를 부각되게 했다.

이런 산업체 부설학교와는 달리 청계천 평화시장 주위에 있는 경동교회, 제일교회, 형제교회, 복음교회, 동신교회, 시온교회, 동대문성당 등에서는 70년대 중반부터 야학이 개설되었다. 당시 야학에는 중고등학교 진학을 목표로 하는 검정고시야학, 그리고 노동야학이 있었다. '노동야학'은 노동자들이 처한 현실에서 출발해 그 현실에 맞는 것들을 배우고 가르치며 마침내 스스로 각성하고 단결해서 자신의 처지를 개선하는 것을 목표로 하는, 이른바 의식화 교육에 중점을 둔 야학이었다.

1982년 무렵 운동권에는 『야학비판』이라는 소책자가 은밀하게 돌았다. 이 책은 당시 학생운동이 시위만을 강조하면서 학생·대중에게서 유리되고 운동역량의 고립을 초래했으며 독재정권에 직접적인 타격을 가하지 못하고 있다고 비판했다.

즉 학생운동만으로 한국사회의 모순을 해결하는 데 한계가 있으므로, 노동 현장에서 노동 대중을 의식화·조직화하는 작업을 수행할 것을 강조했다. 야학의 측면에서는 검정고시야학의 보수성을 비판하면서, 진보야학을 통한 노동자 대중의 정치사상 교육으로 학생운동과 노동운동을 매개하는 것이 야학의 임무라고 했다.

70년대 청계피복노조의 조합원 교육과 조직은 주로 노동교실을 통해서 이루어졌지만, 이와 더불어 청계천 주변의 노동야학을 통한 것도 많았다. 그중에서도 경동교회 야학생들의 '동화모임'과 복음교회·시온교회 야학생들의 '평화모임'은 노조의 중요한 힘이 되었다.

청계노조가 강제해산당하고 아프리 농성으로 많은 사람들이 구속·수배·부상당해 조직이 풍비박산되었을 때, 그 공백기를 채우고 청계노조의 명맥을 이어 간 주요 인사들은 '노동야학'을 나온 노동자들이었다. 이들은 경찰과 사용자의 눈을 피해 흩어진 동료들을 모으고 학습하기 시작했다.

청계모임

'청계모임'은 아프리 농성 때 참가했다가 훈방으로 풀려나온 조합원, 동화모임·평화모임의 조합원 등을 신광용, 서재덕, 김선주가 중심이 되어 조직한 것이었다. 이 모임은 평화시장 주위의 노동야학생들을 묶어 나가기 시작했다.

형제교회의 김영선·김종숙·김경선, 제일교회의 이승숙·이경숙·정경숙·김용숙·장옥자, 시온교회의 지수희·이은숙, 초원교회의 이안숙·강화옥 등이 청계모임의 핵심으로 활동했다. 이들은 소모임을 조직해 자취방이나 교회에서 노동법 등을 학습함으로써 조직을 확대하고 의식을 강화해 나갔다.

청계모임은 비록 조직의 명칭을 내걸고 공개적으로 활동할 수는 없었지만 청계피복노동조합의 활동을 지속적으로 이어 나가기 시작했다. 81년 10월에는 매년 가을에 노조에서 실시하던 '지부장컵 쟁탈 등산대회'를 이어받아 '제10회 청계피복 노동자 등산대회'를 개최했고, 11월 13일에는 '전태일 동지 11주기 추도식'에 조직적으로 참가했다. 또 3월 10일의 '노동절' 행사를 인근 교회에서 치르기도 했다.

그뿐만 아니라 회원이나 회원 주위의 노동자들이 사용자로부터 부당한 대우를 받았을 때 청계모임이 조직적으로 관여해서 해결하기도 했다. 노동자들이 임금을 받지 못했을 경우 집단으로 항의하여 임금을 받아 내기도 했고, 사용자로부터 폭행폭언을 당할 경우 집단으로 몰려가 사과를 받아 내기도 했다. 이들은 당국의 감시를 피해 가며 장시간 노동, 재정적 어려움 등을 감내하면서도 어떻게든지 청계피복노조 운동의 끈을 놓지 않으려 애를 썼다.

이들과 병행해 군부독재정권이 내린 청계노조 해산 명령의 불법부당함과 청계노조 재건의 당위성과 의지를 알리는「청계피복 노동조합을 탈환하자」,「단결된 힘으로 청계피복노조를 원상복구하자」 등의 유인물도 지속적으로 은밀하게 배포되었다. 이 유인물은 우편으로 발송되기도 하고, 각종 집회나 행사 때 살포되기도 했다. 아울러 청계노조 10년의 역사를 정리한『청계노조 10년사 자료집』을 발간하기도 했다. 이 모든 활동들은 이후 청계노조를 재건, 복구하는 데 밑알이 되었다.

한편 민주화를 열망하는 민주화 양심세력은 80년 광주의 상처를 딛고 끊임없이 투쟁을 전개했다. 82년 3월에는 광주학살의 책임을 묻기 위한 부산 미문화원 사건이 발생했고, 83년 5월에는 김영삼의 무기한 단식농성이 있었다. 같은 해 9월에는 민주화운동청년연합이 결성되었다.

청계피복노조도 아프리 농성으로 구속되었던 사람들이 1982년부터 출소하기 시작해 그해 12월 24일 황만호, 전태삼의 석방을 마지막으로 모두 출소했다.

청계모임은 구속자들이 합류하기 시작하면서 활기를 띠기 시작했고, 민종덕도 83년 5월경 수배 문제가 해결되어 청계모임에 공개적으로 합류했다.

이에 청계모임은 지금까지의 비공개 소모임 활동에서 벗어나 더욱더 과감하고 체계적인 조직을 갖추기 위해 회원들을 다양하게 조직하는 활동에 박차를 가하기 시작했다. 우선 흩어진 옛날 조합원들을 찾아내고 청계천 주위 야학들을 찾아다니면서 조직을 강화했다. 특히 교회의 노동야학 중 활동의 중심을 교회에 국한하려고 하는 야학생과 교사를 설득해 현장 중심으로 이끌어 내는 데 많은 노력을 기울였다. 이때 현장 중심 보다는 야학 중심으로 있고자 하는 야학 교사들과 많은 논쟁을 벌이기도 했다.

이런 활동으로 인해 청계모임은 자체 행사로도 100여 명까지 동원할 수 있을 만큼 발전했다. 83년 10월 9일에 도봉산에서 개최한 제12회 청계피복 노동자 등산대회에는 약 150여 명의 노동자가 참가했다.

이때를 전후해서 청계모임 내부에서 공공연한 대중적 활동을 해야 한 다는 주장과 아직은 시기상조이니 비공개 활동을 유지해야 한다는 의견 을 가지고 심도 있는 토론이 벌어졌다. 그 결과 이제 청계모임의 역량과 조직의 성격, 그리고 정세 등을 감안할 때 공공연한 대중활동을 전개해 나갈 적기라는 결론이 내려졌다.

이에 따라 청계모임은 1983년 11월 13일 전태일 13주기 추도식을 앞 두고 청계모임이 중심이 되어 '전태일 동지 13주기 추도위원회'를 띄웠 다. 추도위원장은 민종덕이 하기로 했다.

추도위원장은 이소선을 찾아가 그간의 활동을 설명하고 이번 추도식 에 많은 사람들이 참석할 수 있어야 한다고 말했다. 이 말을 들은 이소선 은 너무도 반갑고 대견했다. 그동안 생계 문제와 상실감 때문에 여러모 로 힘들었던 그는 새로운 힘이 솟았다.

군부독재는 노동조합을 해산하고 노조 간부, 주요 조합원 들을 구속 과 수배 등으로 파괴했으니 청계천 노동운동은 끝났을 것으로 생각했을 것이었다. 그런데 노조가 강제해산된 지 채 3년이 되기도 전인 전태일 13주기 추도식을 앞두고 '전태일 동지 13주기 추도위원회'가 공공연한 활동을 선언한 것이다.

추도식 직전의 가택연금

전태일 13주기 추도식을 앞두고 정보 당국은 허를 찔렸다고 생각한 것인지 안기부와 경찰 등의 기관원들이 즉각 이소선과 추도위원장을 감시하기 시작했다. 그러나 추도위원회에서는 추도식을 홍보하기 전에 이미 추도식 준비를 끝내 놓고, 당국의 감시도 예상해 그에 대비해 놓은 상태였다. 경찰과 요원들은 각 기관에 따라 근거리·원거리에서 이소선과 추도위원장을 밀착감시했다.

그 당시 레이건 미국 대통령이 한국을 방문하기로 되어 있었는데, 방한이 가까워지자 당국은 이소선 등을 아예 집에 연금시켜 버렸다. 사복경찰이 원거리에서 잠복하고, 기관원 서너 명이 대문 앞에서 24시간 상주하면서 완력으로 집 밖에 나가지 못하게 하는 방식이었다.

경우에 따라서는 감시하는 기관원들이 가택연금 대상자에게 친한 척하면서 슬금슬금 집 안으로 들어오려고 시도하기도 했다. 그럴 때는 그들을 절대 대문 안으로 들어오지 못하게 해야 했다. 한번 그들이 들어서게 되면 기관원들이 집 안에 들어오는 것이 관례가 되어 버린다. 추운 날씨에 밖에서 떨고 있는 기관원들이 인간적으로는 미안해도, 어쩔 수 없는 것이었다. 이런 사정을 잘 아는 이소선은 냉정하게 대응했다.

당시 미국 대통령의 방한은 전두환 군부독재정권을 인정한다는 의미나 다름없었다. 12·12쿠데타로 권력을 장악한 전두환은 이른바 체육관 선거를 통해서 대통령에 당선되었다. 정권의 정통성은 고사하고 광주학살을 자행한 살인독재자에 불과했다. 이렇게 등장한 정권에 처음으로 미국의 대통령이 방문한다는 것은 레이건 자신이 극우파로서 한국의 독재정권을 지원하겠다는 약속의 일환으로 해석되었다.

이에 재야 민주인사들은 레이건 방한을 적극 반대했다. 연일 레이건 방한 반대 집회를 열었고, 광화문 네거리에 세워진 환영 아치가 불태워진 사건도 있었다. 이를 계기로 미국 등의 외신에서는 한국의 정치와 인권상황에 관심을 보이기도 했다.

이 같은 상황에서 당국이 이소선을 아들 추도식에도 참석하지 못하게 가택연금시켜 놓았다는 외신 보도가 나가는 것을 그들은 부담스러워했을 것이다. 당일에는 가택연금이 풀려 이소선은 추도식에 참석할 수가 있었다.

추도위원장 역시 가택연금을 당한 상태에서 추도식 당일에 행사에 참석하지 않으면 안 된다면서 강력하게 저항했다. 그러자 그때까지 집 밖으로 나갈 수 없게 힘으로 막아서던 기관원들이 순순히 길을 터 주었다. 대신 버스를 타고 가겠다는 그를 강제로 자신들의 차에 태워 집결 장소까지 태워다 주었다.

이소선이 집결 장소인 동대문종합시장 주차장에 도착하니 그곳에는 청계 조합원들을 비롯해 많은 노동자들과 민주인사들이 앞서 도착해 기다리고 있었다. 그런데 사복경찰들이 사방에 깔려 있고, 주차장 주변에는 기동대 버스가 진을 치고 있는 것이었다. 사복경찰들은 무전기를 들고 바쁘게 움직이면서 상황을 보고하고 있다.

또 그들만큼 바쁘게 움직이는 사람들이 있었는데, 다름 아닌 외신기자들이었다. 레이건 방한에 동행한 외신기자들이 대거 몰려와 커다란 카메라와 마이크를 메고 분주하게 다니면서 취재를 했다.

추도위원회에서는 추도식 당일 아침 10시까지 관광버스 4대를 이곳 주차장까지 대기로 관광버스회사와 계약했다. 그런데 약속된 시간이 다 되어도 버스가 오지 않았다. 이에 참석자들이 웅성거리는데 약속된 시간보다 30분이 더 지나서야 버스 한 대만이 오는 것이었다. 추도위원장이 기사에게 어떻게 된 영문이냐고 물었다.

버스기사는 우물쭈물하면서 대답을 하지 못했다. 버스회사에 전화를 걸어 사정을 물어보았더니 회사에서도 명쾌한 대답을 하지 못하고 얼버

무렸다. 상황을 종합해 본 결과, 분명 기관에서 버스회사에 압력을 넣어 추도식 행사를 방해하는 것이었다. 그는 즉각 이러한 사정을 참석자들에게 알렸다.

"여러분, 기관에서 관광버스회사에 압력을 넣어 버스가 한 대밖에 오지 못했으니 우리 여기에서 추도식을 합시다."

이에 이소선과 조합원들, 그리고 다른 참석자들은 일제히 한 목소리로 "좋지요. 여기서 하면 더 좋지요" 하고 외쳤다. 모두 그 자리에서 바닥에 주저앉았다. 그리고 동시에 노래를 부르기 시작했다.

참석자들이 이렇게 나오자 경찰이 긴장한다. 경찰 우두머리가 대열 앞에서 노래를 지휘하는 조합원을 끌고 가려고 했다. 그러자 대열에서는 더 크게 노래를 불렀다. 지휘하는 조합원은 경찰을 뿌리치면서 더 의연하게 선동했다. 이러한 광경이 펼쳐지자 커다란 카메라를 멘 외신기자들이 몰려와 취재를 하기 시작했다. 기자들은 경찰에게 카메라를 바짝 들이밀었다. 그러자 사복경찰들의 우두머리로 보이는 사람과 동대문경찰서 정보과장이 부하들에게 "안 보이는 데로 가란 말이야, 안 보이는 데로!" 소리를 지르는 것이다.

이 말을 듣고 떼 지어 있던 사복경찰들이 이번에는 우르르 주차장 밑의 차 뒤로 숨어 버렸다. 이 모습을 지켜보던 추도식 참석자들은 노래를 부르다 말고 박장대소를 하며 웃었다. 경찰들이 우왕좌왕하면서 상급자의 명령에 몰려다니며 숨는 모습이 우습게 보인 것이다.

참석자들은 쉬지 않고 계속해서 노래를 부르며 농성했다. 이 광경을 외신기자들은 계속 찍고 있었다. 정보과장은 이소선과 추도위원장에게 와서 버스를 한 대만 더 보내 주겠다고 했다.

이 말을 들은 추도위원장이 "쓸데없는 소리하지 마라. 우리가 계약한 4대를 지금 당장 보내라" 하고 쏘아붙였다. 그러자 버스가 한 대씩 띄엄띄엄 오기 시작했다. 한 대씩 보내면서 참가자들의 태도를 보는 것이다.

3대까지 감질나게 보내 주었다. 그러자 또다시 선동자가 나타났다.

"여러분, 우리 모두 여기서 마석 모란공원까지 걸어갑시다. 경찰이 버스를 보내 주지 않아서 우리는 부득이하게 걸어갈 수밖에 없습니다. 전태일 동지 추도식 플래카드를 앞세우고 몇 시간이 걸리더라도 기어이 마석에 도착해서 추도식을 거행합시다."

이렇게 외치자 참석자들은 일제히 일어나서 줄을 섰다. 추도식 플래카드를 맨 앞줄에 세우고 그 뒤에 이소선을 비롯해 청계 조합원들과 참가자들이 주차장을 나서기 시작했다.

경찰은 바짝 긴장해 기동대가 급히 움직이기 시작했다. 페퍼포그 차도 움직이기 시작했다. 상황이 이렇게 되자 오히려 몸이 단 정보과장이 버스회사에 급하게 전화를 해서 왜 버스를 빨리 보내지 않느냐며 큰소리로 통화를 했다.

드디어 낮 12시 반이 넘어서야 마지막 버스가 도착했다. 이에 참석자모두 함성을 올리며 차에 타고 마석으로 향했다. 4대 버스의 자리를 다채우고도 서서 가는 사람까지 있었다. 청계 노동자뿐만 아니라 70년대 민주노조 사람들, 재야 민주인사들이 많이 참석했다. 자주적이고 민주적인 노조가 하나도 남김없이 파괴된 상황에서, 그동안의 좌절을 딛고 어둠을 헤칠 불씨가 지펴지고, 민주세력이 다시 일어서는 순간이었다.

모란공원부터 마석역까지 열린 즉석행진

버스는 마석 모란공원에 뒤늦게 도착했다. 전태일 묘 바로 옆에서는 새로 묘를 파는 작업을 하는 천막이 쳐져 있고 인부들이 불을 피우고 작업중이었는데, 이들이 안기부 요원들이었다는 사실을 나중에 알게 되었다. 전태일 추도식을 감시하기 위해 묘 파는 작업을 하는 것처럼 위장한 것이다.

청계 조합원의 사회로 추도식이 시작되었다. 참석자들 모두가 숙연해졌다. 설교 순서가 되자 조화순 목사가 설교를 했다.

"여기 우리가 지금 전태일의 묘 앞에서 눈물이나 흘리려고 왔다면 그런 추도식은 이제 없어야 합니다."

카랑카랑하고 매서운 목소리로 설교를 시작한 그는 80년 이후 노동자들의 상황과 자신을 포함한 모두의 나약함을 뼈아프게 고백했다. 이어 추도위원장의 추도사 순서였다.

"전태일 열사, 당신은 지금 여기 우리 앞에 새롭게 돌아와 있습니다. 노동자의 권리는 기업주와 권력의 칼 앞에서 어디로인지 사라져 버린 오늘의 암울한 현실 앞에 또다시 당신은 서서히 분노의 활화산 같은 눈을 뜨고 있습니다. 노동자의 권리를 위한 투쟁은 전 사회의 민주화를 목표로 하지 않는 한 한낱 물거품에 지나지 않으며, 민주화 역시 노동자들의 경제적 이해관계에 대한 의식뿐만 아니라 보다 각성된 노동자들의 사회의식이 없는 한 이룩되기 어렵다는 사실을 깨달은, 이 땅의 모든 민주시민의 민주화 제단 앞에, 당신은 새로운 전태일의 신화를, 터져 나오는 울분과 고통의 폭탄선언을 입에 악물고 우리와 함께하기 위해 여기 살아 있습니다."

추도사는 원풍모방의 방용석 지부장, 인천 동일방직 해고 노동자와 블랙리스트 투쟁을 하는 노동자들의 다짐과 결의로 이어졌다. 전태일기념관건립위원회 문익환 회장은 「전태일」이라는 시를 낭송했다.

한국의 하늘아
내 이름은 무엇이냐
내 이름은 전태일이다

전태일 아닌 것들아

다들 물러가거라
눈물 아닌 것 아픔 아닌 것 절망 아닌 것
모든 허접쓰레기들아 모든 거짓들아
당장 물러들 가거라
온 강산이 한바탕 큰 울음 터뜨리게

문익환 회장의 시 낭송은 사자후처럼 온 산을 쩌렁쩌렁하게 울렸다. 이어 이소선의 기도가 시작되었다.

"모든 것을 역사하시는 하나님 아버지 감사합니다. 이 어렵고 추운 형편에 잊지 않고 우리를 여기에 이끌어 주시고 참석해 주신 모든 분들께 감사드립니다. 지금 우리는 많은 어려움이 있지만 이 어려움 속에서도 우리들이 더욱더 똘똘 뭉쳐 하나가 된다면 모든 것을 극복해 나갈 수 있을 것입니다. 아버지 하나님, 여기 참석하신 모든 분들 그리고 기억하고 관심은 있으나 참석하지 못한 모든 사람들 하나하나의 발걸음마다 주님께서 인도해 주셔서 지혜와 용기를 주시옵소서. 또한 어지럽고 포악한 위정자들이 회개할 수 있도록 하여 주시옵소서. 이 모든 말씀 예수 그리스도의 이름으로 기도합니다. 아멘."

분향 순서를 끝으로 비장한 추도식이 끝났다. 추도식을 마친 참석자 모두는 공터에 빙 둘러앉아 어묵과 막걸리로 허기와 추위를 달랬다. 풍물패는 장단을 치고 춤추며 흥을 돋우었다. 촌극 순서에서는 청계 노동자들이 노조 강제해산 이후 더욱 열악해진 노동현실을 재미있게 풍자했다.

촌극을 끝내고 모두 한 덩어리가 되어 춤을 추었다. 이소선도 풍물 장단에 맞춰 참가자들과 어깨동무를 하고 한참 춤을 추다 보니 추위는 물론 그동안의 시름까지도 싹 가시는 것 같았다. 참으로 오랜만에 이렇게 많은 노동자들과 함께 어울려 신나게 노니 마냥 즐겁고 흐뭇했다.

춤의 행렬은 1971년 영등포 한영섬유에서 노조 설립을 하려다가 회사

측의 사주를 받은 깡패들에게 드라이버에 머리를 찍혀 죽은 김진수의 묘소를 한 바퀴 돌았다.

해가 어스름 기울어질 무렵 대열은 산에서 내려와 버스가 있는 주차장까지 내려왔다. 모두들 버스에 올라탔다. 그런데 또 문제가 생겼다. 버스 운전기사들이 버스 운임비를 미리 달라고 하는 것이었다. 그렇지 않으면 갈 수가 없다고 버텼다. 또 정보기관의 압력이 들어간 것이다. 4대의 버스가 서울 한곳에 도착해서 참석자들이 한꺼번에 내리면 무슨 일이 벌어질지 모른다는 염려 때문에 버스를 분산해 도착시키겠다는 계산이었다. 이에 추도위원회는 서울에 도착하면 운임을 주겠다고 했다. 이 문제로 주최 측과 운전사들 사이에 실랑이를 하는 광경을 지켜보고 있던 이소선은 화가 치밀어 올라 "모두들 차에서 내려라. 그냥 서울까지 걸어서 가자!"라고 큰소리로 각 버스를 향해 소리쳤다.

"운전사들이 돈을 먼저 달라고 하는데 보나마나 뻔할 뻔 자라고. 돈 주면 서울 들어가는 입구 아무 데나 우리를 내팽개치라고 기관원들이 압력을 넣으니까 저러는 건데, 우리가 뭐 벽창호 줄 아나. 안 간다니까 우리 모두 내려서 서울까지 걸어가자고. 차 안에 둔 짐들 다 해 봐야 버스비도 안 되니께."

그러면서 이소선이 앞장서서 걸어갔다. 이어 참석자 모두가 따라 내렸다. 풍물패가 나오고, 플래카드가 선두에 서고, 참석자들은 삼삼오오 어깨동무를 하고 열을 지어 모란공원을 빠져나와 경춘국도에 들어섰다. 자연스럽게 시위대열이 형성된 것이다. 시위대는 「농민가」, 「정의가」, 「흔들리지 않게」, 「해방가」 등을 부르면서 행진했다. 지나가던 차들이 갑자기 나타난 시위대열에 놀라서 주춤주춤 지나갔다.

이렇게 경춘국도를 한참 가는데 추도객을 태우고 왔던 관광차들이 대열 앞에 멈춰 서더니 이번에는 문을 열어 놓고 타라고 사정을 했다. 그러나 이들은 노래 부르면서 경춘국도를 신나게 뛰다가 걷다가 해방감을 만

끽하면서 버스에 타지 않고 계속 행진했다.

이렇게 행진 대열은 마석역까지 왔다. 어느덧 해가 져서 어두워졌다. 마석역에는 서울 가는 방향의 길목에 전투복 차림을 하고 헬멧에 방패를 든 전투경찰들이 페퍼포그를 앞세우고 철통같이 막아서고 있었다. 대열은 거기에서 멈춰 섰다. 국도는 완전히 막히고 구경꾼들은 모여들어 주위 건물 옥상에까지 빽빽하게 들어섰다.

추도식 참석자들은 마석역 앞에서 즉석집회를 열고 농성하다 버스에 올라탔다. 올라타면서는 모두들 "노동자 만세" "노동운동 만세" "민주주의 만세"를 외쳤다.

이날의 추도식 행사는 이소선은 물론이고 1970년대부터 활동해 온 민주노동운동가, 해고자, 민주인사 등이 그동안 신군부의 폭압에 억눌렸던 울분을 토함과 아울러 패배감을 떨쳐 내고, 그 자리에 자신감과 새로운 힘을 불어 넣는 계기가 되었다.

『전태일 평전』의 출간

전태일기념관건립위원회는 공덕귀 회장의 사임으로 한동안 회장이 공석인 채로 활동했다. 그는 남편인 윤보선 전 대통령의 정치적 입장이 달라지자 회장직을 사임하는 것이 좋겠다고 판단하여 스스로 물러났다. 당시 윤보선 전 대통령은 신군부정권에 우호적인 발언을 함으로써 민주화에 역행하는 행보를 한 것이다. 그리하여 1983년 3월 28일 제1차 정기총회를 열어 문익환 목사를 회장으로 선출했다. 새 회장을 맞이한 기념관건립위원회는 문익환 회장이 중심이 되어 의욕적으로 활동을 전개했다. 그 중에서도 1982년 말부터 추진한 『전태일 평전』 출판은 괄목할 만한 사업이었다.

『전태일 평전』은 1974년 민청학련 사건으로 수배된 조영래가 피신생활을 하면서 약 3년간에 걸쳐 집필한 책이다.

이소선은 아들 태일이가 남겨 놓은 일기장과 평화시장에서 활동하던 당시의 기록물들을 목숨처럼 소중하게 간직했다. 무허가 판잣집에서도 그것들을 창고 하나에 깊숙이 넣어 두고 아들이 보고 싶을 때마다 남몰래 꺼내 놓고 대화를 나누곤 했다. 그 기록물들이 바탕이 되어『전태일 평전』이 쓰이게 되었다.

이소선은 조영래가『전태일 평전』을 집필할 때 그와 자주 만났다. 아들이 남겨 놓은 다섯 권의 일기장과 한 묶음의 설문지 등 전태일의 생전 기록물들을 조영래에게 가져갈 때는 매우 조심스러웠다. 쌍문동 집에서 조영래가 숨어 사는 홍제동까지 일기를 안전하게 옮기는 건 쉬운 일이 아니었다. 자신도 늘 감시를 당하는 입장이고, 더구나 상대인 조영래는 당국에서 찾는 수배자였기 때문이다. 만약 일기를 들고 가다 발각이 된다면 목숨처럼 간직했던 아들의 흔적을 빼앗겨 버릴 터였다. 이소선은 궁리 끝에 아침 일찍 늘 따라다니는 담당 형사가 오기 전에 집에서 나오기로 했다. 택시를 타고 가다가 중간에서 내려 버스로 갈아타고, 또 버스에서 내려 다시 다른 버스를 갈아타고 홍제동까지 가기로 했다. 일기장은 그럴듯한 선물처럼 보이게 예쁜 보자기에 쌌다. 조영래는 이 자료들을 꼼꼼히 읽고, 분석하고, 종합하며 전태일의 삶을 복원하는 데 심혈을 기울였다. 전태일의 삶과 죽음, 그의 사상과 감정 등을 복원하고 그 역사적 진실과 의미를 규명하기 위해『전태일 평전』을 쓰기 시작한 조영래는 제일 먼저 전태일이 남긴 기록물들을 읽으며 연구하기로 한 것이다.

당시 그는 이옥경과 비밀리에 결혼을 해서 갓난아기인 아들까지 있었다. 이 두 사람이 만난 인연도 전태일에 의해서였다. 1970년 전태일 사건이 일어났을 당시, 이옥경은 이화여대 신문방송학과에 재학 중이었다. 그는 이 사건에 대해 무관심한 사회를 비판하는 글을 한 신문에 실었고, 당시 서울대에 재학 중이던 조영래는 이 훌륭한 여성이 누구인지 찾아

나섰다. 이를 계기로 두 사람은 연애를 하고 결혼에 이르게 되었다.

이소선이 조영래를 집중적으로 만나서 구술한 시기는 1975년 여름이었다. 늘 그랬듯이 버스를 여러 번 갈아타고 쌍문동에서 홍제동으로 갔다. 여름이라 더위를 피해 이른 아침부터 만나서, 이소선은 전태일이 살아온 얘기를 하고, 조영래는 받아 적고 질문하는 데 몰두했다. 그러다 보면 해는 점점 높아지고 더위도 맹렬해진다. 더워지면 걸쳤던 옷을 하나씩 벗어던지고, 옆에서 지켜보던 이옥경이 냉수나 주스를 갖다 주었지만 더위가 가시는 것은 마실 때뿐이었다. 그러다 한낮이 되면 옥상의 복사열까지 밀려와 이젠 더 이상 옷을 벗을 수도 없고 참을 수도 없을 정도가 된다.

"어머니, 안 되겠습니다. 여기서는 더 견디기 어렵습니다. 우리 저 밑에 다방에 가서 합시다."

"그래, 담배 한 대 피우고 해요."

이들은 근처 유진상가 지하 다방으로 자리를 옮겼다.

"아이고 이제 살 것 같네, 담배도 맘대로 피울 수 있고…."

이소선과 조영래는 담배를 매우 즐겼다. 특히 조영래는 전태일 관련 작업을 할 때 더 많은 담배를 피우는 것 같았다. 이소선과 조영래는 다방 구석 쪽에 앉아서 묻고 답하는 구술작업을 계속하고, 이옥경은 다방 입구에 앉아서 혹시나 이상한 사람들이 덮치지나 않을까 망을 봤다.

이런 작업을 그해 여름 내내 했다. 조영래는 이소선뿐만 아니라 전태일의 친구 김영문 등 평화시장 노동자들도 이소선의 주선으로 만나 취재를 했다. 이렇게 해서 '어느 청년노동자의 삶과 죽음'이라는 초판 제목을 붙인 『전태일 평전』은 1976년에 탈고됐다.

조영래는 완성한 『전태일 평전』 원고를 가지고 이소선을 만났다. 그 자리에 민종덕도 함께 있었다. 이들이 만난 곳은 서울 개포동의 어느 배밭이었다. 당시만 해도 개포동은 개발되지 않은 변두리였다.

"이것은 태일이가 어머니에게 남긴 유산입니다. 그리고 어머니는 또 다른 아들 전태일을 낳은 것입니다."

이소선은 의롭고 가슴 따뜻한 지식인이 되살려 낸 아들의 부활을 어루만지며 "애썼다, 고맙다"는 말로 답했다.

"자네가 이것을 복사 좀 해 보겠나? 다섯 부만 복사하게. 그 이상 복사하면 절대 안 되네."

민종덕은 조영래로부터 파란 표지의 두꺼운 대학노트에 깨알같이 작은 글씨로 쓴 원고를 받았다. 당시만 해도 복사기가 흔치 않아서 쉽게 복사할 수 없었다. 더구나 수배당한 사람이 쓴 전태일에 관한 글을 아무 데서나 복사할 수는 없었다.

복사기로 영업을 하는 문방구 같은 곳에서 돈을 주고 하기도 어려운 상황이었다. 이런 글을 영업집에서 복사하다가 만약에 신고가 들어가 경찰이나 정보부에 적발이라도 된다면 저자가 수배 중인 조영래라는 것이 밝혀지고, 따라서 여러 사람이 잡혀 들어갈 수밖에 없을 것이기 때문이다.

그는 고민 끝에 당시 경동교회 야학교사인 박문수에게 부탁을 했다. 박문수는 당시 삼도물산의 사무직 사원이어서 사무실에 복사기가 있었다. 그는 회사 직원들이 다 퇴근한 뒤 밤중에 사무실에 몰래 들어가 청사진 기계로 그 원고를 복사했다. 그렇게 복사한 『전태일 평전』 중 한 권을 민종덕이 소장하게 되었다.

복사본으로 『전태일 평전』을 읽은 민종덕은 전태일의 생애를 거의 완벽하게 복원해 낸 글에 크나큰 감동을 받았다. 전태일의 일기만 읽을 때와는 또 다른 감동이었다. 그는 그 감동을 남몰래 자기 혼자만 느끼는 것이 매우 안타까웠다. 자신이 그 책을 읽고 받은 감동, 체계적으로 정리된 전태일 사상을 다른 사람들에게 전달하고 싶었다. 자기가 읽고 그것을 말로써 간접적으로 전해 보려고 했으나 그의 능력으로는 불가능했다. 즉 그 글을 통하지 않고는 할 수 없는 것이었다. 그래서 그는 이 책이 하루라도 빨리 출판이 되어 많은 사람들이 읽었으면 좋겠다는 생각을 늘 품고 있었다. 그렇다고 엄혹한 유신독재체제가 지속되는 상황에 국내에서 출판한다는 것은 매우 위험한 일이었다.

이 원고는 손학규와 김정남의 손을 거쳐 일본으로 건너가 1978년 11월에 일본어로 먼저 출판될 수밖에 없었다. 국내에는 『전태일 평전』 원고가 존재한다는 사실이 전혀 알려지지 않은 시기였다. 일본어판 저자는 김영기(金英琪)로 표기되었다. 영(英)은 조영래를, 기(琪)는 장기표를 의미하는 것이었다. 평전을 기획한 건 장기표였는데, 그는 바쁘기도 하고 아무래도 글을 쓰는 것은 조영래가 하는 것이 좋겠다고 생각해 조영래가 쓰게 되었다. 조영래로서는 『전태일 평전』은 자신과 장기표의 공동 저작이라고 생각했기 때문에 김영기라는 이름을 조합한 것이다.

그러던 중 1982년에는 국내 출판의 계기를 맞이했다. 복사본 『전태일 평전』을 소지한 민종덕이 82년 수배 당시 인천 구월동 주공아파트에서 다른 수배자들과 함께 도피생활을 하고 있었는데, 이 아파트에 드나들고 함께 생활하던 사람 중에 당시 돌베개 출판사 박승옥 편집장이 있었다. 그는 민종덕에게 『전태일 평전』을 출판할 의향이 있다는 말을 했다. 물론 복사 원고의 존재를 모른 상태에서 일본에서 출판된 것을 번역해서 출판하겠다는 뜻이었다. 민종덕은 돌베개 출판사의 사장 임승남과 편집장 박승옥을 비롯해 모든 직원이 『전태일 평전』 출판으로 인해 혹 당국으로부터 가해질 어떠한 탄압도 감수할 결연한 의지가 있음을 확인하고, 자신이 원고 복사본을 소지하고 있다는 사실을 밝혔다. 이때에도 저자는 밝히지 않았고, 출판사 측에서도 저자가 누군지 알려고 하지 않았다.

그러나 출판사 측이 모든 것을 각오하고 출판을 한다고 하더라도 저자를 밝힐 수는 없는 상황에서 누구를 저자라 할 것이냐는 문제가 남게 되었다. 이때 이소선은 『전태일 평전』 출판 이야기가 오고 가는 것을 듣게 되었지만, 그동안 그랬듯이 조영래가 쓴 이 책에 대해 어느 누구에게

457

도 말하지 못했다. 그 글쓴이는 유신독재가 혈안이 되어 찾고 있는 지명수배자였기 때문이다. 바로 그 책을 지금 국내에서 출판을 하겠다고 하니 이에 대해 만감이 교차하면서도 무어라 말할 수가 없었다.

출판사와 민종덕은 출판을 앞두고 어떻게 할 것인가 하는 고민 끝에 묘수를 찾아냈다. 이미 일본에서 일어판으로 출간된 『전태일 평전』을 1980년 11월 전태일 추도식 때 처음으로 밝힌 사람이 서남동 목사였으니, 서남동 목사를 찾아가 그가 번역한 것으로 해서 출판을 하면 어떻겠느냐는 의견이 모였다. 이런 취지의 제안을 서남동 목사에게 하니 그는 흔쾌하게 허락했다. 그리하여 출판을 추진하기로 했다.

그러자 이 결정에 대해 전태일기념관건립위원회 문익환 회장이 다른 의견을 냈다.

"전태일처럼 훌륭한 청년이 우리 민족이라는 데 한없는 자부와 긍지를 갖고 있는데, 그처럼 자랑스러운 『전태일 평전』을 우리나라 사람이 쓰지 못하고 일본 사람이 쓴 것처럼 한다면 그야말로 우리 민족의 수치다. 내가 모든 것을 책임질 테니 전태일기념관건립위원회에서 엮은 것으로 하자."

이렇게 해서 『전태일 평전』이 1983년 6월 출판되어 세상에 나오게 되었다. 처음에는 『어느 청년 노동자의 삶과 죽음』이라는 제목에 '전태일 평전'이라는 부제목으로 출판되었다. 저자는 '전태일기념관건립위원회 엮음'으로 표기되었다.

조영래의 죽음

이소선은 이런 일련의 과정을 전해 듣고 지켜보면서도 아무런 의견을 내지 못했지만, 마음속으로 저 사람들이 저러다가 혹시 조영래라는 이름이 밝혀지면 어떻게 하나 하는 조바심에 애가 탔다.

조영래는 1947년 대구에서 출생하여 경기고등학교를 거쳐 서울대학교 법과대학을 수석으로 들어갔다. 대학 재학 중에 같은 법대의 장기표와 함께 학생운동을 주도적으로 했다. 졸업 역시 수석으로 하고 사법시험을 준비하던 중에 전태일 사건을 맞아 학생운동을 통해 이를 사회문제화했고, 그의 정신을 계승하기 위한 투쟁을 전개했다. 그런 가운데서도 그는 사법시험에 합격했는데, 사법연수원 재학 중에 민청학련 사건이 터져서 수배를 당하게 되었다. 수배 중에도『전태일 평전』을 집필하고 노동운동, 민주화운동에 꾸준히 헌신했다.

이소선이 본 조영래는 언제나 온화한 마음과 말씨로 함께 있는 사람을 더없이 편안하게 하는 사람이었다. 사물과 상황에 대해 명확하게 판단하고, 일을 해결하기 위해서는 확실하게 추진하는 사람이었다. 많이 배우고, 지식도 많고, 머리도 남달리 똑똑한 사람이지만 언제나 약한 자, 억눌린 자의 편에 서는 그야말로 사랑이 넘치는 사람이었다.

이소선은 아들 전태일의 삶과 죽음을 기록한 것이 번듯한 책으로 출판되어 세상에 나온 것이 신기했다. 무엇보다도 전태일의 진심이 세상에 제대로 알려질 수 있다는 것이 기뻤다. 그러나 기쁨은 잠시, 아들 태일이 장례식 때 자신이 아들의 사진을 붙들고 있는 모습이 책 표지에 실린 것을 봤다. 그때가 바로 지금인 것 같아 온몸이 쑤시고 아파서 앓아누웠다.

『전태일 평전』은 예상대로 출판되자마자 당국으로부터 즉각 판매금지 조치를 당했다. 출판기념회도 원천봉쇄를 당해 약식으로 했다. 책 판매는 전태일기념관건립위원회가 주관이 되어 서점을 통해서가 아니라 각 운동단체, 종교단체, 노조 등에서 조직적으로 팔기 시작했다.

『전태일 평전』의 반향은 대단했다. 전국의 각 대학, 노동단체, 농민단체는 물론 지식인, 종교인에게, 나아가 해외에서까지 필독서가 됐다. 이 책을 읽고 전태일에게 감동받은 수많은 사람들이 자기 삶의 방향을 바꾸어 노동자가 되고 노동운동과 민주화운동에 뛰어들기도 했다. 『전태일 평전』의 저자가 조영래라는 사실이 세상에 밝혀진 것은 한참 후였다.

1990년 가을 어느 날, 민종덕은 서소문에 있는 조영래 변호사 사무실을 찾아가 말했다. "조 변호사님, 이제『전태일 평전』저자를 밝힐 때가 되지 않았습니까?"

그사이 조영래는 수배자 신분에서 변호사가 되었다. 10·26 이후 수배해제가 된 그는 수배로 인해 중단되었던 사법연수를 수료하고 법조인이 된 것이다. 이에 대해 조영래는 그냥 빙그레 웃기만 했다. 민종덕은 확실한 의사를 확인하고 싶어 "그럼 허락하신 것으로 알고 출판사에 연락하겠습니다" 했다. 조영래는 여전히 빙그레 웃으며 바라보고 있다가 말했다.

"『전태일 평전』은 두 가지 측면에서 잘못 써졌다고 생각하네. 첫째는 지식인의 관점에서 써진 것이고, 두 번째는 본의 아니게 죽음을 미화한 게 아닌가 생각하네. 그래서 지식인이 아닌 노동자가 다시 썼으면 좋겠다고 나는 생각하네."

세상 사람들이 평전에 대해 감동하고 찬사를 보낼 때, 정작 저자인 조영래는 남몰래 괴로워하고 있었던 것이다. 특히 전태일 이후 투쟁 현장에서 죽어 간 열사들에게 미안해했다. 그중에서도 박영진 열사를 거론하면서 매우 안타까워했다.

조영래 사무실을 나온 민종덕은 즉시 출판사에 전화를 했다. 출판사에서는 즉시 조영래가『전태일 평전』저자로 인쇄된 개정판의 제작을 서둘렀다. 개정판은 1991년 1월에 나왔다. 그러나 안타깝게도 조영래는 그 책이 나오기 전인 1990년 12월 12일 폐암으로 세상을 떠났다. 향년 43세였다. 너무도 이른 나이에 조영래가 타계했다는 소식을 들은 이소선은 자신의 몸 한쪽이 떨어져 나가는 것 같은 아픔에 몸부림치며 슬퍼했다.

부활

쫓고 쫓기는 유인물 배포 투쟁

전태일 13주기 추도식을 성공리에 마친 청계모임은 자신감을 얻어 사기가 충천했다. 그 여세를 몰아 강제해산된 청계노조를 복구하는 것을 목표로 정하고 활동하기로 했다. 청계모임은 이 일을 전담하기 위해 1983년 12월 1일 회의 결과 민종덕에게 전태일기념관건립위원회 상근간사를 맡겼다.

이에 따라 청계모임은 내부조직을 다지고 교육을 강화하기 위한 활동을 시작했다. 83년 말부터 84년 초의 겨울 동안 기관원들의 눈을 피해가면서 연수 숙박교육을 했다. 당시는 마땅한 교육 장소가 없어서 무척 애를 먹었다. 눈 쌓인 산길을 헤치며 과천의 영보수녀원을 단골로 이용하기도 했고, 송추계곡의 어느 한적한 집을 이용하기도 했다.

84년 봄이 되면서 청계모임의 목표가 서서히 구체화되기 시작했다.

청계노조를 복구하기 위해서는 대중의 지지는 물론이고 이를 추진하는 주체들이 무엇보다도 현장투쟁의 경험이 있어야 할 것으로 판단되었다. 노동조합을 복구하면 독재정권으로부터 불어닥칠 혹독한 탄압이 예상되는데, 그것을 이겨 내려면 노조 복구의 정당성에 기초한 명분과 2만여 청계천 노동자를 포함한 전체 노동자와 시민의 지지가 필수적이었다.

청계모임이 대중적 지지를 받을 수 있는 투쟁의 고리를 잡기 위해서
고심하던 중, 1984년 3월 6일 신광용이 연행되어 구속되는 일이 발생했
다. 신광용은 아프리 사건 때 3층에서 뛰어내려 부상을 당해 불구속 상태
에서 징역 3년을 선고받았다. 불구속 상태로 그동안 아무 말이 없다가 갑
자기 구속을 시켜 버린 것이다.

이에 청계모임에서는 즉각 '신광용 동지 석방 대책위원회'를 구성했
다. 대책위원장 민종덕, 부위원장 황만호·박계현·김성민·김향숙 그리
고 간사 김영대를 뽑았다. 이전까지 이런 류의 대책위원회는 대개 재야
유명인사들로 구성되어 그들을 앞세워 싸워 왔다. 그러나 이번의 경우에
는 그렇게 하지 않고 직접 당사자인 자신들이 대책위원회를 꾸려 싸우기
로 한 것이다. 신광용 석방 투쟁이라는 고리를 활용해 조직력을 과시하
고 아울러 투쟁의 경험을 다지기 위함이었다. 당시 정세는 유화 국면이
었기 때문에 효과적으로 대처한다면 충분히 승산이 있다고 보았다. 승산
있는 싸움을 통해서 투쟁의 성과를 거둔다면, 그만큼 조직력과 투쟁력이
강화될 것으로 판단한 것이다.

'신광용 석방 대책위원회'는 신광용의 구속 경위와 입장을 밝히는 성
명서를 발표했다. 독재정권에 의한 청계노조 강제해산의 부당성을 지적
하고, 이 부당한 행위에 항거하다 구속된 노동자들의 정당성을 알렸다.
구속된 신광용의 즉각석방을 요구하고 청계노조 재건에 대한 의지도 밝
혔다.

아울러 '신광용 석방 대책위원회'는 노동자의 정당한 권리를 주장하
면서 청계피복 노동자들을 상대로 정부 당국의 부당한 처사를 규탄하는
홍보활동을 펼쳤다. 대중성을 확보하기 위한 투쟁을 전개한 것이다. 그
일환으로 3월 20일 아침 8시 30분, 청계 노동자들이 출근하는 각 상가
길목에서 「근로자도 인간답게 살 권리가 있다」라는 유인물을 대대적으로

배포하기로 했다.

실행 전날 저녁, 유인물 배포팀은 신당동의 자취방에 모여 다음 날 아침에 유인물을 배포할 위치를 정하고, 경찰이 연행하면 어떻게 행동하고 연행되었을 때 어떻게 대처해야 하는가를 숙지했다. 그리고 유인물 배포조를 짰다.

이들은 노동자들이 출근시간에 가장 많이 다니는 길목을 찾아보았다. 우선 평화시장, 동화상가, 을지상가, 연쇄상가가 모여 있는 을지로 6가의 평화시장 앞길, 덕수중학교 정문 앞(지금의 프레야타운), 동화상가 입구, 그리고 국립의료원 뒷골목에 인원을 집중배치하기로 했다.

한 조를 3~4명으로 해서 4조 정도를 이곳에 배치했다. 그리고 신평화시장, 부관시장(지금의 동평화시장)에 한 조, 동신상가와 을지로 가정집 공장 등에 각 한 조씩을 배치하여 아침 8시 30분을 기해 동시에 유인물을 뿌리기로 했다.

다음 날 아침, 약간의 긴장감과 기대감, 그리고 새로운 투쟁에 대한 호기심 등이 뒤섞였다. 유인물을 한 아름씩 안고 각자 배치된 위치로 갔다.

드디어 약속된 시간이 되었다. 일제히 같은 시간에 출근하는 노동자들에게 큼지막한 유인물 한 장씩이 배포됐다.

유인물을 받아 든 노동자들의 반응은 다양했다.

"어! 노동조합이 없어진 것으로 알았는데 언제 생겼어요?"

"네, 노동조합이 강제해산되었지만 이제 우리 힘으로 다시 재건을 해야 합니다. 그래서 이렇게 여러분께 호소하고 있습니다."

"맞아요. 노동조합이 있어야 근로조건이 개선되고 사장들이 우리한테 함부로 하지 않죠. 힘내세요."

"감사합니다."

유인물을 받아 가면서 이런 격려의 말을 하는 노동자를 볼 때는 힘이 저절로 났다. 출근시간이 바빠서 아무런 표정 없이 유인물만 받아가는 사람들에게는 이쪽에서 "수고하세요" 하면서 인사했다. 매우 드문 경우로는 유인물을 받아 보고 관심이 없다는 듯이 다시 되돌려주는 사람도 있었다. 그러면 힘이 빠지기도 했지만, 전체적으로는 호응하는 분위기였다.

이런 분위기 속에서 유인물 배포에 몰두하고 있는데 갑자기 호루라기 소리가 들리면서 주변이 소란했다. 돌아보니 상가 경비들이 호루라기를 불면서 유인물 배포를 방해하는 것이었다. 그러자 엄호하는 조가 나타나서 상가 경비들을 막았다. 이미 이런 일이 발생할 것으로 예상해서 엄호조를 배치해 놓은 것이다.

이렇게 평화시장을 중심으로 청계천의 각 상가마다 노동자들과 상가 측 사람들이 옥신각신하는 소리로 아침 출근시간에 난리법석이 일어났다.

이어 기동경찰들이 나타났다. 경찰은 유인물 배포를 하는 사람들을 무조건 붙잡아 연행하려고 이리저리 뛰어다녔다. 유인물 배포조는 경찰들을 따돌리면서 멈추지 않고 유인물을 계속 배포했다. 약이 오른 경찰들은 몇 사람의 남성 노동자들만 지목해서 쫓아다니기 시작했다.

그러나 이곳 지리와 상가 건물 구조를 더 잘 아는 노동자들은 이쪽 입구로 들어갔다가 경찰을 따돌리고, 다른 출구로 나와서 다시 유인물을 배포하고, 경찰이 또 쫓아오면 다시 상가 안으로 들어가서 다른 구멍으로 나오고, 이렇게 쫓고 쫓기면서 출근시간이 끝날 때까지 유인물을 다 돌리고 유유히 사라져 버렸다. 그럼에도 이날 유인물을 배포하다가 중부경찰서에 연행된 회원들은 6명이었다.

이날 아침에 벌어졌던 유인물 배포 사건에 대한 소문은 삽시간에 상가 전체에 퍼졌다. '이제 노동자들이 뭔가 들고일어날 것'이라는 소문이었다. 노동자들에게는 기대 섞인, 사용주들에게는 우려 섞인 이 소문으로 전체 작업장이 술렁였다. 이날 아침 경찰에 연행된 사람들은 10시간 동안 조사를 받고 풀려 나왔다.

다음 날은 유인물 배포 투쟁을 건너뛰었다. 경찰과 경비들이 어떻게 대비하는가를 관찰하기 위해서였다. 그리고 그다음 날인 22일엔 또다시 같은 시간, 같은 장소, 같은 방법으로 유인물을 배포했다. 이날 아침에도 노동자들은 경찰과 쫓고 쫓기면서 청계천 상가들을 발칵 뒤집어 놓았다.

그런데 경찰의 연행작전이 지난번과는 약간 다른 양상이었다. 전전날처럼 유인물 배포하는 사람들을 무조건 연행하는 것이 아니고, 특별히 민종덕 대책위원장을 지목해서 연행하려 했다. 그사이에 얻은 대책위원회에 대한 정보에 따라 위원장의 사진을 가지고 그 사람만 쫓는 것이었다. 유인물 배포팀도 위원장을 집중적으로 방어했다. 그러나 결국 경찰의 물리적인 힘에 밀려 그는 경찰에 붙잡혀 중부경찰서로 연행되었다.

민종덕은 이날 7시간 동안 중부경찰서 정보과장을 비롯해 정보과 형사들과 조사 과정에서 말씨름을 하다가 풀려나왔다. 청계 노동자들의 이같은 투쟁상황을 시시각각 전해 들은 이소선은 이들을 격려하고 제발 몸성히 안전하기를 기도했다.

청계노조 복구계획

이런 크고 작은 투쟁을 통해 자신감을 얻은 청계 노동자들은 조직을 정비·강화하고 대중적인 지지를 얻기 위한 투쟁으로 근로조건 개선을 요구하는 활동을 하기로 했다. 그리고 강제해산당한 노동조합을 재건하기 위한 본격적인 논의를 시작했다.

어떻게 하면 현재의 조건에서 노조 재건에 성공할 것인가? 논의의 초점은 노동조합을 이전의 노동조합이 아닌 완전히 새로운 것으로 결성하느냐, 아니면 강제해산된 노조를 재건하는 형태로 할 것이냐였다. 또 노동조합을 어떤 형태로 조직할 것인가, 현행 노동조합법에 의한 합법적인 노조로 하느냐 아니면 현행 노동조합법을 무시하고 결성하느냐 하는 문제들이었다.

현행 노동조합법은 전두환 정권이 들어서면서 기업별노조만 허용하는 것으로 개악되었다. 그렇기 때문에 청계천 같은 영세 의류제조업체가 밀집해 있는 곳에서도 각 사업장 하나하나마다 노조를 결성할 수밖에 없도록 됐다. 공장마다 10~20명 사이인 작은 규모의 사업장에 일일이 노조를 만들어 운영하게 되면 현실적인 어려움이 많을 뿐 아니라 여러 개의 노조가 합동하는 연합단체도 불가능해진다.

　　그럼에도 노동조합은 어디까지나 대중조직이기 때문에 가능하면 합법적인 조직이 되어야 했다. 노조를 재건할 경우 현행 노동조합법상으로는 불법노조가 된다. 그러면 정부 당국이나 사용주들이 불법이라는 명분으로 탄압을 가해 올 수 있다. 그때 탄압에 대응할 수 있는 논리와 명분을 만들어야 했다.

　　이에 각 공장 단위로 노조를 결성해서 연합단체를 만들자는 주장이 있었다. 이와 달리 독재정권에 의해 강제로 해산당한 노동조합을 원상회복한다는 차원에서 노조를 재건하자는 의견도 있었다. 한편 당국에서 불법이라는 명분으로 탄압하면 대중들에게 이것이 정당하다는 것을 복잡하고 길게 설득해야 하는데 이렇게 되면 매우 불리하다, 대중에게 정당성을 설득하기 위해서는 단순하고 명쾌해야 한다 등 많은 의견이 나왔다. 논란 끝에 현행 노동조합법에 연연해서는 안 된다는 의견으로 모아지기는 했지만, 그 대응책이 마련되지 않아서 고민에 고민을 거듭했다. 그러던 차에 당시 '한국사회선교협의회'에서 발행한 『법외노조란 무엇인가?』라는 소책자를 보고 그들은 힌트를 얻게 됐다. 법외노조는 현행 노동조합법으로 보호를 받을 수는 없지만, 그렇다고 불법노조는 아니다. 이 논리에 힘입어 법외노조를 만들기로 결정을 내렸다. 당시로서는 그 개념 자체가 낯설던 상태에서 청계 노동자들이 처음 한 시도였다.

　　이제 남은 문제는 노동조합을 새로 결성하는 것으로 하느냐 아니면 과거의 청계피복노조의 연장선상에서 재건하는 것으로 하느냐였다. 많은 논의 끝에 청계노조를 재건하는 것으로 하자는 결정을 내렸다. 이는 당시 정세와 관련이 있었다. 광주 민중을 학살하고 등장한 전두환 정권은 그동안 철권통치를 해 왔으나, 권력을 장악한 이후에도 정통성과 정당성 없는 정권이 계속해서 힘으로만 통치하기는 어려웠기 때문에 이 무렵 민주화 세력에 대한 유화 제스처를 취했다. 그 일환으로 이를테면 해직 교수들에 대해서는 복직이, 제적 학생들에 대해서는 복학이, 제명 정치인들에 대해서는 복권 등의 조치가 내려졌다.

이 많은 복(復) 자 돌림의 유화조치가 있었음에도 노동자에 대한 복직, 복권, 블랙리스트 철폐 등의 유화조치는 하나도 없었다. 그래서 이것에 대한 반발로 노동자도 그 복 자 돌림을 한번 써 보자고 해서 청계피복노동조합을 '복구'하기로 한 것이다.

이로써 중요한 방향들은 결정되었다. 이제 목표를 향해 박차를 가하기 시작했다.

1984년 3월 27일, 그동안 활동했던 청계 노동자들이 경기 성남시에 있는 수녀원 '만남의 집'에 모였다. '청계피복노동조합 복구준비위원회'를 결성하기 위해서였다. 그동안 자체 교육이 있을 때 여러 차례 이용한 이곳에서 참석자들은 이전 교육 때와는 달리 조금은 긴장되고 설레는 마음이었다.

넓은 강당에서 형식을 갖추어 회의를 시작했다. '준비위원회' 명단에 올리기로 한 72명 중 10여 명은 참석하지 못했지만, 참석자들은 진지하게 토론을 하여 마침내 '청계피복노동조합 복구준비위원회'를 결성했다. '복구준비위원회'는 위원장 민종덕, 부위원장 황만호·박계현, 간사 김영대 등을 뽑았다.

다음 날부터 복구준비위원회 간부들은 거의 매일 모여서 토론하고, 교육받고, 실무를 준비하느라 여념이 없었다. 바쁘고 고단한 가운데서도 이들은 항상 즐겁고 희망에 차 있었다. 그들 스스로의 힘으로 포악한 독재권력에 맞서 싸워 자신들의 자주적이고 민주적인 조직을 만들겠다는 굳은 의지와 진한 동지애로 하나였다.

이들은 복구한 노동조합이 입주할 사무실을 얻기 위해 청계천 주변을 다 뒤지다시피 했다. 준비위원들의 갹출로 마련해 넉넉하지 않은 돈으로, 조합원들이 저녁 늦게라도 자유롭게 드나들 수 있는 사무실을 얻기 위해 애썼다. 평화시장 근처 부동산 사무실을 돌아다니다 만에 하나 노조사무실을 구하는 것을 정보기관에서 알게 되면 복구대회를 방해받을 수 있기 때문에 은밀히 구해야 했다. 발품을 많이 들인 결과 신당동 한양공고 맞은편에 위치한 5평짜리 사무실을 구입했다. 그야말로 손바닥만한 사무실을 계약해 놓고 준비위원들은 마치 천하를 다 얻은 것처럼 행복해했다.

복구대회 날짜를 4월 8일로 정하고 장소는 명동성당 사도회관 근처로 정해 장소사용 계약을 마쳤다. 청계 노동자들이 참석하기 쉽도록 청계천 상가와 거리가 가까우면서도 대회 중에 경찰이 함부로 들이닥치지 못할 만한 장소를 고르고 골랐다. 이런 만반의 준비를 마친 복구준비위원들은 이소선을 찾아갔다.

"어머니, 드디어 청계피복노조를 복구하게 되었습니다. 4월 8일 오후 3시 명동성당 안에 있는 사도회관에서 합니다."

"아이고, 다들 수고했다! 이대로 끝나는 것인가 했는데 너희들이 노력해서 노동조합이 다시 살아난다니 참말로 고맙고 대견하다."

"다 전태일 동지의 뜻과 어머니의 살아오신 역정에 감동받고 또 격려에 힘입어서 가능한 일이지요."

이소선은 청계노조가 복구된다는 소식을 듣고 잠을 이룰 수가 없었다. 청계노조가 군홧발에 짓밟혀 강제해산당하자 자식 같은 노동조합이 이대로 끝나는 것인가 낙심했던 적도 있었는데, 죽은 것으로만 알았던 그 노동조합이 다시 살아온다니 꿈만 같았다. 없어진 노조가 다시 살아

나는 부활의 기적이 반갑고 기뻤지만 또 한편으로는 앞으로 얼마나 많은 시련이 있을 것인가 하는 염려도 있었다.

마침내 청계노조를 복구하다

드디어 1984년 4월 8일 오후 3시, 역사적인 청계피복노조 복구대회가 열리는 시간이 다가왔다. 참석자가 아주 많았다. 300명가량의 조합원에, 내빈도 문익환 목사를 비롯해 재야인사와 1970년대 민주노조 출신 노동 운동가 등 많은 사람이 자리했다.

이소선은 전날 밤에 기도하다 꿈꾸기를 번갈아 하는 통에 잠을 자지 못해 약간 늦은 시간에 대회 장소에 도착했는데, 예상보다 참석 인원이 많아 놀라고 흐뭇했다. 그런데 복구대회 장소인 사도회관은 대회 시작 전에 문이 열려서 참석자들이 오는 대로 자리에 앉아야 하건만 3시가 다 되어도 문이 열리지 않았다. 모두들 대회장 문밖에서 문이 열리기만 기다리고 있었다.

이에 준비위원들은 당황했다. 어떻게 된 것인가를 성당 측에 알아봐 도 책임 있는 성당 관계자는 보이지 않고, 관리하는 사람이 와야만 문을 열어 줄 수 있다고 대답하는 것이다. 참으로 난감한 노릇이었다. 분명히 장소사용 계약을 했는데 이제 와서 문을 열어 줄 수 없다고 하니 어찌할 바를 몰랐다. 이에 흥분한 조합원들은 "장소사용 계약을 이행하라" 하고 구호를 외치기 시작했다.

'그러면 그렇지, 어디 쉬운 일이 있을까. 쉽게 얻어질 수가 없겠지. 앞 으로 더 많은 어려움도 있겠지. 그러나 포기해서는 안 된다….'

이소선은 이 모습을 보고 갑갑하고도 안타까워 화장실을 찾았다. 담 배 생각이 간절했다. 그렇게 한 시간여를 기다리고 외쳐도 책임 있는 성 당 관계자는 나타나지 않았다. 소란한 속에서 누군가 외쳤다.

"이제 도리가 없습니다. 문을 부수고라도 들어가서 대회를 치러야지 이대로 미룬다면 돌이킬 수 없는 어려움에 직면하게 될 것입니다."

"옳소! 문을 열어라."

환호와 박수 소리가 터졌다. 열혈 청년 노동자들이 문을 밀었다. 다행히 문은 견고하지 않아서 크게 부수지 않고도 열렸다. 문이 열리자 환호성이 울렸다. 이윽고 청계피복노동조합 복구대회가 시작됐다.

회순에 맞춰 내빈을 대표해서 문익환 목사의 격려사가 있었다. 이어 경과보고, 임원 선출, 복구 선언문 낭독, 결의문 채택을 했다. 대회는 미리 준비한 대로 일사천리로 진행됐다. 이 자리에서 이소선은 청계피복노조 고문으로 선출되었다. 그리고 위원장 민종덕, 부위원장 황만호·김영선, 사무장 김영대 등이 선출되었다.

이날 복구대회 선언문은 전태일 정신으로 청계노조가 탄생하게 된 배경, 그러한 청계노조를 전두환 정권이 강제해산한 것에 대한 부당성을 밝히고 노조가 해산당함으로써 근로조건이 저하되었음을 지적했다. 그리고 선언문은 이렇게 끝을 맺었다.

> …그 무엇보다 꺾어도 꺾일 수 없고, 물러서려야 물러설 수 없으며, 자신의 인간다운 삶을 쟁취하기 위해서는 노동조합활동에 적극 참여할 수밖에 없음을 각성한 평화시장 일대 우리 2만여 노동자의 무한한 저력이 우리의 투쟁을 끝없이 이어 갈 것이다.
> 우리는 모든 것을 이기고 우리는 모든 것을 이룰 것이다. 오늘 우리는 바로 이것을 선언하는 것이다. 전태일 선생 만세! 평화시장 청계피복노동조합 만세! 민주민권의 승리, 민주노동운동 만세!

복구대회 행사 자체는 간단했지만, 이날을 위해 그동안 3년에 가까운 세월을 온갖 탄압을 무릅쓰고 투쟁해 온 것에 준비위원들은 스스로 감격스러워 서로 얼싸안고 울었다. 이소선 역시 함께 감격하며 이들을 한 사람씩 안아 주며 격려했다. 이날 명동성당 언덕에 흐드러지게 피어 있는 꽃들은 눈부신 햇살에 저마다의 색깔을 더욱 진하게 내뿜고 있었다.

합법성 쟁취를 위하여

교황이 가고 나면 없애 버릴 '불법노조'

청계피복노조는 감격스러운 복구대회를 마치고 바로 다음 날부터 이미 준비해 놓은 사무실에 입주했다. 집행부 진용도 짰다. 각 부서장은 총무부장 김성민, 조직부장 박계현, 교선부장 지수희, 조사통계부장 문혜경, 쟁의부장 가정우, 복지대책부장 김종숙 등으로 하고 상근간부는 위원장, 사무장, 총무부장, 조직부장, 조사통계부장, 쟁의부장으로 정했다. 이소선도 고문으로서 노조사무실로 출근하기 시작했다.

노조 집행부는 곧바로 업무를 시작했다. 우선 시장상가 전체 노동자들에게 청계피복노조의 복구 사실을 보고하는 글을 만들어 각 사업장에 배포하고, 동시에 노조 가입원서를 받기로 했다. "2만여 청계피복 노동자 여러분, 청계피복노조가 불법부당한 해산 명령을 거부하고 노동조합 본연의 임무를 재개하였습니다. 노동조합을 통해 근로조건 개선과 인간다운 생활을 쟁취합시다"라는 취지의 글을 손글씨로 써서 대량 인쇄해 상근간부들이 각 상가의 공장을 방문하여 배포하기로 했다.

"이제 우리 노동조합은 정당성을 가진 노동조합입니다. 우리 본연의 임무를 수행하기 위해서는 각 공장을 당당하게 방문하고 노동자들의 고

충을 청취하고 사용주의 부당한 처우에 대응해야 합니다. 어떠한 방해가 있다 해도 의연하게 대처합시다. 파이팅!"

간부들은 출정식을 하듯 파이팅을 외치고 각 상가 공장을 방문했다. 물론 사용주들이 좋아할 리 없다. 그러거나 말거나 조합 간부들은 당당하게 공장에 들어가 노동조합이 재건되었다는 소식을 전하고 조합원 가입을 권유하는 연설을 했다. 이 과정에서 사용주 측과 크고 작은 마찰은 있었지만 이미 예상한 일들이었다. 복구된 청계노조는 어떠한 상황에서도 현장에 접근해 현장 노동자들의 호응과 참여를 이끌어 내는 것이 가장 중요하고 조직이 살아남는 길임을 알고 실천했다.

조합 간부들의 현장활동이 계속되자 4월 11일에는 성동경찰서 정보과 형사들이 노조사무실에 들어와 유인물과 서류를 압수해 갔다. 상근간부들이 현장에 나간 틈에 벌어진 일이다. 이에 노조에서는 강력히 항의하여 압수해 간 유인물과 서류를 되찾아오기도 했다. 이뿐만 아니라 현장활동을 나간 조합 간부들을 경찰, 근로감독관, 시장 경비가 합세해 현장 접근을 하지 못하도록 방해하기 시작했다. 이에 상근 간부들은 이들과 심한 몸싸움을 벌였는데 그 과정에서 경찰은 사무장, 조직부장, 쟁의부장을 연행해 노동조합법 위반 혐의로 입건했다. 이 일을 비롯해 복구대회 이후 8차례에 걸쳐 16명을 연행·조사하여 노동조합법 위반, 폭력행위 등 처벌에 관한 법률 위반 등으로 불구속 입건시킨 간부가 7명에 이르렀다.

4월 12일에는 조합원을 비롯해 내빈들이 참석한 가운데 노동조합 현판식이 거행되었다.

이날 이소선은 '청계피복노동조합'이라고 새겨진 간판을 새로 걸게 된 것이 마치 난파된 배를 다시 고쳐서 새로운 배로 만들어 띄우는 것 같다는 생각이 들었다. 그는 새로 만들어서 건 노조 간판을 붙들고 1970년 그때처럼 감격스러워했다.

현판식이 끝나고 나서 참석자들은 한자리에 모여 떡과 술을 나누며 잔치를 벌였다. 이소선은 이날 잔치를 위해서 전날 밤늦도록 김치를 담갔다. 노동자들이 힘든 일을 마치고 행사에 참석해 맛있게 먹을 것을 생각하니 김치 담그는 일이 조금도 힘들지 않았다. 김치에 떡과 머리고기, 막걸리도 준비했다. 참석자들은 현판식 후에 이 음식을 먹으며 풍물놀이를 하고 잔치를 벌였다. 그리고 밤늦게 사무실 문을 잠그고 귀가했다.

그런데 다음 날 아침 또 일이 터졌다.

출근한 상근간부들은 사무실 앞에서 깜짝 놀랐다. 노조 간판은 뜯기고 사무실 집기며 서류 등은 모조리 길바닥에 널브러져 있었으며, 사무실 문 자물쇠는 부서져 있었다. 밤사이에 누가 무단으로 침입한 것이다. 이 광경을 보고 조합 간부와 출근하던 조합원들은 분노했다. 77년 노동교실을 빼앗아 가던 모습, 81년 노조사무실을 빼앗아 가던 그 모습 그대로였다.

위원장이 분개해서 주위를 둘러보니 멀찌감치서 성동경찰서 정보과 형사가 이 모습을 지켜보며 실실 웃음을 흘리는 것이 아닌가. 그는 형사에게 달려가 멱살을 잡고 "네놈들이 건물주한테 압력을 넣어서 이렇게 하도록 시켰지? 네놈들 손으로 원상복구해 놔!" 하면서 그 형사를 앞에서 끌었고, 조합원들은 그를 도와 밑에서 밀고 3층 사무실까지 올라가 "네 손으로 문을 열어!"라고 외쳤다.

형사는 자기 손으로 문을 열고 나더니 혈압이 올라 죽을 것 같다며 바닥에 넘어져 버렸다. 이러는 사이에 전투경찰들이 건물 주위에 새까맣게 깔리기 시작했다. 이에 맞서 출근하던 조합원들 역시 비상동원되었다. 경찰과 조합원 사이에 대치선이 형성되었다.

조합원들이 간판과 사무실 집기를 사무실로 옮기기 시작하자 경찰이 이를 막았다. 이 과정에서 심한 몸싸움이 벌어졌다. 경찰은 몸싸움에 앞장선 총무부장 김성민과 조합원 이재환을 경찰 닭장버스에 싣고 연행하려고 했다. 그러자 여성 조합원들이 "우리도 모두 가겠다" 하며 차에 매달렸다. 경찰차는 그래도 아랑곳하지 않고 매달리는 조합원들을 떼어 놓고 출발하려고 했으나, 이때 김영선 부위원장이 경찰 차바퀴 앞에 드러누워 외쳤다.

"나를 깔아뭉개고 가라!"

나머지 조합원들도 따라 누워버렸다. 이렇게 버티자 경찰은 병력을 증강해서 여성 조합원들을 폭력적으로 진압했다. 이 과정에서 노조 회계감사인 이경숙은 이가 부러지는 등 많은 부상자가 발생했다. 이 소식을 들은 이소선은 아들 전태삼과 함께 급히 노조사무실로 달려갔다. 조합원들이 경찰과 한창 싸우는 중에 도착해 그도 싸움에 합세했다.

길바닥에 내팽개쳐진 사무실 집기를 바라보는 이소선의 심정은 착잡하기 그지없었다. 이런 야만적인 탄압을 어떻게 물리치고 노동자가 활개를 펴고 사는 세상이 올 수 있을까?

3시간여 동안의 몸싸움 끝에 노조는 끝내 경찰을 물리쳤다. 이날의 싸움으로 남자 조합원 두 명이 연행되었다. 남은 조합원들은 사무실 집기를 다시 옮겨, 이날 낮 12시부터는 사무실이 정상회복되었다.

노조사무실을 지켜 낸 노동조합은 사무실만 지키고 있을 수 없었다. 대중을 향한 끊임없는 활동을 통해 지지를 얻어 내고 그들을 조직으로 이끌어 내, 스스로 자신의 권리를 지켜 내고 자신을 억누르는 그 어떤 세력과도 맞서 싸워 이겨야 했다. 따라서 현장에 접근하기 위해 사활을 건 투쟁을 할 수밖에 없었다. 간부들은 쉬지 않고 현장에 나가 홍보선전 조직활동을 전개해 나갔다.

당국의 탄압 또한 집요했다. 노동부 중부지방사무소의 근로감독관들은 각 사업장을 다니면서 노동자를 위협했다.

"지금 노동조합이라고 떠드는 사람들은 불법이다. 불법적으로 노동조합이라는 이름을 붙이고 근로자를 선동하는 사람들은 빨갱이나 다름없다. 그놈들은 모두 감방에 들어갈 사람들이다. 그놈들 선동에 놀아나다 간 신세 망친다."

근로감독관들은 여기에 그치지 않고 4월 21일에는 사용주회의를 소집했다. 이 자리에서 근로감독관들은 사용주들에게 이렇게 말했다.

"업주 여러분, 요즘 불순한 사람들이 노동조합을 표방하고 있어 여러 가지로 불편하시겠지만 조금만 참아 주시기 바랍니다. 작업시간이 길다는 불평불만이 있는데, 교황이 왔다 갈 때까지만 8시에 일을 끝내 주십시오. 노조는 불법이기 때문에 교황이 다녀가면 없앨 것입니다."

이 무렵 교황 요한 바오로 2세가 우리나라를 다녀가기로 되어 있어 국내 인권상황에 대해 가톨릭교회뿐만 아니라 외신에서도 관심이 있던 터였다.

노동부 중부지방사무소 근로감독관은 물론 경인지역 근로감독관, 시청, 구청, 동사무소 직원까지 총동원되어 전체 상가 공장 앞에 지켜 서서 노조 간부의 접근을 막고 노동자들과 업주들에게 "노조 간부가 왔다 가면 신고하라. 또 공장에서 노조에 가입한 사람이나 데모할 만한 사람이 있으면 신고하라"는 등의 말을 하며 사업장을 수시로 점검했다.

노동부에서는 '불법노조'라는 명분으로 노조활동을 방해했다. 공문을 보내 현재 노동조합은 불법노조이므로 노동조합이라는 명칭을 사용하지 말고 노조활동을 중지하라는 요구를 하기도 했다. 이에 노조에서는, 그렇다면 지금 복구한 청계피복노조가 불법노조인가 아닌가에 대한 공개토론을 해 보자는 의견을 노동부와 서울시에 제시했다.

'청계노조 합법성 논란' 공개토론회

청계노조의 공개토론 제안은 서울시에게 81년의 해산명령 조치가 합법적이고 정당했는가에 대해서 따지고 토론해 보자는 의도였다. 아울러 청계노조의 합법성 여부에 대해서도 객관적으로 판단하기 위해, 15개 민주·민권·종교 단체들이 함께하는 '청계피복노동조합 합법성에 관한 공개토론회'를 5월 1일 형제교회에서 갖기로 했다. 이 토론회에는 노동부 노정국장과 서울시 보사국장도 초청하여 청계노조에 대한 정부 측 입장을 듣기로 하고 초청공문을 보냈다. 그러나 노동부와 서울시에서는 아무런 답변도 없이 토론회에 참석하지도 않았다.

5월 1일 저녁 8시, 공개토론회가 열리는 장충동의 형제교회 주변에는 흡사 로마 병사처럼 완전무장을 한 전투경찰들이 교회 입구를 포위하고 있었다. 교회가 동네 가운데 있기에 길목을 완전히 막지는 못하고 대신 행인마다 신분증을 제시하라고 위협을 했다.

이 같은 공포 분위기 속에서도 2천여 명이 참석했다. 입추의 여지가 없는 인원이었다. 넘쳐서 교회 안에 들어갈 수 없는 사람은 장충동 주변에서 "청계노조 탄압 중지"를 외치며 시위를 하기 시작했다.

밖이 소란한 가운데 토론회는 시작되었다. 공개토론에 대한 자료 제시자로서 노조위원장의 현황보고가 있었고, 이어 한국교회사회선교회 총무 김경남 목사의 「청계노조 합법성 여부에 관한 법률적 검토」, 그리고 한국노동자복지협의회 위원장 방용석의 「해산 명령의 부당성과 복구대회의 정당성」이라는 주제발표가 있었다.

이를 토대로 진지하게 토론·분석을 해 본 결과 서울시의 해산 명령 및 노동부 중부지방사무소의 현 노동조합에 대한 불법성 지적은 법적 합당성이 없는 것으로 판명되었다. 따라서 현재의 청계피복노동조합은 아무런 법적 하자가 없는 합법적 노조임을 확인하는 결론에 도달했다.

이날의 열띤 공개토론회 결과는 15개 단체의 명의로 된 성명서를 통해 발표되었다. '어머니의 말씀' 순서에서 이소선은 청계노조를 위해 관심을 갖고 함께 투쟁하는 모든 사람에게 감사의 말을 하고 앞으로도 연대를 통한 노동자 권리 회복과 민주주의를 위해 투쟁하자고 말했다. 토론회는 밤 10시 50분이 되어서 끝났다.

토론회를 마치고 돌아가는 길에도 경찰들은 공포 분위기를 조성했고, 참가자들에 대한 폭력도 행해졌다. 정·사복 경찰과 정체불명의 건장한 남자들이 귀가하던 열여덟 살의 시다 안무연, 스물한 살의 미싱사 윤옥순, 김미경, 김화선 등의 여성 조합원들을 폭행했다.

합법성 쟁취 투쟁의 시작

청계노조는 합법성에 관한 공개토론회를 통해서 노조의 정당성을 스스로 입증했다. 그럼에도 불구하고 당국은 청계노조 탄압을 멈추지 않았다. 이에 청계노조는 보다 강력한 투쟁을 통해서 자신의 정당성을 알리고 합법성을 쟁취하기로 했다.

방법적으로는 노·학 연대투쟁을 하기로 했다. 물론 요구를 관철하기 위한 노동자의 강력한 투쟁의 무기로는 파업이 있다. 그러나 당장 탄압받는 청계노조의 상황으로는 파업투쟁을 벌이는 것이 불가능했다. 또한 자체 역량만으로는 시위농성 등의 투쟁을 할 수가 없는 것이 사실이었다. 그래서 노조 지도부에서는 노동자와 학생이 연대해서 싸우는 방법을 선택했다.

청계피복노동조합은 전통적으로 학생운동과 연대하여 투쟁해 왔다. 1970년 전태일 분신사건 이후 노조 결성도 당시 학생들의 지원을 받아 투쟁해 이루었고, 1984년 노조 복구도 야학연합의 지원이 큰 힘이 되었다. 이번에도 대학생들과 연대해서 강력한 투쟁을 전개해 나가기로 결정했다.

청계노조 지도부는 형제교회 야학팀인 '시정의 집'의 김환기, 류도경, 이영동 등을 통해 각 대학 학생회와 연결을 갖고 각 총학생회 민중지원 책임자와 전술을 논의하기 시작했다.

청계노조 지도부에서는 노동조합 합법성 쟁취 투쟁의 전략전술을 수립했다. 우선 전두환 정권이 청계노조를 비롯해 민주노조를 불법적이고 폭력적으로 파괴한 것이 부당한 조치임을 폭로하면 자연히 노조 복구의 정당성이 드러나므로, 이로써 불법노조라는 명분으로 탄압하는 것을 중단하게 촉구하고 합법성을 쟁취한다는 목표를 설정했다.

또한 투쟁은 일회성에 그치는 것이 아니라 지속적이고 끈질기게 합법성이 쟁취될 때까지 할 것이며, 투쟁 장소는 상징적으로 평화시장 구름다리 아래의 전태일 분신 자리에서 하되 그 자리가 봉쇄될 경우 그곳을 향해 진격하기로 했다. 따라서 합법성 쟁취 투쟁은 기습적인 시위가 아니라 공개적이고 공공연한 홍보를 통해서 대중들로부터 정당성을 인정받는 방향으로 나가기로 했다.

또한 다수의 연행·구류·구속을 각오하고, 특히 대학생의 참여 인원이 월등히 많아 자칫 대학생 시위로 비칠 가능성에 대비해서 매번 청계 조합원의 연행자 숫자를 일정하게 배치하기로 했다.

이와 같은 투쟁을 논의할 때 집행부 주요 간부들은 사무실에서 논의하는 것도 모자라서 밤늦게 쌍문동 이소선의 집에 모여서 논의를 이어 갔다. 이럴 때마다 이소선은 이들이 먹고 자는 것을 신경 써야 했다. 70년대만 해도 청계 노동자들이 집으로 몰려오면 이소선 자신이 직접 밥을 해서 먹이기도 했는데, 80년대에는 그 일을 며느리 윤매실이 도맡아서 하게 되었다. 이소선은 노조 지도부의 열정적인 투쟁 논의를 지켜보면서 뿌듯한 마음을 숨기지 않았다.

구체적인 투쟁전술을 구사하기 위해 각 대학 투쟁 담당자들과의 은밀하고 심도 있는 논의도 지속적으로 진행됐다. 각 대학 학생회 측 투쟁 지도부들이 이소선을 방문했을 때, 그 자리에서 그는 이들에게 "우리 태일이가 대학생들을 부러워했다고요. '학생들은 어떻게 해서 데모를 잘할 수 있는가, 우리 노동자도 그런 것 배워서 학생들처럼 하면 근로기준법도 지키게 할 수 있을 것이고 권리도 지킬 것인데' 하면서 말이에요. 태일이가 죽으면서 어머니는 노동자와 학생이 하나가 되어 함께 싸우게 하라고 했어요"라고 말하며 격려했다.

이렇게 청계노조 합법성 쟁취 투쟁을 하기 위해 준비를 마친 노조는 '제1차 청계노조 합법성 쟁취대회'를 알리는 격문을 청계천 전체 공장에 대대적으로 배포했다.

"모이자! 9월 19일 오후 1시, 평화시장 앞길, 전태일 동지의 외침이 살아 있는 구름다리 아래로, 모여서 싸워 청계노조 합법성을 쟁취하자!"

이 격문이 배포되자 경찰과 정보 당국에서는 긴박하게 움직였다. 이소선은 가택연금이 되고, 위원장은 수배되었다. 지도부는 당국의 이런 조치에 대비해서 미리 정보 당국의 시야에서 벗어난 상태였다.

드디어 1984년 9월 19일 오후 1시, 청계피복노조 '제1차 합법성 쟁취 투쟁'의 바로 그날 그 시간이 왔다. 청계천 평화시장을 중심으로 청계천 5가에서 7가, 을지로 5가에서 신당동, 장충동에서 동대문 이대병원 앞까지 헬멧, 방패, 최루탄 등으로 무장한 경찰이 이중삼중으로 둘러싸고 경비를 하고 있었다. 전투경찰은 페퍼포그 등의 장비를 앞세워 만반의 태세를 갖추고 대비 중이었다.

이렇듯 물 샐 틈 없는 경찰의 저지선을 뚫고 노동자들과 학생들은 대열을 형성하고 진격을 해야 했다. 그러기 위해서는 무엇보다도 초동대오 형성이 중요하다. 초동대오가 형성이 되면 주변에 흩어져 있던 시위대가 그 대오를 중심으로 합세해서 경찰과 대치해 싸울 수 있는 전선이 형성된다.

피아간에 피를 말리는 긴장감 속에서 드디어 오후 1시가 되었다. 그러자 청계천 6가 동대문상가 신발가게들(신평화시장 건너편)에서 대기하고 있던 노동자와 학생 들이 호루라기 소리를 신호로 해서 튀어나오며 구호를 외치고 노래를 부르기 시작했다.

"청계노조 인정하라!"

"노동삼권 보장하라!"

"노동악법 개정하라!"

순식간에 대오가 형성되었다. 130명의 대오는 스크럼을 짜고 청계천 고가차도로 올라가면서 노래를 부르며 유인물을 뿌렸다. 이들 130명은 연행과 구속도 불사하는 선봉대였다. 서울대 학생 40명, 고려대 30명, 연세대 30명, 청계노조 조합원 30명으로 구성되었다.

이번 1차 투쟁 주동을 담당한 청계노조 황만호 부위원장은 건장한 학생들의 무등을 타고 고가차도에 올라갔다. 이들은 고가차도를 점거하고 동대문운동장 로터리 위쪽에 당도했다. 허를 찔린 경찰은 당황하여 급히 방어선을 옮기기 시작했다. 경찰로서는 고가차도를 점거하리라고는 생각하지 못했던 것이다. 이때 고가차도 아래에 흩어져서 대기하고 있던 1천여 명의 노동자와 학생이 로터리 사방에서 물밀듯이 쏟아져 나와 도로를 점거해 버렸다.

순식간에 위와 아래에서 동시에 시위가 벌어지는 것에 당황한 경찰은 우왕좌왕했다. 경찰 병력이 급히 증강되었다. 최루탄, 사과탄, 지랄탄, 페퍼포그에 시위대는 밀렸다가도 다시 대오를 정비해서 로터리를 장악했다. 이 공방은 고가차도 위를 점거한 시위대를 중심으로 밀렸다 다시 모이기를 거듭했다.

경찰로서는 고가차도 위에서 하는 시위를 처음 당해 보았다. 그러니 고가차도가 어느 경찰서의 관할이냐는 문제로 자기들끼리 우왕좌왕하다가 결국 서울시경 테러진압 전문 무술부대를 투입했다. 시경 무술경찰과 맞선 시위대는 양쪽에서 조여 오는 포위망을 피할 수 없게 되었다. 경찰의 포위에 흥분해 자칫 고가차도 아래로 떨어지거나 뛰어내릴 수도 있었다. 이에 황만호 부위원장은 시위농성을 최대한 오래 버티면서도 시위대가 안전하도록 최선을 다했다. 고가차도 시위대열은 40분가량 고가차도

위에서 버티다 전원 연행되었다.

　로터리를 장악한 고가차도 아래에서의 시위는 3시간가량 계속되었다. 경찰은 엄청난 최루가스를 퍼부으면서 시위대를 이대부속병원 방향으로 밀어붙였다. 시위대는 혜화동 로터리까지 퇴각하면서 이날의 시위를 끝냈다. 이날 시위로 경찰에 연행된 숫자는 122명으로, 이 가운데 청계 조합원은 17명이었다.

　이소선은 시위가 끝나는 시간에 맞춰 가택연금이 풀렸다. 이소선은 곧바로 경찰서로 달려갔다. 연행된 노동자와 학생 들을 면회하기 위해서였다. 그들은 최루가스로 범벅이 되어 눈물콧물 흘리면서도 조금도 위축되지 않고 씩씩하고 당당했다. 그 모습을 보니 이소선은 안심이 되었다.

　연행된 이들은 즉결로 넘어가 구류 29일을 받았다. 그러나 모두 다 정식재판을 청구해서 연행 이틀 만에 석방이 되었다.

　이날 청계노조 조합원들은 1차 합법성 쟁취 투쟁 가두시위가 끝나자 곧바로 기독교회관 5층에 있는 사회선교협의회 사무실에서 "청계노조 인정하라"를 외치면서 농성에 들어갔다. 이 농성은 1차 시위를 끝내고 조합원을 점검하고 앞으로의 투쟁을 정비하기 위한 것이었다.

　이러한 청계노조의 합법성 쟁취 투쟁시위는 광주민중항쟁 이후로 꼽을 만한 규모 있는 노·학 연대 가두시위였다.

2차 합법성 쟁취 투쟁

1차 합법성 쟁취 투쟁을 어느 정도 성과 있게 마친 청계피복노조는 이어서 2차 합법성 쟁취 투쟁을 하기로 했다. 지속적인 투쟁을 하기로 한 방침에 따라 미리 기획된 것이었다. 제2차 투쟁은 10월 12일 오후 1시에, 이번에도 1차 때와 마찬가지로 평화시장 구름다리 아래를 향해 진격하는 것을 목표로 했다.

합법성 쟁취 투쟁을 준비하는 실무팀들은 지난번 1차 대회 때 본 경찰의 배치상황을 면밀히 조사하고 분석했다. 평화시장 구름다리와 가장 가까운 곳 중 비교적 경비가 허술한 곳을 찾아 그곳을 점거한 뒤 평화시장을 향해 진격할 곳을 찾았다. 그 결과 을지로 5가 로터리 수도예식장 앞이 적합하다고 판단했다. 그곳은 근처에 중부시장이 있어 시위에 참가하려는 사람들이 중부시장에 흩어져 있다가 초동 선동의 신호에 맞추어 일시에 뛰쳐나오면 초동대오 형성에 무리가 없을 것으로 판단했다.

투쟁 지도부는 하루 전날 밤에 초동대오가 형성될 자리 주위에 모였다. 이 자리에서 상황을 점검하고 결의를 다진 뒤, 각자 준비해 온 드라이버로 보도블록을 살짝 빼 놓는 작업을 했다. 다음 날 경찰과 대치했을 때 보도블록을 쉽게 빼기 위해서였다. 그것을 신속하게 빼서 깨뜨리면 훌륭한 짱돌이 되기 때문이다.

드디어 10월 12일 오후 1시가 되었다. 평화시장 일대는 시위진압 도구로 무장한 경찰의 철통같은 경비로 긴장이 팽팽했다. 그러나 시위에 참가하는 노동자와 학생 들은 어디를 봐도 드러나 보이지 않는다. 이들은 미리 중부시장 주위에 뿔뿔이 흩어져서 신호가 떨어지기만을 기다리고 있는 중이었다.

1시가 되자마자 시장 손님들 틈에 섞여 있던 김영대 청계노조 사무장이 호루라기를 불면서 갑자기 을지로 5가 로터리 수도예식장 앞 광장으로 뛰어나갔다. 이어서 김영선, 이승숙, 이은숙, 한경렬 등이 플래카드를 들고 달려 나간다. 이들이 이번 투쟁의 선봉대를 맡았다. 이 신호에 맞춰 주위에 숨어 있던 노동자와 학생 들이 순식간에 밀고 나가면서 노래를 부른다.

"와서 모여 함께 하나가 되자!"

"와서 모여 함께 하나가 되자!"

대오가 형성되었다. 구름처럼 모여든 노동자와 학생 들은 목청껏 구호를 외친다.

"청계노조 인정하라!"

"노동악법 개정하라!"

"노동삼권 보장하라!"

이번에도 허를 찔린 경찰이 뒤늦게 벌떼처럼 밀려왔다. 페퍼포그를 앞세운 이들은 지랄탄을 쏘아 댄다. 지랄탄은 대열 사이를 뚫고 사람 바로 옆에서 터진다. 최루가스가 뽀얀 사이에서도 눈물콧물이 범벅이 되어 구호를 외치고 깃발을 흔들어 댄다. 경찰은 메가폰을 들고 계속 구호를 외치고 있는 김영대 사무장을 주동자로 지목하고, 그를 겨냥해서 최루탄을 직격으로 쏘았다. 순간 김영대가 들고 있던 메가폰이 맞아 날아가 버렸다. 이 직격탄이 그의 얼굴에 맞았다면 치명상을 입거나 즉사했을 것이다.

이날 경찰이 발사한 직격탄은 결국 고대생 임진수의 머리를 맞혔다. 현장에서 의식을 잃고 쓰러진 임진수 학생은 급히 병원으로 옮겨졌다.

시위대는 경찰과 두어 시간가량 밀고 밀리는 공방전을 벌이다 장충동 방향으로 밀리게 되었다. 대열이 밀려도 주동을 맡은 노동자와 학생 들은 바닥에 주저앉아서 버텼다. 특히 청계노조 주동자인 김영대, 김영선, 이승숙, 이은숙, 한경렬은 자욱한 최루가스 속에서도 끝까지 구호를 외치고 플래카드를 놓지 않았다. 이들은 개떼처럼 몰려오는 전경들의 군홧발에 짓이겨지면서 연행되었다. 이날 연행된 인원에는 이들 노동자 5명 이외에 학생 27명이 더 있었다.

그런데 이날 작전상 예정에 없던, 민종덕 위원장이 연행되는 일이 발생했다. 시위를 마치고 난 뒤 지도부가 따로 만나 그날 투쟁을 점검·평가하기 위해 신당동의 한 식당에 모이기로 했는데, 그 장소에 갔다가 누군가를 미행해 온 사복경찰들에게 연행된 것이다.

이소선은 예정에 없이 민종덕이 연행되니 당황했다. 조직의 대표인 위원장이 연행됨으로 인해서 앞으로의 투쟁에 차질이 생길까 염려가 되었다. 그는 동대문경찰서에 쫓아가 노동자들의 연행에 강력하게 항의하고 이들을 즉각 석방하라고 요구했다. 이어 재야 각 단체에 노동자 석방을 호소하고 외국에서 파견된 기독교 단체 대표에게도 같은 호소를 했다.

다행히 이날 연행된 이들 전원은 즉결심판에 넘겨졌다. 이들은 구류 29일을 받았으나 정식재판을 청구해 일찍 석방되었다.

청계노조 합법성 쟁취 투쟁은 그해 11월 13일 전태일 14주기 추도식에서도 계속 이어졌다. 이 추도식을 마친 청계노조는 겨울 동안 일단 투쟁을 멈추기로 했다. 투쟁을 한 템포 쉬면서 내부를 다지고 재충전을 하기 위함이었다.

택시기사 박종만 분신사건

그러나 당시 상황은 겨울이라 해서 독재정권의 노동운동 탄압이 멈출 리도 없었고, 노동자의 투쟁 역시 중단될 수 없었다.

청계노조는 11월 30일 1박 2일로 조합원 합숙교육을 하기로 했다. 그런데 이날 아침 조간신문에 1단 기사로 '민경교통 박종만 씨 분신' 사건 보도가 났다. 이 기사를 본 청계노조 집행부는 즉각 상집회의를 소집했다. 회의 결과 이들은 택시회사 민경교통이 노동자의 자주적인 노조활동을 탄압하고 이에 항의하는 노동자를 분신에 이르게 한 사건에 침묵할 수 없다고 판단했다. 청계노조는 조합원 합숙교육을 취소하고 즉각 현장에 달려가 연대투쟁을 하기로 했다.

이소선과 청계노조 간부들은 분신항의로 숨진 박종만의 시신이 안치된 신촌 세브란스병원 영안실로 달려갔다. 이소선은 이런 일이 있을 때마다 맨 먼저 달려가서 유족을 위로하고, 유족이 회사와 경찰 측의 회유에 넘어가지 않도록 설득하는 것이 자신에게 주어진 운명적인 임무라고 생각했다.

분신으로 숨을 거둔 박종만은 1982년 10월 민경교통주식회사에 입사했다. 그는 1983년 3월부터 노조 복지부장으로 일하면서 노동운동을 시작했다. 1984년 11월 회사 측은 노조를 탄압하기 위해 터무니없는 트집을 잡아 노조 사무장을 해고했다. 노조 간부들은 노조 탄압에 항의하여 단식을 결의하고 철야농성에 돌입했는데, 회사 측은 노동자들의 요구를 묵살하고 도리어 농성자들을 해고하겠다고 위협했다.

밤샘단식농성 중이던 박종만은 11월 30일 "내 한 목숨 희생되더라도 더 이상 기사들이 피해를 보지 않도록 해야겠다"라는 유서를 배차일지에 남기고 택시회사 사무실의 난로에서 빼낸 석유를 몸에 끼얹고 분신했다. 운명하기 전 그는 "내가 이렇게 떠나면 안 되는데… 아직도… 할 일이 많은데…"라는 말을 남겼다.

사건의 자초지종을 들은 이소선은 아들 전태일이 14년 전 이맘때 분신하면서 했던 외침들이 생생히 살아오는 것 같았다.

이소선은 아직 국민학생인 박종만의 두 아들과 그의 부인 곁을 지켰다. 마음을 굳게 먹고 고인의 뜻이 무엇인지, 그 뜻을 살리기 위해서는 어떻게 해야 하는지를 이야기해 주었다.

이소선과 청계노조 간부들에 이어 이 소식을 듣고 문익환 회장 등 민통련 간부들, 김근태 의장 등 민청련 회원들, 그리고 당시 구로공단에서 민주노조를 결성하다가 회사와 어용노조의 탄압에 맞서 투쟁 중이던 협진양행, 유니전 등의 노동자들이 빈소에 모여들었다.

박종만의 빈소에 모인 노동자와 재야인사 들은 혹시 경찰이 시신을 빼돌릴 것에 대비해 빈소를 지켰다. 이소선 역시 문익환 목사의 어머니인 김신묵 여사와 나란히 앉아 자리를 지켰다.

밤이 되자 회사 측에서 보낸 구사대가 빈소를 차지하기 위해서 노동자와 재야인사를 밀쳤고, 이에 합세해서 경찰이 농성자들을 해산시키려

했다. 이 과정에서 격렬한 몸싸움이 벌어졌다. 이소선은 유족을 설득해 회사에 민주적인 노조를 확실하게 세울 수 있도록 요구하게 하고, 장례 또한 민주세력이 주도해서 치를 수 있게 했다. 농성하는 노동자와 민주인사 들은 격렬한 몸싸움으로 새벽까지 버텼다.

날이 새자 경찰은 영안실을 포위하고 격렬하게 저항하는 농성자들을 강제로 끌어내기 시작했다. 그렇게 닭장차에 강제로 실린 사람들은 이번엔 차 안에서 경찰들을 쫓아내 버렸다. 경찰은 차문을 열고 들어오려 했지만 안에서 막아 불가능했다. 닭장차에 농성자들을 실어 놓고도 도리어 차를 빼앗긴 상황이 되어 버린 것이다.

그러자 경찰은 차 안에다 사과탄을 터뜨려 놓고는 차 문을 잠가 버렸다. 밀폐된 버스 안 바로 코밑에서 사과탄이 터지자 차 안은 순간 지옥으로 변했다. 당장 질식해서 죽을 것만 같았다. 모두 창문 쪽으로 붙어 주먹으로 창문을 깨 보려고 했지만 어림없었다. 누군가 운전석 옆 유리창을 발로 힘껏 찼다. 유리가 깨지면서 최루가스가 창문 밖으로 뿜어져 나갔다.

차 밖에서 이를 지켜본 사람들이 불이 난 줄 알고 "불이야" 하고 고함을 질렀다. 그때서야 경찰이 차 문을 열어 주었다. 차 안에 있던 사람들은 이미 차 바닥에 쓰러져 일어나지도 못했다. 그들은 마치 절인 배추처럼 되어 버린 채 한 사람씩 끌려 나와 서리가 하얗게 내린 잔디 위에 널렸다. 이들은 한참 누워서 찬 공기를 마시고서야 정신을 차릴 수 있었다.

이날 60명이 연행되어 즉결심판에 넘겨졌으나 대부분 정식재판을 청구해 구류 29일을 받았다.

평화의 집과 전태일 기념관의 마련

이소선과 청계노조 조합원들은 1984년을 마지막 날까지 투쟁과 구류로 보내고 1985년을 맞이했다. 당시 정세는 2.12총선을 앞둔 유화 국면이었다. 청계노조는 이 기간 동안 물적 토대를 확실하게 다져 냈다.

첫 번째는 1985년 2월 '인간의 대지'(Terre des Hommes)에서 지원을 받아 서울 종로구 창신동 106번지에 노조 소유의 건물을 마련한 것이다. 이곳을 '평화의 집'이라고 이름 지었다. '평화의 집'은 한국기독교교회협의회 사회선교협의회에서 일하던 최혁배가 독일의 NGO '인간의 대지'에 연결해 한국의 노동상황을 알린 것을 계기로 만들어지게 됐다.

'인간의 대지'는 그 이름을 따온 프랑스 소설가 생텍쥐페리의 동명 소설 내용처럼 휴머니즘을 표방하며, 특히 아동과 청소년 문제에 초점을 맞추는 단체였다. 최혁배는 이 단체에 근무하는 아시아 담당자 테오 돔(Theo Dom)과 긴밀하게 연락해 한국 상황을 알렸다.

테오 돔은 친구이자 오스나브뤼크(Osnabrück)대 교수인 귄터 프로이덴베르크(Günter Freudenberg)에게 1970년대 한국의 동백림 사건, 김지하 사건, 김대중 사건에 대해 들어 한국의 인권상황을 알게 되었다. 그 후 그는 한국의 인권상황을 개선하는 데 도움을 주기 위한 '한국위원회'에 참여하면서 게르하르트 브라이덴슈타인(Gerhard Breidenstein) 등과 함께 한국의 인권개선을 위한 활동을 하고 있었다. 1970년대 홀트아동복지회를 통해 한국에 온 그가 1980년대에 인권개선활동을 위해 다시 한국에 왔다가 최혁배를 만나게 된 것이다. 그는 한국 노동운동에 대한 자료를 모으고 평화시장 봉제공장 노동자들의 현실을 공부했다. '민중' 같은 한국어도 배웠다. 그는 특히 평화시장 노동자들의 상당수가 10대라는 점에 놀랐다. 그에게 전태일 사건은 곧 청소년 노동 착취의 문제였다.

그는 『코리아』라는 소책자를 발간해 독일인들에게 청계 봉제공장 노동자들의 실태를 알렸다. 그의 강연을 들은 10대 학생들은 '전태일의 뜻을 기리자'는 집회를 열었고 모금도 했다. 돔은 한국의 노동운동을 물심양면으로 지원했다. 그 이유로 당시 안기부의 블랙리스트에도 올랐지만 아랑곳하지 않았다.

　이소선은 한국을 방문한 테오 돔을 맞이해 비록 말은 통하지 않아도 그가 청계천 주변 열악한 공장을 열심히 쫓아다니는 모습을 보고 그의 열정과 성실함에 감탄했다. 이때 이소선은 어렸을 때 동네 청년에게 배웠던 두세 마디 영어로 좌중을 웃기기도 했다.

　'인간의 대지'에서 지원받은 돈으로 매입한 '평화의 집'은 창신동 골목의 한옥집이었다. 매입 당사자는 이소선과 청계노조 간부로 했다. 공동으로 한 이유는 노조 명의로 할 수도 없고, 그렇다고 별도의 법인을 만들 상황도 아니어서 이후 군부독재가 물러가면 그때 법인으로 전환하기로 한 것이다.

　평화의 집 개관식에는 여러 민주단체는 물론 야당 정치인도 대거 참석했다. 이 자리에서 이소선은 "우리의 소원이 이뤄져 이제는 독재정권이 우리를 쫓아내지 못할 것이다. 그동안 우리는 남의 건물에 세 들면 경찰, 안기부가 건물주한테 압력을 넣어 쫓겨나는 신세였는데 이제는 우리 집을 갖게 돼 좋다"고 말했다. 이날 참석자들과 창신동 동네 사람들은 술과 떡과 고기를 나누면서 평화의 집 개관을 축하했다.

　청계노조는 '평화의 집'에 이어서 '전태일 기념관'도 마련했다. 전태일기념관건립위원회는 국내 모금이 여의치 않아 미국의 연합장로회에 프로젝트를 신청했는데 이것이 성사된 것이다. 이 돈은 한국의 기독교 단체를 통해서 도착했다.

　그런데 이 프로젝트 자금으로 건물을 매입하면 그 소유주를 어떻게 할 것인가를 놓고 청계노조와 한국의 기독교 단체 간에 이견이 생겼다. 청계노조에서는 청계노조 당사자의 명의로 소유가 돼야 받을 수 있다는 의견이었고, 기독교 단체에서는 종단 명의로 하고 사용은 언제든지 자유롭게 해도 된다는 의견이었다. 청계노조는 청계노조 당사자의 소유가 되지 않으면 받을 수 없다면서 수령을 미루고 있었는데, 그러다가 1985년

6월에 전태일기념관건립위원회에서 수령을 하게 되었다. 그 돈으로 동대문상가 아파트 두 채를 매입해 전태일 기념관으로 사용하기로 했다. 소유 등기는 이소선, 문익환, 민종덕 공동명의로 했다.

1985년 2.12총선의 결과는 민정당의 2중대로 불리던 유사야당 민한당을 공중분해할 만한 신민당의 승리였다. 그럼에도 총선 이후로는 그때까지의 유화 국면이 끝나고 또다시 탄압 국면이 예상됐다.

당시 결혼 적령기였던 청계노조 간부들은 이 유화 국면이 끝나기 전에 서둘러 결혼식을 올렸다. 다시 탄압 국면이 시작되면 쫓기거나 구속될 수밖에 없는 상황에서 자칫하면 혼기를 놓칠 염려가 있기 때문이었다. 청계노조 간부들은 1985년 2월부터 3월 말까지 거의 매주 한 쌍씩 결혼식을 올렸다. 이소선은 이들의 결혼식 때마다 그들의 또 다른 어머니로 결혼식에 참석해 진정으로 행복한 가정을 이루고 당당하게 살아가는 노동자가 되라고 격려하고 당부했다.

제3차 합법성 쟁취 투쟁

이렇게 겨울 동안 봄을 준비한 청계노조는 1985년 봄이 되자 또다시 합법성 쟁취 투쟁의 길로 나아갔다. 지난해 1, 2차 투쟁에 이어 3차 투쟁을 준비하기 시작했다.

2차에 걸친 합법성 쟁취 가두시위로 경찰의 대비는 더욱 광범위하고 치밀할 것이었다. 이에 맞서 청계노조도 그에 못지않은 전략과 전술을 구사해야 했다. 또다시 경찰의 허점을 찔러 가두시위를 성공시키기 위해 궁리했다.

그리고 봄이 시작되자 청계노조에서는 3차 합법성 쟁취 대회를 예고했다. 일시와 장소는 4월 12일 오후 1시, 장소는 1, 2차와 같은 곳이며 같은 요구조건을 내걸고 연다며 대대적으로 홍보했다. 그래 놓고 노조를 통해서는 "이번에는 날짜를 변경해서 기습적으로 가두시위를 할 것이다. 바로 4월 8일 청계노조 복구 1주년을 맞이해 대대적인 합법성 쟁취 가두투쟁을 할 것이다"라는 말을 퍼뜨리고 동대문경찰서 정보과 형사들에게 일부러 흘리기도 했다. 투쟁 지도부에서 노리고 한 일로, 4월 12일 거사를 앞두고 사전에 경찰의 작전을 미리 파악하기 위해서였다.

아니나 다를까 4월 8일이 되자 평화시장을 중심으로 청계천, 을지로, 종로 일대에 경찰들이 쫙 깔렸다. 청계노조 투쟁 지도부는 이것을 놓치지 않고 이날 아침 일찍부터 배치된 경찰의 상황을 점검했다. 경찰이 어떻게 배치되고 어떻게 경비하는지 실제를 점검하고자 하는 작전이 성공한 것이다. 그리고 3차 가두시위를 하기 좋은 장소를 찾으러 다녔다.

역시 경찰은 평화시장을 중심으로 반경 2킬로미터 정도는 삼엄하게 경비를 하고 있었다. 상황을 점검한 준비팀은 여의치 않지만 그래도 초동에 진압되지 않고 대오를 형성할 수 있는 장소는 신당동 시구문 옆 한양공고 앞 교차로라고 판단했다. 물론 시구문 옆에도 경찰차가 배치돼 있기는 하지만 이들은 초장에 많은 숫자의 시위대가 제압을 하고 뚫으면 될 것으로 판단했다.

드디어 결전의 날인 4월 12일이 됐다. 이날 동화상가, 을지상가, 연쇄상가, 통일상가 등 공장이 있는 각 상가들은 철시하고 경찰들이 철통같이 막았다. 청계천 일대에 긴장감이 감돌았다.

오후 1시 20분 점심시간을 기해 각 시위대는 신당동 중앙시장, 무학빌딩 등에 흩어져서 신호를 기다리다 호루라기 소리에 맞춰 일제히 용수철처럼 뛰어나왔다. 이들은 순식간에 스크럼을 짜고 시구문 옆을 지키고 있던 경찰들을 제압해 밀어붙였다. 눈 깜짝할 사이에 근처 골목길에 흩어져 있던 나머지 시위대도 홍수처럼 신당동 교차로에 쏟아져 나왔다. 시위대 인원은 1, 2차 때보다 더 많아 2,500명가량 됐다. 교차로를 가득 메운 시위대는 스크럼을 짜고 구호를 외치면서 평화시장 방향으로 진격하기 시작했다.

"청계노조 인정하라!"

"노동악법 개정하라!"

"노동삼권 보장하라!"

신당동 교차로 주위 건물에 있는 봉제공장의 노동자들이 창문을 열고 내다보다가 밖으로 뛰어나와 시위대에 합세했다. 뒤늦게 상황을 파악한 경찰은 서울운동장 옆에 방어선을 치고 최루탄을 쏘아 대기 시작했다. 시위대는 물러서지 않고 투석으로 맞섰다.

경찰이 빠르게 병력을 증강해 시위대를 밀어붙이기 시작하자 시위대는 천천히 약수동 방향으로 이동했다. 중간에 있는 파출소를 에워싸고 공격했으나 파출소 밖에서만 하고 안으로 들어가지는 않았다.

경찰은 시위대의 위세에 가까이 다가오지는 못하고 엄청난 물량의 최루탄을 퍼부어 시위대의 위세를 약화하겠다는 작전을 펼쳤다. 이날의 시위는 약 4시간 동안 신당동, 약수동을 휩쓸고 한남동 한강 다리까지 떠밀리면서 지칠 때까지 계속 이어졌다. 시위 과정에서 경찰 순찰차 1대와 시위진압용 차량 1대가 불에 타기도 했다.

경찰은 시위가 끝나고 귀가하는 시민의 손을 일일이 검사했다. 돌멩이를 던진 흙 묻은 손은 무조건 연행했다. 그러나 경찰이 연행한 사람들은 단순가담자나 시위를 구경하던 시민뿐이었고 주동자급은 한 사람도 잡지 못했다.

이소선은 평화의 집에서 시시각각 진행상황을 전해 들으며 마음을 졸였다. 시위를 마치고 저녁 때 평화의 집으로 돌아온 조합원들은 온몸에 노랗게 최루가스를 뒤집어쓰고 있었다. 눈물, 콧물, 재채기에 정신이 없어도 이들이 다치지 않고 무사히 돌아온 것이 이소선은 감사하고 대견했다. 그는 조합원들의 옷을 벗겨 털어 주고, 속옷도 빨아 주었다. 눈이 매워 연신 눈물을 흘렸지만 이 눈물은 슬픔의 눈물이 아니었다.

서노련을 둘러싼 분열과 투쟁

구로동맹파업

1985년 6월 22일 밤, 11시가 넘은 시간에 구로공단의 대우어패럴, 선일섬유, 효성물산 노조 간부들이 무엇에 쫓기듯 조심스럽게 청계피복이 노조사무실로 쓰고 있는 평화의 집으로 왔다. 미리 연락을 받고 기다리고 있던 청계피복노조 간부들이 이들을 맞이해 한자리에 모였다.

"아무래도 안 되겠습니다. 여기는 공개된 장소이기 때문에 보안상 문제가 있을 수 있습니다. 만에 하나 정보 당국이 알고 덮칠 수도 있으니 다른 곳으로 옮깁시다."

손님을 맞이하는 입장인 청계노조 측에서 제안을 했다. 이에 따라 일제히 자리에서 일어나 안내자를 따라나섰다. 이들은 평화의 집 근처에 있는 어느 봉제공장 안으로 들어갔다. 한밤중에 공장 바닥에 빙 둘러앉은 20명가량의 노조 간부들은 긴장 속에서 회의를 시작했다.

"대우어패럴 자본은 올봄 임금인상 파업투쟁을 주도한 우리 노조 간부를 고소고발하고 정권은 이것을 빌미로 김준용 위원장을 비롯해 간부 3명을 연행해 구속시켰습니다. 이것은 단순히 대우어패럴 단위노조에 대한 탄압에 그치지 않습니다. 이후 민주노조에 대한 대대적인 탄압을 예고하는 것으로, 이에 대해 우리가 그동안 공동으로 교육하고 공동으로 임금인상 투쟁을 전개했던 것처럼 공동으로 맞서 투쟁해야 합니다."

대우어패럴 노조 측의 제안을 주제로 회의가 진행되었다. 토론은 간단하고 명료했다. 그동안 청계피복노조 복구 이후 자주적으로 새롭게 결성돼 서로 간에 긴밀한 교류와 공동투쟁을 해 왔던 노동조합들이어서 공동으로 대응하는 것에 대해 이견이 없었다. 결의와 구체적인 방법을 어떻게 할 것인가를 심도 있게 논의했다. 이날 회의 결과 6월 24일 오후 2시를 기점으로 참여 가능한 사업장은 동맹파업을 하기로 했다.

사실 이날 이런 결의를 도출해 내기까지는 그동안의 목적의식적인 활동이 있었다. 1984년 청계피복노조 복구에 이어 전개된 합법성 쟁취 투쟁은 민주노조운동을 열망하는 많은 사람들에게 상당한 자신감을 주었다. 특히 1980년 광주민중항쟁을 겪은 뒤 학생운동 출신으로 노동 현장에 투신한 인사들과 의식화된 노동자들은 1970년대 민주노조의 성과와 한계를 인식하면서 현장활동을 전개해 온 바였다.

이들은 1984년 4월 청계피복노조 복구에 이어 구로공단 등지에서 민주노조를 결성하기 시작했다. 그해 6월 9일 대우어패럴, 6월 11일 선일섬유, 효성물산 등에서 노조가 결성되었다. 이들 민주노조는 서로 합동교육을 통한 교류를 했는데 이것은 1970년대 민주노조의 경험에서 얻은 교훈을 실천한 것이다. 즉 70년대에 기업별노조로서 각개격파당한 것에 대항해 연대의 틀을 굳건히 다지기 위한 의식적인 활동이었다.

이어 1985년 봄의 임금인상 투쟁에서도 구로공단 내 노조들이 단체교섭과 파업의 시기를 맞추어 공동으로 대응하기도 했다. 대우어패럴 노조 김준용 위원장은 1970년대 말 청계피복노조에서 대의원으로 활동하다가 군대에 갔다 와서 곧바로 구로공단 대우어패럴에 최한배와 함께 입사해 노동운동을 한 청계 출신이었다. 그는 이미 군 입대 전에 노조활동과 야학을 통해 의식화되었고 1970년대 민주노조들이 파괴되는 것을 목격했기에 그 한계를 극복하기 위한 활동을 하기로 했다. 그것을 실천하기 위해 구로공단의 규모가 큰 공장에 취직해서 노조를 만들고, 기업별노조의 틀을 벗어나기 위한 활동을 해 왔던 것이다.

대우어패럴 노조 간부를 구속한 전두환 군부독재정권의 목적은 대우어패럴 노조 하나를 깨는 게 아니라 민주노조 모두를 없애는 것이었다. 이에 그동안 연대활동을 해 왔던 노조 간부들은 동맹파업을 결정했다. 동맹파업을 성사시키기 위해 조직을 투쟁체제로 전환하고, 사업장별로 의견을 다시 모아 하루 만에 동맹파업에 돌입했다. 마침내 6월 24일이 왔다.

"노조 간부 석방하라."

"민주노조 탄압 말라."

"노동악법 개정하라."

"집시법·언기법(언론기본법)을 폐지하라."

"노동부 장관 물러나라."

구로공단에 구호가 울려 퍼졌다. 대우어패럴 노동자들이 오전에 먼저 파업에 들어갔다. 이어 오후 2시에 효성물산, 가리봉전자, 선일섬유 3개의 민주노조가 동맹파업을 일으켰다.

청계피복노조는 영세사업장이 모여 지역으로 조직된 노조로서 파업으로 연대하기가 어려웠다. 그래서 민주단체와 민주적인 노동단체들의 지지와 연대를 이끌어 내고 가두시위와 농성으로 연대투쟁을 했다.

이렇게 시작된 4개 노조 노동자들의 동맹파업은 물이 끊기고 전기가 차단된 가운데서도 노동자들이 주린 배를 움켜잡고 6일간이나 이어 나갔다. 투쟁은 들불처럼 확산되어 29일까지 5개 사업체 6개 공장에서 동맹파업을 벌였고, 힘이 못 미치는 부흥사, 세진전자, 롬코리아, 남성전기, 삼성제약 등 5개 사업장에서는 잔업 거부 후 농성, 중식 거부 같은 방식으로 지지 투쟁을 벌였다.

구로공단 곳곳에서는 동맹파업을 지지하는 가두시위가 벌어졌고 선전물이 배포되어 공단 노동자들의 손에서 손으로 전달됐다. 또 한국노동자복지협의회, 노동운동탄압저지투쟁위원회 같은 노동운동단체와 청년, 농민, 여성계 여러 운동세력들이 서울을 중심으로 전라도, 경상도에서 지지 농성을 벌이고 지지 성명서를 발표했다.

이때 청계피복노조 '평화의 집'은 구로동맹파업을 기획하고 진두지휘하는 진지 역할을 톡톡히 했다. 파업을 지지하는 농성자들, 파업으로 인해 오고 갈 곳 없는 노동자들이 대거 평화의 집으로 몰려왔다. 이소선은 이들을 맞이하여 격려하고, 먹을 것과 잠자리를 마련해 주는 데 온 힘을 다했다.

"어머니, 저희들이 몰려와서 힘들지요."

"이거 하려고 집 산 거 아니냐. 하나도 힘 안 든다. 노동자들로 이 집이 미어터지니 기운이 솟구친다."

평화의 집으로 몰려온 노동자들은 이소선의 따뜻한 보살핌에 의지하여 투쟁에 나섰다. 청계피복노조도 확실하게 연대투쟁에 동참하기 위해 집행부 간부회의를 소집했다. 회의 결과 청계피복노조를 대표할 수 있는 노조 간부를 선정해 그가 파업 중인 사업장 노동자들과 함께 노동운동 탄압의 책임이 있는 기관을 점거하기로 했다. 그래서 일부는 당시 신민당 종로지구당을 점거하고, 일부는 청계피복노조 사무장인 김영대의 주도로 구로공단 노동자들과 함께 노동청 중부지방사무소를 점거했다.

6월 29일, 대우어패럴 농성장에 학생 18명이 식량과 의약품을 갖고 진입하자 농성을 해체할 준비를 하던 자본가 측은 이를 기화로 폭력단 500여 명을 동원해 농성자들을 폭력으로 해산시켰다.

청계피복 노조사무실과 다른 세 곳에서 지지 농성을 하던 민중운동 세력은 대우어패럴 농성이 강제해산되자 오후에 성명서를 발표하고 해산했다. 또 6월 30일에 신민당사에서 농성을 벌이던 효성물산 조합원

36명도 성명서를 발표하면서 5일간의 농성을 풀었다.

6일간 2,500여 명이 참가한 동맹파업은 구속자 43명, 불구속 38명, 구류 47명을 비롯하여 해고 1,500여 명에 이르는 대규모의 피해가 있었다. 이 중에는 청계피복노조 김영대 사무장이 포함되어 있었다.

이소선은 김영대의 구속을 매우 안타깝게 생각했다. 김영대는 아프리 사건으로 구속되었다가 석방된 지 얼마 되지 않은 데다 결혼한 지 얼마 안 된 신혼에 갓난아이까지 있었기 때문이다. 그럼에도 불구하고 노동운동의 대의를 위해서 기꺼이 구속의 길에 나선 것이 미안하고 고맙기까지 했다.

구로동맹파업은 정치파업의 성격을 띤 투쟁으로 1970년대 민주노조 운동의 한계를 극복한 연대투쟁을 의식적으로 실천했다는 의미가 있다.

청계노조의 서노련 참여 논쟁

구로동맹파업으로 말미암아 이렇게 구속자가 생기고 1,500명가량의 엄청난 숫자의 노동자가 해고당했다. 이 많은 노동자들의 생계를 해결하는 문제와 가혹한 희생을 치른 투쟁의 결과를 한 단계 높은 성과물로 만들어 내야 하는 난제가 모두의 앞에 놓이게 되었다.

해고 노동자들은 '평화의 집'과 청계천 6가에 있는 전태일 기념관에서 거의 숙식을 하면서 생활을 하고 각종 모임을 유지하면서 유인물을 만드는 등 후속투쟁을 벌였다.

이소선은 이 많은 숫자의 노동자들이 연일 먹고 잠자는 것에 신경을 써야 했다. 다행히 날씨는 추운 날이 아니어서 잠자는 것은 그런대로 견딜 수 있지만, 날마다 먹는 끼니가 문제였다. 그래서 이소선은 중앙시장에 가서 헌 옷 장사를 했다. 남자 노동자들이 무거운 짐 보따리를 옮겨주면 그것을 팔아서 후원금에 보태고, 해고 노동자들이 먹는 끼니를 해결하는 데도 썼다.

　해고자들은 저마다의 사정에 따라 우선 급한 대로 새로운 사업장에 취직을 하기도 했다. 하지만 무엇보다 중요한 것은 그동안 함께 싸웠던 역량들이 흩어지지 않도록 한데 묶어 세우는 것이었다.

　구로동맹파업을 주도했던 사람 중 학생운동 출신인 심상정, 최한배, 그리고 전태일기념사업회 사무국장 김문수가 중심이 되어 그해 7월 '노동자연대투쟁연합회'를 결성했다. 그리고 이 '노동자연대투쟁연합회'는 청계피복노조, '구로지역노조민주화추진위원회연합', '노동운동탄압저지투쟁위원회'에게 4개 단체가 연대하여 '서울노동운동연합'(약칭 '서노련')을 결성하자고 제안했다.

　'노동운동탄압저지투쟁위원회'는 이 무렵 구로공단에서 민주노조를 건설하다 해고된 협진양행, 유니전, 한국음향, 한국마벨, 서광 등지에서 해고된 노동자들의 조직이고, '구로지역노조민주화추진위원회연합'은 성원제강, 동일제강 노동자들과 인천의 대우자동차 노동자들이 만든 조직이다. 이들은 학생운동 출신이 주축을 이루고 있는 것이 특징이었다. 80년 광주민중항쟁 이후로는 노동 현장에 투신하는 것이 학생운동의 흐름이었는데, 이들은 그 현장에서 민주노조운동을 전개한 선진적 인사들이었다.

　서노련을 제안한 '노동자연대투쟁연합회'는 결성될 조직의 형태와 활동방향을 전위조직도, 그렇다고 대중조직도 아닌 모호한 위상으로 정했다. 즉 대중투쟁을 통해 단련된 선진적 노동자들이 결합해 선도적으로 정치투쟁을 주도하는 조직, 이른바 대중정치조직이라는 형태를 제안했다.

　각 단위는 이 제안을 놓고 각자 내부에서 토론을 벌이기 시작했다. 청계피복노조도 이를 심도 있게 논의했다. 그 결과 '청계피복노조는 현재 합법노조가 아니기 때문에 불가피하게 선도적으로 비치는 투쟁을 할 수밖에 없는 상황이다. 그렇지만 노동조합은 어디까지나 대중조직이기 때문에 끊임없이 현장 대중과 결합하기 위한 노력을 포기해서는 안 된다. 따라서 청계피복노조는 합법노조를 지향하는 대중조직이며, 노동조합 자체가 전위적 성격을 띠고 정치조직화되는 것은 맞지 않다. 그렇기 때문에 노동조합 자체는 서노련에 참여하지 않되, 청계노조 내에서 선진적인 역량이 정치조직에 결합해서 연대하는 것은 바람직하다'는 결론을 내렸다.

이소선도 청계노조 간부회의에 참석해서 논의 과정을 경청하고 바른 판단에 안심을 했다. 이소선 역시 서노련 결성 제안을 듣고 학생 출신들의 조급함이 내심 걱정스러웠던 것이었다. 이론적으로 설명할 수는 없지만 그동안 경험을 통해 알 수 있는 게 있었다. 청계노조 위원장은 이 같은 입장을 정리해서 서노련을 추진하는 김문수와 심상정에게 전달했다.

그러자 이때부터 서노련을 추진하는 학생운동 출신 노동운동가들의 설득 작업이 청계노조 간부들을 상대로 시작되었다. 이들은 화려한 이론과 불타는 열정으로 청계노조 간부를 집요하게 설득했다. 서노련을 주장하는 입장에서 서노련이 학생운동 출신 일색으로 조직된다면 어느 모로 보나 모양새가 궁색할 수밖에 없기 때문에 청계노조의 참여가 절실했던 것이다.

서노련을 주장하는 학생운동 출신 노동운동가들은 '합법적이든 비합법적이든 노동조합에 매달리는 것은 대중추수주의요, 경제주의, 조합주의에 불과하다'는 논리를 폈다.

청계노조 위원장은 조직을 책임지는 입장에서 끝까지 참여하지 않겠다고 선언했다. 그 대신 대중조직으로서 노동조합 본연의 임무를 충실하게 하는 것이 진정한 연대라고 반박했다.

이소선 역시 김문수를 비롯해 학생운동 출신 노동운동가들이 다양한 이론을 내세우면서 서노련 참여하기를 권고하는 것에 대해 간단하게 결론을 내렸다.

"나는 무슨 주의, 무슨 주의는 잘 모르겠다. 그렇지만 노동조합은 노동조합이고, 정치조직은 정치투쟁을 전적으로 하는 사람들이 하는 조직일 텐데 서로 맞지 않는 것 같아!"

서노련 참여 여부를 놓고 이러한 논쟁이 근 한 달간 벌어졌다. 그 결과 학생운동 출신들의 집요한 설득이 드디어 효과를 발휘하기 시작했다. 애초에 청계피복노조 간부회의에서 서노련에 참여하지 않기로 결정했던 사항을 다시 논의하자는 의견이 나오기 시작했다.

마침내 8월 20일 청계노조는 다시 서노련 참여 여부를 결정하기 위한 회의를 했다. 그 자리에서 서노련 참여에 대한 찬반 토론이 다시 벌어졌다. 이번에는 찬반 의견이 팽팽했다. 기나긴 토론 끝에 표결을 해서 과반수로 결정하자는 의견이 나왔고, 그 결과는 청계피복노조가 서노련에 참여한다는 결정이었다.

이 같은 결과에 이소선은 "위원장, 아무래도 아닌 것 같아! 그랬다가는 위원장 뺏기는 것 같아!"라고 말하면서 매우 우려스러워했다.

청계피복노조가 서노련 조직에 참여하기로 했다는 통보를 하자 서노련 주도세력들은 환영했다. 그들은 청계노조가 서노련에 참여하면 당연히 청계노조 위원장이 서노련 위원장을 맡는 것을 전제로 생각했다. 그러나 청계노조 위원장은 서노련 위원장을 맡을 수는 없다고 완강하게 거절했다.

김문수, 심상정 등은 또다시 청계노조 위원장을 집중적으로 공략하기 시작했다. 거의 압력 수준이었다. 이소선은 역시 반대했다. 그러나 당시 대다수를 차지하던 학생운동 출신의 활동가의 주장이 매우 강했다. '지금 학생운동 출신들이 다수를 차지하고 있어 그들의 주장을 쉽게 제어할 수 없다'는 이유로 마지못해 결정이 내려졌다.

이렇게 해서 청계노조가 서노련에 참여하기로 하고 청계노조 위원장이 서노련 위원장을 맡을 수밖에 없게 되었다. 부위원장은 원풍모방 출신 이옥순, 사무국장은 남화전자 출신 이봉우였다. 즉 공개된 지도부에 현장노동자 출신이 나서게 된 셈이다.

서노련 결성식은 1985년 8월 25일 청계천 6가 동대문상가 아파트에 위치한 청계피복 노조사무실에서 열렸다. 100여 명의 노동자가 비좁은 노조사무실에 빽빽이 들어찬 가운데 열린 결성식에서 서노련은 이렇게 선언했다.

"대우어패럴을 중심으로 한 6월 노동자 연대투쟁은 우리 노동자들이 각성하여 단결될 때 얼마나 큰 힘을 발휘할 수 있는지를 실천적으로 확인하는 중요한 계기가 되었으며, 어떠한 합법적인 민주노조도 용납되지 않는 현재의 탄압상황 아래서는 새로운 형태의 대중조직을 건설하지 않고서는 노동운동의 궁극적인 목표를 실현할 수 없다는 사실을 철저히 깨닫게 했다. 이에 우리는 서울노동운동연합의 결성을 통하여 모든 민중, 민주운동 세력과 굳건히 연대하여, 이 땅의 1천만 노동자에게 부과된 역사적 책무를 수행하고자 한다."

결성식에는 이소선도 참석하여 간단하게 격려의 말을 했다. 청계노조 위원장이 서노련 위원장이 됨으로 인해 공석이 된 청계노조 위원장은 황만호가 맡게 되었다.

서노련의 패착

서노련이 결성되자마자 민종덕 위원장에 대한 긴급수배령이 떨어졌다. 지금까지 청계노조 합법성 쟁취 투쟁 등으로 수차례 지명수배가 되었던 그는 비교적 느슨한 수배로 당국의 추적을 피해 활동을 해 왔지만 이번에는 경우가 달랐다. 경찰의 수배가 강화되면서 그는 서노련 집행부회의를 한 번도 열어 보지 못하고『서노련 신문』1호를 결재하고는 서노련 결성 20일 만인 9월 15일 체포되어 구속되었다.

이소선은 위원장이 붙잡혔다는 소식을 듣고 예상대로 올 것이 왔다는 생각을 했다. 노동운동을 올바로 하다 보면 권력과 자본의 탄압에 의해 구속도 되고 수배도 당할 수도 있지만 저렇게 현장 대중과 괴리된 활동을 하다가 구속되는 것은 바람직하지 않다고 그는 생각했다.

서노련 위원장이 경찰에 붙잡히고 구속되었다는 소식이 전해지자 엊그제까지 청계피복 노조사무실과 전태일 기념관에 북적이던 노동자들이 썰물 빠져나가듯이 다 나가 버렸다. 청계노조 간부들도 몇 명만 눈에 보이고 대부분은 보이지 않았다.

이런 모습을 지켜본 이소선은 화가 치밀어 올라 서노련 관계 노동자들에게 역정을 내고 야단을 쳤다.

"내가 서노련 하지 말라고 말리지 않았느냐? 너희가 한다고 하니 그래도 잘하겠거니 하고 하라고 했지. 그런데 이게 뭐냐? 민종덕이 구속됐는데 서노련은 코빼기도 보이지 않고 이게 말이 되냐? 위원장이 구속되면 석방하라고 가서 싸워야 할 것 아니냐. 하다못해 성명서라도 한 장 내야 하지 않느냐! 서노련은 종이호랑이냐? 호랑이 그려 놓고 호랑이라고 말로만 하면 호랑이가 되냐? 위원장이 잡혀갔는데 다 숨어 버리는 게 운동이냐? 의리도 없냐? 그까짓 게 운동이냐고!"

서노련은 지하에서 활동할 수밖에 없는 상황이 된 것이다. 서노련 명의로 민종덕 위원장 구속을 규탄하는 성명서가 나왔으나 이것도 비밀리에 뿌려지는 정도였다.

이소선은 청계노조 간부들을 불러 서노련 탈퇴를 권유했다. 조합 간부들은 많은 논의 끝에 서노련 탈퇴를 결정했지만 황만호 위원장이 참석하지 않은 상태에서의 결정이기 때문에 최종적으로 그의 의견을 듣기로 했다. 며칠 후 김영선 부위원장 등이 이소선에게 찾아와 최종 결정을 통보했다. 청계노조는 서노련을 탈퇴하되 개인 자격으로 참가하기로 했다는 것이었다. 이에 대해 이소선의 입장은 이러했다.

"노동자 속에 노동조합이 있어야지 몇몇 학출들이 모여서 길거리에서 노동운동을 하냐? 노동자는 노동조합을 튼튼히 꾸려 그 힘으로 노동자의 권리를 보장받고 더 나아가 독재하고도 싸울 수 있는 것이다. 나를 조합주의다, 경제주의다 욕을 해도 좋다. 하지만 노동자가 따라갈 수 없는 노동운동은 종이호랑이에 불과하다."

이소선은 그때까지 노동자와 학생·지식인 구별하지 않고 노동자의 권익을 위하고, 독재와 투쟁하는 데 서로 연대하고 하나가 되자고 말하며 실천해 왔다. 그런데 이번의 경우는 이전과 달랐다. 청계노조 간부 중에는 서노련에 참여했다가 서노련 회의가 관념적인 토론을 위해 하루나 이틀을 허비하는 것에 진절머리를 앓거나, 주체사상을 배워야 한다느니 러시아혁명사를 학습해야 한다느니 하면서 조직 위상과는 맞지 않는 것을 요구하는 데 회의를 갖는 이도 있었다.

반면 서노련 적극참여를 주장하는 측은 청계노조는 조직적으로 서노련에 참가했기 때문에 그에 대한 책임이 있다, 청계노조는 그동안 연대투쟁을 선도해 온 노조로서 당면과제를 방기해서는 안 된다, 독재정권의 노동운동 탄압에 정치투쟁으로 돌파해 나가야 한다는 취지의 입장이었다.

이렇게 청계노조 간부 사이에서도 서노련 적극참여를 주장하는 측과 서노련과 청계노조는 조직 위상이 다르다고 주장하는 사람들이 나뉘게 되었다. 청계노조 복구 이전부터 그 이후의 합법성 쟁취 투쟁까지 일치단결하여 몸 사리지 않고 활동하고 싸우던 청계노조가 분열된 것이다.

이후 서노련 적극참여 간부들은 공개적인 노조사무실에서 나가 지하활동으로 전환했다. 반면 서노련에 회의를 품은 간부들은 평화의 집에 남았다. 이소선은 몇 안 되는 이들과 평화의 집을 지키고 있었다.

이소선은 도대체 학생운동 출신들이 내세우는 '그놈의 논리'가 무엇인지 알기 위해 러시아혁명사를 읽어 보기로 했다. 물론 직접 읽지는 않았지만, 평화의 집에 드나드는 젊은 노동자들에게 읽어 달라고 해서 접하게 된 것이다. 이렇게 러시아혁명사를 접해 본 이소선은 시대와 나라, 역사성이 다름에도 타국의 혁명사를 교조적으로 적용하는 것은 바람직하지 않다고 판단했다.

서노련은 1985년 10월 '삼민헌법 쟁취'와 '생활임금 쟁취'라는 구호를 내걸고 투쟁하기로 했다. 그러나 이 구호는 서노련을 대중으로부터 더욱 멀어지게 했다. 11월의 전태일 15주기 추도식은 제4차 청계노조 합법성 쟁취 투쟁과 병행해서 개최되어 생활임금과 삼민헌법 쟁취를 구호로 격렬한 가두시위를 벌였지만, 이전 3차에 걸친 합법성 쟁취 투쟁처럼 대중으로부터 호응을 받지는 못했다. 이번 시위로 이재환 쟁의부장과 황명진, 박규형 등 중견 조합원이 구속되었다.

이어 11월 27일, 당국으로부터 청계노조에 대한 해산 명령과 사무실 폐쇄 통보가 날아왔다. 이때 당국의 탄압상황으로 봐서 서노련이 아니더라도 노조 해산과 사무실 폐쇄 통보가 있었을 것이나, 노동조합에서 곧바로 정치구호인 '삼민헌법 쟁취'를 내세우고 투쟁함으로써 당하게 된 탄압의 양상은 일반 조합원들이나 미가입 노동자들에게는 받아들이기 어려운 것이라고 이소선은 생각했다.

탄압이 심해질수록 이소선은 청계노조가 서노련에 들어간 것이 큰 실수였다는 것을 재삼 느꼈다. 관념적 급진성이 만연한 학생운동 출신들과 그에 영향을 받은 청계 간부들이 야속하기까지 했다.

노조사무실이 경찰에 의해 봉쇄된다니 가만히 있을 수는 없었다. 더구나 청계피복 노조사무실은 청계노조가 소유하고 있는 건물인데 법을 집행하는 경찰이 남의 재산권을 행사하지 못하게 봉쇄하는 것은 있을 수 없는 일이었다. 이소선은 조합원들을 불러 모았다. 가정우는 유인물을 만들어 배포하면서 가두시위를 준비하고 전순옥, 이경숙 등과 함께 사무실 문을 걸어 잠그고 농성에 들어갔다. 그러자 경찰이 물과 전기를 끊어 버렸다. 의도하지 않게 단식농성이 되고 말았다. 창문에 매달려서 목이 쉬도록 구호를 외치면서 버텼지만 결국 전경들이 난입해서 농성하는 조합원들을 질질 끌어 내렸다. 이소선도 경찰과 몸싸움을 하다가 온몸이 멍이 든 상태로 끌려 나왔다. 경찰은 노조사무실 집기를 모두 끌어 내려 구청 지하실에 넣어 버렸다. 노조사무실 입구는 전투경찰들이 지키고 서서 24시간 교대로 가로막으며 출입을 봉쇄했다.

서노련 참여파와 탈퇴파로 갈라진 상태에서 청계노조는 힘이 약해져 제대로 싸우지도 못하고 노조사무실을 허망하게 빼앗긴 것이다. 이소선과 남은 조합원들은 청계천 6가의 노조사무실에서 창신동 '평화의 집'으로 옮겼다.

신흥정밀 박영진 분신사건

청계노조에서 서노련 참여파 조합원들은 밖에서 비공개 활동을 하고, 서노련 탈퇴파 조합원들은 평화의 집 사무실에 상주하면서 활동을 하게 되었다. 경찰은 서노련 활동을 탄압할 때면 평화의 집 노조사무실로 와서 서노련 활동 여부와 관계없이 조합원을 연행해 조사했다. 이 과정에서 상호 간 감정 섞인 비난을 하게 되었고 그러면서 서로 마음에 상처를 받았다.

이소선은 이 같은 현실이 매우 안타깝고 속상했다. '이건 아닌데…. 우리가 왜 언제부터 무엇 때문에 이렇게 되었나?' 하고 스스로 물어보기도 했다. 1986년 3월 17일, 그날도 낙심해 쌍문동 집에 머물면서 이 어려움을 어떻게 헤쳐 나가야 할 것인가를 고민하고 있는데 다급한 전화벨이 울렸다.

"어머니, 큰일 났습니다. 구로지역 노동자가 분신해서 지금 병원으로 옮겨졌습니다. 빨리 나오셔서 병원으로 갑시다."

가정우의 다급한 목소리다. 이소선은 "또!" 하고 외마디를 외쳤다. 전화기를 내려놓은 이소선은 조용히 기도를 올렸다. "하나님, 또 하나의 젊은 목숨이 위태롭습니다. 제발 죽지 않도록 돌보아 주십시오. 당사자는 물론 그 부모의 심정이 어떻겠습니까. 살려 주십시오."

이소선은 주섬주섬 옷을 챙겨 입고 강남성모병원으로 향했다. 택시를 타고 가면서도 이소선은 "죽으면 안 되는데, 죽으면 안 되는데"를 연발했다. 평화의 집 근처에서 청계 식구들과 합류해 강남성모병원에 도착한 이소선은 박영진이 있다는 중환자실로 향했다.

경찰이 이미 강남성모병원을 에워싸고 출입을 통제하고 있었다. 이소선은 잠겨 있는 병원 출입문을 두들기며 큰 소리로 외쳤으나 문이 열리지 않자 함께 온 청계 조합원들과 합세해서 문을 발로 찼다. 하나 둘 셋 구령에 맞춰 몇 번을 발로 차니 병원 문이 부서지고 그 문 조각들이 가로막고 있는 경찰 쪽으로 떨어졌다. 놀란 경찰들이 물러서는 틈에 이소선은 중환자실 입구까지 달려갔다.

중환자실 입구에도 이미 사복형사들이 진을 치고 가로막고 있다. 이소선은 가로막는 형사를 밀쳐 내면서 "내 아들이 지금 죽게 생겼는데 엄마를 못 들어가게 하는 놈들이 어딨냐! 넌 누구냐?" 하며 문을 열고 들어갔다.

박영진 어머니가 누구인지 얼굴을 모르는 형사는 이소선이 박영진의 어머니라고 당당하게 말하자 화들짝 놀라 심하게 제지하지 못했다. 이소선의 뒤를 따라 청계 조합원들이 들어가려 하자 형사들은 가로막았다.

이소선 혼자 중환자실에 들어가서 박영진을 찾았다. 이소선과 박영진은 한 번도 만난 적이 없었기 때문에 서로 알 수가 없었다. 이소선은 큰 소리로 "영진이 어딨냐? 영진아!" 외쳤다.

그러자 저쪽에서 "누구세요. 영진이 여기 있어요" 하고 가느다랗게 대답하는 소리가 들렸다. 이소선은 소리 나는 쪽으로 달려갔다. 얼굴은 검게 타서 퉁퉁 부어 있고, 머리카락은 홀랑 타 버리고 눈은 제대로 뜨지도 못한다. 입술은 퉁퉁 부어서 터졌다. 그 사이로 하얀 이가 살짝 드러난다. 이 모습을 보는 이소선은 기가 막혔다. 16년 전 아들 태일이의 모습이 겹쳤다. 깊은 숨을 들이마셨다가 내쉬고 마음을 다잡았다.

"나, 태일이 엄마다."

그러자 박영진은 지옥에서 살아온 듯이 눈을 꿈틀하더니 "정말입니까? 전태일 어머니 맞습니까?" 하면서 반기는 것이었다. 이소선은 불에 타 버린 노동자의 몸 여기저기를 어루만지면서 "그래 태일이 엄마다. 왜 이랬어!" 하며 안타까워했다. 얼마나 처절했으면, 얼마나 자신의 목소리를 세상에 알리고 싶었으면 이 젊은 육신에 스스로 불을 붙였을까 생각하니 가슴이 메었다. 죽음의 문턱을 헤매고 있는 박영진은 이소선의 손길이 참으로 포근하고 편안하다고 느끼는 것 같았다.

"어머니, 나는 운 좋은 놈입니다."

"지금 이 꼴을 하고 있는데 뭐가 운이 좋다는 거냐?"

"어머니를 만났잖아요. 태일이 형한테 가면 어머니 만난 얘기도 할 수 있고요…."

"살아서 싸워야지, 태일이한테 뭐하러 가나."

이소선은 힘겹게 말하는 박영진을 안정시키기 위해 조심스럽게 말했다. 그러면서 옷이 타서 살에 눌어붙은 틈으로 진물이 흘러나오는 것을 목도리를 벗어 꾹꾹 눌러 닦아 주었다.

박영진은 구로공단 근처에 있는 신흥정밀에서 동료 여덟 명과 함께 초임 4,200원 인상, 기본 근무시간 정상화, 강제잔업 및 강제특근 폐지, 부당해고 철회 등 처우개선을 위한 노동운동을 해 오던 중 1986년 3월 17일 점심시간에 식당에서 동료들과 임금 인상을 요구하는 유인물을 낭독하고 농성을 시작했다. 그런데 회사 측에서 이미 이들의 움직임을 알고 점심시간을 바꿔 버려 이들은 고립된 상태가 되었다. 관리자들이 돌과 각목을 들고 달려들어 농성을 해산하려 했다. 농성 노동자들이 완강히 버티자 뒤이어 무장한 전투경찰들이 농성장을 포위했다. 경찰이 폭력으로 농성을 진압하려고 하자 박영진은 식당 난로 옆에 있던 석유를 몸에 부었다.

그리고 "열 셀 때까지 물러서지 않으면 분신하겠다"라고 경찰을 향해 경고하고 손에 라이터를 들었다. 이어서 "하나, 둘, 셋…"하며 물러설 것을 종용했다. 이때 형사 한 명이 박영진 앞으로 나타나더니 같잖다는 듯이 "어디 한번 해 봐라, 그런다고 겁먹을 줄 아느냐. 한번 해 봐 눈 하나 깜짝 안 할 테니"하고 비웃은 것이다. 박영진은 형사의 말에 아무런 대꾸도 하지 않은 채 눈을 똑바로 뜨고 계속 숫자를 세어 나갔다. 형사는 물러서지 않고 도리어 "불 붙여 봐, 어서 죽어!"했다. 박영진은 "여섯, 일곱, 여덟, 아홉, 여얼!"하고는 순간 라이터를 켜고 불을 붙였다. 불길이 솟아올랐다.

노동자가 먹고살기 위해 임금을 올려 달라고 호소하는데 그게 무슨 죄라고 경찰까지 달려들어 진압하려고 하나. 더구나 목숨을 내걸고 자신의 뜻을 지키고자 하는데 경찰이 죽을 테면 죽어 보라고 비웃는단 말인가? 그래 노동자는 자존심도 없고 인간도 아니란 말인가? 내 한 목숨 불태워서 노동자도 인간임을 보여 주마. 이렇게 죽을 생각까지는 하지 않았지만 우리의 진실을 보여 주기 위해서라도 죽어 주마. 전태일 선배가 온몸을 불사른 것처럼….

사실 박영진은 『전태일 평전』을 늘 옆에 끼고 셀 수 없이 여러 번 읽었다고 한다. 그러면서 자신이 가장 존경하는 사람이 전태일이라고 했다.

"어머니, 내 팬티 안쪽을 들춰 보세요. 내가 하려는 말 적어 놨어요." 이소선은 타 버린 살에 엉겨 붙은 팬티를 만져 보았다. 불에 탄 살이 얼마나 부어올랐는지 팬티를 들출 수가 없었다. 병실에 있는 가위로 팬티를 찢자 안쪽에 천을 대어 꿰맨 곳이 있었다. 그곳을 만지자 종이가 손에 잡혔다.

"어머니, 그것을 친구들한테 전해 주세요."

"알았다. 친구들한테 전해 줄게."

이소선은 그 종이를 목도리로 말아 집어넣었다. 그리고 문드러진 그의 손을 잡고 말했다. 그의 마지막 말을 듣고 싶었다.

"영진아, 할 말 있으면 나한테 다 해라. 내가 다 전해 줄게."

"어머니가 내 곁에 계시니 너무 좋아요. 친구들한테 내가 못다 한 일 하라고 전해 주세요. 태일이 형한테 가면, 어머니께서 노동자를 위해 살아오신 얘기 전해 드릴게요."

박영진은 그렇게 말했다. 마치 아들 전태일이 죽어 갈 때 그 모습처럼…. 이소선은 16년 전 그때 일이 스쳐 지나갔다.

'또 한 젊은 노동자가 죽어 간다….'

"그래, 헛된 죽음이 되어서는 안 되지."

그는 깊은 한숨을 토해 냈다. 이때 느닷없이 중환자실 문이 열리고 시끄러운 구두 발자국 소리가 요란했다. 경찰이 들이닥친 것이다.

"끌어내!"

명령이 떨어지자 경찰은 순식간에 이소선을 덮쳤다. 이소선은 경찰들의 손에 질질 끌려 중환자실 복도로 끌려 나왔다. 복도에는 청계 조합원들과 박영진의 친구들이 몰려와 구호를 외치고 있었다. 이들 가운데 문익환 목사도 있었다. 문익환 목사가 다급하게 박영진의 상태를 묻는다.

"아무래도 힘들 것 같아요. 사람들을 더 모아야 할 것 같아요. 영진이 숨넘어가면 빼앗길 것 같아요."

"걱정 마세요. 지금 노조와 재야단체에 연락했어요."

경찰들이 병원 출입을 막고 있었지만 노동자들과 재야단체 사람들이 속속 병원으로 모여들었다. 이소선은 박영진의 가족을 만나서 경찰들의 회유에 넘어가지 않도록 해야 했기에 가족을 찾았으나 볼 수가 없었다. 박영진의 아버지를 잠깐 봤지만 금방 어디로 사라졌다. 그사이에 경찰들이 가족을 다른 이들과 차단해 노동자들과 재야단체 사람들을 만날 수 없게 만든 것이다.

다음 날 새벽, 박영진은 숨을 거두고 말았다. 스물일곱의 나이, 전태일보다 5년 더 이 세상에서 노동하고 시대를 아파하다 간 것이다.

박영진이 숨진 병원은 긴장감이 더해졌다. 병원 중환자실 입구에서 박영진을 지키려는 노동자들과 재야단체 사람들, 박영진의 시신을 빼앗으려는 하얀 헬멧을 쓴 백골단이 대치를 하게 되었다. 백골단은 초기에 상황을 끝내기 위해 폭력으로 노동자들을 밀어붙이고 끌어 내리기 시작했다. 노동자들은 박영진이 누워 있는 침대를 빼앗기지 않으려고 버티다가 백골단에 밀려 침대를 화장실 안으로 밀고 들어가 경찰과 대치했다. 그러나 무자비한 폭력으로 더 이상 시신을 지키지 못하고 모두들 끌려 나갔다.

이소선은 재빨리 화장실 안으로 들어가 문을 잠그고 변기에 앉았다. 밖에서는 고함소리 비명소리가 뒤엉켜 어지럽게 울린다. 경찰들이 화장실 문을 열어젖혔다. 이소선이 들어 있는 화장실 문도 열다가 문이 잠긴 것을 확인하자 발로 세차게 찼다. 이소선은 시침을 떼고 대답했다.

"누구요? 여자가 볼일 보고 있는데 남정네가 와서 웬 소란입니꺼."

경찰들은 안에서 나이 든 여자 소리가 들리니 더 이상 문을 열려 하지 않고 밖으로 나갔다.

한참 뒤 바깥이 조용해졌다. 문을 열고 밖을 살폈다. 농성하던 노동자들은 다 끌려갔는지 하나도 보이지 않고 경찰들만 새까맣게 깔려 있었다. 밖으로 빠져나가야 하는데 저 경찰들을 헤치고 나가면 틀림없이 잡힐 것 같았다.

"나가긴 나가야 하는데 어떻게 하지…."

이소선은 주위를 살피며 궁리를 했다. 그때 화장실 문 바깥쪽에 걸어 둔 간호사들의 옷이 눈에 띄었다.

서노련을 둘러싼 분열과 투쟁

"그렇지. 저 옷을 입고 나가면 되겠다."

이소선은 간호사 옷을 가지고 화장실 안으로 들어와, 입고 있던 옷, 살이 타서 익어 버린 박영진의 몸을 닦았던 목도리를 쓰레기통에 버리고 간호사 옷으로 바꿔 입었다. 잘 맞지도 않고 처음 입어보는 옷이라서 어색하기 짝이 없지만 할 수 없었다. 이소선은 태연한 척하면서 경찰들 사이를 빠져나왔다.

서노련의 평화의 집 농성

병원에서 빠져나온 이소선이 상황을 알아보았을 때는 박영진의 시신을 탈취한 경찰이 혼란스러운 가족들을 앞세워 서둘러 화장을 시킨 뒤였다. 이소선은 박영진 친구들과 노동자들을 모아 놓고 이미 화장해서 뿌려 버린 그의 유해를 뼛가루나마 수습해 오라고 지시했다. 제대로 된 장례식이라도 해야 했기 때문이다.

이때 박영진의 친구들을 보니 종이쪽을 친구들한테 전해 주라던 박영진의 말이 생각났다. 목도리가 지저분해서 거기에다 종이를 싼 것을 깜빡 잊고 함께 버리고 말았다는 것을 그때서야 알게 되었다.

'아차, 내가 큰 실수를 했네. 이를 어쩌나!'

발을 동동 굴렀지만 되찾을 수도 없었다. 박영진 친구들은 어쩔 수 없지 않느냐고 위로했다. 유골이 뿌려진 위치를 아는 친구가 그 자리에 가서 유골을 수습해 오기로 했다.

박영진과 함께 학습 모임을 했던 친구 심진구가 흙과 낙엽이 섞인 뼛가루를 모아 왔다. 이소선은 그것을 가지고 장충동에 있는 민통련 사무실로 갔다.

민통련은 곧바로 대책회의를 열었다. 노동단체와 민주단체를 총망라해서 박영진 장례위원회를 꾸렸다. 이 위원회에 서노련도 참여단체로 들어왔다.

이 장례위원회가 장례와 추모식을 어떻게 할 것인가를 논의하는 자리에서 서노련은 '생활임금 쟁취' 구호를 넣어야 한다고 주장했다. '군사독재 타도', '노동삼권 보장', '최저임금 보장' 등의 구호에는 이견이 없었으나, '생활임금 쟁취' 구호는 개념이 애매하고 생소하기 때문에 대중성이 없다는 이유로 서노련 이외 여타의 단체에서 반대했다. 그러자 서노련은 독자적으로 추모식을 거행하겠다면서 장례위원회에서 탈퇴를 해버렸다. 서노련이 탈퇴한 상태에서 장례위원회는 서노련과 상관없이 추도식을 마석 모란공원에서 거행하기로 했다.

박영진의 가족과 친구, 재야인사, 노동자 등 30여 명이 모여 추모식을 열고 박영진의 유골과 유품을 모아 묘를 쓰기로 했다. 그런데 안기부로부터 압력을 받은 모란공원 관리사무소에서는 묫자리를 내줄 수 없다고 했다.

이에 이소선은 화가 머리끝까지 치밀어 올라 "좋다, 안 줘도 된다. 태일이 묘에 합장하면 되지" 하며 직접 전태일의 묘를 팔 태세로 나섰다. 그러자 관리소장이 이소선을 말리면서 잠깐 기다려 보라며 이리저리 전화를 하더니 전태일이 묻힌 바로 아래쪽 자리에 박영진이 묻힐 자리를 내 주었다. 숨을 거둔 지 한 달 열흘 만에, 박영진은 그렇게 전태일 곁에 묻혔다.

"아까운 청춘아! 죽지 말고 싸워야지, 돌아올 수 없는 길을 왜 가냐. 남은 부모는 어떻게 하라고…."

그를 땅에 묻으며 이소선은 흐느꼈다.

한편 서노련은 모란공원에서의 장례식은 형식적인 추도식이라 비판하고 자신들이 따로 투쟁을 준비하기로 했다. 박영진의 영정을 가져다가 평화의 집에 분향소를 차리고 농성에 들어가기로 했다.

평화의 집은 청계피복의 노조사무실이자 전태일 기념관이었다. 그런데 이 사무실을 점거하고 농성을 한다니, 서노련 소속 노동자들이 계획을 통보해 오자 이소선을 비롯해 평화의 집을 지키고 있던 노동자들은 도저히 이해할 수가 없었다. 그것도 다름 아닌 서노련 소속 청계노조 간부가 전달을 하는 것이었다.

이 말을 들은 이소선은 "아니 정신이 있는 것이냐, 없는 것이냐? 점거 농성을 할 것이면 노동부나 신흥정밀에서 해야지 같은 편인 여기를 점거해서 농성을 하다니…. 안 된다"라며 거절했다. 그러나 서노련은 평화의 집으로 밀고 들어와 농성을 하기 시작했다. 서노련 소속 청계 식구들은 이소선의 반대 때문에 농성에는 참여하지 않았다. 평화의 집을 지키고 있던 청계 식구들과 이소선은 밖으로 나왔다.

서노련이 농성하던 1986년 3월 27일 경찰은 평화의 집을 겹겹이 포위하고 출입을 금지했다. 창신동 구옥으로 이루어진 주택가 골목이 험악한 경찰의 군홧발 소리와 진압장비 부딪치는 소리로 난리가 났다. 평화의 집 안에서 농성하는 노동자들은 외부와 차단이 되어 완전히 고립되었다. 그 상태에서 아직 추운 날씨에 굶고 있는 것이었다.

이소선은 이곳이 농성을 할 대상도 아니고 그럴 만한 장소도 되지 못하다는 것을 그렇게 얘기했건만 그 말을 무시하고 저렇게 막무가내로 들이닥쳐 농성을 하는 사람들이 괘씸하기도 했지만, 그래도 저들이 경찰과 대치하면서 춥고 배고프게 고생하는 것에는 측은한 생각이 들었다.

"저 안에도 다 내 아들딸들이다. 노동자가 경찰에 막혀 굶고 있는데 생각이 다르다고 척을 져서야 되겠냐. 어서 먹을 것을 갖다 줘야겠다."

돈을 구해 빵과 떡 등 먹을 것을 한 보따리 사 왔다. 그리고 청계 조합원들과 함께 음식을 들고 평화의 집으로 들어가려 하니 경찰이 가로막았다. 이소선은 경찰을 향해 "잡아갈 때 잡아가더라도 굶기지는 말아야지 니들이 사람이냐"며 호통을 쳤다.

음식물 전달을 위해 들어가야 한다는 측과 가로막는 경찰 사이에 심한 몸싸움이 벌어졌다. 이를 지켜보던 동네 주민들과 시장 상인들로부터 경찰이 너무한다는 항의가 잇따르자 경찰 측에서 '음식을 전달할 한 명만 들여보내 주겠다'고 했다. 이렇게 해서 청계노조 간부 한 사람만 평화의 집으로 들어가 음식을 전달했다.

한참 후 경찰력이 더욱 증강되면서 움직임이 빨라지기 시작했다. 심상치 않다고 판단한 이소선이 경찰들을 향해 물러갈 것을 요구하면서 강하게 항의를 하자 경찰들은 그를 빙 둘러 보쌈처럼 싸 버렸다. 경찰들의 방패에 둘러싸인 이소선이 아무리 소리를 지르며 빠져나오려고 몸부림을 쳐 보아도 철벽은 요지부동이었다.

그사이에 무장한 경찰들은 평화의 집으로 진입하기 시작했다. 안에서 농성을 하는 노동자들은 경찰의 진압에 강하게 저항하면서 사무실 집기를 내던졌지만 오래 버티지 못했다. 경찰의 곤봉에 노동자들이 한 명씩 쓰러지면서 끌려 나왔다. 더 이상 버티기 어렵게 되었다. 경찰이 평화의 집으로 진입하자 농성자들은 지붕으로 올라가 기왓장을 집어 던졌다. 경찰이 잠시 주춤하더니 방패를 하늘로 치켜올리며 진압조를 지붕으로 투입했다. 경찰을 향해 던진 기왓장은 방패에 부딪혀 산산조각이 난다. 기왓장은 경찰 방패에만 맞는 것이 아니라 옆집 지붕 위에도 떨어졌다. 경찰이 지붕에까지 올라와 노동자들을 몰아붙이자 노동자들은 옆집 지붕으로 날아가 계속해서 기왓장을 던지며 저항했다. 그러나 수적으로 열세였던 노동자들은 결국 모두 연행되었다.

경찰이 휩쓸고 간 평화의 집은 그 건물 자체는 물론이고 옆집까지 마치 폭격을 맞은 것처럼 처참했다. 이소선은 엉망이 된 평화의 집 대문 앞에 털썩 주저앉았다. 기가 막혀 뭐라고 말이 나오지도 않았다. 남의 집까지 부숴 놓았으니 이 노릇을 어찌해야 할지 망연자실 바라보고만 있었다. 경찰이 다가와 넋을 놓고 있는 이소선을 연행했다. 이소선은 아무런 저항도 하지 않고 끌려갔다.

경찰은 이소선을 이웃집에 재산 피해를 입혔다는 명목으로 유치장에 가뒀다. 그는 다른 때와 달리 아무런 저항도 하지 않고 멍하니 따랐다. 누구를 원망도 할 수 없는 노릇이었다. 이웃집 재산 피해를 원상복구해 주겠다는 약속을 하고 경찰서에서 풀려났다.

이소선은 당장 이웃집 지붕을 어떻게 고쳐 줄지 막막하기만 했다. 당장 수중에 돈이 없으니 어디 가서 돈을 구해 급히 지붕을 고쳐야 한다. 궁리 끝에 동대문시장에서 원단장사를 하는 조카 전갑수에게 달려가서 자초지종을 얘기하고 보증을 서 달라고 했다. 그리고 인부들을 불러 공사를 시작했다. 평화의 집은 지붕이 뚫려서 당장 비가 오면 샐 수 있다면서 동네 사람들이 얇은 천막을 가져와 덮어 주었다.

없는 돈으로 급하게 공사를 마치고 그 돈을 갚기 위해 이소선은 여기저기 찾아다녔다. 서소문에 있는 조영래 변호사 사무실에서 많은 도움을 주어 해결을 했다.

이소선은 심신이 지칠 대로 지쳤다. 평화의 집에서 먹지도 않고 꿈쩍없이 누워만 있는 것을 보고 딸이 찾아와 쌍문동 집으로 가자고 했다. 이소선마저 떠나 버린 평화의 집은 쓸쓸하기 그지없었다. 간간히 드나드는 조합원들이 있었지만 그들마저도 시간이 지날수록 생계 때문에 공장에 취직해 버려, 사람이 없어진 빈집이나 다름없었다.

비약

87년 6월항쟁과 노동자 대투쟁

전두환 군부독재는 날이 갈수록 탄압의 강도가 높아졌다. 그럴수록 노동자의 생존을 위한 투쟁은 끊임없이 이어졌고, 학생과 시민, 재야세력의 민주화를 위한 투쟁 역시 거세졌다. 대학생들의 민주화 요구 시위 도중에는 분신·투신 사건이 계속 일어났고 조직사건이 끊이지 않았다. 정치권에서는 개헌 논의가 있었으나 야당의 기회주의적인 태도는 민주화를 열망하는 양심세력에게 실망을 안겨 주었다.

이에 민통련과 서노련을 비롯해 재야·노동 단체들이 1986년 5월 3일 인천에서 거행하는 신민당 개헌 현판식에 대거 참가해 시위를 하기로 했다. 이것이 인천 5·3항쟁이다. 이날 경찰은 73개 중대 1만여 명을 투입해 진압했다.

인천 5·3항쟁으로 많은 사람들이 구속되고 수배되었다. 그중 청계에서 서노련 참여를 주장했던 황만호도 검거되어 구속되었다. 그는 서노련 초기에 적극적으로 활동하다가 서노련 내부분열로 말미암아 서노련 활동을 접고 현장에 취직한 상태에서 5·3인천항쟁을 계기로 검거된 것이었다. 서노련은 5·3 이후 분열이 가속되어 점차 소멸했다. 86년은 이렇게 패배하는 듯 지나갔다.

1987년에도 새해 벽두부터 군부독재의 탄압은 극단으로 치닫고 있었다. 1월 13일 자정 서울대생 박종철의 하숙방을 경찰이 덮쳤다. 박종철의 선배인 박종운을 잡기 위해 그들은 박종철을 연행해 갔다. 치안본부 대공분실로 연행된 박종철은 고문을 받다가 숨졌다. 경찰은 초기에 박종철의 죽음을 발표하면서 '탁' 치니 '억' 하고 죽었다는 누가 봐도 터무니없는 거짓으로 공분을 샀다. 부검 결과 전기고문과 물고문에 의한 살인으로 밝혀졌다.

그럼에도 불구하고 치안본부는 다시 살인에 가담한 자를 축소하는 등 진상을 은폐·조작했다. 이에 천주교정의구현전국사제단 김승훈 신부가 미사에서 고문의 진상과 5인의 추가 가담자를 밝혔다. 이에 재야 민주단체들에서 박종철 고문치사의 진상을 밝힐 것을 요구하고 박종철 추모집회를 지속적으로 개최했다.

이런 가운데 4월 13일 전두환은 개헌을 하지 않겠다는 이른바 '호헌조치'를 발표했다. 이에 민주단체들에서는 '민주헌법쟁취국민운동본부'를 결성하고 6월 10일 '박종철 고문 은폐조작 및 호헌선언 범국민반대' 대회를 개최하기로 했다.

6월 9일 연세대학교에서도 '6·10대회 출정을 위한 연세인 결의대회'가 개최되었다. 학생들은 스크럼을 짜고 학교 밖으로 진출하고자 하면서 경찰과 충돌했다. 경찰은 무차별적으로 최루탄을 퍼부으며 시위대를 학교 밖으로 나오지 못하게 했고, 시위 학생들도 투석으로 맞서며 공방을 계속했다. 이 과정에서 연세대 1학년생인 이한열이 경찰이 직격으로 쏜 최루탄에 맞아 쓰러졌다. 이한열은 즉시 세브란스병원으로 옮겨졌으나 7월 5일 결국 뇌손상으로 사망하였다.

이소선은 이한열이 쓰러졌다는 소식을 듣고 즉시 세브란스병원으로 달려갔다. 그러나 중환자실의 통제가 워낙 엄격해서 이한열을 만나지는 못했다. 대신 이한열의 어머니를 만나 위로하고 힘이 되겠다고 약속했다.

박종철에 이은 이한열의 피격사건이 전국으로 알려지자 학생들과 시민들의 분노는 하늘을 찌르는 듯 했다. 이소선은 한탄했다.

"아까운 대학생들을 저렇게 죽이고도 이 정권이 온전할 성싶으냐? 도대체 이 나라는 얼마나 많은 젊은 사람들이 죽어야 민주화가 될 것인가!"

그러나 한탄만 하고 있을 수가 없었다. 이런 시국을 타개하기 위한 시국대책을 논의하는 재야원로회의에 부지런히 참석하느라 바빴다.

6·10국민대회는 같은 날 열리는 '민정당 4차 전당대회 및 대통령 후보 지명대회'를 무력화해야 했다. 잠실체육관에서 군부독재의 전두환 노태우가 손을 맞잡고 호헌을 외치고 있을 때, 전국 각지에서는 이를 반대하는 국민들의 분노가 온 나라에 들끓었다.

국민대회는 전국 22개 지역에서 24만 명이 참여하는 가운데 전개되었다. 전국 동시다발로 전개된 이날의 시위는 경찰력의 한계를 드러냈다. 이소선은 지금까지 보아 왔던 그 어떤 시위보다도 장엄하고 열기 넘치는 시위를 경험하게 되었다. 연일 시위대를 쫓아다니느라 다리도 아프고 온몸에 최루가스를 뒤집어써서 지쳤지만 신이 났다. 시위대를 따라 시내를 누비다가 지치면 평화의 집에 들러 쉬었다가 다시 나가곤 했다.

6·10대회 참가자 일부는 투쟁의 열기를 지속하기 위해서 명동성당에서 농성을 시작했다. 농성은 15일까지 지속되었다. 전두환과 민정당은 국민적 저항이 심상치 않다는 것을 알고 몇 번에 걸쳐 유화 제스처를 취했지만 국민들은 속지 않았다.

'민주헌법쟁취국민운동본부'는 6월 18일 '최루탄 추방 결의대회'를 개최했다. 전국에서 150만 명이 참가해 "호헌 철폐" "군부독재 타도" "최루탄 추방"을 외쳤다. 이날 부산에서는 40만 명이 참가하여 시위를 하자 경찰이 통제를 포기하는 사태가 벌어졌다.

19일에도 전국적인 시위는 여전했다. 이날 광주에서는 4만 5,000여 명이 참가한 철야시위가 다음 날 아침까지 이어졌다. 6월 26일에는 전국 33개 시·군·읍에서 180만 명이 참여했다. 경찰은 걷잡을 수 없이 밀려오는 시위대의 위세에 밀려 속수무책이었다. 특히 도시 지역에서는 '넥타이 부대'라 불리던 중산층 사무직이 대거 참여했다.

이처럼 국민적 저항에 직면한 전두환 정권이 결국 노태우로 하여금 6·29선언을 발표하게 함으로써, 6·10항쟁은 국민이 승리했다.

이 6월항쟁의 결과로 받아 낸 6·29선언을 통해 직선제 개헌 같은 정치적 요구가 부분적으로 관철되었다. 그러나 노동자·농민 등 기층 민중의 생존에 관한 요구는 반영되지 않았다. 이에 기층 민중들의 생존권 요구가 분출하기 시작했다.

먼저 대기업 노동자들이 자신들의 권리를 지속적으로 확보하고 지키기 위한 노동조합 결성 투쟁에 나섰다. 그동안 노동조합 불모지였던 현대그룹에서 그 불길이 일어나기 시작했다. 7월 5일 현대엔진 노동자들이 노조 결성에 성공했다. 이어 7월 16일에는 '현대미포조선 노동조합 결성 신고서류 탈취 사건'이 발생했다.

정권과 자본가들은 노동자들을 일컬어 급진세력, 불순분자, 외부세력, 난동자 운운하며 악선전과 공권력으로 노동자들의 요구를 짓밟으려 했다. 그러나 들불처럼 타오르는 노동자의 투쟁은 기업별 사업장의 틀을 과감히 넘어 지역별, 재벌그룹별, 산업별로 번져 전국을 달구었다.

8월 17일 울산 현대그룹 6개 사업장 노동자들이 그룹의 무기한 휴업에 맞서 대규모 연합시위를 벌였다. 다음 날에는 현대중공업 정문을 출발한 6만여 노동자들이 "휴업 철회" "어용노조 타도하고 민주노조 쟁취하자" 등의 구호를 외치며 울산 시내로 진출했다.

이소선은 연일 들려오는 전국 각지, 전 산업에 걸친 노동자들의 투쟁 소식에 고무되었다. 지금까지 경험해 보지 못했던, 대규모 사업장의 노동자들이 지게차, 대형 트럭 등 각종 기계 장비를 앞세우고 거리로 나서는 저 장엄한 모습을 보며 이제 노동자들이 더 이상은 노예 같은 삶의 굴 레에 견디지 않고 떨쳐 일어난다고 생각했다.

다시 찾은 청계피복 노조사무실

이른바 6·29 선언으로, 구속되었던 많은 재야인사와 학생, 노동자 들이 7월 9일 석방되었다. 그중에는 청계노조의 민종덕, 이재환도 포함되었 다. 김영대는 6·29 직전 만기출소했다.

이들이 석방되었으나 청계피복노조는 그 전에 당국의 탄압과 서노련 으로 말미암아 내부분열이 극심해 조합원들이 뿔뿔이 흩어져서 힘을 모 으기가 어렵게 된 상황이었다.

석방된 지 얼마 안 된 민종덕이 이소선을 찾아가 말했다.

"어머니, 지금 우리 내부에 서로 간에 불신이 많아 하나로 모으기가 쉽 지 않습니다. 어머니까지도 불신의 대상이 되어 버렸으니 더더구나 어렵게 되었습니다. 이럴 때는 없는 힘이나마 모아서 이길 수 있는 싸움을 해야 합 니다. 작은 싸움이라도 이기면 그 승리감이 새로운 힘이 될 것입니다.

그건 바로 노조사무실을 찾는 것입니다. 경찰은 사유재산인 우리 노 조사무실을 불법적으로 봉쇄하고 있습니다. 저 사무실을 우리의 힘으로 찾아야 합니다. 저들은 어차피 우리 노조사무실을 내 주게 되어 있습니 다. 지금 별의별 유화조치를 다 취하고 심지어는 파출소 창문 철망도 뜯 는 쇼를 하고 있지 않습니까? 불법에 명분도 없이 노조사무실을 계속 봉 쇄하지는 않을 것입니다. 그러니까 저들이 자진해서 철수하기 전에 우리 가 힘으로 경찰을 몰아내고 노조사무실을 찾는다면 조합원들의 사기가 높아질 것이고, 조합원들의 높아진 사기는 우리 내부갈등을 해소하는 청 량제가 될 것입니다."

"그래 그건 맞는데, 동원될 사람이 있을까?"

"단 몇 사람이라도 상관없습니다. 경비하는 경찰 숫자가 가장 적은 시간에 기습하면 될 것입니다."

이 같은 계획을 황만호, 김영대 등 청계노조 간부들과의 논의를 거쳐 결정한 뒤 곧바로 행동에 들어가기로 했다. 그 첫 번째 단계로 경찰이 불법부당하게 남의 사유재산을 강제로 봉쇄하고 있는 것을 널리 알리는 선전전에 들어갔다. 청계노조 명의로 「경찰인가, 도둑인가?」라는 제목의 유인물을 만들어 대대적으로 살포했다. 특히 청계피복 노조사무실이 입주해 있는 동대문상가 아파트 주변에 살포했다.

이어 7월 15일, 새벽 6시를 기해 그동안 합법성 쟁취 투쟁으로 단련된 조합원 20여 명이 동대문상가 아파트 주변을 맴돌다가 신발가게들이 문을 여는 순간 일제히 노조사무실로 향했다. 노조사무실 앞에서 졸면서 지키고 있던 경찰 두 명은 갑자기 나타난 청계노조 조합원들이 함성을 지르며 밀치자 혼비백산을 하며 달아나 버렸다.

조합원들은 전광석화처럼 노조사무실에 진입했다. 그리고 경찰들이 다시 올 것을 대비해 문을 잠그고 바리케이드를 쳤다. 동시에 4층 창문에 플래카드를 내걸었다. 2년 동안이나 봉쇄되었던 노조사무실은 먼지가 켜켜이 쌓여 있었다. 노조사무실을 되찾은 조합원들은 먼지를 뒤집어쓰면서도 불쾌한 느낌도 없이 쓸고 닦고 청소에 여념이 없었다.

조합원들이 무사히 사무실에 진입했다는 소식을 듣고 이소선은 서둘러 노조사무실로 향했다. 안에서 바리케이드를 치우고 잠긴 문을 열어 주어 들어가자 조합원들이 일제히 만세를 부르며 이소선을 환호했다. 이 소식을 들은 다른 조합원들이 속속 노조사무실에 도착했다. 모두가 한 몸이 되어 덩실덩실 춤을 추고 노래를 부르며 사무실을 빙빙 돌았다.

조합원들의 열기가 어느 정도 수그러질 때 이소선은 기도를 했다.

"하나님, 우리가 승리했습니다. 불의한 것은 언젠가는 심판을 받고 정의가 승리한다는 것을 보여 주었습니다. 우리는 그동안 너무도 많은 고통을 당했습니다. 우리의 것인데도 우리 마음대로 사용할 수도 없게 폭력으로 막아 버린 이 불의한 권력을 하루속히 심판하시어 노동자도 인간답게 살 수 있는 세상을 만들어 주시옵소서. 우리는 우리가 마련한 이 소중한 보금자리를 다시는 빼앗기지 않을 것입니다. 여기 모인 우리 청계 조합원들의 의지가 이것을 말해 주고 있습니다. 부디 2만 우리 청계 노동자 하나하나에게 건강과 지혜를 주시옵소서."

경찰은 청계 조합원들이 진입한 지 여덟 시간 만에 봉쇄조치를 철회하겠다고 했다. 이어 물과 전기가 다시 들어오기 시작했다.

노동조합에서는 사무실을 되찾음과 아울러 사무실을 봉쇄할 때 빼앗아 간 사무실 집기를 돌려 달라고 동대문구청에 공문을 보냈다. 구청 측에서는 집기는 다 없어졌다면서 돈으로 배상하겠다는 답변을 해 왔다. 빼앗아 간 집기 목록에 의거해 600만원을 보상받았다.

청계노조는 노조사무실을 되찾은 데 이어 그동안 흐트러진 조직을 정비하는 일에 착수했다. 대의원대회를 열어 새로운 집행부를 탄생시켰다. 위원장을 김영대로 선출하고, 부위원장에 황만호, 김한영, 이경숙을 뽑았다. 이소선은 예전처럼 고문을 맡았고, 민종덕은 지도위원이 됐다. 새 집행부는 새로운 마음으로 새 출발을 위해 서해안의 파도리 해수욕장으로 수련회를 갔다.

이 무렵 이소선은 86년 8월 12일 결성된 '민주화운동유가족협의회'(이하 '유가협') 초대 회장을 맡아 그 활동에 주력하고 있었다.

민종덕은 그동안 빈집으로 있던 전태일기념사업회를 다시 일으켜 세우기 위해 주 활동무대를 창신동 전태일 기념관으로 옮겼다.

청계피복노조는 이후 끈질기게 합법성을 요구하며 농성한 끝에 1988년 5월 2일 신고필증을 교부받음으로써 마침내 합법노조의 지위를 얻게 되었다.

거제 대우조선 이석규의 죽음

이글이글 타는 87년 여름의 태양, 그 태양만큼이나 뜨겁게 타오르던 전국 전 산업에 걸친 노동자들의 투쟁열기. 이소선의 가슴도 연일 타오르는 노동자들의 열기만큼 벅차올랐다. 그러던 중 8월 22일 저 멀리 경남 거제도에서 비보가 날아왔다. 거제 대우조선소 노동자 이석규가 시위 도중 경찰이 쏜 최루탄에 맞아 쓰러져 병원으로 옮겼는데 곧바로 숨을 거두었다는 것이다.

이석규는 8월 22일 오후 2시 40분경 거제군 장승포읍 옥포리 옥포아파트 입구 네거리에서 시위를 벌이던 중 경찰이 쏜 직격최루탄에 오른쪽 가슴을 맞아 쓰러졌다. 그는 옥포대우병원으로 옮겨졌으나 1시간이 못되어 숨을 거두었다. 오른쪽 폐에 최루탄 파편이 박혀 혈액이 고인 것이 사인이었다.

이소선은 노동자가 죽었다는 소식에 "이놈의 군부독재는 학생으로도 부족해 이제 노동자까지 최루탄으로 쏴 죽이는 것이야!" 하며 거의 본능적으로 지체 없이 거제도 대우조선으로 향했다. 청계 식구 민종덕, 박계현과 학생·노동자 몇 명도 함께 갔다. 부산으로 가서 버스를 갈아탔다. 서울에서 거제까지는 참으로 먼 거리였다. 급한 마음에 끼니도 제대로 먹지도 못하고 대충 때웠다.

거제도 대우조선 가까이 도착하니 평화시장보다 더 큰 것 같은 배를 노동자들이 만든 것을 직접 볼 수 있었다. 청계천 평화시장 조그마한 공장만 주로 보아 오던 이소선은 거대한 조선소를 보니 경이롭기까지 했다. 가도 가도 끝도 없을 것같이 넓은 공장, 대형 크레인 등 곳곳의 기계 설비, 엄청난 숫자의 노동자들 어느 것 하나 신기하지 않은 것이 없을 정도였다. 저 거대한 것들이 노동자의 손과 머리를 통해서 만들어지고 움직여지는 광경을 직접 보니 노동자의 위대함이 새삼스러웠다.

이소선 일행은 이석규의 시신이 안치된 옥포대우병원으로 향했다. 병원은 이미 대우조선 노동자들이 점거한 상태였다. 그들은 사내 운동장에서 농성하다가 병원으로 가 바리케이드를 치고 농성 중에 있었다. 병원 입구에 도착한 이소선 일행을 대우조선 작업복을 입은 규찰대가 가로막았다.

"어디서 왔습니까?"

"수고하십니다. 이분은 전태일 동지 어머니입니다. 지도부에 전태일 어머니께서 오셨다고 말해 주시오."

동행한 민종덕이 말했다. 이때만 해도 전태일이 누군지 아직 모르는 노동자들도 있었다. 규찰대는 무전으로 지도부에 연락을 했다. 잠시 후 세 명의 노동자가 달려왔다.

"어머니, 안녕하세요. 먼 곳까지 와 주셔서 고맙습니다. 빨리 모시지 못해 죄송합니다."

"괜찮네, 이렇게 단단히 지켜야지, 안 그러면 독재놈들한테 시체를 빼앗길 수 있어. 이렇게 듬직하게 지키고 있으니 빼앗길 염려는 없겠네."

"감사합니다."

마중 나온 노동자는 장례대책위원회 사무실로 안내했다. 사무실에는 민주헌법쟁취국민운동본부에서 조사단으로 나온 이상수 변호사도 와 있었다.

대우조선노조 지도부는 그간에 벌어진 일을 말하기 시작했다.

"우리 회사는 85년부터 임금이 한 푼도 오르지 않았습니다. 그러면서 까딱하면 노동자들을 내쫓고 그랬습니다. 그래서 우리는 우리의 권리를 찾기 위해 노동조합을 만들고 싸웠습니다. 대우그룹은 선전할 때 '대우가족'이라고 하지만 정작 대우그룹에 종사하는 노동자는 '대우가축'이라는 자조 섞인 말을 합니다. 그래서 인간답게 살아 보자고 노조를 만들고 임금 인상을 요구했습니다. 회장은 노조와의 협상을 질질 끌고 노조의 요구를 귓등으로 듣는 거 아닙니까. 우리는 요구를 대폭 양보해서 현장수당 2만원, 가족수당 1만원을 요구했는데 이마저도 대우 회장은 묵살하는 거 아닙니까. 그래서 우리가 8월 22일 회장이 있는 옥포관광호텔로 가려고 하니까 경찰들이 나타나 최루탄을 마구잡이로 쏘아 대는 거 아닙니까. 우리가 잠시 밀렸다가 다시 대열을 정비해서 스크럼을 짰습니다. 그리고 호텔 사거리까지 갔습니다. 이때 경찰들이 반격을 해 왔습니다. 갑자기 최루탄을 발사하고 방패로 찍고 난리가 났습니다. 이 과정에서 우리 쪽 많은 사람들이 넘어지고 다쳤습니다. 경찰은 우리를 향해 직격탄을 쐈습니다. 이 직격탄에 이석규가 맞은 것입니다. 최루탄이 오른쪽 가슴에 맞아 쓰러져 곧바로 병원으로 옮겼는데 그만 절명을 한 것이지요. 아니 대우그룹 회장이 무슨 왕입니까? 노동자들이 임금 올려 달라고 협상하자는데 경찰이 나서서 막고 그것도 모자라서 생때같은 젊은 노동자를 죽이고⋯. 이게 무슨 법치국가입니까?"

노조 간부는 분에 못 이겨 자신의 가슴을 주먹으로 친다. 이소선도 함께 열이 올라 가슴을 쓸어내리면서 "후" 하고 긴 한숨을 연발했다.

"이석규가 몇 살인가?"

"스물두 살 아닙니까? 아직 피어 보지도 못한 젊음을 이렇게 죽이다니⋯. 석규는 중학교 졸업하고, 직업학교에 갔습니다. 기술 배운 뒤 병역 의무 마치려고 방위산업체인 대우조선에 들어온 겁니다. 열심히 일해서 돈 모으겠다고 잔업특근도 빼먹지 않았는데 그 대가가 경찰한테 맞아 죽는 것입니까!"

이석규는 이소선의 아들 전태일과 비슷한 나이에 죽임을 당한 것이다. 이소선은 이럴 때마다 담배 한 대 태우지 않으면 견딜 수가 없었다. 그러지 않으면 도저히 안정을 찾을 수가 없을 것 같아, 화장실을 찾았다.

노조 집행부가 중심이 되어 이소선 일행과 재야단체 인사들이 한자리에 모였다. 그 자리에서 이석규 장례위원회를 꾸리고 이소선을 장례위원장으로 결정했다. 장례위원회에서는 이석규 열사의 장례를 5일간의 민주국민장으로 치르기로 하고 장지는 광주 5·18묘지로 결정했다. 영결식은 회사 내 대운동장에서 갖기로 했다. 아울러 살인경찰관 구속, 내무장관 파면, 정부의 공개사과와 최루탄 사용 중지, 이번 사건 피해자들에 대한 즉각보상, 대우조선의 휴업 즉각철폐, 대우조선노조가 임금협상 때 제시한 14개 항의 즉각수락과 노동조합 탄압 중지 등 6개 항을 요구했다.

대우조선 노동자들은 장례위원회와 연계해서 이석규사건진상규명위원회를 구성했다. 진상규명위원회는 23일 오후 5시경부터 1시간 동안 옥포대우병원 앞마당에서 노동자와 가족 등 3천 여 명이 참석한 가운데 진상보고대회를 가졌다. 이들 중 1,500여 명은 행사를 마치고 병원을 빠져나와 500여 미터 떨어진 거제경찰서로 몰려가 최루탄을 쏘며 막는 경찰과 맞서 1시간가량 가두시위를 벌였다.

정부와 회사 측은 장례위원회에서 요구한 6개 항에 대해 미온적으로 나왔다. 오히려 이석규의 삼촌인 현역 군인이 나타나 장지에 대해 이의를 걸고 이석규의 고향인 전북 남원으로 가겠다고 했다. 이소선은 아무래도 낌새가 이상하다고 느꼈다.

"입김이 들어간 거 같아."

장례위원회와 대우조선노조 집행부는 24일 밤 정부 및 회사 측에 여섯 가지 요구조건 수락을 요구하고 장례식을 무기한 연기하기로 결정했다. 노동자들은 25일 오후 2시 규탄대회에 참석하기 위해 옥포대우병원으로 모여들었다. 경찰은 19개 중대 3천여 명의 전투 병력을 옥포 주변에 배치해 시위에 대비하면서 장승포 여객터미널, 거제대교 입구 등에서 재야단체 회원이나 대학생들이 들어오는 것을 막기 위해 검문을 펼쳤다.

김우중 회장은 협상을 한답시고 거제까지 내려왔다. 그러나 노동자들을 직접 만나는 것이 아니라 중재자를 통해 간접협상을 하자 노동자들은 더 분노해 김우중 회장을 규탄했다. 이소선은 이석규 가족을 설득해 보았다.

"이석규의 죽음을 헛되게 할 수는 없잖아요. 그러려면 이석규가 요구하고 싸우던 것을 관철하는 것이 필요해요. 지금 정부나 회사 측에서는 조용히 가족장으로 하고 장지도 고향으로 하길 원하지만, 거기에 속아넘어가면 안 돼요. 광주 망월동이나 마석 모란공원으로 하면, 우리가 해마다 추모하고 이석규는 그때 일을 잊지 않는 노동자 가슴속에 남아 있게 되잖아요."

그러나 여기에 이석규의 삼촌이 강하게 반대하고 나서서 가족을 설득하는 데는 실패했다.

회사와 노조 간에 임금 인상 부분은 어느 정도 합의점에 가까워졌지만 장지 문제는 회사 측에서 가족을 앞세워 남원으로 가기를 요구했다. 27일 오후 2시 김우중 대우그룹 회장과 양동생 노조위원장, 그리고 유족 등 3자가 옥포대우병원 병원장실에서 만나 장지를 전북 남원 선영으로 결정했다는 얘기가 나왔다. 그러자 이때부터 고인의 광주직업훈련원 동기생 등 젊은 노동자들이 반발하기 시작했다. 이들은 '남원으로 가면 민주국민장이 아니라 가족장이다. 이 열사의 죽음을 개죽음으로 만들 수는 없다'며 다시 영안실 문을 산소용접기로 폐쇄했다. 이소선은 양동생 노조위원장을 따로 만나 간곡하게 설득했다.

"양 위원장님, 여러 가지로 어려움이 많을 줄 알아요. 다양한 입장에서 다 제각각 주장하고, 특히 관이나 회사 측에서는 어떻게 해서든 조용히 빨리 끝내고 싶어할 거예요. 그리고 그들은 하루속히 노동자들이 이석규라는 존재를 잊어버리기를 바랄 거예요. 그런데 그게 아니잖아요. 이석규가 왜, 무엇 때문에 누구에 의해서 죽었는지를 생각해야 해요. 이석규는 우리 모두를 위해 우리를 대신해서 죽은 거나 마찬가지예요. 그러니 우리는 그의 죽음이 헛되이 되지 않도록 해야 할 의무가 있어요. 광주 5·18묘지라든지, 아니면 우리 태일이가 있는 모란공원에라도 가면

527

노동자들이 늘 찾아가 돌보고 나도 사는 동안 찾아가게 될 거예요. 이석규를 죽어서라도 외롭지 않게 해야 하지 않겠어요."

양동생 위원장은 조용히 들으면서 긍정인지 부정인지 알 수 없이 고개만 끄덕끄덕했다.

결국 양동생 위원장은 27일 밤 긴급 집행부 운영회의를 소집했고, 협의 끝에 "이 열사의 민주국민장을 빛나게 하기 위해 장지를 광주 망월동 5·18묘역으로 변경한다"고 28일 새벽 1시에 발표했다.

수배생활

이런 우여곡절 끝에 28일 낮 1시부터 대우종합운동장에서 장례식이 거행되었다. 장례식은 국민의례에 이어 권인숙의 조시 낭독, 천주교·불교·기독교의 종교의식, 강희남 목사의 추도사, 민종덕 청계피복노조 전위원장의 전국노동자대표 조사 낭독이 있었다. 이어 양동생 위원장이 「1천만 노동자에게 드리는 글」을 낭독했다. 장례위원장인 이소선은 인사말을 했다.

"노동자들이 자신의 권리를 주장하는 것을 공권력이 폭력으로 탄압하고 이렇게 죽음에까지 이르게 하는 야만은 이 땅에서 다시는 없도록 사라져야 합니다. 그러기 위해서는 하루빨리 군부독재가 물러나고 민주주의가 실현되어야 합니다. 노동자의 권리가 보장되고 누구나 자유롭게 평등하게 살아가는 세상을 위해 우리 모두 힘을 합해 하나로 나아가야 합니다. 우리 젊은 노동자 이석규의 억울한 죽음을 애도해 준 국민 여러분, 먼 길을 마다하지 않고 이곳에 달려와 함께해 준 민주시민께 감사의 말씀을 드리고, 무엇보다도 그동안 이석규의 죽음을 헛되이 하지 않기 위해 밤낮없이 온몸을 다 바쳐 싸워 준 대우조선 노동자들에게 격려를 보냅니다. 국민 여러분은 앞으로도 노동자의 투쟁에 지지와 애정 어린 눈

비약

길을 보내 주시기 바랍니다."

장례식은 서울대 이애주 교수의 '한풀이 춤'이 끝난 뒤 「임을 위한 행진곡」을 부르며 이소선 장례위원장을 시작으로 하는 헌화를 마치고 끝났다. 발인식을 마친 장례행렬은 대형 태극기를 앞세우고 명패 차량, 대형 영정 차량, 꽃으로 장식된 명정, 20여 명의 상여꾼들이 받쳐 든 꽃상여 등으로 이어졌다. 이 뒤를 영정피켓 수백 개와 '노동자 만세' 등 각종 구호가 적힌 만장 300여 개가 따르고 각종 구호를 적은 머리띠를 두른 노동자들이 뒤를 따랐다.

이소선은 상여 뒤를 따라가면서 여러 가지를 생각했다. 그는 이번 장례기간을 지켜보면서 노동자는 참으로 위대하다는 것을 새삼 느꼈다. 노동자들의 지혜와 손을 모으면 못할 것이 없다. 어떠한 상황에서도 노동자들은 서로 협동해서 필요한 모든 것을 창조해 낸다. 그 긴 장례기간 동안 무엇이든지 척척 해내는 이들의 손과 머리에 그는 감탄했다. 이처럼 모든 것을 창조해 내고, 오직 자신의 노동에 의지하는 거짓 없이 사는 선량한 노동자가 멸시당하고 천대받는 사회는 분명 상식적이지도 건강하지도 않은 사회임이 틀림없는 것이었다.

장례행렬은 노제를 지낸 뒤 오후 5시경 스물여섯 대의 버스에 타고 거제를 떠나 광주 5·18묘지로 향했다. 이소선과 청계 식구 일행은 운구차와 유족이 탄 버스에 이어 세 번째 버스에 탔다. 버스는 거제도를 빠져나와 고성 삼거리에 가까워지자 속도가 약간씩 줄었다. 그러더니 삼거리에 거의 이르자 미리 쳐 놓은 바리케이드 사이로 느닷없이 6톤 덤프트럭이 나타나 이소선 일행이 탄 버스를 가로막았다. 그러니까 앞의 운구차와 유족이 탄 차를 보내고, 세 번째 버스 앞을 가로막은 것이다. 뒤따라오던 스물네 대 모두가 멈춰 서 버렸다.

고성 삼거리는 왼쪽으로는 광주, 오른쪽으로는 경남 마산을 향해 갈라지는 길이다. 다른 길은 없다. 미리 매복해 있던 전경 15중대 및 사복

경찰관 2,500명이 운구버스와 유족만 남원으로 향하게 한 뒤 야산에서 동시에 튀어나와 나머지 버스에 탄 노동자들을 하차시키고 연행하기 시작했다. 상황이 어떻게 된 것인가 알아보기 위해 먼저 내린 이상수 변호사를 경찰이 연행하는 모습도 창밖으로 보였다.

상황이 심상치 않다고 판단한 이소선과 일행은 대우조선 노동자들의 회사 작업복으로 바꿔 입었다. 그리고 논둑길로 뛰기 시작했다. 경찰은 대우조선 노동자들의 경우 현장에서 해산시키는 것이 목적이었지만 대우조선 노동자가 아닌 사람들은 연행해서 외부세력 개입 등의 명목으로 구속하려 할 것이기 때문에 속히 이 자리를 벗어나야 했다. 논둑길을 지나 야산 입구에 이르러 돌아보니 노동자와 경찰이 대치해 싸우고 있는 모습이 보였다. 이 상황을 촬영하던 박용수 민통련 보도자료실장도 이때 연행되었다.

경찰의 눈에 띄어 그들이 쫓아오기 전에 시야를 벗어나는 것이 급선무여서 야산을 뛰어올랐다. 이소선은 숨이 차고 배도 심하게 고팠다. 함께한 젊은 사람들이 부축을 하면서 달렸다. 당장이라도 주저앉아 쉬고 싶었지만 위험했다. 경찰의 시야만 벗어나면 그때 쉬면 된다는 말에 다시 정신을 차리고 죽을힘을 다해 뛰었다. 얼마나 뛰었을까? 산을 넘고 밭길도 넘어 무작정 앞으로만 갔는데, 이게 웬일인가. 바다가 앞을 턱 가로막고 있는 것이 아닌가! 이소선은 물론이고 일행 중 이곳 지리를 아는 사람이 아무도 없었다. 난감했으나, 일단 경찰의 시야에서는 벗어났으니 쉬면서 방법을 찾아보기로 했다.

"어머니, 해가 지기 전에 이곳을 벗어나야 하니 서둘러야 합니다. 일단 경찰이 있는 현장에서 멀리 떨어진 큰길로 가야 합니다. 큰길로 가서 택시가 되든 뭐가 되었든 차를 타고 가까운 도시로 갑시다."

민종덕의 재촉에 이소선은 다시 일어나 넘어왔던 야산을 다시 우회해서 넘었다. 다행히 큰길이 나왔다. 이때 지나가는 택시가 있어 타고 일단 마산으로 갔다. 마산에 도착한 일행은 갈 곳도 아는 사람도 없었다. 이소선은 마산에서 가까운 곳이 대구라는 생각이 미쳤다. 대구에 사는 시동생네, 그러니까 전태일의 작은아버지 집으로 갔다. 시동생 식구들은 뜬금없이, 그것도 혼자가 아닌 네 사람이 나타났으니 당황스럽고 의아해했다. 자초지종을 말하자 불안해하는 그들에게 이소선은 오늘 하루만 자고 내일 일찍 떠날 테니 안심하라고 말했다.

검찰은 이미 연행한 이상수, 박용수 이외에도 외부세력 개입 혐의자로 이소선을 비롯해 유동우(기독교노동자연맹), 민종덕, 지선스님, 배은심(이한열 어머니), 김도현(국민운동본부), 노무현 변호사(국민운동본부)의 이름을 발표했다.

이소선 일행은 대구에서 하룻밤을 자고 서울로 향했다. 서울에 도착해서는 각자 갈 만한 곳으로 가기로 하고, 경찰이 집중적으로 찾는 이소선과 민종덕은 따로 남아 함께 민종덕의 친구 이태진이 사는 잠실의 아파트로 갔다. 이들은 여기에서 며칠 지내면서 안정적으로 숨어 있을 곳을 알아보기로 했다. 민종덕이 안양교도소에서 함께 살았던 민불련(민주불교운동연합)의 서동석에게 사정을 얘기하니 그는 즉시 구로동에 있는 자기 집으로 오라고 했다. 그는 자신의 부모님과 함께 살면서도 이소선을 극진히 맞이하고, 불편함이 없도록 최선을 다했다. 그리고 이미 민불련 사건으로 수배된 민불련 의장 여익구가 숨어 살고 있던 강남 개포동의 오피스텔로 두 사람을 안내했다.

당시만 해도 수배자들을 찾기 위해 정기적으로 주민등록 일제점검을 실시하기도 하고, 아파트나 단독주택을 막론하고 주민등록이 되어 있는지 없는지를 통·반장, 아파트 관리소 등을 통해 점검했다. 이것을 피하기 위해서는 오피스텔에서 사는 것이 안전했다. 오피스텔은 주거시설이 아니기 때문에 관리인들이 주민등록을 옮겼는지 여부를 조사하지 않았기 때문이다.

개포동 오피스텔에 이르러서야 비로소 안정이 된 이소선은 그동안 쌓였던 심신의 피로가 한꺼번에 밀려왔다. 감기 몸살을 심하게 앓았다. 여익구와 민종덕의 보살핌에도 이소선의 감기는 좀처럼 낫지를 않았다.

"이상해요. 어머니, 감기는 아무리 심해도 약을 먹으면 한두 주 정도 지나 낫는데 아무리 약을 드셔도 낫지 않으니 병원에 가 봅시다."

"그러게 말이다. 감기가 이렇게 오래가지는 않는데 나도 이상하다고 생각했어."

이렇게 해서 이소선은 사당의원에 찾아갔다. 이소선이 도착하자 사당의원 김록호 원장은 깜짝 놀라 반색을 하며 별도의 방으로 안내하고 성심성의껏 진찰을 한 끝에 진단 결과를 말했다.

"어머니, 감기가 아니고 결핵입니다. 더 늦기 전에 오셨으니 다행입니다. 여기서 며칠 입원하셔서 치료를 받으십시오. 치료받으면 괜찮아집니다. 크게 걱정하실 것은 없습니다."

이소선은 이곳에 입원해서 결핵이 다 나을 때까지 충분하게 치료를 받았다.

"원장님 감사합니다. 이렇게 신세를 많이 져서요. 그렇지 않아도 원장님은 우리 노동자들이 아프거나 데모하다 다쳐서 여기 오면 잘 치료해 주셨는데 나까지 신세를 졌습니다."

"아닙니다. 어머니, 신세는 무슨 신세입니까. 어디 편찮으신 데 있으면 아무 때나 편하게 오세요."

사슴처럼 선하게 생긴 김 원장은 이소선의 손을 꼭 잡으면서 인사를 했다.

당시 정세는 87년 6월항쟁으로 직선제 개헌을 쟁취함으로써 그해 12월 대통령 선거를 앞두고 있었다. 재야 민주화 세력은 대선을 앞두고 김대중·김영삼 단일화 세력, 김대중 비판적 지지 세력, 재야 독자후보 백기완 추진 세력 등으로 입장이 갈렸다. 개포동의 손바닥만 한 오피스텔 안에서도 입장 차가 있었다. 그러나 정치적 논쟁을 계속하면 서로 인간관계마저 나빠질 가능성이 있어 서로 자제하기도 했다.

결국 양김이 단일화를 하지 못하고 김영삼 민주당, 김대중 평민당으로 대선을 치른 결과 노태우가 당선되었다. 대선에 이은 88년 4월 총선을 앞두고 평민당에서는 재야인사 영입을 논의했다. 이때 평민당 전국구 후보 1번에 이소선을 영입한다는 설이 있었다.

"어머니, 나는 어머니가 국회의원 되는 것 바람직하지 않다고 생각합니다. 평민당은 보수정당으로서 다른 당에 비해 상대적으로야 진보적이지만 노동자의 정당은 아닙니다. 어머니는 1천만 노동자가 존경하고 지지하는 어머니여야지 일부분이 존경하고 지지하는 어머니가 되어서는 안 된다고 생각합니다."

민종덕이 제법 심각하게 말하자 이소선은 빙그레 웃으면서 "허허, 나도 그렇게 생각해. 누가 시켜 주기나 한대? 괜히 지네들끼리 한번 해 본 소리지. 나는 하라고 해도 안 한다" 하고 간단하고 명쾌하게 정리했다. 이소선에 대한 수배는 대선이 끝나고 총선이 끝나자 흐지부지되어, 이후로는 자유롭게 활동할 수 있었다.

전 국민의 전태일

전태일기념사업회

전태일기념사업회는 그동안 평화의 집만 덜렁 거의 빈집으로 있었지 이를 운영해야 할 사람들은 구속수배되어 유명무실한 상태에 놓여 있었다. 회장으로 문익환 목사가 있었지만 문익환 목사 역시 민통련 의장으로 활동하면서 전태일기념사업회에 힘을 쏟기가 어려웠다.

활동영역을 전태일기념사업회로 옮긴 민종덕은 실질적으로 운영할 수 있는 논의기구인 운영위원회를 조직하고 운영위원장이 되어 상근을 하기 시작했다. 전태일기념사업회 운영위원회에서는 사업을 새롭게 만들고 활성화하기 위해 무엇보다도 기념관에 많은 사람들이 쉽게 드나들 수 있어야 한다고 판단했다. 당시 기념관의 위치는 창신동 골목길 언덕 위에 위치해 있어서 이곳 사정을 잘 모르는 사람들은 찾기도 어렵고 드나들기도 불편했다. 이런 불편함을 해소하기 위해서 당시의 기념관을 전세로 내주고 그 전세금으로 더 큰길 쪽의 건물로 세 들어 가기로 했다.

이렇게 해서 동대문 큰길에 인접한 건물로 이사한 전태일기념사업회는 의욕적으로 사업을 벌여 나가기 시작했다. 우선 7, 8월 노동자 대투쟁으로 분출한 노동운동의 거대한 물줄기를 어떻게 하면 전태일 정신에 입각한 방향으로 이끌어 낼 것인가를 고심했다. 그 결과 그간 7, 80년대에는 의식 있는 민주노조와 학생·지식인에 한정해 알려졌던 전태일 정신을 전국의 모든 노동자들이 인식하고, 새로 진출한 민주노조는 전태일 정신으로 노동운동을 전개할 수 있도록 하는 것을 주요 사업으로 정했다. 그 구체적인 실천 방향으로 매년 거행되는 전태일 추도행사를 전국 단위의 노동자들이 거행할 수 있도록 각 노동조합과 단체에 제안하고 유도하기로 했다.

마침내 1988년 11월 13일 '전태일정신계승전국노동자대회'를 맞이했다. 이는 청계피복노조 또는 70년대 민주노조에서 실천하던 전태일 정신을 이제는 전국 모든 노동자가 실천하게 하기 위한 것이었다. 물론 이런 노력은 전태일기념사업회의 힘만으로는 할 수 없었다. 서노협, 전노협으로 진출한 청계피복노조를 비롯해 87년 새로 탄생한 민주노조와 전국노운협 등의 조직적인 노력이 있었기에 가능했던 일이었다.

아울러 전태일기념사업회는 새로 성장한 노동운동의 새로운 요구에 부응하기 위해 '전태일노동학교'를 개설했다. 노동학교를 통해 전국적으로 모범적이고 교훈적인 노동자의 투쟁 사례를 발표하여 좋은 경험을 공유하고 활동가들 간에 교류가 있게 했다. 또 당시 기업별노조의 틀에 갇힌 노동조합법과 이에 따른 의식을 확장해 이후 업종별, 산별, 전국 단위 조직을 전망하기 위한 교육을 실시했다. 그중 가장 초보적이고 실질적인 '지역노조란 무엇인가'라는 강좌는 그 반응이 폭발적이었다. 뿐만 아니라 구로공단 지역에 이봉우, 박승옥이 중심이 되어 전태일기념사업회 부설 '구로노동상담소'를 개설하고, 안양에는 송운학이 중심이 되어 부설 '안양노동상담소'를 개설했다. 이보다 앞서 전태일기념관건립위원회 때부터 함께해 온 '전태일기념관건립위원회 독일지부' 최정규 대표와도 서신을 통한 교류를 활발하게 했으며, '전태일기념사업회 일본지부' 인사들과도 사업을 공유했다.

뿐만 아니라 전태일기념사업회에서는 '전태일노동상'도 제정했다. 이는 한 해 동안 가장 모범적으로 노동운동을 한, 전태일 정신을 충실하게 실천하는 단체나 개인을 시상함으로써 민주적이고 자주적인 한국 노동운동의 정신적 뿌리가 '전태일 정신'에서 비롯된 것임을 인식할 수 있게 하는 상이었다. 특히 전태일노동상을 시상하는 사람은 다름 아닌 전태일의 어머니 이소선이어서, 상을 받는 당사자들을 격려하고 위로하는 성격을 갖게 했다.

전태일노동상 상패 '곧은목지'

전태일노동상은 상금은 따로 정하지 않고 상패만 주기로 했다. 상금보다는 전태일노동상을 받았다는 명예를 수여하기 위함이었다. 수여하는 상패는 '곧은목지'인데 이것은 재야인사 백기완으로부터 전해 들은 이야기를 근거로 해서 만들어졌다. 그 이야기는 다음과 같다.

> 우리 민족의 옛 이야기 중 아주 처절하고도 아름다운 이야기인 곧은목지 이야기가 있다. 곧은목지란 목이 부러져 붙어 버린 목병신을 말하는데 사람을 쳐다보려 해도 온몸을 움직여야 하고, 물건을 주우려 해도 온몸을 움직여야 하고, 길을 걸으려면 눈은 먼 곳을 응시한 채, 가슴을 쫙 펴고, 두 주먹을 불끈 쥐고 앞만 보고 곧장 가는 수밖에 모르는 병신이다.
> 이 곧은목지 이야기의 주인공은 '말뚝이'라는 힘이 장사인 노비다. 그는 매우 우직하고 순박한 사람이어서 주인이 시키는 일을 아무 군소리 없이 척척 해내곤 했다. 그러나 주인은 죽을 때가 되자, 무덤에서도 자기를 지켜 줄 힘센 종놈이 필요하다며 산 채로 말뚝이를 묻도록 했다. 말뚝이는 쇠사슬에 목이 매인 채 주인과 함께 무덤에 묻

혀야 할 신세가 되었는데, 우직했지만 뚝심 있는 그는 쇠사슬을 끊고 산으로 도망쳤다. 이 쇠사슬을 끊으면서 말뚝이는 '곧은목지' 곧 목병신이 되었던 것이다.

산으로 도망친 말뚝이는 살아남은 것을 다행으로 여기며 산속에 숨어서 세상과 노여움을 잊고 살아갔다. 그러던 어느 날 곧은목지가 사냥을 나갔다가 추쇄꾼들에게 쫓기는 한 처녀를 구하여 살려 주게 되었는데, 그 처녀는 주인놈이 한 노비 처녀를 겁탈하려는 것을 구하려다 죽도록 매를 맞고 곳간에 갇혀 있다 도망친 마음씨 곱고 아름다운 노비였다. 그 처녀의 이름은 새뚝이였는데, 캄캄한 하늘에 갑자기 떠오른 샛별 같고, 겁먹어 축 처진 판에 샛바람을 일으키는 소나기 같다 하여 새뚝이라 하였다.

곧은목지는 이 새뚝이를 사랑하게 되었고 둘이서 산속에서 행복하게 살고 싶어했다. 그러나 새뚝이는 자기 때문에 친구와 가족이 당할 고통에 괴로워하며 어느 날 가랑잎에 사연을 적어 놓고 산 아래 세상으로 떠나가 버렸다. 이를 보고 충격을 받은 곧은목지는 잊고 지냈던 부모형제와 노비 친구들의 고통이 새삼스럽게 생각나 세상으로 내려왔다.

식구들을 찾아 나선 곧은목지에게 드러난 사실은 그동안 아버지는 매 맞아 죽고, 어머니는 산 채로 거꾸로 매달려 죽어 까마귀가 파먹고, 여동생은 주인놈에게 강간당한 뒤 딴 데로 팔려 가고, 남동생은 곧은목지 대신 산 채로 묻혔다는 것뿐이었다. 이 기막힌 혈육의 사연에 눈이 뒤집힌 곧은목지는 피눈물을 흘리며 팔도를 떠돌게 되었다. 이렇게 떠돌던 그는 머슴살이하다가 일에 지쳐 쓰러진 채 주리를 틀려 '앉은뱅이'가 된 병신을 만나게 되었고, 둘이 한패가 되었다. 그러다가 또 사지를 제멋대로 흔드는 '나간이'를 만나게 되는데, 그는 충실한 소작농으로 그가 심부름 간 사이에 주인에게 겁탈당한 그의 아내가 임신 중인 몸으로 우물 속으로 빠져 죽어 버리자 발작을 일으켜 '나간이'가 된 사연을 갖고 있는 자였다. 그는 천하일품의 휘파람을 불었다.

이렇게 한패가 되어 돌아다니다가 곳곳에서 뻗정다리, 곰배팔이, 장님, 귀머거리, 문둥이, 등신까지 다 만나게 되었는데 각기 사연들이 있는지라 울분을 달래는 제각기의 한 가닥들이 있고, 그것이 어울리면 신나는 한판이 벌어지곤 했다. 그들 울분패는 이 마을 저 마을 사람들을 몰고 다니며 신나는 굿판을 벌이고 다녔다.

그러자 조정에서는 일부 '병신 불순세력'들이 선동해서 민심을 소란하게 한다고 법석을 떨며, 이들 울분패를 없애기 위한 병신들의 '호강잔치'를 꾸몄다. 병신들은 좋은 세상 되고, 좋은 임금 만났다며 너도나도 호강잔치판으로 신나게 모여들었다. 곧은목지네 울분패도 거기서 진짜 굿판을 벌일 요량으로 서울로 향했다.

한강 백사장에서 잔칫상을 기다리며 와글거리고 있는 팔도의 갖은 병신들 앞에 병졸들이 나타나 잔칫상 대신 '잔치 전복 음모'니 '유언비어 유포죄' 혹은 '국가기강 문란죄' 혹은 '화해분위기 방해죄'라는 등의 온갖 죄목을 끌어내어 칼을 내리쳤다. 곧은목지네는 '목을 꼿꼿이 세워' 숙일 줄 모르니 '나랏님에 대한 불경죄'를 저지른 것이며, 그것이 곧 '화해분위기 방해죄'에 해당되므로 목이 잘리게 될 지경에 이르렀다.

그때 애간장을 끊어 내는 '나간이'의 휘파람 소리가 들리기 시작했다. 그를 신호로 울분패가 제각기 악기를 꺼내어 불고 두들기며 곧은목지를 에워싸고 대열을 갖추어 판을 몰아가기 시작했다. 그러자 병신들은 다 같이 들고 일어나 한판을 이루어 병졸놈들과 싸우기 시작했고, 병졸들이 몰리기 시작하자 조정에서는 이웃 큰 나라 상전에게 원군을 요청하여 신무기를 든 원군들이 왔다. 원군들과 맞서 싸우다 병신들이 몰리자, 잔치 구경꾼들까지 제 민족이 죽는다 하여 함께 뛰어들었다. 목숨을 건 싸움판이 전개되어, 병졸들은 도망치고 원군들은 타향에서 개죽음을 당한다고 울기 시작하니 드디어 천년성 썩은 조정이 하나로 말려 곤추섰다가 "꽈당" 하고 무너져 내렸다. 이 소리에 귀머거리가 귀가 뚫리고, 눈먼 장님이 눈뜨고, 곧은목지가 목이 풀려, 병신들 앞에 새로운 세상이 열렸다. 몸이 풀린 병신들은 울분패와 함께 앞장서 싸움판에 참여하는 평등한 새 나라를 일으켜 갔다.

이러한 이야기에서 유래하는 전태일노동상의 형상, 곧은목지의 팔뚝은 썩은 조정에 항거하여 새 세상을 여는 병신―억눌린 자―들의 의로운 힘을 상징하는 팔뚝이다.

전태일문학상

전태일기념사업회는 87년 7~9월 노동자 대투쟁의 열기를 이어받아 전태일노동상과 더불어 '전태일문학상'을 제정했다. 전태일문학상은 비약적으로 발전하는 노동운동 속에 만들어지는 노동자의 이야기와 민중의 정서를 예술적으로 기록하고 담아내기 위한 것이었다.

이소선은 전태일문학상을 제정한다는 얘기를 듣고 처음에는 선뜻 이해가 가지 않았다. 전태일노동상을 전태일기념사업회에서 만드는 것은 당연하지만, 전태일문학상은 전태일과 무슨 연관이 있는지 의문이 들었다.

"어머니, 언뜻 듣기에 전태일과 문학은 연결이 잘 안 될 거예요. 문학은 많이 배우고 그것에 남다른 재주가 있는 사람들이 하는 것이지 노동자들이 일하고 잠자기에도 힘든 처지에서 문학은 무슨 문학이냐고 말할 수도 있을 것입니다. 사실 지금까지 우리가 알고 있는 문학이란 많이 배운 사람들이 그들만의 전유물로 만들고 즐기는 것이라고 할 수 있어요. 그렇기 때문에 우리는 우리의 주체적인 문학이나 예술을 만들어 내고 소통할 수 있어야 된다고 생각해요. 무엇보다도 어머니가 아시다시피 전태일이야말로 문학을 지향한 청년이었어요. 나름대로 소설도 구상하고, 시도 쓰고, 일기, 수기를 썼잖아요. 전태일이 쓴 글을 보면 그 어떤 문장가보다 절절하고 사람의 마음을 움직이는 글이잖아요. 이런 글은 많이 배웠다고 나오는 글이 아니고, 글 쓰는 재주가 남다르다고 해서 나올 수 있는 글이 아닙니다. 가슴속 깊은 곳에서 우러나오는 절실하고 간절한 사랑과 진실이 없이는 결코 나올 수 있는 글이 아니죠. 지금 전국적으로 노동자들이 역사의 전면에 나서는 위대한 투쟁을 전개하고 있는데 그 속에서 얼마나 많은 얘기, 얼마나 아름답고, 슬프고, 감동적인 이야기가 있겠습니까. 우리는 그것들을 발굴하고 표출할 수 있도록 마당을 열어 주어야 해요.

어머니께서 누구보다 잘 아시다시피, 전태일이 만약 기록을 남기지 않았다고 가정한다면 어쩌면 전태일의 진실은 그냥 묻혀 버리고 그 죽음이 헛된 죽음으로 끝나 버렸을 수도 있었을 것입니다. 자본가와 권력자들이 전태일이라는 이름을 이 땅에서 사라지게 하려 얼마나 많은 탄압을 해 왔습니까. 그럴 때마다 전태일의 일기는 그 어떤 큰 무기보다 더한 위력을 발휘했습니다. 이처럼 기록은 엄청난 힘을 가지는 것입니다. 그래서 투쟁하는 노동자들한테 이런 것들을 장려하기 위해서라도 전태일문학상이 필요하죠.

지금까지 우리가 보아온 문학상이라고 하면 출판사나 잡지사 같은 곳에서 상업적으로 운영하거나 아니면 유명한 사람들이 서로서로 나눠먹기로 하는 예도 많았죠. 우리는 이런 것이 아니라 주체적이고 순수한 우리들의 문학상을 만들어야 해요. 그것이 전태일의 이름으로 주는 전태일문학상이죠."

운영위원장의 이 말을 듣고 이소선은 고개를 끄덕였다. 왜 전태일문학상을 만들자는 것인지 충분히 이해할 수 있었다. 그 자신이 시인이며 윤동주 시인의 친구였던 문익환 회장 역시 전태일 문학상 제정에 누구보다도 적극적이었다.

당시 전태일기념사업회는 이소선과 문익환 회장의 전폭적인 지원을 바탕으로 운영위원회가 중심이 되어 의욕적인 사업을 펼쳐 나갔다. 이를 위해 유능한 인재들이 참여해 상근을 했다. 그 주요 인물이 김부섭, 변재용, 한경애, 김명환, 한기홍, 고익기(백건우) 등이었다.

전태일정신계승 노동악법개정 전국노동자대회

87년 7~9월 노동자 대투쟁은 그동안 침묵했던 전국의 노동자가 전 산업에 걸쳐 오랜 침묵을 깨고 스스로 자주적인 인간임을 선언하고 당당하게 일어선 거대한 파노라마였다.

이 거대한 역사의 용틀임을 일회성으로 그쳐서는 노동자의 권리도, 인간다운 삶도, 해방도 결코 쟁취할 수 없다. 노동자를 억압하고 노동을 천시하는 구조적 모순을 타파하고 노동이 존중되고, 노동하는 사람이 인간다운 대접을 받음으로써 인간이 해방되는 사회를 만들기 위해서는 조직적이고 지속적으로 싸울 수 있는 틀이 필요했다. 기업별 단위사업장에 갇힌 조직이 아니라 지역별, 업종별, 그룹별, 산업별, 전국, 전 민중, 국제적 연대로 진화해야 했다. 87년 노동자 대투쟁은 단위사업장의 초보적 경제투쟁을 시작으로 신규노조 결성, 어용노조 민주화를 거쳐 지역조직으로 발전하기 시작했다. 그 첫 번째 출발이 87년 12월 14일의 마산창원노조협의회 결성이다. 이어 88년 5월 21일 현대그룹노조연합회, 5월 29일 서울지역노조협의회가 결성되었고 6월 18일 인천지역노조협의회가 창립되었다. 10월 6일에는 '전국노동법개정투쟁본부'가 결성되었다.

노동법 개정 투쟁은 전두환 군부독재가 등장하면서 만들어진 제반 '파쇼악법' 중 하나로 노동자의 권리와 노동운동을 가로막는 독소조항을 개정하기 위한 싸움이었다.

전국노동법개정투쟁본부는 87년 대투쟁으로 새로 결성된 민주노조협의체와 노동운동단체협의회 등이 모여 구성되었다. 이 투쟁본부는 첫 번째 사업으로 11월 13일 전태일 기일을 맞이하여 '전태일열사정신계승 노동악법개정 전국노동자대회'를 개최하기로 했다. 이 대회는 민주노조와 노동운동단체협의회의 의지와 전태일기념사업회의 요청이 일치가 되어 결정되었다. 투쟁본부는 사전사업으로 전국적인 서명운동, 웅변대회, 결의대회와 집회, 노조대표자 · 야3당 단식농성 등으로 조건을 성숙시켰다.

마침내 '전태일열사정신계승 노동악법개정 전국노동자대회'는 11월 12일 밤 연세대에서 전야제가 개최되면서 시작되었다. 그 일부로 저녁 8시에 전태일노동상 시상식이 열렸다. 제1회 전태일노동상 수상자로는 87년 노동자 대투쟁을 촉발하고 선도했던 현대엔진노조 권용목 위원장이 선정됐다.

권용목은 현대 노동자로 입사한 지 10년째에 '자기 운명은 자기 스스로 개척해 나가야 한다'는 진리를 깨닫고 '주면 주는 대로, 시키면 시키는 대로'였던 노예적 삶을 거부하고 깨치고 나섰다. 그때부터 그는 노조 결성에 이르기까지 2년간 부모형제도 전혀 눈치챌 수 없을 정도로 치밀하게 소모임을 결집해 나갔다. 노조 결성에 필요한 지식을 얻기 위해 『전태일 평전』, 『간디 자서전』 등을 탐독하여 의지를 다지는 한편으로 동료들과 함께 몸 벽보, 축구시합 등을 통한 훈련 · 단련 과정을 거쳐 결정적 시기에 대중 열기를 모아 마침내 87년 7월 5일 빛나는 승리를 쟁취했다.

또한 그는 현대엔진노조를 결성하고 난 이후 무수한 회유와 협박, 공갈, 물리적 탄압을 받고 87년 말부터 이듬해 초까지 구속과 석방, 재구속이 이어지는 험난함 속에서도 추호의 흐트러짐이나 물러섬 없이 불굴의 투쟁정신을 보여 주었다. 뿐만 아니라 그는 탁월한 대중지도자였다. 현대엔진노조 결성을 시발로 노동 대중의 자발적 진출은 봇물 터지듯 진행되어 특히 8월 17~18일 투쟁은 87년 7~9월 노동자 대투쟁의 정점에 이르렀는데, 이때 권용목은 10만 명이나 되는 군중의 시위를 일사불란하게 이끌고 조직적으로 진행했다. 이는 이전 한국 노동운동에서 드러났던 자연발생적 투쟁의 비조직성과 일과성을 철저히 불식한 대중지도의 모범이라 할 만했다. 이 밖에도 근면, 성실, 소박, 겸손한 품성으로 동료들의 신뢰를 받은 점까지도 평가받아 그는 전태일노동상의 초대 수상자로 선정되었다.

시상식장 단상에는 '제1회 전태일노동상 시상식'이라는 현수막이, 단상 아래에는 '살아오는 전태일 다가오는 사람세상'이라는 전태일기념사업회 표어가 붙어 있었다. 이소선은 전태일노동상을 수여하기 위해서 단상에 올랐다. 전국에서 모여든 노동자들이 이소선의 입장을 알리는 소리에 일제히 일어나 우레와 같은 박수를 친다. 이어 힘찬 손짓으로 노래했다.

> 사람 사는 세상이 돌아와
> 너와 내가 어깨동무 자유로울 때
> 모순덩어리 억압과 착취
> 저 붉은 태양에 녹아 버리고
>
> 사람 사는 세상이 돌아와
> 너와 나의 어깨동무 자유로울 때
> 우리의 다리 저절로 덩실
> 해방의 거리로 달려 나간다
>
> 아, 우리의 승리

죽어 간 동지의 뜨거운 눈물
아, 이글거리는 눈빛으로
두려움 없이 향해 나간다
어머니 해맑은 웃음의 그날 위해

진행자가 전태일노동상 선정 과정과 권용목을 선정한 이유를 설명한다. 이를 듣는 이소선은 자랑스럽고 가슴이 벅차올랐다. 그동안 노동자들의 단결이 미약해서 투쟁 시 적은 숫자로 맞설 때 당했던 설움이 얼마나 컸던가! 그럴 때마다 한 사람 한 사람의 의식과 단결이 절실했는데 이제 노동자들이 이렇게 깨치고 일어나 하나가 되는 모습이 감격스러웠다. 우리 자랑스러운 노동자 우리 아들딸들이 어느새 이렇게 성장했구나! 이들 속에서 권용목같이 훌륭한 지도자가 나왔다는 것이 한없이 자랑스럽고 흐뭇했다.

드디어 권용목에게 전태일의 이름으로 '곧은목지' 상패를 주는 시간이다. 이소선이 상패를 주기 위해 앞으로 나섰다. 이름을 호명했지만 권용목은 나타나지 않았다. 구속되어 있는 상태였기 때문이다. 권용목 대신 그의 아버지 권처흥 씨가 나왔다. 이소선은 그에게 '곧은목지'를 수여하고 굳은 악수를 했다. 노동자들의 함성과 박수는 11월의 차가운 밤공기를 물리치고, 행사장을 뜨겁게 달궜다.

13일 오후 1시, 예정된 본대회를 앞두고 전날 밤부터 연세대학교는 수많은 노동자, 학생, 시민 들로 붐볐다. 본대회 입장식은 한 시간 이상 계속되었다. 4만여 명의 노동자가 운집한 연세대 노천극장은 그야말로 장관이었다. 이들이 일사불란하게 "노동악법 철폐하여 노동해방 앞당기자" 등의 구호를 외칠 때면 새로운 세상을 향한 거대한 물결이 출렁이며 전진했다. 이 대회에서 이소선을 더 흐뭇하게 한 것은 4만 명의 대오를 일사불란하게 움직이게 하는 사회자 두 명 중 하나가 다름 아닌 청계노조 간부 이승숙이라는 점이었다. 이승숙은 자그마하지만 다부진 몸에서 우러나오는 맑고 낭랑한 목소리로 운집한 대중들을 사로잡는 마력이 있었다.

이소선은 자신이 연설할 차례가 다가오자 자기도 모르게 흥분이 되었다. 이런 자리에서는 무슨 말을 해야 할까?

"무슨 말을 해야 하나?"

이소선이 곁에 있는 청계 식구에게 물었다.

"글쎄요. 어머니 하시고 싶은 말씀을 자유롭게 하세요."

돌아오는 답은 태평했다. 사실 이전 한두어 번쯤 이소선이 연설할 차례가 되기 전에 옆에서 어떤 주제로 어떻게 말씀을 하시라고 얘기한 적도 있었다. 그런데 그럴 때면 그는 사전에 들은 말을 의식하느라 연설이 신통치 않고 만족스럽지 않았다. 오히려 사전에 아무 얘기도 해 주지 않고 자유롭게 말할 때 그의 연설은 자연스럽고, 청중들로부터 호응도 열화와 같았다. 이소선의 모든 연설은 즉석연설이다. 이 즉석연설이야말로 가장 이소선다운 연설이었다.

이소선의 차례가 왔다. 그는 전태일의 초상이 대형 걸개로 걸려 있는 단상으로 나섰다. 청중들을 둘러본다. 노천극장을 완전히 메우고 저 멀리 나무 위에까지 사람이 올라서 있는 모습이다. 수만 개의 눈동자가 빛난다. 수만 개의 팔뚝이 힘차게 뻗는다. 수만의 목소리가 한 덩어리가 되어 울려 퍼진다. 11월 맑은 하늘에 한 역사가 새겨진다.

"여러분! 여러분이 전태일입니다. 내 아들 전태일이라고 특별한 사람이 아닙니다. 여러분이 전태일, 전태일 하고 외치니까 전태일입니다. 여러분이 없다면 무슨 전태일이 있겠습니까? 자신의 권리를 찾고 모든 노동자들이 인간답게 살게 하기 위해 외치는 사람 모두가 전태일입니다."

박수와 함성이 터져 나온다. 이소선의 연설은 꾸미거나 정제되거나 한 것이 아니라 평소 그냥 말하듯 자연스러웠다. 그래서 때로는 길어지기도 해 행사 진행자가 진땀을 빼는 경우도 있지만 언제나 진솔한 얘기였다. 권력자들을 향한 거침없는 욕설도 있다.

"노동자가 하나가 되고, 학생이 하나가 되고, 모든 민주시민이 하나가 되어, 이 썩을 놈의 독재를 물리쳐야 합니다. 독재놈들은 아직도 노동자를 억압하고 노동자의 권리를 가로막는 노동악법을 철폐하지 않고 있습니다. 지금 우리가 해야 할 일은 노동악법을 철폐하고 민주주의를 이뤄내는 것입니다. 우리 노동자가 하나 되어 민주주의를 이뤄 냅시다."

집회는 2시간에 걸쳐 뜨겁게 이어졌다. 집회 뒤에는 녹십자병원 노동자를 비롯한 '위장폐업분쇄공동투쟁위원회' 소속 노동자들이 '노동해방'이라는 혈서를 쓰고, 그 혈서를 앞에 들고 모두들 여의도를 향해 진군하기 시작했다. 오후 3시 30분부터 시작된 행진은 '악법 철폐, 민주 쟁취', '노동운동 탄압하는 군부독재 끝장내자', '구속 전두환, 퇴진 노태우', '해체 전경련, 타도 민정당', '악법 철폐, 노동해방' 등의 구호를 외치며 마포대교를 거쳐 여의도 국회의사당에 이르기까지 2시간 동안 계속되었다. 이날 행진은 이전까지의 노동자 행진 중 최대 규모였다. 오후 6시부터 국회의사당 앞에서 열린 '망국 민정당 규탄 및 노동악법 개정 촉구대회'를 마친 뒤 그날의 대회는 해산했다.

이소선은 며칠 후 울산으로 내려가 권용목이 수감되어 있는 감옥에 면회를 가서 전태일노동상을 전달했다.

죽음, 죽음, 죽음이여! 열사여!

유가협의 창립

양김의 분열로 노태우가 당선이 됨으로써 군부독재의 종식은 멀어졌고 오히려 연장이 되었다. 노태우는 '보통사람'을 내세워 대통령이 되었지만 그 본질은 역시 군부독재였다.

노태우 정권과 자본은 87년 이후 분출된 노동자의 생존권을 위한 거센 투쟁을 폭력적으로 탄압하고, 전국적 전망을 가지고 급격하게 진출하는 민중세력에 대한 공세를 강화하기 시작했다. 1988년 12월 28일, 노태우는 담화를 통해 '체제수호 차원에서 좌경폭력세력 척결' 운운하면서 민중세력에 대한 선전포고를 했다. 동시에 현대, 모토롤라, 풍산금속 안강공장 투쟁에 잇따라 공권력을 투입했다. 현대자본은 노동운동가들에 대해 식칼 테러를 자행함으로써 노동자 대중투쟁에 불을 붙였다.

노태우 정권은 89년 3월 국회에서 통과된 노동법 개정에 거부권을 행사하고, 문익환 목사 방북을 기화로 4월 3일 '공안합동수사본부'를 발족해 시국을 본격적인 공안정국으로 몰아갔다. 이러한 가운데서도 5월 28일에는 전국교직원노동조합이 결성되어 공안정국을 돌파해 나가고 있었다.

이소선은 현대 노동자들의 '식칼테러 상경규탄대회'에서 규탄 연설을 하는 등 계속되는 공안 탄압에 맞서는 노동자들의 투쟁을 지지, 격려, 선동하는 일에 여념이 없었다.

이와 동시에 이소선에게는 집중해야 할 일이 있었다. 그것은 바로 민주화운동을 하다가 죽어 간 열사들의 가족을 끌어모으고, 이들을 위로하고, 이들과 함께 앞서간 피붙이들이 목숨을 바쳐서 이루고자 한 세상을 이루기 위한 조직을 만드는 일이었다.

이소선은 이미 70년대 구속자가족협의회부터 시작해 민주화운동가족협의회 활동을 통해서 재야 민주인사와 함께 민주화를 위해 투쟁해 왔다. 유신독재에 이어 전두환 군부독재의 탄압은 더욱더 악랄하고 교활해졌다. 이에 저항하는 학생, 노동자, 민주시민의 죽음도 갈수록 더 많아졌다. 투쟁 현장에서만 그랬던 것이 아니라 비밀리에 끌려가서 죽기도 하고, 군대에 강제징집되었다가 죽기도 하고, 정보부 요원에게 쥐도 새도 모르게 잡혀가 죽임을 당하기도 했다.

1986년만 해도 박영진의 죽음에 이어 서울대생 김세진, 이재호가 전방 입소를 거부하며 분신했다. 4월 30일에는 택시 노동자 변영진이 분신했다. 5월 20일에는 문익환 목사가 서울대에서 강연하는 중에 이동수 학생이 학생회관 옥상에서 투신했다. 그날 같은 학교의 박혜정은 한강에 투신했다. 이처럼 전두환 군부독재는 끊임없이 젊은 목숨을 요구했다. 이 억울하고 한 많은 죽음들이 더 이상 생기지 않도록 하기 위해서는 물론이고, 유가족들이 겪는 아픔을 조금이라도 달래고 특히 의문의 죽음을 당한 사람들의 진실을 밝혀내기 위한 조직이 필요했다. 그 필요성은 이소선뿐만 아니라 전태일 이후 군부독재정권에 항거하다 숨진 이들의 유가족에게도 절실했다. 80년 광주민중항쟁의 진실을 알리기 위해 분신한 성남 노동자 김종태의 어머니, 경원대생 송광영의 어머니, 의문의 죽임을 당한 신호수의 아버지 등이었다. 이들이 중심이 되어, 민통련의 도움으로 '평화의 집'에서 열한 가족 스무 명가량이 모여 1986년 8월 '민주화운동유가족협의회'(유가협)의 창립식을 했다. 이 자리에서 이소선이 회장으로 추대되었다. 유가협은 창립선언문에서 설립취지와 나아갈 방향을 이렇게 제시하고 있다.

> 고인들이 하나뿐인 생명을 바쳐 가면서 목말라 외치던 바를 살아 있는 가족들이 함께 실천해 나가는 것만이 그들의 원혼을 위무해 줄 수 있는 길이라 생각하였습니다. (…) 그들의 육신은 한 줌의 흙이 되고 말았지만 불굴의 자주혼은 이 땅의 통일과 진정한 민주를 갈망하는 모든 이들의 가슴에 파고들어 요원(燎原)의 불을 사르는 불씨가 될 수 있기를 간절히 기원합니다.

유가협 회장이 된 이소선은 회원들과 함께 각종 집회시위가 있는 곳을 찾아다녔다. 무엇보다도 자식들의 뜻을 이어받아 군부독재정권과 싸워 민주화를 이루는 것이 가장 절실한 할 일이었기 때문이다. 유가협의 어머니아버지들은 투쟁 현장에서 경찰의 방패와 곤봉이 날아드는 맨 앞에서 육탄으로 저지하는 데 주저하지 않았다. 유가협 회원들의 육탄 저지에 집회시위 참가자들은 큰 용기를 얻어 싸울 수 있었다. 경찰이 시위자를 끌고 가면 늙은 할머니할아버지들이 우르르 몰려가서 연행자들을 구출해 왔다. 유가협 어머니아버지들은 경찰에 끌려가는 노동자, 학생, 시민 누구나를 다 자기 자식같이 생각했기 때문에 겁날 것도 두려울 것도 없었다. 오히려 물불을 가리지 않고 투쟁하는 유가협 어머니아버지들을 경찰들이 겁낼 정도였다. 이런 그들을 정권은 그냥 내버려 두지 않았다. 서울교대에서 학생운동을 하다 의문의 죽음을 당한 박선영의 어머니 오영자를 비롯해 박영진의 아버지, 정연관의 어머니는 '특수공무집행 방해' 또는 '법정소란' 등의 이유로 구속되기도 했다. 그러나 유가협 회원들은 경찰서에 끌려가는 것도, 구속되어 갇히는 것도, 재판을 받는 것도 전혀 두려워하지 않았다. 오히려 경찰을 향해 호통을 치고, 판검사를 나무라기까지 했다.

유가협 사무실 '한울삶'을 마련하다

독재정권하에 목숨을 잃은 사람들 중에는 의문의 죽음을 당한 이들이 많이 있었다. 군부독재는 노동자, 학생, 군인, 재야인사 가리지 않고 납치, 연행, 감금, 고문 등 온갖 수법을 써서 이들을 살해했다. 이렇게 해서 자식, 배우자, 형제를 잃은 가족들은 그 진상이라도 알아야 장례라도 치르고 무덤이라도 만들 수 있는데 그조차도 알 수 없으니 원통함이 더했다. 이에 유가협에서는 88년 11월 17일부터 '의문사 진상규명'을 위한 농성을 기독교회관에서 시작했다. 유가협 회장으로 이소선이 주도해서 시작한 농성은 무려 135일간 이어졌다. 주로 백발이 성성한 유가족들이 차가운 맨바닥에 스티로폼을 깔고 새우잠을 자며 농성을 계속한 것이다.

유가협은 사무실도 없이 길거리 투쟁 현장을, 농성장을 이리저리 쫓아다녀야 했다. 의문사 진상규명 농성을 통해 유가협 회원이 전국적으로 늘어났다. 날이 갈수록 줄어들거나 그대로여야 할 유가협 회원 수가 독재정권의 지속으로 늘어나는 비극적인 현상이었다. 이렇게 전국에 걸쳐 늘어나는 회원을 수용하고 보다 폭넓은 활동을 하기 위해서 조직을 '전국민족민주유가족협의회'로 확대했다.

당장 시급했던 것은 지방에서 집회시위 등에 참가하기 위해 상경한 어머니아버지들의 잠잘 곳이 마땅치 않은 점을 해결하는 것이었다. 그래서 사무실로도 사용하면서 회원들이 편안하게 쉴 수 있는 공간을 마련하기로 했다. 이소선은 유가협의 이런 사정을 유가협 후원회 회장을 맡고 있는 문익환 목사와 김승균 총무와 의논했다.

"목사님, 아무래도 유가협 사무실이 있어야겠어요. 지방에서 회원들이 올라오면 어디 앉을 장소라도 있어야 하는데. 잠잘 자리도 마땅치 않고요."

"그러게 말이에요. 어디 집을 하나 마련해 봅시다."

"그러면야 좋지만 돈이 있어야지요."

"태일이 어머니, 걱정하지 마세요. 서화전 같은 것을 해서 한번 마련해 봅시다. 빈손으로 돈을 구하러 다니는 것보다도 그게 나을 듯하네요."

후원회 총무를 맡고 있는 김승균 사장이 서화전을 제안했다. 그는 『사상계』의 편집장으로서 그 잡지에 김지하의 시 「오적」이 발표되면서 일어난 필화사건을 겪은 바 있었고 이소선과는 오래전부터 잘 알고 지내는 사이였다. 당시에는 일월서각 출판사를 운영하고 있었다.

"서화전이 뭐가요? 그림 같은 걸 전시해서 파는 것 말인가요?"

"네, 그림과 글씨를 팔면 좋을 것 같아요. 유가협의 뜻에 동조하고 돕고 싶어하는 화가, 서예가, 도예가 등을 망라해서 작품을 팔면 돈이 될 것입니다."

"아, 그래요. 난 그런 거 안 해 봐서 돈이 될지 모르겠네요."

이소선은 생전 처음 해 보는 서화전을 하기 위해 글씨를 받으러 박종철 아버지 박정기와 함께 다녔다. 강원도 원주에 사는 장일순 선생 집으로도 찾아갔다. 선하고 깨끗하면서도 기품이 느껴지는 인상의 장일순 선생은 이소선과 박정기를 반갑게 맞이했다. 이소선은 이전에 장일순 선생을 직접 만나 본 적이 없었지만 그는 오래전부터 자신을 잘 알고 있는 것 같았다.

"아, 그래요. 당연히 해 드려야지요. 저녁식사 하시면서 편안하게 계세요."

이소선이 방문 취지를 얘기하자 그는 흔쾌히 승낙했다. 그가 다른 방으로 가서 작품을 하는 동안 이소선과 박종철 아버지는 저녁을 먹고 집안을 둘러봤다. 조그마한 구식 집이 소박하면서도 단정했다. 집안 곳곳에 놓여 있는 난초 화분이 그윽이 풍기는 묵향과 어울려 지조 곧은 선비임이 틀림없다고 생각했다.

장일순 선생은 대중적으로는 덜 알려졌으나 재야의 정신적 지주로서 그동안의 민주화운동을 이론과 실천으로 지도해 온 인물이었다. 『전태일 평전』을 지은 조영래의 묘비문 글씨를 쓴 사람이기도 했다. 격조 높은 글씨와 사군자를 쓰고 그렸던 그는 자신의 작품을 파는 일이 없었으며 이번처럼 민주단체에서 모금을 위해 글씨와 그림을 원할 때는 돈을 받지 않고 작품을 주었다. 이소선은 그가 그려 온 그림을 처음 보고는 자그마한 화선지에 먹물로 붓질 몇 번을 한 것이 신통치 않다고 속으로 생각했다며 훗날 웃으며 회상했다. 장 선생의 작품은 높은 가격으로 가장 먼저 팔렸다.

이소선과 박정기는 이 밖에도 김대중, 김영삼을 비롯해 정치인과 유명인사의 글씨를 받으러 동분서주 다녔다. 그리고 아람미술관을 빌려 유가협 집 마련을 위한 서화전을 열었다. 작품은 거의 다 팔렸다. 이소선은 그림 값 수금에도 발 벗고 나섰다. 정치인들이 사 간 그림 값은 정당 대표에게 일괄로 받았다.

이렇게 해서 마련한 돈으로 종로구 창신동에 허름한 한옥을 한 채 샀다. 드디어 유가협 식구들이 만나고 편안하게 쉬면서 사무실로 사용할 보금자리가 생긴 것이다. 이 보금자리 이름을 '한울삶'이라고 짓고, 신영복 선생이 써 준 현판을 달고 1989년 12월에 입주했다.

죽음의 행렬

'한울삶'에 들어서면 한쪽 벽면 전체에 민주열사 영정이 가득 걸려 있다. 유가협 회원들은 이곳에 오면 이 열사들과 대화하고, 영정을 쓰다듬고

서로 격려하고 함께 잠을 잔다. 유가협 어머니아버지들이 집회시위 현장에 갈 때 먼저 간 아들딸들에게 다녀오겠다고 인사를 하면, 먼저 간 아들딸들은 '어머니아버지, 잘 다녀오세요. 싸우다 다치지 마시고 저 대신 민주주의 하루빨리 이뤄 주세요' 하고 소통을 하기도 한다.

민생과 민주주의를 향한 투쟁이 얼마나 처절했으면 저 많은 열사들이 한쪽 벽면을 가득 채우고도 모자랄까? 벽면 밖에도 열사들은 많았다.

유가협에서는 1990년 6월항쟁 기념행사에 맞춰 모든 열사를 한자리에 모아 합동추모행사를 열기로 했다. 전국 곳곳의 사업회에서 제각각 열던 추모제를 하나의 행사로 묶어 한자리에서 추모하는 일에 이소선은 누구보다도 앞장섰다. 그는 전태일의 어머니로서 여타의 열사들 가족에게 미안한 마음이 참 많았다. 전태일은 그래도 많이 알려져 있고 전태일을 추모하는 행사 또한 전국의 노동자, 대학생, 지식인 들이 대대적으로 하고 있을 뿐만 아니라 전태일기념사업회가 있어 일상활동을 통해 전태일 추모사업을 꾸준히 해 왔다. 이에 비하면 추모사업회도 꾸릴 수 없는 열사들, 중소규모 사업장 출신 열사들은 추모행사도 챙기지 못하는 것이 안타까웠다. 이소선은 이들 유가족을 볼 때마다 전태일만 대접을 받는 것 같아서 공연히 미안하고 죄스러울 따름이었다. 그렇다고 그것을 말로 표현할 수 있는 것도 아니었다. 그런데 이번에 모든 열사들을 한자리에 모아 합동추모제를 하기로 했으니 조금이라도 마음의 빚을 갚을 수 있을 것 같았다.

90년 6월 10일 성균관대학교 금잔디광장, 대형 제단에 112명의 열사 사진이 모셔졌다. 지금껏 어느 집회에서도 볼 수 없었던 모습이다. 이 나라 민주화와 민생을 위해 저렇듯 많은 젊은 목숨들을 바쳐야 했다는 사실에 보는 것만으로도 가슴이 먹먹해지고 눈앞이 흐려지는 광경이었다. 전시(戰時)도 아닌 시대에 군부독재의 억압과 탄압에 저항하다 분연히 민주제단에 피를 뿌린 시대의 아픔이 6월의 태양 아래 아롱거렸다.

유가협 회원, 노동자, 학생, 시민 등 3천여 명이 모인 가운데 추모식은 엄수되었다. 마지막 순서인 헌화시간에 유가족들은 소복을 입고 국화 한 송이씩을 들고 영정 앞에 섰다. 유가족들은 영정을 붙들고 오열했다. 이소선도 전태일의 영정을 쓰다듬으며 말을 건넸다.

"태일아, 지금 내가 잘하고 있는 것이냐?"

'어머니, 너무 훌륭하신 우리 어머니 장한 우리 어머니, 나를 원망하지 않고 마지막 약속을 끝끝내 지키시는 우리 어머니 고맙습니다.'

그는 찔끔 눈물을 훔치고 영정을 들고 제단을 내려와 시민과 학생 들이 "민자당 해체, 노태우 정권 타도"를 외치는 시위대열 속으로 향했다.

당시 집권당은 야당인 통일민주당 김영삼과 신민주공화당 김종필이 1990년 1월 22일 민정당 노태우와 청와대에서 회동한 뒤 3당이 합당을 선언하고 만든 민자당이었다. 이는 한국 정치사상 처음으로 집권여당과 야당이 결합해, 국민이 만든 여소야대 정치지형을 인위적으로 바꾸는 거대 여당을 만든 일이었다. 이른바 보수대연합이었다. 민자당 정권이 호남을 고립시켜 지역주의를 고착화하고 민중의 생존권 요구에는 공안정국을 조성하면서, 학생과 노동자의 분신과 투신이 계속되었다.

유가족들은 영정사진을 가슴에 안고 금잔디광장에서 동대문의 한울삶까지 평화행진에 나섰다. 어머니아버지들이 앞장서고 학생과 노동자들이 뒤를 따랐다. 이날 거리에선 '6월항쟁 계승대회'가 열렸다. 학생들과 시민들은 서울 도심 곳곳에서 거리시위를 벌였다. 전국 14개 도시에서도 집회와 시위가 열렸다. 경찰은 '6월항쟁계승 국민결의대회'를 불법집회로 규정하고 서울에 2만여 명, 전국에 3만 5,000여 명의 전경을 배치했다. 이날 경찰은 전국에서 682명을 연행했다.

유가협은 동대문에 한울삶 집을 어렵사리 마련했지만 그러느라 빚을 졌을 뿐만 아니라 단체를 운영할 비용도 없었다. 활동기금과 빚 청산을 위해서 유가협 회원들은 90년 가을학기 내내 서울 소재 각 대학의 축제에서 장터를 열었다. 유가협 장터는 기금 마련의 효과를 거두었을 뿐만 아니라 유가협 회원들끼리 함께 노동하고 부대끼면서 서로 간의 결속을 다지고 공동체임을 확인하는 계기가 되었다. 또한 이를 통해 대학생들에게 민주화를 위해 희생한 열사들의 존재를 알리고, 학생들의 투쟁에 동참하기도 했다. 이후 각 대학 총학생회에서 축제기간 동안 장터를 열어 달라는 연락이 오기도 했다.

노태우 민자당 정권의 공안탄압은 노동자와 학생 들의 모든 집회와 시위를 원천봉쇄로 막았다. 이러는 사이 유가협에서는 자식의 의문사에 대한 진실을 규명하지 못해 화병으로 죽어 가는 회원들이 늘어 가고 있었다. 90년 10월 16일 최동의 아버지 최수호가 죽었다. 최동은 성균관대에서 학생운동으로 구속된 뒤 부천에서 노동운동을 하다가 89년 4월 홍제동 대공분실에서 20여 일 동안 고문을 당했다. 출소 뒤 고문후유증으로 시달리던 그는 90년 8월에 숨졌다. 그의 아버지는 아들의 죽음에 대한 진상을 밝히려다 끝내 화병으로 숨졌다. 채 한 달도 안 되어 11월 12일, 전남대에서 학생운동을 하다가 군대에 가서 의문사당한 이이동의 아버지 이춘원이 아들 죽음의 진상을 밝혀 달라는 유서를 남기고 자살했다. 또 91년 3월 6일에는 서울대 서양사학과를 다니며 학생운동을 하다 군대에 가 의문사당한 최우혁의 어머니 강연임이 익사체로 발견되었다. 그는 아들의 죽음에 충격을 받아 뇌일혈로 쓰러져 병든 몸으로 유가협에 찾아와 아들 죽음의 진상을 규명하려 함께 투쟁해 왔다. 그러던 그가 국회 의문사 특위가 끝내 무산되자 91년 2월 19일 집을 나간 뒤 돌아오지 않았다.

이소선은 유가협 회장으로 회원들이 연이어 죽는 것에 대해 깊은 슬픔과 고민에 빠졌다. 자식들이 의문의 죽음을 당하고도 그 진상조차 밝혀내지 못했으니 그 심정이야 백 번을 죽고 싶은 것을 누구보다 알지만, 끝까지 살아서 싸워야 할 텐데 싶어 너무나 안타까웠다. 다행히 유가협

실무상근자인 박래군을 비롯해 정미경, 권은경, 박종철의 누나 박은숙과
이한열의 누나, 박선영의 언니 등이 늘 함께하며 어머니아버지들을 다독
이는 데 신경을 썼다.

유가협은 조직의 내실을 다지고 분위기 쇄신도 하고 아울러 어머니아
버지들이 앞장서서 투쟁하는 것에 대한 이론적 뒷받침이 필요하다고 판
단해 가족교실을 열기도 했다.

강경대의 죽음과 5월투쟁

1991년 4월 26일, 유가협은 연세대에서 열릴 「어머니의 노래」 공연을 하
루 앞두고 저마다 맡은 역할을 열심히 연습하고 있었다. 이렇게 공연장
에서 총연습을 하고 있는 중에 명지대생 강경대의 타살 소식이 전해졌
다. 곧이어 강경대의 주검이 연세대 세브란스병원에 도착했다. 연습 장
소 바로 옆이었다. 서울지역 대학생들이 속속 세브란스병원으로 모여들
면서 연세대 교정에 전운이 감돌았다. 이소선은 연습을 중단하고 회의를
열었다. 문익환, 문성근, 노래모임 회원 전진상, 사무국 활동가들과 유가
족들이 모여 공연을 취소할 것인지를 두고 논의했다. 회의 결과 어렵게
마련한 공연이니 일단 공연을 마치고 강경대의 죽음에 대한 싸움을 하기
로 했다.

다음 날, 백주대낮에 백골단의 쇠파이프에 맞아 죽은 한 청년의 주검
이 공연장 옆에 안치되어 있고, 정문 앞에선 그의 죽음에 격앙된 학생들
이 '살인정권 퇴진'을 외치며 전경들과 공방전을 벌이고 있었다. 이런 분
위기에서 유가협 회원들은 무거운 마음으로 공연을 서둘러 마치고 강경
대의 시신이 안치되어 있는 세브란스 영안실로 달려갔다.

이소선은 공연 전날에도 박종철 아버지 박정기와 함께 세브란스병원
을 찾아갔었다. 강경대의 부모는 아직 도착하지 않고 강경대의 누나 강

선미가 와 있었다. 유가협 회원들은 혹시라도 경찰이 시신을 빼앗아 갈 가능성에 대비해 시신을 확인하고 사진을 찍어 둘 것을 요청했다.

유가협 회원들이 영안실을 지키고 있을 때 강경대의 아버지 강민조가 도착했다. 이소선은 자식 잃은 충격에 바닥에 주저앉아 온몸을 떨고 있는 그의 손을 잡고 위로했다. 그리고 자신의 경험을 얘기해 주면서 아들의 뜻이 헛되지 않도록 함께하자며 정부 당국과 경찰이 어떻게 나올지에 대해서도 미리 알려 주었다. 강민조는 이소선의 뜻을 누구보다도 잘 이해했다. 그리고 강경대 죽음의 책임이 정부와 경찰에 있다는 것도 명확하게 밝혔다.

강경대는 대학에 갓 입학한 스무 살의 청년이었다. 91년 4월 26일 오후 3시, 그는 500명 남짓한 명지대생과 함께 학교 정문 앞에서 총학생회장 구출대회에 참가했다. 전경들과 싸우는 도중 골목에서 갑자기 사복체포조가 뛰쳐나왔다. 악명 높은 94중대 백골단이었다. 그는 백골단을 피하기 위해 담을 넘어갔다. 그런데 백골단 한 명이 그의 다리를 잡아 끌어내렸다. 그리고는 그를 담장 벽에 세운 뒤 네 명이 함께 쇠파이프로 내려치기 시작했다. 나중에는 진압봉으로 머리와 온몸을 가격했다. 동료 학생들은 쓰러져 있는 강경대를 인근 성가병원으로 데리고 갔다. 호흡을 살펴본 의사는 사망을 확인했다. 학생들이 친구의 주검을 연세대 세브란스병원으로 옮겼다.

유가협 회원들은 10명씩 조를 짜 번갈아 가며 영안실을 지키기로 했다. 이소선은 병원을 내내 지키다시피 했다. 4월 27일, 민주단체와 전대협, 신민당 등이 참여해 '고 강경대 열사 폭력살인 규탄 및 공안통치 종식을 위한 범국민대책회의'를 만들었다. 4월 29일에는 연세대에서 범국민대회가 열렸다. 5만여 명의 대학생과 시민들이 모여 "강경대를 살려내라!"라는 구호를 외쳤다.

노태우 정권이 몰아간 공안정국은 전국 각지에서 연일 죽음의 항쟁을 불러왔다. 29일 전남대에서 열린 '고 강경대 열사 추모 및 노태우 정권 퇴진 결의대회' 도중 전남대생 박승희가 분신했다. 5월 1일엔 안동대 학생 김영균이 '고 강경대 열사 추모 및 공안통치 분쇄를 위한 범안동인 결의대회'에서 분신항거했다. 이어 경원대 학생 천세용이 '노태우 정권 퇴진을 위한 결의대회'에서 국기계양대 옆에서 분신한 뒤 몸을 던졌다. 5월 6일엔 한진중공업의 박창수 노조위원장이 안양병원에서 의문사했다. 이틀 뒤엔 서강대에서 전민련 사회부장 김기설이 분신했다. 다시 이틀 뒤인 5월 10일엔 민주화운동직장청년연합 회원 윤용하가 분신했다. 이른바 분신정국이었다. 전국에서 연일 집회와 시위가 열렸다. 시민·학생 들과 전경들 사이 공방전은 시가전을 방불케 했다.

1991년 '5월투쟁' 내내 이소선과 유가협 임원들은 전국을 누비고 다녔다. 분신 소식만 들려오면 만사 제치고 병원으로 달려갔다. 자고 일어나면 누군가 또 한 명이 분신했다는 비보가 들렸다. 신문 보는 일이 두려웠다. 유가협의 일상적인 활동과 사업은 완전히 멈추었다. 유가족들은 삼삼오오 각지로 흩어져 병원과 영안실, 장례식장을 전전했다.

5월 14일, 명지대에서 고 강경대 열사 영결식이 열렸다. 장례행렬의 선두가 연세대 정문 앞을 지날 때 갑자기 철길 위에서 불기둥이 치솟았다. 불기둥은 곧이어 굴다리 아래로 떨어졌다. "공안정국 타도, 노태우 퇴진"을 외친 그는 여성 노동자 이정순이었다. 국민학교만 나와 부평공단에서 일하던 그는 독실한 천주교 신자였다. 그는 세브란스병원으로 옮기는 도중 숨졌다.

앞서 이날 오전엔 전남 보성고 학생회 간부 김철수가 운동장에서 '5·18 추모행사' 도중 분신했다는 소식이 들어와 있었다. 그는 유언을 미리 테이프에 녹음해 놓았다.

"우리나라 전 고등학교가 인간적인 학교가 되었으면 좋겠다. 이제 전국의 고등학생들이 일어나 투쟁해야 한다."

5월 25일에는 시위 도중 여학생이 사망했다. 성균관대생 김귀정이었다. 그는 유가협 간사 정미경의 가까운 후배로 유가협과도 인연이 있었다. 이날 '폭력살인 민생파탄 노태우 정권 퇴진을 위한 3차 국민대회'에 참가했던 그는 사복체포조(백골단)를 피하려다 시위대와 함께 퇴계로 3가 대한극장 건너편의 막다른 골목으로 몰렸다. 최루탄 세례 속에 무차별 구타를 당한 끝에 압박질식사한 것이었다.

이튿날 새벽 경찰은 세 차례나 김귀정의 주검 침탈을 시도했다. 성균관대 학생들과 시민들은 시신을 지키기 위해 싸웠다. 을지로와 중앙극장 두 방향에서 전경과 백골단이 몰려왔다. 이소선과 유가협 회원들은 영안실을 지켰다. 성균관대 학생들은 병원 앞에서 쇠파이프와 화염병을 들고 맞섰다. 병원 안까지 최루탄이 쉼 없이 쏟아져 들어왔다. 학생들의 치열한 저항에 전경들이 서서히 물러서기 시작했다.

'5월투쟁' 기간에 희생된 생명은 모두 13명이나 되었다.

이소선은 끊임없이 이어지는 죽음을 쫓아다니느라 정신이 없었다. 그는 가는 곳마다 죽지 말고 싸우자고 호소했다. 특히 노동자들의 죽음에 전태일의 영향이 있다는 것을 확인하는 날이면 이소선은 괴로워서 잠을 이루지 못했다.

"태삼아, 온몸이 뻣뻣해진다. 좀 주물러라."

뜬눈으로 밤을 새우며 이소선은 아들 전태삼을 불러 경직된 몸을 풀어 달라고 호소했다. 그리고 머리맡에 놓여 있는 담배를 찾아 깊숙이 들이마셨다.

"내가 태일이를 낳지 않았어야 하는데…."

"어머니 그게 무슨 말이에요."

전태삼은 어머니가 괴로워하는 이유를 알았지만 일부러 모르는 척했다. 어머니의 관심사를 다른 곳으로 유도하기 위해 그는 타박하듯이 "어머니 담배 좀 그만 피우세요" 하면서 실랑이를 벌인다. 이소선에게 담배는, 그마저도 없었다면 그 기나긴 세월을 어떻게 견뎠을지 모를 정도로 가까운 친구였다.

이소선은 이 죽음의 행렬을 막을 수 있는 유일한 길은 독재정권을 불식하고 민주화를 이루는 길밖에 없다고 판단해 자신의 몸이 부서지도록 싸우고 찾아다녔다. 그 세월 동안 경찰에 얻어맞고, 끌려가고, 옥살이하고, 주검을 어루만지느라 온몸이 성한 데가 없었다. 당뇨, 고혈압은 기본이고 온갖 병과 함께 살고 있었다.

7월 4일, 서울서부지원에서는 강경대 치사사건의 주범인 전경들에 대한 1차 공판이 열렸다. 이날 재판엔 사당의원에 입원 중이던 오영자(박선영의 어머니)도 목발을 짚고 찾아왔다. 그는 5월투쟁 기간 여러 차례 백골단에게 두들겨 맞아 병원에 입원해 있었다. 다른 유가족들도 온몸에 든 멍이 가시지 않았다.

피고 쪽 변호사가 변론을 시작했다. 그는 전경들에게 물었다.

"강경대 씨가 화염병을 던진 걸 봤습니까?"

"강경대 씨가 화염병을 던지고 도망치려 했습니까?"

경찰 관계자와 변호인은 강경대가 시위에서 화염병을 던진 점을 부각했다. 정당한 시위대 해산 과정에서 발생한 우연한 사고로 몰아가고 있었다. 경찰들이 한결같이 대답했다.

"그렇습니다."

강경대의 누나 강선미가 신발을 벗어 판사들이 앉아 있는 법대를 향해 던졌다.

"이따위 엉터리 재판 당장 중지하시오!"

"경대는 화염병을 들고 있지 않았습니다."

유가협 회원들도 일제히 일어나 항의했다.

"살인자를 옹호하지 말라!"

"진상을 왜곡하지 말라!"

유가협 회원들은 법정 경비들과 몸싸움을 벌이며 판사들이 앉아 있는 법대를 향해 뛰쳐나갔다. 법대를 점거한 뒤엔 명패를 내던지고 집기를 부쉈다. 이소선은 태극기를 들어 내던졌고, 오영자는 한쪽 목발을 들어 닥치는 대로 휘둘렀다. 법대 위의 법전과 사건기록부가 바닥에 떨어져 나뒹굴었다. 법정은 아수라장이 되었다.

이 일로 서울지검은 법원에서 소동을 일으킨 유가협 회원들을 엄단하겠다며 주범으로 박정기와 강민조를 지목했다. 또 이오순, 오영자, 이중주를 구속하겠다고 발표했다. 결국 박정기는 7월 7일, 강민조는 7월 12일 구속되었다. 한 명은 전두환 정권에 의해 타살된 박종철의 아버지였고, 또 한 명은 노태우 정권에 의해 타살된 강경대의 아버지였다. 이미 한 차례 옥살이를 했던 이오순·오영자는 민가협의 이중주와 함께 2년 넘게 수배생활을 했다. 1심 재판에서 박정기는 징역 1년에 집행유예 2년을, 강민조는 징역 1년의 실형을 선고받았다.

유가협은 회원들이 구속되고 수배되는 바람에 매년 8월에 열리는 총회를 열지 못하고 미루어, 11월 30일 성균관대에서 여섯 번째 유가협 총회를 열었다. 이 자리에서 이소선은 5년 동안 맡아 온 유가협 회장 자리를 내려놓았다.

"지난 5년 동안 부족한 저는 유가협 회장 자리에 계속 있으면서 '독재 아닌 독재'를 하였습니다. 신임 회장이신 박종철 아버님은 그동안 유가협을 위해 헌신하신 훌륭한 분입니다. 이제 저는 평회원으로 돌아가 지금까지 활동한 것보다 더 열심히 회장님을 도와 활동하겠습니다. 유가협을 중심으로 모든 회원들이 단결하여 더 이상 수많은 죽음들이 헛되지 않도록 해야겠습니다."

유가협 창립 이후 내리 5년 동안 회장을 맡았던 이소선은 박정기 새 회장에게 바통을 넘겨주었다.

노동자의 전국적 조직화

전노협

대기업 노동자들이 중심적으로 떨쳐 일어났던 87년 노동자 대투쟁에 이어 88~89년의 노동자 투쟁에서는 중소사업장 노동자들이 노동조합을 활발하게 결성했다. 이처럼 사업장 규모의 크고 작음을 망라해 노동자들의 투쟁은 전국적으로 전개되었다. 이에 자본가들의 탄압 양상도 바뀌어 87년에는 '불순분자'나 '빨갱이'라며 공권력을 행사하는 탄압을 했다면, 88년 들어서는 현실적인 공동의 논리와 대응을 폈다. '무노동 무임금' 원칙과 위장폐업으로 노동운동을 옭죄었다.

자본가의 탄압에 맞서 노동자들은 자본의 물리적 공격에 '정당방위대' 등의 행동대를 조직했다. 또한 항의방문, 기금 모금, 연합집회 등으로 연대투쟁을 벌이고 그 성과를 바탕으로 지역별, 또는 업종별 노동조합 연합조직을 건설했다. 87년 12월의 마창노련을 필두로 88년에는 민주출판언론노동조합협의회, 서울지역노동조합협의회, 인천지역노동조합협의회, 연구전문기술노동조합협의회, 전라북도노동조합협의회, 전국사무금융노동조합협의회, 전국병원노동조합협의회, 경기남부지역노동조합협의회 등이 잇따라 건설되었다. 대부분 87년 대투쟁 이후 설립된 신생 노조로 이루어진 지역별·업종별 노동조합 연합이었다.

이와 함께 현대그룹의 현대엔진노조 탄압을 저지하기 위한 노동조합탄압저지전국노동자공동대책협의회가 발전해 전국노동운동단체협의회로 전환했다.

88년 11월 12일 전태일정신계승전국노동자대회 전야에 전국의 노조대표자 백여 명은 회의를 열고 노동법 개정 등의 요구를 관철하기 위해선 노동자의 전국조직이 있어야 한다는 데 의견을 모았다. 이에 따라 지노협, 협종협, 노운협 등의 대표 40여 명이 12월 22일부터 이틀간 전주에서 전국노조단체대표자회의를 열고 지역업종별노동조합전국회의를 결성했다. 이 전국회의는 89년 2월 전노협건설소위를 만들어 전국적인 노동조합협의회 건설을 위한 첫발을 내딛었다.

노태우 정권과 자본가들은 노동자의 노동법 개정 요구를 거부하고, 임금 인상 등의 생존권 요구에 대해서는 '자유민주주의 체제를 수호'한다는 명분을 내세워 공권력을 투입하고 폭력적으로 짓밟았다. 이에 지역노조협의회는 투쟁본부로 재편을 하고 전국투쟁본부를 만들어 대응했다.

투쟁본부는 전국 동시다발집회, 공동 쟁의발생 신고 등 다양한 전술로 연대투쟁을 전개했다. 이에 공권력은 노조 간부에 대한 테러, 각 지노협 사무실 침탈과 간부 연행·체포·구속, 집회 원천봉쇄로 탄압했다.

1989년 11월 12일의 전태일정신계승전국노동자대회 전야제는 여느 때와는 또 다른 의미가 있는 행사였다. 전국의 노동자들이 '전국노동조합협의회'(약칭 '전노협') 건설에 대한 열망을 안고 서울로 집결하는 행사였기 때문이다. 공권력은 이 전야제 행사를 원천봉쇄로 방해했다. 서울대 주변을 비롯해 전야제가 열릴 것으로 예상되는 대학의 출입을 경찰이 철통같이 막았다.

노동자들은 경찰의 봉쇄에 굴하지 않고 한밤중에 5시간 동안 관악산을 넘어 서울대로 진입했다. 5천여 명이 참가한 이날 대회에서 전국노조

대표자대회에서 결정한 '전노협 결성방침'을 대중적으로 결의했다. 이날 대회를 엄호하기 위한 투쟁 과정에서 총 1,580명이 연행되고 2명이 구속되었으며 30여 명이 구류를 살았다.

이처럼 험난한 투쟁을 통해 드디어 전노협 결성의 날이 왔다.

1990년 1월 22일, 결성 장소로 예정된 서울대가 경찰의 원천봉쇄로 막히자 곧바로 장소를 성균관대 수원 캠퍼스로 옮겨 전국의 4백여 대의원이 참석한 가운데, 전국노동조합협의회 결성대회가 열렸다.

이소선도 전노협 결성대회에 참석하기 위해 준비하고 있었지만 경찰의 원천봉쇄로 서울대에 진입하지 못하고 있었다. 원천봉쇄를 대비해 마련한 제2의 장소는 매우 조직적으로 은밀하게 전달되어야 했다. 이런 상황에서 연로한 이소선은 신속하게 움직이기가 어려웠다.

실제로 경찰이 대회 장소가 바뀐 것을 뒤늦게 알고 달려와 단병호 초대 위원장 취임사 도중에 여러 차례 해산을 시도했다. 이에 선봉대원들이 급하게 구한 각목을 들거나 맨주먹으로 육탄전을 벌이며 결사적으로 대회를 지켰다. 대회가 진행되는 동안 경찰이 5개 중대로 늘어나 본격적인 진압작전을 펼쳤지만, 노동자들은 결연한 자세로 결성식을 마치고 지도부를 호위해 탈출을 시켰다.

전노협은 스스로 '전국 노동자 단결의 구심'을 자임하고, 한국노총의 노사협조주의를 극복하고 '자주적인 산별노조의 전국중앙조직을 건설하기 위한 과도조직'으로 정체성을 설정했다. 또한 강령에서 '임금체불·실업 방지 및 고용 보장, 작업환경 개선, 노동삼권 보장, 노동운동 탄압 분쇄, 전체 민중의 생활 개선, 민주적 제 권리 확보와 조국의 민주화·자주화, 평화통일을 위한 연대, 세계 노동자와의 연대를 통한 세계평화에 기여한다'고 명시했다. 14개 지역노협과 2개 업종협의 570개 노조, 19만여 명이 가입하고 전교조·화물운송노조협·전국전문기술노련이 참관단체로 참가했다.

이소선은 이날 결성된 전노협의 고문으로 위촉되었다.

전노협 결성을 성공리에 마쳤다는 소식을 전해 들은 이소선은 하늘을 날 듯 기뻐서 마구 뛰었다. 아들 전태일이 분신한 이후 지금까지 자주적이고 민주적인 노동조합을 뿌리 내리기 위해 그동안 피어린 투쟁을 벌여왔는데, 이제 그 결실이 맺혀 전국적인 조직을 결성하게 되었다. 얼마나 기쁘고 감격스러운 일인가!

이소선은 늘 투쟁의 현장에서 느끼기를, 전국의 노동자들이 하나가 되어서 한마음으로 노동자의 요구를 밀어붙이면 이루지 못할 것이 없을 것이라고 확신했다. 전국의 노동자가 하나가 되지 않고 싸우기 때문에 많은 희생이 따르고 억울한 일을 당하는 것이다. 77년 협진피혁 사건으로 노동청을 점거했을 적에 경찰이 이런 말을 했다. "이러다가 청와대도 가겠네." 그때 이소선은 대답했다. "청와대라고 못 갈까 봐!"

그렇다, 800만 노동자, 1,000만 노동자가 하나로 똘똘 뭉쳐서 행동한다면 그까짓 청와대도 얼마든지 밀고 들어갈 수가 있다. 이소선은 그 어떤 이론은 몰라도, 투쟁을 통해서 몸으로 체득한 것을 알았다.

한편 전노협이 결성되던 바로 그날, 민정당 노태우와 민주당 김영삼, 공화당 김종필이 3당의 '무조건 통합'을 하고 민자당을 창당하겠다고 선언하고 있었다. 이는 당시의 여소야대 정국을 깨고 군부독재의 안정적 재집권과 독점자본의 이윤 축적을 보장하기 위한 보수정권의 출현이었다.

노태우 정권은 전노협을 '계급투쟁과 노동해방 이념 아래 폭력혁명 노선을 추구하며 정치투쟁을 목표로 하는 불법집단'으로 규정하고 집요하게 탄압했다. 정부는 전노협 가입 노조에 대해 '업무 조사'를 실시하고 이를 거부하는 노조에 대해서는 고발조치를 하는 등 전노협 탈퇴를 강요했다.

이에 대해 KBS노조 투쟁, 현대중공업노조의 골리앗투쟁 등이 이어졌다. 전노협은 연대투쟁을 결의했고 마침내 4월 29일 전국 총파업을 감행함으로서 43년 만에 전국적 정치총파업투쟁을 실시하게 되었다.

전노협에 이어 대기업노조는 90년 11월 '전태일 20주기 추모 전국노동자대회'를 공동으로 주최했고 여기에 대기업 노동자들이 대거 참여했다. 12월 7일에는 대기업노조 대표들이 경주에서 모임을 갖고 '대기업노동조합연대회의'를 구성해 노동운동 탄압에 공동대응하기로 결의했다. 이로써 지역과 업종, 생산직과 사무직, 대기업과 중소기업의 차이를 넘어서는 민주노조 총단결의 기운이 높아졌다.

노태우 정권은 대기업연대회의에 속한 노조에 대해 노조사무실 침탈과 노조 간부 연행 등 탄압을 계속했다. 이에 전노협과 연대회의는 파업집회로 공동대응했다. 이런 가운데 91년 5월 6일 새벽, 연대회의와 관련해 구속되었던 박창수 한진중공업노조 위원장이 안양병원 마당에서 의문의 시체로 발견되었다. 한진중공업노조, 전노협, 업종회의, 연대회의, 노운협 등은 이날 밤 바로 비상 대표자회의를 열고 '고 박창수 위원장 옥중살인 규탄 및 노동운동 탄압 분쇄 전국노동자대책위원회'를 구성했다. 경찰은 5월 7일 새벽에 영안실 벽을 부수고 들어가 시체를 탈취해 버렸다.

이에 5월 9일 전국투쟁본부 산하 98개 노조는 시한부 총파업을 단행하고 '노태우퇴진국민대회'를 열었다. 이날 87개 시·군에서 50만 명이 "해체 민자당, 타도 노태우"를 외치며 거리로 나왔다. 91년 5월투쟁은 87년 이후 노동자 정치투쟁의 정점에 이르렀다.

이후 5월 정국은 노동자, 학생, 시민 들의 민중 생존권과 노태우 정권 타도를 위한 투쟁이 거세게 이어져 이른바 분신정국이 되었다. 노태우 정권의 백골단에 의한 폭력성은 대학생 강경대와 김귀정의 타살로 이어졌다.

민주노총 건설

91년 5월, 민중의 거센 투쟁에 밀리던 노태우 정권이 반격을 가했다. 6월 3일 한국외국어대학교에서 강의를 하기 위해 방문한 정원식 국무총리가 학생들로부터 달걀 세례를 받은 사건이 벌어졌다. 보수 언론은 이 사건을 빌미로 또다시 학생운동을 부도덕한 것으로 매도했다. 이어 6월 20일에 치러진 지방선거에서 3당 합당으로 세를 모은 여당이 압승을 하면서 민중세력의 힘이 약화되었다.

민주노조 진영 역시 핵심 사업장에서 직권조인 사태가 벌어지고 노조 간부들의 관료화가 진행되기 시작했다. 노조 간부들의 관료화는 노조가 점점 무력화되어 간다는 신호였다.

이즈음 해마다 11월 13일 전태일 기일에 맞춰 열던 '전태일정신계승 전국노동자대회'에서 '전태일정신계승'을 넣느냐 빼느냐를 가지고 민주노조 진영 내에서 논쟁이 일어난 적도 있었다. 이에 대해 전태일기념사업회에서 매우 안타깝게 생각해 노조 지도자들을 설득하는 일도 벌어졌다. 자주적이고 민주적인 노동운동의 정신적 토대는 전태일 정신의 계승으로 출발해야 하고 그것이야말로 노동운동의 크나큰 자산임을 인식해야 한다는 것이 전태일기념사업회의 주장이었다.

진보정당 또한 선거 패배 이후 여러 갈래로 갈라진다. 민중당이 법적으로 해산되자 당권파인 장기표, 이재오, 이우재 등은 보수정치권으로 떠나버렸다. 이와 달리 좌파 조직들인 진정추, 민정추, 민중회의, 전국노련 등은 진보정당 건설과 당면한 대통령 선거 문제를 논의하기 위해 민중연대를 띄웠다. 민중연대는 백기완을 민중후보로 내세웠다.

1992년 12월 18일 치러진 대통령 선거에서는 민자당 김영삼 후보가 당선되었다. 민중후보 백기완은 1퍼센트의 표밖에 얻지 못했다. 대통령 선거에서 민주노조 진영은 별다른 성과를 거두지 못했다.

567

이른바 '문민정부'라고 자칭한 민자당 김영삼 정부는 '노사자율', '합리적 노사관계'를 들며 노동 통제를 완화하는 모습을 보였다. 이것은 개량주의를 확산하는 효과를 낳았고, 결과적으로는 '고통분담론', '세계화', '국가경쟁력 강화' 등의 이데올로기 공세로 노동자의 자제와 양보를 요구한 셈이었다.

민주노총 진영과 한국노총은 경제 살리기를 구실로 '고통분담론'을 강요하는 정부에 대해 이는 노동자의 희생을 강요하는 논리라고 반발했다. 그러나 한국노총은 1993년 4월 1일 '노총·경총 합의'를 성사시킴으로써 고통분담 이데올로기를 수용해 버렸다.

민주노총 쪽은 노총·경총 합의를 임금 억제를 위한 정부와 자본 측 주도의 밀실합의로 규정하고 규탄 집회를 열어 강력한 반대의지를 밝혔다. 정부는 민주노조 진영을 제3자 개입금지 등의 악법으로 탄압했다.

이런 정세에서 이소선은 김영삼 정부의 탄압에 맞서 투쟁하다 해고당하는 노동자들을 지원하기 위해 93년 '전국해고자협의회 대책위원회'를 조직하고 상임의장으로 활동했다.

민주노조 진영은 대대적으로 한국노총을 탈퇴하는 운동을 벌이기 시작했다. 이어 전노협, 업종회의, 현총련, 대노협 등 민주노조 진영은 노총·경총 임금합의 반대 투쟁을 전개하면서 전국노동조합대표자회의(전노대)를 1993년 6월 1일 정식 발족했다. 이는 민주노총의 건설을 목표로 한 것이었다.

전노대는 94년 11월 13일 전국노동자대회에서 민주노총준비위원회를 발족했다. 그리고 이듬해 11월 11일, 마침내 전국민주노동조합총연맹(민주노총)이 연세대 강당에서 1천여 명이 참가한 가운데 역사적인 창립대회를 가졌다. 민주노총 출범에는 15개 산업(업종)조직과 10개 지역본부, 2개 그룹조직이 가맹했고, 단위노조 861개에 가입 조합원 41만 8,154명이었다. 민주노총은 선언문에서 이렇게 밝히고 있다.

생산의 주역이며 사회개혁과 역사발전의 주체인 우리는, 100여 년에 걸친 선배 노동자들의 불굴의 투쟁과 87년 노동자 대투쟁 이후 거대한 흐름으로 자리 잡은 민주노조운동의 성과를 계승하여 자주적이고 민주적인 노동조합의 전국중앙조직인 전국민주노동조합총연맹을 결성한다. 우리는 민주노총의 깃발을 높이 들고 자주·민주·통일·연대의 원칙 아래 뜨거운 동지애로 굳게 뭉쳐 노동자의 정치·경제·사회적 지위를 향상하고 전체 국민의 삶의 질을 개선하며, 인간의 존엄성과 평등을 보장하는 통일조국, 민주사회 건설의 그날까지 힘차게 투쟁할 것을 선언한다.

민주노총 결성을 마치고 지도부가 이소선을 방문했다. 이 자리에서 이소선은 말했다.

"이제야 태일이가 바라던 것이 만들어졌네요. 그동안 여기까지 오느라 여러분 노고가 많았어요. 민주노총이 만들어지는 것을 보니 태일이 죽었을 때에도 흘리지 않았던 눈물이 나요. 바라고 바라던 전국조직이 스스로의 힘으로 만들어졌으니 어찌 감격하지 않겠어요. 노동자들이 하나로 똘똘 뭉쳐서 끝을 본다는 각오로 싸우면 어려울 것도 없어요. 길거리에 나가서 맞아 가면서 싸울 필요도 없고 죽을 필요도 없어요, 뭉치기만 한다면…. 전국의 노동자들이 하나가 되어 시청광장 같은 곳에 앉아서 요구조건 세 개만 딱 써 들고 사흘만 버티고 있으면 한 개는 해결되지 않겠어요? 그런데 그게 안 된단 말이에요. 원천봉쇄한다 그러면 그냥 공장에 가지 않고 사흘만 한꺼번에 마음 합쳐 집에서 한 발짝도 나오지 않으면 돼. 그러면 잡아가지도 못하잖아. 노동자가 뭐냐, 세상의 모든 것을 만들고 움직이는 게 노동자가 아니냐. 사흘만 전국의 노동자들이 멈춰 봐, 다 이루어지지."

이소선은 어린아이처럼 감격에 겨워 마냥 흥분에 들떠 있었다.

노동법 개악 저지 총파업

김영삼 대통령은 96년 4월 "노조는 투쟁과 분배 우선의 노동운동에서 벗어나 국민경제의 발전과 함께 가는 합리적이고 생산적인 노동운동을 해야 한다"면서 소위 '신노사관계 구상'이라는 것을 발표했다. 이에 따라 공익위원, 학계, 노동계, 재계 등으로 구성된 노사관계개혁위원회(노개위)가 출범했다. 이는 집단적 노사관계법 개정과 개별적 노사관계법의 개악을 맞바꾸려는 의도였다. 그럼에도 불구하고 민주노총에서는 '참여와 투쟁'을 병행한다는 방침에 따라 노개위에 참여했다.

그러나 결국 10월 7일, 민주노총은 "전임자 임금 미지급, 파업기간 중 무임금 원칙의 법제화 등 노조활동을 근본적으로 무력화하려는 자본의 의도가 명확해지고 정부 역시 이 같은 자본의 요구를 적극적으로 수용하는 태도를 보이는 현 상황에서 노개위의 참여는 더 이상 의미가 없어 불참한다"고 선언했다. 그날 노개위는 민주노총이 불참한 가운데 '법외단체의 노조명칭 사용금지 조항 유지, 노조 대표자의 협약체결권 명시, 직권중재가 가능한 공익사업장에 통신사업 추가' 등 한국노총의 양해로 11개 조항의 개정에 추가로 합의했다. 이 조항들은 그동안 민주노총이 강력히 반대해 온 것이었다.

12월 3일, 김영삼 정권은 개악된 노동법안을 발표했다. 민주노총 소속 사업장들은 일제히 총파업 찬반 투표에 들어가 모두 90퍼센트를 웃도는 찬성률로 300개 노조 25만여 명이 총파업을 결의하고 민주노총의 지침이 떨어지기를 기다렸다. 청와대는 민주노총 내 강경파 격리와 외부세력 차단 등 노동법 개정안 강행처리를 위한 방안을 극비리에 마련하고 추진했다.

드디어 12월 26일 새벽 6시, 신한국당 국회의원 154명은 노동관계법과 안기부법 등 11개의 법안을 단 7분 만에 통과시켰다. 이날 날치기로 통과된 노동법은 교사와 공무원의 단결권 부정, 복수노조 전면유예, 노조 전임자 임금지급 금지, 해고 노동자의 조합원 자격 부정, 쟁의기간 대체근로 허용, 제3자 개입금지 존속, 사업장 내 쟁의행위 금지, 공익사업 직권중재 지속, 쟁의기간 임금지급 금지, 정리해고제 도입, 변형 근로시간제 도입 등 노동자의 단결권과 단체행동권을 제약하는 조항으로 가득했다. 또한 안기부는 국가보안법상의 고무·찬양죄와 불고지죄에 대한 수사권까지 다시 갖게 되었다. 노동법 날치기 통과 사실은 언론에 속보로 전해졌다.

"저런 도둑놈들! 국회의원이라는 놈들이 저렇게 도둑처럼 새벽에 몰래 기어들어가 노동법을 날치기 처리해. 떳떳하다면 당당하게 처리해야지 저게 뭐하는 짓이야!"

이소선은 새벽에 군사작전 하듯이 여당 의원들끼리 기습적으로 노동법을 처리하는 모습을 보고 분노했다. 연신 피워 대는 담배를 쥔 손이 부들부들 떨렸다.

"문민정부라고 해도 군부독재나 다를 게 뭐가 있나? 썩은 놈들!"

민주노총 권영길 위원장은 팩스와 통신으로 '즉각 총파업에 돌입한다'는 긴급지침을 내렸다. 이에 따라 6개 연맹·협의회, 88개 조합의 14만여 명이 아침 8시부터 총파업에 들어갔다. 27일에는 163개 노조 20만여 명이 파업에 참가했다. 한국노총도 화학노련과 금속노련을 중심으로 486개 노조 15만 4천여 명이 낮 1시부터 파업에 들어갔다. 28일은 민주노총 171개 노조 22만여 명이 파업을 벌였다. 연이어 29일에도 파업 참가가 늘어났고, 30일에는 총파업 과정에서 대정부 투쟁이 종교계와 시민단체로 확산되었다. 이것이 1단계 총파업이었다.

2단계 총파업은 97년 1월 3일 46개 노조 9만여 명이 참가했다. 다음날 민주노총은 명동성당에서 상복을 입고 만장과 상여를 앞세워 '민주주의 장례식'을 치렀다. 1월 5일에는 한국노총이 '노동법·안기부법 개악 철회와 민주 수호를 위한 범국민대책위원회'(범대위)에 가입했다. 1월 6일, 150개 노조 19만여 명이 파업에 들어가면서 2단계 총파업이 시작됐다. 민주노총은 집회투쟁을 통해 노동법 날치기 통과 무효와 김영삼 정권 퇴진을 결의했다.

자본가 측인 경총, 전경련, 대한상공회의소 등 경제 5단체 산하 총파업특별대책반은 "파업을 주도한 노조 간부들을 고소고발하고 손해배상을 청구하며, 대체인력 투입과 직장 폐쇄 등의 초강경조치도 불사하겠다"고 발표했다.

김영삼 대통령은 연두기자회견에서 "지난 43년간 단 한 번도 바꾸지 않은 노동법을 선진국형으로 바꾼 것이다. 선진국에는 노동쟁의가 없다. 안기부법 개정은 민주주의를 지키기 위한 조치"라고 말했다. 이 기자회견은 총파업의 열기를 더 확산시켰다. 병노련 산하 24개 병원노조와 KBS, MBC, CBS, EBS 등 방송 4사 노조가 파업에 가세해 모두 191개 노조 21만 7천여 명이 파업에 참가했다. 민주노총은 파업의 수위를 조절해 가면서 '국민과 함께하는 날'을 정해 무료 건강검진과 차량정비 등의 대국민 봉사활동도 벌였다.

총파업에 대한 국민적 지지는 대단했다. 전국 36개 대학의 법과대 교수 62명은 명동성당에서 기자회견을 갖고 "신한국당 노동법 날치기 통과는 국회법을 명백히 위반한 것으로서 어떤 명분으로도 정당화될 수 없다"는 성명을 발표했다. 이 밖에도 지방의회 의원과 '서태지와 아이들 팬클럽'까지 동참하는 등 열기는 날로 확산되어 갔다.

대통령은 "불법파업은 사회질서를 파괴하고 경제를 더욱 어렵게 하기 때문에 법에 따라 단호히 대처해야 한다"고 밝혔고, 『조선일보』는 강경 대응을 부추겼다. 법원은 "노동법 개정 무효는 쟁의대상이 될 수 없다"고 판결했다. 검찰과 경찰은 민주노총, 금속노련, 자동차연맹, 병노련 등의 사무실을 수색하고 민주노총 지도부 20명에 대한 검거에 나섰다. 1월

11일 방송 4사 노조와 병노련 산하 33개 병원노조 등 149개 노조 14만 9천여 명이 전면 또는 부분 파업을 계속했다. 진보진영 각계 원로들은 날치기 노동법 무효화와 재개정을 촉구하는 「1997인 시국선언문」을 발표하고 3만 명이 모인 가운데 '노동법·안기부법 날치기 통과 규탄 범국민 결의대회'를 종묘공원에서 열었다. 국제적인 관심과 지원도 시작되었다. 국제자유노련, OECD 노동조합자문위원회, 국제노동기구, 국제앰네스티 등은 특별조사단을 파견하거나 한국 정부에 항의서한을 전달했다.

여당인 신한국당 이홍구 대표가 김수환 추기경을 만난 다음 민주노총 지도부와 만남을 시도했으나 민주노총은 개정 백지화와 지도부에 대한 사법처리 방침 철회가 선행되어야 한다며 거부했다. 1월 14일 한국노총이 2단계 총파업에 들어갔다. 1단계에 참여하지 않았던 금융·택시 노조와 한국노총의 주력인 화학노련과 금속노련의 참여도 크게 늘어나 1,600여 개 노조 42만여 명이 파업에 들어갔다. 권영길 민주노총 위원장과 박인상 한국노총 위원장은 명동성당에서 '노동법과 안기부법의 무효화가 받아들여질 때까지 투쟁하고 빠른 시일 내에 공동집회를 개최한다'는 공동결의를 했다.

1월 15일 민주노총 431개 노조 37만여 명이 3단계 전면 총파업에 들어가고 한국노총 1,500여 개 노조 38만여 명이 전날에 이어 파업을 계속하면서 총파업의 열기는 최고조에 이르렀다. 민주노총과 한국노총은 전국 15개 시·도에서 20만여 명이 참가한 대규모 집회를 열어 노동법과 안기부법의 개악 철회 등을 요구했다.

민주노총은 3단계 총파업부터 국민여론을 의식해 투쟁 수위를 조절했다. 반면 야당 정치권에서는 총파업을 지지하며 정부에 대한 공세를 폈다. 국민회의와 자민련은 반독재공동투쟁위라는 이름으로 안기부법과 노동법 날치기 통과 백지화를 요구하고 천만 인 서명운동을 벌이며 규탄 집회를 열었다.

정부는 이수성 총리 주재로 긴급 관계장관회의를 열고 파업사태를 빨리 마무리 짓기 위해 모든 수단을 동원하기로 했다. 최병국 대검 공안부장은 담화문을 통해 수출 손실과 국제사회주의노동자연맹 등 '불순세력'의 총파업 개입 혐의를 부각하면서 엄정하고 단호하게 검찰권을 행사하겠다고 밝혔다.

1월 21일, 김영삼 대통령은 영수회담에서 통과법률 재논의와 영장집행 유예의 뜻을 밝혔다. 경찰은 단병호 민주금속노조연맹 위원장을 검거했으나 검찰의 지시에 따라 2시간 만에 풀어 주었다. 노동법 재개정 논의로 민주노총과 정부의 대립은 일단 소강 국면으로 접어들었다. 민주노총은 '수요파업'으로 전환했다.

2월 7~9일 설 연휴를 지내고 여야는 임시국회를 소집해 노동법 재개정 논의에 들어갔다. 3월 8일에는 노동법 단일안이 마련되었다. 3월 9일 민주노총은 여야 합의안이 복수노조를 허용한 것 이외에는 날치기 처리된 것에서 크게 진전된 것이 없다고 입장을 밝히고, '노동법에 규정된 기준은 노동조건의 최소 기준이므로 단체협약에 우선한다'는 법리와 '이 법을 이유로 근로기준을 저하시킬 수 없다'는 근로기준법의 조항을 근거로 한국노총과 함께 대대적인 노동법 불복종 운동을 펼치기로 했다. 여야 3당의 합의로 상정한 노동관계법은 3월 10일 국회 본회의에서 통과되었다. 이로써 '노동법 개악 저지 총파업'이 막을 내렸다.

이 노동법에 따라 결과적으로 상급단체의 복수노조가 허용되어 민주노총 합법화의 길이 열리게 되었지만, 정리해고제와 변형 근로시간제의 2년간 유보로 정리해고와 변형근로제의 길을 터 주었고, 직권중재, 무노동 무임금 신설, 쟁의행위 제한조치 추가 같은 개악을 허용하게 되었으며 교원과 공무원의 단결권 제한으로 전교조 합법화가 미뤄졌다.

이소선은 총파업 기간 동안 민주시민단체 원로들과 함께 대책위원회 활동을 적극적으로 하면서 집회에 나가 노동자들을 격려하고 위로하는 일에 여념이 없었다. 예전처럼 젊었다면 현장에서 선전선동을 하며 직접 뛰었을 텐데 이제 나이도 먹었고 현장도 없었다. 그가 노동 현장에서 주로 활동하던 7, 80년대 초반 투쟁의 무대는 소규모 사업장이었지만 87년 이후에는 주로 대기업이나 기간산업 노동자들의 위력적인 투쟁이 주를 이루었다.

이소선은 이 파업의 진행 과정에서 많은 것을 보고 느꼈다. 지금까지 보지 못했던 단일한 사안 즉 '노동법 개악 저지'라는 요구로 전국의 노동자들이 일시에 파업에 들어갔다는 점에서 진정한 '총파업'이 이루어졌음을 보았다. 이는 그가 염원했던 전국의 노동자들이 하나가 되어 투쟁하는 경험이었으며, 그것도 두 달 반 가까이 끈질기게 진행되었다.

27년 전 전태일이라는 작은 불씨가 위태롭지만 꺼지지 않고 살아남아 청계피복노조를 만들었고, 몇 안 되는 70년대 민주노조가 자주적인 노동운동의 명맥을 이어 나갔다. 그러나 이 민주노조들을 80년에 들어선 전두환 군부정권은 군화발로 짓밟아 버렸다. 그 꺼진 듯했던 불씨 속에서 84년 청계피복노조가 복구되어 다시 민주노조운동의 불을 밝혔다. 이것이 85년 구로동맹파업으로 이어졌고, 마침내 87년 노동자 대투쟁으로 비약적인 발전을 이루었다. 87년 노동자 대투쟁은 전노협과 업종노조를 통해 전국적인 조직으로 이어졌고, 이것이 민주노총으로 이어진 것이다. 그렇기에 총파업 과정에서 자주적인 노조로서 주도력을 행사한 민주노총의 역할에 이소선은 남다른 감개를 느낄 수밖에 없었으며, 그만큼 아낌없는 찬사를 보냈다.

정권이 교체됐다 한들

외환위기와 노동자의 정치세력화

한국 경제는 정치권력과 재벌, 그리고 언론이 한통속이 되어 실속 없는 몸집만 키워 왔다. 재벌기업들은 정부의 강력한 지원 아래 낮은 금리로 은행 빚을 내어 과도하게 사업을 확장함으로써 덩치를 불려 나갔다. 소위 '대마불사'가 통용되는 정경유착 속의 '부실채권' 경영으로 거품을 키운 한국 경제는 성장신화의 착시에 빠져 있었다. 김영삼 정부는 1996년 일종의 부자나라 클럽인 경제협력개발기구, 즉 OECD의 정식 회원국으로 가입했다.

그러나 덩치만 큰 거품경제는 경제정책의 실패, 관료들의 무능, 관치금융과 뿌리 깊은 정경유착 구조, 잘못된 외환관리, 만연한 탐욕의 풍조로 말미암아 침몰하기 시작했다. 그 시작은 1997년 1월 23일 한보철강 주식회사의 도산이었다. 한보철강의 부도는 자재 공급회사, 플랜트 엔지니어링 회사, 건설업체 등 대기업체는 물론이고 이들 회사와 관계되는 수많은 중소기업에까지 부도사태를 몰고 왔다. 한보 사태가 일어나자 외국 금융기관들은 한국 기업의 신용도를 다시 평가하게 되었다.

한보 부도 이후에도 대기업들의 부도가 계속되었다. 3월 20일에는 삼미그룹 5개사가 특수강의 공급 과잉과 북미 현지투자 실패로 부도가 났다. 이어 기아 사태가 벌어지고 연쇄부도가 이어졌다.

당시 금융기관들은 1995년 세계무역기구(WTO) 설립 등의 자유무역 풍조에 발맞추어 무역과 자본 이동의 자유화가 보장된 자본시장 개방을 끼고 경쟁적으로 저리의 해외자금을 단기자금으로 차입해 인도네시아, 태국 등의 기업들에 장기대출을 해서 이자소득을 벌고 있었다. 하지만 외환위기가 닥치자 동남아시아에 빌려주었던 자금을 회수할 수 없는 사태가 발생하면서, 국내 금융기관들도 줄줄이 휘청거리다 부도를 맞았다. 이러한 현상을 보고 있던 외국 투자자들이 국내 금융기관에 빌려주었던 자금들을 회수하기 시작하면서 외환시장이 악화되기 시작했고 한국은 국가적으로 외환부족 현상에 시달리게 되었다.

신용이 떨어져 해외에서 자금을 조달하는 것이 어려워지자, 결국 달러화가 부족한 금융기관들은 국내 외환시장에서 환율 수준을 불문하고 달러화를 매입했다. 이러한 과정에서 원화 환율은 폭등하고 정부의 외환 보유고가 바닥나게 되었다. 갚아야 할 외채만 2,000억 달러였으며 외화가 절대적으로 모자란 상태에서 한국의 국가 신용등급은 자꾸만 떨어져 외화 차입이 어려운 상황이었다. 국가가 거덜 난 것이다. 결국 김영삼 정부는 1997년 11월 21일 국제통화기금 IMF에 구제금융을 신청했다. 그 결과 한국은 IMF로부터 550억 달러를 지원받게 되었다.

다시 말해 IMF가 한국의 경제정책, 재정정책, 통화 및 환율 정책, 금융시장 개방, 국공유기업의 사유화, 노동시장 유연화 등 국민생활의 모든 것을 관여·통제하는, 사실상 IMF의 법정관리에 들어가게 된 것이다.

날마다 수십 개의 기업이 줄도산하고 은행이 망했다. 한국의 부는 국제 금융자본의 먹잇감이 되었다. 노동자는 하루아침에 해고되어 거리에는 실업자가 넘쳐났고, 집을 잃고 가족도 해체된 이들이 자살하거나 노숙자로 떠돌게 되었다. 나라를 이 지경으로까지 몰고 온 재벌과 권력은 되레 문제의 원인으로 고임금을 들고 나오면서, 자유로운 정리해고로 한국 경제의 경쟁력을 살려 나가야 한다며 그 책임을 노동자한테 떠넘겼다. 이런 와중에서도 부자들은 오히려 돈놀이를 해서 더욱더 부자가 되었다.

이런 상황을 지켜보는 이소선의 마음은 착잡했다. 지금까지 자신이 그토록 염원하고 싸워 왔던 것들이 허망하기까지 했다. 가진 자들의 끝없는 탐욕과 뻔뻔함에 치가 떨렸다. 언제나 노동자들이 자유롭고 즐겁게 노동을 하면서 행복한 삶을 살 수 있을 것인가? 그런 세상이 과연 오기는 오는 것일까? 깊은 한숨만 나왔다.

"노동자가 주인이 되어야 해."

이소선은 혼자 다짐하듯 말했다.

노동자가 주인이 되기 위해서는 노동자가 정치세력화해야 한다. 그에 대한 시도와 실천이 시작되었다. 96년 노동법 개악 반대 총파업투쟁의 성과를 모아 민주노총은 97년 9월 5일 임시 대의원대회를 열어 대통령 선거에 나설 '국민후보'로 권영길 위원장을 승인했다. 민주노총, 전국연합, 진보정치연합, 정치연대 등이 참가한 '국민승리21 준비위원회'는 9월 7일 발족식을 갖고 권영길 위원장을 후보로 추대했다. 민주노총은 11월 9일 전국노동자대회에서 '국민승리21'의 대통령 후보인 권영길을 적극지원하기로 결의하고 노동자정치실현단을 발족시켰다. 권영길 후보는 '일어나라 코리아'라는 구호를 내세우며 선거운동을 했다.

제15대 대통령 선거를 앞두고 이소선은 난처한 입장에 처했다. 김대중 대통령 후보와 권영길 대통령 후보 중 누구를 지지할 것인가 때문이었다. 노동운동을 해 온 자신으로서는 노동자 후보인 권영길 후보를 지지해야 마땅했으나, 김대중 후보는 전태일 사건 이후 꾸준히 관계를 맺어 온 이였다. 특히 76년 3.1민주구국선언 사건으로 구속된 김대중의 부인 이희호와는 구속자가족협의회에서 만나 돈독한 사이가 되었다. 이소선은 이희호뿐만 아니라 유신 시절 민청학련 사건으로 구속된 이들의 가족이나 긴급조치로 구속된 대학생들의 가족과도 늘 함께 경찰에게 얻어맞아 가면서 함께 투쟁하고, 고생하고, 매우 친하게 지내 왔다. 이런 인연 때문에 김대중 대통령 후보를 지지하지 않을 수 없었다. 이소선은 김대중 후보를 추대하는 '국민위원회'에 참여하고 공개적으로 지지했다. 그러면서 다른 한편으로는 노동자 후보인 권영길의 선전을 빌었다. 이소선은 권영길 위원장을 대선에 내보냈는데 노동자들이 잠잠한 것을 안타깝게 생각했다. 그래서 "내보냈으면 조직적으로 운동을 해서" 좋은 성과를 올리라고 당부하기도 했다.

대통령 선거 결과 '국민후보' 권영길은 유효 투표수의 1.2퍼센트인 30만 6,026표를 얻었다. 이는 1992년의 '민중후보' 백기완이 얻은 1퍼센트와 큰 차이가 없었다. 참담한 득표 결과였다.

이후 '국민승리21'은 2000년 민주노동당으로 전환했다. 민주노동당은 출범 첫해인 2000년 4월, IMF와 김대중 정부의 신자유주의 경제정책에 따른 대규모 정리해고, 비정규직 확대 등으로 민생고가 가중되고 기성 보수정치권에 대한 유권자의 불신이 팽배한 가운데 실시된 제16대 총선에서 21명의 후보 전원이 낙선함으로써 의회 진출에 실패했다.

그러나 2002년의 지방선거와 제16대 대통령 선거에서 민주노동당은 괄목할 만한 성공을 거두었다. 상가임대차보호법 제정, 이자제한법 부활 등 서민의 생활에 밀착한 정책 대안을 개발하며 당세를 확대한 결과 2002년 6월의 지방선거에선 전국 16개 시도 218명의 후보(광역단체장 후보 6명 포함)를 내세워 11개 시도에서 5퍼센트가 넘는 득표율을 기록, 비례대표 광역의원 의석을 확보했으며 정당명부 비례대표제에 따라 전국적으로 8.1퍼센트의 지지를 얻어 자유민주연합(자민련)을 따돌리고 정당지지율 3위를 차지하면서 일약 전국정당으로 부상했다. 특히 울산시장 선거에서는 한나라당 후보와 선두 경쟁을 벌이기도 했다. 이어 제16대

대통령 선거에서는 권영길 대표를 후보로 내세워 이회창 한나라당 후보, 노무현 새천년민주당 후보와 정책 맞대결을 벌이며 부유세 신설, 주한미군 철수 등의 공약으로 유권자들에게 강한 인상을 심어 주는 데 성공했다. 그러나 이회창·노무현 후보의 선두 경쟁에 떠밀려 유효표의 3.9퍼센트를 얻는 데 만족해야 했다.

2004년 민주노동당은 제17대 총선에서 10명의 국회의원을 원내에 진출시키며 엄청나게 도약했다. 지지하는 지역구 후보와 정당에 각각 1표씩 행사하는 정당명부식 비례대표제로 치러진 이 총선에서 권영길(창원 을), 조승수(울산 북구)가 지역구에서 당선되었고 정당득표율 13퍼센트를 얻어 8석의 비례대표 의석을 차지했다. 원내 제3당으로 약진함으로써 진보정당의 꿈을 키울 발판을 마련한 것이었다.

이와 달리 민중당을 실패한 장기표는 2000년 2월, 4·13총선을 앞두고 당시 한나라당 공천에서 탈락한 인사 김윤환, 이기택, 조순, 신상우, 이수성, 허화평 등과 함께 민국당을 창당해 비례대표로 16대 총선에 출마했으나 낙선했다. 이어 그는 보궐선거를 앞두고 잠깐 민주당에 입당을 해 영등포 을에 출마했으나 낙선을 했고, 또다시 17대 총선을 앞두고 한국노총을 기반으로 하는 민주사회당을 창당하고 이후 녹색사민당 후보로서 총선 비례대표로 출마했으나 정당투표율 0.5퍼센트를 얻는 참담한 결과를 낳았다.

제도 정치권 진입에 연이어서 실패하는 장기표를 지켜보는 이소선의 심정은 안타깝기 그지없었다. 자신이 직접 나설 수는 없어서 아들 전태삼을 보내 도움을 주기도 했지만 장기표는 실패를 거듭했다. 이소선은 "남들은 다 잘하는데…. 장기표가 잘되어야 할 텐데…"라며 속상해했다.

의문사 진상규명 특별법을 위한 422일간의 농성

1997년 12월 17일, 대통령 선거에서 김대중 후보가 당선되었다. 수평적 정권 교체라는 기대를 안고 출범한 '국민의 정부'는 기대와는 달리 정리해고를 조속히 도입하고 국제통화기금 협약을 100퍼센트 준수하겠다는 것을 미국 재무차관과 주한미국대사에게 약속했다. 정리해고 요건을 엄격히 하고 국제노동기준으로 노동법을 개정하겠다던 대선 공약을 뒤집어 버린 것이다. 결국 김대중 정권은 신자유주의 경제정책을 강화하는 것으로 일관했다. 노동자와 서민의 생활은 달라질 것이 없었다. 오히려 국가 부도로 노동자들은 거리로 내쫓기거나 비정규직으로 전락하는 지경에 몰렸다.

이런 가운데 이소선을 비롯해 유가협 회원들은 군부독재와는 다를 국민의 정부에 기대를 걸고 98년, 민주인사의 명예회복과 의문사 등의 진상규명을 위한 특별법 제정 청원을 추진하기로 했다. 국회에서 이 특별법 제정에 나선 의원은 김근태·천정배·유선호·이부영 등 65명이었다. 이들은 9월 15일 기자회견을 열어 그 취지를 설명한 뒤 국회에 '민족민주열사 및 희생자들의 명예회복과 의문의 죽음 진상규명을 위한 특별법'을 제정해 달라고 청원했다. 10월 21일 김대중 대통령은 유가족을 초대한 오찬에서 "특별법이 제정될 수 있도록 당과 청와대가 협조하라"고 지시했다. 하지만 이후 법 제정은 차일피일 미뤄졌다.

11월 3일 연세대에서 유가협 임시총회가 열렸다. 전국의 유가족들이 모여 농성을 결의하는 자리였다. 몇몇 회원들은 여의도 농성을 주저했다. 장기화 시 자금이 넉넉하지 않은 데다 육, 칠순의 연로한 지방 유가족들이 농성에 합류하기가 여의치 않다는 의견이었다. 하지만 대부분의 회원들은 정기국회가 끝나는 11월 말, 아무리 늦어도 연달아 열리는 임시국회가 끝나 가는 12월 말에는 농성을 끝낼 수 있을 것으로 판단했다.

11월 4일은 진눈깨비가 내렸다. 유가협은 집권당인 새정치국민회의 당사 앞에서 선포식을 열었다. 선포식을 마친 뒤 국회 정문 맞은편 국민은행 건물 앞에 기습적으로 천막을 설치했다.

보도블록 위에 스티로폼을 깔고 커다란 천막 두 개와 작은 천막 하나를 세웠다. 유가협 사무국은 작은 천막 안에 컴퓨터를 들여 놓고 농성장을 지켰다. 유가족들은 전기장판을 깔고 담요를 덮고 잤다. 계절은 겨울에 접어들었다. 한강의 언 바람이 천막 비닐을 흔들며 매섭게 불어왔다. 밤이면 바닥에서 올라오는 찬 기운을 피해 서로 끌어안고 잠들었다.

이소선의 나이 이제 일흔이었다. 전태일 이후 노동운동을 하면서 기동경찰대에 밟히고, 관절이 꺾이고, 곤봉으로 두들겨 맞은 몸이다. 어디 그뿐인가, 경찰서 유치장과 감옥에 갇히기를 수차례다. 그러면서 몸은 어디 한 군데 성한 곳이 없었다. 그런 몸으로 찬 바닥에서 생활하면서 잠을 자야 하니 온몸이 다 쑤시고 저리다. 이런 현상에 시달리는 것은 비단 이소선만이 아니었다. 함께 농성하는 유가협 어머니아버지들은 대부분 육칠십 대였고, 모두가 그랬다.

늦어도 12월 말이면 국회에서 특별법이 통과될 것을 기대하고 시작한 농성이었는데 12월 말이 되어도 법은 통과되지 않았다. 그렇다고 일단 시작한 투쟁인데 뭔가 끝을 보지도 않고 접을 수는 없었다. 농성은 장기전으로 들어가게 되었다.

문제는 화장실이었다. 처음에는 국민은행을 이용했는데, 은행 측과 다툼이 있어서 은행 건물의 화장실을 사용할 수 없게 되었다. 그래서 유가족들은 여의도공원까지 오가며 공중화장실을 이용했다. 외풍이 심한 천막 안에서 자고 난 아침, 공원 화장실에서 찬물로 세수할 때면 몸이 얼얼했다. 한 달쯤 지난 어느 날 경비원들이 찾아와 건물 지하의 탕비실을 쓸 수 있도록 도와주었다. 그때부터 탕비실의 따뜻한 물로 하루를 시작할 수 있었다. 전기는 가로등에서 끌어다 썼다. 가로등 불이 켜지면 농성장의 불빛이 켜졌고, 가로등 불이 꺼지면 농성장 불빛도 꺼졌다. 한전 직원들이 찾아와 전기를 끊으면 다음 날 다시 연결했다.

유가족들은 국회 앞에서 손팻말을 들고 1인 시위를 시작했다. 이소선은 박정기, 배은심, 허영춘과 함께 국회를 드나들며 정치인들에게 법 제정을 재촉했다. 국회 앞 천막농성장에는 여러 단체들로부터 연대의 발길이 끊이지 않았다. 홀로 찾아와 투쟁기금을 전달하는 시민도 많았다. 한번은 한 시민이 찾아와 말없이 농성장 안에 봉투를 두고 갔다. 봉투 안에는 현금 100만 원이 들어 있었다. 의문사 지회장 허영춘이 급히 나가 그를 붙잡았다.

"선생님, 큰돈이라 저희가 받아도 되는지 모르겠습니다. 존함이라도 알려 주십시오."

"이렇게라도 해야 제 마음이 편합니다. 이름은 알아서 뭐하려고요? 이만 가 보겠습니다."

익명의 기부자는 더 대화할 필요가 없다는 듯 자리를 피했다.

전국농민회의 정광훈 의장은 국회에 볼일이 있으면 반드시 농성장을 찾아왔다. 그는 농성기간 가장 빈번하게 찾아온 사람이었다. 천막 안에서 함께 식사할 때마다 그가 말했다.

"어머니, 여기 밥이 세상에서 제일 맛있어요."

그 무렵 여의도에선 집회와 시위가 잦았다. 시위라도 벌어지면 대학생들이 전경에 쫓겨 천막 안으로 숨어들어올 때도 있었다. 그럴 때면 유가족들은 전경을 쫓아 보냈다. 전경들은 빤히 보면서도 학생들을 잡아갈 수 없었다. 한울삶이 그렇듯, 유가협 농성장은 공권력이 침입할 수 없는 '소도' 같은 곳이었다.

그해 가을 정기국회가 끝나고 곧이어 임시국회가 열렸지만 법 제정은 차일피일 미루어졌다. 해를 넘겨 99년 1월 7일 임시국회마저 성과 없이 막을 내리자 유가족들은 전체회의를 열어 농성을 지속하기로 결의했다.

겨울이 지나고 봄이 왔다. 국회는 의문사법을 제정하지 않고 법무부 의견이 반영된 인권법안을 3월 31일에 통과시킬 계획이었다. 그것은 의문사 진상규명을 불가능하게 하는 법안이었다. 3월 29일, 유가협은 세종로 정부중앙청사 후문 앞에서 인권법안 거부 성명을 발표했다. 그리고 '의문사 진상규명 특별법' 제정을 요구하며 허영춘·김을선·신정학·최봉규 등 의문사 유가족 7명이 항의삭발식을 단행했다. 이어진 거리행진을 막는 경찰과 몸싸움을 벌이던 중 22명이 연행되었다. 이소선과 유가족들은 일주일 뒤인 4월 6일 새정치국민회의 당사를 기습점거하고 단식농성을 벌였다.

여러 차례 임시국회가 열렸지만 법 제정은 진전되지 않았다. 5월 들어 유가협은 국회 정문 앞에 또 하나의 천막을 설치했다. 영등포경찰서장이 해산 명령을 내렸다.

"여긴 국회 정문 앞이라 천막을 설치할 수 없습니다. 해산하십시오."

배은심 회장이 항의했다.

"당신이 누군디 해산하라 마라여?"

"나는 영등포경찰서장입니다."

서장인 줄 미처 몰랐지만 배은심은 오히려 목소리를 더 높였다.

"나는 유가협 회장이오. 누가 이기는지, 철거할 수 있으믄 한번 해 보쇼잉."

경찰서장은 곤란해할 뿐 철거하지는 못했다. 유가족들은 이날부터 또다시 단식에 돌입했다. 지속적인 유가족들의 투쟁에 새정치국민회의는 인권법안을 폐기하고 의문사 진상규명 특별법을 제정하겠다고 발표했다.

8월 4일 유가협은 특별법 제정을 요구하며 마지막 단식농성에 들어갔다. 그해 여름따라 유난히 기온이 삼십 도를 훌쩍 넘기며 찜통더위가 계속됐다. 비가 내리면 천막 틈새로 물이 샜다. 몇 차례 보수를 하다 보니 나중엔 판잣집 비슷한 모양이 되었다. 천막 앞에 "민족민주열사 명예회복과 의문사 진상규명 특별법 제정 촉구 농성 □일째"라고 글씨를 적고 매일 숫자를 더했다.

마침내 1999년 12월 28일, '민주화운동 관련자 명예회복 및 보상 등에 관한 특별법'과 '의문사 진상규명을 위한 특별법'이 국회 본회의를 통과했다. 농성 420일째였고, 의문사 진상규명 투쟁을 시작한 지 12년 만의 일이었다. 유가협은 이틀 뒤인 12월 30일 농성을 해제했다. 기독교회관에서의 135일 농성이 그랬듯 이번에도 422일의 최장기 농성 기록을 세우며 막을 내렸다. 이소선은 기쁨을 감추지 못하고 유가족들을 끌어안았다.

"됐다. 인자 됐다."

기나긴 천막생활을 접으며 유가족들은 대낮부터 막걸리를 마시고 해단식을 했다. 강바람을 맞고 매연을 뒤집어쓰며 싸워 온 기억이 주마등처럼 지나갔다.

이날 해단식에서 발표한 성명서는 다음과 같다.

유가협 국회 앞 천막농성 해단식을 가지며

작년 11월 4일 민족민주열사 명예회복과 의문의 죽음 진상규명을 위한 천막농성을 시작한 지 420일째 만에 우리는 자그마한 바람을 이루었다.

혈육들에 대한 사랑 하나만으로 시작된 농성으로 긴긴 겨울밤과 여름날을 보내면서 민주화운동 관련자 명예회복 및 보상 등에 관한 법률안과 의문사 진상규명을 위한 특별법안을 제정하기 위해 실로 많은 노력을 기울였다. 그러나 여의도의 차가운 겨울바람과 한여름 날의 뜨거운 햇볕은 422일간의 기다림에 비하면 차라리 즐거운 일상이었다.

그 기다림과 투쟁의 성과로 12월 28일 국회 본회의에서 두 개의 법안이 통과되는 기쁨을 맞이했다. 그리고 이제 422일간의 농성을 정리하려고 한다.

422일간의 천막농성을 정리한다는 것이 마냥 기쁘지만은 않다. 우리에게 남겨진 과제가 지나온 날들만큼이나 많다는 것을 알기 때문이다. 422일이라는 기나긴 농성투쟁을 통해 만들어진 성과물을 토대로 우리가 애초에 목표로 삼았던 방향으로 나아갈 것이다. 당면해서는 시행령을 올바르게 제정시키기 위해 노력할 것이며, 중·장기적으로 민족민주열사들에 대한 국가유공자 예우와 의문사 진상규명을 위한 좀 더 강위력한 권한을 획득하기 위한 노력을 기울일 것이다. 이는 우리들만의 소망은 아니다. 앞서 떠난 이들을 따르고 그들을 잊지 않는 모든 이들의 염원이어야 한다.

오늘 투쟁의 성과는 단순히 유가협 회원들만의 성과는 아니다. 그동안 이 땅의 참된 민주주의와 자주, 통일, 노동해방을 위해 싸워 왔던 수많은 민중들의 성과인 것이다.

오욕과 굴종, 억압과 수탈의 역사를 뒤로하고 희망으로 가득 찬 새로운 천년을 맞이하여야 한다.

새로운 천년을 코앞에 두고 422일간의 투쟁의 성과물을 안고 우리는 천막농성을 정리한다. 하지만 우리는 혈육들이 염원했던 세상을 만들기 위한 발걸음을 결코 늦추지 않을 것이다.

국가보안법 없는 나라, 양심수가 없는 나라를 만들고 이 땅의 고통받는 민중이 없는 그러한 세상을 향해 끝까지 나아갈 것이다.

1999년 12월 30일
전국민족민주유가족협의회

살아오는 전태일, 다가오는 사람세상

전태일 거리와 전태일 다리

김대중 정부가 들어선 것에 맞춰 전태일기념사업회에서는 전태일 기념관 건립을 본격적으로 추진하기 위해 기념사업회의 범위를 넓혀 2002년 '전 태일기념관건립추진위원회'를 조직했다. 추진위원장에 김동완 목사, 집 행위원장에 민종덕 기념사업회 상임이사, 사무국장에 황만호를 뽑았다.

추진위원회는 외연을 확장하기 위해 한국노총도 참여시켰다. 한국노총 은 민주정부 이전에는 어용 행태로 인해 민주·자주적인 노조와는 관계가 소원하거나 심지어는 적대적인 관계에 있었다. 그러다가 민주정부가 들 어서자 자주적 민주노조와 관계가 조금씩 회복되어 가는 중에 있었다.

기념관건립추진위원회에서는 청계천 5가에서 7가 사이의 거리 명칭 을 전태일 거리로 명명하는 사업, 청계천 전태일 분신 터에 표지석을 설치 하는 사업, 청계천 주위에 전태일 기념관을 건립하는 사업 등을 추진했다.

정권은 김대중 정권에서 노무현 정권으로 이어졌다. 이에 기념관건립 추진위원회에서는 좀 더 힘을 받아서 활동을 했다. 그 구체적인 활동으 로 을지로 6가의 미공병단 터를 지목해서 거기에 전태일 기념관을 건립 하는 안을 세웠다. 그 자리는 교육부 소유의 땅이었는데, 미군이 철수할 경우 그 자리에 공원을 조성하고 그 안에 전태일 기념관을 세우는 것을 목표로 활동했다.

이러던 차에 2002년 서울시장 선거가 있었다. 당시 이명박 후보는 청계천을 복원하겠다는 공약으로 서울시장에 당선되었고 시장으로 취임하자마자 바로 청계천 복원에 착수했다. 이러한 서울시의 청계천 복원사업은 전태일 거리와 전태일 다리 조성을 위한 절호의 기회였다. 전태일기념사업회와 전태일기념관건립추진위원회에서는 이 기회를 활용하여 청계천 복원의 바람직한 방안을 제시하고 그 하나로 청계천에 민중의 구체적인 삶을 복원하며 현대사의 중요한 인물인 전태일을 살려 내야 함을 주지시켰다.

청계천의 이름이나 형태에 아무런 변화가 없는 상태에서 거리 이름을 바꾸자고 하거나 실제 존재하지 않는 다리에 기념물을 조성하자고 요구하는 것은 쉽지 않은 일이다. 그렇지만 청계천 복원은 청계천의 형태가 변화하는 것이라, 그 시기라면 요구를 관철하기 좀 더 좋은 조건이라 판단한 것이다. 게다가 중앙정부는 비교적 우호적인 노무현 정부였다.

물론 서울시는 중앙정부의 성격과는 달리 한나라당 소속 이명박 시장이기 때문에 어려움이 따를 것이었다. 이러한 조건 속에서 추진위원회는 어떻게 하면 자신들의 뜻을 실현할 것인가를 고민하지 않을 수 없었다.

그 결과 추진위원회는 이 전태일 기념사업 요구에 관한 정당한 논리를 세우고, 그 설득력을 통한 대중적 힘에 바탕하여 서울시를 상대로 일을 추진한다는 원칙하에 첫째로 다음과 같은 주장과 논리적 근거를 제시했다.

청계천에는 전태일이 살아 있어야 한다

청계천 복원사업이 지금 한창 추진되고 있다. 개발독재의 상징인 고

가도로가 철거되고 복개된 도로가 열리고 거기에 맑은 물이 흐르도록 해 친환경 시민 휴식공간으로 복원한다는 것이다. 이러한 취지 때문에 시민들은 교통의 불편함을 참고, 청계천에 삶의 뿌리를 둔 서민들은 생존의 어려움까지도 견디며 바람직한 청계천 복원이 되기를 바라고 있다.

돌아보면, 청계천은 우리 서민들의 피와 땀과 절망과 희망이 서려 있는 곳이다. 청계천 복개가 상징하듯 지난 시대 고도성장과 효율성만을 위한 불도저로 밀어붙이기 식 개발로 수많은 서민들의 삶이 희생당하고 뿌리마저 뽑혀 버렸다. 청계천에는 산업화의 그늘에서 그 삶을 지키고자 하는 서민들의 애환이 도도히 흐르고 있다.

이처럼 청계천은 우리 민중의 구체적인 삶의 어제요 오늘이며 또한 내일이다. 따라서 청계천 복원사업에 있어서 조선시대 역사 복원도 중요하지만, 현대사 복원도 그에 못지않게 중요하다. 현대사 복원은 청계천에 삶의 터전을 둔 민중의 구체적인 삶이 어떻게 이루어졌으며 어떻게 변화발전되어 왔는가를 생생하게 증언하는 살아 있는 역사복원이기 때문이다.

청계천의 현대사에서 가장 상징적인 역사가 바로 전태일 사건일 것이다. 전태일 사건은 1970년에 청계천 평화시장에서 전태일이 노동자의 인간다운 삶을 외치면서 분신항거한 사건이다. 이는 우리나라의 산업화 시기에 발생한 계층 간의 갈등이 가장 극명하게 드러난 사건이다.

우리는 지난 시대 농경사회에서 산업사회로 급격하게 이행했다. 이 과정에서 노동자, 도시 서민들의 피와 땀 그리고 눈물과 한숨이 요구되었다. 뿐만 아니라 수많은 노동자들이 죽거나 다치는 희생이 있었다. 이에 민중이 스스로 자신의 권리를 지키고 인간답게 살고자 하는 몸부림이 있었다. 이 결과 우리 사회는 놀라운 경제성장을 이

룩하였고, 아울러 민주화를 달성했다. 오늘날 우리가 누리고 있는 번영과 자유로운 민주주의는 지난 시대 노동자의 피나는 노력과 투쟁의 결과임은 누구도 부인하지 않는다. 그렇다면 우리는 지난 시대 우리 사회 산업화 과정에서의 노동자의 노력과 투쟁의 역사를 기념하고 이후 역사발전의 자양분으로 삼아야 할 것이다.

이런 의미에서 청계천 복원에서 전태일을 기념하는 것은 우리나라 산업화 과정에서 노동자가 어떻게 기여하고 어떤 희생을 겪었으며 또한 노동자들이 역사발전을 위해 어떻게 투쟁했는가를 기념하는 것이다.

아울러 전태일이라는 인물을 우리가 왜 기념해야 하는가를 간략하게 말해 보자.

첫째, 전태일은 인류가 보편적으로 추구하는 아름다운 사상을, 즉 인류애를 가졌으며 그것을 모든 것을 바쳐 실천한 참으로 훌륭한 사람이다. 흔히 전태일을 노동운동가 전태일로만 알기 쉬우나 그것은 지난 독재정권 아래에서 노동운동이 탄압받았을 시기에 전태일의 투쟁정신이 강조되어서 그런 측면이 있다. 그러나 전태일 사상을 좀 더 깊이 연구하면 전태일은 노동운동가 전태일로만 보아서는 아니 된다. 그는 사회개혁가, 문학예술가, 교육사상가, 청소년에 대한 사랑실천가 등 여러 방면에 걸쳐 나름대로 철학과 사상이 있었고 그것을 실천한 사람이었다.

둘째, 전태일은 참으로 많은 사람들한테 영향을 끼친 사람이다. 전태일은 보잘 것 없는 학력에 스물두 해라는 짧은 생애를 살다 간 사람이지만, 이 땅의 수많은 대학생, 지식인, 종교인, 중고등학생에 이르기까지 많은 감동과 감화를 주고, 그로 인해 그들의 삶의 방향을 바꾸었다. 현재 우리 사회에서 중추적인 역할을 하는 정치인, 예술인, 사회운동가, 교수를 비롯한 지식인, 언론인 등 각 분야의 사람

중 젊은 시절 전태일의 영향을 받은 사람이 매우 많다.

셋째, 전태일은 우리 현대사에 많은 영향을 끼친 인물이다. 전태일 사상에 영향을 받은 노동운동가, 사회운동가, 재야인사, 지식인 등이 노동운동 발전은 물론 민주화를 위해 헌신해 옴으로써 우리 사회가 민주화를 달성했고 성숙된 사회로 발전해 가고 있다. 전태일이야말로 민주화의 가장 큰 공헌자이며 역사발전의 최선봉에 선 위대한 인물임은 역사적 사실이 증명하고 있다.

넷째, 전태일은 시대의 스승이며 그의 정신과 사상을 계승발전시켜야 할 인물이다. 우리 사회가 경제적으로 발전하면서 물질만능주의, 개인주의, 출세지향주의, 이기주의가 팽배해져 인심은 메마르고 상호불신과 범죄로 인류공동체가 위협받고 있는 상황이다. 사회가 이럴수록 이웃사랑, 인류애, 자유와 평등을 추구하고 신의와 더불어 사는 공동체적 삶을 실천하고 이것을 위해 자신을 버리고 자신을 죽이면서 끝내 우리 곁에 있고자 한 전태일의 사상이야말로 값진 것일 수밖에 없다. 우리는 이것을 계승하고 발전시켜 보다 나은 사회, 사랑이 넘치는 사회로 나아가야 한다.

다섯째, 전태일은 청소년을 가장 사랑한 사람이다. 전태일의 청소년 시절은 참으로 불우했다. 가난으로 배우지도 못하고 늘 배고픔으로 방황한 나날들이었다. 그러나 이러한 환경 속에서도 전태일은 한 번도 좌절하거나 잘못된 길로 가지 않았다. 그는 오히려 미래를 낙관하고 개척하기 위해 어떠한 상황에서도 늘 배우고자 했고, 배워서 자신보다 더 불우한 처지에 있는 동료들을 위해 살고자 결심했다. 전태일의 청소년 시절이야말로 오늘의 청소년한테 큰 귀감이 될 것이다. 또한 전태일이 가장 사랑한 사람은 다름 아닌 14~18세의 연소 노동자들이었다. 전태일은 그들을 가리켜 "너희들은 내 마음의 고향, 내 이상의 전부"라고 말하고, 열악한 작업환경 속에서 장시간 저임금 노동으로 시들고 있는 그들을 "내가 돌보지 않으면 아니 될 나약한 생명체들"이라고 말했다. 그리고 전태일은 그들을 위해 "나를 버리고, 나를 죽이고" 갔다. 그들의 곁을 떠나지 않기 위하여. 이렇듯 전태일의 청소년 사랑은 지고지순했으니 청소년의 영원한 순교자라고 할 수 있다.

이상과 같은 이유로 전태일기념사업회와 전태일기념관건립추진위원회에서는 청계천 복원에 따라 전태일을 기념하기 위해 서울시에 첫째, 을지로 6가 미공병단 터에 전태일 기념공원을 조성하고 거기에 전태일 기념관을 지을 것, 둘째, 청계천 2가부터 7가 사이의 길을 '전태일 거리' 또는 '전태일로'로 명명해 줄 것, 셋째, 전태일 분신 장소인 평화시장에 가장 가까운 다리를 '전태일 다리' 또는 '태일교'로 명명해 줄 것, 넷째, 전태일 분신 장소인 평화시장 구름다리 밑에 전태일 분신 장소임을 표시하는 표지석을 세울 것을 요구하고 있다.

우리가 요구하는 위와 같은 사업이 이루어지면 이곳들은 또 다른 서울의 명소가 될 것이다. 국내의 관광객·청소년 들이 찾는 장소가 되는 것은 물론, 우리나라의 역동적인 노동운동과 민주화운동을 배우기 위해 방문하는 외국인들이 줄을 이어 방문하고 체험하고 우리의 자랑스러운 역사를 배워 갈 것이다.

- 민종덕, 2004년 5월 16일 『한겨레신문』 기고문

한편 전태일 거리와 다리 조성을 위한 대중적 힘을 모으기 위해서는 무엇보다도 언론을 통한 홍보와 캠페인이 중요했다. 그 무렵 민족문제연구소에서 추진하는 친일인명사전 편찬 예산이 국회에서 통과되지 않아 편찬이 중단될 위기에 처했는데, 인터넷 신문 『오마이뉴스』에서 정부예산이 아닌 대중적 모금을 통해 친일인명사전을 편찬하자는 운동을 벌여서 이것이 대중들로부터 열렬한 호응을 받아 모금 목표액을 순식간에 모

으고 초과 모금을 달성한 사례가 있었다. 전태일기념관건립추진위원회는 이러한 성과를 거둔 『오마이뉴스』에 전태일 거리 및 다리 조성 모금을 제안했고, 『오마이뉴스』에서 이를 흔쾌히 받아들여 모금과 사업을 함께하기로 했다.

다음 과제는 서울시와 해결해야 할 것들이었다. 서울시의 청계천 복원사업은 빠르게 진행되고 있었다. 서울시가 복원사업을 하고 있는 중에 전태일 거리와 다리를 만들고 조형물을 설치해야 했다. 사업이 끝나버리면 설치가 거의 불가능해진다. 서울시를 설득해서 조형물을 설치하고, 새로 생기는 다리와 거리의 이름을 '전태일 거리', '전태일 다리'로 정해 줄 것을 요청해야 했다. 청계천 복원의 주체는 어디까지나 보수 성향의 한나라당으로 의회가 구성된 서울시였기 때문에 이들을 설득하기란 녹록치 않은 일이었다.

고심 끝에 당시 한나라당 서울시당 위원장이던 김문수 의원에게 도움을 요청했다. 노동운동가 출신인 그는 정치권에 들어가기 전에 잠시 전태일기념사업회 사무국장을 지냈던 인연이 있어 서울시 이춘식 정무부시장과의 만남을 주선하고, 청계천이 있는 서울 중구의 박성범 의원도 소개해 주었다. 박성범 의원은 시의원과의 자리를 주선해 평화시장을 중심으로 한 상인들의 거부감을 해소하는 데 도움을 주었다.

청계천에 조성할 조형물 작업은 임옥상미술연구소에서 맡았다. 임옥상은 사회적 이슈가 되는 내용을 예술로 승화하고 노동 문제에도 애정을 가진 설치미술가로서 김정환 시인과 호흡을 맞추어 전태일 거리와 전태일 다리의 내용을 채우는 작업에 착수했다.

전태일 기념관이 들어설 자리로 선정한 미공병단 터는 청계천 피복공장 밀집 지역 중 연쇄상가 바로 옆으로, 청계천 노동자들에게는 익숙한 곳이며 전태일 분신사건이 난 자리와도 멀지 않기 때문에 상징성 등 여러 측면에서 적합한 곳이었다. 때마침 이곳에서 미군이 철수 예정이라는 소식도 있어, 추진위원회에서는 전태일 기념관 건립을 위한 기획단을 꾸려 평화시장의 동쪽과 서쪽 끝인 청계천 5가와 7가 사이를 전태일 거리로 지정하고, 여기서부터 평화시장 구름다리 길을 거쳐 예전 서울음대 자리를 지나면 있는 미군공병단 터를 기념관 부지로 상정하는 보고서를 작성했다. 또 평화시장 한가운데 앞에 세워지는 버들다리를 전태일 다리로 하고, 이 다리에 동상을 세우기로 했다. 전태일 거리에는 전태일과 70년대 이후 노동운동에 관한 기념 문구를 새긴 동판을 시민들의 참여로 제작키로 했다.

다만 언제 철수할지 막연하고 땅의 소유자가 교육부여서 행정적으로 복잡하고 어려움이 뒤따르는 미공병단 터에 대한 생각은 멀리 바라보면서 추진하기로 하고, 우선 청계천 평화시장을 중심으로 기념사업을 하기로 했다.

이에 따라 드디어 임옥상미술연구소에서 기획안을 가지고 왔다. 처음 안은 전태일 다리에 소녀가 꽃을 들고 있는 동상을 세운다는 내용이었다. 7, 80년대 청계천에서 저임금 장시간의 힘겨운 노동으로 산업화를 이룬 미싱사와 시다 등 연소 여성 노동자를 상징하는 소녀가 역사에 꽃을 바치는 거룩함을 형상화한 것이었다. 전태일은 나이 어린 여성 노동자를 가장 사랑했고 그들을 위하여 '나를 버리고 나를 죽이고' 간 사람이었으며 '나를 아는 모든 나, 나를 모르는 모든 나'가 바로 전태일이었기에 그 소녀의 형상이야말로 전태일이라는 취지였다. 그러나 전태일이 직접적으로 드러나지 않는 이러한 구상을 이소선은 탐탁하게 생각하지 않았다. 실무진이 이런 분위기를 전달하고 전태일상으로 고칠 것을 요청해, 임옥상미술연구소에서는 다시 꽃을 든 소녀상이 아닌 전태일 반신상을 제작하기 시작했다. 이런 과정을 거쳐 전태일상의 제작이 구체화되어 갔다.

한편 추진위는 서울시와 다각도로 접촉을 하고 기획안을 전달했다.

서울시 부시장 중에서도 정무부시장은 긍정적인 입장인 반면, 행정부시장은 부정적인 입장이었다. 추진위원회의 실무자는 이 틈새를 잘 활용해서 뜻을 관철해야 할 상황이었다.

행정부시장 측의 부정적 입장은 청계천에 전태일 거리와 다리가 만들어지면 그 거리에서 노동자들이 시도 때도 없이 모여서 데모를 할 우려가 있다. 그래서 청계천 상가 업주들이 반대를 한다는 논리였다. 추진위는 서울시의 이런 입장은 보수적인 성향의 관료들이 청계천에 전태일 거리가 만들어지는 것을 반대하고 싶은데 마땅한 거부의 명분을 찾지 못해 핑계를 대고 있는 것이라고 생각했다.

이에 추진위에서는 직접 청계천 시장 업주들을 설득해 보려 나섰다. 그리고 평화시장주식회사 대표이사와 상인연합회 회장과 가까운 김영문을 통해 이들을 만나 설득을 하고, 오히려 청계천에 전태일 거리와 다리가 만들어지게 되면 서울의 명소가 되어 장사에 도움이 될 것이라고 설득해 이들의 지지를 끌어내고자 했다. 그러나 서울시에서는 끝내 2005년 6월 중순 청계천복원본부장을 통해 전태일 다리가 사실상 어렵다는 통보를 했다. 참으로 난감한 상황에 처했다.

이에 추진위원회에서는 다양한 방법으로 서울시를 압박하기로 했다. 언론을 통해 전태일 거리가 필요하다는 여론을 형성하는 한편, 대중동원을 통한 힘도 보여 주기로 했다. 사회 저명인사를 동원해서 서울시에 추진위의 입장을 전달하기도 하고, 한나라당 인사 중 이명박 시장과 가까운 정치인을 통해 추진위의 입장을 전달하는 등 그야말로 동원할 수 있는 모든 수단을 동원했다. 이 당시 민주노동당의 심재옥 시의원도 서울시와의 교섭 루트에 대한 조언 등으로 큰 도움을 주었다. 이 과정에서 황만호 사무국장은 서울시와 밀고 당기는 지루하고 짜증나는 일을 집요하게 수행해 냈다.

이 무렵 그동안 유가협에서 생활하던 이소선은 거처를 전태일 기념관으로 옮겼다. 전태일 기념관 아래층에 방을 하나 마련해 '어머니 방'으로 만들고 그곳에서 생활하면서 찾아오는 사람들을 만났다. 따라서 이소선은 기념사업회 사무실에서 벌어지는 일을 가까이에서 다 볼 수 있었다.

"만호야, 너무 속상해하지 마라. 언젠가는 잘되겠지. 마음을 넓게 먹고 여유롭고 꾸준하게 해라."

황만호 사무국장이 서울시 관계자와 밀고 당기는 줄다리기를 계속하면서 일이 잘 풀리지 않아 사무실에 돌아와 속상해하는 모습을 지켜볼때면 이소선은 안쓰럽고 고마운 마음이 교차했다.

언론을 통한 여론 형성을 위해서는 TV, 라디오, 신문, 잡지 여러 곳에 인터뷰와 기고를 했다. 『오마이뉴스』와는 '전태일 거리 행진'이라는 이름으로 거리에 동판과 동상을 세우기 위한 대대적인 모금운동을 전개하고, "전태일과 나"라는 주제로 연속적 기고문과 기사를 썼다.

이렇게 다양한 모색과 압력의 결과 서울시에서는 애초 추진위가 제출한 「전태일 거리 조성안, 역사와 일상, 그리고 미래 전망」을 수정해서 제출하라고 했다. 2005년 7월 초순, 서울시에서 추진위가 제출한 수정안을 받아들이겠다는 통보가 왔다. 이때부터 모금운동이 더욱 활발해졌고 실무 준비에 박차를 가하게 되었다.

동판과 반신상 등의 조형물 설치 예산은 6억 원가량으로, 이 가운데 약 5억 원을 모금하고 나머지 금액을 서울시에서 지원해 주기를 희망했으나 결과적으로 서울시의 예산지원은 없었다. 추진위는 양대 노총을 비롯해 각 시민단체와 『오마이뉴스』를 통해 거리행진 동판 참여자를 모으는 데 많은 노력을 기울였다. 이 운동에는 전국의 각 단위노조, 상급노조, 일반 시민, 학생, 어린이, 청소년 등 다양한 계층의 사람들이 참여했고 그중에는 김영삼, 김대중 전직 대통령과 노무현 현직 대통령도 있었다. 이렇게 해서 모아진 동판의 수는 약 4천여 개가 되었다.(동판 참여자의 수는 준공 이후에도 계속 늘어났다.) 모금 액수는 약 3억 8,900만 원이었다.

이렇게 시민들의 열렬한 자발적 참여에 힘입어 전태일 거리와 전태일 다리는 완성되었다.

전태일 기념상 제막식이 열리기로 한 2005년 9월 30일 하루 전날 밤, 이소선은 전태일 다리로 갔다. 전태일의 반신상이 설치되는 모습을 지켜보기 위해서였다. 11시가 넘어서 전태일 반신상이 트럭에 실려서 도착했다. 미리 와 있던 추진위원들과 『오마이뉴스』의 천호영 부대표는 임옥상미술연구소 측의 임옥상, 김운성, 김정환과 함께 도착한 전태일상을 보고 환호성을 올렸다. 마치 전태일이 다시 살아온 듯한 모습에 모두들 감탄했다. 이소선은 남다른 감회가 있었지만 그렇다고 호들갑스럽게 표현할 수는 없었다. 그저 "태일이가 살아 왔구나. 고맙다, 태일아"라고만 했다. 그러나 마음속은 뛸 듯이 기뻤다.

9월 30일, 억수가 쏟아지는 가운데 전태일 동상 제막식이 거행되었다. 김동완 추진위원장, 이수호 민주노총 위원장과 이용득 한국노총 위원장, 강원용 목사, 유가협 어머니아버지들, 김문수 의원, 오연호 『오마이뉴스』 대표, 바보회 사람들, 전태일기념사업회와 추진위원 등이 참석했다.

이날 이소선은 다시 살아온 전태일의 얼굴을 마냥 쓰다듬어 보았다. 아들이 살짝 웃는 것 같았다. 모자는 짧고도 끝없는 대화를 했다.

이소선은 양대 노총 위원장을 전태일 반신상 앞으로 끌어왔다. 서로 손을 잡게 하고 그 위에 자신의 손을 얹었다.

"하나가 되어야 한다. 노동자는 하나가 되어야 한다."

전태일재단의 설립

전태일 거리와 다리의 조성으로 기념사업회의 일상활동이 비교적 활발해진 2006년에 전태일기념사업회의 변신을 요하는 일이 발생했다. 예전 청계피복노조의 후신인 서울의류노조가 사용 중이던 청계천 7가 노조사무실을 정리해야만 하게 된 것이다.

청계피복 노조사무실은 85년 미국의 연합장로회로부터 지원을 받아 종로구 창신동 동대문상가 아파트 411호와 412호를 매입해 사용해 왔는데, 이곳은 서울시 하천부지에 지어진 아파트로서 부지 사용료를 서울시에 납부해야 하는 부동산이었다. 그런데 이 사무실을 사용하고 있는 서울의류노조에서 수년 동안 부지 사용료를 연체한 것이다. 서울시에서 수차례에 걸쳐 독촉장을 보냈으나 납부하지 않아 결국 아파트가 경매로 넘어가게 되었다.

노조사무실로 사용한 이 아파트는 매입 당시 이소선, 문익환, 민종덕 세 사람 공동명의였다. 그러다가 문익환의 명의는 장남 문호근에게 상속이 된 상태에서, 그가 예술의전당 사장으로 임명된 것을 계기로 공연히 재산신고에 들어갈 필요가 없어 빠지게 되었다. 이어 민종덕도 명의에서 빠져 이소선의 명의만 남은 부동산이었다.

노조사무실을 경매에 넘어가게 놔둘 수는 없었다. 경매로 팔리게 되면 헐값으로 팔려 손해가 나므로, 그 전에 매매를 해서 부지 사용료를 납부해야만 할 상황이었다.

전태일기념사업회 상임이사는 이번 기회에 노조사무실과 기념관의 재산 문제를 정리할 것을 이소선에게 제안했다. 그 방법으로 '청계피복노조 재산 처분에 관한 의견'을 전태일 추도식에서 이소선의 명의로 공개적으로 천명하는 것이 좋겠다는 의견을 제시했다. 이소선이 그의 의견에 동의해, 전태일 36주기 추도식장에서 공개할 내용을 민종덕이 쓰고 그것을 사전에 검토했다. 그리고 그것을 이소선 명의로 추도식에서 낭독했다.

청계피복노조 재산 처분에 관한 의견

(전략)

이와 같이 형성된 청계피복노조 재산의 성격은 첫째, 태일이의 분신 항거와 이후 태일이의 뜻을 실현하고자 투쟁해 온 숱한 사람들의 피와 땀과 눈물과 한숨과 절망과 그리고 마침내 꿈의 결과물입니다. 즉 투쟁의 산물입니다.

둘째, 따라서 법적 소유와 상관없이 어느 특정인의 소유가 될 수 없으며, 우리 모두의 재산입니다.

셋째, 더 나아가 그 재산은 무엇보다도 전 세계 고통받는 민중의 재산입니다. 그 이유는 우리가 독재정권 시절 선진국의 뜻있는 사람들로부터 불의에 항거하고 민중의 올바른 권리를 회복하고 인류 평화와 복지를 위해 사용하라는 뜻에서 지원받은 재산이기 때문입니다. 우리는 이들의 거룩한 뜻에 따라 그 재산을 활용하여 노동자의 권리를 회복하는 데 투쟁해 왔고 독재정권을 물리치는 데 힘을 얻게 되었습니다. 그 결과 지금은 어느 정도 기본적인 권리를 쟁취했으며 군부독재도 물리쳤습니다.

이 점에 있어서 우리는 과거 우리를 지원했던 선진국의 뜻있는 사람이나 단체에 무한한 감사를 드려야 하며 우리의 민주화에 그들의 공로가 있음을 잊지 않아야 합니다. 따라서 이제는 우리가 그동안 빌려서 사용했던 재산을 돌려주어야 한다고 생각합니다. 즉 애초 우리가 지원받았던 목적에 따라 전 세계의 고통받는 민중의 투쟁을 지원하며, 그들로 하여금 자신의 권리를 되찾고 불의에 항거하고 독재를 물리쳐 인류의 평화와 복지를 위해 사용하도록 돌려주어야 합니다.

그 당시 해외단체에서 지원할 때 원칙적으로 고정자산에는 지원하지 않았습니다. 왜냐하면 원래의 목적대로 순수 사업비로 사용되기를 바랐기 때문입니다.

그러나 우리의 경우 앞에서 언급했던 바대로 부동산을 소유할 수밖에 없는 조건 때문에 지원을 받았습니다.

그 결과 우리가 의도하지 않았어도 그동안 재산이 늘어난 것이 사실입니다. 이것은 우리가 수익을 늘리기 위해 노력해서 생긴 것이 아니라 전체 부동산 가격이 올랐기 때문에 발생한 것입니다. 따라서 이 부분도 우리의 재산이 아니고 모두가 빌린 돈으로 간주해야 합니다. 그렇기 때문에 이 재산을 처분하여 전액을 되돌려주어야 한다고 생각합니다.

(중략)

그렇다면 누구한테 어떤 방법으로 돌려줘야 할까요?

앞에서도 말했듯이 과거 우리처럼 탄압받고 고통받는 제3세계 민중의 투쟁에 이 재산이 돌려져야 합니다.

그 방법은 태일이의 숭고한 뜻을 널리 알리고 실천하게 하면서 실질적인 도움이 될 수 있도록 전태일상(償)이라는 제도를 만들어 지원하는 방법이 있다는 의견이 있습니다. 즉 현재 전태일노동상을 보다 확대개편해서 전태일상으로 범위를 넓히고, 수상 대상도 국내뿐만 아니라 아시아권을 비롯하여 제3세계 민중운동을 실질적으로 지원하는 데 사용할 수 있도록 확장해야 한다는 의견입니다.

본인도 이 의견에 전적으로 동의합니다.

이와 달리 이 재산을 전태일기념사업회에 귀속해서 기념관 건립기금으로 사용하자는 의견도 있는데, 이것도 나름대로 의미 있는 의견이지만 이 재산의 성격에 부합되는 것이 아니라고 생각합니다. 왜냐하면 큰 틀에서는 의미가 있겠으나 사용목적 자체가 너무 광범위하고 애매할 수 있기 때문입니다.

이 밖에 이 재산을 애초 지원해 주었던 단체에 되돌려주자는 의견이 있을 수 있지만 그것은 별 의미가 없고 바람직한 방법이 아니라고 생각합니다.

(중략)

위와 같은 방법으로 우리가 빌린 재산을 되돌려주는 사업을 하게 되면 얻을 수 있는 효과는 여러 가지가 있을 것입니다.

첫째, 태일이의 뜻을 바람직하게 이어 가고, 그것이 우리나라뿐만 아니라 전 세계 민중 속으로 널리 퍼져 나가는 효과를 거둘 것입니다. 그리하여 인류애가 온 누리에 실현되어 마침내 인류 평화와 번영을 앞당기는 데 이바지할 것입니다.

둘째, 우리나라의 노동운동과 노동자의 도덕성이 높아지고, 민주화 민주세력의 위상이 높아질 것입니다. 우리가 과거 우리를 지원했던 사람이나 단체의 뜻을 올바르게 실천해 왔으며, 그들의 은혜를 결코 잊지 않았을 뿐 아니라 그 뜻을 끊임없이 이어 가고 더욱더 폭넓게 펼쳐 나가는 모습을 보여 주는 것이기 때문입니다.

셋째, 이 사업을 통해 전 세계에서 불의에 맞서 투쟁하는 민중과 연대하고, 네트워크를 형성하여 교류·지원·협조·공동투쟁 등을 통해서 인류 해방과 평화와 복지를 실현하는 데 도움을 줄 수 있을 것입니다.

넷째, 지난 시대 노동단체, 민주화운동단체, 종교단체 등 여러 단체에서 이와 유사한 지원을 받아 운동을 펼쳐 왔습니다. 그 단체들 중에서 재산 문제를 바람직하게 처리하는 곳도 있지만 그렇지 못해 단체 내부에서 갈등을 겪고 있는 곳도 있습니다. 우리가 바람직하게 처리하여 모범을 보여 준다면 그들에게도 시사하는 바가 클 것입니다.

청계피복노조는 전태일의 숭고한 뜻을 이어받아 지난 시대에 가장 어둡고 힘들 때 가장 먼저 불 밝히고, 가장 앞장서 외쳤습니다.

이것은 전태일의 친구를 비롯한 많은 노동자들이 전태일의 뜻을 이어받은 직접당사자라는 자부와 긍지 그리고 사명감 때문이었습니다. 따라서 이번에 이 문제 역시 전태일의 후예답게, 청계피복노조답게 처리함으로써 자신과 역사에 부끄럽지 않아야 하고 더 나아가 많은 사람들한테 감동과 희망을 줄 수 있어야 합니다.

아무쪼록 이와 같은 내용의 사업이 원만하게 잘 이루어지도록 여러분의 많은 협조와 관심을 기대합니다.

2006년 11월 13일

전태일 36주기 추도식장에서

이소선

이와 같은 내용을 발표하고 난 뒤 노조사무실 매매를 추진했다.

그런데 노조사무실을 팔려고 하니 문제가 생겼다. 노조사무실이나 전태일 기념관 모두 담보설정이 되어 있었던 것이다. 이소선의 명의로 되어 있는 부동산이 담보설정이 된 연유는 전태삼이 사업을 하면서 지게된 빚 때문이었다. 부동산 매매를 하려면 담보설정을 해지해야 하는데 그러려면 설정된 빚을 갚아야 했다. 이 문제를 가지고 논의를 하는 과정에서 이소선은 민종덕의 태도가 못마땅했다.

어쨌든 황만호 사무국장이 송병춘 변호사를 찾아가 담보설정을 해지하는 일을 잘 처리해서 노조사무실을 매매할 수 있었다.

민종덕은 이번 기회에 노조사무실과 기념관을 정리해서 '전태일재단'을 설립하는 방안을 이소선에게 제안했다.

"어머니, 노조사무실을 매각해야 하는 이 기회에 이것저것 한 번에 정리하는 방법이 좋겠습니다. 제 생각으로는 양쪽 부동산을 정리해 이것을 출연해 재단법인을 만드는 것이 좋을 듯합니다. 재단법인은 사단법인과 달리 재산 사용목적을 분명히 하고 그 목적사항에 맞게 사용해야 하는 것으로 알고 있습니다. 사단법인은 사람들이 목적사항을 변경해 버리면 달라질 수 있습니다. 어머니 연세도 많으시고 우리들도 나이를 먹어 가고 있으니 언제까지 우리들이 기념사업회를 하는 것도 바람직하지 않습니다. 그러니 우리가 아니라 해도 다음 세대가 전태일 정신을 올바르게 실천해 나갈 수 있는 발판을 만들어 놓는 것이 우리가 할 일이라고 생각합니다. 이 기회에 이것을 정리해 놓지 않으면 공연히 복잡해질 수 있을 것 같습니다. 법적으로 사유화된 재산을 재단법인으로 공유화해야 소유권이나 세금 문제 같은 불필요한 문제를 쉽게 해결할 수 있을 것입니다."

이소선은 민종덕의 제안을 듣고 별다른 이견을 내지 않았다.

"알았다. 그렇게 해 봐."

"네 알겠습니다. 그러면 이 문제를 공론화해서 결정하겠습니다."

이렇게 해서 전태일기념사업회에서는 2007년 2월 총회에서 '전태일재단 설립'에 관한 안건을 상정해 논의했다. 논의 결과 현재 노조사무실을 매매한 돈과 전태일기념사업회 재산 일체를 출연해 전태일재단을 설립할 것을 의결했다. 그리고 그에 관한 실무 일체를 민종덕, 황만호, 박승옥에게 위임했다.

이에 따라 민종덕 등은 총회의 의결과 위임에 따라 전태일재단 설립을 위한 실무작업에 착수했다. 우선 재단 설립에 관한 법적, 행정적 절차를 알아보는 동시에 재단법인을 이끌 사람들을 조직하기 시작했다.

그런데 재단법인 설립이 한창 진행되던 중 전순옥으로부터 반대의 의견이 나왔다. 그는 10년가량 영국에서 유학하고 귀국 후 '수다공방' 사업을 하고 있는 중이었으며 당시 대선을 앞두고 창조한국당 문국현을 공개지지하기도 했다. 이미 기념사업회 총회 의결을 거친 것이라 전순옥의 의견은 사후 개인의견으로서 받아들여지지 않았다.

얼마 후 이소선은 민종덕을 불렀다.

"민 부장, 재단법인 그거 안 했으면 좋겠어. 내가 알아보니까 재단법인에 재산을 내놓으면 잘못했다가는 재산을 홀랑 빼앗길 수 있다는데 그건 위험할 것 같아. 재단법인 하다가 잘못해서 정부한테 재산 홀랑 뺏기면 안 되잖아."

민종덕은 재단법인의 목적을 이야기하고 총회 의결사항이라면서 계속 추진할 의사를 비쳤다. 이소선은 단호했다.

"그래도 하여간 안 된다. 재단설립 그것 중단해라."

이소선은 민종덕에게 2년간 근신하라고 했다. 결국 그는 재단 설립을 포기하고 물러갔다. 그 후 전태일기념사업회는 2008년 창신동 전태일기념관 건물을 매각하고 노조사무실을 매각한 돈과 합해서 근처 건물을 매입했다. 그리고 그 재산을 출연해 전태일재단을 설립했다. 초대 이사장은 장기표로 낙점이 되었다.

이소선은 2010년 여름, 한일병원에 입원해 있으면서 민종덕을 불렀다. 이때 화해를 했다.

이 몸이 가루가 될 때까지

죽지 말고 싸워야 한다

이른바 민주정부라 하는 노무현 정부에서도 양극화 현상은 더욱더 심화되었다. 이를 극복하기 위한 노동자들의 투쟁 또한 치열해졌다.

2005년 6월 14일 당시 39세이던 김태환은 레미콘 투쟁 현장에서 사측이 동원한 대체근로 차량을 몸으로 막다 경찰의 방치 속에 차량에 치여 숨졌다. 2007년 4월 15일에는 한미 FTA를 반대하며 협상장인 하얏트호텔 앞에서 허세욱 씨가 분신하는 등 죽음의 행렬도 끊이지 않았다. 노무현 정권 시절 구속된 노동자 숫자는 2003년 204명, 2004년 337명, 2005년 109명, 2006년 271명, 2007년 128명이었다. 대개 기본적인 노조활동 보장을 위한 것이거나 비정규직 투쟁이었다.

비정규직 투쟁은 계절을 넘기고 해를 넘기고 정권이 바뀌어도 여전히 싸워야 하는 장기투쟁으로 이어졌다. 가장 대표적인 것이 기륭 노동자들의 투쟁이다.

기륭전자는 위성방송 수신기를 제작하는 업체다. 위성라디오 생산이 본격화되면서 생산직 노동자 수가 늘기 시작해 2004년 말에는 300여 명의 여성 노동자들이 일을 하게 되었다. 회사는 파견직으로 이들을 고용했고, 일상적 해고는 물론이고 일시적으로 일거리가 줄어 잔업이나 특근이 일주일 이상 없게 되면 파견직 노동자 스스로 회사를 그만두는 경우가 빈번했다. 임금이 너무 적기 때문에 잔업특근이 없으면 생활하는 것이 불가능하기 때문이다.

2005년 7월 당시 파견 노동자들이 받은 월 임금은 64만 1,850원이었다. 정규 노동시간을 제외하고 추가로 잔업특근 100시간을 해야 100만원 정도를 받았다. 처음에는 입사하고 3~6개월 있으면 계약직 전환이 되었으나 2003년부터는 1년 이상 근로자로 기준을 두었고 이 역시 모두가 계약직으로 전환되는 것이 아니라 조반장의 추천을 통해 결정되었다.

기륭의 노동자들은 2005년 4월의 '잡담해고', '문자해고' 등 1년 가까이 열심히 일했던 동료의 해고를 보면서 이래서는 안 된다는 문제의식을 공유하게 되었고 함께 분노했다. 이를 계기로 노동조합을 결성을 위한 준비모임을 하게 되었다.

문제는 파견직에게만 있는 것이 아니었다. 정규직 노동자라도 시키는 대로 하지 않고 잔업을 안 하거나 문제 제기를 하면 소위 뺑뺑이를 돌렸고, 적성에 맞지 않는 라인 관리를 강제로 시키면서 이를 거부하려 하면 그만두라고 윽박지르기도 했다.

이러한 그동안의 분노가 쌓여 마침내 그들은 2005년 7월 5일 노동조합 분회를 결성하게 되었다. 쉬는 시간 10분 동안 150여 명의 노동자가 조합원 가입원서를 작성했고, 생산직 300여 명 중 정규직, 계약직, 파견직을 모두 포함해 약 200여 명이 가입했다.

노조가 결성되자 기륭전자 사측은 '계약 해지'라는 이름으로 계약직, 파견직 노동자들을 모두 해고해 버렸다. 이에 노조에서는 기륭전자 사측의 대규모 해고에 맞서 8월 24일 전면파업에 돌입하고 해고 중단, 대표이사 성실교섭, 정규직화를 요구했다. 회사 측은 비정규 노동자들에 대한 해고는 지속할 수밖에 없다며 교섭을 결렬시키고 정규직 남성 노동자를 구사대로 조직해서 파업농성장을 침탈하는 물리적 충돌을 일으켰다.

노조는 9월부터의 출근선전전을 시작으로 파업을 종일농성으로 확대했다. 사측 구사대는 농성장 침탈을 일상적으로 자행했다. 뿐만 아니라 건장한 남성 용역깡패를 고용해 조합원의 일거수일투족을 감시하고 일상적으로 폭력사태를 발생시켰다.

10월, 사측은 직장 폐쇄를 공고한 후 단전단수를 단행했다. 17일에는 공권력의 투입으로 조합원 2명이 구속되었다. 이에 노조에서는 회사 앞 천막농성에 돌입했다. 노조에서 고소한 사측의 불법파견에 대한 검찰의 기소로 기륭전자 측에서는 500만원을 벌금으로 납부하기도 했다.

이렇게 시작한 기륭전자 노동자들의 투쟁은 세 번의 해를 넘기는 장기적인 투쟁이 되었다. 2008년 4월 16일 노조에서는 집중집회를 열어 1,000일이 되기 전에 현장으로 돌아가기 위한 전면적 투쟁을 선포했다. 분회장은 삭발을 했다. 5월 11일에는 서울시 행사를 위해 설치된 16미터 조명탑에 여성 조합원 4인이 올라가 고공농성을 하다가 노사정 3자 교섭을 하기로 합의하고 9시간 만에 내려왔다. 5월 26일부터 6월 12일까지는 35미터 높이의 구로역 CCTV 철탑에서 윤종희 조합원과 구자현 부지회장이 농성에 돌입했다.

6월 7일의 4차 교섭에서 사측은 '회사 내부 구조조정을 한 마당에 바로 정규직화하기는 어려운 입장을 이해해 달라'면서, 신규업체를 설립해 노동자가 교육을 받고 라인을 가동해 2년 이상이 되면 정규직화할 수 있다고 했다. 이에 노조는 '부족하지만 회사 측의 안을 수용하며, 1년 이내 정규직화로 바꾸기를 바란다'는 안을 제출했다. 그러나 이렇게 일정 부분의 의견 접근을 문구로 정리하는 과정에서 사측은 '비정규직의 정규직화는 이사회를 열어서 결정해야 한다. 신규업체 설립은 노조가 해야 한다'고 주장해 교섭이 결렬되었다. 6월 8일에는 고공단식농성 중이던 윤종희 조합원이 탈진해 병원으로 후송되었다.

노조는 잠정합의에 이른 안을 수용할 것을 회사에게 촉구하며 6월 11일부터 전 조합원 무기한 단식농성에 돌입했다. 단식 과정에서 시간이 지날수록 탈진하는 노동자들이 발생해 병원 후송이 이어졌다. 투쟁이 길어지자 동조단식도 이어졌다. 참여연대, 한국여성연대 등 시민사회단체는 기자회견을 열었고 '기륭 앞 집중연대집회', 범종교계 기도회 등 연대투쟁도 계속되었다.

단식 63일 차에, 기륭전자 김소연 분회장은 다음과 같이 입장을 밝혔다.

어제 4시 기륭전자 측과의 교섭은 교섭이 아니었습니다. 일방적인 기륭전자 측의 입장 통보에 분회가 요구안을 제출했지만 진지한 검토도 없을뿐더러, 대화가 되는 사람들끼리만 논의하자며 분회 교섭위원이 퇴장해 줄 것을 요구하는 기막힌 자리였습니다. 기륭전자는 여전히 비정규 여성 노동자들의 목숨은 아랑곳없이 고압적 자세로 일관하고 있습니다

불법파견에 맞서 1,080일이 넘도록 투쟁하고 있고, 생사를 오가는 단식 62일 차였던 어제 전 너무도 참담했습니다.

기륭전자분회는 어떻게든 노사 간 합의점을 찾으려고 노력했습니다. 하지만 기륭전자는 어떠한 법적 책임도 지지 않겠다는 일관된 입장과 국내 생산시설은 하도급을 포함하여 전혀 없다는 주장을 보여 오면서 제3의 회사 신설 즉 취업 알선을 해 주겠다는 입장에서 바뀌지 않았습니다. 그러나 기륭전자분회에 의해 기륭전자의 주력 생산시설인 위성라디오 라인이 설치되어 있는 공장이 확인되었습니다. 기륭전자 분회원들은 순간만을 모면하려는 사측의 기만적인 모습과 거짓말에 분노했습니다.

이러한 기륭전자 측의 모습은 1,080일을 투쟁해 오면서 우리 조합원들이 보아 온 일관된 모습입니다.

많은 동지들이 저희의 건강을 염려하고 있습니다. 살아서 싸워야 하지 않겠느냐고 얘기하고 있습니다. 기륭전자 사측도 교섭 자리에서 당신들이 단식하고 있는 사람들을 죽이고 있는 것 아니냐고 이야기하고 있습니다.

단식을 중단하는 것, 그 길은 기륭전자가 그간의 불법행위를 반성하고 노동조합의 요구안을 수용하는 길입니다. 우리의 요구는 무리하지 않습니다. 기륭전자가 마음만 먹으면 지금 당장 할 수 있는 일입니다. 그런데 단식 62일이 넘어가도 눈 하나 깜짝하지 않고, 오히려 노동조합을 공격하고 있습니다.

동지들! 현재 단식하고 있는 제가 고압적 자세로 일관하고 문제를 해결할 의지를 보이지 않고 있는 기륭전자에게 다시 한 번 항의할 수 있는 것이 무엇인지 고민했습니다.

동지들의 많은 염려 때문에 가능한 한 건강을 심각하게 해치지 않고 최대한 버텨 보자고 잘 넘어가지 않는 물도 열심히 마시고, 혈당 저하로 쇼크 오는 것을 가능한 막아 보려고 효소도 조금씩 먹으면서 유지해 왔습니다.

단식 50일 차에 '입관식'까지 하면서 관에 사람이 실리는 것이 아니라 이 땅에서 없어져야 할 것들을 모아 담아서 태워 버리자고 결의하기도 했습니다.

그러나 동지들! 지금의 현실은 우리의 결의대로 되진 않는 것 같습니다.

현재 기륭전자는 우리의 목숨을 완전히 내놓으라고 하고 있습니다. 설마 너희가 정말 죽겠냐고 하면서 외려 노동조합을 공격하고 있습니다.

사회적으로 기륭전자의 문제가 부각되고 많은 관심과 지지를 받고 있지만, 정부여당과 기륭전자는 외면하고 있습니다. 또 한 번의 결단이 필요하다고 저는 판단합니다.

오늘 이 시각부터 저는 효소와 소금을 끊습니다. 물만으로 얼마나
더 버틸지 알 수 없지만, 기륭전자가 결단할 때까지 가겠습니다.

제가 쓰러져도 강제 병원후송도 응급조치도 거부합니다.

건강을 염려하는 동지들께 정말 죄송합니다. 하지만 현재 제가 더
저항할 수 있는 방법이 뭘까 비가 오고 천둥번개가 치던 어젯밤 밤
새워 고민했습니다. 그리고 결단했습니다.

기륭전자는 그들이 저지른 불법파견에 대하여는 벌금 500만 원 내
고 죗값을 다 치렀다고 큰소리치면서, 법에서 너희들을 복직시키라
고 하지 않았다, 부당해고 소송에서 지지 않았느냐며, 그럼에도 불
구하고 회사가 시혜를 베풀어서 그나마도 취업 알선을 해 주는 것이
라고 배짱을 부리고 있습니다.

비정규직 노동자가 법으로 보호받을 수 없다는 것은 온 세상이 다
아는 일입니다. 그래서 비정규 노동자를 제대로 보호할 수 있는 법
을 만들라고 요구하고 있기도 합니다.

결국 법에서 보호받지 못하는 우리 비정규직은 이렇게 목숨을 내놓
지 않으면 안 되는 것이 현실입니다.

너무도 가슴 아픈 현실이지만, 동지들! 절박한 기륭비정규여성노동
자들의 투쟁에 끝까지 함께해 주십시오. 동지들의 가슴을 아프게 해
서 죄송합니다.

2008년 8월 12일

단식 63일차 김소연 드림

8월 16일, 단식 67일 차인 김소연 분회장과 유흥희 조합원이 녹색병
원으로 후송되었다. 금속노조 쟁의대책회의에서 이들의 생명이 위험한
바 기륭투쟁을 책임지기로 결정하고 단식 종료를 권고했다. 유흥희 조합

원은 단식을 종료했지만 김소연 분회장은 단식을 지속하기로 했다.

이처럼 기륭전자 노동자들의 목숨을 건 투쟁을 지켜보는 이소선은 애가 탔다.

"쟤네들 저러다 죽으면 안 되는데…. 내가 가 봐야겠다."

이소선은 거동이 불편한 몸을 이끌고 기어이 기륭전자 노동자들이 투쟁하고 있는 현장을 직접 찾아갔다. 무슨 일이 있더라도 죽지 말고 싸워야 한다는 말을 해 주고 싶었다.

기륭전자 회사 입구 경비실 앞에 당도한 이소선은 한숨을 내쉬었다. 여성 노동자들이 저 높은 곳에서 50여 일이 넘도록 단식을 하면서 자신의 권리와 노동자로서의 자존을 지키기 위해 온몸을 바쳐 싸우는 모습이 눈물겨웠다.

옥상으로 올라가는 길은 사다리밖에 없었다. 구사대의 침탈을 막기 위해서 사다리만을 타고 올라갈 수 있게 해 놓은 것 같았다. 힘겹게 사다리를 타고 옥상에 올라간 이소선은 노동자들의 인사를 받기도 전에 농성장 주위를 둘러보았다. 혹시 죽음을 염두에 두고 있는 물건이 있는지 그것부터 찾았다.

"위험한 물건 없냐?"

"없어요. 어머니."

초췌하지만 단호하고 결의에 찬 김소연 분회장이 대답했다.

"저건 뭐냐?"

이소선이 발견한 물건은 농성장 입구에 설치해 놓은 올가미였다. 섬뜩했다.

'애들이 죽기를 작정하고 싸우는구나!'

"아아 아니에요. 어머니, 그냥 결사의지를 나타내는 상징물로 설치해 놓은 거예요."

당황한 김소연 분회장이 급하게 변명을 했다.

이소선은 칼을 찾아 단숨에 달려가 그 올가미를 가차 없이 싹둑 잘라 버렸다. 그리고 김소연 분회장의 손을 꼭 잡았다.

"사람은 몰리면 죽을 수 있다. 죽는 건 태일이 하나로 족하다. 살아서 싸우자. 단식을 중단하라고 말하고 싶지만 차마 그렇게까지는 말 못 하겠어. 너희가 알아서 죽지 마!"

김소연 분회장을 비롯해 단식 노동자들은 그동안의 설움과 고통이 뜨거운 용암이 되어 한꺼번에 분출되는 것처럼 뜨거운 눈물이 쏟아졌다.

"어머니! 우리가 일터에서 마음 놓고 일 좀 하겠다는 것이 이렇게 목숨까지 걸고 싸워야 하는 것입니까!"

그는 어머니의 한없이 넓고 깊은 가슴에 모든 슬픔과 고통을 묻고 녹였다. 이소선은 떨고 있는 그의 등을 또닥여 주었다. 기륭 노동자들의 투쟁 현장을 다녀온 이소선은 어쨌든 다녀오기를 잘했다고 생각했다.

김소연 분회장은 단식농성 94일 차인 9월 12일 밤새 심각한 통증에 시달렸다. 조합원들은 출근선전전 진행 중 결의하여 분회장을 강제로 병원에 후송하고 낮 12시 분회장 병원 후송에 따른 기자회견 및 약식집회를 진행했다. 오후 2시경에는 종교계와 시민사회단체 대표가 녹색병원을 찾아가 단식을 책임지고 이어 갈 것이니 단식을 종료해 줄 것을 권고했다. 이로써 김소연 분회장은 오후 4시경 단식 종료를 결정했다.

이후 기륭전자 노동자들은 새해가 되면 이소선을 찾아 새해인사를 했다. 이소선은 이들이 죽지 않고 살아서 어린아이들을 데리고 자신을 찾아오는 것이 가장 기쁘고 보람되었다. 이들과 맛있는 음식을 먹으며 시끌벅적 떠들고 노는 것이 더없는 행복이었다. 이들이 이렇게 놀다가 자리를 털고 일어나면 이소선은 섭섭했다. 기륭전자 노동자 식구들을 배웅하고 그들이 멀어져 눈에 보이지 않아도 그들이 사라진 그곳을 한참이나더 바라보다가 쓸쓸히 돌아서곤 했다.

노무현 정부에 뒤이어 들어선 이명박 정권은 그동안 쟁취한 절차적 민주주의도 후퇴시키고 친미적 성격을 노골화했다. 정권 초기에는 미국산 소고기 수입을 졸속으로 합의해 촛불시위가 1년간 계속되었다. 2009년 1월 20일 용산 재개발지역 강제철거 과정에서 저항하던 세입자 등 5명이 불에 타 숨지고 진압경관 1명이 사망한 용산 참사는 이명박 정권의 폭력성을 드러내면서 국민적 충격을 안겨 준 불행한 사건이었다. 이소선은 유가협 전임 회장으로서 이들 유가족을 위로하고 함께 통곡하고 끌어안았다.

한편 재능교육 노동자들의 투쟁은 2007년 말 임금이 대폭 삭감되는 수수료제도에 맞서 조합원들과 현장 교사들이 제도 개악에 반대하며 회사에 보충협약을 요구하면서 시작되었다. 회사는 새 수수료제도를 밀어붙이고 위탁계약서를 다시 작성하지 않는 교사와는 재계약을 하지 않겠다면서 협박하고 해고했다. 똑같이 일을 하는데 임금이 수십만 원씩 삭감되자 노동자들은 버틸 수 없었다. 그런데도 회사는 수수료제도 개선을 위한 보충협약을 요구하는 노동자들의 말을 수용하기는커녕 2008년 11월에는 단체협약을 일방적으로 파기하면서 노조 지부장과 사무국장을 해고했다. 2010년 8월부터는 불매운동을 주도했다는 이유를 들어 조합 간부들을 차례로 해고하더니 그해 말에는 노조 탈퇴를 하지 않은 모든 조합원들을 해고했다.

재능노조의 투쟁은 단체협약 원상회복, 해고자 전원복직 두 가지 요구를 관철하기 위한 것이었다. 이들은 특수고용 노동자들의 노동자성을 쟁취하기 위해 3년여에 걸쳐 노숙투쟁을 계속했다.

쌍용자동차 노동자들의 투쟁은 신자유주의 세계화 정책으로 인한 금융투기자본의 공격에 대항하는 싸움이었다. 쌍용자동차는 1998년 외환위기를 맞아 쌍용그룹에서 대우그룹으로 넘어갔다가 2000년 4월에 대우그룹에서 분리되었고, 2002년 2월 정부가 주 채권은행인 조흥은행에 공적자금과 금융지원을 투입해 출자전환이 되었다. 같은 해 6월에

10대 1로 주식을 감자하면서 쌍용자동차의 자본금은 5조 7,220억에서 5,722억 원이 되었다.

2004년 7월 중국 상하이자동차는 채권단과 양해각서를 체결하고 2005년 1월 5,900억 원에 쌍용차를 인수했다. 출자 전환한 1조 2,000억과 비교할 때 6,200억 원가량의 손실을 입은 채 상하이에 매각된 쌍용차는 수출량과 점유율이 급락했다. 2009년 1월 기술유출이라는 목표가 달성되자 쌍용차의 대주주인 상하이 자본은 공장을 법정관리에 맡긴 채 투기자본의 본질을 적나라하게 드러내면서 빠져나갔다.

법정관리에 들어간 쌍용자동차는 자산 실사와 채권 조사를 통해 계속 운영가치가 청산가치보다 높다고 평가되었다. 쌍용차노조지부는 우선회생과 총고용 보장을 위해『함께 살자!』라는 자료집을 발간하고 상하이차 대주주 자격 박탈, 쌍용차 우선회생, 공적자금 투입, 영업·정비망 확충, 해고 반대와 총고용 보장, 노동자 생계보장이라는 노조의 기본 대응과 요구 방향을 제시했다.

그러나 채권단에 제출된 회생계획은 생산직 노동자의 절반인 2,646명을 정리해고하는 안이었다. 이는 법정관리인의 의사가 아니라 '정리해고를 전제로 한 공적자금 투입'이라는 이명박 정권의 구조조정 방침에 따른 것이었다. 사측의 압박에 못 이긴 노동자 1,700여 명이 희망퇴직이라는 미명하에 공장을 떠났다. 이미 3년여에 걸쳐 공장을 떠난 비정규직 노동자들만도 1,400명이나 되었다. 최종적인 정리해고자는 976명이었다. 노조는 즉각 정부의 경영 정상화 방안에 반발하고 2009년 5월 22일부터 8월 6일까지 77일간 '해고는 살인이다!'를 외치며 옥쇄파업투쟁을 시작했다.

노동자들의 생존권에 대한 외침에 정부는 경찰을 동원해 강제진압에 나섰다. 심지어 사측이 고용한 용역들의 폭력에도 눈감아 버렸다. 노조원들은 죽음을 불사하고 인화물질이 가득한 도장공장을 최후의 보루 삼아 뜨거운 여름날을 투쟁으로 보냈다. 낙하산에서 투하하는 경찰의 최루액과 테이저건에 맞서 그들은 볼트를 쏘고, 쇠파이프를 들 수밖에 없었다. 77일간의 옥쇄파업이 벌어지는 동안 경찰은 단전과 단수를 감행했고, 인도주의적인 차원에서 방문한 의사와 약사 들의 출입마저 통제했다. 밖에 남아 있는 가족들은 대책위원회를 꾸려 사측과 경찰에 인간의 기본권을 요구했지만 묵살당하기 일쑤였다.

결국 노조위원장과 간부들은 구속되었고, 그들은 처음보다 못한 절충안을 받아들이고 파업 현장을 떠나게 됐다. 이 과정에서 정부는 개별 기업의 일이라 치부하고는 대책을 마련하지 않고 수수방관하기만 했다. 공장으로 돌아가지 못한 노동자들은 언젠가는 다시 돌아갈 수 있다는 희망을 품고 오랫동안 투쟁했다.

이소선은 노동자들의 투쟁을 지켜보며 노심초사했다. 저들이 경찰의 무자비한 폭력에 다치지 말아야 할 텐데, 하면서 안절부절못했다. "노동자들의 위대한 힘으로 그나마 세상이 이렇게 돌아가는데, 이명박 정권이 이 땅 노동자들의 삶을 벼랑 끝으로 몰고 있다"며 그는 한탄했다.

희망으로 가자

한진중공업은 1990년 7월 민주노조를 탄생시켰다. 28년 동안의 어용노조 역사에 종지부를 찍고 민주노조를 탄생시킨 주역 중 한 사람이 박창수다. 전노협과 대기업노조연대회의에서도 중심적인 활동을 한 그는 대우조선의 파업 관계로 긴급소집된 대기업노조연대회의에 참석했다가 제3자 개입금지 및 집시법 위반으로 91년 2월 초 구속되어 서울구치소에 수감되었다.

박창수는 안기부 직원으로부터 끊임없이 전노협 탈퇴를 종용당했으며, 안양구치소 수감 중에도 안기부의 압력을 받았다. 그러던 5월 4일 그는 의문의 상처를 입고 안양병원에 입원해, 5월 6일 변사체로 발견되었다. 박창수의 죽음에 대해 정부는 비관자살이라고 발표했다. 그러나 노동자들과 전노협은 자살할 사람이 링겔병을 7층 옥상까지 가지고 가지는 않았을 것이라는 점, 병원 전체의 창문과 옥상으로 통하는 문을 병원 측에서 추락 방지를 위해 쇠창살과 열쇠로 잠가 놓은 점, 입원 당시 그가 안기부 요원과 계속적으로 접촉을 가졌고 사망 당일 저녁 신원미상의 젊은 괴청년이 병실을 방문한 사실, 안기부 직원이 병원 전화를 통해 계속적으로 박창수와의 통화를 부탁해 온 점 등으로 미루어 볼 때 전노협 탈퇴를 종용해 오던 안기부에 의해 살해된 것이 분명하다고 결론을 내렸다. 이에 노동자들은 사인 규명을 위해 강력하게 투쟁했다. 그러자 정부는 병원에 백골단을 투입해 영안실 벽을 깨부수고 강제로 시신을 탈취해 강제부검을 실시하고는 부검 결과도 발표하지 않았다. 노동자들은 박창수를 전노협과 민주노총, 그리고 금속노조의 깃발 아래 묻었다.

그로부터 12년이 지난 2003년 10월 17일, 당시 한진중공업 지회장이었던 김주익이 85호 크레인 고공농성 중 목을 매 자살했다. 현장에서는 유서 두 통이 발견되었다. 유서에는 회사의 손배가압류와 노동 탄압에 대한 분노가 적혀 있었다. 크레인 밑의 조합원들에게 그는 "나는 죽어서라도 투쟁의 광장을 지킬 것이며 조합원의 승리를 지킬 것입니다"라고 마지막 인사를 했다.

사람들이 김주익의 죽음을 알게 된 것은 아침이었다. 매일 아침, 조합원들이 크레인 밑에서 "김주익 지회장님" 하고 부르면 그는 나와서 손을 흔들었다. 그런데 그날은 조합원들이 아무리 소리쳐 불러도 대답이 없었다. 불길한 예감에 노조 간부가 뛰어올라가니 그는 목을 매 숨진 채였다. 크레인 붐대에 자기 먹을 밥을 실어 날랐던 빨랫줄로 목을 맨 것이다.

김주익 지회장이 죽고 보름도 안 되어 곽재규 노조 총무가 또 죽었다. 곽재규 총무는 김주익 지회장이 죽은 이후 15일 동안을 노조사무실에서 혼자 술을 먹고 고민하더니 갑자기 자기가 끼던 장갑 같은 것을 다른 사람에게 나누어 주고, 장부 정리도 깨끗하게 해 놓았다. 미리 죽을 생각을 한 것이다. 그는 11미터 깊이의 도크에서 떨어져 죽었다. 자본과 정부의 손배가압류와 노동 탄압이 그 역시 죽인 것이다.

김주익에 이어 곽재규가 죽고 난 뒤 사측에서는 김진숙을 제외한 해고자를 모두 복직시켰다. 단체협약에서도 어느 정도 진전이 있었다.

이렇게 한진중공업노조의 역사는 죽음을 넘나드는 투쟁의 역사였다. 그러한 한진에서 2010년 12월 또다시 노동자 400여 명을 해고하면서 한진중공업노조의 농성이 시작됐다. 2011년 1월 김진숙 민주노총 지도위원이 35미터 높이의 85호 크레인에 올라가 고공농성을 벌이기 시작했다. 그날 저녁 회사 정문에서 촛불문화제가 열렸다. 김진숙은 스피커를 통해 말했다.

지난해 2월 26일 구조조정을 중단하기로 합의한 이후 한진에선 3,600명이 넘는 노동자가 잘렸고, 설계실이 폐쇄됐고, 울산공장이 폐쇄됐고, 다대포도 곧 그럴 것이고, 300명이 넘는 노동자가 강제휴직당했습니다. 명퇴 압박에 시달리던 박범수, 손규열 두 분이 같은 사인으로 돌아가셨습니다. 그런데 400명을 또 자르겠답니다. 하청까지 1,000명이 넘게 잘리겠지요. 흑자기업 한진중공업에서 채 1년도 안 된 시간 동안 일어난 일입니다. 그 파리 목숨들을 안주 삼아 회장님과 아드님은 정리해고 발표 다음 날 배당금 176억으로 질펀한 잔치를 벌이셨습니다.

2003년에도 사측이 노사합의를 어기는 바람에 두 사람이 죽었습니다. 여기 또 한 마리의 파리 목숨이 불나방처럼 크레인 위로 기어오릅니다.

스물한 살에 입사한 이후 한진과 참 질긴 악연을 이어 왔습니다. 스물여섯에 해고되고, 대공분실 세 번 끌려갔다 오고, 징역 두 번 갔다 오고, 수배생활 5년 하고, 부산 시내 경찰서 다 다녀 보고, 청춘이 그렇게 흘러가고 쉰두 살이 됐습니다. 산전수전 다 겪었다 생각했는데 가장 큰 고비가 남았네요. 평범치 못한 삶을 살아오면서 수많은 결단의 순간들이 있었습니다만 이번 결단을 앞두고 가장 많이 번민했습니다. 85호 크레인의 의미를 알기에….

지난 1년, 앉아도 바늘방석이었고 누워도 가시이불이었습니다. 자다가도 벌떡벌떡 일어나 앉아야 했던 불면의 밤들, 이렇게 조합원들이 잘려 나가는 거 눈 뜨고 볼 수만은 없는 거 아닙니까. 우리 조합원들의 운명이 뻔한데 앉아서 당할 순 없는 거 아닙니까. 더 이상 피할 수 없는, 정면으로 붙어야 하는 싸움이라고 생각했습니다. 저는 한진 조합원들이 없으면 살 이유가 없는 사람입니다. 쌍용차는 옥쇄파업 때문에 분열된 게 아니라 명단이 발표되고 난 이후 산 자, 죽은 자로 갈라져 투쟁이 힘들어진 겁니다.

지난 일요일, 2003년 이후 처음으로 보일러를 켰습니다. 양말을 신고도 발이 시렸는데 바닥이 참 따뜻했습니다. 따뜻한 방바닥을 두고 나서는 일도 이리 막막하고 아까운데 주익 씨는, 재규 형은 얼마나 밟히는 것도 많고 아까운 것도 많았을까요. 목이 메게 부르고 또 불러 보는, 조합원 동지 여러분!

한진중공업 노동자들은 부산, 서울 등지에서 노숙농성투쟁을 이어 갔다. 노동자들의 투쟁에 대해, 한진중공업 사측에서는 필리핀에 세운 수빅조선소보다 20배 높은 임금이 경영 악화에 직접적인 영향을 준다고 주장했다. 영도조선소 수주량이 '0'을 기록하는 동안 수빅은 바쁘게 돌아갔다. 노동자들은 한진중공업의 임금은 다른 조선업체의 임금에 비해 낮은 편이며 수빅조선소 노동자와 생산성을 비교할 때 뛰어난 기술력과 경쟁력은 '대한민국 조선 1번지'라 불릴 만큼 앞서갔다며 반발했다.

노사는 2007년 3월 합의했었다. 회사는 국내 생산물량 확대를 위해 국내투자 증대에 노력하고, 현 수준으로 적정인력을 유지하며, 경영상의 이유로 국내공장의 축소 및 폐쇄 등 인위적 구조조정을 하지 않겠으며, 또한 해외공장이 운영되는 한 조합원을 정리해고하지 않고 정년을 보장하겠다고 했다. 사측은 이런 약속을 헌 고무신짝 버리듯 저버렸다. 이 소식을 전해 들은 이소선은 분노했다.

"어쩌면 가진 자들은 저렇게 뻔뻔하냐. 노사 간에 한 약속도 자신들 이익을 위해서라면 손바닥 뒤집듯 뒤집어 버리니 말이다."

이소선은 아들 전태삼의 부축을 받아 유가협 식구들과 함께 당장 부산으로 내려갔다. 85호 크레인 앞에 당도한 이소선은 김진숙을 향해 목청껏 외쳤다.

"진숙아, 내려와라. 내려와서 나하고 함께 싸우자. 네가 내려와서 나하고 뭐든지 하자면 내가 뭐든지 할게. 박창수가 죽고 김주익이 죽고 곽재규가 죽어 간 그곳에서 너까지 죽는 것 나는 못 본다. 살아서 나하고 같이하자, 제발 내려와라!"

이소선의 외침은 딸을 향한 애원이 되었다. 그러나 그 소리는 35미터 높이의 85호 크레인에까지 닿지 않고 차가운 겨울바람에 홀연히 흩어져 버렸다.

한진중공업 조합원과 시민사회단체가 연대해 투쟁이 계속되었다. 회사는 김진숙을 상대로 법원에 퇴거단행 및 출입금지 가처분 신청을 냈다. 법원은 회사 측의 손을 들어 1월 17일부터 이행강제금을 하루 100만 원씩 부과하라고 했다. 거기에 회사는 김진숙의 고공시위와 노조의 업무방해 때문에 선박 건조작업이 중단됐다며 1억 100만 원의 손해배상 청구 소송을 제기했다. 이로서 김진숙은 하루 100만 원짜리 인간이 되었다.

해고 통지서는 예고한 대로 운명처럼 다가왔다. 사측에서는 노동자들을 이간하고 회유했다. 피를 말리는 시간이 계속되었다. 약한 바람에도 쉽게 흔들리는 크레인 위의 한 노동자는 배를 탄 것처럼 매일 멀미를 했다. 좁디좁은 조정실에서 전기장판을 다 펴지 못하고 반으로 접어 새우잠을 잤다. 85호 크레인 농성은 두 가지 길밖에 없었다. 하나는 정리해고를 막고 걸어서 내려오는 길, 다른 하나는 김주익의 길이다.

회사는 해고자들에게 거주하고 있는 사택에서 나가라는 독촉장을 보냈다. 해고자 가족들은 가족대책위원회를 만들어 투쟁에 가세했다. 노조는 지방노동위원회에 구제신청을 했지만 기각되었다. 그렇게 봄날은 가고 여름이 오고 있었다. 여름이 오면 아스팔트도 한낮에는 달궈진다. 쇳덩어리 크레인도 달궈질 것이었다. 김진숙이 지상도 아니고 하늘도 아닌 곳, 크레인에 오른 지 100일도 훨씬 넘었다. '김진숙을 살려야 한다!' 이것이 모든 이의 절박한 심정이었다.

이소선은 몇 차례 김진숙에게 전화를 해서 내려와 함께 싸우자고 당부를 했다. 시민사회단체에서는 '희망버스'를 조직해 한진중공업으로 가서 연대하기로 했다. 1차로 6월 11일에 100대의 희망버스가 부산 영도 85호 크레인을 향해 가기로 했다.

이소선은 1차 희망버스를 타고 김진숙에게 가서 부디 죽지 말고 살아서 싸우자고 당부하고 싶었다. 그러나 건강이 예전 같지 않았다. 6월 11일이 가까워지자 이소선을 모시고 있는 주변사람들의 고민이 깊어졌다. 과연 무리해서라도 이소선의 뜻에 따라 희망버스를 타게 해야 할 것인가, 아니면 건강을 생각해서 말려야 하는가? 양쪽의 입장이 다 타당성이 있고 이소선을 사랑하는 마음이 다르지 않았다. 결국 이소선은 직접 가지 못하는 대신 편지를 써서 전달했다.

김진숙으로부터 답이 왔다.

노동자가 하늘임을 노동자가 세상의 주인임을 꼭 보여 주겠습니다
― 김진숙 동지가 전태일 어머님께 보내는 편지

어머니! 어머니!

더 걱정을 끼쳐 드리기 전에 내려가야지 한 지가 150일입니다. 무척이나 외람된 말씀이지만 저도 나이를 먹어 가다 보니 이제 어머니의 마음이 조금은 헤아려집니다. 열여덟 살의 나이에 먹고살겠다고 하루 12시간 13시간, 어떤 때는 잠자는 시간도 없이 1주일씩 곱빼기 철야를 하면서 세상이 어떻게 돌아가는지 뭘 알았겠습니까? 불량 냈다고 조장한테 따귀를 맞고도 기숙사 베갯잇 젖도록 우는 것밖에 모르던 아이가 노동법을 알았겠습니까? 권리가 뭔지를 알았겠습니까? 전태일을 몰랐다면 저는 여전히 베갯머리를 눈물로 적시는 나이 먹은 비정규직 노동자가 되어 있겠지요. 부당함에 눈감고 먹고살기 위해 체념하며 그렇게 형편없이 살고 있을 겁니다. 스물네 살 산 사람에게 아무도 가르쳐 주지 않았던 인간이 어떻게 살아야 하는지를 죽은 사람이 가르쳤습니다. 『전태일 평전』을 읽으며 울었던 그날의 기억이 전 아직도 생생합니다. 박창수 김주익 곽재규를 차례차례 묻으며 전 어머니의 마음을 조금은 알 것 같습니다. 그래서 살아서 싸워야 한다는 말씀 어떤 당부보다도 무거움을 압니다. 어머니 걱정하지 마십시오. 옛날이나 지금이나 노동자 목숨을 파리 목숨으로 아는 저들에게 노동자가 하늘임을 노동자가 세상의 주인임을 꼭 보여 주겠습니다. 어머니 부디 건강하십시오. 곧 뵙겠습니다.

2011년 6월 11일
김진숙 올림

희망버스가 오는 것을 막기 위해 회사에서 고용한 용역과 경찰이 정문을 막았다. 그러나 1천 명의 희망버스 참가자들은 회사 담을 사다리 타고 넘어 들어가 농성자들과 합류했다. 이들은 85호 크레인 아래에서 집회와 문화제를 열었다. 파업농성자들과 김진숙은 감동하고 힘을 얻었다. 김진숙은 말했다.

"살다 보니까 이런 날이 오긴 오는군요. 우리 노동자들에게 이런 해방감이 얼마 만입니까. 8년 전, 김주익이 한 달 넘게 봉쇄된 공장이 마침내 뚫려 사람들이 이 85호 크레인 밑에 모이던 날, 그 소 같은 사람이 울었습니다. 그랬던 사람을 우리는 끝내 지키지 못했습니다…."

1차 희망버스가 가고 난 뒤 회사는 국회 국정조사와 법원으로부터의 행정대집행을 앞두고 노조 집행부와 농성 조합원 간 분열을 시켰다. 농성 조합원들은 강력히 반발하고 행정대집행에 맞서 크레인 중간에 올라가기도 하고 크레인 밑에서 팔짱을 끼고 바닥에 드러누워 저지하는 싸움을 했다. 회사는 크레인에 물과 전기를 끊어 버렸다. 전기가 끊겨 크레인 위에 있는 김진숙은 지상과 소통할 수가 없게 되었다. 그동안 휴대폰으로 트위터를 통해 소통했는데 전기가 끊겨 휴대폰을 충전할 수 없게 된 것이다. 크레인 밑에는 회사에서 고용한 용역 60명이 상주하고 있었다. 용역들은 크레인으로 올려 보내는 생수와 생필품조차 막았다. 이에 국제인권위원회에서 성명을 내고 통신과 생필품, 전기 공급을 촉구했다. 그러나 회사는 꿈쩍도 하지 않았다.

이 소식을 전해 들은 이소선은 당장 부산 영도의 크레인 앞으로 뛰어가기 위해 일어나려 했다. 그러나 어쩌랴! 몸이 말을 듣지 않는다. 수십 년 동안 경찰에게 얻어맞고 꺾이고 옥죄였던 몸이 이제 한꺼번에 반응을 하는 것인지 도대체 쉽게 일어서지도 못하고 걷지도 못하게 되었다.

"진숙이를 살려야 하는데 어쩔거나 내가 가야 하는데…."

김진숙과 한진중공업 노동자들의 절박한 상황을 안타깝게 지켜보는 전국의 노동자, 농민, 학생, 지식인, 종교인 등 생명의 마음과 평화의 마음을 가진 모든 사람들이 더 큰 연대를 위해 2차 희망버스를 타고 영도로 간다는데 정작 이소선이 갈 수가 없다니!

"내가 거기 가서 죽더라도 이번에는 꼭 가야겠다."

이소선은 고집 아닌 고집을 피웠다. 이소선을 모시고 있는 주위사람들은 이소선의 그 심정을 충분히 이해하고도 남았으나 그렇다고 그 상태에서 모시고 갈 수가 없었다.

"어머니, 어머니가 가시는 것도 좋지만 어머니께서 오래오래 사셔서 지켜보시는 것만으로도 모든 노동자들은 힘을 얻고 위안이 됩니다. 가시고 싶어도 참으셔야 합니다."

"그러면 안 되겠다. 내가 내 몸뚱이 끌고 갈 수 없으니까 영상으로라도 내 마음을 알려 줘야겠다. 태준식 감독, 김진숙이한테 보낼 영상 찍어 봐."

이소선은 오래전부터 자신을 다큐멘터리 영화로 만든다고 찍고 있는 태준식 감독에게 말했다. 태준식 감독은 즉시 이소선을 향해 카메라를 들이댄다.

"그만큼 올라가서 했으면 아는 사람은 알았고 고생할 만큼 하고…. 처음에 올라가서 위장이 나빠지고, 낮에는 고구마 하나씩 먹고 저녁에는 죽 먹고 있다는데, 겨우 생명만 붙어 갖고 있는데, 그러다가 아무도, 사람 한 명도 없고 못 일어나면 죽는 거 아니냐고…. 그러다가 그 사람이 어떤 생각으로 올라갔다는 것도 알고, 안 내려오고 있다는 것도 아는데…. 내가 태일이 엄마로서 (김진숙이) 정말 저러다 죽으면 어떻게 되나, 그래서 밤에는 잠을 못 자고 생각을 해. 어떻게 되었든지 내려오게 만들어야 하는데…. 누가 저 사람을 내려오게 만들 건가? 사람이 살아서 일을 같이해야지, 죽어선 아무 소용 없어. 일가친척, 형제, 부모 그 심경이 얼마나 지금 잠 못 자고 피 마르고 있는지 생각해서, 모든 걸 넓게 생각해서 내려와서 같이했으면 좋겠다고…. 내려와야 된다고, 제발 내려왔으면 좋겠다고…. 인제 내려와요. 이리 내려와…. 주물러 주는 사람도 없고 옆에서 말해 주는 사람도 없으면 홀로 너무 쓸쓸하고 괴롭다, 죽는 것이 편하겠다. 그리 생각하면 죽어지니까…. 제발 죽지 말고 내려와서 같이해. 내 소원이야, 진숙 씨 내 말 듣고 내려와요!"

이소선은 생과 사가 갈리는 아슬아슬한 난간에서 극단의 외로움과 싸우고 있는 딸의 생명을 구하기 위해 당부, 아니 애원을 했다. 그러나 이때 만든 이소선의 영상은 그의 살아생전 김진숙에게 전달되지 못하고 그가 타계한 후 9월 6일 장례기간에 전달되었다.

7월 9일 떠난 2차 희망버스는 1차의 두 배인 185대, 1만 명이 전국에서 참가했다. 이날 저녁 부산역에 도착한 참가자들은 문화제를 마치고 영도조선소로 걸어가기로 했다. 그들은 장맛비를 뚫고 영도대교를 건너 봉래 교차로에 도착했다. 행렬이 멈췄다. 1만 명의 대오를 가로막는 것은 차벽과 용역과 경찰이었다. 이들은 영도조선소로 통하는 모든 길을 다 차단했다. 해고 노동자들은 희망버스 참가자들에게 주려고 준비한 종이배 선물도, 따뜻한 오뎅국물도 전달할 수가 없었다.

참가자들과 경찰들이 충돌하기 시작했다. 경찰들은 시민들의 눈을 향해 캡사이신 액체를 쏘았다. 공방이 이어졌다. 경찰은 살수차에 파란색 물감과 최루액을 섞어 물대포를 뿌렸다. 눈물콧물 범벅이 된 참가자들은 "정리해고 박살 내자" 구호를 외치며 새벽까지 싸웠다. 새벽이 되어서 참가자들은 차벽 앞에서 노숙을 했다. 전경들도 방패를 끌어안고 잠들었다.

이튿날 오전 10시가 되어서야 해고 노동자들이 접은 종이배를 참가자들에게 나눠 줄 수 있었다. 종이배를 받아든 참가자들은 눈시울을 붉히면서 다음을 약속했다.

'김진숙을 살아서 내려오게 하고 싶다'는 간절함이 전국으로 더욱더 퍼져 나갔다. 이에 따라 한진중공업 문제는 정치권, 심지어 여당에서도 관심을 갖지 않을 수 없게 되었다. 그러나 여당의 관심은 한진 자본의 입장에 불과했다. 희망버스는 3차, 4차, 5차로 계속 이어졌다.

마침내 크레인 농성 309일 만인 11월 10일 김진숙은 살아서 내려왔다. 한진중공업 조남호 회장이 국회에 출석해 대국민 사과를 했고, 해고자 94명의 1년 내 재고용, 해고자 생활지원금 2,000만 원 지원, 노사 상호 간의 형사 고소·고발 취소, 민사상 손해배상 최소화 등을 약속했다. 노조는 이 약속을 수용했다.

살아서 내려온 김진숙은 이소선을 직접 만날 수 없었다.

태일이와의 약속을 끝까지 지키고

가슴에 간직한 기쁜 소식

2011년 7월 18일, 이소선은 기쁜 이야기를 전해 들었다. 다름 아닌 삼성일반노조의 신고필증이 나왔다는 소식이었다.

"뭐? 잘했다. 참 잘했다. 김성환이가 해냈구나! 그래 장하다!"

이소선은 일어나 춤이라도 출 기세였다. 그러나 일어나지는 않았다. 앉은 자세로 만세를 불렀다. 늘 곁에서 병 수발을 들어 주는 전태삼도 좋아서 덩실덩실 좁은 방 안을 왔다갔다 했다. 때마침 방문한 한국노총 김동만 부위원장도 박수를 치며 기뻐했다. 창신동 비좁은 골목길 손바닥만 한 옥상 방에서 뜻밖에 터진 환호성이었다. 우리나라 최대 재벌이자 글로벌 기업이라 자랑하면서 60년 넘게 무노조 원칙이라는 봉건적 경영을 해 온 자본기업의 집착에 종지부를 찍었다는 기쁨이었다.

삼성그룹은 창업주 이병철 회장의 '내 눈에 흙이 들어가기 전에는 노조를 인정할 수 없다'는 아집에 따라 그동안 노조 설립시도를 온갖 탄압으로 무산시켜 왔다. 삼성일반노조는 1987년 6월 민주화투쟁에 발맞추어, 한독금속의 공장 민주화투쟁을 승리로 이끌었던 김성환이 주도적으로 만들었다. 그가 1993년에 이천전기에 입사해 노사위원회 위원으로 활동하던 중 이천전기가 삼성계열사로 편입되었고, 김성환은 삼성재벌에 의해 징계해고되었다. 김성환은 이에 굴하지 않고 2000년 2월, 삼성그룹 해고노동자원직복직투쟁위원회를 결성하고 의장으로 추대되어 무노조 경영의 삼성재벌과 맞서 골리앗에 맞선 다윗의 싸움을 시작했다. 그는 이 싸움이 단순한 삼성 피해자들만의 싸움이 아니라는 것을 확인하면서, 부당한 자본으로부터 희생당한 노동자들과 함께하고 더 큰 싸움으로 나가기 위해 2001년 1월에는 민주노총 전국해고자투쟁위원회 위원장의 역할을 맡아 활동했다. 기회 있을 때마다 삼성의 무노조 경영과 이로 인한 부당노동행위 등을 고발하고, 'PD수첩' 등의 방송에 자료를 제공해 보도케 하는 등 삼성재벌과의 싸움을 끈질기게 이어갔다.

그러던 2004년 7월, 삼성SDI의 휴대폰 불법복제를 통한 노동운동 탄압이 해당 노동자들의 양심선언을 통해 공개된다. 삼성SDI 노동자들이 민주노총 금속노조에 가입했다는 이유로 노동자들을 격리·감금하고 강제사직시키는가 하면 금품지급 각서를 쓰게 한 점을 폭로하고 삼성재벌을 공격한 김성환의 활동은 엄청난 사회적 반향을 불러일으켰다. 그는 이 과정에서 이건희에 의한 삼성의 무노조 경영을 비판하다 '명예훼손' 죄로 고소를 당해 실형을 선고받고 2005년 2월 울산지법에서 법정구속되었다.

김성환은 감옥에서도 투쟁을 멈추지 않고, 이건희의 구속처벌을 촉구하는 단식투쟁을 17일간 단행했다. 그가 울산구치소에 복역하던 그해 4월 그의 어머니가 돌아가셨고, 부산교도소에서 상고 중이던 8월에는 아버지마저 세상을 떠나게 되었다. 이런 슬픔 가운데서도 그는 그해 9월 이건희 엑스파일 사건이 터지자 이건희의 구속처벌을 요구하며 다시 15일간의 단식투쟁을 벌였다. 3년여의 옥살이를 하면서 투쟁의 고삐를 늦추지 않았고, 삼성재벌 이건희 구속수사를 비롯해 비정규직 철폐, 서신검열 철폐, 운동시간 확대, 면회시간 연장 등 재소자들의 인권을 위해서도 무려 여덟 번의 단식투쟁을 감행하는 등 싸움을 계속했다. 노동운동가로는 드물게, 2007년 2월 앰네스티에서는 그를 양심수로 선정하였다.

김성환의 이러한 과정과 성과는 전태일노동상 선정기준인 '희생성과 헌신성, 조직성, 투쟁성, 노동운동과 민중에 끼친 기여도, 노동운동에 미치는 교훈과 발전전망'에 가장 부합한다고 판단되어 그는 2007년 제16회 전태일노동상 수상자로 선정되었다.

이소선은 그해 11월 11일 전국노동자대회장에서 옥중에 있는 김성환 위원장을 대신해 그의 부인 임경옥에게 전태일노동상을 수여했다. 임경옥은 "삼성 비자금 의혹이 사회적 관심을 끌고 있지만 삼성에서 탄압받는 노동자들에 관한 이야기도 같이 나와야 하는데 많이 거론되지 않아 아쉽다"는 소감을 말했다. 이소선은 거대자본 삼성과 싸우는 김성환 위원장을 격려했다.

"삼성일반노조 위원장 김성환의 거대재벌 삼성과의 끈질긴 투쟁은, 전태일이 살았던 70년대의 그 암울했던 자본과 악덕기업의 횡포와의 싸움에 맞먹는 것입니다. 계란으로 바위를 깨는 것같이 삼성을 향해 당당히 맞서는 모습에서 나는 이 시대의 전태일의 모습을 봅니다.

그 권력에 의해 목이 잘리고, 감옥에 갇히고, 생명까지 위협을 당하면서도 포기하지 않고 오히려 목숨을 담보하는 투쟁을 끊임없이 벌이고 있는 김성환의 모습에서 어떠한 부당한 권력도 용납하지 않는, 노동해방과 인간해방의 고귀한 노동자 정신을 봅니다.

김성환은 혼자 싸우지 않았습니다. 삼성그룹 해고 노동자를 모아 복직투쟁위원회를 결성하는가 하면, 전해투 위원장을 맡아 전체 해고 노동자들의 단결을 도모하고, 가장 고통받는 노동자들과 함께하며 그들을 위해 싸워 왔고, 감옥에서도 멈추지 않고 있습니다.

이러한 김성환의 싸움은 삼성재벌의 범죄적 행위를 끊임없이 폭로하고 상기시킴으로, 삼성재벌에 대한 사회적 경종을 울림으로, 전체 노동자는 말할 것도 없고 전 국민을 각성시키고 있습니다. 이런 김성환의 투쟁이 있었기에 최근 김용철 변호사의 양심선언이 나오고, 삼성의 범법행위가 다시 한 번 전 사회의 문제로 부각되고 있습니다.

노동자를 무시하고 무소불위의 권력으로 노동조합을 탄압하는 삼성의 오만을 깨부수고 반드시 노동조합의 깃발을 세울 것입니다. 노동해방을 맞이할 것입니다 여러분!"

노동자들의 함성과 우레와 같은 박수 소리의 열기가 차가운 11월의 공기를 녹여 버렸다. 이소선은 김성환의 부인을 힘껏 껴안았다.

"고생이 많구나. 그럴수록 힘내야 해요."

"네, 어머니 감사합니다. 감사합니다."

이소선은 다음 날 전태일노동상 수상자들에게 수여하는 '곧은목지'를 들고 김성환 위원장이 수감되어 있는 영등포교도소에 방문해 김성환 위원장에게 직접 상패를 전달했다.

그러한 끝에 이루어진 삼성일반노조 소식이었다. 흥분과 기쁨으로 이소선, 전태삼, 김동만 세 사람은 이런저런 얘기를 시간 가는 줄 모르고 이어 갔다.

"어머니, 저 가 보겠습니다."

김동만 부위원장이 자리를 털고 일어났다.

"가려고? 고맙네, 이렇게 찾아와 주어서. 잘하시게."

"네 알겠습니다. 잘하겠습니다. 어머니, 전태일 동지를 제 가슴에서 한시도 잊은 적 없습니다. 어머니 당부대로 한국노총 민주노총 하나 되도록 하겠습니다. 어머니 부디부디 건강하게 오래오래 사셔야 합니다."

이소선은 어용이라고 원성을 사는 한국노총 내에서 그래도 드물게나마 올바르게 해 보고자 하는 간부가 자주 찾아와 전태일 정신을 잊지 않겠다고 다짐하는 것이 고맙고 흐뭇했다.

김동만을 배웅하고 이소선과 전태삼은 휴식을 취했다. 밤이 되어 식구들은 잠자리에 들었다. 그런데 저녁 10시쯤 이소선의 숨소리가 이상했다.

"엄마! 엄마아!"

전태삼은 깜짝 놀라 울부짖듯 이소선을 흔들어 깨웠다. 움직임이 없다. 가늘게 숨은 쉬고 있는데 대답 없이 움직이지 않았다. 전태삼은 정신이 아찔해졌다. 그저 울음이 터져 나와, 예순한 살의 전태삼은 어린아이처럼 엉엉 울었다. 울면서 급히 119에 신고하고 가까이에 있는 사람들에게 전화를 해 알렸다.

순식간에 구급차가 도착해 멀지 않은 거리의 서울대병원으로 갔다. 심장이 멈춰 의식불명의 상태인 이소선을 병원에서 심폐소생시켰다. 멈춘 심장은 다시 뛰기 시작했지만 산소호흡기를 통해 호흡을 해야 했다. 병원 측은 환자의 에너지 소모를 줄이기 위해 체온을 34도까지 낮추는 저체온 수면요법을 실시했다. 의식이 돌아오지 않고 계속 수면 상태에 있었다.

이소선의 입원 소식은 즉시 각 언론사에 알려져 신문, 방송 등 모든 매체를 타고 전국으로 퍼졌고 해외까지도 알려졌다. 수많은 이들이 안타까워하며 빠른 쾌유를 빌었다. 그와 함께 노동운동을 했던 청계피복 노동자들, 투쟁 중인 노동자들, 유가협 회원들, 양대 노총 지도자들을 비롯해 노동운동가, 정치인, 문화예술인, 종교인 등 각계각층의 인사들이 병원을 방문했다.

이소선은 많은 사람들의 간절한 기도에도 깨어나지 못했다. 의식불명 37일째이던 7월 24일 가족들은 병세에 큰 차도가 없는 상황에서 그동안 오래 다니던 도봉구 쌍문동의 한일병원으로 옮기기로 했다. 한일병원 김응수 원장은 20여 년간 이소선의 주치의 역할을 해 왔다.

한일병원 측은 환자가 쓰러져 심장이 멎어 있는 동안 장기와 뇌가 상당 부분 손상된 것으로 판단했다. 저체온 수면요법과 기관절개술을 이용하고 인공호흡기를 부착해 호흡을 유지해 오다 차츰 회복세를 보이기도 했지만, 다시 기운이 떨어져 생명을 거의 인공호흡기에 의존하고 있는 상황이라고 했다.

이소선의 마지막 깨어 있는 의식은 삼성재벌의 전근대적인 무노조 경영이 깨지고 노조 설립이 승리했다는, 그리고 그동안 어용이라는 오명을 입은 한국노총이 전태일 정신 계승을 다짐했다는 기쁨으로 각인되어 있었을지도 모른다.

아들 전태일 곁으로

9월 3일 오전 이소선의 자녀인 전태삼, 전순옥, 전순덕과 며느리 윤매실 등의 가족들, 전태일의 친구들, 그리고 민주노총 김영훈 위원장과 한국노총 이용득 위원장 등 20여 명이 모였다. 이소선은 이들 20여 명이 지켜보는 가운데 조용히 숨을 거뒀다. 양대 노총 위원장이 이소선의 손을 잡고 머리를 감싸 안았다. 이소선은 이들로부터 전해진 따스한 온기를 마지막으로 느끼고, 그의 마지막 숨을 양대 노총 위원장에게 나누어 주고, 자신의 존재로 노동자의 단결을 당부하면서 세상을 떠났다.

빈소는 서울대병원에 마련했다. 이소선의 타계 소식이 빠르게 보도되었다. 외신을 타고 해외에도 즉각 알려졌다.

각 정당 대변인의 성명이 나왔다. 여당인 한나라당 김기현 대변인은 "참 안타까운 일이다. 삼가 조의를 표하고 고인의 명복을 빈다"고 밝혔다. 민주당 이용섭 대변인은 "이 여사는 아들의 뒤를 이어 '노동자들이 기를 펴고 사는 사회, 일하는 사람들이 행복한 사회'를 만들기 위해 한평생을 바쳤다"며 "민주당은 고인의 유지를 받들어 대한민국의 민주주의와 이 땅의 사회정의를 바로세우는 데 더욱 힘쓸 것"이라고 밝혔다. 자유선진당 임영호 대변인은 "평생 노동자와 함께한 이 여사의 명복을 빈다.

당신은 노동자의 참어머니였다"는 논평을 냈다. 민주노동당 우위영 대변인은 "이소선 어머니는 전태일 열사의 분신 이후 40년 동안 '살아 있는 전태일'이 돼 노동자들을 위로해 주었다"라며 "비통한 심정을 감출 길이 없다"고 깊은 애도를 표시했다. 진보신당 강상구 대변인은 "이소선 어머니는 40년 동안 대한민국 모든 노동자의 어머니이자 동지였다"며 "살아생전 꿈꿨던 노동자 해방을 이루는 그날까지 우리 마음속에 영원히 살아계실 것"이라고 밝혔다.

7,000여 명으로 구성된 장례위원회가 꾸려졌다. 공동장례위원장은 민주노총 위원장 김영훈, 유가협 회장 배은심, 한국노총 위원장 이용득이었다. 장례는 5일장에 민주사회장으로 치르기로 했다.

빈소에는 조문객이 쇄도했다. 전국 각지에서 노동자는 물론 각계각층 다양한 사람들이 빈소를 메웠다. 온라인에서 누리꾼들의 추모열기도 뜨거웠다. 각 언론에 이소선을 기리는 추모사와 이소선의 삶을 돌아보는 기사가 이어졌다.

장례기간 중 시민들이 촛불을 들고 서울 청계천 전태일 다리를 출발해 전태일 분신 장소를 거쳐 이소선이 거처하던 곳까지 행진하는 '어머니의 길' 행사가 있었다. 추모 문화제도 있었다. 이소선의 영정을 들고 김진숙 민주노총 지도위원이 크레인 농성 중이던 한진중공업 영도조선소 85호 크레인 앞까지 가는 행사도 했다.

분향소가 여러 곳에 차려졌다. 투쟁 사업장, 민주노총 산하 노조사무실, 각 지방 노동단체 사무실, 대학교에도 분향소가 설치되었다. 고인을 추모하는 조전과 조화도 답지했다. 그중 이명박 대통령 명의의 조화도 배달되었는데, 추모객 중에는 고인의 뜻과 맞지 않는다며 치울 것을 요구하는 사람도 있었다.

9월 7일, 이소선을 사랑하고, 이소선에게 크나큰 사랑을 받은 모든 사람이 이소선을 떠나보내야 하는 날이었다. 이소선의 마지막 가는 길에 자신의 정성을 조금이라도 더 보태고 싶은 노동자들이 상여며 만장이며 온갖 영결식 용품을 만들었다. 세상을 창조하는 노동자들의 위대한 정성으로 만들어진 꽃상여를 타고 이소선은 서울대병원을 나섰다. 이소선이 가는 길을 가득 메운 노동자, 시민 들은 마음을 다해 손을 흔들었다. 어느 시민은 "참 고생만 하시다가 가시네. 좋은 일 많이 하셨는데…. 부디 좋은 세상에서 아들 전태일과 평안하세요" 하면서 아쉽고 고마운 마음을 전했다.

이날 오전 대학로에서 2천여 명의 시민들이 참석한 가운데 영결식이 거행되었다. 시민들은 고인을 기리는 한마디, 한마디에 생전의 모습이 떠올라 훔쳤던 눈가에 다시 눈물이 흘렀다. 영결식에 참석한 사회 각계의 인사들은 '하나가 되라' 했던 고인의 유지를 받들어 노동자가 사람답게 살 수 있는 세상을 위해 함께 싸우겠다고 말했다.

김영훈 민주노총 위원장은 조사를 통해 말했다.

"정리해고 없는 세상, 비정규직 없는 세상을 위하여 우리가 싸우겠습니다. 정규직과 비정규직이 함께하라는 말씀 가슴에 새기겠습니다. 전태일 정신으로 노동자들이 함께하고 어머니의 따뜻함과 열정으로 세상을 바로잡겠습니다. 어머니 편히 가십시오."

2시간여 동안 진행된 영결식이 끝나자 시민들은 동대문을 경유해 노제 장소인 청계천의 전태일 다리까지 행진했다. 고인의 영정과 붉은 바탕 위에 "노동자의 어머니, 이소선 민주사회장"이라고 쓰인 대형 만장을 앞세운 운구행렬이 엄숙한 분위기 가운데 이어졌다. 고인의 넋을 기리는 퍼포먼스로 시작된 노제는 기륭전자, 쌍용자동차, 한진중공업 등의 투쟁 사업장에서 온 노동자들이 '노동자의 어머니'였던 고인의 영정을 향해 올리는 큰절로 이어졌다. 이들은 파업 때 입었던 티셔츠와 투쟁기록을 담은 DVD, 고인에게 전하는 메시지를 담은 현수막 등을 영정 앞에 올려놓았다. 한 시간가량 이어진 노제는 오후 2시 10분께 끝났고, 영정은 마석 모란공원으로 향했다.

오후 4시께 운구차는 모란공원에 도착했다. 한진중공업 해고 노동자, 재능교육 해고 노동자, 기륭전자 해고 노동자를 비롯해 노동자, 학생, 시민 500여 명은 만장을 앞세우고 하관식이 진행될 묘역으로 향할수록 발걸음이 무거워졌다. 이별의 시간이 다가오는 것을 안타까워하며 눈물을 흘렸다.

전태일 묘소 위쪽에 마련된 '어머니의 묘역' 주변은 수십여 개의 만장과 꽃으로 둘러싸였다. 참가자들은 경건하게 하관식을 마치고, 유족에 이어 취토를 하고, 마지막 작별인사를 마쳤다.

　　이 세상에 종결은 없습니다
　　그토록 꿈꾸던
　　그토록 싸우면서 찾던
　　다른 세상은 오지 않았습니다
　　당신의 꿈도
　　당신이 한번 더 살아 볼 세상도
　　아직껏 종결이 없듯이
　　이 세상에 종결은 없습니다

　　이렇게 당신이 눈감기 전부터
　　당신 이후의 후유증이 와 버렸습니다
　　눈뜬 자
　　귀 펑 뚫린 자들이
　　거리의 한 모퉁이에서 가슴 칩니다

　　이제 당신은 당신의 시대를 종결 없이 다했습니다

태일이와의 약속을 끝까지 지키고　　　　　　　　634

엉엉 울고 싶어도
팍팍한 하늘 밑에서
울음이 막히고 맙니다
슬픔이라면
오직 목구멍의 먹먹한 어둠입니다
언제나 찾아가던 당신
언제나 찾아오던 당신
언제나 거기 가면
가장 먼저 와 있던 당신이
이로부터 어디에도 없게 되다니
이게 무슨 노릇입니까

이소선 어머니
당신의 죽음을 울지 않습니다

저 먹통 같은 시대 또는 개 같은 시대에
생짜로 아들을 묻은 어머니로부터
그다음에도
그다음에도
또 그다음에도 내내
바람 쳐 대는 땅 위의 어머니였습니다
당신은 그렇게 한 아들의 어머니이자
한 아들의 무덤인 어머니이자
세상의 뭇 아들의 뭇 어머니로
뼈 앓으며 살 쓰라리며 살아야 했습니다

아닙니다
당신은 누구에게는 혈육이었고
누구에게는 동지이고
누구에게는 호박넝쿨 울타리이고
누구에게는 심연이었습니다

거듭 말합니다
당신은 당신 아들 이후의 아들이었고
당신 아들의 어머니 이후
세상의 동서남북 떠도는 어머니였습니다
거기 얼어붙은 평화시장 아스팔트 바닥
그 겨울 이래
당신의 고통은 기어이 불타올라
기어이 영광의 고통이고 말았습니다

당신은 누워 있지 않았습니다
당신은 앉아 있지 않았습니다
당신은 서 있지 않았습니다
늘 숨차오르며 걸었습니다 내달렸습니다

사람이 사람 아닌 때로부터
당신의 언어는
사람이 사람일 때를 위하여
반생애의 미래 다 바쳐
시퍼런 달밤의 언어였습니다
어제는 위로였고

오늘은 독전(督戰)이었습니다

한번 입을 열면

시작도 끝도 없이

진진한 옛이야기 같은

오늘 하루의 이야기보따리 보고서였습니다

사람이 사람이기를

새벽같이

저녁같이 부르짖는

그 불덩어리 그때 이래

노동자가

노동자일 때

닭장 아니고 돼지우리 아니고

사람이 두 번 세 번 사람일 때

그때를 가슴에 담고

빈 몸으로 나아가는 길고 긴 행로였습니다

폭염의 세월이었습니다

혹한의 세월이었습니다

당신은 당신의 아들을 바친 뒤

그 고통의 꼭대기에서 내팽개쳐진 이래

그럴수록 당신은

조상과 자손의 산천초목을 깨달았습니다

그리하여 수많은 아들의 생모로

만인의 성모로

여기도 저기도 마다 않고

몇 10년 입은 헌 옷차림으로 와 있었습니다

그런 10년 동안

또 10년 동안

또 10년

또 10년 동안

어느 골짝인들 거르지 않고

바느질로 촘촘히 챙기고

어느 비탈인들

사방풍 안고 파도치는 어머니였습니다

고려의 어머니였습니다

동방의 어머니였습니다

누군가 약해지면 다그쳐

강한 누구이기를

누군가 물러서면 밀어올려

앞장서는 누구이기를

그러는 동안

언제 어디

당신은 마음 푸짐한 밥상이고

질펀한 밭두렁 논두렁이었습니다

이제 우리는

몇백만의 당신으로

몇백 대(代)의 당신으로 섬기는

내일의 추모를 해마다 바칠 것입니다

당신의 이름 이소선을

우리의 속삭임으로 삼고

우리의 포효로 삼겠습니다

태일이와의 약속을 끝까지 지키고 638

당신의 이름 이소선을
마침내 우리 역사에서
버젓이
버젓이
일으켜 세우겠습니다

그리하여
당신의 80년을
우리 현대사 시간 속에 응결시킬 것입니다
가소서 가시는 듯 오소서

고은, 「당신의 죽음을 울지 않습니다―이소선 씨 별세에 부처」

에필로그

어머니 박재익이입니다
그래, 니가 내 태일이 만나러 가는 마지막 길에
몸 깨끗이 씻고 옷 입혀 주러 왔구나 잘 좀 해 다오
그럼요. 어머니가 어떤 분이신데 어머니 가시는 길
제가 돌봐 드리게 되었으니 더없는 영광입니다
어머니 곱게 옷 입혀 드리고 예쁘게 꾸며 드리겠습니다
맞다, 니 청계노조에서 나랑 같이 그 험한 세월 함께했는데
어련히 알아서 잘해 주겠나
그럼, 어머니 이 세상 티끌을 깨끗이 씻어 드리겠습니다
이승에서의 사랑도 미움도 분노도 슬픔도 기쁨도 아쉬움도
모두 다 내려놓으시고 날개처럼 가볍게 해서
훨훨 날아가게 해 드리겠습니다
어머니, 칠팔십 년대 우리들과 함께 싸우실 때
기동경찰의 군홧발에 짓밟히고 곤봉으로 맞은 자국이 심하시군요
이제 이런 자국도 다 씻어 버리고 그 가해자도 다 용서해 버리세요
내 진작 용서했다 그들도 다 독재자가 시켜서 하는 짓이었는데
인간이 미운 것이 아니니까 오래전에 용서 다 했다

그럼요. 어머니는 누구를 미워한 것이 아니라 오로지 지극한 사랑을 실천하기 위해 그 험한 세월을 모질게 살아오셨으니까요

어머니, 참 많은 농성과 구속으로 온몸이 몹시 지쳐 있으셨군요

그러게 말이다 어디 나만 지쳤겠냐

이 땅의 노동자 서민 들의 고단한 삶이 다 그렇지 않겠냐

내가 어릴 때부터 가진 생각이 '인간차별'이 없는 세상이었는데

그동안 힘없고 약한 사람들 편에서 살아온다고 살아왔는데

잘 살았는지 나도 모르겠다

어머니께서는 잘 사신 정도가 아니라

몇 사람의 몫을 사신 것과 마찬가지로

너무너무 훌륭하게 사셨습니다

어머니, 이 조그마한 심장에서 어찌 그리 큰 분노와 사랑이 뿜어져 나왔습니까

그래 내 심장이 작기는 하지

그게 태일이가 죽으면서 "어머니 내가 못다 이룬 뜻 어머니가 대신 이루어 주세요"

하고 약속을 하라고 하니까

참으로 착하고 좋은 내 아들의 뜻이니 좋은 뜻이라고 생각해 주저하지 않고

약속을 했잖아 그래서 이 작은 육신, 작은 심장이

그 세월을 사는 원동력이 되지 않았겠느냐

그래요. 어머니의 그 작은 심장에서

독재의 철벽을 뚫는 위대한 힘이 나왔군요

그러니 어머니는 얼마나 힘이 드셨겠어요 우리들이 더 큰 힘이 되지 못하고

큰 짐을 어머니한테 맡겨 놓고 어머니한테 의지만 한 것이 아닌지 모

르겠어요

아니다 너희들이 없었으면 내가 힘들고 외로워서 어떻게 살았겠느냐

태일이 친구들이 없었다면 나 혼자 태일이 시체를 부둥켜안고

울고만 있다가 포기했을 수도 있지 않았겠냐

태일이 친구 이후 더 많은 친구들이 계속해서 생기고

이제는 천만 노동자가 태일이 친구가 되고 나는 그 많은 자식을 둔

어머니가 되었으니 돌아보니 나만큼 행복한 사람도 없는 것 같구나

이 세상에서 나만큼 많은 자식을 둔 어머니 있으면 나와 보라고 해

허허허 어머니 그렇군요

우리도 어머니가 계셔서 바른 길을 알게 되었고 온갖 탄압에도

어머니를 의지해 자주적인 인간으로 살아갈 수 있었습니다

어머니를 알게 되고 어머니와 한 생애를 살게 되어서

고맙고 행복했습니다

아니다 내가 더 너희들한테 고맙다고 해야지 너희가 없었으면

나도 없었을 것 아니냐

그럼 어머니 누가 더 고마웠는가 저울로 한번 달아 볼까요

이놈아, 지금 나 목욕시키는 놈이 저울질할 새가 어딨냐

아차, 그런가요

어머니 됐습니다. 이 세상의 티끌도 얼룩도 자국도 이제 다 씻었습니다

있는 것도 없고 없는 것도 없는 정하디 정한 어머니가 되었습니다

고맙다 우리 재익이 참 잘하는구나, 힘들겠다 쉬어 가면서 하거라

옆에서 지켜보고 있는 내 아들 태삼아 재익이가 잘하고 있는지

눈 똑바로 뜨고 감시 잘해라

네, 어머니 재익이가 잘하고 있네요 잘 못하면 저녁밥 안 줄라요

허허허, 태삼이 형 무서워서라도 정성을 다할 수밖에 없네요

어머니 이제 예쁜 옷 입을 차례입니다

에필로그

태일이 형 만나러 가는 길이니 새 옷 입고 가셔야죠

그래 태일이 만나러 가는 길이니까 좋은 옷으로 입혀 다오

네, 어머니 국산 삼베옷에 꽃무늬까지 놓은 옷이에요

어머니 이 옷 누가 만들었는지 아세요

어머니 가시는 길에 입고 가시라고 순옥이 누나가 직접 만들었어요

그래, 우리 큰딸 순옥이가 정성을 다해서 만들었구나

고맙고 고맙구나 너를 지극히 사랑한 큰오빠한테 가서

엄마를 잘 모셨다고 일러 주겠다

순옥이는 내가 노동운동 한다고 정신없이 다닐 때에도

집안 살림 다 하고 집에 오는 조합원들 손님들 먹을 밥 다 해 대고

지 몸 지 할 일 다 희생했지

어리고 꿈 많은 시절인데도 엄마의 뜻 거스르지 않고 잘 따랐지

내가 구속되어 구치소에 있을 때 순옥이 한 번도 거르지 않고

면회 다니면서 참 고생이 많았지

뒤늦게 공부를 해 영국에 가서 박사도 따 왔는데

엄마가 큰 도움을 주지 못해 늘 미안했지만

그래도 엄마한테 섭섭하게 생각하지 않고 엄마를 존중해 주어서 고맙
구나

어머니, 순덕이는요

순덕이로 말하자면 내가 가장 미안하게 생각하는 딸이지

큰오빠 태일이가 업고 다니던 순덕인데 그 오빠를 잃은 슬픔은

어린애가 얼마나 컸겠냐

온 집안이 노동운동 한다고 감시당하고 끊임없이 손님이 들이닥치고

그 틈바구니에서 어린 것이 불평불만 한마디 하지 않고

참아 냈으니 지 마음속으로는 얼마나 외롭고 불안정했겠어

그런데도 잘 커 주어서 고맙고 미안하지

엄마로서 따뜻하게 한번 안아 주었는지 기억도 가물가물하구나

어머니, 다 어머니의 큰 뜻에 감화되어 잘 살았으니

미안한 생각도 이제는 다 놓고 가세요

그럼 어디다 놓고 갈까 너한테 맡겨 놓고 갈까

허허허, 어머니 그러세요. 제가 어머니가 두고 가는 것 담을 자루 하나

마련해 놓았거든요

고맙구나

어머니 고맙다는 것도 놓고 가세요

그런데 어머니 몸무게가 왜 이렇게 가볍나요 너무 가벼워

이렇게 가벼운 몸으로 기울어진 한 시대를 지탱해 바로잡았다고

생각하니 눈물이 나옵니다

이놈 재익아 염하는 놈이 눈물을 흘리면 안 되는지 아느냐

허허허, 어머니 알겠습니다

근데 재익아 저 밖에 지켜보는 민주화운동 유가족 어머니아버지들

울다가 지쳐서 졸고 있는 분도 있구나 저분들 힘드니까 빨리 해라

허허허, 어머니 빨리 하는 것은 좋은데 그래도 빈틈없이 해야죠

어머니, 이제 화장을 할 차례입니다

웬 화장이냐 남사스럽게

어머니, 태일이 형 만나러 가는데 예쁘게 하고 가셔야죠

그냥 가실래요

아니다 태일이 만나러 가는데 예쁘게 하고 가야지 그럼 예쁘게 해라

알았습니다 이팔청춘 빛나는 시절로 되돌아가서서 태일이 형 만나세요

근데 얼굴 닦고 머리 빗는 손이 왜 그렇게 세냐

재익아 이놈아 살살 좀 해라

허허허, 어머니 태일이 형 만나러 가는데 이 정도 세게 해야 예뻐지죠

알았다 태일이 만나러 가는 길인데, 그래도 살살 해라

어머니, 분도 바르고 눈썹도 그리고 입술도 바르고 참 예쁘네요

예쁘냐 니가 했는데 어련히 알아서 잘했겠냐

어머니 꽃을 놓아 드리겠습니다

가족들 들어와서 인사하면서 꽃을 놓아 드릴 테니

가족들한테 너무 슬퍼하지 말라고 어머니가 이르세요

알았다

어머니, 이제 하나님 나라에 가셔서 영생복락 누리세요

우리 며느리도 참 고생이 많았지

노동운동 하는 집에 시집와서 순옥이 대신 또 집에 오는 손님들 밥 다
해 대고

우리 여진이 동명이 동준이 낳아 잘 길러 이제 손자까지 안겨 주었으니

장하고 장하다 내 며느리 윤매실

돌아보면 참 험한 세월이었지 여진이 낳고 이어 동명이 동준이 쌍둥
이 낳았을 시절

전두환 정권의 폭압이 휘몰아쳤을 때였지

나도 구속되고 애들 애비 태삼이도 구속되고

어린 것 셋을 데리고 얼마나 참담했겠느냐

먹고살기 위해 일하랴 애기 셋 키우며 업고 걸리고 면회 다니랴

그 고생을 어찌 말로 다 표현할 수 있었겠느냐

나는 태일이하고 한 약속 때문에 고생해도 된다 처도 다른 식구들은

고생시키지 말았어야 하는데 그 험한 세월에서 노동운동을 하려니

어쩔 수 없이 온 식구가 다 고생을 할 수밖에 없었단 말이야

그러게요 어머니, 군부독재는 참 인정사정도 없었습니다

어머니와 태삼이 형이 무슨 역모죄도 아닌 노동조합 강제해산에

항의하는 투쟁을 한 것인데 모자지간을 한 법정에 세운 천인공노할

만행을 저지르기도 했습니다

다시는 그런 세상이 오지 않아야 할 텐데

역사발전이 이다지도 더디니 걱정이 많구나

어머니, 이제 그 걱정도 놓고 가시라니까요

그렇지 놓고 가라고 했지 그럼 누구한테 놓고 가라

그것은 살아남은 우리 모두가 짊어지고 가야 할 것입니다

젊고 참신한 새로운 세대가 새로운 생각으로 새롭게 운동을 해야죠

역사를 변화시키는 주체는 젊은 세대이니 젊은 세대가 맡겠죠

그래 믿어야겠지

맞습니다 역사발전에 대한 믿음이 있어야 하고

미래에 대한 낙관이 있어야 하겠죠

그래 나는 믿는다 이 나라의 젊은이를

그들이 나를 찾아오면 나는 그들과 함께 젊게 살았다

어머니 이제 꽃단장도 다 되었습니다

그러냐 그럼 밖에 있는 모든 사람들과 마지막 인사를 해야지

근데 순옥이 순덕이는 어디 갔냐 아까 북받쳐 울면서 나가던데

어머니 그 누나 어머니께서 돌아가셨다는 사실을 인정하기 싫어서

어머니의 모습을 보지 않으려고 할 거예요

조금 있다가 올 거예요

그래 인정해야지 자연의 순리인데 부정한다고 되는 일이 아니지

어머니 태일이 형 친구들이 오네요

어머니 존경합니다

어머니를 더 잘 모셨어야 하는데 부족한 점 많았습니다

아니다

너희들은 친구의 엄마인 나를 친엄마 이상으로 잘 모셨다

너희 같은 친구들이 세상에 어디 있느냐

너희들이 있으니 나는 그 험난한 세월 속에서도 행복했단다

에필로그

어머니 안녕히 가십시오

태일이랑 만나서 평안하세요

그래, 그래, 울지 마라 나는 즐겁게 갈란다 너희도 즐겁게 보내 다오

저 봐요 순옥이 순덕이 누나 오셨잖아요

엄마, 엄마의 삶을 존경합니다 엄마처럼 살지 못하지만 엄마를 닮은
딸이 될게요 엄마의 크나큰 사랑 감사했습니다

엄마, 엄마, 엄마 사랑합니다 더 좋은 세상에서 오빠 만나고 나중에
함께 만나요 엄마 사랑합니다

그래 나도 너희들 한없이 사랑한다 그동안 고마웠다

어머니 이제 어머니 손주들이 뚜껑을 닫을 거예요

오냐 우리 여진이 동준이 동명이 지안이 지강이 손주며느리 손주사위
다 왔구나

너희들 이 할머니 잘 보내 줘서 고맙다

너희들의 세상은 좀 더 자유롭고 평등하게 만들려고

이 할머니 온몸이 부서지도록 싸우며 살았다

이제 너희들의 행복한 세상을 누려라

네 할머니 존경합니다 사랑합니다

재익아 이제 나 갈란다 태일이한테로

어머니 그럼 평안히 가세요

그래 나를 아는 모든 사람들한테 고맙다고 다시 한 번 전해 다오

안녕, 안녕, 안녕

두 손 모아 인사드립니다 어머니

후기

세상이 갈수록 험악해지고 있습니다. 민주주의는 뒷걸음질 치고, 노동
자의 삶은 비정규직 양산, 청년실업, 숨 돌릴 틈 없이 쥐어짜는 노동으로
말미암아 나락으로 떨어지고 있습니다. 이것을 상징적으로 보여 주는 최
근 사건이 구의역에서 일어난 19세 청년 노동자의 죽음입니다. 성실한
청년이 컵라면조차 먹을 시간도 없이 일을 해야 했지만 그 청년한테 돌
아온 것은 처참한 죽음이었습니다. 그럼에도 불구하고 이 사회는 잠시
안타까워하다가 또다시 아무 일이 없었던 듯이 그렇게 돌아가고 있습니
다. 아니, 거기에다 한술 더 떠서 고위 공직자가 99퍼센트의 민중을 개돼
지로 보고 신분제를 강화하자고 열을 올리는 세상입니다.

자본권력은 노동자를 기계나 소모품으로 화하게 하는 법적 장치를 만
들기 위한 소위 노동개혁이라는 것을 강행하고, 농업을 말살하는 정책에
항의하는 민중집회에서 백남기 농민을 물대포로 사경에 이르게 했습니
다. 그러고도 사과 한마디 하지 않고 방치하고 있을 뿐 아니라, 이 집회
를 주관했던 한상균 민주노총 위원장한테는 징역 8년이라는 중형을 구
형했습니다.

이런 야만의 시대에 과연 우리 민중은 어떻게 단결하고 어떤 방향으
로 나아가야 개돼지의 삶에서 벗어나 인간답게 살 수 있을 것이며 자주

적이고 민주적인 나라가 될 수 있을 것인가를 심각하게 고민하지 않을 수 없습니다.

지금 우리가 나아갈 바를 묻고 그 답을 찾기 위해서는 고담준론이 아니라 앞서서 험한 길을 개척하고 민중의 역사를 창조해 낸 선열들의 삶과 투쟁을 추적, 음미하고 거기에서 지혜와 용기와 교훈과 영감을 얻어 내야 할 것입니다.

그런 의미에서 지난 40여 년 동안 노동운동과 민주화운동에 온몸을 바쳐 살아오신 이소선 어머니의 삶은 오늘 우리에게 많은 것을 가르치리라 생각합니다.

이소선 어머니는 1970년 11월 13일 아들 전태일이 분신항거로 숨을 거둘 때 노동자를 위해 살 것을 약속해 달라는 부탁을 받고 그렇게 살겠다고 약속을 하셨습니다. 그 이후 이소선 어머니는 아들과의 약속을 한순간도 어기지 않고 끝까지 지키셨습니다. 이소선 어머니가 끝까지 지킨 이 약속이야말로 크고 작은 약속을 헌신짝처럼 쉽게 버리는 배신과 변절이 횡행하는 세태에 추상같은 꾸짖음으로 다가오고 있습니다.

이소선 어머니께서 40여 년 동안 그 험난한 가운데서도 끝까지 약속을 지킬 수 있었던 힘의 원천은 다름 아닌 어머니라는 그 무한한 사랑이었습니다. 이소선 어머니의 사랑은 사사로운 모자간의 사랑을 뛰어넘는 전체 노동자의 어머니, 민중의 어머니의 크고 넓은 사랑이었습니다.

이소선 어머니는 일제강점기에 태어났습니다. 식민지가 된 나라 농촌에서 태어나 숙명처럼 가난에 짓눌려야 했습니다. 거기에다 일제에 항거하던 아버지가 어렸을 적에 돌아가시는 바람에 어머니는 다른 집안에 개가해야 했습니다. 그렇게, 어린 이소선은 '데려온 자식'이 되었습니다.

이처럼 이소선 어머니는 가장 낮은 자리에서 가장 천대받는 존재였습니다. 온갖 멸시와 구박, 인간차별을 받으면서 성장한 어린 이소선은 이런 현실에 굴하지 않고 사람대접을 받기 위해 기존 질서에 항의했습니다. 어린 나이에 데려온 자식이라며 차별하는 것에 대해 마을 어른한테 이를 시정해 줄 것을 요구하고 관철했던 것이나 근로정신대에 끌려가서 일제의 부당한 대우에 항의했던 일화로 그의 저항정신이 어렸을 때부터 몸에 배어 있었다는 것을 알 수 있습니다.

이소선 어머니는 "인간차별이라면 지긋지긋하다"고 늘 말씀하셨습니다. 이 말씀은 이소선 어머니의 온 생애를 일관하는 핵심사상입니다. 즉 인간을 차별하는 불평등, 인간소외에 대한 저항과 투쟁이 이소선 어머니의 삶을 관통하는 것이며 그렇게 한결같이 평등세상을 꿈꾸는 삶을 살아오셨습니다.

이소선 어머니의 이런 사상은 아들 전태일한테도 그대로 이어졌습니다.

이소선 어머니의 삶은 1970년 11월 아들 전태일이 노동자의 인간다운 삶을 위해 분신항거한 이후 달라졌습니다. 아들의 뜻을 이어 가기 위해 노동운동에 헌신하게 된 것입니다. 평범했던 삶에서 험난한 노동운동에 뛰어들어 탁월한 지도력과 남다른 통찰, 과감한 투쟁으로 현실을 헤치고 나아갈 수 있었던 원동력은 차별당하고 소외받는 이웃에 대한 뜨거운 사랑, 죽어 가는 아들과의 약속을 저버리지 않겠다는 신의였을 것입니다.

어릴 때부터 몸에 밴 인간차별에 대한 저항의식으로 노동운동을 하면서 그 투쟁 대상과 방법이 인간을 불평등하게 하는 구조적 모순을 향하게 되었고, 조직적이고 지속적인 운동으로 승화됐다고 할 수 있습니다.

이소선 어머니께서 40년간 노동운동을 전개하면서 실천을 통해 우리에게 가르침을 준 사례는 열거할 수 없을 정도로 많습니다. 그 많은 가르침 중에 몇 가지를 감히 열거해 봅니다.

첫째, 이소선 어머니는 사사로운 이익이나 감정에 굴복하지 않고 대의에 충실했습니다. 70년 11월 아들 전태일은 "근로기준법을 지켜라"라고 외치면서 분신해 죽음에 이르렀습니다. 당시 그가 이렇게 죽을 수밖에 없도록 만든 책임자는 노동자를 보호해야 했을 정부 당국과 노동자를 착취혹사한 자본이라는 것은 두말할 나위가 없습니다. 아들 전태일을 죽음에 이르게 한 이 책임자들을 향해 이소선 어머니는 "내 아들의 뜻을 이루기 전에는 장례를 치를 수 없다"며 버텼습니다. 그리고 노동조건 개선과 노동조합 설립 보장을 요구하며 시신 인수를 거부했습니다. 당국자들은 이소선 어머니를 회유하기 위해 거액의 돈을 제시했지만 어머니는 이를 단호하게 거절하고, 아들의 뜻을 살리기 위한 조치를 관철시켰습니다. 이것은 이후 어머니의 삶을 규정하는 매우 중요한 결정이었습니다.

유신독재정권은 그 뒤에도 이소선 어머니에 대해 끊임없는 폭력과 협박을 가하고 이것이 통하지 않으면 다시 거액의 돈으로 회유하기를 거듭했습니다. 그러나 이소선 어머니는 그 어떤 것에도 흔들림 없이 대의를 지키는 삶을 사셨습니다.

이소선 어머니는 노동운동 과정의 내부투쟁에서도 원칙을 벗어나지 않고 정도를 걸으셨습니다. 대중을 신뢰하고 대중과 더불어 그들의 역량을 발굴·조직해 그 힘으로 투쟁하고 승리를 이끌어 냈습니다. 일례로 75년 12월 청계피복노조 노동시간 단축 투쟁을 들 수 있습니다. 당시 청계천 피복공장의 하루 노동시간은 12~14시간이나 됐습니다. 휴일도 한 달에 이틀뿐이었습니다. 이런 살인적인 장시간 노동을 개선하기 위해 조합원들을 조직하고 투쟁으로 이끌어 결국 승리를 쟁취했습니다. 당시 투쟁은 노조 집행부를 중심 삼음으로써가 아니라 조합원 대중의 절실하고 절박한 요구를 조직함으로써 가능했습니다. 투쟁 결과 노동시간이 하루 10시간으로 단축되고 매주 하루 휴일이 관철됐습니다. 그러나 노동조합 내부갈등이 심화되기도 했습니다. 조합원들의 요구를 수용하고 그것을 투쟁으로 돌파하는 것에 소극적이었던 집행부와 갈등을 겪었던 것입니다.

이런 갈등은 이소선 어머니로서는 피하고 싶은 매우 괴로운 것이었습니다. 당시 노조 집행간부는 다름 아닌 아들의 친구들이었습니다. 이소선 어머니는 이들을 믿고 의지하고 그들과 함께 노조를 만들었기 때문에 인간적으로 매우 난처한 입장에 처할 수밖에 없었습니다. 그렇지만 이소선 어머니는 끝내 조합원 대중의 요구와 힘을 선택했습니다. 이로 인해 결국 한국노총식 노동운동 풍토가 물러가고, 새로운 집행부가 들어서게 되었습니다. 전태일 정신에 입각한 청계피복노조의 전통이 끊어지지 않고 계속 이어지게 된 것입니다.

이 밖에도 인간적으로 난처한 일들이 주변에서 많이 일어났지만 이소선 어머니는 슬기롭게 대처해 나갔습니다. 이소선 어머니의 명성이나 관계를 이용해 기존 정치권에 줄을 대려는 사람들도 있었습니다. 이소선 어머니께서는 살아 계실 동안 이런 것에 별다른 영향력을 행사하지 않으셨습니다. 진정한 노동해방을 향한 지조를 지키고자 하는 이소선 어머니의 의지였다고 할 수 있습니다.

둘째, 이소선 어머니는 노동자를 사랑하는 실천에 그 어떤 편견이나 편 가름이 없는 분이셨습니다. 70년대 노동조합 조직은 기업별노조였습니다. 기업별노조 조직은 박정희 군부 쿠데타 이후 어용화를 위해 자본과 권력이 강제한 것입니다. 따라서 노동운동의 목표는 기업별의 한계를 뛰어넘는 연대로 노동운동의 자주성을 확보하는 것이었습니다.

이소선 어머니는 ㄱ 당시 노조의 한계를 뛰어넘어 노동자가 고통받고 탄압받는 곳이면 지역이나 업종을 가리지 않고 어디라도 달려가서 함께 투쟁하고 함께 고통을 나누셨습니다. 특히 이소선 어머니는 투쟁하다 죽어 간 수많은 열사들의 마지막 곁을 지키고 그들의 뜻이 헛되지 않도록 온몸으로 투쟁하셨습니다. 이소선 어머니의 이 같은 헌신이 모든 노동자들한테 '어머니'로 추앙받게 된 원동력이 된 것입니다.

뿐만 아니라 이소선 어머니는 노동자는 물론이고 소외당하는 사람을 위하는 길이라면 누구라도 함께하고 포용하셨습니다. 노동운동 내부에 노동자와 지식인 간 갈등이 있을 때에도 이소선 어머니는 노동자·지식인을 구별하지 않고 하나로 묶고 상호보완해 더 큰 힘으로 만들어 내셨습니다. 더 나아가 국적·인종 등을 초월한 연대를 실천함으로써 인류애를 실천했습니다.

셋째, 이소선 어머니는 70~80년대의 척박한 노동 현장에서 탁월한 예지와 승리를 향한 낙관으로 용감하게 투쟁함으로써 노동운동을 선도하셨습니다. 70년 전태일 사건은 노동자의 권익 쟁취에 앞장서야 할 한국노총이 어용화하면서 발생한 측면이 있었습니다. 이처럼 자주적인 노동운동이 전무하다시피 한 풍토 속에서 이소선 어머니는 노동운동 경험도 없는 상태에서 오직 아들의 뜻을 잇겠다는 일념으로 투쟁함으로써 자주적인 노동운동의 싹을 틔우고 민주노조의 깃발을 세웠습니다.

이소선 어머니는 노동자의 권익을 쟁취하고 인간다운 삶을 보장받기 위해서는 기업별 단위에서 투쟁하는 것을 뛰어넘어 지역·업종 간 연대와 함께 자본과 권력으로부터 압박을 당하는 모든 민중의 단결된 투쟁을 해야 한다고 주장하셨습니다. 그 실천의 일환으로 이소선 어머니는 군부독재정권을 물리치고 민주화를 달성하기 위해 재야 민주세력과 함께 투쟁했습니다.

이소선 어머니는 민주화를 위해 투쟁하다 구속된 청년, 학생과 재야지식인의 가족들과 함께 구속자가족협의회 활동을 하셨고, 재야 민주인사들과 더불어 각종 집회와 투쟁을 전개하셨습니다. 유신정권의 사법살인으로 악명 높은 인민혁명당(인혁당) 사건 사형희생자들의 시신 탈취를 막기 위해서도 앞장서서 용감하게 투쟁하셨습니다. 이소선 어머니의 이런 활동이 정부 당국에게는 노동조합을 탄압하는 구실이 됐습니다. 그래서 노조 내부에서 이소선 어머니의 재야활동을 꺼리는 분위기가 있었습니다. 하지만 이소선 어머니는 민주화 세력과의 연대를 통해 노동운동의 고립화를 막아 내면서 정치적 민주화를 달성하지 않고는 노동자의 인간다운 삶을 보장받기 어렵다는 신념을 굽히지 않음으로써 노동운동의 본분을 훼손하지 않고 자주성을 지켰습니다.

이소선 어머니는 80년대에는 민주화실천가족운동협의회(민가협) 활동을 거쳐 민주화운동과 노동운동 과정에서 목숨을 잃은 이들의 유가족을 조직해 전국민족민주유가족협의회(유가협)를 만들어 활동하셨습니다. 이소선 어머니의 투쟁은 여기에 머물지 않았습니다. 어머니는 민주화운동을 넘어 통일운동에도 앞장서 범민족대회에 참가하기도 했습니다. 이것은 계급모순과 민족모순을 동시에 해결하는 것이 진정한 평등을 실현하는 것임을 온몸으로 가르쳐 주신 것입니다.

넷째, 뭐니뭐니 해도 이소선 어머니는 한번 약속한 것을 끝까지 지키고 실천한 의리의 여장부입니다. 1970년 아들 전태일이 죽어 가면서 노동자를 위해 살아 달라고 당부하자 이소선 어머니는 이 몸이 가루가 되도록 그 약속을 지키겠노라고 다짐했습니다. 그날 이후 이소선 어머니는 아들과의 약속을 단 한순간이라도 어기지 않았습니다. 그 세월이 아들의 전 생애보다도 거의 갑절에 가까웠습니다. 그 과정에서 이루 다 헤아릴 수 없는 고통과 어려움이 있었지만, 이소선 어머니는 아무리 힘들고 지쳐도 '할 만큼 했으니 됐지', '이만큼 했으면 됐지' 하는 식으로 아들과의 약속을 저버리기 위한 자기합리화를 하지 않았습니다. 그때마다 으레 기도나 꿈속에서 아들을 만나 처음 그 약속을 재삼 다짐하곤 하셨습니다. 이처럼 이소선 어머니의 실천을 통한 가르침은 약속과 신의를 쉽게 저버리고, 눈앞의 작은 이익에 자신의 소신과 과거를 팔아먹는 오늘의 세태를 준엄하게 꾸짖고 있습니다.

이소선 어머니는 40년간 고난에 찬 투쟁을 전개하는 과정에서 박정희·전두환 군부독재에 의해 수차례 구속됐습니다. 숱하게 두드려 맞아 몸에 성한 곳이 없었습니다. 그렇지만 이소선 어머니가 온몸으로 가르쳐 준 노동자 사랑, 민중 사랑의 고결한 정신은 이 땅 노동자의 귀중한 유산이자 우리 민족의 사표가 됐습니다.

이 책은 1990년 이소선 어머니 회갑 기념으로 냈던 회상록을 바탕으로 새로이 집필한 것입니다. 당시 이소선 어머니로부터 구술을 받아 정리한 1970년대 말까지의 기록을 엮어 『어머니의 길』이라는 책으로 출판했습니다. 그때는 급하게 서두르느라 일단 1980년 이전까지만 기록하였고 이후의 생에 대해서는 시간을 두고 추진키로 했습니다. 그러나 그동안 이 일을 잊고 있었습니다. 그러다가 2012년 8월 28일 전태일과 이소선 어머니의 정체성이 위협받는 상황이 벌어지는 것을 보고 잊고 있었던 일을 깨닫게 되었습니다.

2012년 그해는 대통령 선거를 앞두고 있었습니다. 당시 보수 여당인 새누리당 박근혜 대통령 후보가 전태일 재단을 방문하려다 무산되는 사건이 있었습니다. 당시 전태일 재단 측 몇몇 인사가 박근혜 후보의 전태일 재단 방문을 허용하고 박근혜 후보를 '정중하게 맞이'하려 기다리고 있었지만, 전태일 가족과 당시 투쟁 중이던 쌍용자동차 노동자, 시민단체 회원 들이 항의해서 무산되었습니다.

이 사건은 전태일과 이소선 어머니의 정신적 정체성과 관련해 중차대한 사건이 아닐 수 없었습니다. 전태일 정신이 40여 년 동안 이소선 어머니와 노동자, 학생, 지식인, 종교인, 민주시민이 피어린 투쟁으로 지키고 만들어 낸 민중운동의 성과물임은 두말할 나위가 없습니다. 그럼에도 불구하고 전태일과 과거 인연이 있었던 몇몇 인사가 전태일의 정체성을 훼손하고 뒤엎어 버릴 수 있는 결정과 행동을 절차도 없이 마음대로 한 것입니다.

이에 이소선 어머니께서 어떻게 아들 전태일의 정신을 지키기 위해 투쟁했으며 노동자, 학생, 지식인, 민주시민이 전태일 정신을 지키고 형성하는 데 희생했는지를 밝힐 필요가 있다고 생각한 것입니다. 이소선 어머니의 삶에 전태일 정신이 고스란히 살아 있고, 이소선 어머니와 동시대를 살면서 싸웠던 모든 사람들에 의해 전태일 정신의 정체성이 형성되었다는 것을 역사적으로 밝히고자 했습니다.

이러한 이유도 있었지만 이 작업은 이소선 어머니와의 약속이었으며, 이소선 어머니와 오랫동안 함께해 왔던 저의 의무이기도 합니다. 그럼에도 불구하고 이 작업을 하는 동안 부당한 방해도 없지 않았습니다. 진실은 가려지지 않는다는 것을 새삼 깨닫는 계기가 되었습니다.

물론 이소선이라는 거대한 인물을 기록하기에 저는 매우 부족하다는 것을 너무도 잘 알고 있습니다. 그렇기 때문에 지난 일차 작업 때부터 이소선 어머니를 기록할 마땅한 인물을 찾기도 했습니다. 즉 어떻게 하면 이소선 어머니를 풍부하고 의미 있게 기록할 것인가를 고민했습니다. 이런 이유로, 논의가 더 되었다면 좋았을 텐데 하는 아쉬움이 많습니다.

앞으로라도 더 역량이 있고 합당한 기록자가 나타나서 이소선 어머니를 기록하고자 한다면 저의 모든 것을 내려놓고 협력을 아끼지 않을 것입니다.

끝으로 이 작업을 하는 데 아낌없는 지지와 성원을 해 주신 모든 분들께 감사를 드립니다.

2016년 7월 18일
민종덕

참고 및 인용 문헌

『전태일 평전』	조영래	돌베개
『종이배를 접는 시간』	허소희 외	삶창
『한국 노동자 운동, 투쟁의 기록』	안승천	박종철출판사
『한국노동운동사 100년의 기록』	이원보	한국노동사회연구소
『조선질경이 이소선』	전태일기념사업회	
『어머니, 고맙습니다』	노동자의어머니이소선민주사회장장례위원회	
『노동과 세계』	민주노총 기관지	
『전국노동자신문』	전노협 기관지	
『6월항쟁을 기록하다』	(사)6월민중항쟁계승사업회 민주화운동기념사업회	
『해고는 살인이다』	금속노조 쌍용차지부. 노동자역사 한내	
「박정기: 아들보다 두 살 많은 아버지」	송기역	한겨레신문
「청계피복노조사업보고」	전국연합노조청계피복지부	
노동자역사 한내	http://hannae.org/hann_index.aspx	
기룡전자 분회	http://cafe.naver.com/kiryung/	
전노협백서	http://wbook.liso.net/	
공소장·진술조서 재판기록	진실과화해위원회	

『어머니의 길』 서문

내가 살아온 이야기를 책으로 묶어 내자고 했을 때 나는 마음이 썩 내키지 않았습니다. 내가 지금까지 살아온 것이 순전히 나 혼자만의 것이 아닌데 그것을 책으로 냈을 때 모든 것을 나 혼자 이룬 것처럼 비춰질지 모른다는 생각에서였습니다.

사실 태일이가 죽고 난 이후 지금까지 살아오는 동안 주위의 수많은 사람들이 힘이 되어 주고 또 많은 도움을 주었습니다. 친자식들처럼 항상 내 곁을 지키며 따랐던 청계피복노조의 조합원들뿐만 아니라 전국 방방곡곡에서 싸우는 노동자들이 없었다면, 그리고 어려울 때마다 음으로 양으로 도움을 주셨던 주위의 고마운 분들이 없었다면, 어찌 오늘의 내가 있을 수 있겠습니까? 끝 모를 좌절과 고통 속에서 우리들이 그동안 흘렸던 수많은 땀방울과 눈물들 그리고 끝내 우리를 다시 일으켜 세웠던 희망이 오늘의 우리를 있게 한 것이라고 생각합니다.

나는 살아생전에 다하지 못한 태일이에 대한 '에미 노릇'을 다하고자 노력한 것뿐입니다. 살아생전 남들처럼 잘 먹이지도 입히지도 못하고, 하고 싶어하던 공부도 못 시킨 에미의 심정이 오죽했겠습니까? 그런 아들이 스물둘의 꽃다운 나이에 시커먼 숯검정이 되어 죽어 갔을 때, 그것은 정말 하늘이 무너져 내리는 슬픔이었습니다. 그러나 '에미 노릇'을 잘

하지 못한 서러움도 한스러웠지만 숯검정이 되어 쓰러진 태일이가 내 손을 꼭 붙들고 "어머니 담대해지세요. …어머니, 내가 못다 이룬 일 어머니가 꼭 이루어 주십시오" 하고 부탁하던 또렷한 음성은 더욱 잊을 수가 없었습니다. 그래서 비록 태일이는 죽었지만, 태일이가 그렇게도 사랑했던 평화시장의 어린 동심들, 이 땅의 억압받는 모든 노동자를 위하는 것이 태일이를 위하는 길이요, 태일이를 다시 살리는 길이라고 생각했습니다. 그리하여 그들과 함께 분노하고 투쟁하고 사랑하며 20년을 살아왔습니다. 그러다 보니 그것이 노동운동이요 민주화운동이었습니다. 나는 배운 게 없어서 어려운 사상도 수준 높은 이론도 잘 모릅니다. 다만 '어머니의 길'을 걸어왔을 뿐입니다.

이제 나이도 먹고 병들었지만, 남은 여생도 변함없이 에미 노릇을 잘하기 위해 '어머니의 길'을 가야 한다고 생각합니다. 그래야만 죽은 태일이가 다시 "어머니, 지금까지 무얼 하셨어요?" 하고 안타까운 얼굴로 물어온다면 떳떳하게 만날 수 있을 것 같기 때문입니다.

지난 세월 동안 아낌없는 도움을 준 주위의 수많은 분들께 새삼 감사드리며 이 책 속에서 하나하나 언급하지 못한 점 사죄드립니다.

끝으로 이 책이 나올 수 있도록 힘써 주신 모든 분들의 노고에 감사드립니다.

1990년 11월
쌍문동에서 이소선

이소선 연보

1929년 12월 9일(음력 11월 9일) 아버지 이성조(李聖祚)와 어머니 김분임
(金分任) 사이에서 1남 2녀 중 막내로 경북 달성군 성서면 감천리
에서 태어남.

1933년경 항일독립운동에 가담했다는 이유로 아버지가 일제에 의해 학살
당함.

1934년경 개가한 어머니를 따라 성서면 박곡동에서 살게 됨.

1944년 정신대에 끌려가 대구의 방직공장에서 1년간 강제노동함.

1945년 정신대에서 탈출, 8·15해방을 맞음.

1947년 11월 2일(음력 9월 20일) 전상수(1924년 음력 12월 7일생)와 혼인.

1948년 9월 28일(음력 8월 26일) 장남 전태일을 낳음.

1950년 남편과 함께 부산으로 가서 자갈치시장에서 생활하게 됨. 7월
29일(음력 6월 15일) 차남 전태삼을 낳음.

1954년 6월 15일(음력 5월 5일) 장녀 전순옥을 낳음.

1960년 4·19 전후로 전상수의 사업이 실패해 온 가족이 서울로 올라옴.
염천교 근방에서 노숙 및 천막 생활. 5월 10일(음력 4월 15일) 차
녀 전순덕을 낳음. 이후 미아리, 도동에서 살다가 사업이 또다시
크게 망하면서 건강이 심하게 악화됨. 이태원(전상수의 친구 집)에

머물다가 용두동으로 이사함.

1962년	시동생의 권유로 대구로 이사함.
1964년	단신으로 서울로 올라와 식당 일과 시장에서 배추 잎 줍는 일을 함.
1965년	남산동 50번지로 이사함. 뿔뿔이 흩어져 살던 가족들이 차츰 모여 살게 됨.
1966년	남산동 대화재로 세간을 잃고 큰 충격으로 한동안 눈이 멂. 미아리를 거쳐 도봉산 기슭의 쌍문동 208번지로 이사함.
1969년	6월 남편 전상수가 병으로 사망함.
1970년	11월 13일 장남 전태일이 평화시장 앞길에서 노동자의 권익쟁취를 부르짖으며 분신항거, 사망함.
1970년	11월 16일 아들의 뜻이 이루어질 때까지 아들의 시신 인수를 거부함. 8개 항의 요구조건을 제시함.
1970년	11월 18일 전태일의 장례식을 치름.
1970년	11월 27일 청계피복노조 결성. 노조 고문에 추대됨.
1970년	12월 21일 청계피복노조에 대한 당국의 탄압에 항의함. 집단자살을 기도, 경찰에 연행됨.
1970년	2월 20일 동화상가에 후생식당 개소. 노동자를 위해 국수 삶기에 종사함.
1971년	9월 2일 당국으로부터 사용주들한테 과중한 세금이 부과됨으로써 노동자들이 불이익을 당하는 데 대해 항의 투쟁을 벌임.
1973년	5월 21일 노동교실 개관.
1974년	4월 3일 민청학련 사건 발생. 수배 중인 장기표를 숨겨 줌.
1975년	2월 7일 노동교실 인도 요청 농성.
1975년	12월 23일 시간단축 농성 투쟁 주도.
1976년	4월 16일 노동교실 실장에 위촉됨.
1976년	6월 2일 삼양사 공장장의 노조 간부 폭행사건 발생. 폭력으로 입건.

1977년	7월 22일 법정모욕죄로 구속.
1978년	8월 징역 1년 복역하고 만기출소.
1978년	9월 22일 동일방직 노동자들 기독교회관에서 연극 공연 뒤 시위. 여기에 참가하여 심한 구타를 당함.
1979년	8월 11일 YH노동자 신민당사에서 농성, 이날 새벽 김경숙 열사가 사망.
1980년	4월 7일~17일 청계피복노조 임금인상, 퇴직금 확대적용 등 단체협약 갱신체결 투쟁.
1980년	5월 17일 확대비상계엄. 계엄당국으로부터 수배당함.
1980년	10월 포고령위반 등으로 구속됨.
1980년	12월 14일 계엄사령관의 심사로 석방됨.
1981년	1월 6일 서울시로부터 청계피복노조 해산명령.
1981년	1월 30일 청계노조 간부와 조합원들, 해산명령에 항의하여 아프리에서 농성.
1981년	2월 2일 계엄 포고령, 집회 및 시위에 관한 법률위반 등으로 구속. 징역 10월을 받음.
1981년	11월 13일 전태일기념관건립위원회(전태일기념사업회 전신) 발족.
1981년	12월 만기출소.
1984년	4월 8일 청계피복노조 복구. 노조 고문을 맡음.
1985년	9월 19일~10월 24일 청계노조 1, 2차 합법성 쟁취 투쟁.
1985년	11월 청계노조 해산 명령.
1985년	12월 12일 민주화실천가족운동협의회 공동의장.
1986년	3월 17일 박영진 분신. 유언을 들음.
1986년	8월 12일 전국민주화운동유가족협의회 창립. 회장에 선임됨(93년까지 역임).
1987년	6월항쟁에 참가.

1987년	7월 12일 청계노조 사무실을 탈환하기 위해 진입하다 경찰에게 맞아 실신, 병원에 입원.
1987년	7월 15일 청계노조 사무실 탈환.
1987년	8월 27일 거제 대우조선 노동자 이석규 열사의 장례식에 참석하다가 경찰의 수배를 받음.
1988년	10월 17일~89년 2월 27일 유가족들과 함께 기독교회관에서 의문사진상 규명 농성 투쟁을 135일간 전개함.
1988년	11월 13일 노동자 3만 명이 연세대에 모여서 전태일 18주기 추도식 거행.
1989년	1월 20일 전국민족민주운동연합 발족, 고문에 추대됨.
1989년	3월 범민족대회 판문점 예비회담 남측대표로 참가하려다 불구속 입건됨.
1990년	1월 22일 전국노동조합협의회 발족. 고문에 추대됨(95년까지 역임).
1990년	2월 전민련 고문 사퇴.
1990년	4월 18일 사월혁명연구소 주최의 사월혁명상을 수상함.
1990년	8월 20일 박종철 고문치사 은폐지시 무죄선고 항의 치안본부에서 3일간 시위 전개.
1991년	12월 1일 전국연합 고문에 추대됨.
1992년	10월 17일 유가협 운영위원으로 선임됨.
1993년	5월 전국해고자협의회 지원대책위 상임의장.
1995년	11월 11일 전국민주노동조합총연맹(민주노총) 결성대회에 참가.
1996년	2월 19일~3월 6일 영화「아름다운 청년 전태일」베를린 영화제 출품으로 영화제 및 독일교민을 위한 강연회 참석.
1998년	10월 4일 의문사 진상규명 및 명예회복 특별법 제정을 촉구하며 국회 앞에서 농성 시작.

1999년	12월 30일 의문사 진상규명 및 명예회복법 제정. 422일간의 천막 농성을 끝냄.
2000년	8월 비전향 장기수 범국민환송준비위원회 고문.
2000년	9월 한국전쟁 전후 민간인 학살 진상규명과 명예회복을 위한 범국민위원회 고문 역임.
2005년	9월 30일 전태일 거리와 다리 조성. 전태일 기념상 제막식.
2008년	8월 16일 단식 67일 차인 기륭전자 김소연 분회장을 격려방문함.
2011년	3월 한진중공업 85호 크레인 고공농성 중인 김진숙을 격려방문함.
2011년	6월 11일 한진중공업 고공농성 중인 김진숙에게 편지를 통해 격려함.
2011년	7월 18일 심장이상으로 병원 이송.
2011년	9월 3일 별세.

찾아보기

인명